ᠪᠣᠷᠵᠢᠭᠢᠨ

沒有墓碑的草原

蒙古人與文革大屠殺

楊海英——著

劉英伯、劉燕子——譯

楊海英教授的《沒有墓碑的草原》會讓世人看到，內蒙古問題將和西藏、新疆問題一起，成為中華帝國未來的噩夢。

——王力雄，《天葬》、《你的西域，我的東土》作者

推薦文
所有漢人都該讀的書——
《沒有墓碑的草原》

王力雄

　　談到民族問題，即使是漢人中認可普世價值的知識分子，包括民主派人士，流行觀點也是將少數民族遭受的災難歸於專制政治迫害，不承認是漢人廣泛參與其中的民族壓迫。他們通常的說法是，漢人同樣深受專制政治之害，因此各民族人民之間沒有矛盾，只要共同爭取實現民主，一切問題就會迎刃而解。

　　楊海英教授的書《沒有墓碑的草原——蒙古人與文革大屠殺》，以精細的田野調查和考證，通過眾多親歷者的講述，展示了蒙古人遭受的苦難不僅僅來自專制政權，同時有大量普通漢人和政權一道，對蒙古人實施了滅絕性迫害。

　　的確，漢人也遭受專制權力壓迫。大量文獻記載了漢人在文革中的遭遇，同樣駭人聽聞，一點不比少數民族的苦難少。但是這並不能改變漢人參與了迫害少數民族的事實，也不能因此不承認存在民族壓迫。直到今天也能看到類似現象——新疆漢人在其他問題上對當局有各種不滿，一涉及民族問題便與當局成為同盟，即使有批評，也是對鎮壓不夠強硬的抱怨。新疆生產建設兵團那些從內地農村招的臨時農工，平時受盡大小貪官欺壓，滿腔怨恨，一旦有鎮壓當地民族的行動，卻會興奮有加，摩拳擦掌地請戰。

　　漢人對曾經參與過迫害少數民族的事實，解釋往往是專制政權的唆使和指派。楊海英教授書中寫到目不識丁的漢人流民組成「貧下中農毛澤東思想宣傳隊」，以「挖肅內人黨」之名殺戮蒙古人，那的確是由當局專門組織和調集的，然而並不能因此就推脫掉個人責任。那些漢人農民虐殺蒙古人時的百般花樣和殘酷手法，不可能都是出自政權的具體設計和一一指點，很多正是參與者的主動所為乃至「創新」。當他們從中得到生殺主宰的快感時，他們的靈魂已經和魔鬼合為一體。

　　事後把一切責任推給專制政權，和中共把在文革犯下的罪行都推給四人幫一樣。那不是對問題的解釋，而是對問題的混淆；那不是對歷史的反省，而是只要還有下一次就會照樣重演。

　　有些人用世故的姿態勸告──何必去挖那些殘酷歷史，導致民族之間更加仇恨？傷口應該蓋在紗布之下癒合，而不是暴露出來。彼此都往前看，已經發生的就讓它過去，才能實現和解走向未來。然而事實不會是這樣。加害者希望其加害被忘記，受害者卻不會忘記。加害者閉口不提曾有的加害，或把責任推得乾乾淨淨，首先就說明沒有反省，也就永遠不會獲得受害者原諒。和解與真相是不可分的二位一體。對沒有懺悔和反省的加害者，受害者憑什麼接受和解？

　　問題還在於，今天漢人對蒙古人的壓迫仍然在繼續。楊海英教授書中所寫的文革雖然過去，但是另一種民族壓迫卻日益嚴重，規模更大，毀滅更深。

　　2014年，我在內蒙古自治區驅車上萬公里，到了內蒙古所有的盟、市。最感鬱悶的是絕大多數所經之地根本看不到蒙古人和蒙古文化。除了個別點綴性的符號，幾乎跟漢地毫無區別，處處擠滿漢人和漢人的生意，所有城鎮都充溢漢人的氣息。讓人驚歎毀滅竟然如此徹底，這難道不是另一場文化大革命嗎？前一場文化大革命是殺人，這一場

文化大革命殺的是文化。後一種殺戮沒有血腥，卻同樣觸目驚心，讓人不寒而慄。曾經那樣偉大輝煌、讓世界震顫的蒙古哪裡去了？幾乎蕩然無存！

而在這場對蒙古文化的殺戮中，比以往任何時候都有更多的漢人參與其中。今日內蒙古漢人數量是蒙古人的數倍，蒙古人只是總人口的零頭。企業幾乎都屬漢人，市場被漢人操縱，上至漢人老闆，下至漢人打工者，到處開礦墾荒。

兩千萬內蒙古漢人的背後，還有千絲萬縷聯在一起的更多內地漢人。內蒙古是他們的礦場，是他們的糧倉，是他們的發財圓夢地，是他們的休假旅遊地。而本地千年的蒙古文化和生活方式絲毫不被他們尊重珍惜，反被視為愚昧落後，極盡嘲笑蔑視，在發展之名下無情地摧毀。

至今，內蒙古的主體已徹底殖民化。只有在靠近蒙古國的邊境地區才能找到少許蒙古感覺。百年來蒙古人在漢人逼迫下步步後退，已經到了退無可退的邊緣。對蒙古人的滅頂之災，直接參與或間接參與的漢人跟專制政權並無分別，都要負責。然而即使連漢人中的自由民主人士，往往也會有人將這種民族迫害視為是帶給蒙古人的幸福。

漢人普遍認識到中國存在西藏問題、新疆問題，但是一般不認為存在內蒙古問題。2011 年 5 月，西烏珠穆沁旗的蒙古族牧民莫日根為了阻擋煤礦拉煤車碾壓牧場，被漢人司機故意用車壓死，引發了波及內蒙古多地的抗議。雖被壓了下去，卻顯示了多年積累的蒙古人怒火，終有一天會使內蒙古問題和西藏問題、新疆問題一樣全面爆發。

莫日根事件三年後，我在莫日根死難的西烏珠穆沁旗，看到巨大的採礦場仍在草原上肆無忌憚地擴展。上百輛重型卡車如螞蟻般來來

往往傾倒尾礦，填平山谷，埋沒草原，永遠地改變著萬年地貌。偉大的蒙古文明和歷史正在被那些礦石渣壓進不見天日的黑暗底層，萬劫不復。

如果連中國的民主人士都對這種毀滅視而不見，既不反省，也不著手改變，即使未來中國真的民主化了，民族壓迫何以就會消除？漢人會不會以民主投票的壓倒多數，符合民主程序地決定在少數民族自古生息的家園繼續占地掠財，誰要敢於阻擋就將其消滅呢？

希望楊海英教授的書能讓漢人看到自身的歷史責任，進而思考自身的未來責任。

為此，我要特地感謝把楊海英教授的巨著翻譯成漢文的劉英伯先生。促使他在八十歲高齡，把人生最後的數年光陰獻給這本書的，正是出於他痛感「漢人太對不起蒙古人」。儘管他本人在文革也是九死一生，但他仍然有這個心，漢人欠蒙古人的，需要償還。他和他的女兒一道，翻譯了本書，老人家的真誠，拷問著我們。

目錄

目　錄
Contents

目錄
Contents

目　錄
Contents

導讀
重要人物、史事與地圖

▼ 孔飛（1911-1993）與夫人雲清（1921-2003）。住在中國轄內的內蒙古自治區的蒙古人，經歷過文化大革命的屠殺史過後，臉上的表情因此有了明顯的變化。上、下照片為根正苗紅的延安派孔飛（內蒙古軍區副司令官）跟夫人雲清（雲澤的妹妹）分別於1945年跟1975年拍攝的合影。中國共產黨對於蒙古人所施加的傷害，即使已經過了幾十年，心裡的傷口仍然無法完全癒合。

（出自《雲清文集》，2004）

本書主要登場人物

・板瓦爾（女）

1938 年出生於內蒙古西部鄂爾多斯（伊克昭盟）地區的烏審旗。筆者的母親。因信仰共產主義而加入中共，作為一位普通畜牧民親歷了文革。母親對筆者的人生觀和思想形成影響深遠。

・特布信（1925-2010）

1925 年出生於內蒙古東部哲里木盟科爾沁右翼前旗（今興安盟科爾沁右翼前旗）。「二戰」中被選派到日本第一高等學校（簡稱「一高」）留學。後從東京帝國大學文學部退學。在 1957 年的「反右」運動中成為「內蒙三大右派」之一。曾任內蒙古大學副校長等職。

・特古斯

1924 年出生於內蒙古東部哲里木盟科爾沁左翼中旗。從滿洲國建國大學退學。內蒙古人民革命黨的先驅者，內蒙古人民革命青年團的創建者。畢生致力於「內外蒙統一」民族自決的偉業。文革前任自治區宣傳部副部長。儘管他參與創設造反派組織「魯迅兵團」，但仍因身為「民族分裂主義政黨」的「老內人黨中央執委」、「內人黨第三號人物」被打倒。

板瓦爾　　特布信　　特古斯

忽日勒巴特爾　　奇琳花　　奇治民

· **金久鬥**

又名卓特克其。1924 年出生於內蒙古東部哲里木盟科爾沁右翼中旗。從興安陸軍軍官學校畢業後，編入哈爾濱陸軍軍醫學校。後參加中國人民解放軍第四野戰軍，成為自治區最高領導人烏蘭夫的專任醫師。文革中不顧個人安危，暗中救助了上萬名傷殘者，被譽為「內蒙古的辛德勒」。

· **哈拉夫**

1939 年出生於內蒙古東部興安盟科爾沁右翼前旗。內蒙古師範學院畢業後留校任教。文革中參加師院造反派組織。

· **林色**

1939 年出生於內蒙古東部哲里木盟科爾沁左翼中旗。內蒙古師範學院畢業後留校任教。文革中參加師院造反派組織。

· **忽日勒巴特爾**

1948 年出生於內蒙古東部昭烏達盟克什克騰旗。文革中參加克什克騰旗造反派組織。

· **奇琳花**（女）

1930 年出生於內蒙古西部鄂爾多斯郡王旗（現已合併入伊金霍洛旗）貴族家庭。畢業於北京蒙藏專科學校，中央民族學院碩士研究生。同「延安派」高幹雲北峰結婚。

· **奇治民**（1927-1969）

1927 年出生於內蒙古西部鄂爾多斯地區的烏審旗。中共延安民族學院城川分院畢業後任伊克昭盟杭錦旗旗長。1969 年 1 月 23 日被害。筆者曾採訪過奇治民的妹夫阿拉坦布魯特。

‧俄尼斯

1929 年出生於內蒙古西部鄂爾多斯地區的烏審旗。中共延安民族學院城川分院畢業。歷任內蒙古自治區文化局副局長、內蒙古大學黨委副書記。為蒙古語手寫本收藏家。

‧色木楚克

內蒙古西部鄂爾多斯地區的烏審旗人。文革中任烏審旗圖克人民公社副社長一職,與全家一起被慘殺。為圖克「挖肅」大屠殺的典型事件。筆者曾經採訪過色木楚克家唯一倖存的女兒其莫斯仁和色木楚克的弟弟巴烏賴。

‧哈斯畢力格圖

1933 年出生於內蒙古西部鄂爾多斯地區的烏審旗。幼年時出家,還俗後成為中共幹部。著名詩人。文革中親眼目睹烏審旗圖克人民公社大屠殺。

‧烏蘭巴幹

1929 年出生於內蒙古東部科爾沁左翼中旗。著名作家,《草原烽火》的作者。1987 年被指控為文革中「羅織『內人黨』惡貫滿盈之偽證」,「新內人黨」假案的「積極製造者」,並被判處十五年徒刑。而大屠殺的真正責任者的罪責並未予追究和受到法律的制裁。

內蒙古現代史重要人物

‧德王(德穆楚克棟魯普)(1902-1966)

1902 年生,出身於內蒙古錫林郭勒盟蘇尼特右旗貴族世家,內蒙古民族自決運動指導者。整合蒙古各部,向國民政府提出高度自治要求,但受到入殖內蒙古的漢人軍閥傅作義的掣肘。滿洲事變後,德王尋求日本關東軍的支持,創立蒙古軍政府,蒙古聯盟自治政府,畢生致力於實現民族自決與復興。1949 年底,隨著中共即將建政,德王逃亡至蒙古人民共和國,以圖東山再起。在蘇聯的壓力下被蒙方強制送回中國,作為蒙疆首要戰犯被關押。1963 年獲特赦釋放。1966 年文革爆發時,病逝於呼和浩特。

一、「烏蘭夫反黨叛國集團」主要成員

・烏蘭夫（1906-1988）

別名雲澤，內蒙古西部土默特旗出生。1925 年加入內蒙古人民革命黨後，被派赴莫斯科中山大學學習。遵照共產國際的指示，1941 年赴延安，出任陝甘寧邊區政府民族事務委員會主任、延安民族學院教育長。中共建政後，出任自治區人民政府主席、區黨委書記、軍區司令員兼政委、中共中央華北局副書記、國務院副總理。1966 年 5 月 22 日至 7 月 25 日的「前門飯店會議」上，被指控為「三反分子」、「民族分裂分子」、「修正主義分子」、「內蒙古最大的走資派」。

・畢力格巴特爾（1908-1974）

內蒙古西部土默特旗人。遵照共產國際的指示，曾在蘇聯和蒙古人民共和國留學工作。1930 年代在蒙疆政府駐北平事務所從事情報收集工作。文革前任自治區公安廳廳長。

・奎璧（1903-1986）

內蒙古西部土默特旗人。蒙古名為烏日圖那蘇圖。北京蒙藏專科學校畢業。歷任自治區人民政府副主席等職。文革中被稱為「烏蘭夫的左丞相」而被鬥倒。

俄尼斯　　哈斯畢力格圖　　德王

烏蘭夫　　畢力格巴特爾　　奎璧

· **吉雅泰**（1915-1968）

內蒙古西部土默特旗人。北京蒙藏專科學校畢業後赴莫斯科東方大學深造。1938年，前往烏蘭巴托。1950年，被任命為中國駐蒙古人民共和國首任大使。後任自治區人民委員會副主席等職，文革中被迫害致死。被稱為「烏蘭夫的右丞相」。

· **孔飛**（1911-1993）

內蒙古東部哲里木盟科爾沁左翼中旗人。夫人是烏蘭夫的妹妹雲清。曾在北平東北大學學習，曾任內蒙古人民自衛軍卓索圖盟縱隊司令員、內蒙古人民解放軍騎兵第三師司令員、內蒙古軍區副司令員兼參謀長等職。

· **雲世英**（1924-）

內蒙古西部土默特旗人。烏蘭夫的外甥。曾任自治區公安廳副廳長，「烏蘭夫五虎將」之一。

· **潮洛蒙**（1922-2010）

內蒙古西部土默特旗人。北京蒙藏專科學校畢業後赴延安民族學院學習。曾任錫林郭勒盟長、自治區黨委宣傳部副部長等職，「烏蘭夫五虎將」之一。

· **陳炳宇**（1912-）

內蒙古西部土默特旗人。曾任自治區首府呼和浩特市長，「烏蘭夫五虎將」之一。

· **雲麗文**（1922-1995）

內蒙古西部土默特旗人。烏蘭夫夫人，被中共稱為「當代西太后」。

· **布赫**（1926-）

其蒙語為「力士」之意。烏蘭夫與前妻雲亭所生的長子。曾任自治區文化局副局長。布赫的夫人名為珠嵐其其格，為內蒙古電影製片廠廠長。

· **雲北峰**（1915-1986）

內蒙古西部土默特旗人。畢業於延安民族學院。曾任自治區農業委員會主任。

· **克力更**（1916-2012）

亦可發音為「呼庫爾格」。 內蒙古西部土默特旗人。畢業於北京蒙藏專科學校。歷任自治區工業廳廳長、統戰部部長等職。其夫人烏蘭出生於內蒙古東部喀喇沁旗，曾任輕工業廳副廳長。

雲麗文　　布赫　　雲北峰　　克力更

・**額爾敦陶克陶**（1916-）

內蒙古東部昭烏達盟克什克騰旗人。語言學學者。畢業於滿洲國興安學院。曾任內蒙古語文工作委員會副主任。1956 年成立「內外蒙古名詞術語統一委員會」時被推薦為內蒙古方面負責人。這個委員會旨在通過文字改革普及與提高蒙古族文化水準。文革中被誣陷為老「內人黨」骨幹。

・**塔拉**（1920-2006 ）

內蒙古西部土默特旗人。任內蒙古自治區興安盟軍分區副政委，後任內蒙軍區司令部副參謀長。

・**雲成烈**（1927-1993）

內蒙古西部土默特旗人。烏蘭夫的外甥。曾任內蒙古軍區昭烏達盟軍分區副參謀長。

・**傑爾格勒**（1917-1982）

呼倫貝爾盟副書記。曾向烏蘭夫建言暴力式的農耕土地改革不適合草原傳統的畜牧方式。1981 年，自治區爆發反對漢民入殖的大規模學生運動時，被中共認為「幕後指揮者」而遭整肅，不久病逝。

二、內蒙古人民革命黨領導人

・**白雲梯**（1894-1980）

蒙古名布延泰，又名色楞棟魯布。內蒙古東部喀喇沁中旗人。北京蒙藏專科學校畢業。後立志探尋民族自決之路，積極籌建內蒙古人民革命黨，並當選為中央委員會委員長。1949 年渡海至臺灣，病逝於臺北。著有《內蒙古自決運動》等書。

・**博彥滿都**（1894-1980）

又名包豹臣、包雲蔚。內蒙古哲里木盟科爾沁左翼前旗人。1925 年，在張家口參加內蒙古人民革命黨成立大會，探尋民族自決之路並為之奮鬥。曾加入

「蒙古獨立軍」（蒙古自治軍）。滿洲國時代任興安總省省長職。滿洲國滅亡後，1945 年 8 月，他和哈豐阿等人組織內蒙古人民解放委員會，並參與恢復重建內蒙古人民革命黨。1946 年 1 月，博彥滿都和廣大蒙古族在興安盟葛根廟成立東蒙人民自治政府，並出任主席。獨立之夢幻滅之後，希望赴蒙古人民共和國，未果。中共建政後，度過鬱鬱不得志的餘生。

・**特木爾巴根**（1901-1969）

又名鮑仁山、札木蘇、曾化名張成。內蒙古東部喀喇沁旗人。1918 年至 1924 年先後在北京蒙藏學校和北京大學就讀。遵照共產國際的指示，1925 年 10 月赴蘇聯莫斯科，進入莫斯科東方勞動者共產主義東方大學（簡稱「東方大學」）國際班學習。

1928 年加入蘇聯共產黨。1929 年受共產國際派遣回國，在哲里木盟從事地下活動。1945 年 8 月，任內蒙古人民革命黨東蒙黨部執行委員，10 月任內蒙古人民革命青年團秘書長。1946 年 1 月，任東蒙古人民自治政府委員兼經濟部長。他長年致力於青年工作，在青年中頗負聲望。中共建政後，任自治區高級法院院長。文化大革命中，在呼和浩特被迫害致死。

塔拉　　傑爾格勒　　白雲梯　　博彥滿都　　特木爾巴根

・哈豐阿（1908-1970）

漢名滕續文。哲里木盟科爾沁左翼中旗人。內蒙古人民革命黨中堅成員。為蒙古民族的獨立與真正意義上的自決而努力奮鬥之英傑。1941 年初至 1943 年夏，哈豐阿在滿洲國駐東京大使館期間在日本生活過。1945 年 8 月，日本投降後，哈豐阿等人在王爺廟發表《內蒙古人民解放宣言》，組織「內蒙古人民解放委員會」，建立東蒙黨部，任秘書長，恢復了內人黨活動，提出實行民族平等政治主張。

1949 年 10 月以後隨著內戰的勝利和政權的鞏固，對中共當局來說，內蒙古民族自決自治運動已經不再具有內戰時期的「統戰價值」，在內蒙古自治區實行高度的民族自治政策就被中共束之高閣。大批內地漢人移民到內蒙古地區，民族自治現狀已經離當初的設想愈來愈遠，自治區已經變得有名無實。

內人黨解體後失去實權，中共建政後，哈豐阿雖然還擔任內蒙古自治區政府副主席兼教育廳廳長，但曾經作為內人黨領袖的哈豐阿自然被捲入到了這場大劫難，當年內人黨運動這段歷史成了他的主要罪狀而被關押和整肅，在關押期間遭到百般虐待。1970 年 11 月 29 日，哈豐阿在呼和浩特的關押看守所去世，享年六十二歲。

文革結束後，雖然中國政府於 1979 年 4 月 17 日為他舉辦了追悼大會以示平反昭雪，但是由於他所領導的內蒙古民族自決運動的這段經歷以及他所懷有的內外蒙古民族統一的理想，使得哈豐阿成為一個被中國當局所忌諱的歷史人物。

・瑪尼巴達喇（1899-1947）

漢名瑪鳴洲。內蒙古科爾沁左翼前旗人。北京俄文法政專門學校畢業。滿洲國時代擔任財團法人蒙民厚生會專務理事。一貫堅持反共立場，1947 年內蒙自治政府成立後被秘密處決。

・**巴嘎・特木爾巴根**（1927-）

內蒙古東部科爾沁左翼中旗人。興安南省巴音塔拉國民高等學校畢業之後進入
東蒙古軍政學校學習。1956 年調任內蒙師範學院副院長兼黨委書記。致力於
蒙古族現代化教育，被打成「民族分裂主義者」。

・**朋斯克**（1905-1991）

朋斯克又名包鳳岐、陳治忠、陳斯冷，是內蒙古哲里木盟科爾沁左翼前旗人。
民族自決運動的中堅人物。1925 年參加內蒙古人民革命黨創建大會，並被派
到莫斯科東方大學學習。1927 年，加入蘇聯共青團，旋於 1928 年入蘇聯共
產黨。

1929 年，畢業後返回內蒙，在東部進行地下革命活動。1938 年，赴蒙古人
民共和國。1945 年 8 月，隨蘇蒙聯軍進入呼倫貝爾地區從事翻譯和情報工作。
內蒙古自治政府成立後，歷任內蒙古自治區人民委員會副主席、中央民委辦公
廳副主任等虛職。

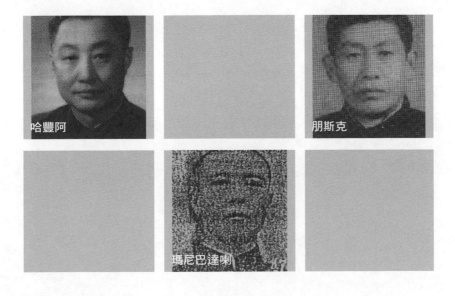

哈豐阿

朋斯克

瑪尼巴達喇

・阿思根（1908-1948）

又名阿拉坦倉，漢名李友桐。內蒙古科爾沁左翼中旗人。早年就讀於北平蒙藏學院。回到家鄉後，認識了當時積極促進內蒙古民族自決運動的朋斯克、特木爾巴根，在他們的介紹下，阿思根於 1932 年加入了內蒙古人民革命黨。日本統治滿洲期間，兩次留學日本，是日本陸軍大學畢業的精英軍人。

1945 年，日本宣布投降後，阿思根與哈豐阿、朋斯克、博彥滿都等其他東蒙民族自治運動的領袖一起，共同推動民族自決運動。同年的 8 月 18 日，由哈豐阿、博彥滿都、特木爾巴根等人發起，組成內蒙古人民解放委員會，並發表了《內蒙古人民解放宣言》，宣布恢復內蒙古人民革命黨，建立東蒙黨部，提出實行民族平等、聯合中國革命力量，爭取民族解放以及內外蒙合併等項政治主張。

1946 年任東蒙人民自治軍司令。1946 年 4 月 3 日的「四三會議」後，內蒙古東西民族自治運動力量合併（實際上是被中共所掌控），東蒙自治政府解散，東蒙人民自治軍統一改為內蒙古人民自衛軍。烏蘭夫任司令員，阿思根、王再天任副司令員。同年 5 月，阿思根加入中共，12 月底又與遼吉軍區組建為蒙

漢聯軍司令部，阿思根為司令。1947 年 4 月 23 日阿思根參加了「五一大會」，被選為內蒙古自治區政府委員。1948 年 1 月，內蒙古人民自衛軍改為內蒙古人民解放軍，阿思根任內蒙古軍區副司令，同年 3 月 31 日在王爺廟（今烏蘭浩特）病逝。另有被中共毒殺之說。

三、中國共產黨幹部

·李雪峰（1907-2003）

與內蒙相鄰接的山西省永濟縣人。1960 年任中共中央華北局第一書記、北京軍區第一政委。由於力主移民放墾，擴展農耕地帶，確保漢族利益而與蒙古幹部對立，從 1960 年代初期起即收集打倒烏蘭夫的材料並向中央報告，是反烏蘭夫的急先鋒和大漢族主義的代表。

1966 年 5 月兼任中共北京市委第一書記，接替被打倒的彭真。1971 年 1 月被劃入陳伯達反黨集團，秘密押送安徽審查達八年之久。1973 年，又被定為林彪集團的「大將」，被中共十大永遠開除出黨。

·胡昭衡（1915-1999）

出生於河南省滎陽縣，早期曾任東蒙工作委員會委員、東蒙軍政幹部學校政治委員、內蒙自治運動聯合會東蒙總分會秘書等要職，以併吞內蒙古。與張策、方知達等人一起積極促使東蒙古人民政府解體。並曾任內蒙古自治區黨委書記、宣傳部長。後調任天津市市長。

·解學恭（1916-1993）

山西省隰縣人，1960 年 11 月至 1966 年 12 月任中共中央華北局書記處書記，力主從山西移民開墾拓殖草原，與烏蘭夫對立。為大漢族主義代表人物。

·劉春（1912-2002）

江西省吉水縣人。曾任延安民族學院民族研究室主任。長期擔任烏蘭夫的監視人。大漢族主義者。是中國少數民族政策的策劃者之一。

‧高錦明（1917-2012）

又名敖白楓。奉天（今遼寧）義縣出生的滿族人。歷任內蒙古東部區委宣傳部、內蒙古自治區統戰部部長、包頭市委第一書記、內蒙古自治區區委書記處書記等職。按照華北局指令開展反烏蘭夫的活動，為「挖肅」運動中主要責任者之一。

‧王鐸（1912-1997）

出生於遼寧省海城縣。曾就讀於北平東北大學邊疆政治系，並選修了蒙古語文。1955 年至 1973 年，任中共內蒙古自治區副書記，文革初期的保守派。長期監視烏蘭夫並按上「民族分裂主義者」的罪名。

‧權星垣（1916-）

河北省人。內蒙古自治區區委書記處書記。反烏蘭夫陣營一員。為「挖肅」運動中主要責任者之一。

‧郭以青

河南省人。內蒙古大學黨委副書記。向中央密告內蒙存在「民族分裂主義者集團」，同共產黨情報頭子康生關係密切。

‧趙玉溫

滕海清的部下，內蒙古自治區哲里木盟軍分區司令員。在哲里木盟直接指揮了對蒙古人的大屠殺。

‧趙德榮

滕海清的部下，內蒙古自治區錫林郭勒盟軍分區司令員。在錫林郭勒盟直接指揮了對蒙古人的大屠殺。

‧滕海清（1909-1997）

1967 年 5 月，調任內蒙古軍區代理司令員，並任新成立的內蒙古革命委員會主任。1967 年 6 月，在北京軍區的護衛下，滕海清與吳濤、高錦明坐到了黨

委辦公室，最終在 11 月建立了內蒙古自治區革命委員會。

內蒙古自治區革命委員會施行黨、政、軍、司法、檢察、財政、文化等「一元化」領導。以「挖肅」為名的革命恐怖本身賦予了一切權力，既不受任何黨規、國法的約束，又不聽命於任何傳統道德與準則，可自行逮捕，迫害任何「人犯」，直到 1969 年底他們被另一股革命造反派批鬥，被中央以「清階擴大化」為由，調回北京為止。以滕海清和高錦明二人領導的「挖肅」運動，在內蒙古以「藝術家的想像力」創造了一個又一個的「奇蹟」，從內蒙古政府、內蒙軍區到農民的炕頭、牧民的氈房，通過大搞刑訊逼供、拷問侮辱等法西斯暴行，幾乎造成「漢人人人動武，蒙人戶戶流血」，史稱「內人黨事件」。滕海清為大屠殺的直接指揮者，但滕海清在文革結束後未受到任何形式的處分或刑事指控。

· 李樹德

文革中，歷任內蒙古自治區黨委常委兼秘書長、自治區革命委員會副主任等職。「內人黨調查工作組」組長。大屠殺的關鍵人物。同周恩來往來密切。

王鐸

高樹華

滕海清

・王逸倫（1904-1986）

入殖內蒙古東部昭烏達盟的漢族。曾在莫斯科學習。文革初期的保守派。時任內蒙古黨委書記處書記。

・高樹華（1941-2003）

山東省人。內蒙古師範學院外語系教師。1966 年 6 月 1 日，《人民日報》發表《橫掃一切牛鬼蛇神》的社論；6 月 2 日，該報全文刊登了北京大學聶元梓等七人大字報，同時發表了評論員的文章《歡呼北大的一張大字報》；6 月 3 日，高樹華等四人就貼出了第一張對內蒙文革產生了巨大影響的「內蒙文革第一張大字報」（《評紀之 5 月 18 日的動員報告》）並創建造反派組織「東方紅戰鬥縱隊」，隨後成為「呼三司」主要負責人。

為呼和浩特形形色色造反派組織的實際最高實權者，並代表造反組織各派系同中央交涉。歷任內蒙古自治區革命委員會委員、呼和浩特市委書記。1979 年因「四人幫骨幹分子」的身分被逮捕。1983 年 7 月，在非法關押五年又七個月後，被免於起訴。

・李德臣

內蒙古文革中實權派「滕海清辦公室」主任。組織漢族進行各種「群專挖肅」活動，為大屠殺的直接指揮者之一。

※ 人物介紹所用照片出處 ※

《滿洲國蒙古紳士錄》（1943 年）	《百年風雲內蒙古》（2000 年）
《特木爾巴根的一生》（2007 年）	《內蒙古自治區成立前後》（1979 年）
《大漠忠魂》（2002 年）	《烏蘭夫》（1991 年）
《情繫大漠的博彥滿都》（1991 年）	《興安革命史話》（1987 年）
《烏蘭夫傳》（2007 年）	《蒙古寫意（一）》（1998 年）
《蒙古寫意（二）》（2001 年）	《蒙古寫意（三）》（2003 年）

重要歷史事項

◎金丹道之亂

　　金丹道是白蓮教的一個分支，中國社會自古遺留下來的民間秘密結社之一。1891 年 10 月，金丹道對清朝發動叛亂。從內蒙古東南部開始，波及吉林、遼寧、河北三省。因起事暴徒頭裹紅巾為記，故而蒙古族稱「紅帽子事件」，當地受害漢民則罵之為「紅頭蛆」。這是一場民族衝突和民族大屠殺。其首領漢人楊閱春和李國珍自稱為「掃北武聖人」，意即「掃除北方蒙古人的武勇聖人」，他們打著「掃胡滅清殺韃子」的口號，以殺人奪地為目的，在各地發動對蒙古人的大屠殺，被殺害的蒙古人達數萬之多，還有十餘萬人被迫背井離鄉、流離失所。

　　「金丹道之亂」是 19 世紀末至 20 世紀初內蒙古東部發生的最為重要的民族暴力事件。它直接導致了蒙古人整體北遷，局部改變了東蒙地區的人口結構，加快了整個興安嶺東南部草原農耕化的進程，並進一步助長了漢族社會的暴力慣性與肆虐傾向。但中共史書卻宣稱「金丹道起義」的主要原因是滿清官吏、蒙古王公和商業高利貸者對漢族勞動人民的殘酷壓迫與剝削。

◎內蒙古人民革命黨

　　內蒙古人民革命黨乃誕生於內蒙古的獨立的民族主義政黨。1917 年，在俄國革命的影響下，蒙古高原也於 1921 年爆發了人民革命運動。同一個時期，孫文亦在期待得到共產國際的支持，為此，他改變其民族政策，採用了「賦予國內弱小民族自決權」的政策。

　　在這種形勢下，內蒙東部喀喇沁部出身的蒙古人白雲梯等人從內蒙古各地來到北京的蒙藏專科學校，內蒙古優秀青年學生在共產國際和蒙古人民共和國的支持下，於 1925 年 10 月 12 日，在長城腳下的

張家口召開了第一次內蒙古人民革命黨大會，成立「內蒙古人民革命黨」（Dotughadu Mongghol-un Arad-un Khubisghaltu Nam），簡稱「內人黨」。

該黨中央委員會由內蒙古東部的優秀青年組成。白雲梯任委員長，郭道甫任秘書長。該黨宣稱「各民族各有其自治權」，以五族共和為目標，實行民主政治和民族平等。並把反帝反封建主義，以及反大漢族主義記入自己的黨綱。以後，該黨的幹部以滿洲國的官吏身份深入日本佔領下的滿洲及蒙疆政府，開展秘密活動。

1945年8月，蘇蒙聯軍共同出兵內蒙古與東北地區，趁日本敗退之機，滿洲國及蒙疆政權領導人內蒙民族精英博彥滿都、哈豐阿、特木爾巴根等人於8月18日在興安盟王爺廟（今烏蘭浩特市）宣布公開恢復內蒙古人民革命黨。1946年1月，召開東蒙古人民代表會議，決議成立東蒙人民自治政府。在中共的陰謀與壓力之下，1946年5月，東蒙人民自治政府被迫撤銷。1947年1月，哈豐阿、特木爾巴根等人再次提議重建內蒙古人民革命黨，他們提出：共產黨是無產階級政黨，內蒙古地區只有遊牧經濟沒有產業無產階級，不宜建立共產黨。

◎東蒙古人民自治政府

1946年1月，內人黨和東部三十六旗人民代表聚集興安盟的葛根廟（今烏蘭浩特市東南30公里）召開「東蒙古人民代表會議」，宣布成立「東蒙古人民自治政府」。

此次會議發表了綱領、組織法、施政綱領、成立宣言等，博彥滿都任主席、哈豐阿任秘書長。以「在中華民國內實行高度民族自治」為目標，在「不抵觸中國宗主權的範圍內，可以同外國締結通商條約」，「建設自由平等的民主政治」，組建東蒙古人民自治軍，統一指揮內蒙古東部地區民族武裝。1946年4月3日，內蒙古自治運動聯

合會與東蒙古人民自治政府，各派七名代表，在承德舉行正式會議，史稱「四三會議」，會議一致通過了《內蒙古自治運動統一會議主要決議》，在中共的陰謀與壓力下，東蒙古人民自治政府被迫解散。

◎內蒙古騎兵師

　　日治時代接受現代教育、被稱為「挎洋刀」的蒙古人將校為中心組建的蒙古人自己的軍隊。五個騎兵師中，很長一段時間內，實際上是四個師。各師最初均由「內人黨」統括，通稱為「東蒙古人民自治軍」。

　　第一師：於 1946 年 1 月，以東蒙古人民自治政府管轄下的興安盟警備大隊為主體組成，莫德勒圖為師長，都固爾扎布為參謀長。第二師：於 1945 年秋以哲里木盟科爾沁蒙古人為中心組成，烏力圖為師長，巴音布拉格為參謀長。第三師：於 1946 年 1 月以卓索圖盟為中心的蒙古人組成，白雲梯之弟白雲航為師長。白雲航是宣導民族獨立的重要人物，因而被中共「整肅」。第四師：1945 年秋以昭烏達盟的蒙古人為中心組成，欽朝日格圖（賀子章）為師長；第五師：由內蒙古騎兵獨立旅改編，由呼倫貝爾和齊齊哈爾的蒙古人組成，師長為依奈勒圖，參謀長是郭秀峰。

　　1945 年，毛澤東在中共「七大」的政治報告《論聯合政府》中提出：「少數民族要成立維護群眾利益的少數民族自己的軍隊」。「四三會議」以後，東蒙古人民自治軍四個騎兵師番號被取消，統編為「內蒙古人民自衛軍」，烏蘭夫為司令員，阿思根為副司令員。1948 年 1 月改稱為「內蒙古人民解放軍」。因不同意內蒙古騎兵參與國共內戰的民族精英大部分被肅清，因而增添和壯大了漢族士兵部隊。在東北內戰，特別是遼瀋戰役中，內蒙古鐵騎發揮了很大的威力。

　　1949 年 5 月，內蒙古人民解放軍正式編入中國人民解放軍序列，

成立了內蒙古軍區。烏蘭夫任軍區司令員兼政治委員。1959年，達賴喇嘛武裝抵抗中共入侵之際，中共派內蒙古騎兵第五師兩個團入藏參與鎮壓，於1962年撤回。1966年5月，文革爆發後，騎五師首先被解除武裝，從此，蒙古人永遠失去了自己的民族軍隊。

◎內蒙古人民共和國臨時政府

　　1945年9月9日，位於內蒙古中央錫林郭勒盟蘇尼特右旗的德王政府所在地召開了內蒙古人民代表大會，宣布成立「內蒙古人民共和國臨時政府」（簡稱「臨時政府」），以留日精英知識分子的「蒙古青年黨」和德王的「蒙疆政權」的幹部為中心，選出長老補英達賚（又譯「寶英達賴」）為臨時共和國政府主席，代表們討論並通過了《內蒙古獨立宣言》和《內蒙古人民共和國臨時憲法》；宣布「中國無理掠奪資源，分割我內外蒙古，致使我全蒙古民族處於不能發展之狀態」。「臨時政府」主張「內外蒙合併」和「內蒙古獨立」，打出了「民族獨立」的旗號。

　　為了擴大影響，「臨時政府」派出代表團前往蒙古人民共和國，要求通過烏蘭巴托廣播電臺向全世界宣布內蒙古已經獨立，還要求蘇聯、蒙古人民共和國承認其獨立，並在軍事、經濟上給予幫助。但是，蒙古人民共和國政府拒絕了臨時政府代表團的要求，同時指明，由於《雅爾達協定》的制約，內外蒙古已經不能合併；內蒙古事情屬於中國內政，蒙古人民共和國的獨立剛得到中國政府的承認，因此不能越界干涉；有關內蒙古的問題，應由內蒙古各界人士作出決定。內蒙古的問題屬於中國的內政，應同中共取得聯繫，以解決內蒙古的民族問題。

　　在赴蒙古人民共和國的代表團啟程後不久，內蒙古人民共和國臨時政府又派出宣傳部長特克希卜彥（漢名王宗洛）等人前往張北，代表臨時政府與中共晉察冀中央局和八路軍晉察冀軍區取得聯繫，探尋

中共的態度，試圖求得承認和支持。臨時政府的成立及其頻繁的活動引起了中共的密切關注，黨中央認為這是一種民族分裂行為，與中共的「民族區域自治」政策相違背。

中共晉察冀中央局根據中央指示，立即派雲澤（烏蘭夫）等人前往蘇尼特右旗解決這一問題。烏蘭夫當時認為中共對境內諸民族也會像蘇聯一樣給予自治共和國的政治自決權，因而做了大量的青年知識分子和民族上層人士的工作，也使更多的人接受了中共的主張，改組「內蒙古人民共和國臨時政府」。烏蘭夫被選舉為主席，改組後的臨時政府搬遷到張家口張北縣，並停止了以臨時政府名義頒發布告或與各盟旗的聯絡，走上了中共領導的內蒙古自治運動的道路。

但是中共的民族政治非主權獨立的「自治共和國」，而是「民族區域自治」，烏蘭夫的民族自決運動之夢因此幻滅。文革中，烏蘭夫曾任「臨時共和國主席」的歷史成為他從事「民族分裂主義活動」的罪證。

◎延安民族學院

1941 年 9 月 18 日，中共在其根據地延安建立了第一所以培養少數民族人才為對象的高等學府——「延安民族學院」。主要任務是對北鄰之蒙古族、威脅其根據地安全的寧夏回族穆斯林社會，實施瓦解與懷柔政策；同時探索與少數民族相處之道，研究其獨自的少數民族政策，並培養「投身於少數民族解放事業」的民族幹部。

延安民族學院由陝西北部出生的漢族人高崗為院長；1941 年 8 月，烏蘭夫到達延安後不久出任教育處處長；遼寧省出身的王鐸任副處長；擁有實權的是學院附屬的「民族問題研究部」部長、來自江西省的劉春。中日戰爭接近尾聲的 1945 年 2 月，延安民族學院遷至鄂爾多斯西部的城川，成立延安民族學院城川分院。在延安和城川學習過的蒙

古人大多出身於土默特和鄂爾多斯地區，文革中被視為「烏蘭夫反黨叛國集團成員」而全部遭到肅清。

◎內蒙古自治運動聯合會

「內蒙古自治運動聯合會」是中共的翼贊團體。抗戰勝利後，中共全面開展了在內蒙古的民族工作。晉察冀中央局及烏蘭夫等一批蒙古族幹部來到晉察冀解放區的政治中心張家口。1945 年 11 月 6 日，內蒙古自治運動聯合會籌備委員會在張家口組成，同時內蒙古人民共和國臨時政府暨蒙古自治政府解散。11 月 26 日，內蒙古自治運動聯合會成立大會在張家口遠來莊禮堂召開。加入該組織的大多是土默特出身的西蒙幹部，他們大多連蒙古話都不會說。

中共對烏蘭夫並不信任，並沒有放手讓他去組織蒙古軍隊，主要是派劉春監視異己，隨時向中央彙報一舉一動。烏蘭夫當選執委會主席兼常委會主席、並兼任軍事部長。烏蘭夫後在中共軍事力量的背景下，廣施謀略，開闢工作，乘機攫取了原由哈豐阿領導的東蒙古人民自治政府及其所屬的東蒙古人民自治軍的實權。該聯合會直到 1947 年內蒙古自治政府成立時都是自治運動的一個重要過渡性組織。

◎四三會議

1946 年 4 月 3 日，內蒙古自治運動聯合會和東蒙古人民自治政府，在熱河省的承德召開的「內蒙古自治運動統一會議」，史稱「四三會議」，又稱「承德會議」。這次會議判定以「民族自決」為目標的東蒙古人民自治運動和內蒙古人民革命黨將成為中共潛在威脅，通過這次會議及其決議所規定的在蒙區採取的各項措施背後，貫穿的是中共對蒙區進行政治整合的歷史主題。

「四三會議」對內蒙古的政治整合包括政權整合、軍事整合、政黨組織整合、政治思想整合和階級關係整合。內蒙古政治整合對內蒙

古自治運動及後來的自治區的形成都產生了深遠的歷史影響。共產黨方面的參加者有雲澤（烏蘭夫）、劉春等人；東蒙古自治政府方面的參加者有博彥滿都、哈豐阿等人。

中共在動員軍事力量施加壓力的同時，又用馬克思主義的民族平等觀和共產主義思想的美好憧憬的雙重手法以獲得蒙古青年的人心，使得會議作出解散東蒙古人民自治政府和停止內人黨活動的《決議案》。此後共產黨員雲澤所主導的自治聯合會亦被迫逐步放棄了寄託蒙古族夙願的民族自決和高度自治路線。

◎反右派運動

毛澤東推進的肅清知識分子的政治運動。1956 年 4 月，為了「解決知識分子問題」，中國推出「百花齊放、百家爭鳴」政策。知識分子出於單純的愛國心，爭先恐後地提出了各種各樣的意見和改善的建議。

「中國應該採取兩院制」、「現在的中國是黨的天下，不是人民的天下」、「毛澤東的喜怒哀樂無常不定，不知道會發生什麼事」等激烈的言論相繼出現。同年秋天，東歐爆發不滿共產主義體制的「匈牙利十月事件」，蘇聯軍事介入，毫不留情地予以鎮壓。

1957 年 5 月 15 日，毛澤東在《事情正在起變化》一文中寫道：「我們隨後要讓他們猖狂一個時期，讓他們走到頂點。他們越猖狂對我們越有益。人們說怕釣魚，或者說誘敵深入全面圍殲。」認為批評一黨專政和社會主義的知識分子是「反動的右派進攻」，在遭到知識分子「這不是流氓地痞式的陰謀嗎？」的抗議時，毛澤東摻雜著調侃、幽默地應戰：「這不是陰謀，而是陽謀。」在這場「引蛇出洞，一網打盡」的「陽謀作戰」的政治運動中，作為「反動分子」被揪出的知識分子達一百二十萬人之眾。

◎四清運動

簡稱「四清」，是國家主席劉少奇1963年發動的「在政治、經濟、組織和思想方面進行清查」的一場政治運動。「四清運動」最初是「清工分、清帳目、清財物、清倉庫」，後來擴大為「大四清」，即「清政治、清經濟、清組織、清思想」。農村的「四清運動」與城市裡的「五反運動」合稱「社會主義教育運動」。

1963年2月，劉少奇在中共中央召開的工作會議上強調要重視階級鬥爭，不只是在甘肅省的白銀有色公司、河北省撫甯縣盧王莊公社桃園大隊和天津市小站地區進行試點四清運動，而且要把這些地區取得的經驗推廣到全國。四清運動前期，劉少奇之妻王光美帶工作隊到桃園大隊搞試點，以便獲取經驗。王光美在桃園對「不清之人」暴力拷問、用槍杆子威逼的手法，被總結為群眾運動的「桃園經驗」。

但在1964年12月的中央政治局會議上，毛、劉發生論爭。1968年10月18日，中共中央專案審查小組周恩來、江青、康生、謝富治等人提出《關於叛徒、內奸、工賊劉少奇罪行的審查報告》通過決議：「將劉少奇永遠開除出黨，撤銷其黨內外的一切職務，並繼續清算劉少奇及其同夥反黨叛國的罪行。」

1969年10月，劉少奇被押送到河南開封市內北土街十號「監護」，劉少奇在被囚禁期間遭受到非人道的虐待而孤寂地死去，因而受到人們的同情。其實他在推行殘酷暴虐的政治運動這一點上，與毛澤東不謀而合。有學者指出，中共黨內的受害者與迫害者的身分常常是合二而為一，密不可分。

四清運動是文革的預演，此由劉少奇在倒臺前的1966年中共華北局召開的「前門會議」上，與鄧小平一道親自出馬，將烏蘭夫定性為「三反分子」、「民族分裂分子」、「修正主義分子」、「內蒙古

最大的走資派」即可看出。

◎內蒙古自治區革命委員會

所謂「革命委員會」簡稱「革委會」。是從舊有的「從走資本主義道路的當權派手中奪權而產生的『新生紅色政權』」，文革獨特的政治產物。1967年1月，上海發生「奪權革命」。繼之在黑龍江首先成立「紅色政權」之後，中央批示全國學習紅色黑龍江省紅色造反者奪權鬥爭的基本經驗。1967年6月，自治區革命委員會籌備小組成立，11月1日，內蒙古自治區革命委員會正式成立，取代了內蒙古自治區黨委、人民委員會的職能。中共中央從北京派遣滕海清任主任，任命高錦明和蒙古人傀儡吳濤、造反派霍道餘為副主任。「革委」班子由七人組成，漢族掌握實權，蒙古人占極少數，「革委會」主導了對蒙古人的大屠殺，於1979年解散。但是從政府中樞排除蒙古族，實權由漢族掌握控制的政治機制至今未變。這一點發人深思。

◎呼三司

「呼三司」乃1966年10月29月成立於內蒙古自治區、最大的紅衛兵造反派組織「呼和浩特市大中（專）院校紅衛兵革命造反第三司令部」的簡稱。它包括呼市六所大專院校和十六所中專裡的六十五個群眾組織。

「呼三司」成立之前，相對保守的造反派於1966年9月成立了「呼一司」，其全稱為「呼和浩特市大專院校毛澤東主義紅衛兵臨時總部」；「呼二司」成立的時間是1966年9月底至10月上旬，其全稱是「毛澤東思想紅衛兵第二司令部」，主要由幹部子弟為主。

「呼三司」與首都三司政治上一脈相承，很快發展成為內蒙古政治舞臺上一支很有能量的造反派組織。其骨幹成員由師院的「東方紅戰鬥縱隊」（簡稱「東縱」）與「九一五」、林學院的「東方紅串聯

大軍」、醫學院的「東方紅造反隊」、內蒙古郵電學校的「毛澤東主義紅衛兵」、內蒙古藝術學校的「星火」等造反派組成。與來自呼鐵局的「火車頭」、軍工系統的河西公司「八一八」等造反團一起共同推進文革。由於呼市在地理上靠近北京，因而比其他地區的紅衛兵更為激進。

1967 年 2 月 5 日，師院學生韓桐被支持「保守派」的解放軍射殺，震動了北京。以周恩來為首的中央負責人支持召開「四方」（區黨委、軍區、呼三司、紅衛軍）代表會議，「呼三司」多次進京與周恩來談判交涉，從而左右中國造反派動向。高樹華、郝廣德等扮演了主要角色。

◎二〇六事件

中共自導自演的肅清蒙古人的陰謀之一。1963 年 2 月 6 日，自治區南部的烏蘭察布盟首府集寧市郵檢部門截獲了一封寄往蒙古人民共和國的信件。該信封用斯拉夫蒙文，而內容則用老蒙文寫成。收信者是烏蘭巴托市製鞋廠。

第一封信的內容如下：「為了迅速合併內外蒙古，我黨最近隆重舉行了第二次代表大會。」第二封信的內容：「最近在 2 月 3 號召開了四十三名代表參加的第二次代表大會，會上主要討論通過了我黨今後的工作任務、方針、政策。與會代表一致表示，內外蒙要合併，並且滿懷信心。」信尾的落款是「蒙古人民革命黨第二次代表大會，蒙古人民革命黨委員會，1963 年 2 月 4 日」。

內蒙公安廳將此案定為「二〇六案件」。1968 年 4 月 26 日，內蒙古革委會核心小組上報中央《關於內蒙古人民革命黨叛國案件的報告》中，落款的「蒙古人民革命黨」變成了「內蒙古人民革命黨」，蹊蹺地多了一個「內」字。此事件成為「新內人黨」存在、發展的證據。

文革前，即在自治區鋪開大規模的清查網，百人以上的東蒙古出身的高級幹部被捕。文革中，根據中央的指示，該信進一步成為以「挖肅」為口實的大屠殺的依據。

◎民族統一革命黨事件

1964 年的「四清運動」中通過逼供審訊獲得一份「自白書」。根據「自白書」交代，文聯幾位幹部都是「民族統一革命黨」成員。1968 年 6 月「揪叛站」向滕海清辦公室緊急遞交《關於內蒙古文聯反黨叛國集團立案報告》，架空出一個「先行的叛國活動地下黑黨——民族統一革命黨，遍布我區文化系統的各部門、各單位。

民族統一革命黨扯起了內外蒙合併的黑旗，活動頻繁」。蒙古知識分子額爾德尼畢力格，作曲家通福被指控為黨魁。「民族統一黨」與內蒙文教界的另一個「反動組織」——「大眾黨」被當成「新內人黨」的變種組織，成為「挖肅」運動的內容之一，被逮捕的蒙古族知識分子達數百人之多。

文革中內蒙古自治區
各地被虐殺的蒙古人人數圖

被虐殺的蒙古人人數的資料非常不完整。隨著研究的不斷深化，祈望有更多的空白被填補。地圖上粗線條的外側部分是 1969 年 7 月被割據肢解後的內蒙古固有的領土。

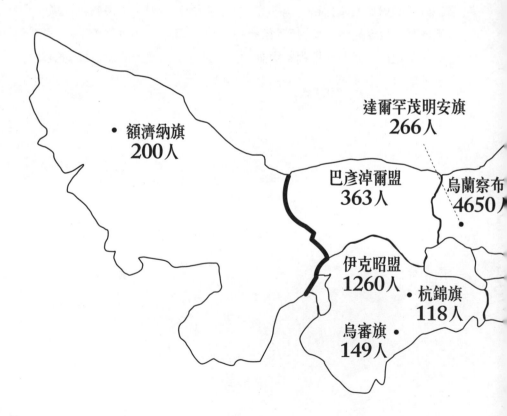

額濟納旗
200人

達爾罕茂明安旗
266人

巴彥淖爾盟
363人

烏蘭察布
4650人

伊克昭盟
1260人

杭錦旗
118人

烏審旗
149人

前言
通往內蒙古文化大革命之路

　　本書研究的焦點在於探索 20 世紀 60 年代，文化大革命對蒙古人的大屠殺中始終隱匿、至今仍屬忌諱的人道犯罪問題。蒙古人幾乎所有的家庭都被捲入了這場大殺戮，這場殺戮本質上即為民族滅絕大屠殺。其理由是：中共認為「內蒙古人民革命黨員」和其「社會基礎」是「我們偉大祖國北部邊疆的一大隱患」。因此，對於中共來說，「懷疑屠殺」、「預防屠殺」是必需的、必要的、必然的「革命行動」。發動與進行大殺戮的一方為中國政府和占總人口百分之九十四的漢人，少數民族蒙古族則因為曾經展開自由自決運動而被定罪，也因此，文革給蒙古族留下的集體記憶是民族大屠殺。

◀ 受共產國際的指示和援助，內蒙古人民革命黨派遣蒙古青年雲澤（即烏蘭夫，圖左）去莫斯科留學。出發前與好友佛鼎在北京合影。十九歲的雲澤至真至性之表情為蒙古人所喜愛。（《烏蘭夫》，1991 年）

一、蒙古人負荷的日本現代史

在某種特定的條件下，國家裝置、民族霸權，以及意識形態有可能轉化成超常的暴力而導致一個民族的毀滅。其中，大屠殺就是暴力裝置的一個典型模式。1966 年至 1976 年文革期間，中共及自詡為「各少數民族之兄長」的漢族對居住在中國境內的「蒙古人小弟弟」大屠殺的歷史就是最代表性的事例。

按照中共官方見解，「有三十四萬六千多名幹部與群眾被誣陷為反黨叛國集團的民族主義分裂政黨——內人黨成員，其中二萬七千九百人被迫害致死，由嚴刑逼供、駭人聽聞的野蠻拷打身體致殘者達十二萬之眾」。另外還有五萬或十萬人被迫害致死之說。顯然，中共的所謂「正式見解」是一個人為操作的保守數字。即使我們信任中國政府這個「善意」的數據，那麼當時的內蒙古自治區漢族人口已經達到一千三百萬，而蒙古人人口僅占一百四十萬，至少每一個蒙古人家庭都有被捕者，幾乎找不到親友中沒有不受迫害的蒙古人。

本書將從蒙古人視角再現這段大屠殺的歷史。從理論上來說，居住在中國境內的蒙古人也是具有主人公身分的中國籍公民，但本書的「中國人」專指「漢族人」。蒙古人與漢族人異文異種，實質上並非中共標榜的「偉大的中華民族大家庭中的一員」。

為什麼這樣說呢？居住中國境內的蒙古人究竟是怎麼回事呢？在日本，一般日本人大都能理解，只要說到「蒙古」，指的是相撲選手朝青龍和白鵬二位橫綱的故鄉「蒙古國」。實際上中國占據的蒙古人居住的廣袤地域、被稱為「內蒙古自治區」的土地面積是日本的三倍，更為準確地說，蒙古人歷史上的祖先之地被中國占領，被編入了中國地理疆域，從而產生出一個被稱為「內蒙古自治區」的特殊存在，而本來這片土地和土地上的蒙古人應為蒙古國的一部分。

本書首先必須說明蒙古人的故鄉為何被中國人占領，相當一部分的蒙古人如何違心地被劃入「中國籍的蒙古族」。

今天「中國籍的蒙古族」人口約有五百萬人，占自治區總人口的百分之十。也就是說，自治區內百分之九十為漢人，從人口基本構成

來看，蒙古人在自己的故鄉也已淪為絕對少數。

　　日本，在本書中為第三主人公，或者可以稱為「隱身主人公」，緣於日本人並不直接登場，本書通過分析歷史記憶和現實闡述，觀察深受日本影響的蒙古人的命運如何與日本當代歷史互為連動，負荷著日本當代史的蒙古人在中國有著怎樣的生活故事。從他們遭遇的多重迫害中，就中國文化大革命與蒙古民族的關係問題進行實證研究，從而勾勒出蒙古民族對這一政治文化現象的基本認識。

　　20 世紀 30 年代，由於現代日本插手蒙古草原地緣政治，蒙古人的領土而被中國占領。具體地說，日本在 1932 年建立滿洲國後，並不滿足於滿洲廣闊無垠的黑土，還想進一步北上入侵蒙古人民共和國和西伯利亞。1939 年夏，在內蒙古草原的諾門坎地區關東軍與蘇聯和蒙古的聯合軍發生激烈交戰。諾門坎戰役中，關東軍慘敗，日本放棄了北進擴大帝國版圖的計畫，改為南下向中國展開進攻。1945 年 8 月，滿洲國也在蘇蒙聯軍的進攻下徹底終結。之前，在美英蘇三國的雅爾達會議上，在蘇聯的強大壓力下，作出了「蒙古人民共和國現狀予以保持」的決定，同時將滿洲和內蒙古轉交中華民國政府，以換取蘇聯在德國投降後三個月之內，參加對日作戰。在如此重要的會議上竟然沒有一個蒙古人參加。換言之，蒙古人並沒有參與這一決定本民族自身命運的會議。

　　1945 年 8 月，內蒙古人民革命黨創始人哈豐阿和特木爾巴根、原滿洲國興安總省省長博彥滿都等人共同成立「內蒙古人民解放委員會」，並發表了《內蒙古人民解放宣言》。8 月 21 日，在興安盟王爺廟（今烏蘭浩特市）成立了內蒙古人民革命黨東蒙本部。同年 10 月，組成代表團前往烏蘭巴托，尋求蒙古人民共和國的支持，幫助實現「內外蒙古合併」。

　　蒙古人民共和國的喬巴山元帥雖然有強烈的統一意志，但是外蒙政策屬於更高層次的戰略需要，即蘇聯戰後對華和美國的總外交政策。因此喬巴山不得不忍辱負重地暫時拒絕了內蒙代表提出的合併要求，但是同意向內蒙古的自治運動提供政治指導和軍事支援。1946 年 1 月，

在王爺廟以南的葛根廟召開了東蒙古人民代表大會，宣布成立東蒙古人民自治政府。另外一方面，1945 年 11 月，在中共領導下的內蒙古自治運動聯合會籌委會在張家口成立。烏蘭夫等蒙古族的中共黨員在熱河、察哈爾等蒙古族聚集的地區展開工作，並將蘇尼特右旗「內蒙古人民共和國臨時政府」的獨立運動統一在中共的領導之下。1946 年 4 月，經過烏蘭夫等人的反覆勸說工作，王爺廟的東蒙人民自治政府同張家口的內蒙古自治運動聯合會合併，內蒙古人民革命黨停止了活動，東蒙古自治政府軍也編入內蒙人民自衛軍，烏蘭夫出任自衛軍司令員兼政委。

就這樣，內蒙古東部地區的自治運動由接受蘇聯和蒙古人民革命黨領導轉為統一接受中共領導。1947 年 5 月，在王爺廟舉行內蒙古自治政府成立典禮。自治政府所在地王爺廟被改為烏蘭浩特（意為紅色之城），這就是今天的內蒙古自治區前身，而蒙古人的故鄉變成了中共的領土。

從這個前因後果來看，「內蒙古自治區」是日本建立滿洲國半途而廢的結果之一啊！本書的主人公們生逢「日治時代」，在軍閥割據、國共內戰以及錯綜複雜的中蘇「利益範圍」的歷史中，再摻入第三國日本的「民族協和」，蒙古人是如何、又怎麼負荷日本的近、現代史，並與蒙古自身尋求自由與自決的歷史相關聯的呢？開卷本書，或許可以共同探討這個嚴肅的課題。

侵入大草原的日本人於 1945 年秋天撤回了日本列島，但蒙古人的領土被一分為二，一部分成為蘇聯的衛星國，另一部分成了中國占領下的自治區。那麼，故鄉被劃入中國版圖、國籍成為中國人的蒙古人命運究竟如何呢？蒙古人自身創造的歷史在中國究竟處於什麼樣的位置呢？是「正確的歷史」、還是「錯誤的歷史」呢？

對中國境內的蒙古人來說，是幸運，抑或不幸？

答案是否定的。傾向於對事物進行善惡兩極對立思考的中國，以「蒙古人都是對日合作者＝日本傀儡＝偽滿日奸」而斷罪，蒙古人追尋民族自決的歷史都是「分裂祖國的行為」，從中共建政伊始至

文革前的十七年歷史中不斷被清算、被批判、被整肅。文革中蒙古人構建的現代全部歷史再次作為「罪惡」重新被「徹底大清洗」，終至於 1967 年到 1970 年的三年間在蒙古大草原發生了民族大屠殺（Genocide）。本書記述的僅僅是中共製造這次民族大屠殺歷史的一個端倪，書中試圖通過對一些個案的實證性描述，解讀民族大屠殺的暴力文化的成因，以及此事件對被迫害、被殺戮的民族所產生的深遠影響。

二、本書的構成

闡述內蒙古的現代歷史不能遺漏日本。筆者在敘述通往對蒙古人的大屠殺之路以前，首先必須記述日本、蒙古及中國錯綜複雜的糾纏與關聯，作為個體記憶，本書也回憶了筆者及家人在文革中的體驗。

本書由以下四個部分構成：

第一部分：沐浴日本近代教育薰陶的蒙古族知識分子如何在嚴酷的中共政治運動中努力探尋民族生存之道，通過當事者自己的視角回顧歷史。他們這一群民族精英操說一口流暢的日語，烙印著日本型的現代精神，因而中國稱呼他們為「挎洋刀的」。當然，「對日合作者＝偽滿日奸＝挎洋刀的」成為他們被任意羅織添加的罪名。這樣，對蒙古人的民族自決運動的否決以及迫害，實質上就是中共對日本殖民統治的間接清算。讀者不能忽略這個事實。

第二部分：接受過日本近代教育的內蒙古東部的教育水準很高，即使進入中共建政時代，東部草原也培育了無數的新知識青年。青年們在文革爆發後，立即舉起了向共產黨既得利益造反的旗幟。但不久，這些青年無一例外地遭到了肅清，因為被父輩們的「對日協力者＝偽滿日奸」之「原罪」株連。本書的第二部分將敘說這段

歷史。

第三部分：最初參加共產黨陣營的蒙古人主要是內蒙古西部土默特地區和鄂爾多斯地區的蒙古人。他們都曾在共產黨根據地的延安學習，是「根正苗紅的延安派」。為肅清和瓦解東蒙幹部，中共充分而有效地利用了「延安派」。中共達到其目的之後，「無用的延安派」也被整肅。最後，蒙古民族精英整體被迫害殆盡。

第四部分：共產黨和被煽動、被愚弄的漢族人對蒙古人的殺戮規模之大、時間之長，為歷史罕見。內蒙古草原化作了名副其實的駭人聽聞的大屠殺原野──男人遭清算，女人被強姦，世世代代居住在國境線上的牧民被強制內遷，清騰出來的土地、家園由漢地移民居住，母語蒙古語被禁言……諸如此類的非人道的犯罪暴行在基層政治單位的人民公社內又是如何進行的呢？這一部分記錄了民族大屠殺的倖存者從不同角度的證言。

　　對造成數萬蒙古人被害、婦女被強姦這樣悲慘的內蒙文革，作為直接責任者的漢族人卻沒有一人受到任何形式的法律制裁。相反，全部責任被一乾二淨地推卸給一位蒙古作家烏蘭巴幹，歸罪於這位蒙古作家抄寫了一份「內人黨」名單。這就是中共獨特的文革清算方式。中共甚至將民族大屠殺的原因歸之於「蒙古人自己搞的窩裡鬥」，也就是說，中共依然主張受過日本近代教育「挎洋刀的」東蒙幹部與「延安派」西蒙幹部之間鬧「矛盾對立」是其原因。漢族人單方面實施的民族大屠殺的事實至今仍被隱蔽，民族大屠殺之後又找蒙古人作替罪羔羊，這一筆歷史的糊塗帳至今未被梳理、澄清。

　　文革中，「全中國普遍存在迫害與被迫害」這一簡單的對立模式與粗糙的結論，遮蓋了內蒙文革的本質，這就是蒙古人心頭的巨大隱痛，以及有理說不清的現狀。真相未明，談何和解？更枉言徹底清算民族暴力殺戮的歷史慣性和土壤根源了。這種曖昧的現狀，將導致更大的隱患。這將在本書最後兩章內進行分析與梳理。即使是「概述」，

也是一言難盡，僅僅是為了今後研究與清算這段歷史提供一個視角，
盼能有拋磚引玉的效果。

「20 世紀是大屠殺和戰爭的世紀。」人類基於和平的理念反省戰
爭，於 1948 年 12 月 9 日，在聯合國大會上通過了《防止及懲辦滅絕
種族罪公約》。公約於 1951 年 1 月 12 日生效。全文共十九條。公約
規定：

> 「蓄意全部或局部消滅某一民族、種族或宗教團體的行為即
> 為滅絕種族罪；這種行為以及預謀或煽動滅絕種族的行為，不論
> 發生於平時或戰時，均係國際法上的一種罪行，應予防止並懲治。
> 各締約國必須制定必要的法令以保證本公約的實施。泯滅種族係
> 國際法上之一種罪行，違背聯合國之精神與宗旨，且為文明世界
> 所不容；認為有史以來，滅種行為殃禍人類至為慘烈；深信欲免
> 人類再遭此類獰惡之浩劫，國際合作實所必需；茲議定條款如下：
>
> 　第一條，締約國確認滅種行為，不論發生於平時或戰時，均
> 係國際法上之一種罪行，承允防止並懲治之。本公約內所稱滅種
> 行為係指蓄意全部或局部消滅某一民族、人種、種族或宗教團體
> 犯有下列行為之一者：
>
> 甲、殺害該團體之成員；
> 乙、致使該團體之成員在身體上或精神上遭受嚴重傷害；
> 丙、故意使該團體處於某種生活狀況下，以毀滅其全部或局
> 　　部之生命；
> 丁、強制施行辦法意圖防止該團體內之生育；
> 戊、強迫轉移該團體之兒童至另一團體。」

對照聯合國的《防止及懲辦滅絕種族罪公約》來看內蒙古呈現的
歷史，無疑，共產黨和漢民族製造的內蒙文革吻合民族大屠殺的定義。
筆者長年一系列的研究和本書也正是基於此《公約》對民族大屠殺的

定義來審視與詮釋內蒙文革的。至於大屠殺過程中如何呈現出中國的
具體形態以及其所依據的理論，本書將在最後部分概括論述。

　　本書以十四位蒙古人的述說為軸心，描述他們的人生命運及民族
命運。親身經歷文革大屠殺的蒙古人很多，筆者在長期的田野調查中
採訪過很多倖存者，收集他們的證言。本書登場的十四人，是內蒙古
自治區各地發生的林林總總的各種政治運動具體事例的鮮明代表。

　　十四位蒙古人都非常理性地按照時間的順序回顧了自己的文革體
驗。筆者以見證者的敘述為文本基礎，佐以筆者本人學習的國際關係
與中國整體的時政資料和初步分析。筆者本人就是來自內蒙古自治區
的蒙古人，亦是文革的親歷者，本書記述中交織著筆者親歷的現場實
態。為數萬死難的蒙古人代言，筆者與十四位見證者都自認為是責無
旁貸的天職。

　　《墓碑──中國六十年代大饑荒紀實》作者楊繼繩先生說：

　　「寫文革史是危險的。你提出任何一個理由充足的論點，都會有
人提出理由充足的反駁；你寫出任何一個歷史事件，都會有人批評你
敘述的片面性。這是因為文革的當事人大都健在，這些人在文革中扮
演著不同的角色，有著不同的處境，有著不同的視角和不同的體驗。
當事人的這些批評是很可貴的，它會使研究者不斷逼近歷史的真實。
只有當代人寫當代史才可以獲得這種可貴的資源，當然這也是當代人
寫當代史的難處。

　　「寫文革歷史不僅要跳出《關於建國以來若干歷史問題的決議》
的思想框架，也要跳出文革經歷者的感情糾葛。不排除感情糾葛，就
很難客觀、冷靜；沒有客觀就沒有真實；沒有冷靜就沒有理智。不站
在官方立場，也不站在文革親歷者的個人立場，那麼，站在什麼樣的
立場呢？我同意丁東先生的看法：應該站在人類文明、政治文明的高
度，用普世價值觀點來研究和反思文革。當然這樣做是不容易的，因
為人們很難超越自身環境的侷限。」

　　筆者完全贊成楊、丁二位先生的研究方法，也正在孜孜努力。但
不同的記憶主體，不同的認知與感情，尤其是蒙古人作為被屠殺的一

方，在記憶敘說、書寫文革的時候，所處的立場與擁有的價值觀與漢人是截然不同的。我們蒙古人在論及文革民族大屠殺時還不能做到百分之百「冷靜客觀」的描述。倘若讀者諸君讀後得出一個「不冷靜」的印象的話，請原諒筆者之局限。但是也請讀者相信「囿於民族感情」的敘說並沒有顛倒事實的本身。本書全部證言由筆者用日語記錄和整理。惟願本書的局限能夠成為與他者對話的契機。

內蒙古的現代史就是蒙古固有的領土遭受外來侵略和分割，被迫捲入政治陰謀而慘遭大屠殺的過程，也是傳統遊牧經濟形態被迫迅速消失的過程。侵入內蒙古，建立殖民地的外部勢力是中國和日本；對蒙古人進行分而治之的也是中國和日本，只不過發動民族大屠殺的則只有中國。這，就是追溯通往大屠殺之路的一個蒙古人學者的觀點。

三、自發的劊子手——暴力精神裝置的形成

蒙古人是居住在北亞大草原的遊牧民族，曾經在 13 世紀創建了橫跨歐亞大陸的大蒙古帝國。成吉思汗（1162-1227）率領騎馬男兒鐵蹄遍布世界，蒙古人曾在稱霸世界時於中國建立元朝，元朝成為蒙古帝國在東方的一個屬國。元朝建立了比中國任何朝代都寬懷豪放的政治體制，繁榮了燦爛的文化。蒙古人建立了一個超越漢人帝國的世界史上的大帝國。日本學者本田實信、杉山正明提出，「蒙古時代」不是「中國史」或「中國史中的元朝時代」，而是世界史，這是世界視角的概念。但是漢人卻視蒙古為異族，不願接受異族統治的漢人相繼發動叛亂，1368 年元朝皇帝離開大都北京，撤回長城以北的大草原。中國人在自己的故鄉漢土建立了明朝，安徽出身的朱元璋以南京為都稱帝。

蒙古高原的原遊牧住民在明朝成立後仍然採用元朝的稱號，稱為「北元」。17 世紀之後，另外一支遊牧狩獵民族成為一支新興的政治力量，以勇猛之勢出現在大興安嶺東部的黑森林中，這就是滿洲人。1635 年，蒙古人承認新興勢力的滿洲人為草原上的大汗。翌年，滿洲人在被稱呼為奉天的瀋陽建立大清王朝時，分布於大戈壁沙漠之南的

蒙古人參列大清建國儀典。由此，作為清朝最早臣民、大戈壁以南的蒙古人的祖先之地被稱為「內藩蒙古」或者「漠南蒙古」，其四十九旗的首領被稱為「內札薩克」，直接隸屬於理藩院，並擁有兵權。

漠南蒙古歸屬滿清後，天生騎兵的蒙古人成為了大清勇士，不斷征戰，屢受封賞，不僅是漢地的窮鄉僻壤，甚至包括西邊的西藏高原、土耳其系人居住的新疆綠洲都一一囊括為清朝的領土。清王朝統治持續近三百年，漢人們也逐漸臣服於平靜的生活。進入 19 世紀之後，紅毛碧眼的「野蠻人」從海上出現，用武力叩開了大清國門，在北京附近的天津港同西洋軍隊勇敢作戰的也是驍勇善戰的蒙古人。時代進入熱兵器之後，馬背英雄就只有鳴金收兵、退出歷史舞臺的份兒了。

大清時代，作為清朝堅盾的軍事同盟的蒙古人獲得準統治者的地位，故鄉的大草原得到了良好的保護。乾燥土地的草原植物生態十分貧弱，既不適合墾殖耕地，也不適合人們聚落居住。因此，清朝嚴禁擅長於農耕的漢地農民流入草原地帶，嚴禁開墾蒙地。但滿清敗於西方列強之後，必須支付巨額賠償金，徹底改變了對蒙政策，只好開放長城重關，實行「新政」，允許漢地農民北上冒險，移民放墾。此時，固守草原的遊牧民族的蒙古人及其傳統的自主權益，與開荒拓殖，務農定居的漢人之間的矛盾衝突就無法避免了。

雙方衝突以漢人反叛清廷的形式伊始。1891 年 10 月，頭裹紅巾為記的漢人農民在內蒙古東南部武裝叛亂，並波及遼寧、吉林、河北三省，這就是「金丹道之亂」。這場殘酷的民族屠殺給蒙古社會留下恐怖記憶，並產生了深刻的歷史影響。而且漢人們堅信，自己的貧困落後是因為蒙古人的存在，只要訴諸於暴力手段，蒙古人就會輕易屈服、會乖乖地交出土地。透過「金丹道之亂」血腥暴力手段，攫取蒙古人土地，殖民蒙古人祖祖輩輩生活的空間，成為漢人社會對少數民族大屠殺的「文化裝置」而定型下來，並形成可怕的精神土壤。

「金丹道之亂」之後半個世紀，即 1940 年代後半葉，自詡為「解放者」的中共進入蒙古南部，將在廣闊無垠的草原畜牧的遊牧民劃分為「剝削階級」，掠奪蒙古人的草原分給漢人農民。漢人農民因而「熱

烈擁護」共產黨，積極回應迫害蒙古人的所謂「和平土地改革」。崇尚「金丹道之亂」的暴力文化模式以強烈的集體記憶殘存於漢人社會裡。清末漢人農民的武裝叛亂的暴力傳統，就這樣培育了文革中屠殺蒙古人的「自發的劊子手」。

四、「共產國際」的寵兒們

　　給積弱已深的滿清最後一擊的漢人孫文提出「驅除韃虜，恢復中華」的口號，創建了中華民國。眾所皆知，在明初反元時，一般蔑稱叫「蒙古韃子」，韃虜是歷史上漢人對北方少數民族如蒙古族、滿族等民族的蔑稱。事實上，除了綱領外，從選擇南京為首都，並將自己的墓地也選擇在朱元璋的陵墓旁邊來看，孫中山又進一步刺激了漢人社會內部根深蒂固的民族主義情緒。漢人主導的中華民國從一開始就將包括蒙古人、西藏人在內的「韃虜」打入政治底層，不可能賦予真正平等的地位。

　　作為被驅除對象的蒙古人先驅們走上了探索民族自決之路。1911年滿清政權滅亡之前，即 1911 年 12 月 29 日，哲布尊丹巴呼圖克圖於庫倫登基，定年號為「共戴元年」，蒙古高原的原住民宣布獨立。位於大戈壁以南內蒙古的蒙古人聽到漠北同胞們獨立之聲也歡天喜地熱烈響應，並希望內外蒙合併，建立統一的民族國家。但是「金丹道之亂」後繼者的漢人軍閥已搶先鞏固內蒙古地盤，用武力阻礙了蒙古人的內外呼應。不得已留在中國境內的蒙古人只有與他們並不歡迎的屯墾漢人尋求共生之道。

　　1917 年，俄國的「十月革命一聲炮響」也震響了蒙古高原。1921年遊牧民開始了革命運動。同年 2 月和 3 月，漠北人民黨黨員舉行了兩次會議，會上通過了組建蒙古人民軍等決議，還通過了新的綱領，這個綱領實際上起著黨綱的作用，它宣稱蒙古人民黨將為「消除人民大眾的苦難」、為成立獨立的蒙古國而鬥爭。

　　草原的民族民主革命當然也鼓舞了內蒙古的知識分子，他們也正在探尋成立政治組織，實現民族解放之路。出生於內蒙古卓索圖盟喀

拉沁中旗（今赤峰市寧城縣）的白雲梯，畢業於北京蒙藏專科學校，他召集內蒙古各盟旗來這所學校學習的優秀青年，於 1925 年 10 月 12 日在長城之麓的張家口召開了「內蒙古人民革命黨」第一次黨員大會。黨中央執行常委中有白雲梯、郭道甫等人。

　　內蒙古東部優秀青年成為該黨骨幹。共產國際駐內蒙古代表、中國國民黨代表、馮玉祥的國民軍代表、蒙古人民革命黨代表等人出席大會。大會制定了內蒙古人民革命黨的黨綱、黨章，由白雲梯出任中央執行委員會委員長、郭道甫任秘書長。大會通過了一系列決議，還決定成立內蒙古人民革命軍、內蒙古軍官學校。此次大會發表了《告全體民眾宣言書》，提出自己的政治主張，將反大漢族主義、反帝國

▲ 1925 年 10 月，內蒙古人民革命黨在張家口成立時，同蒙古人民共和國及共產國際代表合影。前排左起：金永昌、福明泰、郭道甫、白雲梯、樂景濤、包悅卿、李丹山；後排左一為寶音鄂木合（筆名齊慶畢力格圖，蒙古革命青年聯盟中央委員會書記）、左二為丹巴道爾吉（蒙古人民革命黨中央委員會委員長）、左三為奧齊羅夫（共產國際代表）。

主義、反封建主義寫入本黨黨綱。

　　十九歲風華正茂的青年雲澤以蒙藏專科生的代表身分也出席了本次會議。雲澤的故鄉是內蒙古西部的土默特（「土默特」的蒙語意為「萬戶」或「無數」），漢人屯墾民占居民九成。早在 19 世紀伊始，由於蒙古固有語言和文化傳統的急速消失，土默特地區的蒙古人民族意識比其他地區更為強烈。不久，青年雲澤受內蒙古人民革命黨和共產國際的派遣，前往莫斯科留學。四年後的 1929 年秋天回到故鄉。雲澤到延安之後，擔任延安民族學院教育處長、陝甘寧邊區民族事務委員會委員。1945 年日本戰敗後，雲澤在中共第七次代表大會上當選

中央候補委員，從此成為內蒙古的新政治領袖。

與雲澤一道赴莫斯科留學的特木爾巴根和朋斯克也於 1929 年帶著共產國際的指令回到東部，在哲里木盟進行地下活動，發展力量。1932 年在朋斯克、特木爾巴根等人的影響下，哈豐阿和阿思根成為內蒙古人民革命黨的中堅力量。他們甚至還制定了在日本統治下的滿洲國發動武裝起義的計畫，但未能獲得共產國際的批准。

1936 年至 1941 年間，特木爾巴根受到日軍懷疑時，正在滿洲國駐東京大使館任職的哈豐阿回國與日方周旋，使得特木爾巴根脫離險境。共產國際的諜報人員同樣受到日軍的盯梢，也由於哈豐阿鼎力相助而平安無事。此外，在內蒙古中部德王的蒙古軍第九師團裡，畢力格巴特爾、烏力吉敖其爾等黨員都在積極開展活動。他們與東部的哈豐阿和阿思根以及共產國際都有聯繫。

這些共產國際的寵兒們在靜觀時局的變化。

五、「挎洋刀的」──新型蒙古知識分子之夢

內蒙古東南部科爾沁草原出身的達瓦敖斯爾（漢名富連科），先在北平蒙藏學校就讀，後入北京大學政治系深造。1930 年 1 月，達瓦敖斯爾撰寫了題為《奴隸有權選擇像樣一點兒的奴隸主》一文，該文驚世駭俗，名留後世。其主要宗旨是：與漢人治下的中華民國相比，蒙古人可考慮選擇現代化的日本為「更合適的奴隸主」。達瓦敖斯爾曾在滿洲國為官十二年，他的主張某種程度上代表了部分蒙古知識分子的思想。

1932 年內蒙古東部地區被編入滿洲國興安四省（興安西省、興安東省、興安南省、興安北省）。日本在各地設置了教育機構，僅以小學來說，至 1941 年 11 月為止，在興安四省與其他蒙古地區就興建了三百四十九所，學生有二萬五千零一十八人。此外，日本還設立了國民高等學校和女子國民高等學校。在奉天和王爺廟這樣的都市設立了師範學校和各類軍官學校。無數蒙古青少年學習蒙語和日語，他們希望升入滿洲建國大學或者到日本本土學習。日治時代，產生了很多新

型的蒙古知識分子，他們後來都成為蒙古民族自決運動的中堅力量。

由於蒙古人具有尚武的天性，因此日本人執教的各類軍官學校尤其受到蒙古青年的歡迎。身佩一把作為指揮官象徵、以及東洋近代文明象徵的日本刀，成為眾多蒙古青年的夢想。日本也積極將這一雙重象徵的日本刀授予蒙古青年。具有近代思潮的新型民族精英還能自由自在使用蒙語、日語和漢語三種語言。後來胸無點墨、不學無術的漢族共產黨貶稱他們為「挎洋刀的」。

「選擇像樣一點的奴隸主」並非蒙古青年之初衷。日治時代結束後，蒙古青年的第一個反應是絕不再做奴隸，追求民族自由、獨立之道。1945 年 8 月 10 日，蘇蒙聯軍解放內蒙古。內蒙古人民革命黨主要幹部朋斯克隨蘇蒙聯軍回到呼倫貝爾草原地區發動民族運動。同年 8 月 18 日，朋斯克與在內蒙古深受愛戴、擁有卓識遠見的哈豐阿、特木爾巴根等在王爺廟組成「內蒙古人民解放委員會」，公開提出恢復內蒙古人民革命黨，並且成立了「內蒙古人民革命黨東蒙黨本部」，以內蒙古人民革命黨的名義發表了《內蒙古人民解放宣言》，宣稱內蒙古將在蘇聯及蒙古人民共和國的指導下併入蒙古人民共和國。他們在致蒙古人民共和國喬巴山元帥和澤登巴爾的信中，提出「內外蒙合併」的要求：

> 我內蒙人民多年來受了北洋軍閥與日本帝國主義的種種的統治，遭受到水深火熱的殘苦，因而，我內蒙古人民革命黨接受了蒙古人民共和國與蘇聯的領導，一直奮鬥到今天。
>
> 因為內蒙兩百萬同胞堅決有著合併於蒙古人民共和國，使其發展自己的願望之故⋯⋯據民眾的願望及現在形勢的發展的緣故，堅決相信全蒙古的合併，現在的極好的機會外，之後再無此等極好的機會。（*內蒙古專揪哈阿豐聯絡委員會‧內蒙古語言委哲學社會科學研究所《東方紅》1967 年 6-7 期*）

1945 年 8 月 10 日，當蘇蒙聯軍進入內蒙古草原時，喬巴山元帥

宣布「此舉是為了內蒙古骨肉同胞獲得自由和解放而戰鬥」，但是蘇聯擔心如果內外蒙統一，接下來蘇聯境內的布里亞特蒙古人也可能會興起要求加入蒙古族統一國家的運動，而「泛蒙古國」的出現是蘇聯絕不願意看到的。喬巴山元帥不得不做出選擇，讓一部分同胞留在異民族統治下。

　　1945 年 9 月 9 日，內蒙古人民代表大會召開，宣布成立「內蒙古人民共和國臨時政府」。為察知動向的真實性，美國向史達林尋辨真偽，史達林才開始向喬巴山元帥傳達蘇、美、英三方達成的《雅爾達協定》。喬巴山元帥向前來烏蘭巴托尋求「內外蒙合併」的「臨時政府」代表團表示並承諾在軍事、經濟上給予幫助，但卻拒絕了代表團合併內外蒙的要求，蒙古人民共和國雖然也有與內蒙古統一合併成一個民族國家的願望，但同時指明，由於《雅爾達協定》的制約，「內外蒙古合併困難」。

　　這個結果，正是蘇聯和美國這樣的大國不惜犧牲小國利益的利己主義給弱小民族造成的悲劇。

六、被扼殺在搖籃裡的民族自決運動

　　蘇蒙聯軍從日本統治下解放了內蒙，但是此時，內蒙已無力趕出早已在草原上奠定殖民地根基的漢人農民入殖者和地方軍閥。喬巴山元帥「為內蒙古骨肉同胞獲得自由和解放而戰鬥」的美好目標只實現了一半，內蒙古仍然是中國的殖民地。不僅如此，新的政治勢力——中國共產黨，利用日本撤退之後形成的權力真空，宣稱「解放蒙古」，乘機擴伸勢力範圍。

　　內外蒙統一無望，哈豐阿領導的「東蒙古人民自治政府」以及「內蒙古人民共和國臨時政府」不得不解散，統一組成「內蒙古自治運動聯合會」。內蒙古自治運動聯合會是在中國共產黨的領導下的晉察冀解放區政治核心張家口成立、統一戰線性質的組織。烏蘭夫率奎壁、克力更等一批蒙古族幹部具體負責內蒙古民族工作，他們登上了歷史的主要舞臺。極少數內蒙西部出身的蒙古人參加了這個聯合會。弱勢

的西部蒙古人沒有獨立的軍隊，在自己的故鄉無力推進區域自治運動，此外，強大的國民黨軍隊駐紮在內蒙西部，這支國民黨軍隊的前身，正是滿清滅亡之後就以武裝割據在內蒙古的中國軍閥。直到2002年前，中華民國政府仍然頑固地不肯承認蒙古人民共和國的獨立以及內蒙古的自治。由於漢人軍閥統治阻止了進路，雲澤首先赴錫林郭勒草原開展工作，乘機改組「內蒙古人民共和國臨時政府」。改組後的「臨時政府」搬遷到張家口，在共產黨軍隊的威逼下臨時政府「自動解散」。

1946年1月16日，「東蒙古人民自治政府」這個新生嬰兒破啼而生，象徵著東部民族自決的新曙光。但是在內外蒙古民族統一的希望破滅後，最沒有辦法的辦法就是與中共取得聯繫。1946年4月3日，雲澤領導下的「內蒙古自治運動聯合會」與哈阿豐領導下的「東蒙古人民自治政府」各派代表，在熱河省的承德共同商討實現內蒙古自治運動的統合問題。但雙方爭議很大，出現分歧。分歧的核心問題在於：是由誰領導和要什麼樣的自治，也就是說是由中國共產黨領導，還是由內蒙古人民革命黨領導？是在民族平等基礎上的民族區域自治，還是獨立自治？哈豐阿堅持自己的觀點，態度強硬。但最終，會議還是決定擴大共產黨領導下的內蒙古自治聯合會，解散具有高度自治權的東蒙古自治政府，這就是「四三會議」，蒙古知識分子認為這次會議象徵著民族的屈辱。

翌年2月，「挎洋刀的」的東部群英——滿洲國殖民地培養的新型近代蒙古知識分子在禮炮轟鳴聲中的王爺廟迎來了新的蒙古族領導者——雲澤。

1947年5月1日，內蒙古自治政府在王爺廟宣布成立。雲澤正式改名為烏蘭夫。「烏蘭夫」的「烏」字取自共產主義運動的元祖列寧的姓弗拉基米爾·伊里奇·烏里揚諾夫（列寧是他的筆名）。蒙古語中，烏蘭夫是「紅色孩子」的意思，意味著共產主義天賜驕子。培育了「挎洋刀的」蒙古民族精英的王爺廟也改名為「烏蘭浩特」，意為「紅色都城」。

　　清朝雖是滿洲人開創的帝國，但頗具諷刺意義的是，擁戴滿清皇帝的漢人們的「大中華意識」卻在不斷增強。在咄咄逼人的西方列強面前，逐漸滿族化的漢人稱束手無策的滿清皇帝為「無能的中國政治家」。漢人們對不嗜農耕的北方遊牧民族，不管是滿族人還是蒙古人，內心都蔑視其為「野蠻的異族」；但卻把滿清開拓的、比中國歷史上任何王朝都廣闊的疆土當作「中國固有的領土」。對於異族人滿洲人，任何時候都視其為「非我族類，其心必異」；但對滿清的財產──僅指領土而言，卻作為「中國人的領土」而繼承下來。由此可見漢人的利己主義思想。對此，中共也毫不例外。因此，中共也就不擇手段地封殺蒙古人的民族自決運動。

七、來自「奴隸主」對「奴隸」的制裁

　　1949 年中共建政後，共產黨宣稱「將蒙古人民從殖民地解放」。實際上 1912 年清朝滅亡時蒙古人口還不到八十萬，而漢人屯墾民大量增加，已經膨脹到五百萬。無疑，除東部興安四省之外，內蒙古完全淪為中國的殖民地。在中國政府「賜予」的「自治區」淪落為少數派的蒙古人，只好別無選擇地居住在漢人共產主義者為主人公的殖民地。

　　從蒙古人的視點來看，殖民地宗主國日本消失之後，繼續生活在殖民地的中國，殖民主義這一性質毫無改變。換言之，蘇蒙聯軍只趕走了日本殖民者，卻永遠留下了漢人殖民者。

　　烏蘭夫是一位真誠的共產主義者，不僅在莫斯科接受過共產國際的正統教育，而且在延安接受過毛澤東之流的中共殘酷的政治洗禮。即便如此，毛澤東領導的中共對他並不放心──只因為他是個蒙古人。對由異族的蒙古人烏蘭夫作為十三大軍區之一的內蒙古司令員來鎮守北方的大草原，毛澤東與中共忐忑不安，心存後顧之憂。由此也可以看出，北京政府眼裡蒙古人對「中國的忠誠心」之淡薄。烏蘭夫對毛澤東的《論聯合政府》裡的「聯合政府」抱過希望，試圖走蘇聯式的自治共和國道路，但當他迫不得已要執行民族區域自治政策時，他想

方設法抵制北京政府推行的「文明人」的農耕經濟生活方式，並抵制伴隨強制開墾廣袤大草原而滾滾湧來的漢人移民。從頑強抵抗農耕經濟形式，固守遊牧民族生活傳統方式來看，蒙古人與中國人之間的矛盾，在根底上是一種「文明的衝突」。

　　再就是外部環境。國際局勢的變化也影響著中國的少數民族政策。1956 年社會主義國家民眾爆發對獨裁的積怨和不滿，即「匈牙利十月事件」與波蘭的「波茲南事件」。圍繞東歐社會劇變，社會主義陣營的中蘇交惡，並激烈對立。中共漫罵蘇聯為修正主義，並與蘇聯傳統友好國的蒙古人民共和國反目為仇。事實上，從 1960 年代起，中國的邊境地區就很不穩定，新疆西部伊犁的維吾爾族和哈薩克族人對中國政策不滿，有七萬人衝破邊防線，逃入蘇聯境內。中國指責這是由於蘇聯煽動而造成的。

　　「波匈事件」等一系列東歐國家反抗社會主義壓制運動日趨激烈，毛澤東發覺，本國恐怕也有很多人對自己不滿，毛澤東本人曾經一再以「匈牙利十月事件」為鑑，為他的階級鬥爭理論服務。1957 年他發動的肅清知識分子的反右派鬥爭，就是為了防止「匈牙利十月事件」在中國上演。全國大約一百二十萬「反黨反社會主義」的知識分子在這場政治運動中被整肅（丁抒，2006）。據《自治區第二次摘掉右派分子工作會議紀要通知》記載，內蒙古自治區「右派」為三千九百三十四人。在少數民族地區，毛澤東主張既要反對「狹隘的地方民族主義」，又要反對「大漢族主義」，但是，令中國尷尬的是內蒙古的「右派」幾乎都是蒙古人。蒙古族的知識分子因「具有民族情緒」被打成「民族右派」，而不知為什麼侮辱少數民族的漢族人卻沒有一位因「大漢族主義」而遭致整肅的（暴彥巴圖，2006，頁 105）。由此，便可顯而易見中國政府的雙重標準。

　　從「反右運動」勝利鳴鑼收鼓之後的 1960 年底起，中蘇之間對立和對抗升級，日益分道揚鑣。因此，如果「蘇聯修正主義」進攻中國的話，鎮守首都北大門的蒙古人站在哪邊，逐漸成為一個嚴峻的問題。

作為異族的蒙古人，歷史上留有兩次罪惡的「前科」。一次是滿洲國時代曾經「附逆」過日本，培養一批「挎洋刀的」民族精英；第二次是日本撤退之後的 1945 年 8 月，以「挎洋刀的」民族精英為主體廣泛開展了推動內外蒙統一的民族獨立運動。儘管烏蘭夫在莫斯科和延安接受共產黨教育，但顯而易見，他對「挎洋刀的」依然抱著溫存偏袒的態度。從內蒙的歷史和現狀來看，無論怎麼說，漢人眼裡的蒙古人都是不值得信任的肘腋之患。

從 1964 年起，中國發動全國範圍內的「四清運動」，烏蘭夫卻在內蒙古推動了一場與「四清」毫無關係的「反對大漢族主義運動」。這無異於表示，烏蘭夫向中共「舉起反旗」，是個「根深蒂固的叛逆」。

中共為了取得對蘇決定性的勝利，只有事先對北疆「犯有前科的蒙古人」一網打盡，他們早已掌握了殲滅蒙古人的「大義名分」，這就是蒙古人曾經「附逆偽滿」。只有乾淨地收拾了蒙古人之後，在中國本土就可以順利無阻地開展文化大革命了。這就是中國的文化大革命為何從內蒙古開始的緣由。而內蒙文革也意味著漢人奴隸主對淪為奴隸的蒙古人的大規模暴力制裁。蒙古人就是這樣理解文革與民族大屠殺關係的。

八、從內蒙古開始的文化大革命

1966 年 5 月 1 日傍晚，內蒙古自治區最高領導人烏蘭夫失去人身自由。

筆者在此必須補充的是，事實上烏蘭夫復出後有過兩次極為短暫的故鄉之行。第一次是 1977 年 7 月 30 日，自治區成立三十周年的慶典時，他以中央統戰部副部長、政治局委員的中央代表團副團長身分，回到了闊別十一年的故土。比他職位低的陳錫聯卻任團長，這說明部分性、象徵性恢復工作的烏蘭夫仍未得到中共信任。在這十天參觀「社會主義革命建設的偉大成就」活動中，陳錫聯實際上始終暗中監視著烏蘭夫的一舉一動。

第二次是 1987 年 7 月 28 日至 8 月 20 日，又是十年，他與副團

▲ 1966年5月1日，出發赴北京之前的烏蘭夫。從「前門飯店會議」烏蘭夫被揪落馬，至文革後重返故鄉，時光流逝整整十一年。大概從1977年起，他的狀況漸漸好轉，最終還掛上了國家副主席的頭銜。（出自《烏蘭夫》，1991年）。

長習仲勳一起乘坐專用列車進入呼和浩特，與土默特幹部李森等人敘舊，並於8月6日拜祭了鄂爾多斯高原的成吉思汗陵墓。這次中共最高領導人鄧小平只允許烏蘭夫在那兒停留兩個小時，烏蘭夫抗爭的結果是被允許停留四個小時。

「我對不起先祖啊！」四個小時中，烏蘭夫的淚痕沒有乾涸過。

寶力高指出，「文革中烏蘭夫被視為『成吉思汗老二』而遭致批判。實際上，祭拜時幽思落淚，象徵著他同眾多的蒙古愛國者一樣，胸懷成吉思汗的偉大理想，鶩求其踐行。表面上看似乎烏蘭夫無奈地承認自己政治生涯的失敗，而實際上卻在告訴蒙古子民，自己一生都在追尋成吉思汗的足跡」（Bulag，2002，頁239）。

對中共來說，烏蘭夫始終為「不合時宜」的絆腳石，至死都被當作人質扣留在北京。1988年12月8日烏蘭夫逝世時，筆者正在北京第二外國語學院任教。身居中華人民共和國副主席高位的烏蘭夫遺體告別儀式，既不在某會堂，也不在民族文化宮舉行，而被安排在一般老百姓都可使用的解放軍總後勤部禮堂。我們在北京的蒙古人心跌千仞。自稱烏蘭夫「親密戰友」的鄧小平也未在告別儀式上見到蹤影。烏蘭夫的親屬雲麗文等人打算將其遺骨運回故鄉安葬，卻遭到拒絕，理由是「中華民族傑出的兒子，中國共產黨優秀領導人」必須安葬在北京郊外的八寶山。至今蒙古子民中仍流傳著烏蘭夫死後的靈魂還被扣留在中國人冥界的傳說。

　　1966 年 5 月 16 日，北京通過了毛澤東主持起草的指導「文化大革命」的綱領性文件《中國共產黨中央委員會通知》（即「五一六通知」），標誌著震驚全世界的「無產階級文化大革命」開始。1966 年 5 月 4 日至 26 日，毛澤東當時在外地，中共中央政治局擴大會議由國家主席劉少奇主持。與此會議同時交錯，一個具有歷史意義的重大會議亦在北京前門飯店舉行，會議自 5 月 21 日開始，至 7 月 25 日結束，歷時六十四天。在這場中共華北局緊跟中央精神、文革炮聲轟鳴全國前夜召開的「前門飯店會議」上，烏蘭夫就被劉少奇、鄧小平和華北局第一書記的李雪峰等人捏造的罪名所打倒，從此，烏蘭夫從中國的政治舞臺上消失了（啟之，2006，頁 109-176）。至文革正式發動之時，作為中國「優秀的少數民族自治區」的內蒙古早已成為一具僵屍。

　　華北局由北京、天津二市、河北、山西二省以及內蒙古自治區構成。第一書記為漢人李雪峰，烏蘭夫為第二書記。早在 1964 年夏至「前門飯店會議」召開之前，中共就在為罷黜烏蘭夫，除去肘腋之患而收集整他的材料（參見《呼和浩特地區無產階級文化大革命大事記》第一集，1967，頁 7。王鐸，1997，頁 492。王鐸，1998，頁 2-4。郝玉峰，1997，頁 258-259。塔拉，2001，頁 363-365。阿木蘭，2004，頁 45-46）。李雪峰幾次瞄準烏蘭夫外出不在家的時機，召集漢人幹部收集蒙古幹部的言行動向材料，以伺出擊。

　　其實，這一秘密舉動是毛澤東為發動文革而採取的一個重要的防衛性步驟。毛澤東和中共中央早已判斷出內蒙古會比中國其他地區更早地捲入動亂。肅清北疆「附逆偽滿‧日特」的有「前科」之罪的蒙古人，解除後顧之憂，鞏固邊防，以便高枕無憂地搞文革（楊，2008a，頁 430），這就是為什麼文革始於內蒙之深層緣由。

　　「前門飯店會議」結束，由華北局起草了一份《關於烏蘭夫錯誤問題的報告》。這是一份由第一書記李雪峰、常務書記解學恭以及內蒙古自治區區委書記處書記高錦明炮製的誣告。這份報告在中共內部稱為《中發（六七）三十一號文件》，至今尚未正式對外。筆者收集到這份重要文件並已公開出版其中一部分（《關於對蒙古人大屠殺的基本

資料（3）打倒烏蘭夫》，楊海英，2008a，頁 206-223）。

　　1966 年 7 月 27 日華北局的《關於請示中央批轉「關於烏蘭夫錯誤問題的報告」》重要內容如下：

> 主席、中央：
>
> 　　在毛澤東親自領導和發動的無產階級文化大革命中，內蒙古的革命幹部和革命群眾揭發了烏蘭夫的錯誤。中央先後撤銷了烏蘭夫的華北局第二書記、內蒙古軍區司令員和政治委員、內蒙古大學校長等職務。內蒙古自治區各族廣大革命幹部和革命群眾，熱烈擁護中央的決定，歡呼毛澤東思想的偉大勝利。他們紛紛要求公布烏蘭夫的罪惡活動。近來，隨著文化大革命更加深入廣闊地發展，這種要求日益強烈。……。

　　從內蒙古各地趕來參加「前門飯店會議」的代表都是解學恭奉毛澤東指令親自選定的「革命左派」，並且揭發「烏蘭夫錯誤問題」的必須是蒙古族幹部，也就是「蒙族地區的壞人，要靠蒙族自己揪出來」。對要清除的政治異己，動員其親信部下、親戚朋友來「揭發、控訴」是中共的常套手腕。

　　在另一份詳細的報告中，更加突出了這一點：

> 主席、中央：
>
> 　　在 5 月華北局召開的工作會議上，內蒙古自治區參加會議的一百四十六位同志（包括旗、縣委書記），根據中央和毛主席關於無產階級文化大革命的指示，高舉毛澤東思想偉大旗幟，揭露了烏蘭夫的反黨、反社會主義、反毛澤東思想的錯誤。
>
> 　　對烏蘭夫的錯誤的揭露和批判，從 6 月 7 日到 7 月 20 日，共進行了四十三天……烏蘭夫檢查交代了四次……
>
> 　　根據揭露出的大量事實，烏蘭夫的錯誤是反黨、反社會主義、反毛澤東思想的錯誤，是破壞祖國統一、搞獨立王國的民族分裂

主義、修正主義的錯誤，實質上是內蒙古黨組織中最大的走資本主義道路的當權派。對烏蘭夫錯誤的揭露和批判，是挖出了一顆埋在黨內的定時炸彈，是毛澤東思想的偉大勝利。

從中共這份內部文件就可看出，中共最拿手的歷次政治權術模式就是，設定馬拉松式的疲勞攻心術會議，全體將矛頭對準一個人或者對準少數人集中火力攻擊。

九、「奴隸」之原罪

那麼，毛澤東的中國共產黨給烏蘭夫羅織的罪狀究竟有哪些內容呢？

長達十五頁的「主要錯誤事實」歸納為以下五點。全文較長，但作為理解本書的基本框架，還是有必要全部列出。

第一、反對毛澤東思想，另打旗幟，自立體系：

烏蘭夫放肆篡改和歪曲毛澤東思想。1963 年 8 月 8 日，毛主席在《支持美國黑人反對美帝國主義種族歧視的正義鬥爭的聲明》裡說「種族鬥爭，說到底，是一個階級鬥爭的問題」。烏蘭夫對毛主席這個英明論斷是反對的。他叫秘書從馬、恩、列著作裡查毛主席這句話有無根據。1965 年 12 月，他在籌備慶祝內蒙古成立二十周年座談會上一再說：「民族問題就是人民問題」，「毛澤東思想是民族團結」，「毛主席關於民族問題的基本概念，鞏固祖國統一，加強民族團結……」，「只要在民主問題上抓住這兩條，我看就根本抓住了民族問題的核心」。他甚至竟然宣稱：「民族問題是階級鬥爭問題的實質」，「離開了民族問題的具體事實，空談階級鬥爭實際上是一句空話」……

第二、反對階級鬥爭，反對社會主義：

他以民族問題代替四清，代替階級鬥爭。他抹煞社會主義與

資本主義，無產階級與資產階級這一主要矛盾，把民族矛盾擴大
為主要矛盾；提出內蒙古當前的主要危險是大漢族主義。並且，
以此為藉口在內蒙古自治區大反大漢族主義……烏蘭夫以他的家
鄉土默特旗為據點，總結出所謂大漢族主義九種表現形式，突出
地反大漢族主義。去年12月，他在土默特旗四清彙報上公開說：
「我與大民族主義鬥爭了幾十年，今年六十來歲，還能鬥二十年，
非把他們鬥倒不可。」

　　……1955年9月，中央討論四川藏夷地區平叛問題時，他說：
「對少數民族打仗是下策」。當時中央就不同意他的觀點。

　　烏蘭夫反對在牧區劃階級，堅持牧區不分、不鬥、不劃階級
的民主革命時期的政策……由於他的一再阻攔，內蒙古絕大部分
牧區至今沒有劃階級，無產階級專政至今很不鞏固。

　　烏蘭夫美化民族上層、牧主和宗教上層，主張同他們實行「和
平共處」。1962年4月，他在全國民族會議上說：「我們現在有
很多幹部，都是過去的親王、王公……而且工作得很有成績……
但是他從來不講牧主的錢是剝削來的。」

第三、對修正主義卑躬屈膝：

　　烏蘭夫對內屈服於王公、貴族、牧主的壓力，對外則屈服於
修正主義的壓力。

　　在蒙文文字改革問題上，烏蘭夫堅持主張斯拉夫化，全套
搬用外蒙古的，烏蘭夫說：「把語言文字同外蒙古一致起來，是
為了影響他們。」從1955年即在全區推行蒙文斯拉夫化，直到
1957年周總理在青島提出搞拉丁化時，才停止下來，但至今不搞
拉丁化。

　　烏蘭夫在對外關係上是卑躬屈膝的。1961年7月，他率領中
國黨政代表團，參加蒙古人民共和國成立四十周年慶祝活動和蒙
黨十四次代表大會……澤登巴爾因撞車受傷住院，烏蘭夫提出去
醫院慰問。蒙修同意烏蘭夫和王維舟同志去看望。但澤登巴爾的

老婆（蘇聯人）只准烏蘭夫一人進病房，王維舟同志當場憤然離去，而他不但不同王維舟同志採取一致行動，反而喜笑顏開，無動於衷，一個人進入探望澤登巴爾。事後，王維舟同志歸國前，向蒙方負責人對此無理行為表示遺憾，他也在場，毫無表示。

去年以來，正當我們同修正主義進行針鋒相對的鬥爭，澤登巴爾瘋狂反華，極力挑撥蒙漢關係時，烏蘭夫把反修旗幟降了下來，在內蒙古自治區大反大漢族主義，完全適應了國外修正主義的需要。

第四、以1935年《宣言》為綱領，進行民族分裂活動，搞獨立王國：

烏蘭夫對1935年《中華蘇維埃中央政府對內蒙古人民宣言》念念不忘、去年下半年以來，公然打起《宣言》的旗幟，進行民族分裂活動。

1935年《宣言》中提出：「保存成吉思汗時代的光榮，避免民族的滅亡，走上民族復興的道路……內蒙古人民自己才有權利解決自己內部的一切問題，誰也沒有權利用暴力干涉內蒙古民族的生活習慣、宗教道德以及其他的一切權利。同時，內蒙古民族可以從心所欲的組織起來，它有權按自主的原則，組織自己的生活，建立自己的政府，有權與其他的民族結成聯邦的關係，也有權完全分立起來……」

這個當時黨內教條主義者假借毛主席名義發表的《宣言》，正適合了烏蘭夫目前搞民族分裂主義的需要。

……烏蘭夫印發1935年《宣言》的藉口是反大漢族主義。實際上是借自治之名，搞獨立王國。當時在內蒙古，大漢族主義不是主要危險。主要危險是地方民族主義。建國以來，在內蒙古自治區一直沒有認真反過地方民族主義。因此，地方民族主義相當嚴重，民族分裂分子的活動相當囂張，叛國案件一再發生（1960年至1966年6月，共發生一百六十起、九百三十八人。其中已遂六十八起，六百二十四人）。

……烏蘭夫進行民族分裂活動，搞獨立王國，絕非偶然……
在內蒙古自治區成立後的一個相當長的時期裡，喊「烏蘭夫萬
歲」，在牧區大量印烏蘭夫的像。

烏蘭夫對中央、毛主席、軍委以及華北局的指示，他不同意
的就加以抵制，或拖而不行……對中央、華北局在內蒙古進行農
墾，也一概不支持、不歡迎。

第五、安插親信，篡奪領導權：
……
1、用建立「代常委」陰謀手段，篡奪區黨委常委會的領導權。
2、大量安插親信，控制黨政要害部門。
3、在呼和浩特市委發動了修正主義政變。
4、以呼和浩特市政變為樣板，積極在其他盟、市搞修正主義
　　政變。
5、集中打擊自治區黨委漢族領導幹部，為其推行民族分裂主
　　義掃清障礙。

由此可見，《關於烏蘭夫錯誤問題的報告》對烏蘭夫五大罪的每
一項都羅列出詳細的內容，無論哪一條都適合成為對蒙古人屠殺的理
論依據。

十、對民族自決歷史的再清算

據「前門飯店會議」的親歷者回憶，首先由蒙古人幹部發言揭發
烏蘭夫的罪行。看到蒙古人不熱衷於深揭狠批，劉春等共產黨資深理
論家就前來「啟發幫助」（*王鐸，1997，頁496*）。劉春是江西省出身
的漢人，曾在1947年的「四三會議」上同烏蘭夫一道用計謀遏制了
內蒙古人民革命黨的哈豐阿等人的獨立自治運動，是「四三會議」的
幕後策劃人（*劉春，1992，頁66-68。フスレ，2006a，頁107-120*）。

會議高峰是1966年7月2日的《劉少奇、鄧小平與烏蘭夫的談

話記錄》，它很精彩地重現了現場歷史氛圍，有必要做最簡單的介紹
（宋永毅，2006）：

　　劉少奇：同志們這次揭發了你很多問題，我們覺得很突然
……在內蒙古你強調的是地方民族主義。中央強調的不是你所說
的那個反大漢族主義，而是反對資產階級民族主義……
　　鄧小平：……你現在走的是包爾漢的路，劉格平的路，扎喜
的路，搞獨立王國。再走，就走到達賴、班禪的路上去了。有這
個危險。你拼命強調地方民族主義，那裡是前線，面對蘇修、蒙
修，不搞階級鬥爭，你把內蒙引向什麼方向？你不從這個地方深
挖，是極其危險的。
　　劉少奇：在民族問題（大民族主義，小民族主義）、在階級
鬥爭這兩個根本問題上，烏蘭夫同志犯了錯誤。
　　烏蘭夫：我有資產階級民族主義思想。
　　劉少奇：不是偶然的。
　　鄧小平：時間很長了。

　　劉少奇似乎預感到不久自己也即將被毛澤東打倒，他的口吻相對
溫和些。與劉少奇相比，鄧小平的語調咄咄逼人。「前門飯店會議」
成功了，烏蘭夫被拉下馬來。但很快劉少奇和鄧小平也被毛澤東打倒
了。
　　華北局起草的《關於烏蘭夫錯誤問題的報告》呈送中央。經毛澤
東和中央批准印發全國。
　　這份《報告》具有如下幾個特徵：
　　首先從「清算歷史」發難。長期擔任毛澤東的秘書，後任「中央
文革小組」組長的陳伯達回憶，毛澤東對誰起了疑心，就會把他的歷
史挖出來算老帳（陳曉農，2007，頁105）。無疑，「清算歷史」這把火
不免會弄巧成拙，燒到否定了共產黨自身的歷史。
　　《中華蘇維埃中央政府對內蒙古人民宣言》是紅軍自稱「戰略性

退卻」的長征之後、逃亡到延安的 1935 年 12 月 20 日由毛澤東親自簽發，中共中央正式發布的，簡稱《三五宣言》（*毛澤東文獻資料研究會編，1970，頁 15-18*）。

　　勢單力薄，羽翼未豐的紅軍領導者毛澤東拼命地懇求內蒙人民：

　　　　親愛的內蒙古全體民眾們！……相信，內蒙古民族只有與我們共同戰鬥，才能保存成吉思汗時代的光榮，避免民族的滅亡，走上民族復興的道路，而獲得如土耳其、波蘭、烏克蘭、高加索等民族一樣的獨立與自由。因此，本政府向你們宣言：

　　　　一、認為原來的內蒙古六盟、二十四部、四十九旗、察哈爾土默特二部及寧夏三特旗之全域，無論是已改縣治或為草地，均應歸還內蒙古人民，作為內蒙古民族之領土……其他任何民族不得占領或借辭剝奪內蒙古民族之土地……五、我們工農紅軍游擊隊或其他的武裝隊伍，絕對沒有向草地進攻的企圖，但你們亦不要允許中國軍閥或日本帝國主義的軍隊經過草地來向我們進攻……我們相信你們若一旦自覺地組織起來，進行民族革命戰爭，驅逐日本帝國主義與中國軍閥於內蒙古領域以外，則誰敢謂成吉思汗之子孫為可欺也。

　　這是割據延安為根據地的共產黨謀劃與之緊鄰的內蒙古締結攻守同盟，不要協助日軍和中華民國，重要的，這也是共產黨一貫護身保命的權宜之計。時過境遷，三十年後共產黨變調，毛澤東親自簽發的《三五宣言》變成了「黨內教條主義者假借毛主席名義發表的《三五宣言》，正適合了烏蘭夫目前搞民族分裂主義的需要」。

　　《三五宣言》包含尊重內蒙古領土完整的內容，因此，中共建政後，被河北省、黑龍江省、吉林省、以及甘肅省和陝西省分割占領的蒙古人都強烈要求回歸內蒙古自治區。為回應在漢人占絕大多數的弱小蒙古族人的願望，烏蘭夫提到毛澤東的《三五宣言》，並印發給幹

挖苦烏蘭夫的政治漫畫。這幅圖畫表示1958年在成都會議上毛澤東警告烏蘭夫:「究竟吃民族主義的飯,還是吃共產主義的飯?」蒙古人看到漢族如此之醜化本民族的領導人,心裡很不是滋味。

我就愛吃这碗飯!

民族主義

部學習,結果試圖兌現毛澤東承諾的行為成了饕餮鄰省的土地,寸土必爭,寸土不讓,「用《三五宣言》爭地盤」的「分裂主義」的證據。

中共建政後,烏蘭夫多次主張中央制定適合少數民族實際情況的政策,這些都成為他的「反毛澤東思想」的罪狀。具體來說,烏蘭夫曾經反對1955年中央的「西藏平叛」;1958年在成都會議上毛澤東逼問他「究竟吃民族主義的飯,還是吃共產主義的飯?」烏蘭夫的竭力申辯,一字不漏地都成為烏蘭夫的歷史罪狀。

十一、從內蒙開始發動文化大革命的意圖

中共中央文件在《關於烏蘭夫錯誤問題的報告》的結尾處說明為什麼要在全國首先除掉內蒙古領導人烏蘭夫、從內蒙古開始發動文革的真正目的:

> 內蒙古自治區是祖國邊境,是反修前哨,是戰略要地。中央對烏蘭夫是信任的,委他擔任了重要職務。但是,烏蘭夫辜負了黨中央、毛主席的信任和期望,從資產階級個人主義的野心出發,完全背離了無產階級革命事業的利益,發展到要分裂祖國統一,在內蒙古實行資本主義復辟的程度。烏蘭夫的錯誤,對祖國邊疆的鞏固,對民族的大團結,對內蒙古自治區的社會主義革命和社會主義建設事業,已經造成了極為嚴重的損失,遺毒很深。

　　由此可見，政治上清除烏蘭夫的背景在於中國國防問題。再結合內蒙古現代歷史考察，要發動文化大革命，從內蒙著手的目的昭然若揭。內蒙古自治區位於「蘇修」和「蒙修」邊境接壤的「反修前線」，一旦修正主義軍隊進攻中國，內蒙古動向尚不確定，不管怎麼說，蒙古精英集團的頭上戴過「附逆偽滿」與「日本特務」兩頂歷史大帽子。所以，事先「肅清」民族的精英集團則為重要的防衛性步驟。

　　從 1969 年 10 月 5 日《中央負責同志幾次接見的指示精神》這份內部文件中可獲得旁證。「你們在地圖上看一看，你們邊防距北京多近？內蒙古邊防地形很平，坐汽車十幾個小時就能到北京。」中蘇關係惡化以來，內蒙古的戰略位置顯得日益重要（*楊，基礎資料2，頁405*）。這倒是中共的真心話，也是內蒙文革比起全國各省、各自治區更早推動的真正目的。

　　中國內蒙文革研究者啟之指出：「在以毛澤東為首的黨中央心目中，烏蘭夫與彭（彭真，北京市長）、羅（羅瑞卿，掌握解放軍軍權）、陸（陸定一，統括意識形態的中央宣傳部長）、楊（楊尚昆，負責黨內機密）是同樣危險的、必須盡早清除掉的人物，內蒙古的領導班子與舊北京市委一樣，是必須首先清除的革命障礙。儘管『民族分裂主義』和『三反分子』的帽子，華北局直到 7 月 18 日才正式給烏蘭夫戴上，但早在會議開始之前，這些帽子就已經在毛澤東手裡了。對於毛澤東來說，這些帽子中，最有價值的、可以大作文章的是『民族分裂主義』，有了這個罪名，收拾烏蘭夫比收拾其他漢人幹部更加輕而易舉。」中共判斷「民族分裂主義」分子決非獨膽英雄，肯定存在一個追隨和支撐「自治區象徵」的烏蘭夫「分裂活動」的社會基礎，以內蒙古存在一個「大規模的分裂主義集團」存在為口實，徹底肅清少數民族精英集團，這樣，在內蒙古就能順利地展開以漢人主導的文化大革命。

十二、由漢人高幹組成的秘密情報線

　　主持「前門飯店會議」的華北局早已布置下監視烏蘭夫及內蒙古

高層動靜的秘密情報網，並隨時一一報告中央。線人為自治區區委書記高錦明和內蒙古大學黨委副書記郭以青，高、郭二人直接受命於華北局第一書記李雪峰、常務書記解學恭；李雪峰和解學恭聽從共產黨情報機關頭目康生的指令；康生則接受「偉大領袖」毛澤東和「人民的好總理」周恩來的直接指示。據毛澤東的心腹人物陳伯達回憶，中共內部由康生負責內蒙古方面的工作（*陳曉農，2007，頁330*）。

文革前曾任包頭市副市長的蒙古人墨志清介紹，1965年5月召開的內蒙古自治區黨委擴大會議上，高錦明與烏蘭夫直接發生過衝突。高錦明袒護主張「跟反大漢族主義相比，更應該反對地方民族主義」的幹部，並用粗暴的語言對烏蘭夫施加壓力。不用說，烏蘭夫在這次會議上再一次推行他的「反大漢族主義」。當夜高錦明就電話密告李雪峰，華北局立即派了常務書記解學恭等數人列席擴大會議。究竟哪些人參加了這次擴大會議，沒有人說明，這些列席者只是暗中被人叫去談話。解學恭回北京後沒多久，烏蘭夫就被召到北京去了（*墨志清，2005，頁98-118*）。

1965年5月開始，郭以青多次寫密告信舉發烏蘭夫。「我懷疑東部蒙族幹部中有一、二百人的民族分裂集團，他們共同特點是反對烏蘭夫。」「種種跡象表明自治區（特別是文教界）似乎有一個特別反動派別，或者政黨。」（*阿拉騰德力海，《內蒙古挖肅災難實錄》1999，頁14。圖們、祝東力，1955*）。

烏蘭夫就這樣簡單地中了郭以青的連環計，命人調查「分裂集團內人黨」活動，並著手組織調整。他也大量提拔同鄉西部土默特旗出身，且具有「革命根據地」延安學習工作經驗的「延安派」，成立內蒙古自治區黨委代理常委，將東部「偽滿洲國出身的挎洋刀的一群」驅逐出領導班子，郭以青則因為這個「忠告」青雲直上，被提升為區黨委代理常委並出任區黨委宣傳部長。

已經覺察到華北局明裡暗裡堂堂收集整自己材料的烏蘭夫鞏固了由鄉黨「延安派」組成的「代常委」，並以為以此可以平安無事地度過這場政治風暴。

「前門飯店會議」期間關於「政變」根據的成立「代常委」一事，還有一個證言。

據文革前的區黨委宣傳部副部長、後來也成為「代常委」一員的潮洛蒙回憶，1964 年，華北局第一書記李雪峰在呼和浩特市秘密召見幹部收集整烏蘭夫的材料時，政府高幹突然有幾個人稱病住院了，政府機能陷入癱瘓。實在沒有辦法，烏蘭夫只好成立「代常委」。而且，烏蘭夫就人選問題曾向李雪峰彙報，並獲得許可的指示（潮洛蒙，2005，頁 64-83）。的確，從 1965 年冬起，王鐸因「疾病和心勞」住院（王鐸，1997，頁 491-496）。

但在「前門飯店會議」上，郭以青完全以另外一種口氣揭發烏蘭夫的「罪行」：「烏蘭夫從 1962 年起開展反華、反共、反社會主義活動，重用鄉黨土默特籍幹部，冷落和排擠東蒙幹部和漢族幹部。」

同郭以青聯手的高錦明在「前門飯店會議」上對烏蘭夫的控告大致如下：

一、烏蘭夫的錯誤是非常嚴重的，是反黨、反社會主義、反毛澤東思想、堅決推行修正主義、民族分裂主義、破壞祖國統一的錯誤。烏蘭夫是想把內蒙古從祖國分裂出去，與蒙修合併起來，建立一個大蒙古國。烏蘭夫想把元朝滅亡以後，三百年多年來蒙古民族沒統一的局面改過來，統一在烏蘭夫的手裡，成立一個國家！他自己成為當代的成吉思汗！

二、烏蘭夫是有領土野心的，拿《一九三五年宣言》向中央要帳，向兄弟省區要帳，要實現以長城為界，長城以北都劃給蒙古，和蒙古合併。

三、烏蘭夫大力宣傳「反大漢族主義」，卻無視「也要反地方民族主義」的毛澤東思想。毛主席說：「民族鬥爭，說到底，是一個階級鬥爭問題」。烏蘭夫表示懷疑，甚至公開宣稱：「民族問題是階級鬥爭問題的實質」，「離開了民族問題去談階級鬥爭就是一句空話」。

四、他還以民族問題代替四清，代替階級鬥爭。內蒙古自治區發
　　生自然災害時期，他強調生產第一、無視政治、只顧家畜（註）
　　的錯誤，反對社會主義革命運動。

五、安插親信，篡奪黨政領導大權。重用「延安派」的蒙族和死
　　心塌地跟隨他的漢族，排擠打擊外調來的革命幹部，並企圖
　　建立一支蒙族軍隊。反對人民解放軍開墾草原，反對狩獵野
　　生黃羊。

　　高錦明的揭發十分具有攻擊性，無論哪一條都足以致命。他的這
些誣告都羅列進日後的《關於烏蘭夫錯誤問題的報告》中央文件中。
無疑，「反對階級鬥爭」不過是表面的口實而已，單純為肅清蒙古人
領袖和民族精英集團才是真正的目的。

　　烏蘭夫反對開墾草原、反對強制農耕化，遭到李雪峰、高錦明等
人的批判的背後，實質上還有文明的衝突。今天，內蒙古草原生態被
破壞、沙漠化、沙塵暴飛揚全世界的上空，都是由於漢人農民無節制
墾殖的結果。60 年代以前大片草原還是野生動物生息的王國，後來都
被人民解放軍以現代槍械狩獵。從對烏蘭夫的大批判中，反過來可以
看出烏蘭夫無力抵抗這些外來漢人的做法。

　　眾所周知，1958 年至 1962 年毛澤東強制推行的人民公社完全失
敗了。全國餓死的人數達三千六百萬人。

　　為緩解經濟凋敝，糧食不足問題，國家農墾部計畫組織以漢人退
伍軍人為主的勞力大軍開墾內蒙古東部的呼倫貝爾大草原，推動牧區
開荒的正是華北局的李雪峰。對漢人幹部來說，廣袤無垠的大草原只
有極少數的蒙古遊牧民與羊群生息之地，「太可惜、太浪費了」，「不
開荒墾地的話，不是捧著金飯碗討飯吃嗎？」（劉春景，2005，頁43-
63）。

　　自 1962 年起，李雪峰就極力主張牧區開荒墾地，只不過遭到
了烏蘭夫的抵制，而不得不停止（趙真北，1990，頁 106-107。2004，頁
1-7）。

註：在「四清運動」時中斷政治學習，召開幹部們商議如何對付風雪保護家畜的
　　決定，經過了李雪峰的批准才實行，烏蘭夫本人在回憶中提到此事（王樹盛，
　　2007，頁 515）。

十三、權力的掌握和民族殺戮的外部環境的形成

「內蒙古自治區內烏蘭夫的徒黨、蘇修、蒙修特務已大有人在，必須徹底肅清他們！」這是 1966 年 7 月 25 日在「前門飯店會議」上高錦明的總結發言。

為了改造替換烏蘭夫舊有的民族領導班子，中央立即從山西省、河北省調進二百多人的漢人進駐內蒙；7 月 28 日，再從華北局選派幹部八十餘人、中央組織部選派十多人、國家民族事務委員會選派十多人，加上從山西省、河北省原來調入的兩百多人，一共派遣三百餘人進駐呼和浩特市，全面掌握了內蒙古實權。華北局的解學恭、李樹德、康修民等「反烏蘭夫派」成為新班子主要成員。

身為華北局第一書記的李雪峰壓根兒從心底裡就蔑視蒙古人，1964 年，李雪峰就肆無忌憚地「豪言壯語」：「知道嗎，『蒙古』的『蒙』是什麼意思嗎？就是「蒙昧、糊塗、笨蛋」的意思，要『發蒙』、『啟蒙』的意思。」（塔拉，2001，頁364）高錦明也有類似的狂言：「加入烏蘭夫一夥篡奪黨政領導大權的也有漢族幹部，但漢族幹部是不知內情下加入的。而蒙族不同，他們是有意圖地拉幫結派的。」

前述無論哪一條發言，都是共產黨高層對少數民族的內心寫照。於是，殺戮的外部環境和理論根據逐步形成，無懈可擊。

內蒙古自治區所發生的對蒙古人種族殺戮進程，按照時間順序可分以下三個步驟：

第一步驟：1966 年 5 月至 1967 年 10 月，「打倒烏蘭夫反黨叛國集團運動」

第二步驟：1967 年 11 月至 1968 年 1 月，「挖烏蘭夫黑線，肅烏蘭夫流毒運動」

第三步驟：1968 年 2 月至 1970 年春，「挖肅內人黨運動」

毛澤東的中國共產黨大致通過以上三階段的政治運動來推行大屠殺，三階段政治運動開展之前都部署了嚴密的輿論網，進而使蒙古人陷入政治窘地，這是一個用心周到、步步為營的作戰計畫。烏蘭夫最初被「任命」為「搞民族分裂主義活動」的「反黨叛國集團頭子」，

接著被「榮升」為「內蒙古人民革命黨領導人」。

　　蒙古人對這次大屠殺戰略的理解如下：中共先清除內蒙古西部土默特延安派的烏蘭夫及其蒙族幹部，接著肅清東部「挎洋刀的」蒙族精英，最後鎮壓全體蒙古人民（*趙真北 2006，頁 2-4*）。

　　烏蘭夫確實於 1925 年 10 月出席過內蒙古人民革命黨成立大會，不過那時他還是一位十九歲弱冠少年，並不是主角。反之，到了 1946 年 4 月，烏蘭夫將尋求蒙古民族獨立的東部內蒙古人民革命黨陷入不得不解散的窘地，並促使內蒙古編入中國行政屬地，作出了巨大的努力。他創立的內蒙古自治區象徵著中共少數民族自治政策成功，為漢人領導的中國共產黨政府效盡「犬馬之力」。最後連這樣一位人物，也逃脫不過必然被肅清的命運。既然連延安培養出來的「根紅苗正」的烏蘭夫都被打成「民族分裂主義者」，那麼，「偽滿」時代「挎過洋刀的」蒙古民族精英還能逃過這場大劫難嗎？

序章
「社會主義中國是貧苦人的靠山」

——相信中國共產黨的牧民板瓦爾

筆者的母親板瓦爾（七十一歲）是一位極其普通的牧民。年輕的時候憧憬中國共產黨和社會主義，並為之奮鬥一生。她響應共產黨號召，相信「使貧苦人過上幸福生活的共產主義一定會實現」，胸懷這個理想而入黨。但文化大革命一開始，隨著筆者的父親巴音道爾吉被劃分成「剝削階級牧主」，一家成為政治與民族雙重賤民，受到種種迫害。幼不更事的我也親歷迫害的現場。母親曾經多次同我回憶起文革的事兒，相互印證了共有的家庭記憶，探討為什麼蒙古族受到如此殘忍迫害的原因。1991年12月27日，母親與我再次聊起這個話題。

▶母親板瓦爾（前排左）50年代初期與閨中密友合影。這時的蒙古少女們，比起傳統的民族服裝，她們更鍾情於新時代潮流的學生服，梳著同樣髮型的「女積極分子」們都投身於革命事業之中。

一、小小的白色骨灰盒

我想起小時候刻印在頭腦裡的兩個記憶場景，就問母親：

「有一次在沙爾利格鎮的人民公社場部，一位老人和另一位像您一般年紀的婦女抱頭痛哭，她們是誰呀？」

具體日期雖然記不清了，那一天我同母親騎馬一到公社場部，正好碰見幹部們在公社招待所大擺羊肉酒席，桌子上小山一樣堆積著饕餮過後的殘羹冷炙，那個糧食短缺，餓殍遍野的時代，至今我都忘不了那天的肉湯香噴噴的誘人味道。

我的雙眼釘子楔入木頭般正死死地盯住眼前豐盛的宴席的時候，突然聽到「哇」地一聲淒厲的哭叫，母親與一位年輕的女性抱頭痛哭。女人背後站著一位骨瘦如柴的老人，雙手抱著一個小小的、白色骨灰盒，老人臉上全是淚水。那是一個流火的酷暑日。我手執馬鞭呆立在旁邊，母親和老人們悲憤的面容烙印在幼小的記憶裡。

「那是 1969 年夏天的事兒。那位老人是馬喜畢力格的父親，叫賽音巴亞爾，那位夫人是馬喜畢力格的妻子，馬喜畢力格的叔母是一位遠近聞名的接生婆，你就是她親手接生的」。

母親回答我。傳承了蒙古亙古以來敘事詩口語傳統的母親，有時會情不自禁敘說起似乎離題千里的往事。

馬喜畢力格是伊克昭盟烏審旗人，曾在外旗，也就是伊金霍洛旗當旗長。1968 年冬或 1969 年春被害。聽說是在伊金霍洛旗旗政府所在地阿勒騰席熱鎮附近的查干蘇木的沙漠被漢人活活燒死的。兇手們把批鬥會上早已奄奄一息的馬喜畢力格扔在高高堆積的木材和煤炭上火烤，熊熊烈火「嘩」地燃燒起來，昏死過去的馬喜畢力格受到反彈刺激，他掙扎著想爬起來，後腦被一根粗木棍猛然襲擊。這時周圍還站著許多旁觀者。

母親靜靜地敘述，如一川緩緩的大河。

馬喜畢力格的父親賽音巴亞爾是一位名醫，曾經治癒過母親的病，賽音巴亞爾一家出過「絕地天通」的職業巫醫。蒙古傳統社會中的巫師，既是念咒師，又是接生婆。在現代醫學尚未傳入草原的時代，延

續古老文明和傳統民間信仰的宇宙觀和生命觀，他們並用巫術和醫術來治療疾病，深受草原牧民的熱愛。

賽音巴亞爾抱著兒子的骨灰盒，悲憤地說：「本來應該是黑髮人送白髮人，現在卻是這種方式老子帶兒子回家呀。」那位年輕的婦人只是不停地哭泣，悲傷穿透了空氣。

坐在母親旁邊，「吧嗒吧嗒」默默吸菸的父親補充道：

「馬喜畢力格是我的戰友，漢名叫『趙建國』。是我在延安民族學院城川分院時的同窗，畢業後被編入共產黨領導的蒙族部隊，任蒙漢第二支隊政治指導員。儀表堂堂、颯爽英姿，能力過人，因此，才滿三十就被提拔為伊金霍洛旗旗長。」

筆者查閱旗政府編撰的《伊金霍洛旗志》，只有簡單的幾行介紹：「1969 年 1 月 18 日晚，馬喜畢力格被打成『內人黨』，被迫害致死」（《伊金霍洛旗志》，1997，頁 59）。

馬喜畢力格被害半年之後，他的親人才得知消息，就是在那個夏天，他的家人抱著骨灰盒回西部烏審旗老家途中，與我們相遇。那一年，筆者五歲。

「馬喜畢力格的遺骨傷痕累累，肋骨都被打斷，頭蓋骨裡嵌著幾根鐵釘。」父親進一步補充道。

今天，這樁駭人聽聞的血案已被廣為知曉。

二、亡靈回家之路

「還有一件事。就是母親在場部遇到馬喜畢力格家人的前後，有天晚上來家裡，哭通宵的那位老人是誰？」另一位悲苦淒絕的老人也給孩提時代的我留下了深刻的印象。

「道爾吉寧布啊！他去杭錦旗取回他侄兒阿莫爾林貴的遺骨、帶回故鄉烏審旗歸葬時在我家住過。還記得嗎？1971 年夏，我們趕著羊群遊牧經過道爾吉寧布家一帶時，他還給了你一些酸乳酪吃。」

蒙古民族有相互濟助的傳統習俗。無論經過誰家的蒙古包，都會拿出珍貴的馬奶酒和乳酪招待客人，不求回報。周到待客是一件光榮

體面的事情，也是應盡的義務。

　　阿莫爾林貴（1927-1969），漢名叫「奇治民」。他的叔父道爾吉寧布住在離我家大約 5 公里的西部一個叫大庫倫的地方。奇治民一家是烏審旗的名門貴族，成吉思汗的嫡系子孫。但他一家不少人都投身於共產主義事業。

　　「奇治民還有一位叔父叫道布慶道爾吉，又叫『奇國賢』，就是道爾吉寧布的哥哥，1942 年在東勝鎮被民國軍閥陳長捷的軍隊槍斃，他們給他定了個『栽種罌粟，走私鴉片』罪。他弟弟和道布慶道爾吉夫人接到消息，將道布慶道爾吉的遺體運回家鄉途中，也在我家寄住過一晚。」

　　母親接著說：

　　「奇治民年輕時在延安民族學院城川分院學習入黨，文革之前年紀輕輕就被提拔為杭錦旗的副旗長，那時他才三十歲，倍受矚目。1969 年 1 月 1 月，革命委員會成立專案組，在全旗開展『挖新內人黨』運動。先後挖出『新內人黨』及變種組織『紅黨』、『藍黨』、『青黨』、『救民黨』、『革共黨』、『大眾黨』、『百人大隊』、『綠林反共軍』、『蒙藏委員會』等十九種，才四十一歲的旗委書記奇治民被打成『新內人黨』並被迫害致死。漢人兇手們用一根鐵絲捅進肛門，將直腸拉扯出來，還把鐵釘釘入他的腦門。我家同奇治民夫人是親戚，同他妹妹也很親。

　　「道爾吉寧布老人從離烏審旗 200 多公里的杭錦旗取回奇治民的遺體，夜裡寄宿在我家。那晚，不歸之客奇治民就橫躺在我家倉庫裡——就是 1942 年他的另一位叔父道布慶道爾吉的遺體躺過的地方。國民黨也好，共產黨也好，殺人兇手都是漢人，被害的蒙古人返回故鄉時都要經過我家。道爾吉寧布一生中兩次運回親人的遺體，真是悲痛欲絕，生不如死啊！」

　　母親陷入深深的回憶之中。

　　我家門前是一條大路，向東通往陝西省西部的重鎮榆林市，向西則通往寧夏回族自治區的銀川市。是烏審旗通往各地的重要交通樞紐。

在動盪的年代，被殺害的蒙古人落葉歸根時，亡靈和他的親人都要在我家寄宿一晚，翌日啟程。

那麼，我的故鄉鄂爾多斯草原的蒙古人為何會與罌粟、鴉片結緣的呢？為何積極投身於共產主義事業的蒙古人在奪取社會主義政權之後，會經歷如此悲慘的命運呢？中共是如何接近鄂爾多斯草原的蒙古人，又如何改變他們的人生的呢？

三、「北上抗日」的鴉片販子

共產黨工農紅軍於 1935 年 10 月逃亡至與鄂爾多斯南部接壤的陝西北部的延安。這次不光彩的求生逃亡史日後被濃筆重彩地美化成「長征北上抗日取得偉大的勝利」。所謂「北上抗日」終究不過是一場行為藝術表演，實際上毛澤東命令部隊不上前線作戰，保存實力，「打持久戰」。經史學家研究證明指出，紅軍名義上雖為長征，實質上是「假抗日、真逃亡」。

毛澤東的《三五宣言》，不過是以低姿態懇求蒙古軍不要進攻紅軍的權宜之計與懷柔政策。中共是否積極「抗日」姑且不論，當南方人占大多數的漢人共產主義者大舉出現在中國北方時，蒙古人無窮無盡的災難就開始了。

「長征是宣言書，長征是宣傳隊，長征是播種機。」這是中共對「長征」的宣傳詞。那麼，中共在陝西北部播撒的究竟是什麼樣的「火種」呢？

在稱為「延安革命根據地」的黃土高原，年平均降水量不足 100 毫米，氣候乾旱、土地貧瘠、植被稀疏、作物匱乏，僅靠自然降雨，也只能收成一些包穀及小米。勤勞苦作的漢人農民靠這些十分有限的農作物收成和放牧山羊，生活在窮山惡水之地。從中國南部「長征」而來的紅軍首先暗殺了本地王劉志丹，鞏固了地盤，然後在沿河地帶大量種植帶來的罌粟籽。

「革命的火種」——罌粟的栽培確實成功了。不僅在陝西北部，在漢人農民入殖的毛烏素沙漠腹地鄂爾多斯西南部的烏審旗石砭兒一

帶，到處是一望無際的罌粟地。「石砬兒」在蒙古語中是「濕潤地帶」的意思，碧野茫茫的鄂爾多斯大草原，自 16 世紀以來一直是蒙古英雄出沒之地。也是小薩囊徹辰的故鄉。

小薩囊徹辰的名字漢譯薩囊斯辰，薩岡徹長‧洪‧太吉。用蒙文著述的巨著《哈敦‧溫都蘇努‧額爾德尼托卜赤》，時為西元 1662 年，後人漢譯為《蒙古源流》。該書影響深遠，後世的蒙古編年史，大體都繼承這部書的傳統體裁。

共產黨首先組織石砬兒的漢人農民加入「抗日聯合會」（簡稱為「抗聯會」），名為「抗日」，實際上鼓勵栽培罌粟。漢人農民掘井挖池，大興灌溉罌粟地水利工程。70 年代中期，我上初中的時候，這些水利設施還發揮著功能（楊，2003，頁293-341）。從罌粟提取和加工的鴉片，成為共產黨「度過難關」、「過上豐衣足食的日子」，並積蓄軍事、經濟力量的重要資金來源。當國民黨軍在前線同日軍大規模殊死作戰的時候，共產黨卻躲在後方種賣「特貨」鴉片。

共產黨自家種自己消費的話，是他自家的事。但問題是種植的鴉片主要流通到國統區（司馬璐，2006，頁89），再者就是與之接壤的鄂爾多斯地區。他們不僅種賣鴉片，他們的間諜同時也出沒於鄂爾多斯地區，甚至將鴉片作為禮品「饋贈」蒙古王公、政治強人。這是共產黨自己都承認的事實。被染上抽鴉片惡習的蒙古人因此而陷入更加貧困的窘地。

中國政府公開出版的《鄂爾多斯革命史》中，關於我的故鄉烏審旗南部種植罌粟有如下記載：

「1937 年秋，黨在烏審旗河南牌子地（「牌子地」是指漢族農民可以租種的蒙地）。由於來牌子地耕種的農民逐年增多，出現定居租種地的現象，原本的春來秋歸制度漸漸被廢棄。當時牌子地漢民（約四百五十六戶、二千零一十二人）建立起蒙古自治村——蒙政村……1941 年，撤銷河南牌子蒙地政村，成立牌子地租佃管理委員會，為了粉碎國民黨反動派對革命根據地的經濟封鎖，自立更生，發展生產，解決根據地軍民生產生活需要，准許河南區牌子地、深海則、紅境灘、

大石砭、小石砭等地的群眾種植菸畝。來根據地的人，不分階層，不分出身，都可租地種植，產品可自營自銷⋯⋯各地商人蜂擁而至，買賣興隆，經濟繁榮，根據地貧苦人民的生活有了希望。由於租金稅源增加，改善了根據地機關、部隊的設施和生活，支援了黨中央和八路軍總部⋯⋯共產黨的方針是向前來西烏審的人積極宣傳抗戰政策，給予妥善安置，分給菸畝，讓其收益，儘量滿足他們的願望。」（*薩楚日勒圖，2006，頁286-287*）

　　像是前面提到的道布慶道爾吉（奇國賢），就是為幫助中共種賣鴉片而被國民黨部隊以「查緝私貨、妨礙抗日活動罪」的罪名所槍斃的。

四、砸人飯鍋、不圖吉利的「紅色漢人」

　　中國人都耳聞熟稔的謳歌共產黨軍隊軍紀的《三大紀律八項注意》，歌詞裡說：「不拿群眾一針線」。但事實上究竟如何呢？

　　當時蒙古人稱共產黨為「紅色漢人」（蒙語發音為「烏蘭吉達多」）。「紅色漢人」一進蒙古人家，第一件事就是砸飯鍋。飯鍋是蒙古人像命根子一樣寶貝的生活用品，一口鐵飯鍋要幾頭家畜才能從漢商手裡換得。但是操南方口音的紅軍士兵硬說留下飯鍋，等於留下禍根，為了困死、憋死敵人，飯鍋統統被砸掉。至於蒙古人如何活下去，事不關己，拍拍屁股揚長而去了。

　　此外，紅軍還毀壞了蒙古人世世代代的佛教寺院。烏審旗西部的名剎石砭兒寺和沙爾力利格寺內都保存有圓寂的歷代高僧們的肉體真身，就是用金箔和銀箔裹身的木乃伊。王震（1908-1993）率領的八路軍三五九旅第二十八連的士兵們，用刺刀將金箔和銀箔剝取下來之後，又將木乃伊挑在刀尖尋歡取樂，當地的蒙古人實在不忍卒睹。最後這些士兵挖開了蒙古人的祖墓，搶奪了金銀財寶等陪葬品。王震後來領導三五九旅進入新疆，指揮武力鎮壓維吾爾人和哈薩克人。此公80年代竟還曾擔任中華人民共和國副主席和中日友好協會名譽會長（註）。

註：關於王震率軍進入新疆的原委及其鎮壓行為，可參見加加美光行（1992）和
　　陳永發（2006）的詳細記載。

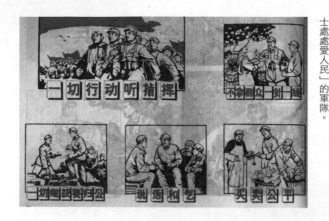

▲ 圖片宣傳不許虐待俘虜；尊重群眾不要耍驕傲。但是蒙古人從未見過這樣「人民戰士處處愛人民」的軍隊。

　　中共紅軍割據延安的三年之後，也就是 1938 年秋，我的母親板瓦爾出生在烏審旗南部石砭兒一帶、一個叫沙日木棟‧霍萊的草原。我的外公奧特根也染手幫助共產黨走私鴉片，結果，本來家裡還有幾百頭綿羊和山羊，生活還算得上富裕，後來家畜都被用來交換鴉片，家境就漸漸沒落了。

　　1939 年春，正是母羊產小羊羔的季節。一天，家裡的羊群遭到狼的襲擊。由於家貧，一家人捨不得扔掉被狼吸乾了鮮血的羊骨頭，就煮吃了羊的殘骸。第二天全家人拉稀下痢，板瓦爾生下才五個月，就失去了親娘。

　　我們一家人下決心遠離「紅色漢人」的鴉片，因而離開石砭兒，往北遷移 30 公里，搬到薩拉烏蘇河南岸的克列莫。克列莫在蒙古語中是「廢墟」的意思，「薩拉烏蘇」漢語稱為「無定河」。這裡保留著 10 世紀至 13 世紀西夏時代全盛期的城堡遺跡。這個時代，無定河溪谷成了大量害怕共產黨掠奪而逃荒的蒙古人的避難地。

　　1940 年的一天，板瓦爾的外婆去高僧准格爾喇嘛家商談打脫穀殼的事情，回家的路上被野狗咬傷，沒幾天就因狂犬病去世了。失去了生母繼而又與外婆生離死別的板瓦爾度過了貧苦的少女時代。

　　1972 年，我在「廢墟」地帶念小學，一天我悄悄地問外公奧特根：

　　「課本上都寫共產黨偉大，真的嗎？」

　　「不是一群好東西，你爺爺就是被他們害的。別對外人說，你知

道就行了。」

　　外公跟我說的悄悄話，至今還常常在耳邊響起，真是感觸良多。

五、老榆樹和漢人佃農

　　我的爺爺諾門生於 1881 年，1942 年秋過世。他曾是烏審旗王爺札薩克王任命的「界牌官」。界牌官就是管理蒙古人和漢人地界線的地方行政官。如果陝西的漢人任意向北越過長城侵入蒙古草原的話，界牌官擁有不向旗政府報告、即可鞭打十五次的權力。由於我爺爺忠實地履行他的職務，蒙古人敬稱他為「界牌官長諾門」。

　　諾門爺爺的第一夫人未生育，他從烏審旗中部的哈拉沙瓦庫迎娶了第二夫人，就是我奶奶威正格日勒。奶奶十七歲嫁給我爺爺，那一年，我爺爺已經三十一歲。這是滿清滅亡的那一年，即 1912 年的事。

　　幾乎像所有的鄂爾多斯蒙古人一樣，從 1940 年春開始，爺爺也沾染了共產黨帶來的鴉片惡習。爺爺竟然在自家地裡挖掘了三口井，用於種植和澆灌罌粟地。家道富裕時，雇傭了分別姓胡和姓張的兩家漢農。由於第二夫人的地位較低，因此我奶奶和雇工一樣從早到晚勞作，鮮有歇息。

　　奶奶從娘家的新尼蘇美帶來了很多榆樹樹苗。1966 年文革開始時我家周圍已經長成茂密美麗的榆樹林了，有一百多株。我奶奶被共產黨煽動起來的人民群眾開「鬥爭大會」時，其罪名之一就是「一株榆樹換算為一個漢族雇農，她家等於雇了一百多個長工作牛作馬，因此是要被打倒的反動剝削階級的牧主」。所謂「批鬥大會」，就是群情激奮、鬥志昂揚的群眾對被斷罪的「壞人」個體施加暴力。所謂「牧主」，是共產黨製造出來的新政治概念，相當於農耕經濟形態社會裡的「剝削階級」的地主，與蒙古傳統的畜牧社會經濟形態完全背離。以消滅「剝削階級」、「跑步進入共產主義為目標」，共產黨將「牧主」定性成「人民的公敵」。激化與逼死農牧區傳統的社會關係。

　　「她和我們這些雇工同吃同住同勞動嘛！」幸好姓胡的漢農在批鬥會上說了一句良心話，我奶奶總算沒被鬥死。

　　但奶奶被迫離開我們一家，劃分進「黑五類」。共產黨政治成分定的「黑五類」在內蒙古指的是牧主、富農、反革命分子、壞分子、右派分子。1968 年冬開始，奶奶被押到沙爾利格人民公社紅旗生產大隊勞動改造。那時奶奶已經七十高齡了。

　　「我親眼目睹了奶奶在公社場部被批鬥，那是哪一年的事兒？」我問母親。

　　「那還用說，1969 年夏天。昨天吃了什麼我都會忘記，但文革的事兒，絕對忘不了。」母親的口頭禪。

　　那一天，奶奶和幾位老婆婆被威風凜凜的民兵五花大綁地押進了口號沖天的批鬥會場。那時蒙古的青壯年都身著人民服，老人們還全身著蒙古傳統服。大字報在日本稱為「壁新聞」，此時稱為「身體新聞」更合適。因為奶奶們前胸後背貼著「內人黨」、「牛鬼蛇神」等罪狀，五歲的我騎在寺院的殘壁斷垣上遠遠地眺望。

　　「和你奶奶並列一排被批鬥的是查干傲昕和巴爾蒂。查干傲昕的罪名是『貴婦』，巴爾蒂是『內人黨』。」母親證言。

　　查干傲昕的事兒，我記不得了。「內人黨」的巴爾蒂，我們都叫她「巴爾蒂奶奶」。我父親去陝西放牧，母親被監禁，家裡只剩下孤苦伶仃少不更事的我，有一陣，我還被寄養在巴爾蒂奶奶家過，他丈夫是遠近聞名的蒙古相撲選手。

　　批鬥會結束後，在群眾的怒濤聲中，奶奶們被關進小黑屋。我趴在破窗戶上看見她們從脖子上的土布兜裡取出茶碗舀水喝。夜裡，群眾燃起「呼呼」冒白煙的乾草堆，讓奶奶們被罰站在上面，兩腿繃直，雙臂平伸，做噴氣式飛機狀，我母親也在一旁陪鬥。

　　一個風雪夜，批鬥會後，奶奶被「解放」了，被喝令連夜出發趕路到幾十公里外的托庫羅庫生產大隊參加勞動改造。那個晚上，奶奶拄著拐杖跌跌撞撞行在大雪紛飛之中，因此左手凍傷，成了一隻廢手。到 1979 年去世，她凍傷的左手一直都使不上勁。

六、「不匹配的婚姻」

　　社會主義政權成立了。母親年輕的時候，對共產黨宣傳的「人民共和國把貧苦百姓從苦海裡救出來，共產黨是貧苦人靠山」這些美文麗詞堅信不疑。就算家裡曾因種賣共產黨的鴉片而陷入貧苦之中，她依舊相信，從今往後黨會帶領貧苦人走向富裕之路，美好的共產主義一定會實現。

　　「58 年成立了人民公社，開始興建薩拉烏蘇河（無定河）水庫。我不顧身上生理見紅，跳到冰冷的河裡運土沙，突擊勞動，爭當積極分子，從未歇息過。」母親回憶道。

　　人民公社成立不久，各地的藏傳寺院都被破壞了。母親在黨的號召下也參加了滅佛毀寺運動。

　　「『搗毀這些泥菩薩！』幹部們大聲吼叫。我嚇得五體發麻，汗毛倒立。那時我才二十歲出頭，『這些菩薩都是破泥巴捏的，信它幹什麼？還不快動手！』幹部們發火了。男人們動手搗毀了泥佛像，我們女人們漸漸膽大起來，把搗毀的佛像運到外面，扔在地裡。藏語和蒙語寫的經書，不是被燒掉，就是被扔到枯井裡了。經書燒了好幾天才燒完。人們都說敬了泥佛像的土塊是上好的肥料。第二年，田裡果真長勢喜人，穀子豐收，是毀壞的佛像開恩，保佑蔭庇嗎？」母親深深地歎息。

　　不久，母親如願以償地加入了中國共產黨，在「掃盲夜校」學會了識字念書後，被培養選拔當了幹部。照理說，母親會在政府這邊一帆風順，仕途青雲直上。

　　而我的父親巴音道爾吉也很早就加入了共產黨陣營。父親 1945 年到延安民族學院城川分院學習，1949 年畢業後被分配到內蒙古人民解放軍騎兵第五師，擔任第十四團團長包琦的衛兵。

　　「包琦是東部人，接受過日本式近代化的軍事訓練。當時漢人稱受過日本式近代化教育的蒙古軍人為『挎洋刀的』，包琦是很有文化教養和充滿魅力的男子漢。我當他的衛兵開始，就打從心眼裡敬重這批『挎洋刀的』。」父親只要談起這些「挎洋刀的」的內蒙東部蒙古軍人時，眼瞳裡就會熠熠發光。

騎兵第五師被派遣到西藏鎮壓藏人武裝起義。

造，但因出身「剝削階級」被勒令退伍。不久，

親（前排右）原定被選送解放軍軍事學院深

擁有延安民族學院城川分院「高學歷」的父

改編為人民解放軍騎兵第五師的戰士們。

　　1950 年 5 月，烏審旗的蒙古士兵大約一千人武裝起義，騎兵第五師被派遣來鎮壓他們。緊接著就是 1951 年開展的「鎮壓反革命分子」的大規模肅反運動，有了這些親身經歷之後，父親對共產黨的理想完全幻滅了。

　　很快中共開始著手對以蒙古人為主體的騎兵第五師進行政治改編，富裕家庭出身的、民國時期當過大小官吏的後代子弟，統統因「出身不好」被勒令退伍。父親因為我爺爺任過「封建社會的界牌官」，1956 年 12 月被勒令退伍還鄉。

　　包琦率領的騎兵第五師於 1958 年進軍青海，平息藏人武裝叛亂《塔拉‧2001，頁302》（註）。中國自古以來以華夏居中，稱蒙古人為「北狄」、西藏人為「西戎」，這就是以「北狄制西戎」的現代版。文革中，在巴彥淖爾軍分區工作的包琦也受到批判，最後在鬱鬱不得志中死去。

　　1958 年人民公社成立後，個人所有的家畜全部被沒收充公。父親對此不滿，有了「反公社化」嫌疑，他一輩子也不可能當上人民公社的幹部了。

　　可是，作為共產黨培養的候補幹部的「積極分子」母親，同「出身不好」、且有「反公社化」嫌疑的父親於 1960 年 5 月結婚。母親與父親結婚之前，有過好幾次提親，但最終母親下決心嫁給「有政治問題」的父親。此外，父親一家還有幾位「歷史不清白」的親戚。我的伯父也是個「反革命分子」。他當初也參加過人民解放軍。1947 年

註：調動蒙古人騎兵鎮壓西藏人武裝起義的事實，至今仍被隱瞞。但零星可散見
　　中國官方史書關於「和平解放」西藏的歷史敘述，如：中共西藏自治區委員
　　會黨史研究室編的《張經武與西藏解放事業》、解放西藏史編委會著的《解
　　放西藏史》。

3 月，對共產黨的內蒙古民族政策心懷不滿的蒙古士兵在烏審旗西部暴動，伯父也參加這次暴動，1952 年因「反黨、反人民」之罪被逮捕，兩年後死於獄中。

二十七歲的父親與二十二歲的母親舉行了簡樸的婚禮。新婚後的父親被派到黑龍江學習拖拉機駕駛技術。一年後培訓歸來，當時鄂爾多斯地區有三臺東方紅拖拉機在草原各地開荒墾地。「盡挑富饒的淫地開墾。每開墾一塊地，都會有大量的漢地流民湧過來安家造營，現在，當年的農田都沙漠化了。」父親歎了一口氣。

今天，內蒙古的黃色沙漠捲起的沙塵暴都吹到日本和加拿大去了。

1964 年夏，我出生了。

七、一家四口，劃成不同的「階級成分」

文革爆發的 1966 年初夏，作為民兵的父親和母親被召集到公社場部接受嚴格的軍訓。當過兵的父親當指導員，母親和其他年輕人一樣颯爽英姿，騎馬挎槍，時刻為防止蘇、蒙的軍事進攻而軍訓操練。

「只好帶上才兩歲的你。軍訓時就把你擱在草地裡睡覺。民兵們的戰馬疾風殘雲一樣飛驅而過時，我生怕踏過你啊！」母親說。

到了 1967 年，社會局勢又發生了變化。劃分階級成分運動開始了。父親和奶奶被劃分成「封建階級牧主」，母親被劃分成相當於「貧農」的「貧牧」，雖是共產黨員，卻嫁給「剝削階級」，顯然「階級立場不穩」，「政治上不可靠」而遭受批鬥。未成年的我，「階級成分」曖昧，暫且未定。由清一色共產黨員組成的政治會議也不再給母親參加了，幹部們脅迫母親同父親離婚以表明「鮮明的政治立場」。

我家烏雲密布，氣氛黯淡。只有牆壁上的毛澤東嘴角還掛著不可一世詭詐的微笑。

父親同意離婚，但母親一聲不吭。

1968 年夏天起，「挖肅」運動開始了。我家院子的牆壁上畫了一幅巨大的綠色的毛澤東肖像，是住在我家附近的一位叫蒙可那順的年輕人花了好幾天的功夫畫的。每天早上出工之前，父母都要對著毛澤

東肖像敬朝禮：「毛主席萬歲，萬萬歲！」晚上回家第一件事就是向毛澤東彙報一天的心得之後，才能進家門（註）。有時我也被叫上參加這種政治儀式。但是我奶奶卻不肯參加這種所謂共產主義的頂禮膜拜。直到人民公社成立之前，奶奶一日不缺地念經拜佛，恪守傳統的遊牧民生活方式。

1968 年夏，父親與額爾德尼薩、扎莫巴、博羅等一起趕著一百匹馬的牧群向陝西省的楊橋畔遷移。差不多持續了兩年的乾旱，使得飲水和灌溉受到了嚴重的影響，莊稼基本顆粒無收，家畜的牧草都乾涸而死，到陝西的話，還有切碎的玉米和小米的幹莖吧。

父親去陝西放牧，實際上是逃亡。這時城川民族分院（延安民族學院於 1945 年遷至城川）已被定性為「烏蘭夫為首的反黨叛國集團的老巢」，父親是這個學院的畢業生，理所當然被打成「民族分裂主義分子」。父親預感到風雨欲來的危險，志願報名去遙遠的陝西放牧。

「紅孩子多棒啊，穿漂亮的衣服，有燦爛的前途！」出發的那日清晨，父親蹲下身子，久久地抱住我，怔怔地盯著我的小臉蛋，獨自嘟囔著。「紅孩子」指的是家庭成分「紅五類」的孩子，政治身分為工人、貧下中農民、革命幹部、革命軍人、革命烈士等五類人的統稱。我們家被劃分為與之相對的「黑五類」。歷史的身分罪與種族的身分罪一樣，無可改變（林達《已經消失的中國「猶太人」群體》）。

父親騎著白色的駿馬遠遠地消失在清晨的濃霧中。

八、沒收家畜，侮人靈魂

父親逃走後的 1968 年 7 月末的一天，蒙克達賴和扎米揚等幾個壯漢突然氣勢洶洶闖入我家來「抄家」。

「抄家」就是闖進民宅翻箱倒櫃，借抄所謂「反革命證據」為名趁火打劫，沒收家財器物。抄家過程中，還私自批鬥，甚至私設公堂，濫實酷刑，打人致死。

1968 年 8 月 18 日，首都百萬群眾在天安門廣場舉行慶祝「文化大革命」，「偉大領袖毛主席」和他的「親密戰友」林彪在天安門城

註：據《中國人民解放軍八三四一部隊關於北京市針織總廠職工狀況的報告》所載，向毛澤東肖像早晚彙報始於針織廠工人（1967 年 11 月 13 日，謄寫版，頁 3）。

樓首次接見來京進行大串連的全國各地狂熱的紅衛兵。「打鬼借用鍾馗」，紅衛兵被賦予了至高無上的批判、鬥爭、奪權的話語及行動權力，紅衛兵運動進入高潮。破「四舊」立「四新」，「橫掃一切牛鬼蛇神」，在全國掀起打砸燒搶、抓人、揪鬥、抄家狂潮。在文革初始階段，由首都紅衛兵掀起的所謂破除「舊思想、舊文化、舊風俗、舊習慣」的「破四舊運動」立即風起雲湧、席捲各地（*周倫佐，2006，頁 11-24。卜偉華，2008，頁 206-209、229-230*）。「革命暴力」諸行比首都稍微慢一拍，傳到內蒙古。

「好啊，你們這幫反動牧主住在青磚瓦屋裡享福，這是人民群眾絕不允許的剝削行為，財產統統沒收！」紅旗大隊隊長蒙克達賴怒吼道。

這棟青磚瓦屋是我父親 1957 年建的。由遊牧生活剛剛轉入定居生活的蒙古人的家大都為簡陋、寒磣的黃泥屋，見過世面且崇風尚的父親省吃儉用建了這棟青磚瓦屋，卻招人嫉妒，成了獲罪把柄。

母親沒有反抗，所以抄家還算順利。但蒙克達賴肆無忌憚地打算搶走我的寶貝「海波牌」收音機，我死死不肯放手。那是父親從老遠的天津帶回來的，在所有的文化生活都被共產黨摧殘的年代，這個收音機是我家唯一的娛樂。

「你這個牛脾氣，一哭就傷心欲絕，幾乎昏慣在地。蒙克達賴趁機強行一根一根扳開你死死掐住的手指，還是奪走了你的收音機。」母親說。我當然知道自己性格中倔強的部分。

蒙克達賴們抄家奪走了家裡僅有的一點像樣的東西，只給我和母親留下一床被褥。青磚瓦屋的鑰匙被沒收了，母親和我在倉庫小屋寄身。

留在家裡的母親和我放牧著公社的綿羊和山羊，大約有三百來隻。七十四歲高齡的奶奶在大隊隊部強制勞動改造。我幼時的小夥伴是一匹小羊羔，寶石般美麗的灰色大眼睛，全身覆蓋著柔軟細毛，我喚牠叫「青色小羊仔」。青色小羊仔特別疼人，我走到哪裡，牠就一路跟到哪裡。我一坐下來，牠就乖乖地爬到我的肩上，舔我的臉盤。有了

青色小羊仔，我就不孤獨了。

　　1969 年 6 月 10 日，是我和青色小羊仔永別的日子。

　　「反動階級的黑五類沒有放牧公社羊群的權利！」蒙克達賴帶著阿爾比恰霍以及阿爾賓巴雅爾幾個大隊幹部再次闖入我家，沒收了羊群。

　　「反革命分子也有牧羊權！」母親大聲抗議。但徒勞無益，三壯漢「唔」一聲口哨，揮鞭撩塵，威風凜凜趕著羊群揚長而去。「留下我的『青色小羊仔』吧！」我死死懇求，可是沒有人傾聽一個孩子的哭泣。

　　那一天，母親和我都哭了。草原、畜牧，對於生於斯長於斯的蒙古人來說，沒收家畜等於要了他們的性命，還侮辱他們的靈魂啊！哪怕這些家畜是公社的國有財產，只要牠們在身邊，心裡就獲得莫大的安慰。蒙古人自古有一句諺語：「蒙古人生來靠家畜的庇蔭。」放牧家畜，既是生活的手段，更是蒙古人的哲學。剝奪蒙古人的放牧權，象徵著剝奪了作為人類生存下去的基本權利。

　　我們家失去房屋、家畜，親人流離失所，卻還遭到 1954 年死在共產黨監獄裡的伯父的未亡人、就是我伯母蓮華的奚落。她要與我家「劃清政治界限」，也就是要脫胎換骨，鮮明地表示她的「革命立場」，加入「革命造反派」。

　　「沒收反革命分子的家畜很好嘛，社會主義中國是貧苦人的靠山！」「這個女人是剝削階級牧主的臭老婆，自己吃豬肉，卻給我們貧苦人嚼青菜。」晚上母親和我參加陪鬥奶奶的鬥爭大會上，蓮華指著奶奶控訴罪證。

　　奶奶是個地地道道的蒙古人，我的記憶中從來沒有看見過她吃一口豬肉。

　　60 年代的鄂爾多斯烏審旗西部的蒙古人還沒有開始養豬，也沒有種植青菜。「社會主義中國的貧苦人」蓮華為了證明自己是根正苗紅的「革命造反派」，竟然大放虛假的證言，而人民群眾明知是謊言，可是由於意識形態高於生活常識，大家為了自保性命，都選擇自欺欺

人，相互麻木。

九、「轉世變成窮人就好了」

被剝奪了放牧權，完全喪失了生活來源的母親和我申請從紅旗生產大隊轉入附近的朝岱生產大隊。1970 年 3 月，我們的申請終於被批下來。那年 5 月，朝岱生產大隊考慮到母親「貧苦人出身」，批准母親和我放牧一群羊。漢農左有娃老人管理著兩百頭羊群，老人年事已高，不願野外牧羊了。母親和我高高興興地前往左有娃老人家。

趕著羊群回家的途中，我們經過住在德木其‧柴達木的博爾巴瓦老人家休息。博爾巴瓦家是烏審旗西部知名的富人，社會主義政權成立之前，擁有兩千頭羊、幾百匹馬與駱駝。「博爾巴瓦家的馬群從德木其‧柴達木平原出發到無定河去飲水的話，前頭的馬匹開始飲水，守在後頭的種子雄馬才出發十公里。」記得牧民們用有點兒誇張的語調懷念起富足的舊時光。

母親與博爾巴瓦聊著家常，我卻捨不得離開羊群一步。經過這一年的變故，我更加覺得羊群是多麼珍貴啊！炎炎烈日下，博爾巴瓦夫人給我端來一碗酸乳酪。

「如今我們被當作反動牧主批鬥，可是那些家畜，不是我們剝削他人，而是我們比誰都起早貪黑，比誰都省吃儉用，才一匹一匹增加起來的啊！那些貧苦的牧民，要不就好吃懶做，要不就染手了漢人的鴉片啊！」那天博爾巴瓦同母親嘀咕著，母親連連點頭稱是。因為母親的娘家、父親一家都是因共產黨的鴉片而家道中落的。但那時誰都不敢提起「偉大光榮正確」的共產黨曾經種賣鴉片的事情。

文革一開始，博爾巴瓦夫婦就不得不接受無止境的批鬥。同我們見面後的第二年早春，即 1971 年，博爾巴瓦夫婦被監禁在無定河支流的巴嘎‧高勒（小無定河）附近的第一生產隊部，受盡嚴刑拷打，慘遭百般蹂躪。漢人左連英（就是左有娃老人的兒子）、吳有子、田惠民等人都熱衷於殘暴虐待行為。他們幾乎都是 50 年代從陝西來的「墾殖流民」，漢人稱之為「盲流」。他們非常仇視蒙古人，掌握生殺予

奪大權後，強迫蒙古人白天苦力勞動、晚上開批鬥會，把人當牲口凌辱，後半夜才把他們押入禁閉的牲口小屋，讓他們喘一口氣，第二天再繼續折磨，並趁機掠奪財產，幹盡壞事。

一天，吳有子押送博爾巴瓦到另外一個批鬥會場時，博爾巴瓦從驢子上掉下來摔死了。那時，博爾巴瓦已經被打斷了腰，只能在地上爬和滾了。第二天，吳有子向生產隊報告，博爾巴瓦摔在巴嘎·高勒河裡淹死了。民兵們跑去現場一看，博爾巴瓦橫屍在河中央。「巴嘎·高勒」在蒙語的意思是「小溪流」，河深不過幾釐米的細長流水，絕對淹不死人，博爾巴瓦肯定是被吳有子殺害了。第二年，博爾巴瓦夫人在朝岱生產大隊隊部所在地的一個叫博進托的地方，被漢人民兵打斷了腰，不久悲慘地死去。

「有錢真是罪孽深重啊！要是下輩子生來變成窮人就好了！」篤信藏傳佛教的博爾巴瓦夫人曾經對我母親這樣說。

按照今天中國政府的說法，內蒙「挖肅」在 1969 年 5 月嘎然而止（*王鐸，1998，頁 233-234*）。但是那時這個「停止『挖肅』」的「正確政策」並沒有貫徹到我的故鄉鄂爾多斯草原上。

文革結束之後，漢人吳有子並未繩之以法，仍然過著通體舒泰的生活。

十、壞人只能生壞蛋

紅旗生產大隊的革命群眾看到轉入朝岱生產大隊的母親又開始放牧羊群了，很不高興。1970 年 5 月的一天，紅旗生產大隊隊長蒙克達賴帶了三、四十個壯漢開著拖拉機又出現在我家門口，這幾十個人大都是陝西來的「盲流」，他們二話不說，埋頭揮舞起鋤頭、鐵鍬就在我家大門口「吭哧吭哧」挖起來。

「改造落後的遊牧方式，帶給你們先進的文明人生活。」

所謂「文明人生活」指的是漢農耕種方式，農業經濟形態。

實際上，我家那一帶是烏審旗西部屈指可數的一片無垠的優良草原，從家門口向南 90 公里可以看見萬里長城的烽火臺，草原上到處有

地下湧水源；直到 1958 年還到處可見一群群藏羚羊遷徙、豺狼出沒，真是充滿生機的美麗世界。草場是蒙古人的公共土地，牧場共有、自由放牧是草原上的歷史文化傳統。草原上不同的地形、地貌、牧草、野生動物、每一頭羊、每一匹馬、風向地理、放牧路線，就像一幅生動的地圖，舒展在牧民的心中。

紅旗大隊大刀闊斧地開墾處女地，意味著對蒙古人的雙重侮辱。

其一、共產黨政府大力宣傳蒙古傳統的畜牧業生產方式的落後與農耕經濟形態的先進，宣傳現代化牧區的社會主義改造意味著帶來先進的文明人生活方式。但是，逐漸改造蒙古畜牧民為農耕民，改造蒙古式為漢農式，就完全葬送了蒙古傳統文化。因我家是「反動牧主」，所以「改造」必須從我家開始，這第一鋤必須從我家起鋤，殺雞儆猴。他們的計畫從我家邁出第一步，做示範。畜牧業經濟生產消失，眼前展現的就是一馬平推的農耕開墾地。完全否定蒙古的歷史和文化，一哄而上侮辱性地強制推行中國文化，這就是對文化的滅種滅絕。

其二、試圖再次剝奪我家的放牧權。從我家大門口開墾，家畜的圍地都被破壞，他們把井水和墾田圍欄起來，我家羊群無法飲水。他們雖然與我們屬於不同的生產大隊，但羊群是公有財產，他們不敢對羊群直接下毒手，但羊群長時間不能飲水就會渴死，這樣罪過又會強加在母親頭上。

母親和才六歲的我，無力制止人民群眾的「革命行動」，只好深更半夜等他們睡熟之後偷偷地汲水，送到羊群裡去。

5 月末，他們開始在我家門口大規模挖防空洞，說是生產隊隊部要安在這裡。回應毛主席號召，積極備戰，防禦美蘇帝國主義的侵略。淺陋的橫坑道一直挖到我家地下，顯然他們是故意使黑絆子，目的是讓我家塌方。母親和我拼命抗爭，我甚至抄起鐵鍬襲擊隊長蒙克達賴——就是這個傢伙，搶走我的收音機，用皮鞭抽打我心愛的「青色小羊仔」。

蒙克達賴飛起一腳，踢飛我和鐵鍬，惡狠狠地威脅道：「壞人只會下壞蛋，抗拒從嚴，小心我把你這小狗崽子丟到井裡去。」痛子心

切的母親只好含淚停歇了抗議。

十一、母親所受的侮辱

到 70 年 6 月，我家羊群還是無法飲水。一天，忍不住乾渴的羊群戰戰兢兢地靠近水井，「盲流」燃起鞭炮「劈哩啪啦」嚇得羊群驚慌四散。不忍此狀的老奶奶懇求蒙克達賴：

「我們家雖是壞分子，但家畜無罪啊！讓羊兒們喝點水吧，你也是蒙古人呀！」蒙克達賴對老奶奶的請求置若罔聞。這時有個年輕的漢農往我家的水井裡撒了一泡尿，還將吸水桶埋進沙地裡。

老奶奶被激怒了：「水是我們蒙古人無比神聖的資源啊！人、畜和草場的命根子啊！就是別人家的家畜，路過的旅人口渴了，也會給他們一口水喝呀！草原上從來沒見過毀人水井的人。就是過去的強盜土匪幾次搶劫我家，也沒毀人水井呀！」

老奶奶的話是對的，但卻成了她的「新罪狀」，老人家將「革命群眾」比作「強盜土匪」了。

「毀人水井犯死罪」，這是歐亞大陸乾燥地區逐水而居的蒙古人和突厥人古老的傳統。但在社會主義的中國，卻成了「光榮的革命行動」。自信、還有點兒體力的母親勇敢地搧了這個「盲流」一記耳光。

母親立即被五大三粗的壯漢們抓捕，並且當眾被莫克達賴一塊一塊撕碎衣裳，老奶奶被扭著雙臂，不能動彈，我這個「壞人下的壞蛋」與壯漢們扭打起來，親眼看著母親受盡侮辱。那是一個特別炎熱的夏日，草原上低矮的嫩草隨風起伏。

當晚，母親趕到沙爾利格鎮的公社場部去告狀，奶奶、大姨和我三人留在家裡。「盲流」們用彈弓和充氣槍打碎了我家的玻璃窗。

秋天來了。

烏審旗被北京來的人民解放軍實行全面軍管。同解放軍一起來實行軍管的是內蒙古東部人、烏審旗人民武裝部部長海山（漢名王海山）。母親打算直接上告海山，請求他制止暴行。

母親病倒在床，一連好些天發著高燒。蒙克達賴等人住進我家門

口新建的生產大隊隊部，準備收穫小米。

「海山部長來了。」突然不知誰在叫喚。我像風一樣飛跑出去，登上東邊的小沙丘張望，可是連馬影子都沒有。「人民群眾」知道母親想找海山部長伸張正義，於是搞惡作劇作弄我們。但是只要聽到「海山部長來了」，我就飛快登上小沙丘張望，每次都引起他們哄堂大笑，而母親卻躲在被褥裡偷偷哭泣。

好多天之後的一個午後，海山部長真的來了。他昂首挺胸，騎著一匹白馬，還帶著幾名隨從，操東蒙古方言。他說什麼，我不大聽得懂，只記得他命令大家，不准在我家大門口二十步以內墾荒種地，「對反革命分子，也要文鬥，不許武鬥！」「羊群是人民公社的財產，要允許羊群喝水！」這些話至今還留在我的腦海裡。幼小的我，覺得海山部長發出菩薩一樣的光輝，並暗暗下決心，長大後當一名海山一樣的軍人。

「實際上海山部長也是『挎洋刀的』，他的日語呱呱叫，以前加入東蒙古自治軍，1958 年藏人起義時被派到西藏去『平叛』。文革一開始就被肅清，被整得死去活來。那時他剛剛被解放。」父親告訴我。海山部長從我家返回烏審旗不久再次淪為階下囚，遭到整肅。因為他同情「反動的蒙古封建主」。

我家門前的天然大草原，經過從 1969 年到 1974 年整整五年的大面積開墾，草場全部沙漠化。這就是強制推行「文明人生活形態」農耕墾地的結果。

十二、掌握生殺予奪大權的漢人

「文革期間在沙爾利格公社發起暴力整肅的，到底是蒙古人呢，還是漢人？」我詢問母親。

「漢人慣於搞政治運動。漢人的刑訊逼供，血跡斑斑卻不留下蛛絲馬跡。我們蒙古人從 1949 年接受漢人統治起，接連不斷的政治整肅運動就沒歇過，安穩的生活就沒享受過。蒙古人，大腦容易熱，也容易冷。最初很熱心參加那些運動，但最後一個個都被整肅、被收拾。

文革時，連烏審旗沙爾利格公社這樣的最基層行政組織中，蒙古人幹部也是一開始積極參加，不久『挖肅』升級，而『挖肅』、『圍殲』的對象都是蒙古人，大家背脊都冒寒氣，一個個都默不作聲了。」母親回想著說。

「興起沙爾利格公社文革的，是郵電局的漢人職工楊德茂和信用社的漢人職工賀定青他們。」母親繼續說。

當時公社社長是蒙古人道布慶道爾吉，書記是寶祥（漢名張寶山）。楊德茂和賀定青對蒙古人擔任高層領導很不滿，1967 年春，他們要從蒙古人幹部手中奪權。

「大多數蒙古人被誣陷為『烏蘭夫黑幫分子』和『民族分裂的內人黨』。1968 年夏天，楊德茂和賀定青把道布慶道爾吉、寶祥揪出來輪番批鬥，搞群眾專政，對他們用盡私刑，往死裡整。他們特意選白天最熱的中午批鬥，喝令他們在炎炎烈日下長時間罰站，不許喝水，他們自己卻躲在陰涼處吆喝著進行審訊。」母親說。

一天晚上，道布慶道爾吉被捆綁到一口深不見底的老井邊，威逼他跪在井臺，要他承認自己是「內人黨」，如果不承認，就拋進井底，製造「畏罪自殺」的罪名。道布慶道爾吉只好含含糊糊地交代「搞民族分裂主義」的「罪行」，還被迫簽字，但第二天道布慶道爾吉又一口否定了口供。

「不想被殺，沒法子。」結果招來更加狠毒的酷刑拷打。

1969 年初夏，傳來了烏審旗東部解放軍部隊一連在圖克公社挖「內人黨」製造了駭人聽聞的大慘案的消息。這個公社只有二千九百六十一口人，僅僅兩個月，挖出「內人黨」九百二十九人，占成人人口的百分之七十一；被懷疑的二百七十人，挖死六十九人，除幾名漢族黨團員民兵外，所有黨員、團員、民兵全部打成內人黨。離圖克人民公社只有 200 公里的沙爾利格公社的蒙古人全都震驚了。看來大屠殺的風暴從東向西刮來躲不過去了，大家都陷入絕望當中。逃命都無處可逃，因為全中國都變成了漢人主導的「人民戰爭的汪洋大海」。

「聽到圖克公社大慘案，我就覺得沒指望了，好幾次想到自殺。一天夜裡，你睡熟之後，我走出屋外，投井自殺或者一根繩子，都足以一了百了。但自己撒手人寰後，留下的孩子怎麼辦，孩子會更加受到虐待啊！思前想後，只好回到屋裡。」母親的話，字字含痛。

親戚們為了「劃清政治界限」，幾乎全都與我家斷絕了親人關係，母親失去了生存的勇氣。一天，同在批鬥現場的道布慶道爾吉社長和寶祥書記悄悄地提醒母親：

「一定要好好守住孩子，眼睛一刻不能離開他。漢人們對『壞人下的壞蛋』順手就下毒手了。」

母親死死地握住我的手。

這時，公社和旗政府所在地的達布察克鎮都接連發生了好幾起「內人黨」的孩子蹊蹺失蹤事件。

十三、蒙古人的命如草芥

母親同我談起沙爾利格人民公社的文革暴行。

住在掌高‧柴達木的羅庫羅夫婦也是被批鬥的「封建剝削階級牧主」。兇手們在羅庫羅夫婦的頸脖子上用鐵絲吊一個沉重的石臼，長時間罰站。

恩克那莫爾是烏審旗西部大庫倫貴族家庭出身的人。他的父親哈那范塔曾經幫助過共產黨，一天被批鬥了一整天的恩克那莫爾回到家裡，他的妻子立刻要求同他離婚。文革時期，由於政治立場的不同，階級鬥爭也頻繁在家庭內發生。在家裡得不到親人理解的恩克那莫爾絕望了，最後投井自殺。

「還記得你那阿拉坦陶高斯嬸嬸嗎？」母親問我。

「阿拉坦陶高斯」在蒙語裡是「金孔雀」的意思，我當然記得這位跟她名字一樣、身材秀美、總是穿著鮮豔的蒙古民族服的女性。年輕的時候，阿拉坦陶高斯嬸嬸是遠近聞名的漂亮女人。

阿拉坦陶高斯嬸嬸的亡夫烏力吉是一位「舊政權官吏」，自然這位嬸嬸也被定性為「封建剝削階級」。事實上，「舊政權官吏」的烏

力吉早就加入了共產黨軍隊，參加革命了。沒有孩子的阿拉坦陶高斯嬸嬸一直過著孤苦伶仃的生活，跟一般牧民沒什麼區別。

她患有嚴重的關節炎。她被驢子馱來批鬥現場，還幾次看見她從驢子上滾下來揉著膝蓋。1972 年冬，她被馱到巴嘎・高勒河附近的專業隊場部長時間受到刑訊逼供批鬥。「專業隊」是純漢人的農業生產小隊隊部的名稱。她白天被強制勞動，晚上接受批鬥，一連幾個小時的罰站，拳打腳踢，不省人事。鬥得奄奄一息之後被送回來。第二年開春，又被叫去批鬥的時候，發現她早已死在被褥裡了，於是，就連同那床被子裹著一起扔到沙漠裡了。

1974 年以後，地獄般的大屠殺風暴高潮暫時平息。身為共產黨員的母親當了大隊婦女主任，參加了公社以政治「平反」為名的「恢復名譽」落實政策工作，也因此知道了很多自治區蒙古人是如何被整肅、被屠殺的。

白玉蘭是個端莊賢淑的蒙古女性，她的丈夫叫吉仁古日巴、漢名楊文華，准格爾旗人，在杭錦旗長大。兩口子都被打成「內人黨」逮捕。1969 年 5 月，白玉蘭「畏罪自殺」後，通知他丈夫領屍，他丈夫和親戚都看到她的陰道被插入一根爐鉤子，腸子、屎尿都被桶出來，下半身還殘留著精液，是那些漢人兇手們輪姦作樂後殺害的。不久，她兩歲的女兒也死了。

在呼和浩特附近土默特地區一個叫做將軍窯子的地方，有個美麗的蒙古姑娘，有個漢人共產黨幹部想同他結婚，但遭到她斷然拒絕，這個蒙古姑娘後來嫁給了一個蒙古人。「挖肅」漢人們把她們夫妻都揪出來，罰丈夫站在佈滿碎玻璃的土牆上，睪丸打碎，胯襠裡腫得比拳頭還大。把她也抓起來，脫個精光，兇手們用老牛毛編成的粗繩子在她下身來回拉大鋸，將陰道和肛門拉通，成了終身殘廢。

「我們蒙古人的命如草芥，命如螻蟻啊！」母親極其同情與自己一樣命運的悲慘女性，極力想向我訴說女性所遭受的政治強暴和性強暴的多重傷痛。

十四、加害者的悲哀

1971 年春，上面給我家派來了兩位漢族少女。「反動地主」李生娃帶來十九歲的春春和十七歲的秀秀兩姐妹。陝西北部人的李生娃住在烏審旗南部的漢墾村，早在紅軍到來時就表態支持共產黨，還積極幫助共產黨種植罌粟地，被評為「開明人士」。但文革一開始，就從「開明人士」跌落到「反動地主」。「地主」也罷，「牧主」也罷，統統都劃入「黑五類」，被命令「壞分子要共同生活，相互監督，相互揭發」。

兩姐妹同我母親一起放牧家畜。但漢人不習慣也不大會放牧家畜，一個寒冷的清晨，因母羊還不會給小羊仔餵奶，春春朝一頭剛生了羊仔的母羊踹了一腳（註）。我家好不容易才第二次獲得牧羊權，羊群們是我家至高的寶貝啊！我怒從心起，朝春春吼道：

「地主女崽子，妳要幹什麼？」

「地主女崽子」是當時七歲的我選擇的最侮辱的惡罵，共產黨血統論是一種以家庭出身、階級成分來決定個人的前途命運和發展方向的。在文革的紅色恐怖年代，血統論這一思想被發揚到了極致，社會充滿了政治等級和階級鬥爭思想。

春春先是一驚，繼而大哭。

母親飛快地跑過來，搧了我一記耳光。

「牧主崽子有什麼權利罵人家地主女崽子？」母親氣壞了。

啊，我把自己也是「反動牧主崽子」這個雙重賤民身分忘得一乾二淨了。

大學畢業後，我一直想向春春道歉，可是，我至今都沒有再見到她的機會。幼小的我，文革中也幹過傷天害理的事啊！

「幾次抄了我家，沒收我家的牧群，還當公撕碎母親的衣服侮辱您的那個蒙克達賴後來下場如何呢？」我問母親。

「這絕非蒙克達賴個人的問題。他與我同屬哈塔慶氏族，扯起來還算遠房親戚。他一家窮得叮噹響，所以很熱心參加『社會主義運動』。但是為什麼窮得叮噹響， 他卻沒有好好動過腦筋。開始我也不

註：母羊體力衰弱或者初產時，有時會產生母羊不給羊羔餵奶的現象。這時，牧
　　民就會採取人工餵養的方法。

明白，後來才慢慢有些明白，窮人都是好吃懶做的，染手共產黨鴉片的人，還記得被吳有子殺害的博爾巴瓦老人嗎？記得他對我們說過的那些話嗎？烏審旗西部發生的「挖肅」，打死、逼死蒙古人，總的來說，來自陝西的墾殖漢農多。蒙古人中也有極少數加害者，只是蒙克達賴特別顯眼罷了。

「但如果沒有共產黨的指使和挑唆，蒙克達賴只不過還是一個普通的蒙古人，一輩子老老實實地在草原放牧。受到共產黨洗腦之後，他就變了。如果沒有共產黨，蒙古人都會像蒙克達賴一樣，一輩子好好地在草原過自己遊牧生活，絕不會把別人打成『反革命』、『民族分裂的內人黨』而慘遭殺戮。」

這是母親對文革的見解。

文革結束後的一天，蒙克達賴到我家請罪，一進門就「噗通」跪倒在地，腦袋跟搗蒜一般。那天我正好去上學了，不在家，我父母很坦率地接受了他的道歉。

「站在蒙克達賴的立場來著想的話，1958 年，蒙古人的全部私有財產的家畜都被國家沒收充公之前，我家家畜多，蒙克達賴家家畜少。1980 年，人民公社垮臺，1985 年，國有財產的家畜再次分配給個人，基準還是按照 58 年以前各家擁有的頭數。結果，還是我家分得多，蒙克達賴家分得少。他家還是窮得叮噹響！可是從 1958 年到 1985 年，整整二十七年間，我們蒙古人的財產和利息都被國家據為私有了（註），共產黨就是這樣剝削人民的！

「蒙克達賴信了漢人共產黨，不惜對本民族的蒙古人下毒手，讓我們吃盡苦頭，結果還是被共產黨把責任都推卸給他，簡簡單單地拋棄他。我清楚地記得漢人楊德茂和賀定青說：『你們是狗咬狗。』完成了共產黨交付的『蒙古人鬥蒙古人』的『光榮的革命任務』之後，蒙克達賴就一文不值了，被拋棄是必然的命運。他只不過是被漢人共產黨利用過的犧牲品而已！」

從內蒙古開始「改革開放」的1985年起，蒙克達賴淪為「新貧困」階層。

註：人民公社撤銷之後，如何再分配 1958 年充公的家畜，內蒙古自治區因地域的不同而分配政策不同。

　　自 1991 年起約一年的時間，我在故鄉鄂爾多斯進行田野調查。夏日的一天，傳來蒙克達賴的女兒考上大學的消息。對鄂爾多斯貧窮的牧民來說，考上大學是一件多麼不容易的事兒！我母親聽了非常高興。可是沒幾天，蒙克達賴的女兒突然卻病死了，更為蹊蹺的是，埋在沙爾利格丘陵的遺體被漢人盜走了。這件事對老沙爾利格人民公社的蒙古人來說，是個巨大的打擊。

　　漢人社會有冥婚的習慣，就是為夭折的未婚少男少女找配偶。漢人認為，如果不替他（她）們完婚，他（她）們就會作怪，使家宅祖基不安。因此，一定要為他（她）們舉行一個冥婚儀式，最後將他（她）們埋在一起，成為夫妻，並骨合葬，也免得男、女兩家的墓地裡出現孤墳。

　　不治而亡的蒙克達賴未婚女兒要被迫在陰間嫁給漢人，在對與漢人成婚懷有強烈抵抗情緒的蒙古社會來說，這是一樁無論如何也不能接受的兇惡犯罪。更何況蒙古傳統社會沒有冥婚的習俗。蒙古人對死者的哀悼是祈念他們成佛。

　　「與漢人做了鄰居後，我們蒙古人歸天後也不得安息了。」母親被激怒了。

　　1991 年的一天黃昏，母親趕到公社改名後的蘇木鎮政府，找到黨委書記，明明白白地告訴他：「1960 年我就參加了共產黨，但入黨後，就沒見過黨辦過一件好事。那至少請讓我退黨吧，還我自由！」

　　中共是一個具有封建幫會性質的黑老大，只許組織開除黨員的黨籍，不許黨員自由退黨，於是被黨「開除」了。我母親掙脫了精神枷鎖，保存了內心的尊嚴。

　　中國政府的文件宣稱，從 1969 年 5 月起就逐漸遏止住了對蒙古人整肅的大屠殺。但從我家這樣一個普通家庭的歷史來看，事實勝於雄辯。那就是，在草原上人民公社這樣的基層行政單位中，直到 1972 年，漢人掌握生殺予奪的暴虐行為一直都未停止過。這樣的中國現代史，對我的人生觀形成很大的影響——如何認識這個叫做「中國」的國家？如何認識漢民族？這個認知形成於內蒙古文革中的個人體驗。

　　「一個幽靈，共產主義的幽靈，在歐洲大陸徘徊。」1848年卡爾‧馬克思起草的綱領《共產黨宣言》中這樣寫道。這個「幽靈」，同漢民族結合在一起，產生了漢人共產黨特殊集團。這個特殊集團，至少對蒙古人來說是個惡魔的存在。隨著這個特殊集團的勢力範圍的擴張，東亞大地的災難就不知何時是盡頭，原本安穩生活在長城以北的蒙古人受難的時代就開始了。

第 Ⅰ 部

「挎洋刀的」

第壹章

蒙古人的共產主義思想
是從日本學到的
——「一高生」特布信，凋謝於毛澤東的「百花齊放」

　　「偉大領袖毛主席」發動「引蛇出洞」的「反右」鬥爭，在內蒙古也取得了「豐碩成果」。自治區共有三千九百三十四人被劃為「右派」。當時自治區蒙古族人口約只有一百二十萬左右，因此，這個比例絕不能算少。筆者於 2008 年 1 月採訪過自治區著名的「三右派」之一的特布信（當年八十四歲）。那日陰風怒號，天寒地凍，溫度低達零下 15 度，特布信和夫人德力格爾瑪（當年八十二歲）住在自治區首府，被喻為「青城」的呼和浩特市公寓內。

▲東京留學「一高」時期的特布信（圖中）與日本學生、中國留學生在一起。此時的特布信挽弓執戈，意氣風發。中共建政後，自治區的主體民族蒙古人燦爛的笑容消失了。（圖片提供：特布信）

一、「挎洋刀的」民族精英

第二次世界大戰前，內蒙古東部草原被劃入剛成立不久的滿洲國。1939年，財團法人蒙民厚生會成立後，採取積極鼓勵和資助留學生的政策，或推薦升入滿洲國內各類學校，或向日本派遣留學生。蒙古青年紛紛從滿洲國東渡日本留學。特布信就是其中的一位。

日本舊制第一高等學校簡稱為「一高」，於明治19年建校，是日本為培養近代國家建設之精英人才而設立的一所高等學校，相當於東京帝國大學預科。至1950年改編為止，「一高」畢業生一萬八千餘人，分別活躍於日本的政界、財界和學界。特布信從「一高」直接升入東京帝大，這是一條誰都羨慕不已的通往精英之路。

1945年3月，特布信回國後成為蒙古民族主義政黨——「內蒙古人民革命黨」的重要成員，並積極投身於民族自決運動。中共建政後，特布信曾經擔任過一段時間的內蒙古大學校長，是內蒙古知識界的領袖之一。

身高180公分的特布信西裝革履，盡顯紳士風範，談話間不時夾雜著蒙語和日語。漢人稱與近代日本有過深厚淵緣的蒙古人為「偽滿時期挎洋刀的」，指的就是滿洲國內的蒙古軍人和蒙古近代知識分子。記得小時候父親對我說過，「挎洋刀的」個個都舉止端莊，談吐優雅，氣質上品，知識豐富。父親曾是內蒙古騎兵第五師士兵，他的上級也曾是「挎洋刀的」。與之對比，共產黨軍隊中掌握實權的漢族軍人，幾乎都是些不學無術的粗鄙之人，匪氣與痞氣十足。「優雅」與「粗鄙」的鮮明對比，連共產黨自己也不得不服氣。文革開始後，粗鄙的漢族軍人對優雅的「挎洋刀的」發動了大規模整肅，詳情將在本書細細敘述。

內蒙古騎兵師團，是培養一批又一批「挎洋刀的」蒙古知識精英的搖籃。他們人才輩出，文武雙全。不談他們，無以完整地敘述內蒙古近代史。

驍勇善戰的草原雄騎——內蒙古騎兵全由蒙古子弟組成，士官由清一色的日治時代各軍校的畢業生，或者日本士官學校學成回來的留

學生擔任。他們既繼承了蒙古騎馬戰術的優良傳統，又吸收了日本近代軍事思想和訓練方法。

中共為了滲透東北和內蒙東部，派人以擔任「宣講革命道理」的政治委員為名進入蒙古騎兵師團，實質上是向各騎兵連派遣間諜做策反工作。中共以加緊吸收「進步青年」加入共產黨的方式，逐步分化、瓦解並清除內蒙人民革命黨內哈豐阿、阿思根等民族主義者的勢力。

1950 年朝鮮戰爭時期，騎兵師團被調遣「支援前線」；緊接著 1958 年，騎兵第十三、十四團接到參加青藏高原「剿匪平叛」的戰鬥任務。中共利用草原驍騎參戰，意在削減其實力，撤銷兵制。在鎮壓青藏武裝起義時，儘管烏蘭夫不同意對少數民族用兵，但終究未能拂逆一言九鼎的毛澤東。青藏「剿匪平叛」之後，騎兵團被解除武裝，番號撤銷，大部分戰士復員到地方，只留下幾個連以供拍電影當配角。內蒙古騎兵師團的歷史就此謝幕（*錢林豹，1990。烏嫩齊，1997。巴音圖、孟憲平，2000*）。

二、鳴弓上弦的蒙古留學生

1925 年 3 月 17 日，特布信（全名特布信敖其爾，漢名烏書春）出身於內蒙古東部大興安嶺南麓王銀蘇美附近的小鎮（今興安盟科爾沁右翼前旗）。此地原本有扎薩克圖旗郡王鄂齊爾修建的家廟，故漢人和日本人稱這個小鎮為「王爺廟」。我父親曾於 1950 年去過該地，當時從事畜牧業的蒙古人和農耕業的漢人各自生活在牧區和農區，相安無事。日本統治時代，日本人也有自己的生活區。「王爺廟」這個地名，今天幾乎被人們忘記殆盡，而「紅都」的烏蘭浩特卻為眾人所知。此地名稱的變遷隱喻著時代的政治變化。

少年特布信從王爺廟的第一小學畢業之後，進入齊齊哈爾的興安師範學校。1938 至 1941 年就讀於扎蘭阿依勒國民高等學校。扎蘭阿依勒今天稱作「扎蘭屯」，已發展成為一個幾十萬人的城市，但當時它還只是個僅千人的小鎮。國民高等學校中有一位留學過日本的漢人青年老師，他很熱心推薦「國高生」留學日本。

「去日本留學，當然首選『一高』，進入『一高』，如氣蒸雲霄，鳴弓上弦」。是這位老師的口頭禪。

就這樣，留學日本成為特布信的夢想。他進入新京（今天的長春市）的「留日預備學校」。考「一高」，除了日語之外，還必須過英語關。特布信托人從日本寄來英語教科書，埋頭苦讀。

1943年春，一百名蒙古草原的莘莘學子啟程赴日本。他們懷有家國情懷，感情灼熱，壯志凌雲。從東北南端的大連出發，經過三天三夜的海浪顛簸，然後經過門司港到達神戶。再從神戶乘火車駛向東京，留學生們寄宿於飯田橋的「滿洲國留學生會館」。這是一座五層樓的建築，現在已經改為「後樂賓館」。

特布信如願以償地進入理想中的「一高」。這所學校聚集了來自日本各地的青年才俊。

「真是太棒了，無論跟誰，都可以進行內涵豐富、領悟人生的交流。」神采飛揚的特布信沉浸在久遠回憶之中。

戰爭時期，原來預定的三年留學計畫縮短為兩年。1945年春，特布信升入東京帝國大學文學部後，戰局逐漸惡化，美國出動B-29對日本本土展開了新的戰略轟炸。留學生生活相當艱苦，由於大規模空襲，城市遭到嚴重破壞。

「開始很害怕，但慢慢就習慣了，還敢跑到陽臺上眺望轟炸機呢！日本的地面高射砲和飛機雖拼命攔截，保衛東京，但射不中轟炸機，只見彈花焰火般的在空中散落。」

特布信操一口行雲流水般的日語。在東京留學期間，哈豐阿在位於六本木的滿洲國駐東京大使館負責管理留學生工作，他經常來看望蒙古學生並聚會、交談。哈豐阿是一位才氣橫溢、知識淵博且思想獨立的蒙古俊傑。他錚錚鐵骨、慷慨激昂的民族豪情與理想，磁石般地吸引著一群磨筋砥骨、生氣蓬籠的留日蒙古青年。

三、重振內蒙古人民革命黨

1945年4月下旬，特布信和其他蒙古青年，不得不中斷留日學習

計畫而回到故鄉。不管蘇聯參戰與否，他們對國內外形勢都並不感到苦悶和悲觀。「靠自己的力量開拓自己的命運，建立蒙古人自己的新國家，蒙古人民肯定會過上比日治時代更為富強的生活。」正是這些美好的藍圖激勵著青年們。

此時的王爺廟已經興建了好幾所近代化的學校，如興安學校、興安師道學校、育成學院、興安女子國民高等學校、興安軍官學校等。這些都是日本人開辦的、秉承日本先進教育理念和教育方式的近代化學校。特布信的夫人德力格爾瑪當時就讀於興安女子國民高等學校。王爺廟周邊各鄉近代化的學校也如雨後春筍般開辦起來。在日本統治時代，從來沒有發生過一起日軍濫殺蒙古平民事件，蒙古人過著安寧平靜的生活。

「那真是一個難得的好時光。具有民族理想和強烈求知欲的青年們聚集在學校裡，接受近代化的教育，以後他們個個成為民族棟梁。那時大家都胸懷抱負，躍躍欲試，很想為自己的民族做點什麼。儘管今天的歷史對日治時代不予善評，但事實終究是事實。」特布信的日語口齒清楚、流暢有力。

特布信赴育成學院任教。這所學校擁有日本教師四至五名、蒙古人教師五名。五名蒙古人老師裡，其中三名是留日生、兩名是建國大學的畢業生，都是優秀的高學歷知識精英。學生們身穿合體的制服、頭戴四角學生帽（四角帽象徵著哲學、法學、天文學、藥學），人人顯得有知性、有教養且躊躇滿志。

特布信留日時期，偷偷地涉獵了有關共產主義思想方面的書籍、並做了大量的讀書筆記。在育成學院教學「政治」這門課時，這些筆記就成了現成的教材。

當時王爺廟是內蒙古東部政治、經濟的核心地。這時，哈豐阿也回到故鄉。

1945 年 8 月 8 日，蘇聯對日宣戰。第二天，蘇聯遠東紅軍與蒙古人民共和國軍隊一同南下，越過中蘇邊境，向日本關東軍發起突然襲擊，進展神速。日本投降，從王爺廟撤退。8 月 15 日，哈豐阿等人宣

布成立「內蒙古人民解放委員會」，並在 8 月 18 日發表了《內蒙古人民解放宣言》。這一天，是內蒙古近代史上的一個重要日子。接到哈豐阿等人「重要會議」的通知，弱冠之年的特布信跟隨旗長喇哈穆扎布直奔王爺廟會場。

「重要會議」在王爺廟車站東側的一幢紅磚五層樓裡召開。正是戰後混亂之時，目及之處一片廢墟，到處是瓦礫碎片，家具什物被搶劫一空。大家撿起散亂的桌椅集中到一個房間，二十二名代表就這樣參加了這次會議。除特布信外，大多是五、六十歲左右德高望重的長輩。這個決定內蒙古命運的歷史會議就在這樣的情形下舉行。

會議由哈豐阿和特木爾巴根主持。「特木爾巴根」蒙語是「鐵柱子」的意思，他出生於內蒙古東部的卓索圖盟喀喇沁旗。1929 年，他被共產國際派回中國。日治時期，由於日本懷疑他同蘇聯的關系，因此被拘禁過六、七年，經興安總省省長博彥滿都多方奔走搭救才出獄。出獄之後，他任職於「財團法人蒙民厚生會」（*胡達古拉，2007*）。

「蒙民厚生會」成立於 1940 年 7 月 1 日，以「振興滿洲國內蒙古人的文化及經濟，以謀求其福利為目的」，主要從事「教育、文化、衛生、經濟、福利等事業」。該會主要管理「蒙地奉上」紀念事業費。清末，內蒙古東部盟旗大規模放墾後，隨之內地滿漢商民大量移入，為了管理滿漢商民和開墾地區，「蒙地奉上」政策將蒙古人的土地「國有化」以後再租借給漢人，並將租金用於社會公共利益。特布信任教的育成學院就屬於蒙民厚生會。

「好好聽著，當年親身經歷過這個歷史上重要會議的蒙古同胞大多不在人世了，能口述歷史的，只剩下我一人了。」特布信炯炯有神地盯著我的臉，反覆強調。

「這是我個人的私家版口述歷史，你按照原話記錄吧。」特布信用日語叮囑我。

「首先，特木爾巴根致開幕詞：『現在，歡迎內蒙古人民革命黨秘書長哈豐阿致辭。』熱烈的掌聲中，哈豐阿意氣昂揚，用清楚的口齒、洪亮的聲音開始了這場難忘的演講：

　　『受蘇聯偉大的十月革命的影響，郭道甫、白雲梯前輩，乃於1925 年 10 月在張家口召開了內蒙古人民革命黨第一次代表大會，並在東北奉天等地開展工作，初具規模。但由於 1931 年日本占據東北，我黨革命活動無法公開進行，不得不因此轉入地下。但這十四年來，黨的工作從未停止過，黨的革命工作始終都在地下進行。現在，蘇聯和蒙古人民共和國共同出兵，解放了我們的故鄉。我莊嚴地宣布，從今天開始，公開恢復內蒙古人民革命黨活動，為民族的自由、和平、富強而奮鬥！我黨同志們已在海拉爾和滿洲里等地區開展新時代的工作！』」

　　這就是哈豐阿著名的演說詞的一部分，富於知性和文采的哈豐阿，此時聲音裡燃燒著為民族的復興與統一的理想和熱情。這場演說，俯仰古今之懷，吞納山川之氣，影響深遠。

四、破碎的內外蒙古統一夢

　　8 月 18 日的會議上，哈豐阿當選為內蒙古人民革命黨主席。此次會議提出，實行民族平等、爭取民族解放以及內外蒙合併等項政治主張，與此同時建立蒙古人自己的民族武裝。並以這支民族武裝為基礎成立了內蒙古騎兵第一師。同年 10 月，哈豐阿、特木爾巴根、博彥滿都等內蒙古民族自治運動領袖組成的七人代表團，帶著內蒙古全體人民的願望，踏上了前往烏蘭巴托之路，提出內外蒙古合併，結成一個獨立國家的訴求。此時，大興安嶺漫山遍野，層林盡染，紅葉深邃而震撼。

　　但實現「內外合併」統一大業的訴求，卻遭到蒙古人民共和國主席喬巴山的委婉拒絕。

　　「暫時留在中國境內，你們搞地方自治應當向中國共產黨尋求領導和幫助。」

　　蒙古人民共和國雖然也有與內蒙古統一成一個國家的民族願望，但是卻受到外部力量的制約。蘇聯政府擔心內外蒙古的統一會引發「泛蒙古主義」的復活，所以內心裡並不願意看到內外蒙古統一成為強有

力的民族國家。被視為「韃靼桎梏」的蒙古帝國長期統治下，俄羅斯的對外擴張被遏制，使得俄羅斯停滯不前，這一認識深刻地烙印在俄羅斯人的腦海裡。格魯吉亞人鞋匠的兒子史達林同樣繼承了這一歷史記憶。

結果，創建統一的蒙古民族國家的夢想，在大國和強權的干涉下幻滅。此外，出於更高層次的戰略需要，蘇聯戰後對中國和西方的總外交政策之核心就是避免與美國發生衝突，而當時中國屬於美國集團。因此，喬巴山不得不暫時拒絕了內蒙古代表團提出的要求，但是他同意向內蒙古的自治運動提供政治指導和軍事援助。

身著外蒙古贈送的列寧服，七人代表團失望地回到故鄉。列寧服當時是革命進步的標誌。特布信從哈豐阿的眼睛裡讀出痛苦、悲愴，開始認識到民族自決的道路漫長且危機四伏。

第二年，即1946年元月，統一無望而回到王爺廟的哈豐阿和博彥滿都等東蒙民族運動領導人，創立了「東蒙人民自治政府」，以在中華民國內高度自治為目標。但此時，中共在蘇聯的支持下，已經正式進軍滿洲，中共迅速成立了東北局。東北局又進一步設立了東西南北四個分局，其中「西滿分局」設立在內蒙古東部通遼市附近的鄭家屯，從1946年開始負責對蒙古人的工作，「西滿分局」還在王爺廟設立了辦事處。

「滿洲早在俄羅斯的開發和影響下，擁有良好的基礎設施。又經過日本人的統治，擁有一流的知識分子階層。占領滿洲，說明共產黨的戰略是很高明的。」特布信分析道。

據特布信介紹，這個「西滿分局辦事處」不過是一個表面招牌，實際上為「中國共產黨東蒙古工作委員會」，其領導人為漢人張策、胡昭衡、胡秉權、方知達等人。有一段時間，「西滿分局辦事處」在內部被稱為「興安縣委員會」。這是因為在當時，共產黨對付國民黨政府還沒有勝券在握的信心，它要和蒙古人結成「統一戰線」，試圖將內蒙古民族運動力量爭取在自己陣營當中，表面上採取懷柔手段，避免與蒙古人產生直接衝突。

五、被抽筋剔骨的「高度自治」

1946 年 4 月，在熱河省首府承德市，召開了中國共產黨主導的整合東西蒙古的會議。以哈豐阿為代表的「東蒙人民自治政府」主張的高度自治，在中共眼裡形成威脅，中共派遣西蒙土默特出身的雲澤——也就是烏蘭夫，來做東蒙哈豐阿等民族上層的工作。以雲澤為中心的「內蒙古自治運動聯合會」與以哈豐阿為中心的「東蒙古人民自治政府」，就內蒙古東西部統一問題、如何實現自治、內蒙古人民革命黨的未來等一系列問題，發生激烈的爭論。

「東蒙人民自治政府」指導的內蒙古人民革命黨，代表著全體內蒙古人的共同心願，而且事實上已成為內蒙古東部的合法政權。而另一方面，雲澤的「內蒙古自治運動聯合會」為中共單方面拼湊的組織。雲澤名義上是領導人，實際上他並沒有實權，這個組織的一舉一動完全遵照漢人劉春的指示，而劉春非常傲慢自大，肆無忌憚。在劉春的眼裡，蒙古人是愚昧無知、尚未開化的落後民族。「內蒙古自治運動聯合會」傘下的蒙古人也絕大多數是漢化嚴重的土默特出身，他們幾乎不會說蒙語，在普通蒙古大眾中也不受歡迎。

「承德會議」在後來被稱為「四三會議」。「東蒙古人民自治政府」被「東蒙古自治運動聯合會」正式吞併。雲澤任自治運動聯合會主席兼軍事部長，博彥滿都任聯合會副主席。擔任過興安總省省長，有過「對日協力」歷史的博彥滿都之所以暫時未被肅清，並當做花瓶裝飾起來，主要是因為他在蒙古人心目中德高望重，深受愛戴。當然，曾擔任過滿洲國駐日參事官的哈豐阿也毫無任何實權，共產國際派來的特木爾巴根也未獲得信任。中共早已將唯共產國際馬首是瞻、和與蘇聯一個鼻孔出氣的人統統排除在外。

歷史學家研究認為，「承德會議」的召開，意味著以蒙古人為主體的「東蒙人民自治政府」完完全全被中共閹割、抽筋剔骨了（*胡斯勒，2003，頁 34-35*）。

「承德會議」後，哈豐阿、特木爾巴根、朋思克等「內人黨」創始人，包括後起之秀的特布信等人在內的原「東蒙古人民自治政府」

的民族自決運動者，都加入了中國共產黨。特木爾巴根、朋思克原本
就是共產國際成員，在莫斯科共產主義國際大學學習時，就與雲澤相
識，他們兩人轉為中共黨員還情有可原，而哈豐阿加入中共，則完全
是共產黨拉攏和掌控蒙古青年的計謀。

　　共產黨以其軍事實力作後盾，對「東蒙古人民自治政府」採取軟
硬兼施的手段以達到自己的目的（Uradyn Bulag，2002，頁220-221）。
當時雖然中共還只擁有半壁江山，最終能否決勝於國民黨，局勢尚不
明朗，但對付弱小民族，卻是游刃有餘。

　　筆者曾經多次採訪過「承德會議」的幾位親歷者，他們證言，這
次會議是在共產黨黃克誠率領的新四軍第三師兵臨城下的情況下舉行
的。也就是說，是在槍杆子的威脅和恐嚇之下，「東蒙古人民自治政
府」不得不屈服的結果。但今天，這次會議卻被描繪成為民族平等、
和平協議的美談。

　　中共掌控的「內蒙古自治聯合會」下設「東蒙總分會」和「西蒙
總分會」，哈豐阿任東蒙主任，雲澤的得力助理奎壁任西蒙主任。兩
個「總分會」管轄自清朝延續到民國時期的各盟旗行政自治領域。盟
以下設置分會、旗以下設置自治會。特布信被任命為興安盟分會主任，
此時他才二十一歲。

六、走在近代化前沿的少女

　　特布信的夫人德力格爾瑪是一位氣度優雅、寬容善良、蕙質蘭心
的蒙古女性。年輕時，她不僅擁有令人驚豔的容貌，而且以其果斷的
才幹歷任民族自治運動中諸多要職。

　　德力格爾瑪於1926年出生於內蒙古東部卓索圖盟喀喇沁左旗的
吉日嘎朗圖鄉。清末，由於人口急劇增長，內地漢人農民開始向內蒙
古大量移民、開墾牧地，侵越旗政，無數草原牧民喪失了賴以為生的
畜牧場，陷入赤貧生活。

　　德力格爾瑪的父親是一位通曉蒙語、滿語和漢語的知識分子，母
親也受過良好的教育，在當地是開明紳士。這樣的家庭環境當然給了

德力格爾瑪等七兄弟良好的影響。此外,由於受俄羅斯和日本近代化的影響,蒙古東部地區為振興民族精神興辦教育,也開啟了時代的新風氣。幼小的德力格爾瑪得以進鄉村裡的私塾學習蒙語和滿語。那時,女性接受教育可謂鳳毛麟角。1938 年秋,十二歲的德力格爾瑪跟隨二哥旺丹來到王爺廟,進入興安女子國民高等學校學習。

旺丹出生於 1915 年,為日本在滿洲國設立的新京航空學院第一期畢業生。他曾留學於日本陸軍士官學校,並成為通遼航空大隊飛行員,歷任過內蒙古騎兵第一師副政委、騎兵第四師副師長。毫無疑問的,旺丹是擁有航空知識、技術的第一代蒙古軍人(旺丹,1990,頁 130-188)。然而這樣的背景使得旺丹在文革中被打成「五大黑幫」,遭受到殘酷的暴力迫害。據他本人統計,被暴力毆打、刑訊逼供多達二百五十二次之多(圖們、祝力東,1995,頁 198-200)。

德力格爾瑪就讀的興安女子國民高等學校,由日本人黑柳擔任校長,還有山根喜美子和堂本修兩位女老師。德力格爾瑪對堂本修老師印象很深。她接受筆者採訪時,用流暢的日語回憶到:「堂本修老師常常拿出來自日本的家書與我們分享。老師毫無保留地讚美日本帝國主義,也沒有一點兒看不起我們殖民地蒙古人的想法。我的日語還是堂本修老師教的。」(德力格爾瑪,2005)

堂本修老師曾於 1987 年和 1991 年回到呼和浩特。當她的身影出現在呼和浩特車站時,大約有三十名興安女子國民高等學校的畢業生

▲ 照片攝於 1939 年 7 月 14 日。興安女子國民高等學校的蒙古少女們簇擁著坐在前排中央的堂本修老師。「老師對我們蒙古人特別好。」「那時我們多麼幸福啊!」親歷過日本時代的蒙古人證言道。(《興安女中》,2005)

在此恭候迎接。堂本修老師帶來了她們當時的畢業照片。身穿水兵式
學生服的蒙古少女們的青春凝聚在這張發黃照片的時光裡。但同樣的
照片，蒙古少女們只能保存到文革前夕。文革中，都被當作「日本特
務」的罪證燒毀了。

　　1942年，德力格爾瑪從興安女子國民高等學校畢業後，插班進入
奉天第二女子國民高等學校四年級。少女時代的德力格爾瑪似乎一帆
風順，但高中畢業的那一年卻經歷了意想不到的挫折。這一年，她參
加了南滿洲醫科大學升學考試。「你最尊敬的人是誰？」在回答這道
題目時，殖民地的人民必須當一名像模像樣的恭順子民，就是撒謊也
要回答「天照大神」，而德力格爾瑪卻工工整整地寫上「成吉思汗」。
當然她得個不及格。

　　大學落選的德力格爾瑪到開魯縣新設的女子高等學校教蒙語和音
樂。但她上大學的夢想並未破滅，她再次挑戰。1945年，德力格爾瑪
被九州醫科大學錄取。但就是這年春天，美軍對日本本土的轟炸更趨
激烈，正要向九州出發的德力格爾瑪不得不停步，日本留學的夢想最
終無法實現。

　　1945年8月，當蘇蒙聯軍進入內蒙古東部時，蒙古人「像迎接親
兄弟一般」沉浸在喜悅的氣氛之中。雖然內外蒙古統一的夢想像朝露
一般剎那間消失得無影無蹤，不過，哈豐阿等民族自決運動領導人仍
然沒有放棄恢復「內蒙古人民革命黨」的雄心壯志。蒙古有志青年紛
紛匯集到哈豐阿身邊。他們在1945年10月5日成立「內蒙古人民革
命青年團」，表達青年們的政治訴求。在二哥旺丹的積極支持下，德
力格爾瑪也成為青年團的一員。她和青年團的其他女性一起持槍跨馬、
英姿颯爽地奔馳在大草原上。當時東蒙草原流傳著這樣膾炙人口的民
間諺語：

　　　「得勝將軍德力格爾瑪／先鋒將軍雪英瑪」

　　德力格爾瑪和雪英瑪二位都是興安女子國民高等學校畢業的、才
貌雙全的近代蒙古女性代表。

　　特布信與德力格爾瑪的新婚典禮於1946年2月8日在王爺廟舉

行。以民族自決為共同理想的兩位優秀青年人的新婚，贏得當地蒙民發自內心的祝福。蒙古方面參加者有內蒙古人民革命黨書記哈豐阿、東蒙古人民自治軍司令員阿思根；中共方面，興安省工作委員會的張策、方知達、胡昭衡等大牌人物也滿面笑容地出席了婚禮。共產黨為籠絡人心，還贈送了慶賀禮金。1947 年 1 月，特布信與德力格爾瑪雙雙加入中國共產黨。然而在文革中，他們夫妻卻被誣陷「國民黨反動派以慶賀禮金為名，給他們提供活動資金」的罪名。

「顛倒黑白的誣告，誰能料到呢？」德力格爾瑪回憶道。

七、土地改革分裂傳統社會結構

雲澤於 1947 年 2 月 14 日第一次來到東蒙地區。他雖然是蒙古人，卻不會說蒙語，操一口濃重山西口音的普通話，在東蒙知識分子和青年中也缺乏人氣，不受歡迎。不過，特木爾巴根和朋斯克因為留學莫斯科的同窗之誼歡迎和支持雲澤。

雲澤是內蒙古西部土默特人，但由於西部的阿拉善、鄂爾多斯以及綏遠一帶，全都認同中華民國為正統政府，而軍事上，國民黨軍隊也駐屯西部，因此蒙古西部也就無法開展自治運動。

經過迂迴曲折的交涉和談判，內蒙古自治政府於 1947 年 5 月 1 日在王爺廟宣告成立。它的誕生比中華人民共和國還早兩年半。此時，雲澤改名為烏蘭夫，任政府主席，哈豐阿任副主席，博彥滿都任擺設

性的內蒙古臨時參議會議長。年輕的特布信等九人被推選為參議員，參與民族區域自治的領導工作。內蒙古自治政府是中共掌控下的第一個少數民族區域自治政府，為後來其建政後掌控、操縱少數民族，實施民族政策提供一個定型和定性的基本模式。

此時中共已在農村展開了階級鬥爭，按照階級的政治身分來瓦解農村傳統的社會形態，人為地激化了傳統的社會關系。被劃為「剝削階級」的地主，統統應該從肉體上徹底消滅。「打土豪，分田地」，就是把地主豪紳的土地掠奪過來分配給無地、少地的農民，以便中共從這些受益的農民子弟中徵集壯丁，由此迅速壯大實力。

中日戰爭期間，共產黨尚需要地主鄉紳的政治影響力、以及財力物力以籌集軍餉，供養軍隊，所以中共有計謀地將他們拉入統一戰線陣營。但日本戰敗後，地主鄉紳階層就已喪失了存在的必要性，而被中共被當作「絆腳石」般除掉。據研究，消滅地主階級為目的的「和平土地改革」運動中，約有兩百萬地富分子慘遭清洗，他們的子女在以後的幾十年中，受到株連，成為政治上的賤民，處境十分悲慘（*胡平，2008*）。

大興安嶺南麓為內蒙古降雨量最多、水草豐美的濕潤地帶，但在鋤頭、鐵鍬開墾種植農業之後，嚴重地破壞了脆弱的草原生態環境。不過幾年，草場退化，並迅速沙漠化。19世紀後半葉，大量漢人越過長城進入蒙古草原開墾農地，徹底破壞了蒙古人固有的生活環境。隨之農進牧退，蒙漢對立和矛盾日益加深。

但直到土地改革之前的幾十年中，開墾蒙地的漢人流民還是有所收斂，不敢任意放肆，尚能認識到，自己並非這片土地的所有者，與「蒙古東家」不過是租傭關係。但中共要透過土改穩固自己在內蒙古的地盤，首先要獲得與自己同種族的貧窮漢人墾殖民的支持。

掠奪蒙古人的牧地並分配給這些漢人墾殖者，既可以獲得他們的人心，又可以削弱蒙古人的勢力。而牧民因失去草場，放牧條件日益惡化，以及畜牧業經濟的萎縮和衰退，使得蒙古牧民日益陷入貧困的深淵。此時共產黨趁機宣傳，說這是富裕的上層蒙古王公貴族剝削壓

榨而造成的結果。這可謂一石擊三鳥，逼迫接受了階級鬥爭觀念的蒙古人，就這樣被共產黨綁架成人質，似乎變成了與中共「唇齒相依」的盟友。啊！草原的土地改革就是在如此惡毒的多重計謀的誘導下展開的（Uradyn Bulag，2002，頁114-121）。

這是在1947年7月自治政府剛剛成立不久的事。草原的土地改革政策盲目搬照農耕地區的土改方法。中共搬來了「地主與農民的關係就是剝削與被剝削階級的關係」這套理論框架。但在內蒙古遊牧經濟社會形態中，基本上不存在階級剝削，甚至在半農半牧的經濟體系中，也幾乎不存在蒙古人剝削壓榨漢人的經濟結構。

今天回首歷史，所謂牧區土改不過是為清洗作為政治障礙的蒙古上層社會、整肅歷史上「犯有前科」的蒙古精英而出臺的種種政治運動的前奏（Uradyn Bulag，2002，頁117）。

共產黨將所有富足生活的人們都視為「階級敵人」。擁有天然牧場的蒙古人都被劃分為「剝削階級」，德力格爾瑪一家理所當然地被劃分為「牧主」。特布信與德力格爾瑪婚後，也參加了共產黨極為重視的土地改革運動，由於德力格爾瑪一家將全部生產資料，也是生活資料「自願」上繳政府，算是暫且躲過一場暴力劫難。如果從草原等於土地的角度來看，只要牧民擁有一點放牧的草場，即便其它一無所有，也同樣被當做剝削階級定論處刑。在漢農流民眼裡，哪怕連一百頭羊群都無法放牧的小塊草原，都是廣袤的土地，即使是最貧苦的牧民也屬於剝削階級。他們不懂家畜和草原既是牧民的「土地」，又是牧民的「莊稼」。

共產黨政治鬥爭的方式十分巧妙，採取的是「蒙古牧民揭批鬥爭蒙古牧主」的手段。而所謂「以蒙治蒙」，即是利用蒙古牧民自己動手殺害蒙古上層。如果蒙古牧民不肯動手，那麼就用強力的軍事手段，大兵壓陣。共產黨毫不手軟，使用極其殘酷的方法鎮壓了抵抗的蒙古人。土地改革如其所願地完成了，蒙古人的傳統社會被瓦解和分裂，一部分人成為「剝削階級」，而另外一部分成為其對立面的「被剝削階級」。

八、「偉大領袖」設下的「陽謀」

1949 年以後，中國本土大部分都已落入共產黨的手掌。內蒙古成為共產黨向全國進軍的後方支援基地，只有綏遠省的一部分還被國民黨的傅作義將軍控制著。

「當時實際上存在兩個綏遠省。一個是國民黨傅作義多年經營的基地，可以控制包頭、厚和（呼和浩特）及其周邊地區的國民黨的綏遠，而傅作義人在北平指揮作戰；還有一個是共產黨武裝力量控制的綏遠，包括大同以北的豐鎮、集寧、錫林郭勒盟南部地區。」特布信說。

從 1949 年 4 月起，特布信到共產黨綏遠省本部工作。同年 8 月，他率領一百二十人組成的幹部團赴烏蘭察布盟，並上任烏蘭察布盟副盟長。那一年，特布信才二十五歲。

雖然內蒙古人建立獨立民族國家的夢想遭到共產黨無情地碾碎，但此時特布信和一部分青年對 1947 年成立的內蒙古自治政府還並不怎麼討厭。雖然連「自治」這個政治權力都只能由漢人有限地「賜予」，但他們還是以極大的熱情加入到故鄉的現代化和民族富強的建設之中。

特布信擔任烏蘭察布盟副盟長整整七年。內蒙古自治區成立十週年，時代進入 1957 年。這一年對蒙古人來說，有著兩個特別的含義。這時毛澤東以「反右」為名的「陽謀」在全國布下了天羅地網，「反民族右派」運動進入高潮。

因特布信精通蒙、漢兩種語文，1957 年 1 月調到內蒙古人民出版社任社長兼總編輯。這時的內蒙古進入「大鳴大放」時期。自治區貫徹「百花齊放、百家爭鳴」的方針，提倡大家有辯論的自由、批評的自由，以及發表自己政治觀點的自由。但當時誰都沒有料到，這個「言論自由」都是事先設置的政治陷阱。

跟北京相同，自治區設立幾個會場，各界人士，主要是知識分子們，開始向黨和政府提出批評或建議。國營出版社是共產黨的宣傳機構之一，作為社長兼總編的特布信出席「自治區宣傳工作會議」會議，是理所當然的事。「自治區宣傳工作會議」又分幾個小組，特布信參

加「蒙古語言文學組」。該組組長是著名的蒙古語言文學家額爾敦陶克陶，他是興安學院的畢業生。

會上發言和討論非常熱烈。共產黨勇於自我批評的真誠，善意地改進工作方法，國家會變得更好，這一美好的自我假設使得蒙古知識分子仍然對中共抱有希望。但剛剛調到出版社的特布信在會上採取了慎重的態度。因為他親歷過 1946 年的「承德會議」。共產黨的每次會議都是危機四伏、步步險境的戰場，而且為了使內蒙古人民革命黨臣服，不惜調動軍隊，武力脅迫。過去政治恐怖的一幕還深深留在他的腦海裡。

但特布信不表態也過不了這一關。他在有思想準備的基礎上，將自己平日的思考整理成六分鐘的發言。

「蒙古族為世界馳名的民族。今天內蒙古標榜民族自治，但自治權少得可憐，我們什麼都『自治』不了，蒙古文不能使用，所有的傳統文化開始荒廢。看不到政府在保護蒙古文化和傳統方面的努力。表面上看好像在發展，實際上在倒退吧？蒙古人本應是自治區的主人翁，我看真正的統治者卻是漢人！」

特布信發言時，身為自治區政府主席的烏蘭夫也來到會場，當即興奮地表明贊同，對本民族語言文化的傳承，烏蘭夫表現了極大的熱忱。由此可見，就是對自治區的最高領導人，毛澤東都沒有傳達「反右」的真正目的與用心。

1957 年的自治區有「三大右派『喪心病狂』地攻擊共產黨」，另外兩位是《人民日報》駐自治區記者欽達馬尼和《內蒙古日報》社的色‧道爾基。關於色‧道爾基的「反動言論」，可參見內蒙古師範學院馬列主義教研室於當年編寫的《反右鬥爭與社會主義思想教育參考資料》（內蒙古師範學院馬列主義教研室，頁84-87）。

「自治區的財政管理權全都掌握在漢族手中。蒙族連建一所自己的幼兒園的權利都沒有。建人民公園當然好，可是進入公園享受的卻只有漢族人。不是嗎？自治區南部的集寧往北部的二連浩特鋪設了一條鐵路，就是有了這條鐵路，漢族人進入草原更加方便了。從前進入

草原的漢族商人還會正經八經地說蒙語，現在的共產黨幹部根本不學蒙語，瞧不起我們『落後』的民族。這樣下去，只會加速蒙古人的漢化。我就不願叫自家的孩子學漢語。」

色‧道爾基以自身的體驗為基礎，並總結自治區成立十週年以來成敗得失。儘管他的發言基於事實，但卻被扣上「反動思想」的帽子。

「將反動透頂的右派分子一掃而光！」毛澤東發出「反右」號令。

從 1957 年 9 月開始，自治區展開了對「三大右派」的激烈的批判鬥爭。儘管烏蘭夫在 12 月召開的自治區黨委會議上曾經極力庇護「民族右派」，並努力對批判論調降溫降火，但結果無濟於事，反而落下把柄。「反右鬥爭」是一場由當時地位越來越神格化的毛澤東親自打頭陣指揮、鄧小平扮演急先鋒，所積極推進的政治運動，沒有誰能抵抗得住這場殘酷的疾風暴雨。眾所周知，在後來為一百二十萬「右派」平反昭雪時，還遭到來自鄧小平的強大阻力。鄧小平雖然部分否定了毛澤東發動的文革，但對與自己瓜葛太深的「反右」運動卻持保留立場。

有人細心地觀察並見證了自治區漢人們的飛揚跋扈、肆無忌憚。他們是自治區成立十週年紀念活動中西藏代表團的成員。在一系列紀念活動和參觀中，達賴喇嘛的使者蘇康旺欽細心而敏銳地觀察到了漢人幹部們在內蒙古的所作所為。特布信說道：

「蘇康旺欽注意到，共產黨任命的自治區最高領導人烏蘭夫連自己民族的母語都不會說這一事實。蒙古人幹部沒有任何實權，即使是處理很小的問題，都要考慮漢人的意見。而且他觀察到政府文件全都是漢語寫成，然後再翻譯成蒙語的過程。這件事很具體地表示了蒙古人根本沒有什麼自治權的現實。西藏客人將這些細節和事實全都收入眼底，毫無疑問，蘇康旺欽已經明確地認識到——如果西藏承認了中共的統治，自己民族的未來也會同蒙古人一樣悲慘。」

「反右」接近尾聲的 1958 年，西藏、青海發生了大規模的抗暴運動。藏民對中共強制的殖民侵略表達了自己的抗議。然而中共卻派遣「挎洋刀的」內蒙古騎兵前去鎮壓藏人起義。

九、流放生活

特布信被開除了黨籍和公職。他的工資從高級幹部的「行政十一級」降至一般職工的「行政十八級」（註），並被下放到土默特左旗三梁人民公社勞動改造。這一時期，特布信患上了嚴重的肺炎。

「可是不讓我去看病，就是監獄裡關的殺人犯，也有看病的權利啊！」特布信說。

苦熬過疾病，特布信被派往公社食堂勞動。人民公社成立後，社員將一切財產交給公社，禁止在家生火做飯，社員全都在公社吃大食堂，過「共產主義集體生活」。但「共產主義」食堂常常斷炊，社員吃不到一頓飽飯，只好深更半夜關起門來偷偷地熬點清湯寡水勉強撐饑。

「只不過掏了幾句真心話啊！」土默特左旗的蒙古農民理解並善待了特布信。這裡是烏蘭夫的故鄉，特布信被押送到此地勞動改造，實際上是烏蘭夫對民族知識分子的暗中保護策略吧。

「反右」風暴過後的 1960 年，特布信調到內蒙古藝術學校任教，全家團聚。1961 年 9 月，經內蒙古黨委宣布「被錯劃了右派」，他被摘掉了政治帽子，調入內蒙古大學歷史系教授蒙古近現代史。

此時內蒙古大學校長是自治區最高領導人烏蘭夫，黨委副書記是漢人郭以青。在大學這樣探求真理的學術機構，中共用設置黨委的方式操縱和鉗制知識分子的思想自由。郭以青是文革中對蒙古人大殺戮的骨幹人物。兩位副校長中，一位是毛澤東派來的四川人于北辰，另一位是內蒙東部南郭爾羅斯旗出身的豪傑巴圖。巴圖也是興安師範學院的畢業生，比特布信高一年級。他畢業之後進入新京（今長春市）的滿洲工業大學就讀。日本人敗退之後，被「東蒙古人民自治政府」任命為騎兵第一師將校軍官。自治區成立後，在軍內不被重用，調至內蒙古大學擔任副校長。

特布信對研究民族歷史傾注了極大的熱情。他東奔西走，赴大連、瀋陽等地收集內蒙古近現代史資料。但 1964 年「四清」運動開始，形勢惡化。「政治比研究重要」，一道金牌，召回了特布信。大屠殺

註：中國的黨政軍級別制從一至七級為最高級幹部（省部級、軍中兵團級以上，
　　相當於日本的大臣），八至十三級為高級幹部（地廳級、軍隊為師級以上），
　　十四至十七級為中級幹部（縣市級，軍隊為團級以上），十八級至二十四級
　　為一般幹部（矢吹，1989，頁 40）。

黑雲壓城，山雨欲來。

十、右派之妻，夫唱婦隨

　　特布信在烏蘭察布盟工作時，德力格爾瑪歷任盟政府婦聯主任、書記，還出席過全國婦女代表大會，並受到「偉大領袖毛澤東的親切接見」。這在當時，是一件「無比榮尚」的事。

　　1957 年，特布信調回呼和浩特時，德力格爾瑪也被調至自治區婦聯任宣傳部長兼《婦女報》雜誌社社長。文化造詣很高的德力格爾瑪，曾將毛澤東 1957 年 2 月發表的《關於正確處理人民內部矛盾的問題》翻譯成蒙古文，並將翻譯稿費捐贈給呼和浩特的一家工廠。

　　可是特布信並沒有逃過「反右」這場政治劫難。德力格爾瑪做夢都沒有料到，自己翻譯的這篇文章成為對包括丈夫在內的「民族右派」的致命一擊。這就是極權中國特有的悲劇。

　　「右派」們被定性為社會主義社會中敵我矛盾、無產階級專政的對象之後，特布信的「反動思想和言論」全部照單扣在德力格爾瑪的頭上。

　　「天下之理，夫者倡，婦者隨。」

　　漢語中這句老話，就是定罪的理由。從此，德力格爾瑪就沒日沒夜地接受「民族右派分子批鬥」。

　　「給妳十五分鐘考慮！」

　　她被喝令在《民族右派德力格爾瑪反動言論二十一條》上簽字。這個《反動言論二十一條》是共產黨專為整肅她而苦心炮制的，沒有一條符合事實。

　　德力格爾瑪花費一小時在《反動言論二十一條》上逐一反駁「罪證」，結果招來一頓拳打腳踢。

　　1959 年，德力格爾瑪被自治區婦聯開除，降低工資，與丈夫一道下放到悠悠板人民公社「勞動改造」。留在家裡的五個孩子，最小的一歲，最大的九歲，交給年邁的老婆母一人托看。孩子們食無著落，常常米糠充饑，吃下去，消化不了，拉不出大便，脹得肛門都裂開了，

老婆母只好用手指一點點幫孩子們挖出來。

大約一年之後，德力格爾瑪轉到呼和浩特市毛紡廠勞改，每天的工作就是與工人一道清數死老鼠、死麻雀。這一年，中央發布指示，提出在十年內消滅四害（老鼠、麻雀、蒼蠅和蚊子），全國掀起全民滅雀運動的高潮。對從小就接受近代化教育的蒙古才媛來說，還有比這更大的人格侮辱嗎？

十一、陰謀的連環計——二〇六事件

1963 年 2 月 6 日，烏蘭察布盟集寧市發生一起蹊蹺的事件，被稱為「二〇六事件」。特布信被公安廳定性為該事件的要犯之一。撲朔迷離的「二〇六事件」是一樁暗影迷宮般的政治事件，時至今日真相依舊不明。當然，特布信至今也不知事件真相。

文革高峰期的 1968 年 4 月 26 日，自治區黨委呈遞一封給中共中央和毛澤東的報告，《關於「內蒙古人民革命黨」叛國案件的報告》，原文較長，但因為是重要的歷史資料，請允許筆者在此引用：

> 毛主席、林副主席、中共中央、國務院、中央軍委、中央文革並北京軍區（請轉滕、吳）
>
> 在 1963 年 2 月 6 日，內蒙古公安部門在郵檢中發現了以「蒙古人民革命黨」第二次代表大會的名義，寄給澤巴登爾的信一封，信中惡毒地攻擊和詛咒我黨。並要求「內外蒙合併」。這個案件在烏蘭夫、王再天等人的包庇下，幾年來不但一直未能破獲，案情完全向階級敵人暴露，而且長期制造輿論，似乎 1946 年「承德會議」以後「內蒙古人民革命黨」已不存在了，這個叛國案件是不存在的，造成了很大一個假象。文化大革命初期，嘗試過破案，及因資本主義復辟逆流的衝擊，未能完成……此案昨日（25 日）上午初步突破，證明「內蒙古人民革命黨」是存在的，而且長期與我為敵，一直大搞民族分裂主義。
>
> 據內蒙軍區政治部副主任，烏蘭夫的走狗、民族分裂分子鮑

陰扎布供認，1962 年 7 月（或 8 月上旬），一個星期天的下午，內蒙古大學的原黨委副書記、副校長巴圖到鮑家，給鮑看了「內蒙古人民革命黨」1963 年代表大會的宣言和代表名單。這個名單中包括七十人左右。現在鮑還能記住的有內蒙語委主任額爾敦陶克陶等人……這個民族叛國集團，約在 1963 年 2、3 月間，在集寧以合法會議作掩護開了第二次代表大會。會中特古斯、哈豐阿都講了話通過了宣言……因為特木爾巴根就是其中的成員，公安廳副廳長……他們並不害怕……為徹底揭開蓋子，挖出這個叛國集團，採取大打人民戰爭與專案相結合的方式，展開攻擊。根據這個集團中每個人的具體情況，選定鮑陰扎布、巴圖、額爾敦陶克陶、特布信、旺丹、瑪尼扎布六人為重點，並對此五人（編按：「五人」為原文）立即採取拘留、隔離的手段。對其餘有關人員，組織群眾實施突擊抓捕。此案涉及面廣人多，在一段時間內必須保密，待問題進一步查清後，再採取適當措施，以防意外。

以上報告可否，請速示。

內蒙古自治區革命委員會 1968，4，26

（楊海英，資料 2，頁 108）

這是中國政府文件原文記載的所謂「二〇六事件」。內蒙古軍區政治部副主任鮑陰扎布在被造反派關押四個月之後，1968 年 4 月 24 日下午到第二天上午 10 時，專案組對他進行了連續十八個小時的嚴刑拷打。他被迫編造了參加地下「新內人黨」的假口供，供出了包括特布信在內、盟市級以上幹部共三十多人（圖們、祝東力，1995，頁 141）。

此文立即得到中央的批准。1968 年 5 月初，特布信突然被捕，關進監獄。

「事先連個兆頭也沒有。連『二〇六事件』的『二』字都不明白是什麼意思。」

特布信靜靜地用日語回想起往事。但中共已經在五年前就秘密調查，加上鮑陰扎布、巴圖在酷刑拷打之下的「坦白交代」，令他百口

莫辨。

　　1963 年 2 月，也就是陰曆正月春節時，特布信確實去過一趟集寧。集寧是特布信工作過七年的烏蘭察布盟的首府。夫人德力格爾瑪的哥哥旺丹於 1963 年擔任過烏蘭察布盟的黨委副書記。

　　「特布信盟長回來啦！」得知這個消息的親朋好友相聚一堂，開懷暢飲。有地方上的老部下、興安師範學院、興安軍官學校的校友，還有原「東蒙古人民自治政府」時代的老同志。這真是個難忘而愉快的春節。然而這次探親訪友之行卻成為「二〇六事件」的「罪證」。

　　「二〇六事件」是中共自導自演的一場政治陰謀，這是蒙古人的共識。1968 年 4 月 26 日，在內蒙古革命委員會核心小組上報中央的《關於內蒙古人民革命黨叛國案件的報告》中，第一次把「蒙古人民革命黨」改為「內蒙古人民革命黨」。（阿拉騰德力海，1999，頁 18-19）。雖然只多出來個「內」字，但這一字之差，卻有天壤之別。被加上去的「內」字成了肅清「東蒙古人民自治政府」知識精英的「依據」。

　　這一「事件」最大的勝利者是中國共產黨。對最大的既得利益集團、絕對的贏家加以質疑，不僅是知識分子，也是世間的常識與本書的觀點。

十二、漢族知識分子的煽風點火

　　除了特布信以外，受「二〇六事件」株連，被逮捕和刑訊逼供的蒙古知識分子還有：

　　內蒙古人民代表大會副主席：哈豐阿
　　內蒙古自治區宣傳部副部長：特古斯
　　內蒙古自治區高級人民法院院長：特木爾巴根
　　內蒙古醫學院院長：木倫
　　內蒙古軍區政治部副主任：鮑蔭扎布
　　內蒙古大學副校長：巴圖

　　內蒙古人民代表大會副祕書長、對外辦公室主任：嘎如布僧格
　　內蒙古語言文學研究所副主任：額爾敦陶克陶
　　當時身分未確認，後來任內蒙古社會科學院的研究員：留金索
　　烏蘭察布盟的黨委副書記：旺丹
　　內蒙古語言文學研究所主任：戈瓦
　　……

　　這些人都是自治區黨政軍、知識各界鐵骨錚錚的精英代表。他們幾乎毫無例外地出生於東蒙。「二〇六事件」中被逮捕、入獄的蒙古人高級幹部約達百人之多，但最後重點鎖定於特布信、額爾敦陶克陶、瑪尼扎布以及國境線上的小鎮、二連浩特市政府祕書的道爾吉幾個人身上。這時，道爾吉還只是個二十幾歲的青年。

　　打倒內蒙古民族精英的人，是文革前剛被提拔的、任自治區黨委代常委委員兼宣傳部部長、以及內蒙古大學黨委副書記的郭以青。此人與中共特工頭目康生有聯繫，並從數年前就開始精心策劃這場政治謀略。1965 年春開始，郭以青就派心腹到鄂爾多斯地區祕密收集烏蘭夫的「反黨言論」和「民族分裂主義活動」的證據。當時烏蘭夫還是名副其實的自治區最高領導人。這些關於烏蘭夫的「祕密情報」，通過特別的途徑，詳細匯報到中共華北局。

　　烏蘭夫早已洞察到，郭以青的一舉一動肩負中共上層的特殊使命。為保護自己和身邊的人，他下決心大批替換東蒙出身的「挎洋刀」派，削弱其實力。他的身邊多為蒙古西部土默特出身的「根正苗紅的延安派」。「紅色延安派」在政治上當然要比「偽滿時期挎洋刀的」「毛色純正，品種優良」。雖然他們大部分不會說蒙語，但大都畢業於北京蒙藏專科學校或留學過莫斯科，比起不學無術、舉止粗俗的漢人黨員幹部來說，他們都是一批有文化教養、彬彬有禮的蒙古知識分子。

　　處境險惡的烏蘭夫採取組織調整措施，以「延安派」的西蒙幹部替換「挎洋刀的」東蒙幹部，以鞏固自己的政治屏障，保護身邊的人，並試圖躲避即將到來的文革之暴風驟雨。

十三、文化大革命的殘暴

文革迸發出史無前例的猙獰猛威。

下放到毛紡廠勞動的德力格爾瑪，此時被扣上執行「唯生產力論反動政策」的帽子。1966 年 8 月，毛澤東將「炮打資產階級司令部」的目標直接指向劉少奇，劉少奇推行的全部政策都成為「走反動的資本主義道路」。一夜之間，毛紡廠貼出了五百多張批判德力格爾瑪的大字報。

文革初期，大字報是大眾公共媒體的一種形式，表達了大眾樸素而真切的心聲。但很快就被共產黨操縱，變質為粗俗、輕薄的為政府代言的大批判文體。除了暴力高音符的羅列，它毫無文采可言。語言暴力的污水朝德力格爾瑪鋪天蓋地澆來。

政治環境一天比一天惡劣。正月春節是合家團聚的日子，但是1968 年的除夕，造反派湧入德力格爾瑪家進行抄家。選擇這一天，是造反派為了搜查「日本特務」、「民族分裂主義者」罪證而用心設計的突然襲擊。經過一夜翻箱倒櫃、打砸搶劫，沒剩下一件像樣的家具，孩子們被嚇得一夜沒闔眼。正月初三，德力格爾瑪被逮捕，關進「牛棚」。

在二十二個月的「牛棚」生涯裡，白天她肩背重達數十公斤的毛紡織品、或搬運煤炭，半夜還要接受沒完沒了的「群眾專政」。她的頭髮被壯漢們強行拽揪起來：「從速坦白妄圖分裂祖國的『內人黨』活動罪狀！」一道聲嘶力竭的喝令。如果坦白得不好，就更加罪孽深重；稍微哽塞一下，就會招來一陣拳打腳踢。

「把階級敵人打翻在地，再踏上一萬隻腳，叫他們永世不得翻身！」這是當時家喻戶曉的政治口號。嚴刑毒打之後，肯定還會被踏上一腳，再受歧視和凌辱。

不管是白天，還是黑夜，德力格爾瑪的頸脖子下都必須掛著其「罪證」的木牌子，上面寫著：「烏蘭夫的家奴」、「內人黨頭目」。睡眠時間不足三小時，天還未亮，德力格爾瑪必須起床勞動改造。

本來「烏蘭夫的追隨者」、「內人黨」這樣的身分是蒙古人的驕傲，

是為民族真正的解放和自決而奮鬥的標志，意味著無上榮耀。但在中國，這些人卻被斷罪為「反動資產階級政黨」，「妄圖分裂偉大祖國」，從而被剝奪其生存權，被消滅肉體。中共認為，無論對蒙古人施加怎樣殘酷的暴力，都是無產階級專政下合法的「革命行動」。

　　一天晚上，不，準確地說是 1968 年 11 月 23 日晚上，燃燒著高昂革命鬥志的「群專」小組，用毛巾捂住德力格爾瑪的口、遮住她的雙眼、把她五花大綁地架上拖拉機，拉到一個戒備森嚴的小屋。這是一個私設的秘密刑場。開始，他們懲罰她掛著木牌站在高椅子上，接著把她拖到火爐邊烤出一身熱汗，當她精疲力竭地差不多昏死時，被扔到室外雪地裡當做「足球」，被壯漢們踢得死去活來。快要斷氣時，就往鼻子裡灌冷水。她一睜眼甦醒，就立即遭到細鐵絲製成的「無產階級專政」鞭子的一陣毒打。整整四十三天的殘暴拷打，她的體重從 57 公斤降至 35 公斤，肋骨和腰都被打斷了。

　　德力格爾瑪內心敬仰的女共產黨人烏蘭（1922-1987）也無法逃避這場巨大的災難。烏蘭，蒙語的意思是「紅色」，又被叫做「紅姑娘」。她騎乘青馬、腰掖雙槍，率領蒙古騎兵馳騁疆場，屢立戰功，名揚草原。她出生於東部的卓索圖盟，考入北京蒙藏學校，後去延安參加了中國共產黨。這在當時是滿懷共產主義激情的「進步青年」的必經途徑。

　　中華人民共和國成立後，任蒙古自治區婦聯主任的烏蘭曾參加過

▶ 從革命根據地延安來的「紅色姑娘」烏蘭，成為憧憬共產主義的蒙古女青年心目中的明星。1947 年烏蘭曾熱心推動土改運動中「消滅蒙古剝削階級」，但二十年後自己被漢人紅衛兵打成「女魔王」（出自內蒙古輕化系統《井岡山》，1967 年 7 月 9 日）。

在瑞士洛桑召開的「世界婦女大會」。她在會上向全世界呼籲「只有中國共產黨才是蒙古婦女真正的解放者」。烏蘭後來擔任輕化廳副廳長，文革中被打成「反革命民族分裂分子」，被視為「女魔王」，連續七天七夜遭受各種慘絕人寰的刑訊逼供。1968年3月8日，她的腰被踢斷，腳被踩成重傷，左耳膜被撕破。暴力拷打至殘後，她的病情惡化，又得了癌症，於1987年病故（*阿木蘭，2004，頁265-277*）。這就是所謂「婦女真正的解放者」——共產黨帶給「進步的蒙古青年」的「恩惠」之一。

十四、戰備疏散

　　還是回到特布信。他遭逮捕後，被關押在呼和浩特市近郊的監獄。烏蘭夫被打倒後，自治區被置於以軍人滕海清為最高權力者的全面軍管之下。滕海清出身於安徽省，參加過名為「長征」實為「逃亡」的紅四軍，調任內蒙古軍區之前為北京軍區副司令員（*楊，2009a，頁30*）。

　　中共當時與「蘇修」、「蒙修」在意識形態上激烈對立，預設蘇聯和蒙古為假想敵。1969年，「文革」已經進行了三年，各地造反派武鬥不斷，政治、經濟都陷入混亂狀態。此時，毛澤東認為只有戰爭才可以扭轉國人的注意力，用一致對外抗敵的契機平息國內文革派性鬥爭。於是大造輿論，喧囂「修正主義」軍隊要進攻中國，發出「要準備打仗」的口號。在北疆的自治區部署了滕海清將軍的七萬兵力，進行戰備動員。

　　其實，毛澤東在1966年以前就預測到中蘇、中蒙將會發生尖銳的對立。1969年10月20日，中蘇副外長級會談在北京舉行。毛澤東認為，局勢可能會發生突變，蘇軍可能會發動突然襲擊。因此他從5月起就提出了「深挖洞、廣積糧、不稱霸」的口號，準備防空戰備工程。在毛的指示下，林彪在1969年10月18日發出了「副統帥第一號戰鬥號令」，開始將黨軍政要人和政治要犯進行「戰略疏散」。這是中國官方的歷史觀。

　　但是內蒙古人不這樣看。內蒙古人認為，在中蘇、中蒙對立上，中國為了取得有利的戰略地位，必然將內蒙古自治區置於軍事管制之下，也因此必須先大量肅清蒙古人。因為中共尚不能判定，當「蘇修」和「蒙修」進攻時，內蒙古人究竟會站在哪一邊。不！毛澤東已經覺察到，中共建政後治國政策的接連失敗，已無法挽回蒙古族的人心！而解放軍的武器裝備與實力也無法抗衡蘇軍，如果蘇蒙聯軍正面、縱深地進攻，而內蒙又成為肘腋之患的話，後果會不堪設想。於是，中共搶先利索地肅清蒙古人，就自然成為「合理」的選擇。

　　1969 年 10 月末的一天，監獄裡的特布信被押送上一輛大囚車。車上已經集合了被「打倒」的雲世英、奎璧等自治區高幹四十一人。雲世英是烏蘭夫貼心輔弼，1964 年從「鋼鐵之城」包頭市副市長的位置被提拔為自治區公安廳副廳長，因「站在公安立場上明裡暗裡支持烏蘭夫的『民族分裂活動』而被逮捕」。

　　這四十二人在荷槍實彈的解放軍士兵的嚴密監視下出發了。三個小時後，特布信從車窗的縫隙裡看到了一條大河。趁士兵們的視線轉移到別處這一瞬間，他凝神看見了「離東勝 250 公里」幾個字的路牌。

　　「啊，到鄂爾多斯了！」特布信心裡想。東勝當時是鄂爾多斯的首府，屬伊盟。到達東勝後，一行人被禁閉在「伊盟衛生幹部學校」的後院。我的高中時代曾在東勝度過，學校就在這所幹部學校的東邊，曾看到過後院有很多小房間。

　　「那麼多的小房間都被當作單間囚室使用了嗎？」採訪特布信時，我歎息道。「是啊，那座建築呈『王』字形狀。每天兩次給我們放風，但不許交談，不遠處持槍的士兵用犀利的目光監視著我們。但在這裡，並沒有對我們施加當時社會上風行的嚴刑拷打、拳打腳踢等暴力。從這個意義上說，這裡是個安全區。」特布信詼諧地笑了。

　　特布信等人被押送到鄂爾多斯，正是出於戰備疏散的需要。10 月 14 日，毛澤東乘專用列車離京去武漢。10 月 16 日，林彪抵達蘇州。同日，總參前進指揮所成立。當時全中國全民戰備動員，疏散人口。毛的政敵劉少奇被押送到河南並死在那裡。內蒙古重要的政治犯被押

送到黃河流域的鄂爾多斯，這是即使外敵入侵也尋覓不到的地方。

中國學者劉統指出，回顧這一連串的緊張和動盪，其源頭即所謂的「大戰」並未發生。一切都像是一場左右國家生死枯榮的「虛驚」。1970 年，毛澤東回到北京，也意識到了對局勢錯判的嚴重後果。但我們蒙古學者必須補充一句——漢人獨裁政治的顛狂行為，卻是以屠殺蒙古人的生命為代價的。

十五、政治攻心術

「跟其它殘酷的直接暴力相比，政治攻心術更加痛苦。」德力格爾瑪說。「攻心術」是中共特有的政治術語，指的是用「心理政治攻勢」給人造成精神壓力。

一天，「群專」幹部對德力格爾瑪「循循善誘」：

「妳丈夫的死刑判決書已批下來了，妳婆母患了不治之症。五個小孩，淹死的淹死，逃走的逃走了。妳看，妳弄得家破人亡，還不坦白交代的話，要遭天誅地滅！」

「還有誰是妳的同黨，趕快招供出來，早點回家！」

另一人則凶相畢露：

「毛紡廠的染料的厲害，妳是知道的。讓妳喝一口，說妳自殺，抗拒無產階級專政，死有餘辜。怎麼樣？」

「娘死爹不在的五個孩子流落街頭！」

「拿孩子來威逼拷問，再硬的鐵石心腸也受不住啊！」德力格爾瑪回顧這段記憶時說。

「挖肅」中包括「自殺」在內，自治區刑訊致死的最少有二萬七千九百人。但正如德力格爾瑪證言，「自殺」者包括「被自殺」，即大多是被蓄意謀殺的。

「你死了，孩子怎麼辦？」這種恐嚇之詞對女性頗具效果。筆者的母親也多次同樣被脅迫。使對方從精神上徹底動搖的攻心術，就是中共特有的「戰略戰術」之一。如前所述，德力格爾瑪被捕後，特布信也關進了監獄，後被秘密「戰備疏散」。但當時德力格爾瑪對這些

情況一無所知。

　　共產黨的政治迫害連未成年的孩子們都不肯放過。德力格爾瑪的小女兒陶德到拘留所來探視母親，「群專」幹部哄騙她：「妳媽媽死了，屍體餵狗了，妳到大黑河邊去找找看！」

　　大黑河，古稱敕勒川，水流緩慢柔和同一條黑翡翠。其流域自古水草豐美，土質肥沃，渠道縱橫。

　　女兒陶德憤怒地抗議卻招來毒打致殘，1979 年，年紀輕輕的陶德離開這個世界。

　　艱難困苦中，年邁的老婆母一個人支撐著這個家，照顧五個孤苦伶仃的孩子。「革命群眾」無數次抄家，每次都打砸搶劫一空。

　　「清朝有皇上，我們安穩過日子。就是日本人來了，我們也能安穩過日子。可是為啥如今連日子都不給讓人過了呢？」老婆母每天悄悄抹淚。她承受不住失去孫女的打擊，精神完全垮了，一病不起。第二年就上天國尋找孫女陶德去了。

　　自治區的蒙古精英階層陸陸續續被肅清了，失去了民族精英的蒙古人也就完全失去了反抗力量。見此，1969 年 4 月，毛澤東針對內蒙發表指示說「在清隊中，內蒙已經擴大化了」。也就是說，「挖肅」取得了「勝利成果」，只不過方法上有些過頭了，但並無終止運動的必要。1969 年 5 月底，接受「漢人專政」制裁的城市蒙古人開始陸陸續續被「解放」，但德力格爾瑪直到這年的 9 月 26 日才被釋放。理由很簡單，她被拷打成重傷，傷痕累累，如果立即釋放的話，真相就會大白於天下，中共無法推卸責任。

　　1972 年春節，德力格爾瑪帶著孩子們渡過黃河，來到鄂爾多斯。在嚴寒的東勝，這整整四年生死未知的一家人終於團聚在一起。被「戰備疏散」的四十二名「要犯」家庭中，特布信一家團圓最早。

　　1974 年，「『挖肅』擴大化是極左路線的錯誤。」一紙輕描淡寫的文件，給特布信恢復了名譽和黨籍。他在 1979 年時任內蒙古大學的副書記、副校長。其實早在 1957 年設立內蒙古大學時，特布信就是副校長候選人。只因那時，他被打成「反動的民族右派頭號人物」

而無法任職罷了。

　　「對蒙古人來說，中國的文化大革命究竟意味著什麼呢？」最後，我向這位飽經滄桑的老人請教。

　　「我們蒙古知識分子並沒有從中國共產黨那裡學到馬克思列寧主義。我自己就是在留日時期自學的。蒙古人在『文革』受到毀滅性的摧殘和打擊，這個傷口至今尚未癒合。」他總結道。

第貳章
「決不當亡國奴」

——滿洲建國大學學生特古斯的夢

文革中的內蒙古自治區，「罪名」僅次於烏蘭夫和哈豐阿的另外一位「民族分裂主義者」是特古斯。1945 年 8 月，內蒙古人民革命黨公開恢復活動之後，他歷任黨內要職。該黨的主要政治主張為「要求民族自治，實行民族平等，內外蒙統一合併」。特古斯的思索與實踐，見證了一個獨立的民族政黨是如何被中國共產黨吞併的歷史。

▲「你們不要在革命領導幹部身上打主意」、「打倒特古斯」。這幅漫畫意味著，文革這場革命是任何人都沒得逃避的戰場（呼和浩特市革命造反聯絡部《聯合戰報》第十期，1968年3月21日）。

一、「惡貫滿盈」的歷史

　　筆者手頭有一份《教育戰鼓》，這是文革教育機關的造反組織「呼和浩特革命教職工代表大會」編輯和發行的小報。1967 年 12 月 25 日《教育戰鼓》第二期有如下一段：

> 　　無產階級文化大革命的又一場急風暴雨，已經從文藝領域展開，它將再一次掠過紅太陽照亮的內蒙草原，徹底洗刷一切剝削階級的污泥濁水，徹底清掃烏蘭夫反革命修正主義、民族分裂主義集團的的殘渣餘孽。
>
> 　　特古斯被揪出來了！

　　文革中內蒙古造反派和保守派雙方的群眾組織，都印製了大量紅紅綠綠的標語傳單，這些亢奮激昂的口號，作為攻擊對手和宣傳自己政治主張的銳利武器。

　　「打倒烏蘭夫！打倒哈豐阿！打倒特古斯！」依次排列，特古斯成了第三號「罪大惡極的反革命分子」、「陰險狡猾的民族分裂主義分子」，1967 年 12 月發行的《教育革命》（增刊）組織《挖特古斯專輯》，按時間順序羅列出《反革命修正主義分子、民族分裂主義分子特古斯的罪行》：

> 　　特古斯是哈豐阿的死黨、烏蘭夫的代理人。他出身於大地主、大官僚、大貴族家庭。其父李青龍，曾任偽滿洲國哲里木盟科爾沁右翼中旗旗長，是日本帝國主義忠實的走狗。他在其主子日本鬼子和哈豐阿的豢養下，一貫仗勢欺人，殘酷剝削和壓迫蒙漢勞動人民。
>
> 　　1942 年，哈豐阿特意選送特古斯到偽滿洲建國大學「深造」……他也的確不辜負他的主子——日本帝國主義和哈豐阿叛國集團的培養深造，早在留學時期，就組織了一個「興蒙黨」，打出「成吉思汗的子孫團結起來，復興蒙古、統一蒙古」的反動口號。

　　1945 年，「八一五」日本宣布戰敗投降之後，哈豐阿糾集日特蒙奸、王公貴族、土匪頭子恢復了反動透頂的「內蒙古人民革命黨」，明目張膽地進行反對偉大的中國共產黨和分裂祖國的活動。特古斯任這個反革命集團的中央執行常委兼青年部長、及「青年聯盟」總書記和「內人黨」的報社社長。

　　1945 年起，特古斯夥同哈豐阿等人，在「人民革命黨」黨綱指導下，瘋狂地搞所謂「內外蒙合併」簽名運動。

　　1946 年春開始，這個黨明目張膽地宣稱，內蒙古沒有工人階級，因其「社會經濟發展的特殊性」，沒有必要組織共產黨。頑固地反對偉大領袖毛主席和中國共產黨。

　　1947 年「五一大會」後，特古斯投靠烏蘭夫，受到「當代王爺」的賞識，從此青雲直上。他夥同哈豐阿之流，合謀炮製出「雲澤萬歲」、「雲澤是大救星」、「哈豐阿萬歲」等等反對標語口號，大造反對輿論，瘋狂反對內蒙人民喊「毛主席萬歲」。在烏蘭夫黑幫的包庇重用下，他升任內蒙黨委宣傳部秘書長兼教育廳副廳長。

　　1957 年 2 月，烏蘭夫調特古斯任內蒙黨委宣傳部常務副部長，專管語文、出版、教育和幹部人事等工作。他重用大批的「內人黨」幹部，犯下了不可饒恕的罪行。

　　另外一份內蒙古自治區呼倫貝爾盟、海拉爾盟地區紅色造反者革命大批判聯絡站發行的《革命大批判》（三）中說：1946 年，內外蒙古合併統一的簽名運動失敗後，特古斯企圖逃往外蒙，背叛祖國。

　　「教育廳聯合委員會（宣教口）魯迅兵團」發行的《徹底批判反革命修正主義分子、民族分裂主義分子特古斯在教育界的罪行》（1965年 12 月 25 日）專輯中列舉到：

　　1962 年 5 月至 6 月，內蒙師院附中高三學生滿都克齊與師院物理系一年級學生烏恩實音叛逃外蒙時，在邊境被捕。民族分裂

　　主義分子特古斯來到師院卻包庇說：「好好活下去！不過是思想
　　認識方面的問題嘛，不影響考大學。」

　　如前所述，文革期間五花八門的《批判資料》，從不同角度顯示
了特古斯「惡貫滿盈」的歷史。

　　2008 年 3 月的一天，筆者在呼和浩特拜訪了八十四歲高齡的特古
斯。之前，據說他婉言拒絕一切訪談，聽說筆者是「從日本回來的同
族學者，正在收集內蒙文革的證言」的來意後，欣然接受了筆者的訪
談。

　　「我已是八十四歲的耄耋老人了，將一生的經歷帶到天上去，也
沒什麼意思。對你，我沒有什麼不可以談的，『惡貫滿盈的歷史』也
都是事實，就從這裡開始吧。」

　　特古斯豪爽地笑了。

二、復興蒙古之理想

　　滿洲國為殖民國。蒙古精英階層在接受日本殖民地近代化教育過
程中，深感「民族協和、王道樂土」與現實的差距，民族意識逐步覺醒，
民族自豪感油然而生，並致力於實現以「民族自決」為目標的理想。
哈豐阿等東蒙知識分子都對日本統治的長期性抱有巨大疑問，他們發
掘年輕有為的青年，送進國民學校和大學深造，為民族復興積極培養
人才。

　　特古斯與哈豐阿既是同鄉，又是親戚，二人都出生於哲里木盟科
爾沁左翼中旗。1943 年，經哈豐阿推薦，他考入滿洲國建國大學。這
所以「民族協和」為理念的大學聚集了各個民族的學生，其中蒙古學
生最少，約有三、四十人，其餘還有日、漢、俄、滿、朝鮮，以及一
名臺灣籍的學生。

　　特古斯在這裡，涉獵了大量的共產主義思想著作。包括有《大眾
哲學》、《社會科學概論》等漢語書籍、《共產主義宣言》等日語書籍。
毫無疑問地，這些書籍在滿洲國都是禁書。

　　「滿洲國同今天的中國一樣，都沒有言論自由。從全國各地沒收來的共產主義思想方面的書，都沉眠在大學的書庫裡。圖書館管理員是一位流亡的白俄姑娘，一位來自呼倫貝爾盟的學友會說俄語，他設法說動了白俄姑娘，將禁書借出來。」特古斯回憶說。

　　如文字所述，「興蒙黨」即「復興蒙古之黨」。日治時代王爺廟有一座興安學院。1932 年日本占領東北和內蒙古東部以後建立滿洲國，但是後來發展為轉至長城以南的中國本土，逐漸「忘了」與蒙古人的承諾。胸懷民族理想和自尊、對日本人藐視蒙古人的統治方式不滿和憤懣的興安學院的學生逐漸增多。他們經常秘密集會，決心「以成吉思汗的精神復興蒙古」。

　　「每天敬朝禮時，學生們就用蒙語大聲喊：『我們肩負起復興蒙古的重任！』日本教官們也贊同我們的理想。」特古斯說。

　　據文革中《內蒙語委〈東方紅〉內部資料》（1968 年 2 月 15 日）記載：「興蒙黨」是自發性的民族主義青年組織，1941 年由王爺廟偽興安學院學生組成，1942 年曾達五十餘人。主要發起人為：通拉嘎、特古斯、賽音巴雅爾、儂愛戈瓦等。

　　特古斯在也在《回憶錄》中記述了 1941 年前後，興安學院第四期生中與額爾德尼・特古斯、胡庫德力格爾、通拉嘎、賽音巴雅爾等人共創「興蒙黨」的經歷（特古斯，1987，頁 97-156）。

　　滿洲國建國大學學制為前後加起來六年制，但就在特古斯將要完成前期三年學期時，日本戰敗，滿洲國覆滅。

三、決不當亡國奴

　　1945 年 8 月 15 日，日本投降後，哈豐阿等人在王爺廟（今烏蘭浩特）發表了《內蒙古人民解放宣言》，公開恢復了內蒙古人民革命黨活動。此時，民族精英們信心滿滿、精力充沛，決心用自己的雙手創建自己的獨立民族國家。10 月 5 日，「內蒙古人民革命青年團」宣告成立，特木爾巴根任青年團秘書長。年方二十一歲的特古斯被選為十五人執委之一。青年團的政治綱領為：「本團為內蒙青年先鋒組

織，以內蒙的自由和解放、蒙古的統一和獨立為目標」（*義都合西格，2005，頁82-86*）。

特古斯與志同道合的青年分赴各盟旗，挨家挨戶地深入蒙古包，熱情高昂地開展「內外蒙合併」簽名活動。作為蒙古人，誰不希冀內外蒙統一，建立自己的民族獨立國家呢？草原民族心裡燃起希望的篝火，深信這一理想的實現近在眼前。

「那時，我們每個人都廢寢忘食地工作，再沒有比實現民族的統一和獨立更為激動人心、更為幸福美好的事業了。」特古斯的瞳仁裡閃耀著光芒。

同年10月，哈豐阿、特木爾巴根、博彥滿都、那欽雙和爾、陶克塔夫、額爾敦陶克陶、嘎如布僧格、其勞巴特爾、郝永芳、德太豐等內蒙古民族自決運動的領袖們，拿著十萬人的簽名前往烏蘭巴托，提出了內外蒙古合併結成一個獨立國家的訴求。一個月後，哈豐阿等人面色沉重、悲愴地回到了內蒙古。這一訴求遭到史達林的反對，因此，喬巴山不得不對代表團提出「暫時留在中國」的要求。當然，雅爾達的密室裡沒有一張蒙古人的椅子。

1945年2月蘇、美、英三方達成的《雅爾達協定》中，蒙古人內外統一的熱切渴求和簽名運動被輕易否決。

「看到哈豐阿無功而返的沉痛表情，我眼前彷彿一片黑暗，我暗自發誓決不當亡國奴！」

這句話表達了當時的蒙古人不願做中華民國漢人統治下的隸屬民、爭取民族自由的心聲。

出生於呼倫貝爾盟草原海拉爾的畢力格巴圖是達斡爾蒙古人，與特古斯是建國大學的同窗好友。因畢力格巴圖與駐軍於海拉爾的蒙古人民軍熟悉，於是二人於1945年冬赴海拉爾，探尋進入蒙古國的路徑，但二人立即陷入困境。此時的蒙軍對內蒙戒備森嚴，與幾個月前同蘇軍一道進入內蒙，強調內外蒙古統一的口徑相比，恍若隔世之感。

此時，哈豐阿也來到海拉爾。當時呼倫貝爾草原的人們，正在為自己能併入蒙古國而展開自治獨立運動。哈豐阿的目的是勸說呼倫貝

爾與內蒙古全域共同並入蒙古國。特古斯也被哈豐阿的全局理想和熱誠感動，放棄了個人前往蒙古國的想法，決定留下來，在未來的歲月中，為民族的獨立而繼續努力奮鬥。

這，就是所謂特古斯「1946年叛逃未遂事件」的始末。

1946年元月，特古斯與哈豐阿一起前往瀋陽，與蘇軍的內布里亞特蒙古人少校德力柯夫‧桑杰交涉和協商，釋放了被俘於興安軍隊中的蒙古士兵，組建了民警隊和警備隊以維持當地的治安。後來，以這支武裝為基礎成立了內蒙古騎兵第一師。

四、自我犧牲以成全蒙古國獨立

東蒙民族自治運動與蒙方統一無望，回到王爺廟的哈豐阿積極著手成立「東蒙人民自治政府」的建立。為取得當時合法政府蔣介石國民政府的理解和支持，他於1946年2月前往長春，拜會了國民黨東北行營副主任董彥平和興安省長吳煥章等人。哈豐阿倚之為左右得力助手就是特古斯和阿欽嘎。

此時，中共也正在伺機蠶食東北領土。這是蘇軍招致的結果（*林桶法，2003，頁69-70、頁118-120、頁130-144*）。八年抗戰中，國民黨軍隊大傷元氣，疲勞困頓，軍中彌漫著厭戰的情緒，而共產黨卻養精蓄銳，正待出山。因此，國共內戰中，共產黨始終處於優勢（*蘇啟明，2001，頁247。林桶法，2003，頁409*）。

哈豐阿同時也在與共產黨溝通。據特古斯回憶，共產黨以大漢族本位主義，採取了比國民黨更強硬的統合手段和壓力。

「內蒙古不許成立獨立於中國共產黨以外的任何政黨。內蒙古民族運動的方針是平等自治，不是獨立自治，並且只有在中國共產黨領導、幫助下才能得到解放。」（*劉春，2000，頁420-427*）哈豐阿、特古斯等東蒙民族運動的領導人從內蒙的社會經濟實際情況出發，思考出對付中共蠻橫統合手段的對策，提出建立民族政黨的理論：「內蒙是遊牧民族，沒有工業，沒有無產階級，」不能成立共產黨，還是成立人民革命黨為宜。這一主張卻遭到漢共的全面反駁：「真

是天真爛漫的知識分子幼稚論。請問，誰在剝削漢族農民大眾呢？」
（劉春，2000，頁451-453）。

侵入蒙地殖民開墾的漢農遭到當地蒙古人的剝削，因此漢農墾
殖民就理所當然應處於領導中國革命的無產階級先鋒地位，這種先發
制人的「理論」就是漢人共產黨的見解（Uradyn Bulag，2002，頁108-
121）。

然而從蒙古人的觀點來看，漢族農民自清末開始大規模侵入蒙地，
移民放墾，威脅著遊牧經濟及牧民生存的同時，水土流失加劇，草原
嚴重退化和鹼化，並導致沙漠化，他們才是導致蒙古貧困化的強盜。
內蒙古人民革命黨主張為防止漢人移民的擴張，只有走民族獨立這條
路，與中共代表的利益集團從一開始就產生了激烈的對立。

「最終，以哈豐阿為代表的東蒙自治政府的領導人決意犧牲自己，
成全蒙古人民共和國的獨立。因為如果我們強硬推行與蒙古國合併統
一的運動，只會對剛剛獨立的蒙古國不利。我們內蒙不能獨立，但至
少要成全一部分蒙古人的獨立，就像打棒球，打出犧牲打一樣。有一
部分同胞獲得獨立自由，我們也心滿意足了。我們有如錐心泣血，在
萬般無奈之下，毅然決然地作出了最艱難的抉擇。」特古斯回首悲壯
的歷史。

實際上，東蒙自治政府別無選擇，獨立之路被圍追堵截，不得不
承認中國為宗主國。

五、漢人眼裡的內蒙古人民革命黨

特古斯曾歷任「內人黨」要職，親歷過重要現場的歷史事件。從
漢人的歷史角度，我們可以比較和檢證對同一歷史不同的敘述。

劉春為中共資深民族理論家，江西人。歷任內蒙古自治運動聯合
會常委、秘書長、內蒙古自治政府委員、民族委員會委員長、內蒙古
軍政幹部學校政委、中共內蒙古工委組織部部長、副書記。

劉春在其專著《民族問題文集》中的《內蒙古工作的回憶》一文
中，如實地記載了他的民族觀：蒙地尚處於蠻荒獉狉之時代，蒙人為

未開化民族，因而「內人黨」推行的民族自治運動實為反革命活動。
他也對曾受到過日本近代教育的蒙古精英抱有厭惡之感。

　　內蒙古民族的解放，是整個中國革命不可分割的一部分，只
有在中國無產階級及其政黨中國共產黨的領導下，與中華各民族
團結一致，共求解放，建立統一的國家，在中華民族大家庭內實
行區域自治才能實現。這是內蒙古民族解放和國內各民族解放的
共同道路，也是惟一正確的道路，任何打著「民族獨立」的旗號，
來進行分裂祖國的活動，建立獨立的國家政權、或者合併到其它
國家去都是錯誤的。不僅蒙奸補英達賴的「民族獨立」是不能容
忍的，其他這一類的活動也都是錯誤的，都是不能容許的（劉春，
2000，頁411）。

　　在此，劉春將內蒙自治運動核心目標的關鍵詞──「獨立和自決」
替換為「內蒙民族解放鬥爭」。他指的「內蒙同胞」當然也包括入侵
者的漢人。他將東蒙自治運動置於中共「革命的整體利益」之中，並
第一次明確地指責哈豐阿所領導的人民革命黨獨立自決運動，是違反
中國共產黨利益的行動。
　　劉春詳細列舉了人民革命黨領導人在「日偽」時代的官職身分，
批判他們「對日協力」、曾充當日本帝國主義的代理人的「歷史錯誤」，
暗示他們不具備承擔民族獨立和自治資格。此時的劉春似乎有意忘記
了，共產黨自身龜縮在根據地延安，不上前線抗日的事實。
　　劉春與烏蘭夫率內蒙古自治運動聯合會代表團到承德，同「東蒙
人民自治政府」代表團就內蒙古統一自治問題進行了會談，史稱「四三
會議」，會議決定解散「東蒙人民自治政府」。劉春在回憶錄還自吹
自擂「四三會議」的「成果」：與東蒙領導人口頭約定解散「內人黨」。

　　「四三會議」實現了在中國共產黨領導下東西蒙自治運動
的統一，確定了東西蒙統一自治的方針，而且後來一步一步地都

實現了。從蒙古民族本身來講，這個統一是來之不易的，結束了
幾百年的分裂局面，所以有的同志說「四三會議」是東西蒙統一
會議，這並不誇張。「四三會議」是內蒙古民族解放運動和內蒙
古革命歷史上，關鍵性的一次重要會議。對當時全國的解放戰爭
也是有貢獻的。但是，會議之所以能夠由開始的重大分歧，經過
激烈爭論，終於通過了黨所提出的決議草案，是與黨所領導的中
國革命發展總的形勢分不開的。正是在中國革命事業勝利前進
的影響和推動下，「四三會議」才能夠獲得成功（*劉春，2000，頁
433*）。

與共產黨的欣喜若狂相比，可以想見哈豐阿等人是多麼沮喪氣餒
而悲愴！

這次會議以後，劉春奔赴內蒙東部各地積極展開工作，1947 年 1
月進入王爺廟。博彥滿都、哈豐阿等人設宴歡迎。酒意酣濃之際，內
蒙古人民自衛隊第一師師長莫德勒圖「颼」地拔槍質問劉春：「為什
麼我們蒙古人必須要與你們漢人一起參加中國的內戰呢？我們要保持
中立。」莫德勒圖強烈抗議中共逮捕東蒙人民自治政府副主席瑪尼巴
達喇。瑪尼巴達喇堅決反對將以蒙古士兵為主體的內蒙古人民自衛軍
調到東北前線參加國共內戰。不願意介入漢人之間的紛爭，這也是當
時內蒙古有識之士的共識。

但是莫德勒圖的努力未獲成功。他的部下王海山、都固爾扎布以
及旺丹等青年軍官此時都是中共秘密黨員，「動員和勸誘進步青年秘
密加入中共」是中共策反的一貫謀略。此時，中共已經掌握了內蒙古
人民自衛軍。然而，王海山、都固爾扎布等人在文革中同樣無一例外
地遭到整肅。

從 1946 年 11 月 18 日開始，哈豐阿等人就成立內蒙自治政府與
中共展開協商會談。哈豐阿倡導「必須組織內蒙古人民革命黨。由本
黨領導內蒙人民，並願意接受中國共產黨的領導」。

博彥滿都也同樣主張「必須組建獨立的民族政黨，至於成立怎樣

的政黨，需要聽取中國共產黨和蒙古人民共和國雙方的意見。另外，雲澤不適合擔任內蒙古自治政府的主席，就讓他擔任內蒙古與共產黨之間的聯絡員倒更合適」。主席的勝任者除了哈豐阿之外，還有誰呢？劉春反駁道：「『四三會議』上不是宣布解散了『內人黨』嗎？難道你們還妄想奪回主導權嗎？」

但是劉春在王爺廟勢單力薄，接到緊急通知的雲澤，從巴林草原的林東地區直赴王爺廟。純樸實誠的哈豐阿派王海山兵團途中迎接。

六、「民主」式的抓鬮抽籤

對此，中共於 1947 年 3 月 23 日，作出《中共中央關於內蒙古自治問題的指示》：

> 　內蒙古人民革命黨及內蒙古自治運動聯合會的問題。如果內蒙古人民中的積極分子，主張解散內蒙古自治運動聯合會而組織內蒙古人民革命黨，我們應予以支持，並以中共分子加入並成為領導核心。

中共審時度勢，同意組織內蒙古人民革命黨，並派共產黨員加入並掌握領導權，是有原因的。此時正值國共內戰，中共正在為遼瀋戰役調兵遣將，不但需要穩住東蒙，而且需要內蒙古人民自衛軍配合解放軍保衛內蒙古解放區，消除後顧之憂。

緊接著，中共華北局於 4 月 1 日又給雲澤等人發出另外一封電報（《中央關於內蒙古自治諸問題的意見》，1992，頁 10）：

> 　內蒙古人民革命黨中過去擔任過偽滿洲國的軍政官吏，且有與外蒙古要求合併的歷史。他們要求重建該黨，顯然動機不純。因此，內蒙古人民革命黨的重建問題需慎重。

劉春等人接到華北局的指示後，明確表現出絕不允許內蒙古人民

革命黨重建的強硬態度。百般無奈之中，哈豐阿等人只好轉移方針，將重點置於自治政府的選票上。

　　1943 年 4 月 23 日，「內蒙古人民代表會議」在王爺廟開幕。中共事先預備好了候選名單，做好了共產黨員雲澤以及秘密黨員「進步青年」的當選工作。這些事先準備周到的《選舉條例》規定的代表資格只能招來蒙古人的反感。蒙古人提出「三不選」的主張，即「不選延安來的幹部、不選抗戰勝利後參加革命的青年、不選漢族代表」。

　　後來劉春在回憶中認為「三不選」為蒙古人別有用心的戰略戰術，意在暴露秘密加入中國共產黨的蒙古進步青年身分。他同時也承認此時的蒙古人民共和國派來的觀察員站在哈豐阿等人的立場，並持贊同態度。

　　察覺此事的雲澤立即致電給喬巴山，要求蒙古人民共和國撤走選舉觀察員。代表選舉按照中國共產黨預定的「民主程序」「順利」進行。

　　1947 年 5 月 1 日成為「內蒙古自治政府」的成立紀念日。

　　按著漢人主導的選舉，烏蘭夫當選為自治政府主席，哈豐阿當選為副主席。東蒙的政治精英，深得蒙古人信任的博彥滿都通過抽籤，被任命為沒有任何實權的臨時參議會會長。

　　關乎少數民族命運的重大政治活動就由中共的抓鬮抽籤手法決定了。

　　毫無疑問地，哈豐阿等人對這個中共操縱選舉程序的「自治政府」不滿。劉春曾回憶，就在自治政府緊鑼密鼓即將成立的前夜，哈豐阿、特木爾巴根、烏力吉傲其爾、朋思克等人再次提出恢復內蒙古人民革命黨的主張。理由是：

第一、內蒙古的社會狀況不同於內地漢人農耕社會，蒙古社會不
　　　存在無產階級，也就不存在共產黨理論的階級基礎。因此，
　　　必須建立內蒙古人民革命黨。
第二、內蒙與外蒙為同一民族，社會經濟結構也相同，如同外蒙
　　　古的革命由蒙古人民革命黨領導，內蒙古的革命也必須由

內蒙古人民革命黨領導。

第三、內蒙古人民革命黨曾經在內蒙古現代歷史中存在過，有過
　　　先例與影響力。

對這些主張，劉春秉承中共旨意加上自己創造發明的「黨民族理
論」，逐一加以反駁。內蒙古有無數的漢族無產階級，只有中國共產
黨才是無產階級的先鋒隊云云。五十年之後，劉春揮筆記錄下他秉承
旨意、並標榜自己「對少數民族工作的正當性和成果」的大文。從中
可窺見內蒙古自治政府成立過程中，雙方爭執的白熱化鬥爭。

七、「進步青年」特古斯

那麼，特古斯是如何記憶這段歷史的呢？

1946 年 1 月起，特古斯出任內蒙古人民革命青年團（簡稱「內人
團」）副秘書長，直接負責團的工作。3 月的一天，哈豐阿找他談話：

「我們打算恢復內蒙古人民革命黨活動，得到了中國共產黨的贊
同，小夥子一起幹怎麼樣？」

特古斯當然贊成哈豐阿的意見。4 月，出席內蒙古人民代表大會
的代表共三百九十三名，特古斯為主席團二十五名成員之一。哈豐阿
等人想趁自治政府成立之際，正式宣布內蒙古人民革命黨恢復活動。

特木爾巴根召集騎兵第一師團的幹部，就重建黨的工作的必要性
發表了熱情洋溢的演說。但立即被青年軍官中的中共地下黨員告密，
中共的策反離間術取得「輝煌的」成功。哈豐阿等人產生了強烈的危
機意識。因此，「內人團」的動向關乎黨的生死存亡。

雲澤和胡昭衡也在緊鑼密鼓地做特古斯的思想工作，指出「現階
段不宜恢復『內人黨』的活動」。指令他站出來公開反對哈豐阿，並
要求他停止重建活動。

「不是說已經取得中國共產黨的贊同了嗎？」特古斯大惑不解。

雲澤隨即拿出內蒙古人民共和國喬巴山元帥發來的電報：「你看
看這個就明白了！」

「致烏蘭達賴同志：內蒙古不要組建共產黨以外的任何政黨組織。」

電報是用蒙文寫的，「烏蘭達賴」是「紅色海洋」的意思，蒙古國同雲澤聯繫時用的暗稱。特古斯陷入苦惱和徬徨之中，他開始動搖了。無疑，他從心底敬重長輩哈豐阿，也充分認識到重建內蒙古人民革命黨的重要性，但此時特古斯更敬仰和崇拜喬巴山元帥。漸漸地，他以為哈豐阿欺騙了自己。他指示「內人團」：局勢發生變化，實在不得已，只好放棄人民革命黨重建工作。

另一方面，從胡昭衡留下的日記中也可找到中共約特古斯談話的佐證（胡昭衡，1992，頁50-62）。他的日記中詳細地記述了哈豐阿、特木爾巴根等人，反覆要求重建人民革命黨的事實，以及3月19日找特古斯談話的過程。特古斯直爽地告訴胡昭衡：普通蒙古人都迫切希望成立「內人黨」。4月8日，胡昭衡、方知達等人立即電告東北局西滿分局的李富春、黃克誠等人。西滿分局立即派軍駐屯，虎視眈眈地監視內蒙東部的一舉一動。

方知達、張策、胡昭衡給西滿分局李富春、黃克誠、張平化一封信中提到：

「哈說『內人黨』須在擴大執委會上討論表決，如不成立，內蒙便要分裂，且影響代表大會，此事比成立政府更重要。又說，『內人黨』成立後，中共如不承認與領導，我便無資格參加中共，雲澤為中共委員，亦無參加『內人黨』的可能。哈、特、朋、烏言之意，即使退出中共，也要組織『內人黨』，他們這種活動在秘密進行布置中。

4月12日與16日，胡昭衡用粗暴的字眼聲色俱厲地斥責哈豐阿、特木爾巴根等探討成立民族政黨的蒙古精英為「右派分子」，並警告他們：「這樣做很危險。」

特古斯領導的「內人團」主要青年幹部為雲澤瓦解，成為反哈豐阿的一股勢力，並且阻礙了重建「內人黨」活動這段史實，毋庸諱言。但「內人團」最終在多大程度上左右了「內人黨」的終結，這段歷史尚未得到確切的見證。

特古斯回憶到：

「我根本不知道共產黨於（1947 年）3 月 23 日，發來了《中共中央關於內蒙古自治區問題的指示》這份電報，在這份電報中，中共曾作出如下指示：『內蒙古人民革命黨及內蒙古自治運動聯合會的問題，如果內蒙古人民中積極分子主張解散內蒙古自治運動聯合會，而組織內蒙古人民革命黨，我們應予以支持』。也就是說，中共有條件地同意『內人黨』恢復活動。到 4 月 1 日，華北局又明確地反對『內人黨』恢復活動，我也不知道。哈豐阿根據中共中央 3 月 23 日的《中共中央關於內蒙古自治區問題的指示》的內容，說『中共對恢復活動表示贊同』也絕非謊言，而是事實。喬巴山元帥的電報，也無法辨明真偽。不管怎麼說，我的這些行為都給我與哈豐阿之間的關係帶來了陰影。」*（特古斯，1992，頁 7-73）*

直到今天，有研究者認為，烏蘭夫為使自己處於有利的地位，還在有意隱瞞中共中央 1947 年 3 月 23 日發出的電報*（阿拉騰德力海，2008，頁 37）*。

八、瑪尼巴達喇的消失之謎

哈豐阿等人為避免「內人黨」解散而想方設法，做了多方面的努力，但結局都失敗了。那麼，他們失敗的原因究竟在哪裡呢？換言之，究竟是什麼原因使得他們最終不得不屈服？至今仍是一個謎團，在今天的中國也絕不會真相大白。中共為共產國際的一個支部，從俄羅斯、北蒙古卷帙浩繁、逐漸公開的檔案資料中也許能尋找到蛛絲馬跡。

筆者從多人的證言中獲知，一位叫瑪尼巴達喇的人遭逮捕並被殺害事件，使得哈豐阿等人陷入恐懼，最終放棄政治訴求。從中共官方出版的《烏蘭夫傳》中也可以獲得佐證：瑪尼巴達喇的逮捕事件，「擴大了以烏蘭夫為帶頭人的內蒙古民族解放鬥爭的影響，支持和鼓舞了群眾，震懾了打著不同旗號的反動勢力」*（王樹盛，2007，頁 186-187）*。

從長期追隨為蒙古的獨立和自決而奮鬥終生的貴族德王（德穆楚

克棟魯普王爺）的蒙古學者札奇斯欽的回憶中，可以勾畫出瑪尼巴達喇這一人物的輪廓。

瑪尼巴達喇與哈豐阿、博彥滿都同樣出身於哲里木盟科爾沁左翼中旗，該旗俗稱為「賓圖旗」，三人被譽為「賓圖旗三豪傑」。

瑪尼巴達喇從北京俄文政法學校畢業後，進入滿洲國國務院工作。歷任蒙政部（後改稱為興安局）科長、興安南省民政廳廳長等職。但是，比起官衙的層層行政，瑪尼巴達喇更有志於從事直接保護蒙古人利益的事業，於是他退出政界，就任財團法人蒙民厚生會的專務理事長一職，負責徵收漢人「開發蒙地奉上」的租金、派遣蒙古留學生、復興蒙古傳統文化等工作。除了蒙語，他還能說一口流利的漢語、俄語、英語、日語。

據特古斯回憶，瑪尼巴達喇是一位知性睿智的蒙古精英。他主持蒙民厚生會，致力於蒙古的教育、文化、衛生、福利、手工業的振興等事業。此外，積極支援哈豐阿等人的活動。

1940 年春，部分蒙古族知識青年提出在王爺廟興建成吉思汗廟的提議，組建了成吉思汗廟籌建委員會。1943 年，瑪尼巴達喇專程赴錫林郭勒盟聽取德王的意見。為避免成吉思汗廟建成日本神社式風格的建築物，瑪尼巴達喇等蒙古上層同日本人做了殊死的周旋和抗爭。1944 年 10 月，歷經三年，成吉思汗廟落成，舉行慶典。

日本敗退之前，瑪尼巴達喇與德王曾經在張家口進行秘密會談，就如何應對內蒙古未來局面，二人達成基本共識。那就是，儘管德王的蒙疆聯合自治政府在政治上具有影響力，但內蒙古的實力在以興安地區為中心的東部，當務之急應把二者整合成一股政治勢力。然而雙方並未就具體的步驟達成協議。

日本撤退之後，瑪尼巴達喇與哈豐阿之間就內蒙古的未來，發生過激烈的爭辯，瑪尼巴達喇對漢人共產黨抱有強烈的不信任，因此二人的關係顯得生硬、有疙瘩，每次都是阿思根居中調解使之歸好。

1946 年 1 月東蒙自治政府成立之時，博彥滿都任主席、瑪尼巴達喇任副主席、哈豐阿任秘書長。也就是說瑪尼巴達喇是自治政府的第

二、第三號首腦人物。與蒙古國統一無望的東蒙古人民自治政府只好與當時合法的國民政府溝通，以在中華民國內尋求「高度的自治」為目標，闡述民族自治的訴求。

1946 年 2 月中旬，東蒙自治政府派瑪尼巴達喇為團長，和桑傑扎布、阿欽嘎等七人組成代表團與國民黨交涉。

特古斯回憶道：「瑪尼巴達喇與國民政府的交涉具有戰略上的必要。」此外，此行的指示者為蘇蒙聯軍的布里亞特蒙古人德力柯夫·桑杰少校，他本人也留下證言（達瓦傲斯爾，1988，頁 165）。

瑪尼巴達喇代表團因種種原因滯留在北平，而未能前往重慶。以當時寓居北平的德王為首的蒙古人，都熱烈地支持瑪尼巴達喇代表團向蔣介石的國民政府提出不單單實現地方自治，應顧及高度自治的政治訴求。札奇斯欽在北平市內中山公園的來今雨軒，參加了蒙古知識精英的集會。

瑪尼巴達喇在北平與另一位內蒙古人民革命黨的創始人白雲梯，一同向國民黨中央執行委員會請願。1946 年 3 月，國民黨六屆二中全會通過了《關於邊疆問題報告之決議案》，將內蒙置於「地方自治」的位置。

瑪尼巴達喇與德王都不贊成《關於邊疆問題報告之決議案》，而東蒙自治政府也對此不滿。5 月 10 日，瑪尼巴達喇失望地空手而歸。由於此行交涉失敗，瑪尼巴達喇在東蒙自治政府中的地位也一落千丈（呼斯勒，2004b，頁 19-42）。

據特古斯回憶，瑪尼巴達喇秘密會見了國民黨情報要人戴笠，還帶回了兩位戴笠部下的特工人員，並持有與戴笠直接聯繫用的無線發報機。

中共西滿軍區代表張策、方知達等人為防止蒙古上層倒向國民黨方面，要求以「國民黨特務」之罪逮捕瑪尼巴達喇。屈於中共壓力，興安省政府主席特木爾巴根下令逮捕了滯留在海拉爾的瑪尼巴達喇。此事件引起了創黨元老博彥滿都等人的強烈抗議，但中共立即示以軍事力量震壓。此時，張策、方知達已稱瑪尼巴達喇為「瑪犯」，斥責

博彥滿都為「落後頑固的蒙古人」*（方知達，1987，頁53-54）*。

　　西滿軍區尚需要統戰內蒙，不願為此事件背負污名，於是將瑪尼巴達喇引渡至蒙古國監禁。此時，中共高官的家屬都居住在蒙古國境內，重要的政治犯都引渡至蒙古國。1947年5月，內蒙古自治政府成立後，瑪尼巴達喇在王爺廟被當作要犯懲處，以儆效尤。當時瑪尼巴達喇是興安省參議院的參議員，根據當時興安省的法律，未經參議院的同意，不得逮捕參議員。由此事件可知，中共多麼無視當時的法律*（達瓦傲斯爾，1988，頁173-174）*。

　　根據最近研究成果，瑪尼巴達喇在北平接觸了美國情報局要員。他在向美國情報局要員闡述「東蒙人民自治政府以中國境內的高度自治為目標，在政治上反共」。但美國卻作出了錯誤的判斷，以為東蒙人民自治政府為溫和穩定的政治派，而共產黨雲澤領導的內蒙古自治運動聯合會為獨立分裂派。等到美國發覺東蒙人民自治政府才是真正以民族獨立和自決為綱領時，已經無法挽回美國對內蒙政策。

　　以蘇聯、美國為首的大國根本不理解內蒙古人民希求獨立自治的決心。試圖與中共以外的勢力聯手的瑪尼巴達喇又被殺害，那麼，給內蒙人民留下的唯一可行之路，就是接受中共治下的區域自治了。

九、青年學生「叛國投敵」的行為

　　1945年5月以後，特古斯的的確確離開了哈豐阿，成了烏蘭夫的追隨者。但這並不意味著他因此就誠心實意地熱愛中國。文革中造反派組織的小報《工人風雷》在題為《反革命修正主義分子、民族分裂分子特古斯的罪行》（1967年12月15日）中寫道：

> 　　特古斯雖被烏蘭夫黑幫拉入黨內，但卻不承認中國是自己的祖國。有一天，特古斯走在烏蘭浩特街上，後面忽然有人問他：「你的祖國在哪兒？」他好半天答不出來，後來，他感到加入了中國共產黨，答覆外蒙是祖國不好開口，於是才吞吞吐吐答覆「中國」兩個字。

　　這個小插曲雖然真偽不明，但從中可以如實讀出曾經追尋內蒙獨立的青年之心靈歷程。

　　1962 年初夏，內蒙師院附中學生滿都克齊與師院物理系一年級學生烏恩寶音，二人外逃蒙古國途中，在邊境被捕。他們被帶回呼和浩特後，各校召開批判大會，嚴格追查「叛國投敵」行為。此舉反而招致學生們的反逆，高中生和大學生開始了聲援滿都克齊等人的遊行，自治區黨委不得不出來應對青年們的不滿訴求。

　　「我完全能理解青年們的心情。我跟你們一樣，1946 年我也曾在試圖逃亡外蒙的邊境被抓過。我也曾認為自己不是中國人，入黨之後才開始將『中國』當做自己的祖國。」

　　身為黨委宣傳部副部長的特古斯來到師院附中的學生們中。不知他在此番演說中吐露出多少內心的真意，也不知蒙生們有多少能領會。此次報告中包括滿都克齊等四位「企圖外逃的危險學生」在座。這些學生親眼目睹人民公社化帶來的種種弊病，以及武力鎮壓西藏起義的現實，蒙古青年反中國情緒高漲。此外，他們在家裡耳聞祖輩、父輩曾為民族獨立而浴血奮戰的故事，他們了解民族的夢想如何被中共碾碎的過程。他們之中有人甚至試圖以自己的雙臂再次興起新的民族運動。越是中共高幹子弟，這份民族激情越加迫切。

　　「企圖叛國投敵」的四人中，有時任自治區人民高級法院院長特木爾巴根的兒子布仁巴特。

　　從滿都克齊、布仁巴特身上，特古斯彷彿看到了十幾年前自己的身影，他指示校長：「這些事不要妨礙了年輕人的前途，要妥善處理。」在中國，不問年紀大小，只要「犯了政治錯誤」就「永世不得翻身」，一輩子都前途黯淡。他想給年輕人留下青春的夢想，避免那樣的人生悲劇。一年後，滿都克齊被師院合格錄取、布仁巴特也進入吉林大學物理系。這些以後都成為他「利用職權，一再包庇叛國投敵案」的罪證。

　　1968 年，布仁巴特從吉林大學被秘密揪回呼和浩特，監禁在交通廳大樓的臨時看守房間內。因其父特木爾巴根被打成「反動內人黨的

頭目」，根據共產黨的「血統論」，他理所當然地被當作「反動派的狗崽子」，何況還犯有「叛國投蒙」的「前科」。經過兩個月的刑訊逼供和拷打，4月的某一天，人們發現了布仁巴特已經氣絕身亡，血肉模糊，睾丸還被打碎。

布仁巴特的母親索普德格日勒被革命群眾叫來領屍。看到兒子的屍體被毫無遮蓋地拖到眼前，腹部暴腫，索普德格日勒痛不欲生，當場就瘋了。

1969年1月30日凌晨，特木爾巴根也被刑訊逼供至死（*胡達古拉，2007*）。這是1946年幫助過共產黨逮捕瑪尼巴達喇的特木爾巴根的悲慘結局。

◀ 批鬥大會現場。從右至左：「民族分裂主義分子」小特木爾巴根、「哈豐阿的忠實走狗」瑪尼扎布（1921-1996）、「反革命民族分裂主義分子」昂如布。瑪尼扎布與昂如布都是「挎洋刀的」，畢業於興安學院。

十、「反烏蘭夫」而被選中的特古斯

從1965年春開始，特古斯與胡昭衡等人一起，到錫林郭勒盟的西烏珠穆沁旗參加「四清運動」。

自治區主席烏蘭夫從牧區的民主改革時期起，就主張保護牧區經濟「不分、不鬥、不劃階級」的「三不」政策，受到蒙古人的廣泛支持。儘管特古斯也贊成這個政策，但還是站在「蒙古社會也存在階級吧？」這一質疑的立場。了解他想法的自治區書記王鐸，正要著手蒙古社會「階級狀況」的再調查，於是他選派特古斯主持「補課」工作。王鐸的後臺是華北局第一書記李雪峰。

　　眾所周知，1963 年毛澤東提出「民族鬥爭，說到底，是一個階級鬥爭問題」觀點之後，心領神會的李雪峰決定在「內蒙古牧區補上劃分階級這重要的政治一課」，試圖全面否定烏蘭夫推行的蒙古畜牧社會的「三不」政策，具體來說，就是將蒙古人作為「剝削階級」來鬥爭，沒收他們的生產資料，分配給侵入草原的漢人流民（Uradyn Bulag，2002，頁 126-131）。

　　烏蘭夫對特古斯的工作當然不高興，並懷疑他是否與王鐸、李雪峰合謀結成「反烏蘭夫陣營」。此時烏蘭夫獲得一封來自內蒙古大學黨委書記郭以青的密信，內容是以東蒙幹部特古斯為首、結成反烏蘭夫勢力。烏蘭夫決心重用自己家鄉土默特出身的「延安派」。

　　1966 年 1 月，他成立包括長子布赫在內的十三人內蒙古自治區黨委代理常委（簡稱為「代常委」）。他的做法立即傳到華北局。但不知此事的特古斯從哲里木盟回到呼和浩特後，向烏蘭夫呈報《關於遊牧地區階級狀況》時，他看也不看就駁回了報告。

　　還有一個圍繞蒙語的問題。儘管烏蘭夫不會蒙語，但卻比誰都熱心於蒙語教育，因他比誰都理解痛失母語的迫切心情。他一直在故鄉土默特有力地促進蒙語的普及與復興。

　　1957 年 7 月，烏蘭夫派出以蒙語專家額爾敦陶克陶等研究員，組成「蒙古語言工作代表團」赴蒙古人民共和國，研究內外蒙古語言，尤其是致力於近代學術語言的統一規範。當時內蒙還在使用回鶻文字的老蒙文，而蒙古人民共和國已經推行了斯拉夫字母的新蒙文幾十年。蒙古方面十七人，加上內蒙方面二十六人，經過雙方協商，成立了四十三人組成的「內外蒙古名詞術語委員會」，簡稱「四三人委員會」，以復興民族文化為宗旨。

　　內蒙方面的人事由特古斯選定上報烏蘭夫，因此，此事為兩人共同商定操作。在與蒙古方面共同研究的過程中，內蒙方面提出盡可能地基於「一挖、二創、三借」的原則：即現代新蒙語中沒有但必要的語言，首先從古典老蒙文中挖掘；挖掘不到，那麼利用古典創新；二者都不盡人意之時，就借用蒙古人容易發音的英語字母、或者斯拉夫

字母的俄文。因近代名詞術語本來就源於歐洲語系。

　　由於特古斯是一位「蒙漢兼通」的人才，所以受到烏蘭夫的器重。何況他從 1947 年自治政府成立之前就追隨烏蘭夫。但是某次會議上，烏蘭夫語調嚴厲地斥責特古斯：「就是蒙漢兼通，也要戒驕戒躁嘛！」對此，特古斯也不謙讓，反駁道：「培養蒙漢兼通的人才，不正是大人您推行的政策嗎？」

　　此時特古斯已經察覺到烏蘭夫對自己在牧區搞階級調查不滿。烏蘭夫認為蒙古畜牧經濟形態與漢人農耕社會形態完全不同，而且蒙古社會尚未發展到階級制度。不過特古斯也並非為了與烏蘭夫對立而進行階級調查，他是想深入牧區把握實際情況。

　　但支持特古斯的王鐸、郭以青、權星垣等漢人高幹們卻心懷暗計。此事給人們心中留下特古斯與烏蘭夫政治對立的印象。但是文革一開始，兩人共同推動的「四三人委員會」，成為「烏蘭夫為首的『內人黨』企圖分裂偉大祖國的罪證之一」。《工人風雷》揭露《特古斯罪行》之一是語文方面「頑固地排斥漢語借詞，而是借用俄語或蒙修辭彙。請看！他們在分裂偉大祖國、反對先進的漢族老大哥方面，喪心病狂到了何種地步」。

十一、被捲入多重陰謀之中

　　特古斯給人留下「反烏蘭夫」的印象之後，他的悲劇就開始了。

　　1966 年 5 月開始的「前門飯店會議」上，烏蘭夫就被打倒落馬了。漢人們極力躲避批判少數民族領導人的污名，即「漢人壓蒙人」的局面，一直在謀略並想方設法地尋找合適的、反烏派的蒙古人代理批判角色、能「大義滅親」的蒙古人，讓蒙古人之間去「狗咬狗」，因此特古斯成為他們手中的一支白色令箭，被選為「擁護毛主席階級鬥爭論的反烏英雄」。

　　正在錫林郭勒盟參加「四清運動」的特古斯，被自治區書記處書記權星垣、高錦明等人召回呼和浩特。

　　這裡其實籠罩著多重陰謀。第一重陰謀：與中央有特殊關係的郭

以青於1965年5月唆使烏蘭夫更換東蒙幹部，烏蘭夫此舉使得東蒙幹部耿耿於懷。

1964年夏至秋，華北局黨委第一書記李雪峰和書記處書記解學恭秘密潛入呼和浩特，暗地收集反烏材料（*塔拉，2001，頁363-365*）。1966年4月，解學恭親自選定參加預定5月前門飯店會議的蒙古幹部（*王鐸，1997，頁492-493*），並有意選擇東蒙幹部。如此一來，烏蘭夫成為眾矢之的。這是頗費苦心巧妙安排的第二重陰謀。

耿直率性的蒙古人被套進多重暗計機關之中而渾然不知。當時稱為「先打西部」之計。即先打倒西部土默特幹部，再打倒東部「挎洋刀的」。先打「嫡系」，再打「旁系」，然後統統一網打盡。

特古斯被權星垣、高錦明任命為文藝界造反派的顧問。五花八門的造反派組織名義上是自發的「群眾組織」，實際上大部分「群眾組織」的領導者都必須是共產黨眼中「合適」的人物。

「就這樣，出於他們『反烏』的需要，我被捧上『魯迅兵團』的顧問！」特古斯回憶道。

「因進行階級狀況調查研究的事，我被烏蘭夫疏遠，這是事實。但我從1947年起始終貫徹他的政策，彼此關係良好。就是今天，我仍然很尊敬他！」特古斯強調，臉上流露出在那個時代未能識破多重陰謀詭計的悔恨。

特古斯雖當上造反派組織的顧問，但卻沒有當選為內蒙古革命委員會（簡稱為「革委」）候補委員。說到底，他不過是革命的「結合對象」，是「統戰需要聯手的一個人」而已。

「站在造反派立場，卻沒能進入『革委』的蒙族高幹中，只有我和王再天兩個人，我漸漸意識到，我們終究不被他們信任。」特古斯證言。

王再天的蒙文名字是那木吉樂色楞，與特古斯一樣出身於東蒙的科爾沁左翼中旗，他是共產黨延安派，原區黨委書記處書記，主管公檢法。1967年10月在新城賓館召開的傳達中央指示的會議上，毛澤東的特使滕海清親自點名說，「王再天不宜『結合』進入『革委』」

（宋永毅，2006）。

十二、造反派眼中的特古斯

　　病故於2003年、原內蒙師院教師、「東縱」及「呼三司」負責人，著名的造反派領袖高樹華，也是批鬥特古斯的人物。他的生前遺稿經好友程鐵軍整理在香港出版。筆者於2007年在澳門採訪了程鐵軍。

　　高、程二人證言內蒙「挖肅」運動始於「揪」出特古斯（*高樹華、程鐵軍《內蒙文革風雷》，2007，頁289-293*）。烏蘭夫落馬後，滕海清司令員掌握自治區大權。1967年11月1日，「內蒙古革命委員會」成立。大會宣布了革委會成員名單，主任：滕海清，副主任：吳濤（蒙族）、高錦明（滿族）、霍道餘（漢族）。高樹華以造反派代表的身分當選革委常委。

　　1967年11月，江青提出「在整黨建黨的過程中，在整個無產階級文化大革命的過程中，都要逐漸地在黨內、黨外清理隊伍」，內蒙古造反派開始「清階」大混亂。高樹華指出，此時的造反派已經不能簡單地用過去的「激進對保守」那樣旗幟鮮明地來劃分了。1967年1月以後，運動初期敲鑼高喊造反的青年中出現了消沉厭世的情緒，他們認為自己是「逍遙派」，不關心政治。而原來的保守派東山再起，死灰復燃。

　　程鐵軍也談到，1967年以後，原來的保守派自稱「造反派」，而且比老造反派更熱衷於暴力，因為只有狂熱的暴力才能表現徹底的造反精神。

　　本來，運動初期造反派的口號是「打倒腐朽的走資本主義道路的當權派」，可是一旦被打倒的對象統統落馬，他們本身具有的活躍思想、自由精神也被毛澤東視為危險的思潮，當然他們就跟不上運動擴大化的政治形勢了。而另一方面，保守派在初期擁護的是「走資本主義道路的當權派」，到了1967年，他們醒悟到文革的浪頭一浪捲一浪，若不舉起造反大旗，恐怕泥菩薩過河，自身難保了。

　　1967年11月24日夜，特古斯被「專揪黑手聯絡站」（簡稱為「揪

黑站」）的造反派「綁架到呼市北郊賽馬場的一間辦公室，連夜審訊」
（*高樹華、程鐵軍，2007，頁290*）。

　　此時特古斯為自治區宣傳部副部長，文革初期站在反烏陣營支持
造反派。1967年4月《中共中央關於處理內蒙古問題的決定》頒布後，
他成為文、教、宣、衛生系統造反派「魯迅兵團」的顧問，他之所以
成為內蒙古革委籌備小組的成員，也是因毛澤東的直接批示。

　　「革委」成立不到一個月，特古斯就成為「挖肅」的第一位犧牲
者。他被揪出來後，在內蒙古引起震撼。「揪黑站」成員趕緊與革委
委員郝廣德聯繫。郝廣德的背後是高錦明、郭以青，而高、郭有一條
特殊的途徑直通中央。

　　革委會的兩位蒙古人對綁架特古斯提出抗議，他們是白彥太、那
順巴雅爾。

　　「把籌備小組的成員當做敵人抓起來，有什麼證據嗎？」

　　「逮捕特古斯經過了革委常委的批准嗎？」

　　但逮捕特古斯是滕海清的命令。白彥太、那順巴雅爾反而被滕海
清等人懷疑為「烏、哈反黨叛國集團」成員。他們是著名的蒙古人造
反派，對滕海清等人推行的「挖肅」運動漸漸產生疑惑、不解。

　　特古斯被揪後，「魯迅兵團」在政治上無法立足，解體後按照「揪
黑站」之意成立新組織，其機關報《魯迅兵團戰報》也改為《新文化》。
1968年1月8日的《新文化》（第十四期）刊載了一篇殺氣騰騰、題
為《魯迅兵團向何處去？》的社論。高樹華認為這篇《社論》為最早
集中火力開展「民族問題」的大批判。換言之，為迫害蒙古人的導火
線。《社論》摘要如下：

　　　　小資產階級思想使得「魯迅兵團」領導機構內的同志們，不
　　能正確按著毛澤東思想去分析形勢、估計階級力量的對比，從而
　　在領導宣教口和文藝界的文化大革命深入進行中，作出錯誤的戰
　　略部署，致使「魯迅兵團」的領導同志曾一度喪失了對群眾的領
　　導，他們沒有認識到烏蘭夫、哈豐阿集團的殘黨餘孽，大量地鑽

在文化界這一事實。他們沒有認識到內蒙文化黑線至今沒有徹底摧毀這一事實……但是,「魯迅兵團」領導機構的同志還是委靡不振,還是裹足不前,還是前怕虎後怕狼。

……宣教口和文藝界無產階級文化大革命進行的徹底與否,是直接關係到各條戰線文化大革命的進展、直接關係到紅色政權是否能夠鞏固、直接關係到整個內蒙古的無產階級文化大革命能不能進行到底的最大問題。因此,我們絕不能把這場紅色風暴的興起,僅僅看成是揪出一個特古斯的問題,或者僅僅是清除烏蘭夫、哈豐阿殘黨餘孽的問題。

字裡行間可見這篇充滿暴力煽動性的《社論》,將矛頭直接指向全體蒙古民族。誠如高樹華指出的,如果沒有「背後勢力」的撐腰,《新文化》怎會具有如此的膽量和攻擊性呢?

順便提一個插曲。「魯迅兵團」的名稱當然取自曾在日本留學過的文豪魯迅。1957 年 7 月 7 日晚,毛澤東在上海接見了上海文藝界名士。席間羅稷南向毛澤東提出了一個大膽的設問:「要是今天魯迅還活著,他可能會怎樣?」毛澤東沉思了片刻,回答說:「以我的估計,(魯迅)要麼是關在牢裡還是要寫,要麼他識大體不做聲。」

十三、政治要犯的歲月

1968 年 1 月 17 日是一個特別的日子。這一天,滕海清在自治區革委第二次擴大會上發表講話,題為《以毛主席最新指示為綱,奪取無產階級文化大革命的全面勝利》。這個講話,標誌著「挖肅」大屠殺的正式開始,震撼了內蒙(*內蒙古大學井岡山,1968,頁 1-3。楊,2009a,頁 156-171*):

當前我區無產階級文化大革命的形勢,同全國一樣,一片大好。整個形勢比以往任何時候都好……

11 月 25 日,革命群眾揪出特古斯,這一革命行動好得很,

它打響了繼續深入、徹底地揭露和批判烏蘭夫黑線的第一炮。

　　烏蘭夫在內蒙統治了二十多年，他不僅有很大的政治影響，而且在組織上勢力也很大。從我們已經掌握的材料看，烏蘭夫集團是一個由多種反革命勢力組成的反黨叛國集團。一股是烏蘭夫的老班底，很早就形成了……第二股是以哈豐阿為代表的反革命勢力，主要成員多是蘇修蒙修特務、日本特務、蔣匪特務、叛徒、土匪、歷史反革命、老牌民族分裂主義分子和封建上層；第三股基本上是蒙綏合併以後形成的，主要成員是一些混進黨內的異己分子、蛻化變質分子、個人野心家、陰謀家……這三股勢力……長期以來，他們瘋狂地進行反黨、反社會主義、反毛澤東思想的罪惡活動，妄圖把無產階級的政黨變成修正主義的黨、資產階級民族主義的黨，把內蒙古各族人民引上資本主義的道路，把內蒙古自治區從祖國大家庭中分裂出去（楊資料，頁161）。

　　特古斯開始關押在賽馬場的臨時看守所，接受「揪黑站」的暴力逼供。後來監禁在內蒙古大學，幾乎每天被押到市內各個「群專大會」接受批鬥。不久，又被帶到糧食學校。在這裡，每天允許「放風」一次。只不過別的犯人都整隊「放風」，默默地兜圈，只有他單獨「放風」，因特古斯是欽定的政治要犯。由於長期殘忍的嚴刑拷打、精神折磨，他連日發起高燒，等清醒過來，已引起胸膜粘連，導致左側膈肌和胸膜粘在一起了。

　　「這種情況，一般人都見閻王了。」醫生說。

　　「我算命大吧！」特古斯笑了。

　　1969 年 10 月，特古斯脖子下掛著「反動內人黨頭目」的木牌，被押到新華廣場，在這裡召開數萬人的群眾批鬥大會。同鄉人哈豐阿也被押來了。在群情激憤的口號聲中，兩人終於醒悟過來，蒙古如果不能獨立自決，就算是當了中華人民共和國的「人民」，也始終是漢人的階下囚啊！

　　因這一年正是防止「蘇修、蒙修」武裝入侵，戰備大疏散之際。

批鬥大會一結束，特古斯等人被押往東勝的衛生幹部學校繼續監禁。

1973 年 4 月的一天，特古斯的兒子來接他回家。此時這裡只剩下特古斯與佛鼎二人。佛鼎是土默特人，留學莫斯科時，因爽直實誠地批評過史達林的共產國際極左路線，肅反時被流放到白海的煤礦，在那裡接受幾年的勞動改造。

特古斯的兒子幾乎找不到一句合適的話能安慰一下孤苦伶仃的佛鼎：

「叔叔也差不多快要回家了吧！」

身心疲憊的佛鼎忍不住放聲大哭。

「佛鼎是一位優秀的蒙古漢子。蒙文造詣很深，自然英質，胸懷高遠，很有文化教養。他分別在社會主義老大哥的蘇聯和大老弟的中國這兩國的監獄裡，度過自己人生中最美好的歲月啊！」特古斯不勝唏噓。

佛鼎的妻子是俄羅斯人，兒子在文革中慘遭殺害（*潮洛蒙，2005，頁 64-83*）。

十四、夫人欲「自絕於人民」

特古斯被打成「內人黨黨魁」的那一天起，災難就降臨在全家人身上，特古斯最小的弟弟寶音滿達夫是內蒙師院數學系的教師。一天有人發現了他的遺體，黨的結論是「自絕於人民」。特古斯在興安國民高等學校畢業的妹妹色爾格也被逮捕，在監獄關押了好幾年。

特古斯的夫人名叫哈斯其其格，蒙語「玉之花」之意，科爾沁右翼後旗人。她從十七歲起就參加民族自決運動，與特古斯相識相知後結婚。文革伊始時，任呼和浩特市婦聯主任。

特古斯被揪出來後，身為「特古斯的臭老婆」的哈斯其其格也被批鬥。她的具體罪狀是曾與烏蘭夫身邊的潮洛蒙、陳炳宇一起訪問蘇聯和波蘭，並與「德國間諜」秘密往來。潮洛蒙時任自治區宣傳部副部長；陳炳宇是土默特人，時任呼和浩特市市長。當時社會主義國家之間的「友好往來」全部成為文革時的「鐵證」。而那位所謂的「德

國間諜」是對方的翻譯。

1968 年 3 月 8 日，哈斯其其格與時任輕工業廳副廳長的烏蘭等十幾人，被一道押到市文化館批鬥。這一天是「三八婦女節」，即「國際勞動婦女節」。標榜「婦女解放」的社會主義諸國在這一天會讓婦女放假半天，並舉行各種形式的慶祝活動。但在中國，文革時期卻變成整整一天的「女犯」揪鬥活動。

晚上，她們被押到市郊的帥家營子監禁隔離，這裡的「犯人」都是蒙古人。3 月 11 日，哈斯其其格被押往交通學校，「群專」在這裡對她實行二十四小時車輪拷問戰術。

「你丈夫是『內人黨』的罪魁禍首，你這個臭老婆不可能不是同黨，快坦白交代！」

「你家是民族分裂分子的黑巢，坦白交代平時都來些什麼客人？」

「群專」變著花樣套供。但是哈斯其其格堅決不認罪，家裡來客也只說出漢人幹部的名字。

「態度惡劣，頑固死不認罪。」

酷刑毒打之後，哈斯其其格被監禁在市黨校，「群專」預定第二天把她同呼和浩特市第一書記李貴以及陳炳宇等人，一道拉到市裡遊街批鬥。哈斯其其格忍無可忍，半夜從三樓縱身跳下，以死抗爭。等她勉強睜開眼睛，聽到震耳欲聾的怒罵：

「臭婆子想自絕於人民嗎？」

▲特古斯與哈斯其其格。茶几上的藝術作品為成吉思汗雕塑。

凶神惡煞的革命群眾像哼哈二將一樣立在病床旁吼罵。

哈斯其其格雖然撿回了一條命，但折斷了股骨，無法動彈。批鬥會就在病室繼續進行。

十五、為什麼非與漢族團結不可？

1981 年中央向內蒙古下達《討論內蒙古自治區工作紀要》文件。其中包括「外省人口流入內蒙古，不要堵，要妥善安置」的內容，實際上鼓勵和允許大量漢人盲流入殖自治區。住在北京的烏蘭夫將消息事先透露到自治區。內蒙古發生了因阻止移民流入而引發的大專院校學生請願、遊行、罷課抵抗運動。此時自治區黨委第一書記漢人周惠，「判斷」此為「第二次民族分裂主義傾向」，重用「愛國的」西蒙幹部代替「過去和現在都主張獨立」的東蒙幹部。而當時任職自治區文教辦主任的特古斯離退休還有一年，卻被周惠責令「早退」。

時至今日，這種文革式的政治統治手段仍在內蒙古進行中。

特古斯始終在思考「民族團結」這句中共幾十年來的主旋律口號。那麼，為什麼必須高分貝、像個大喇叭般地不斷強調呢？所謂「團結」，就是無原則地「友好」、「合作」。那麼，以誰為中心來「友好合作」呢？顯而易見，是「漢族」，即維持以漢本位主義、漢中心主義的政治體制，單方面維護漢族的利益不受少數民族的任何阻擾，強調的是這種「團結」。這就是蒙古人對「團結」一詞的理解。換言之，就是以少數民族不吭聲、不反對、不抗爭為前提的「安定團結」，少數民族只要提出一點點自己的主張，立即會被貼上「擾亂民族團結」的政治標籤，遭致肅清。

「歸根結底，這種『團結』是以漢族為中心、維護漢族利益的政策！」特古斯簡潔地總結道。

中共呼籲少數民族注意「民族團結」，其實為一種「不平等霸權腔調的口號」，意味著「政治上的團結」和「文化上的同化」（*Uradyn Bulag*，2002，頁 216-217）。即少數民族所有尋求本民族的獨立性、平等性，或者民族的自治和自決都被視為「民族分裂行為」。

第參章
「蒙古人不過是
中國人的奴隸而已！」

——金久鬥，內蒙古的「辛德勒」

　　文革時期持續數年的大屠殺風暴中，有一位醫生，不畏個人安危，冒著危險，救助了一萬六千餘名蒙古「犯人」。他的名字叫金久鬥。

▲　拍攝於 1964 年早春。從左至右：軍區幹部廷懋、工業部長權星垣、烏蘭夫、自治區人民政府副主席王再天、名醫金久鬥、烏蘭夫的夫人雲麗文。此時他們都沒有料到一場更大的政治暴風雪即將襲來。

一、滿洲國培養的「辛德勒」

筆者在自治區進行文革歷史的田野調查時，聽到許許多多的故事。關於自治區衛生廳副廳長金久鬥的故事，格外光彩奪目，令人久久不能忘懷。他醫術高明、妙手回春，曾長期擔任過烏蘭夫的專職醫生。

金久鬥馳名草原，人們敬重他，不僅僅因其懸壺濟世、仁術仁心，更由於他在大屠殺的風暴中，冒著生命危險，救助了一萬六千餘名飽受蹂躪、劫後餘生的蒙古「犯人」。

他將被冠以分裂祖國的「內人黨」及「日奸」等罪名的蒙古同胞們，以重病需要治療之由轉移到內地各醫院。他充滿勇氣和智慧的行動一直持續到被當局發覺而嚴禁為止。因而，他的經歷可以與「二戰」中保護猶太人免遭納粹希特勒屠殺的德國企業家奧斯卡·辛德勒的行為媲美，在瘋狂的紅色恐怖時代，他本人已身處逆境、朝不保夕，卻如此體恤蒼生，為內人黨員暗鑿求生之道，不啻是引火燒身，但他卻處之泰然，柔腸剛義。他不懼、不恐、不驚的故事恰如蒙語版的《辛德勒的名單》，在草原代代傳頌。

2006年8月28日，經內蒙古大學黨委副書記、著名的蒙古學者俄尼斯引薦，筆者在俄尼斯的公寓拜見了金久鬥。俄尼斯收藏很多蒙語手抄謄寫本古籍，也是一位文革的受難者。遭受刑訊逼供和非人道的拷打之後，他得了敗血症，正在生死未卜的關頭，是金久鬥果斷將他轉送到上海的醫院，採取了緊急治療措施。

「金久鬥醫生是我的救命恩人啊！」俄尼斯無語凝咽，感慨萬分。

文革中被毆打得右目失明、右耳失聰的金久鬥由上小學的孫子引著，出現在俄尼斯的客廳。他滿頭銀髮、盡顯滄桑、人德英質、生性峭直、浩曠至境，不有真力之風采，焉能臻此也。

金久鬥出生於哲里木盟的科爾沁右翼中旗。九歲喪母，從小在父親的雙倍撫愛之下長大。他的父親也是九歲喪母，父親的繼母只肯讓自己的嫡出子上私塾，他卻被打發去放牧家畜，幼小的心靈飽受歧視。也因此，日後父親便將全部希望寄託在稚童金久鬥身上。當年金久鬥才八歲，就進入了國民小學識文斷字。

　　畢業後金久鬥升入滿洲國興安軍官學校。這所綜合性軍事學校設有蒙古預科和日本預科課程，上課和軍訓全部都使用日語，畢業生都成為滿洲國的軍人精英*（金海，2005，頁43-44）*。

　　當時蒙古教官中有阿思根大佐、包玉珥少佐等人。阿思根畢業於日本陸軍大學，後來與哈豐阿一道成為「內人黨」的核心領導者，並擔任內蒙古人民自衛軍副司令員。包玉珥於1945年末前往張家口，代表東蒙人民自治政府與中共交涉協商，1946年秋在歸途中遇害，至今他的死還是一個謎。

　　1939年夏，在呼倫貝爾草原的滿洲與蒙古的邊界諾門罕，發生了一場「諾門罕事件」，又稱為「諾門罕戰役」。日本關東軍與蘇蒙聯軍交火，使得日本失去近兩萬兵力，日本軍部「北進派」失勢，戰略上改為南進中國本土。

　　身為滿洲國興安軍的內蒙古士兵也參加了諾門罕之戰。戰爭大爆發之前，阿思根、包玉珥秘密召集興安軍官學校學生，告誡他們：「日本人低估了俄羅斯人的實力，他們那邊也有很多蒙古同胞參戰，我們蒙古人不打蒙古人！」

　　東蒙的蒙古人從清代開始就與邊界接壤的俄羅斯人互動頻繁，基於生活經驗相仿、以及彼此間密切交流的關係，他們更能看清雙方戰鬥力的虛實。

　　聽到阿思根、包玉珥的肺腑之言，又親眼目睹「諾門罕戰役」中日軍的慘敗，金久鬥漸漸對未來的從軍之路動搖起來。正在苦惱之際，姐姐因產後出血過多而死。這個沉重打擊使得金久鬥思考良久，後來做出了人生的選擇：

　　「我下決心，不拿武器，而是拿近代醫學來拯救蒙古人民！」金久鬥回憶道。

　　由於金久鬥成績出類拔萃，他從興安軍官學校脫穎而出，轉進了哈爾濱陸軍軍醫學校。哈爾濱是一座由白俄流亡者建成的充滿異國情調的美麗都市。

　　「做夢都沒有想到，在這裡學到的醫學知識，十幾年後能運用於

救助大屠殺危險之下的蒙古同胞啊！」金久鬥唏噓不已。

　　哈爾濱陸軍軍醫學校按照軍隊組織編制營運。教官全是日本人，第一團為日本學生，第二和第三團由漢人學生和蒙古學生編成。第三團中有中共秘密黨員董連明、鄧昶。董連明、鄧昶在學生中秘密進行反日活動，散發毛澤東的《論新民主主義》、《論聯合政府》等小冊子。金久鬥也讀到這些著作，但並未受到特別的影響感化。

二、醫術上可利用，政治上不重用

　　1945 年 8 月日本戰敗後，哈爾濱陸軍軍醫學校的全體師生集體編入共產黨軍隊。日方的醫生和護士被當成「留用人員」，以補充解放軍內醫術人才不足的狀況。

　　金久鬥還記得一位叫吉田的「留用教員」。「1946 年，我連續高燒了四十多天，吉田先生每天盡心盡力地看護我，要不是他，我早已不在人世了！」金久鬥眼裡飽含著淚花。

　　內蒙古自治運動聯合會領導人雲澤，於 1947 年 3 月 3 日受東北局的林彪、李富春之邀赴哈爾濱（*王樹盛、郝玉峰，1989，頁 159*），與雲澤同行的有哈豐阿、博彥滿都、特木爾巴根等東蒙人民自治政府領導人。他們在市內賓館召開的會議上，與東北局商討即將召開的內蒙古人民代表會議的主要代表名單，以及成立內蒙古自治政府的有關事宜。哈豐阿等人再次向東北局提出高度自治的要求，但遭到中共斷然拒絕。「高度自治」意味著下一步會發展為民族獨立，因此中共堅決強調，只能採用限於中國境內的民族區域自治制度（*劉春，2000，頁 445-447*）。

　　金久鬥被編入解放軍第四野戰軍所屬「二一一醫院」。此時，金久鬥等陸軍軍醫學校的人員在解放軍內，政治上受到明顯的歧視和排擠，被蔑稱為「挎洋刀的」，即「技術上可利用，政治上不可信」。4月 16 日，在哈爾濱他第一次見到了烏蘭夫。

　　「喂，你們蒙古佬的領導人來了！」一天，一位漢族醫生告訴金久鬥。樂壞了的他一聽，拔腿就朝賓館跑。

　　烏蘭夫也很高興，因為即將成立的自治政府正急需各種專業人才。但此時國共內戰廝殺正酣，解放軍也需要醫療人員，金久鬥未能如願以償地投身烏蘭夫麾下。

　　金久鬥跟隨解放軍輾轉於各個戰場，治病救人。1948 年的長春戰役和 1949 年的天津戰役，金久鬥始終沒有離開過手術臺，廢寢忘食，夜以繼日。

　　順道一提，驍勇善戰的草原雄騎─內蒙古騎兵師團，也被動員參加了遼瀋戰役與平津戰役（*王樹盛，2007，頁 221、頁 227。阿拉木薩、布日諾，2008*）。這是中共的一箭雙雕之計，既借之擊潰國民黨軍隊，又達到了消耗蒙古人武裝力量的目的。

◀ 共產黨將日本統治時代培育的知識分子編入解放軍。金久鬥所在的部隊即將離開哈爾濱，與國民黨作戰。照片由金久鬥本人提供（第二排左邊第六人為金久鬥）。

　　在朝鮮戰爭時期，毛澤東同美國對峙的夢魘中，稱中國人民「志願軍」的軍隊投入大規模的人海戰術，充當炮灰的是剛剛歸順共產黨的國民黨投降士兵，其中以長期統治內蒙古西部的傅作義部隊居多。

　　在美軍轟炸機「隆隆隆」的轟炸聲中，金久鬥頭也不抬地專心手術。

　　「轟炸中，一名士兵連鞋子都跑掉了，我就把自己的鞋子送給他，我打著赤腳站在手術臺邊。」金久鬥回憶。

　　戰爭還沒結束的 1950 年的某一天，金久鬥和其他蒙古士兵突然接到回國的命令。

「蒙古兵不能信任，立刻離隊」。

一年後，金久鬥的漢族上級也因貪污罪被逮捕。中共一面在朝鮮半島打仗，一面在國內開展轟轟烈烈的「三反」、「五反」政治運動。「三反」即在黨政國家機關裡「反貪污」、「反浪費」、「反官僚主義」；「五反」是指在私營企業中進行「反行賄」、「反偷稅漏稅」、「反偷工減料」、「反盜騙國家財產」、「反盜竊國家經濟情報」。這位上級從微薄的工資中省吃儉用地積攢了些結婚的費用，被人指控「貪污」而遭整肅。

這一連串事件使得金久鬥對解放軍的形象、懷有的理想產生了幻滅感。1952年轉業回自治區後，金久鬥反而泰然自若，既不必在軍內背負「偽滿漢奸等於挎洋刀的」政治重壓，又可以為故鄉的現代化做出貢獻了。

三、漏網的右派分子

此時，故鄉的王爺廟已改名為「紅都」烏蘭浩特。金久鬥被分配在「內蒙古醫院」。這所醫院在1949年以前又被稱為「後方醫院」，因解放軍主力南下，內蒙古成為大後方。中共在掌握內蒙古和東北後有了鞏固的基礎，不至於孤懸敵後，一口氣打到了最南端的海南島。

不久，金久鬥就成為醫院的負責人，這是一段為建立現代化的醫院和實現夢想的歲月。他奔走疾呼，為醫院添置暖房等硬體設備，積極採用滿洲國時期的醫生。中共建政初期，學習過近代醫學知識的專業人才極為匱乏。中國自己培養的醫生很少，醫院的醫生小半為歐美系醫學院畢業，大半為日治時代培養的人才。呼倫貝爾盟盟長奇俊山全心全意幫助金久鬥。當時自治區掌握實權的是遼寧人王鐸，他也不反對採用日治時代的人才。

在「反右鬥爭」「節節勝利」之際，大饑荒襲捲了中國。中共官史將大饑荒的原因歸罪於「三年自然災害」，但實際上是由於「人民公社」過激的公有化政策接連失敗而造成的。準確的死亡人數至今尚未公布，但已有中國學者楊繼繩研究指出，中國「三年大饑荒」肇因

於共產黨的人禍，而不是天災。楊繼繩以《墓碑》為書名，紀念無辜死去的三千六百萬生靈。

「長城以南的漢族人餓死了幾百萬，當時就聽自治區的高幹們說過。他們來看病時都唉聲歎氣。自治區情況稍好一些，但僅哲里木盟，就餓死了一千七百多人。這在當時都是一級機密，絕不會見報的。內蒙古被併入了一個殘忍無道的國家，就是在滿洲國時期也沒發生過大饑荒啊！」金久鬥陷入沉思中。

內蒙古醫院也接收了不少因饑餓而羸弱、衰竭、瀕臨死亡的病人。但醫院也無法提供作為生存的第一良藥——食物。

為了保證農作物的生長，1958 年中共又發出《關於除四害講衛生的指示》，在全國範圍內掀起了剿滅麻雀的高潮。呼倫貝爾盟盟長奇俊山對這一政治運動表示異議：「蒙古草原的麻雀吃害蟲，保護牧草，我反對麻雀殲滅戰，為麻雀翻案。全國打麻雀殲滅戰，也應該因地制宜，務實為主。」

毋庸多言，奇俊山被打成了「民族右派分子」，而金久鬥因「同情右派」、「糾集偽滿洲國時期同夥搞陰謀」，甚至添置暖氣設備都被羅列成了「心懷鬼胎地阻礙國家建設」的罪名，作為「嚴重右傾分子」而遭到批判。

「反右」是毛澤東給知識分子「欽定」的大罪，又是鄧小平積極推行的政策，好比政治前額上被烙印上的「紅字」，一輩子都消磨不掉。

九年後，文革一開始，金久鬥就被當作「漏網的右派分子」給揪了出來。

四、牛棚裡的入黨紀念日

因醫術精湛高超，金久鬥被自治區最高領導人烏蘭夫調到市內另外一家醫院任外科主任。

自治區漢族高幹以及家屬來醫院看病時，全都指名道姓要求金久鬥親自診治，無一例外。共產黨是特權階層，優先享受頂級的專業服

務，獨占公共資源，早自延安時期就已開始：特權階層和高級官僚吃小灶、穿高級服裝。在國民黨軍隊同日軍殊死作戰時，中共偏安一隅，聞樂翩躚，「蹦嚓嚓」地跳著來自西方的交誼舞。

1966 年 5 月，在「前門飯店會議」上烏蘭夫被打倒。6 月，醫院就貼出了一張大字報：「金久鬥是烏蘭夫的黑爪牙！」署名是擔任副院長的王萬有與湯華以及女副書記娜仁高娃。

散發著油墨味的大字報前聚滿了醫院職工。金久鬥以緘默表示無聲的抗議。緊接著，鋪天蓋地的大字報充斥市內各個角落。署名都是那些烏蘭夫倒臺之前為找金久鬥看病求診而獻媚屈膝、趨炎附勢想巴結他的漢人高幹、解放軍軍官。

6 月 28 日，敕令金久鬥停職反省。但重病患者到醫院治療時，還是不得不找他。

6 月 29 日，自治區對外貿易科的兩位漢人幹部需要他做手術，算是寬大他「立功贖罪」。手術一結束，就被帶到批鬥會場。此時世道，橫行不法，濫用酷刑，暴力迫害日益升級。

7 月 12 日這一天，金久鬥受盡肉體酷刑和精神摧殘的雙重折磨。醫院革命群眾展開車輪戰，在瘋狂的怒罵聲中，他被踢皮球一樣遭到拳打腳踢，「日本侵略者的走狗」、「民族分裂主義分子烏蘭夫的黑爪牙」！對「人民的公敵」，革命群眾盡情「張虎牙以泄憤，虯蝟鬣以蓄怒」。

7 月 17 日一早，金久鬥被戴上「牛鬼蛇神」的三角紙高帽押到批鬥會場，以「噴氣飛機」的姿勢被體罰站在高椅子上。金久鬥的旁邊竟是女副書記娜仁高娃，她同樣沒有被革命賦予「免死金牌」。

「蒙古人完全沒有獲得共產黨的信任，出賣同族、向共產黨表忠誠的蒙古人只是極少數。娜仁高娃批判我是烏蘭夫反革命集團的一員，幾天後她自己也被扣上了這個罪名。」金久鬥靜靜地說。

金久鬥的多重罪狀有：「日奸」、「蒙特」、「烏蘭夫的走狗」、「假黨員」。 他的入黨介紹人是趙珍與張震。前者為長江航運總公司黨委書記，後者為海軍東海艦隊少將。

「坦白從寬，抗拒從嚴，交待你罪惡的歷史！」漢人群眾的狂吼聲似乎要將他千刀萬剮方能解「血海深仇」。

「歷史就是我的證人！」這天的批鬥大會，正氣浩然的金久門「態度極為惡劣，死不認罪」。

「不老實交代就叫他滅亡！」金久門被毆打得奄奄一息，生殖器被踢壞，幾天不省人事。此時醫院也完全癱瘓，連盲腸手術都做不了，更不用說及時治療了。

1967 年 3 月 4 日，金久門被關入牛棚。這一天，正是他加入「偉大、光榮、正確」的中國共產黨二十一周年紀念日。

五、殺人的權利與救人的權利

對自治區的蒙古人來說，1969 年 5 月 22 日是一個里程碑式的難忘日子。這一年召開的中共第九次全國代表大會期間，毛澤東針對「挖肅」運動作出指示：「清隊中，內蒙已經擴大化了。」中央立即按照毛澤東的「五二二批示」，發出《堅決貫徹執行中央關於內蒙當前工作報告的幾點意見》，迅速糾正前一段時期在清理階級隊伍中所犯的擴大化的錯誤。這一指示傳達到內蒙古，全區被逮捕、被監禁的三十四萬六千個蒙古人以為「挖肅」開始降溫，終能分批被「解放」回家了。其實，大屠殺並沒有就此停止，相反加快了步伐。

同年 10 月，金久門從「牛棚」釋放，以「帶罪醫生」的身分回到醫院工作。長期陷入動亂中的內蒙缺醫少藥，遍地傷殘。等待金久門的是無數心膽懼怯、恐怖驚恍、扶老攜幼的傷者，還有戴著腳鐐手銬、從監獄直接被押送來的患者。

「五二二批示」並沒有否定「挖肅」的錯誤性，更沒有下令「應當停止屠殺」，它指出，「挖肅」的性質和方向是對的，中央是肯定和支持的，只是政策稍微「擴大化」了。實質上是為了貫徹毛澤東的總體戰略，而不得不採取的應急措施，其用意是通過緩解內蒙古的民族矛盾和社會危機，來達到「穩定局勢，共同對敵」的目的（*啟之，頁391*）。大屠殺的直接指揮者滕海清和他的部下，仍然掌握自治區的最

高權力。也就是說，大屠殺在「堅決貫徹」五二二批示的風口當中，仍然被視為正確的革命行動。既得權益階層的漢人各級革委會的幹部們，正在不惜手段阻止傷殘的倖存者與外部接觸，極力掩蓋逼供的殘酷真相。

「我見到了人間地獄啊！眼珠被戳出的失明者、手腳被砍斷者、腦門裡被釘入大鐵釘者……太多太多了，他們經歷了怎樣的肉體折磨和非人道的羞辱啊！沒有任何語言能描述那種慘絕人寰的悲慘啊！」金久鬥的聲音在顫抖。

「烏拉特中後聯合旗的武清雲是遼寧出身的蒙古人，被漢人割了舌頭。他『哇哇』地痛苦呻吟，我卻只能給他配些止痛藥而已。

「聽說內蒙古黨委辦公廳副主任哈斯之妻金雪雲，她的頭髮被捆綁在木柱上，連日赤身裸體，受盡凌辱，車輪戰的刑訊逼供之後，可憐她這樣的美麗的女子竟被凶手們輪姦至死。」

金久鬥的熟人，鄂爾多斯的小白秀雲是一位是內聰外秀的蒙古女性。在「五二二批示」下達之後她仍被非法監禁，被拷打、輪姦之後，凶手們還用鐵鉤子捅進她的陰道，腸子都被拉出來，實在不堪蹂躪的小白秀雲最後跳井自殺身亡。

錫林郭勒盟蘇尼特右旗的組織部長寶山右眼被打傷，以致失明。

東烏旗鹽池公社的東日布也是金久鬥的熟人，在挖「內人黨」風暴中，有一天突然失蹤了。當時「群專」煞有其事地印發了一千份通緝令，並繪聲繪色地放言：「東日布領著蒙古邊防部隊在邊境上巡邏。」於是將其家屬列為「叛屬」進行專政迫害。可是過了幾年，挖鹽的人在鹽池中挖出了他的屍體。事實表明，東日布不是「投修叛國」，而是被打死後埋進鹽湖裡的。

面對眼前的怵目驚心之慘狀，金久鬥堅定了幫助「犯人」逃出內蒙古的信念。需要再一次說明的是，「五二二」之後，內蒙仍在鼓勵和褒獎「革命的挖肅」運動，而金久鬥政治身分為「戴罪為人民服務」的醫生。

「從嚴密監視的內蒙古轉到其他省市的醫院，當時是相當危險的

吧?」筆者問道。

「我飽經毒打,卻不服罪,他們罵我是『亡命之徒』,我的生殖器都被打傷,生不如死啊!還有什麼可畏懼的呢?內心只有憤懣和淒涼!他們有殺人的權利,醫生,就只剩下了救人的權利!」這一瞬,慈祥的金久鬥眼裡充滿悲愴的莊嚴。

重病者轉院到外地,需要三位主治醫生的簽名。金久鬥義無反顧地簽署了一張又一張的轉院證明。

首先,伊克昭盟第一書記、被稱為「烏蘭夫的四大黑金剛」的暴彥巴圖,以「前列腺肥大,需要手術」為由轉到內地治療;本文開頭提到的內蒙古大學副書記的俄尼斯,也被轉送到上海的醫院。

「經我簽名轉到相對比較安全的外地的患者有一萬六千多名,許多蒙古人醫生達成默契,不吭聲不透氣地幫助我。內蒙的醫院大約幫助了兩萬名以上的『政治犯』轉移到上海、北京等外地治病,使他們暫時躲過了一場劫難。」金久鬥回憶道。

六、「蒙古醫生的陰謀」

大屠殺的陰風刮得正盛,以「挖肅」內人黨為名的專政暴力如火如荼展開。1969 年 12 月 19 日,中央「責成北京軍區對內蒙實行分區全面軍管」。內蒙古所有行政機關停止運轉,北京軍區由鄭維山等人組成「內蒙古前線指揮部」(簡稱「前指」),「進駐呼和浩特,統一領導軍管……內蒙古革委會在『前指』的領導小組領導下進行工作」。

「前指」直接肢解內蒙,將自治區東部的三個盟劃給東北三省、將西部的三個旗劃給寧夏和甘肅。「分而治之」是自古以來漢人王朝對少數民族的治理方法。割裂區域,肢解內蒙只是這種古老統治方式在文革時期語不含蓄、行無掩飾的露骨運用。

兩年後的 1971 年 5 月,北京軍區副司令尤太忠新官上任,被任命為自治區革委會主任,徐信為副主任。兩人都是河南人。

不久,就有人向革委會告密金久鬥有罪。1972 年 7 月 18 日至 8

月 11 日，自治區擴大會議上徐信點名道姓地批評金久鬥，「內蒙文化大革命取得了偉大的勝利成果，但一小撮內蒙醫生中依然存在著強烈的民族不滿情緒，」試圖挑起「新的陰謀詭計」。

但就在第二天，金久鬥又為被造反派打得右腳骨折的蒙古女性娜仁托婭，辦好了轉院去上海的手續。

「我每天早上去上班的時候，都想，也許今天回不來了，已經做好了隨時進監獄的思想準備。中共建政後一直採取反對大漢族主義，也要反對地方民族主義的政策。但實際上因犯了大漢族主義錯誤而落馬的幹部，一個都沒有。反之，歧視與侮辱少數民族，對少數民族大開殺戒的人卻冠冕堂皇地穩坐高位；而少數民族只要提出一點點自己的主張，馬上就被扣上民族主義的高帽子而被整肅。少數民族就像逆來順受、任人宰割的奴隸一樣。」

徐信被當成內蒙殺戮直接指揮者滕海清的繼任者，由中央派到內蒙。他在內蒙期間，驕橫跋扈，目中無人，常常斥責自治區的幹部「沒文化、素質低」，連漢人造反派都看不慣，「徐信你想幹什麼？」造反派在秘密傳單上質問並警告他（*高樹華、程鐵軍，2007，頁 424*）。然而徐信卻在 1982 年升任解放軍副總參謀長。

「此人毫無教養，渾身匪氣！」連平時口不臧否的金久鬥都這樣評價。

在談及衛生系統文革時，正好筆者手頭收藏的一份 1967 年 1 月 6 日自治區衛生廳造反派的大批判傳單：《老爺衛生廳在文化大革命運動中做了些什麼？》，開足火力對準「走資本主義道路的當權派」。署名為「白求恩紅色造反戰鬥隊」、「張思德紅色革命造反隊」、「星火革命造反戰鬥隊」。

「當權派」指的是衛生廳廳長胡爾欽畢力格與副廳長義達嘎斯仁，兩人的罪名都是「反對毛澤東的革命路線，鎮壓革命群眾運動」。

看到這些傳單，金久鬥告訴筆者，胡爾欽畢力格出生於巴彥淖爾盟的烏拉特前旗，1942 年畢業於東京醫學專業學校。自治區成立後，一直致力於防治腺鼠疫的工作。這是一種人畜共通的傳染病，又稱為

「黑死病」。有時在夏季的草原地帶大肆流行。他的努力，獲得烏蘭夫的高度評價。文革一開始，他就被打成「日本特務」。他患有嚴重的支氣管炎和肺炎，但仍被強行拖到批鬥會場。金久鬥設法讓他住進醫院，但幾天後就傳來他「服毒自殺」的消息。

「胡爾欽畢力格正氣凜然、意志堅韌，絕不是那種會輕易自殺的漢子。我聽他家裡人親口說，批鬥大會上，他們用極其殘忍的手段毒打他、凌辱他，等他奄奄一息被送回家後立即呼吸困難，沒多久就去世了。當然可以說是被迫害至死的。」

義達嘎斯仁出生在昭烏達盟的克什克騰旗，是成吉思汗家族的嫡系子孫，漢名為博德思。他從興安第一師範學校畢業之後，成為南滿洲醫科大學第二期生。1947 年「和平土改運動」中，被當成「剝削漢族人民的大地主」，一家八口慘遭殺害。

「土改」時的血腥殺戮，在義達嘎斯仁的心裡留下了深深的創傷和陰影。從此他不聲不響；就是工作方面，他也沉默寡言。但「挖肅」中卻被定罪為「內心深懷對共產黨仇恨」之「腹誹罪」遭到肅清。

大概也只有中共能「敏銳地洞察」到個人內心深處的思想活動吧！

七、鬥士與奴隸

「您對日治時代和文革是怎麼看的呢？」筆者向飽經滄桑的金久鬥請教。

「我們蒙古人曾經創造過光榮輝煌的歷史，但在近代化過程中逐漸趕不上時代了。日本給我們帶來了近代文化和技術。我們從日本學到了醫學等專業知識和技術文明。日治時代，一下子培養了一批蒙古近代知識精英，接受過小、中、高系統化和制度化教育之後，反而喚醒了大批蒙古青年的民族意識。中共自豪地說延安培養了一批蒙古幹部，但比較二者，還是截然不同的。

「共產黨自身由沒有多少文化教養的人組成，開口閉口『我是個大老粗』，他們不因沒有知識文化而感到羞恥，反而引以為榮，當成是革命的老資本。他們對內部極少數的知識分子也不信任，通過政治

鬥爭不斷肅反、清除異己，共產黨本身並不具備教育別人的知識能力。內蒙西部的土默特產生了不少蒙古知識分子，但他們的共產主義理論都是從蘇聯學來的，絕不是中國共產黨傳授和教育的結果。

「沒去過莫斯科、在延安培養的西部蒙古人，共產黨高抬他們為『革命延安派』，然後又蓄意貶低東蒙出身的為『挎洋刀的』、『偽滿時期的附逆』，意在煽動西部與東部的對立。實心眼的蒙古人對共產黨的挑撥離間計識別不清，陷入了內部紛爭之中。

「攪亂北狄，割據治之，坐享漁翁之利，正是漢人古老統治手法的現代版啊！」

筆者完全贊同金久鬥睿智的分析。分別之際，金久鬥緊緊握住筆者的雙手，語重心長地道別：

「我的蒙古名字叫卓特克其，意思是『鬥士』，取自於『為民族自決而戰鬥』的寓意。但我過的卻是奴隸般的一生，今天的蒙古族也不過是中國（人）的奴隸啊！」

第Ⅱ部

青年一代的造反

第肆章
「動物園」的烽火

——哈拉夫，師範學院的造反派蒙古人

　　哈拉夫教授是自治區著名的蒙古學者之一。不僅在蒙古文學研究界出類拔萃，在教育界也是桃李滿天下。蒙古青少年一邊聽老人們講述滿清時代以及日治時代安寧平和的生活，一邊在「只有共產黨才能解放蒙古人民」這種高分貝噪音式的宣傳中，體驗著「共產黨帶來的甜蜜幸福」。

　　哈拉夫執教的內蒙師院曾積極參加文革。在群龍過海的造反派中，師院的紅衛兵組織發揮過重要作用。哈拉夫本人也曾是造反派的一員大將，從他的追憶中，讀者可瞥見內蒙文革真相的一角。

学好无产阶级专政的理论

◀ 響應毛澤東「造反有理」的紅衛兵和群眾，嚮往著巴黎公社式的自由解放思想和民主直選。但他們的「造反精神」很快被定罪為「反革命思想」。文革結束後，諸惡的根源都歸究給了造反派。

一、「金丹道之亂」的禍根

　　哈拉夫退休後被聘為師範大學（前內蒙古師院）的名譽教授。
2008 年 1 月 2 日，筆者有幸聆聽哈拉夫談及他親歷的個人史。

　　哈拉夫 1939 年 7 月生於科爾沁右翼前旗，當時還叫扎薩克圖旗。
聽說筆者來自日本，勾起他孩提時代的日治記憶。

　　1943 年，哈拉夫一家住在蘇金扎蘭草原。一天，五歲的哈拉夫去
村長家裡玩耍，見到了兩位自稱是地質勘探調查隊的日本人。

　　「1931 年滿洲事變前夕，裝扮成地質勘探隊的日本特工在東北、
內蒙東部一帶活動。日本以僑民被張學良殺害為藉口，發動了大規模
的軍事行動。但日軍沒有屠殺平民百姓和蒙古牧民。大人們都說那兩
人多半是日本特工。」哈拉夫回想起他小時候聽到大人們的閒談。

　　1944 年冬，哈拉夫一家搬到黃家屯。他的爺爺、父親和叔叔們都
給一家姓姚的當地望族當佃戶。姚家與哈拉夫一家同樣都來自內蒙東
南部的喀喇沁地區。由於清末漢人秘密結社的「金丹道」武裝叛亂，
當地民不聊生、哀鴻遍野。「金丹道」這一場對蒙古人和滿人的種族
屠殺事件，導致陷入貧困的姚家、哈拉夫家等蒙古牧民向北部草原遷
徙。

　　「文革中，很多無辜的蒙古人又被漢人殘酷屠殺，每天生活在血
腥恐怖中，蒙古人以為受『金丹道』蠱惑的大屠殺又降臨了。從對少
數民族肆意濫殺這一點上看，文革與『金丹道』毫無區別。但有漢族
學者卻撰文積極肯定『金丹道』為農民革命起義、並流傳至今。這種
『肯定暴力』的思想孕育著大殺戮的惡根。」哈拉夫將文革與歷史上
的暴力事件結合起來分析。

　　「金丹道」大殺戮之後逃亡他鄉的科爾沁蒙古人連馬匹都沒有了，
姚家只好徒步前行，一根扁擔挑著家什逃難來到黃家屯。

　　由於姚家有祖傳的打鐵技術，靠一手鍛造手藝，姚家購地置業，
幾十年後成為當地的大戶，並送子女接受現代教育。日治時代，姚家
老三被任命為王爺廟警察署署長，這位「姚三署長」因為嘴巴有點歪，
渾名「姚歪嘴」；老四任德王帳下的少將參謀，參與內蒙自治運動；

老五也進入奉天（今瀋陽）蒙旗師範學院念書。姚家還雇傭了十幾戶從山東來的漢農流民。

「大夥兒都願意到姚家當佃耕戶，這樣可以免徵為日軍的苦力。老人們都說，大夥兒都害怕當日本人的苦力。」哈拉夫回憶。

姚家擁有七輛四輪馬車，只有敏銳機智的俊男兒才能當上馬車夫，哈拉夫的一個叔叔就在姚家當馬車管家。哈拉夫的祖母與姚家老夫人也是至交，所以他家得到特別的關照，從姚家得到一些家畜和衣物。

「姚家從未剝削過從山東一路乞討而來的漢農墾民，相反，常常幫助他們，逢年過節送給他們一些米麵瓜豆。那個時代，人們都相信勤勞致富這個簡單的道理。不只姚家，連我們一家也從來沒有欺負過漢農。」

二、日本的敗退

1945 年春，哈拉夫進入黃姓蒙古人辦的私塾念書。驍勇善戰的蒙古遊牧子民有著新婚大喜之日騎馬爭奪新郎紅纓帽子的習俗，不料布克落馬負傷，竟從此半身不遂。布克雖然從此行動不便，但卻成了哈拉夫的啟蒙老師。

從 1945 年夏天開始，「蒙古國的博格達汗軍就要來了」這一風聲在蒙古牧民中口口相傳。「博格達汗」指的是藏傳佛教活佛第八世哲布尊丹巴呼圖克圖，他在辛亥革命爆發後，領導漠北蒙古眾部落於 1911 年宣布北蒙古獨立。

博克達汗出生在西藏東部康區，但第一世和第二世轉世靈童是在神聖的成吉思汗直系家族誕生的，故博克達汗也是最高政教領袖；「博格達」意為「寬溫仁聖」，「汗」為「可汗」。博克達汗十分憂慮蒙地放耕、蒙古牧民生命財產受到威脅之苦，曾多次發布各種詔文通告，呼籲南蒙古驅逐入侵的漢人（楊，2005）。1924 年，博克達汗死後，在蘇聯的挾持和壓制下，蒙古人民革命黨宣布活佛不再轉世，建立了「蒙古人民共和國」。但在漠南，蒙民仍對蒙古人民共和國敬稱為「博克達汗國」。

　　黃家屯是坐落於山谷間的一所不大的村落。村中央一條道路貫穿南北，北通阿爾山鎮（阿爾山在蒙古語中為「溫泉」之意），南至王爺廟。1945年5月，考察過阿爾山溫泉的日本學者飯塚浩二教授曾有如下記載（飯塚，1972，頁187）：

　　「阿爾山除了『南滿鐵道株式會社』為軍隊建設的近代旅館之外，滿眼只有些簡陋低矮的棚屋……（日本）只考慮到酒場等娛樂設施的慰安場所，卻未曾努力建設舒適美好的居住環境……」

　　飯塚教授用嚴謹的目光審視日本殖民地的經營狀況。他指出，「努力建設舒適美好的居住環境」有如幻夢一場，由此也許可窺見日本與西歐列強殖民的差異。

　　今天的阿爾山鎮已成為自治區有名的溫泉旅遊區，溫泉賓館多為中共高官療養秘境。筆者去過幾次阿爾山鎮，郊外砲臺等遺跡保存尚好，彷彿在悄聲低述硝煙瀰漫的歷史。

　　8月的一天，天空如洗。三架戰鬥機「轟轟」從北部飛來，在黃家屯的西北部約里烏拉山（雕山）扔下了幾顆炸彈。居民房屋有的被炸掉了整整一面外層土牆，露出被燒焦的漆黑內牆；有的窗戶玻璃全部被震碎，窗框殘缺不全。用日語、蒙語、漢語寫的勸降傳單像一陣大雨似地鋪天蓋地降下，然後戰鬥機又「嗡嗡嗡」黑雲般向南邊60公里外的王爺廟飛去。

　　1939年，日、蘇雙方的軍隊分別代表「滿洲國」及「蒙古國」交戰。戰事在滿蒙邊境的諾門罕發生，日本稱之為「諾門罕事件」，蒙方則稱之為「哈拉哈河戰役」。戰役以日本關東軍喪失兩萬兵力慘敗而告終。

　　「北部哈拉哈河兩岸的日軍沿鐵道南逃。日軍與漢人苦力乘坐的火車從阿爾山開出，駛向到達科爾沁右翼前旗內的大石頭寨站時，中了蘇軍的鐵道地雷，雙方發生火力激戰，日軍頑強抗擊，蘇軍敗退3公里。但幾天後蘇軍集結幾百輛坦克、裝甲車、幾十門大砲和全部飛機及其他部隊，分三路反攻。由於巴音查崗高地周圍全是開闊地形，非常有利於飛機和戰車作戰，日軍在蘇軍的坦克和裝甲車面前，毫無

躲藏餘地，幾乎全被殲滅。日本的平民老百姓比士兵更悲慘，逃難沿途還遭到漢人攔路搶劫。我們蒙古人沒有這樣做，反而提供他們水、食物、衣物。因蒙古人自古有好客善待旅人的習慣。那真是一場顛沛流離、苦不堪言的逃難啊！負傷的日本兵三三兩兩湧入村子，我家還掩護過幾位傷兵，拿出了最好的食物。」哈拉夫說道。

　　沒來得及逃走的婦女和孩子後來留了下來，在日本被稱為「殘留婦女」、「殘留孤兒」（即「遺孤」）。哈拉夫的中學裡就有兩名「日本遺孤」。

三、「解放者」蘇軍的暴行

　　日軍撤退之後，黃家屯連下了十五天大雨，彷彿要洗走日治時代留下的所有痕跡。

　　以「解放者」自居的駐屯蘇軍開始時軍紀尚可，但沒幾日以原白軍為首的官兵就放肆地搶掠施暴，一位叫高娃的蒙古姑娘就遭致強姦。如何保護村裡的婦女，成了屯裡的頭等大事。就是在日治時代，也沒發生過這樣惡劣的暴行。

　　「蘇軍闖入民家時，蒙古人就會立即趕來組成人牆，將年輕的姑娘圍在中間，然後大夥兒就哄搶蘇軍的帽子。據說丟了帽子的士兵回到兵營後會被立即槍斃。」哈拉夫回憶當時的情形。

　　可是姚老東家被蘇軍從背後開槍打死了——某日蘇軍蠻橫闖入姚家翻箱倒櫃、搶掠施暴時，發現了姚家老三身穿日軍軍服與日本人一起拍的一張照片，不分由說，老東家就被當作「日本奸細」當場打死。

　　「只要與日本沾了點邊兒，就是被白白打死也無處可申訴。這就是趾高氣揚，驕橫跋扈的新政權。」哈拉夫說。

　　蘇軍從西北的錫林郭勒草原搶來了幾百匹蒙古馬。撤退時將一部分馬匹分給了當地的蒙古牧民。哈拉夫家也分到三匹。而就是因為擁有了這三匹馬，在接踵而來的「土改」運動中，一家被劃分為「剝削階級」。

　　這時，哈拉夫一家搬到了仁和屯。

四、「土改」運動的慘烈

未在戰場上與日軍正面作戰的中共，從蘇蒙聯軍手中獲得了日軍留下的大量武器裝備，並且攫取了東北地區的統治權（*林桶法，2003，頁69-70、頁118-134、頁409*）。中共輕易摘下抗戰的勝利果實後，為了在國共內戰中獲取民心，於1947年冬開始了「土地改革」。

哈拉夫九歲時，村裡已編入新成立的烏蘭毛屯區。科爾沁右翼前旗的旗長兼書記傑爾格勒，以及「土改工作隊」隊長陳海挺帶領工作隊進駐村莊，新加入「土改隊」的貧苦年輕人被稱為「土改幹部」。

「『土改幹部』良莠不齊，總的來說共產黨選拔的大多是些有勇無謀、好吃懶做、吊兒郎當的流氓無產者，『土改工作隊』徹底惡質化。本來共產黨就是由這類人扛槍杆子發家的，走到哪兒都呼朋喚友，『物以類聚，人以群分』嘛！」哈拉夫證言。

傑爾格勒蹲點在哈拉夫家，企圖動員他的父親當「土改幹部」，但被婉言拒絕。「道理很簡單嘛！『土改隊』動員我們清算姚家的『罪行』，但姚家靠勞動致富，從來沒對窮人幹過傷天害理的事兒。舊社會也確實有窮人，但他們不少就是不好好幹活的懶漢、二流子，就是金山銀山堆在家裡也要吃窮啊！所以，我就是不贊成清算批鬥富人。

「參加過『土改』的蒙古積極分子，在文革中都被『挖肅』了。只要共產黨派不上用場的，就統統被肅清了！大夥兒都上了共產黨的當啊！」

哈拉夫的舅舅是1946年從王爺廟南部的洮南地區遷居來的，「土改」時被當作對共產黨心懷不滿、暗藏殺機的「逃亡地主」、「日奸」，竟在批鬥會上被活活地打死了。旗內滿洲屯有三個「惡霸地主」也被鎮壓了。中共開殺戮之風，忍無可忍的牧民不得不走上反抗之路。

「我也曾聽吳龍山叔叔說起過『土改』的事。」哈拉夫向筆者介紹：「吳叔叔參加的工作隊在葛根廟蹲點。那兒有位叫加奇的高僧，一天，加奇高僧似乎預感到某種凶兆，勸阻吳叔叔不要參加那天的鬥爭大會。果不其然，就是那晚的批鬥會上，一位姓唐的駝背蒙民朝會場扔了一顆手榴彈——蒙古人起來抗爭了。」

　　耳聞目睹牧區「土改」運動之慘烈，烏蘭夫遂提出停止「土改」的「三不兩利」的務實政策：不分、不鬥、不劃階級，以及扶助貧苦牧民、牧工牧主兩利。

　　「就使用殘酷的手段濫殺無辜這一暴力手段而言，『土地改革』與文革驚人地相似」（呼斯勒，2006b，頁33）。歷史學者一針見血地指出。

五、漢人眼裡，「師院是座動物園」

　　1957 年 9 月，哈拉夫離開故鄉到呼和浩特的內蒙師院上大學，1962 年畢業後被分配到包頭師院附屬函授部。當時書記是韓明，校長是左治，副校長兼副書記是巴嘎·特木爾巴根（註）。

　　內蒙師院思想活躍，1957 年一位名叫宋健（又名宋肖平）的山東籍漢人大學生與楊鴻升（又名豫布衣）在校園內貼出一張大字報（宋健，1957）：

　　「聽說動物園買來了各種奇珍異獸，我也去參觀了。有藍色的驢子、綠色的馬，還有紫色的駱駝，五顏六色，應有盡有……動物園買珍禽異獸為了增加遊客，但在學校採取動物園式的方法增加學生，卻起不了作用。『某某蒙古短期培訓班』、『某某蒙古學習班』，究竟暗含什麼不可告人的目的呢？」

　　此文將身穿五彩繽紛民族服裝的少數民族學生比喻為驢子、馬、駱駝，藉此暗貶蒙古人文明程度低。所謂「蒙昧無知」，「啟蒙」指的就是啟發原始的蒙古人，因他們「跟動物級別差不多」。

　　漢生露骨地說出了「真心話」，也因此這張大字報引爆了蒙生大規模的抗議活動。這一年正值全國「反右」高潮，平時不滿自治區缺乏民族自治權的蒙古知識分子都被打成了「反革命右派」。也因此，師院裡凡是同情蒙生、反對「動物園」的蒙古教師們也被扣上了「民族右派」的帽子。其中，巴嘎·特木爾巴根首當其衝地被揪出來了。

　　「人們常常說文革從 1966 年開始，其實不然。文革式的政治手段、血腥暴力，一直是中共的慣用伎倆。最遲至『反右』時也早已顯山露水了。」哈拉夫說。

註：因巴嘎·特木爾巴根年輕，又為與前述「內人黨」的先驅者特木爾巴根作出
　　區別，人們稱呼他為「小特木爾巴根」。

「中共的統治手段有哪些特徵呢？」筆者向哈拉夫請教。

「政治謀略。事先布置陷阱，誘敵深入，然後一網打盡。」哈拉夫簡潔地概括。

以毛澤東為首的中共，其爐火純青的拿手戲就是「羅織多重政治誣陷」。這一點，不光是蒙古學者，具有良知的漢人學者也持有同樣的看法。

哈拉夫繼續回憶：「1963年底，文革前兆已顯現出來。第二年的『四清運動』已是文革的預演，巴嘎‧特木爾巴根難攖其鋒，再次無端地被捲入『巴嘎‧特木爾巴根事件』。」

六、「愛國女華僑」與「統一黨」

巴嘎‧特木爾巴根是今哲里木盟科爾沁左翼中旗（達爾汗旗）人。1943年3月至1945年8月就讀於興安南省的巴音塔蘭國民高等學校，後進入東蒙軍政幹部學校，並赴以蒙古人為主體的騎兵師任指揮官。共產黨掌握騎兵師的實權之後，蒙古官兵接連被清除出隊。1948年，巴嘎‧特木爾巴根復員到學校做教師，他當師院副院長時才二十八歲。

1964年所謂「文藝整風」時，有人乘機揭發巴嘎‧特木爾巴根與兩位從香港回國的「愛國女華僑」有曖昧關係。經過連日審訊，他屈打成招，並被拉下馬來。實際上從1957年的「師院是動物園」事件起，巴嘎‧特木爾巴根早就處在黨組織無孔不入的嚴密監視之下。

引蛇出洞的「反右鬥爭」時，巴嘎‧特木爾巴根聽到共產黨的號召，流淚發出了「我們內蒙古人真的沒有自治權啊！」的肺腑之言，卻立即被斥責為「反革命右派情緒的言行」，多虧自治區宣傳部副部長特古斯的奔走呼籲才倖免於難。

還有一件事與巴嘎‧特木爾巴根也脫不了干係。前述的1962年兩位蒙古學生「叛國投敵」案件。經特古斯與巴嘎‧特木爾巴根商定，為了保護青年們的前途，此事定調為「年輕人一時單純的衝動」而輕輕帶過。本以為風平浪靜，其實中共早已懷疑巴嘎‧特木爾巴根是此案的「幕後策畫者」。

　　兩位「愛國女華僑」分別與蒙古青年教師通福、丹木丁如膠如漆。由於此時她們逐漸看清了共產黨專制的真面目，動心想回香港，無奈局勢已變，國門如今只能進不能出了。

　　通福是呼倫貝爾出身的達斡爾人，1950 年以前自稱為「達斡爾・蒙古人」。以內蒙獨立為政治理想的「內蒙古人民革命黨」的創始人之一──郭道甫就是達斡爾族人。

　　達斡爾族人常常聚集在一塊兒喝酒聚餐，用今天的話來說，就是「同城飯醉」。他們中間有豪放磊落的作曲家通福，朝克巴特爾、達蘭太，兩位「愛國女華僑」也不時參加他們的聚會。達蘭太因去蒙古人民共和國留學過，因此與蒙古國領事館的外交官很熟。那時正值大饑荒的三年「困難時期」，有時他們會從領事館得到一些食物和酒。聚會中，達斡爾族人感概萬千，免不了露出幾句「大饑荒非天災，是人災」的酒後之言。然而一席朋友的交心聚會，所有的一舉一動卻都被公安看在眼裡，暗中記錄下來。

　　通福被人告密暗中組織「統一黨」。「統一黨」的全稱為「民族統一革命黨」，為日本投降後，迫切希望內外蒙古統一的呼倫貝爾蒙古人組建的民族政黨。此時給福通冠以「組織反革命統一黨，扯起內外合併黑旗」的罪名，意在喚起漢人群眾對蒙民的仇恨記憶。這就是所謂「統一黨事件」，被當成自治區「四清運動」時重要的「政治敵情」。

　　「那仁蒙克（富連舉）是科爾沁左翼後旗（博王旗）人，曾留學過日本。他也被打成『統一黨』成員，幾乎每天被帶往各個批鬥會，那些群眾狠下毒手啊！有一天，他終於不堪忍受酷刑，爬上師院的水塔縱身跳下自殺了。那麼高的水塔啊，大腿骨都刺扎進胸膛，慘不忍睹啊！」哈拉夫回想起來，都不免毛骨悚然。

　　「從 1964 年的『四清』階段開始，不少人因無法忍受政治高壓而自殺身亡。因此，中共的恐怖政治並非只是文革期間特有的現象。巴嘎・特木爾巴根副院長真是一條熱血硬漢，不去深究『統一黨』背後的『陰謀』，暗中保護通福等青年，結果反被人誣告有不正當的男

女關係而身陷囹圄。」

「以男女關係為口實，搞垮有前途的蒙古幹部，也是共產黨的常用手腕之一。」哈拉夫總結道。

那位侮辱「內蒙師院好像動物園」的宋健，後來成為有名的作家，出版有《三月血》等散文集。

「毛澤東和共產黨一直主張反對大漢族主義，又反對狹隘的地方民族主義，實際上，從未見過漢族幹部因犯大漢族主義而被貶謫、繫獄；而少數民族只要發出一點兒維護自己利益的微弱聲音，馬上被當作民族分裂主義者、恐怖分子而大加撻伐，甚至被逮捕入獄，這就是今天的現實！」

哈拉夫不諱言，這大概是蒙古人共同的心聲吧！

七、造反派「複雜的」歷史問題

1966 年夏，身為造反派一員的哈拉夫從包頭回到呼和浩特。這年8 月，師院成立「東方紅戰鬥縱隊」（簡稱「東縱」）。外語系的青年教師高樹華、物理系的郝廣德、政治系的秦維憲為造反派領袖。

與「東縱」激烈對立的是同校保守派紅衛兵組織的「抗大兵團」（寓自延安時期的「抗日軍政大學」），其主要成員為政治系四年級學生陳鳳霞、數學系教師于金煥、地理系教師林汝耕等人，他們站在校長紀之這邊。師院絕大多數師生加入「東縱」，哈拉夫也不例外。「抗

▲ 1966 年 6 月，師院中文系的造反派漢人學生揪出校長紀之批鬥。從積極推進文革這個角度說，此時師院相當於「內蒙的北大」。

大兵團」大約只有三百多人。

「總結來說，蒙古學生大多加入了造反派，而漢人學生多為保守派。保守派大都是老師們喜歡的乖學生、優等生。那時文革前積累了種種社會問題，我們真的相信黨內出現了走資本主義道路的當權派。但當『挖肅』的血腥暴力運動開始後，我們就跟不上形勢了。因此，我們並沒有參加殘忍的整肅。軍宣隊和工宣隊以及解放軍、工人更熱衷於慘無人道的暴虐行為。但現在這些暴行都算在造反派頭上，事實並非如此。」

哈拉夫的見解與高樹華、程鐵軍相同。2007年筆者採訪程鐵軍時，也得到類似的證言。

文革後期，當權派逐漸官復原職後，論功行賞，保守派紅衛兵也身居黨政要職，並將自身的暴行一股腦地轉嫁給造反派紅衛兵。現在，中國的紅衛兵概念混淆了兩類紅衛兵，他們後來的結局也大不相同。肆行暴虐的保守派紅衛兵逍遙法外，而造反派紅衛兵卻被妖魔化了。

這，就是中國清算文革的方法。

1966年10月17日，各派紅衛兵召開集會，宣布「呼和浩特地區毛澤東主義紅衛兵臨時指揮部」成立，這就是後來的「呼和浩特市紅衛兵第一司令部」，簡稱「呼一司」，師院的「東縱」歸屬其下。

9月底至10月上旬，以市二中為基地、幹部子弟為主體的學生成立了「毛澤東思想紅衛兵第二司令部」，簡稱「呼二司」。

同年10月，「東縱」宣布脫離「呼一司」，與其他院校群眾組織結成「呼和浩特地區大中專院校紅衛兵革命造反戰鬥縱隊」，簡稱為「呼三司」。「呼三司」很快發展為內蒙古乃至全國政治舞臺上舉足輕重的造反派組織（*高樹華、程鐵軍，2007。《呼和浩特地區無產階級文化大革命大事記》第一集，1967*）。赤峰出身的漢人郝廣德成為「呼三司」第一任司令員。

儘管哈拉夫參加了造反派組織，還是被視為「內人黨」而監禁了一個月。在那個風聲鶴唳的時代，只要有三個人指證，任何人都可能被任意逮捕，每個蒙古人都有被「挖肅」的可能。由於他與「呼三司」

高呼「革命無罪、造反有理」口號前進的蒙漢學生。背景是市內著名的建築——內蒙古博物館。在蒙古民族服裝被扣上「封建的、落後的」帽子之時代，劉卓賢這幅名畫仍使文革親歷者激動不已。同一時代，東京大學的安田講堂前也垂下了巨幅標語——「造反有理」。文革開始出口世界。

領袖郝廣德要好，於是被郝廣德外調出去，暫時脫離險境。所謂「外調」，就是到河北、山東調查呼倫貝爾盟盟長傑爾格勒的「政治問題」和「歷史問題」。因傑爾格勒曾在「土改」時的哈拉夫家蹲過點，因而他得以藉外調之名回了趟老家。此時他的父老鄉親全都被當作「內人黨」血腥整肅了。

「土改」時的殘忍殺戮與眼前的大屠殺交合重現，二者都是共產黨發動的你死我活的政治運動。此刻，他給嚇懵了，完全讀不懂中國政治未來的去向。

一回到呼和浩特，哈拉夫就被逮捕了。

「教師烏力吉、圖書館職工仁欽扎布、還有吉瑪三個人『投票』，我終於『正式』成了『內人黨』黨員。」哈拉夫抿嘴笑了。

「招出你的同黨！」「檢舉反革命，將功贖罪！」所有的蒙冤者都無一例外地遭到刑訊逼供。「挖肅」像滾雪球一樣，越滾越大。被抓的人，誰都不願自污和污蔑他人，「投票」給哈拉夫的三人也是實在忍不住酷刑拷打，舉出熟人的名字以躲過暫時的肉體折磨。

「共產黨善於抓住與利用人性的弱點，勸誘他（她）當線人，當特工，這是其慣用伎倆。你知道桑傑扎布這位學者嗎？」哈拉夫問筆者。

桑傑扎布以整理並漢譯蒙古長篇敘事詩《格斯爾傳》而名聞學界。他出身於郭爾羅前旗，歷任師院歷史系和蒙文系主任等職。1933 年至

1938 年留學於日本早稻田大學政治經濟系。畢業回國後，先在王爺廟的興安學院任教，後來又擔任過扎蘭屯師範學校的校長。1943 年成吉思漢廟在王爺廟建立時，他為籌資出力奔走呼喊。1945 年日本敗退後，哈豐阿等人創立「東蒙人民自治政府」、呼籲民族自決，他還曾是哈豐阿的有力部下，並隨同哈豐阿出使蒙古國，尋求內外蒙古的統一，但卻在 1947 年內蒙自治政府成立後被中共逮捕。他始終被扣上「背叛祖國的歷史問題」這頂政治帽子。為了將功贖罪，他不得已當了中共的線人。

但就是這樣一位著名的學者，在中共眼裡也存在複雜「歷史問題」的陰影，處於嚴密的「內控」之下。

八、栽贓嫁禍的「韓桐事件」

1967 年 2 月 5 日，寒風呼嘯、黑雲密布。

師院「東縱」為主體的造反派組織，到呼和浩特市北部的內蒙軍區大門前舉行抗議集會，督促他們支持革命左派，不要站在保守派一邊打壓造反的革命派。

中午 12 點 15 分左右，「砰砰」兩聲槍響穿越凜冽的寒風。漫天冰屑雪花中，師院外語系英語專業四年級學生韓桐應聲倒在血泊之中。開槍殺人者是軍區軍訓部副部長柳青。韓桐是托克托縣出生的漢人，「韓桐事件」是文革中人民解放軍殺害學生的第一槍，標誌著文革的失控和武裝流血事件的升級。以此為導火線，保守與造反兩派的武鬥越趨白熱化。雙方為顯示自己的正當性和革命性，各自印製了形形色色的大小報紙、宣傳單，並向北京派出代表團。周恩來召集了區黨委、軍區、呼三司、紅衛軍等四方代表，讓他們申訴自己的境遇與要求。

中央將解放軍射殺韓桐的事件定性為「由於內蒙軍區『貫徹烏蘭夫錯誤路線』的結果」。暗示軍區支持了內蒙黨內走資本主義道路的當權派烏蘭夫的代理人王逸倫等人，以及他們操縱的保守集團。

周恩來、康生以「烏蘭夫既是蒙古人民的叛徒，更是中華民族的叛徒」、「挑起這起惡性事件的，既不是學生，也不是解放軍，而是

民族分裂主義者烏蘭夫一夥所作所為」作為說辭，說服各派勢力，平息事態（《中央關於處理內蒙問題的有關文件和中央負責同志講話匯編》第一集）。周恩來反覆強調並勸告紅衛兵大學生們不要過分攻擊解放軍，而被追隨烏蘭夫的民族分裂主義者「利用」。

也就是說，造反派與保守派矛盾衝突中發生的槍殺學生事件都歸罪於烏蘭夫的頭上。被歌頌為「人民的好總理」的周恩來，巧妙地將革命群眾的憎恨與積冤的矛頭轉嫁給「共同的敵人」烏蘭夫，以在混亂中平衡各派政治勢力。

此外，中央為收拾武鬥的殘局，1967 年 4 月 16 日任命北京軍區副司令員滕海清為內蒙古軍區代理司令員。到 1966 年 5 月為止，內蒙古軍區司令員還是烏蘭夫，而文革一開始，烏蘭夫就被免職，由副司令員黃厚、參謀長王良太、政治部主任劉昌等漢人軍人掌握內蒙軍區要職。由於他們在「韓桐事件」中威信掃地，滕海清便在其直系北京軍區精銳部隊的護駕之下入主內蒙（《中央關於處理內蒙問題的有關文件和中央負責同志講話匯編》第二集）。

士兵們胸脯上佩戴著一枚醒目的毛澤東像章的滕海清部，在寒風徹骨的夜色中，潛入呼和浩特。

幾天後，哈拉夫從一位駐紮在師院校園內的軍人閒聊中得知：「我們接到緊急命令，鎮壓蒙古族叛亂，因蒙古族要殺光漢族。但好像沒發生叛亂呀！」由此可知中共是如何動員北京軍區部隊進駐內蒙的過程。

在滕海清的直接指揮下，大規模的殺戮開始從呼和浩特蔓延並擴大到草原、農村。

九、銘記歷史，以慰無辜的死難者

在授過課的教師中，哈拉夫對身材魁梧、英姿颯爽的數學系教師寶音滿達夫記憶深刻。寶音滿達夫出生於內蒙東部的塔爾汗旗，其兄為宣傳部副部長特古斯。

特古斯於 1967 年 11 月 25 日因身為「反革命內人黨的黨魁」而

被揪出來。文革特殊專門術語之一的「揪」字，或許新時代的讀者不大理解，意思是過著普通安穩日子的人，突然間被人民群眾檢舉、逮捕並施加暴力，在公審大會上受盡凌辱、批鬥，最後遊街示眾，殺一儆百。

特古斯被揪出來後，全家被株連當作「叛屬」。1968 年 1 月的一天，化學樓北面的一口老井中發現了寶音滿達夫的屍體。

「革委會說他『自絕於人民』。那麼一口又小又淺的老井，一米八大個頭的人站下去都可見肩膀，轉都轉不了身啊！可是寶音滿達夫的屍體就是直立挺身的姿勢，怎麼看也不像投井自殺！」

哈拉夫還向筆者談到他直接或間接了解到的其他蒙古人，所遭受的種種慘絕人寰的迫害。二連浩特市市長兼書記的夫人，是個遠近皆知、秀內慧外的女性。被當作「內人黨」挖出來後，遭到最不堪入耳的言語侮辱。她被漢人兇手們剝得一絲不掛，在她下身用粗麻繩「拉大鋸」，將其陰道和肛門拉通，成了終生殘疾。文革中蒙古女性被漢人有組織地強暴、凌辱、虐待，到處多有發生，其殘忍手段讓人毛骨悚然，前所未聞。

「『你們蒙古韃子個個都是分裂祖國的反革命分子，你們的婊子老子想怎麼操就怎麼操！』漢人就這樣明目張膽，橫行不法啊！簡直是人間地獄！」哈拉夫痛心疾首。

一位叫富政生的蒙古人原是內蒙騎兵師的一員勇將，收編後參加了解放軍並隨軍轉戰到海南島，還參加過朝鮮戰爭。駐紮板門店時與漢人士兵發生口角：「你們蒙古兵除了喝酒，啥都不行！」「你們漢族大男人連喝酒都不行，打仗更不行！」富政生結合戰局的節節敗退反駁道。

「漢人不善打仗」為蒙古男子的共識，當過騎兵的老父親也曾這樣對筆者說過。大概是基於自古以來遊牧民族的蒙古人與農耕漢人的矛盾衝突而言。

富政生與漢人士兵都不過是一時酒後吐真言而已，但他旋即從朝鮮半島被解甲送回中國。理由是：在同美帝的激戰中還宣揚民族主義

思想、侮辱戰無不勝、攻無不克的解放軍……等。回國後，他曾在長沙、內蒙西部的阿拉善導彈開發基地做後勤工作，文革開始時在內蒙軍區擔任運輸科的科長，與哈拉夫很熟。軍區「挖肅」中富政生被誣陷後，肛門被插入鞭炮點燃爆炸，受盡折磨致死。

哈拉夫的故鄉科爾沁右翼前旗，約一萬多蒙古人被打成「內人黨」，其中被殘酷迫害致死的有五百餘人。「內人黨成員都是蒙古佬」、「老韃子要謀反」這個單向的迫害模式被固定下來，成為圍剿「內人黨」大開殺戒的口實。

旗北部歸流河公社光明大隊第一、第二生產隊的蒙古社員全部加起來約五百人左右，全部被打成「內人黨」，其中有七十多人慘遭種種肉刑後被殺害。以下1969年6月19日自治區革委會的《五二二通訊 內部刊物，不得外傳》上刊載的信息，也就是當時政府公認的死者數據。

《五二二通訊》記載，68年12月郭、張等人派人到烏盟取經開始，就大造輿論說：「加入『內人黨』沒有證據，是口頭發展的，閒談中就可以發展你為『內人黨』。」「重證據不適於抓『內人黨』，因為它是非常秘密的組織。」「入『內人黨』的人，如果交待了，全家被殺。」「入『內人黨』的人，上不傳父母，下不傳兒女，連老婆也不說。」但又說：「有一個人入了『內人黨』，全家也都是『內人黨』。」「如果有人向你暴露了自己的身分是『內人黨』，你也就等於入了『內人黨』。」

以上這些自相矛盾的唯心謬論，都是郭、張等人親自講的，把他們的「想當然爾」當作事實為所欲為。

他們圍剿「內人黨」時的做法是：由少數人控制專案，首先是對公司和設計院一級的當權派進行嚴刑逼供，供出有關「內人黨」的所謂「證據」。根據他們的假口供，再抓處（科、隊、室）一級的幹部；再採取同樣的逼供手法，進一步擴大打擊面，層層下挖，矛頭指向一般幹部和工人；對一般幹部和工人，仍然採取這種逼供、誘供、套供等手段，以達到證實上面的「介紹人」和繼續咬別人的目的。

在這種情況下，趙某某一個人就咬了一百三十多人，涉及到三十多個單位，遍及呼市、烏盟、赤峰等地；吳某某和李某某也咬了七十多人；其他當權派也是一樣。他們說：「不咬不行，不咬就打，不咬就說破壞挖肅。」

他們圍剿「內人黨」唯一奏效的辦法，就是私設公堂，嚴刑拷打。為了避開廣大群眾耳目，嚴密封鎖消息便於用刑，他們遠離本單位到某學院找了一座宿舍樓，外面掛著「學習班」的牌子，實際上是私設的公堂。各處（隊）也有類似的「學習班」。「學習班」裡黑沉沉、陰森森，不掛毛主席像，見不到陽光，充滿了行刑、吆喝、辱罵聲。酷刑達到了令人髮指的程度。

張某某自己說得很明確：「我們可不是吃素的，到這裡來不死也得扒一層皮，這裡有七十二種刑法，你們知道不知道？」群眾把這個「學習班」叫做「人間地獄」、「閻王殿」、「虎口」、「渣滓洞」等。在各處（隊）辦的「學習班」裡，被打成「內人黨」的工人和幹部，當聽到：「你要不承認『內人黨』，給你升級，到某院去嘗嘗我們的厲害」時，就只好被迫承認。

他們使用的肉刑，雖不到七十二種，但也是相當可觀的。如：

高級噴氣式、戳肋骨、熬夜、開腦筋、推磨、打夯、小雞點立、踢小肚子、掛大石頭、跪角鋼、跪暖氣片、跪管子、跪板凳、篩煤球、擦屁股、胯下傳活人、吃豬蹄、吃酸棗、大彎腰、掛凳子一個到六個、大彎腰背馱桌椅、用老虎鉗子夾手指、菸頭熏人、懸梁吊打、打嘴巴、薅頭髮、手指間夾筷子或鋼條、擰胳膊、扳指頭、套爐子、車輪戰、鑽床、鑽凳子、半蹲式平舉板凳、壓杠子、燒手指、擰耳朵、脖子上掛桌椅左右方向各轉五十到一百次、頭撞牆、用板子砍小腿骨、打盒子板、掛煤塊或磚塊、頭掛自行車再大彎腰、舉板凳上碗裡加開水、拳打腳踢、火燙、火烤、罰站、打脖蹓、大彎腰手提轉椅腿、蒙眼堵嘴後毒打……等等近六十種。

這是滕海清「左」傾機會主義血腥鎮壓群眾的鐵證。

被打成「內人黨」的工人和幹部，都嘗到了這些獨具風格的刑法。

他們不僅在肉體上受到了嚴重摧殘，在精神上受到的折磨也是難以形容的。這些人現在普遍有神經衰弱、失眠、記憶力減退、關節疼痛、腰椎麻木、浮腫等後遺症，有的還有內傷，有的難以從事體力勞動。

呼盟的鄂溫克旗、莫力達瓦旗，共產黨組織全部被打成「新內人黨」組織。各級政權是「一套班子（指原來的領導班子）兩面政權」，說「共產黨的組織就是『新內人黨』的組織」，「新班子（指革委會）被『新內人黨』篡奪」等等。

鄂溫克旗革委會十六個委員，十一個被揪；該旗八個公社、三個牧場革委會第一把手全被揪，第二、三把手二十個，其中十七個被揪；三十一名常委有十八個被揪；四十八個委員有二十八個被揪；四十六個生產隊領導班子，百分之八十五被揪；旗革委會二十八名工作人員，也有十九名被揪。

莫力達瓦旗革命委員會二十三人揪出十九人，其餘四人分別是兩名軍人、一名工人和一名生產隊幹部。

專案組認為革委會是「統一黨」的新班子，旗、社、隊各級領導班子多數癱瘓。

南化公社九個委員有八個打成「統一黨」，剩下一個委員也是監視對象。

科右前旗歸流河公社光明大隊第一、二小隊，五百多人，三十戶蒙族，揪出「新內人黨」七十多個，百分之八十都是貧下中農，其中蒙族戶都是「新內人黨」。漢族中「傳說」著「蒙族要叛國投修，殺漢人」，蒙族說「漢人整蒙古人」，滕海清搞的是民族分裂主義。

科右中旗，全旗六十六個共產黨支部，有四十四個被打成「新內人黨」支部，占百分之六十七。被打成「新內人黨」的一千六百四十七人中，有一千三百三十一人是共產黨員，占百分之八十一。旗裡群專拘留了一百零七人，貧下中農占百分之八十一。

集寧市級機關學習班，共有學員二百零四人，揪出「新內人黨」一百四十七人，占百分之七十二；黨員一百一十七人，揪出「新內人黨」九十九人，占百分之八十四；部局長以上幹部三十七人，揪出「新

內人黨」三十四人，竟占了百分之九十四。

巴盟五原縣十七個公社，揪出「新內人黨」四千六百五十八人，其中旗級機關二百九十五人，農村四千三百六十三人（貧下中農三千五百九十九人，占百分之八十二點五；中農六百一十六人，占百分之十四；其他一百四十八人，占百分之三點四）。全旗共產黨的組織基本上都被打成「新內人黨」，絕大多數共產黨員被打成「新內人黨」分子。十七個公社黨委全部打成「新內人黨」。總之，全縣百分之九十九的生產大隊支部被打成「新內人黨」支部。

集寧縣二龍公社有七百多人被打成反革命「兩黨」……這個公社的武鬥形式有十幾種：輕有罰站、噴氣式、火爐烤、打嘴巴、打勃流（蹓）；重則挨小綁，用繩子、木棍子、皮鞭子等刑具毒打……但是滕海清說：「革委會有的班子癱瘓了，有的垮了，這是壞事還是好事？我看是好事。」……這個公社是公、檢、法搞「挖肅」的點……他們大搞武鬥的逼、供、訊等舊公、檢、法那一套，威逼別人交待「兩黨」問題時說：「怎麼加入的呢？一事物和他事物一聯繫就加入了。」在搞逼、供、訊時還說：「這些人賤種，給他搭上繩子就說了。外調這跑那跑幹啥，這多解渴。」

霍里公社的一位小學教師被「軍宣隊」慘殺後，悲憤的老父親捧著兒子的頭顱和血衣，來找軍幹部問個是非曲直。想當然爾，涕淚縱橫的老父親哭訴無門。對漢人士兵而言，這不過是「殲滅人民公敵的作戰」。不僅不理不睬、毫無同情和憐憫之心，有的人被慘殺之後，土墳前還被插上寫有「烏蘭夫死黨分子」的白幡（*阿拉騰德力海，1999。楊，2009，頁24-25*）。遊牧民族傳統習俗相信，亡靈超度回天上都成了神，生者決不能侮辱死者的靈魂，然而對死者尊嚴的侮辱卻是漢人社會的特質。

「究竟有多少蒙古同胞被漢人虐殺，至今無法有一個正確的統計。我們以及後世子子孫孫要記住死難者，他們是蒙古的民族歷史。這是我們民族史上最痛徹心扉的大災難啊！」

哈拉夫的語調裡，痛苦穿透骨髓，滲入血液。

十、「內蒙古不存在民族問題」的緣由

　　1976 年 4 月 1 日，師院的兩位蒙生在市內的大田酒店喝酒，與漢
人服務員發生口角，聞訊趕來的中醫院派出所所長張勇三將「鬧事」
的學生拘留。當時誰都認為這不過是一起簡單的民事糾紛，蒙生堅決
不服。張所長拿出以往的殺手鐧對學生連夜刑訊逼供：「你們這幫兔
崽子就是『內人黨』，想搞叛國投敵嗎？全宰了你們！」

　　此時已是文革終結的前幾個月，共產黨已經承認「挖肅擴大化」
的錯誤。這樣一個敏感時期，行使國家公權的警察本應謹言慎行，何
況面對的還是長期飽受虐殺的少數民族，更不能輕率狂言。但漢人卻
不僅連一絲一毫顧慮都沒有，反而行無所忌，言無所憚。

　　這一事件引發師院蒙生大規模的遊行示威活動。學生們還以臥軌
堵列車、扣押前來勸說的自治區公安廳廳長為人質進行抗議。最後，
王鐸書記親自出面調解，作出了依法嚴厲處罰張所長的決定，問題總
算初步解決。

　　「漢人幹部至今還動輒就將蒙古人犯罪定性為『內人黨』。內蒙
古人民革命黨是一個真正為蒙古獨立自決而奮鬥的偉大政黨。將為實
現本民族訴求而努力的人們當成犯罪者、叛國者，這種基本認識中共
至今未變。因此，才會發生 1976 年的學生運動。

　　「自 1947 年 5 月自治區政府成立以來，蒙古人就一直受到漢人
不公正、不平等的待遇。所謂『挖肅』，也就是毛澤東的一句『擴大
化的錯誤』了結。『錯誤』並不等於『道歉』，幾十萬蒙古人遭整肅、
殺害，連一句謝罪道歉的話都沒有。文革以來，我們完全喪失了自己
的民族精英，今天，連最低的自治權都無法保障了。國際上，只要論
及中國的民族問題，只有藏人、維吾爾人被鎮壓而廣為人知，對蒙古
人的大屠殺仍被隱瞞粉飾得更深。屠殺而不道歉，甚至連殺戮這一事
實的本身都千方百計地隱瞞，正是中共繼續壓制少數民族的表現。

　　「『內蒙古是中國優秀的少數民族自治區』、『蒙古族是少數民
族中的優等生』。今天中共和漢人如此表面上奉承蒙古人，真的是『黃
鼠狼給雞拜年──不安好心』，意在暗地批評西藏和新疆。中共讚不

絕口的內蒙古民族表面上風平浪靜，其實問題不是不存在，而是中共
將揭露暴政、侵略的內蒙古民族有志之士全都鎮壓下去，幾乎沒有人
能發出聲音了。」

　　哈拉夫結束了沉重的談話。

第伍章
集陰謀權術之大成

——師大名譽教授林色談文革

中共官方史家將文革諸惡全都歸罪於造反派，日本的部分學者也人云亦云、囫圇吞棗，這種說法缺乏嚴密、有系統的實證研究。真相果真如此嗎？

筆者對林色教授的訪談，重現了當時加入造反派的城市蒙古青年的心路歷程與現場實況。林色在文革後期有三年時間，以政府官員的身分參加了處理「上訪團」的工作。他認為文革時期中共對蒙古人大屠殺的根源很深，並與當時的國際形勢緊密關聯。

▲「打倒美帝！打倒蘇修！」這幅宣傳畫可見當時的中國，除了靠金錢援助收買的亞、非、拉丁美洲等幾個「小兄弟」國家，真正的「國際友人」寥寥無幾。國際形勢的孤立，使得中共大造「反共反華」的輿論欺騙人民，將國內問題的種種癥結與矛盾嫁禍給國外「反華勢力和帝國主義」，有意製造一觸即發的緊張局勢。

一、投影於內蒙的國際局勢

內蒙師院（現師大）的名譽教授林色退休後仍閒不住，編著漢蒙語言教材，還常常參加奉獻於社會的義工活動。

林色出生於東部哲里木盟科爾沁左翼中旗。內蒙人只要聽到這個地名，就會心潮澎湃、浮想聯翩。因那是內蒙古人民革命黨著名的領導人哈豐阿、阿思根的故鄉，又由於日治時代積極推進文明開化，在教育、文化、產業、衛生、軍事等事業的發展中誕生了無數思想新穎的民族精英。

2007 年 8 月 15 日，筆者向曾參加過造反派組織，並歷經過風風雨雨的林色提出心中久存的疑惑：「從蒙古人的視角，如何看文革發動的真意呢？」

林色眺望著師大校園，沉思了一會兒回答：

「可以說除了發號施令的總指揮部在北京以外，文化大革命其實是從內蒙開始的。內蒙在全國率先被捲入了這場政治漩渦。

「在日趨激烈的中蘇對立之中，毛澤東早就考慮到與『蘇蒙二修』不可避免地終將一戰，雙方在邊境線陳兵百萬。毛澤東是一個疑心重重、杯弓蛇影的人，當然要事先肅清缺乏忠誠心的內蒙人，先下手為強，除去心腹之患。內蒙距離北京僅幾百公里之遙，又與『二修』陸地接壤，打起仗來，內蒙將成為戰略要塞之地。」

林色從地緣政治學的角度開始回顧歷史。

儘管 1950 年中蘇就簽訂了《中蘇友好同盟互助條約》，但就在林色入學的 1956 年，在蘇共第二十次代表大會上，赫魯雪夫批判了對史達林個人的迷信崇拜，全面否定史達林的大清洗、民族大遷徙政策。史達林的大清洗政策中，各加盟共和國的少數民族精英階層被當作「第五縱隊」遭到大清洗，約有八十四萬至三百萬少數民族群眾被槍斃和遷徙。1953 年史達林死後，繼任者赫魯雪夫為大清洗中的受難者平反並恢復名譽，允許被迫遷徙的民族搬回原地。

蘇共二十大中秘密報告對史達林進行全面否定之後，在國內外猶如晴天霹靂，同屬共產主義陣營的東歐各國更是引起大震盪。匈牙利

的知識分子譴責蘇共的非人道鎮壓，要求獨立自主，同年並爆發了「匈牙利十月事件」。「匈牙利十月事件」被蘇軍武裝鎮壓下去後，中共的毛澤東對知識分子追求自由和民主、對「社會主義老大哥」蘇共的軍事干涉很不滿意。因此，從20世紀的50年代中期到60年代中期，稱為「中蘇論戰」的十年為發動文革做了重要的輿論準備，奠定了「打倒睡在身邊的赫魯雪夫」的思想基礎。

毛澤東早就心知肚明民主黨派、知識人士對新政權有一肚子牢騷。毛於1957年發動「反右運動」，號召「大鳴大放」，幫助共產黨整風，這就是毛澤東「引蛇出洞」的「陽謀殲滅戰」。

「『反右』以後，漢族知識分子全都噤若寒蟬、鴉雀無聲了。但蒙古知識分子卻天不怕地不怕，還在誠心實意地向共產黨提意見，其實都被中央逐筆記帳，秋後加倍清算。毛澤東眼裡的蒙古人，就像不聽蘇共命令的匈牙利人一樣吧，他絕不會允許具有強烈反叛精神和自由意志的蒙古人存在於北疆。而在內蒙，毛澤東不僅僅對蒙古知識精英，就連對烏蘭夫也早存罷黜之意了。」林色分析道。

事實上，烏蘭夫早在「土改」時期，就反對與抵制中央的移民墾殖，主張「慎重穩進」的政策。他堅決反對那種將農業區的一套工作方法搬到牧業區的錯誤做法，試圖緩解因過度開墾造成的農牧矛盾、民族矛盾和草原沙漠化的問題。

據《中共中央華北局關於烏蘭夫錯誤問題的報告》記載：

1958年3月，毛主席在成都會議上聽取烏蘭夫匯報時，對民族問題作了重要指示，主席說：「蒙、漢兩族要密切合作……」「究竟吃民族主義的飯，還是吃共產主義的飯？」

由此可見，毛澤東早已察覺，內蒙自治區的「地方民族主義」與他要不斷深入開展的「社會主義革命」的激烈衝突。

二、藏維民族問題對內蒙的影響

此時，中國國內面臨著嚴峻的民族問題。

1959年西藏政教領袖達賴喇嘛為抗議中共的武裝鎮壓，出走印

度,開始了他長達半個多世紀的流亡生涯。在這場武力「平叛」中,中共動用了內蒙古騎兵師勁旅。據前述《關於烏蘭夫錯誤問題的報告》記載,烏蘭夫「在少數民族地區平叛問題上,他也是反對的」,認為「對少數民族打仗是下策」,但最終卻不得不服從中央的命令,身不由主地陷入中國歷史上「以夷制夷」統治策略的陷阱。

1962 年 4 至 6 月,新疆維吾爾自治區發生「伊犁事件」。由於人民公社集體化帶來的極端貧困、大量漢人移民和由退伍軍人組成的屯田兵「新疆生產建設兵團」開荒墾殖、共產黨對宗教文化不寬容的少數民族政策等多重原因,大約有近七萬哈薩克人和維吾爾人,集體逃亡到蘇聯境內的哈薩克加盟共和國內。因此包括伊犁草原、阿爾泰草原在內的新疆邊境地區人口銳減,「新疆生產建設兵團」也自此時起,開始在中蘇邊境一帶建立國營農場,從事生產和準國防活動 *(何明、羅峰,2007,頁 348-356)*。

中國西部邊境頻頻告急,那麼北部邊境的內蒙古局勢如何呢?

據蒙古國歷史學家記載,1962 年 10 月,震撼世界的「古巴危機」和「中印國境紛爭」過後兩個月,蒙古人民共和國首相澤巴登爾訪問中國。周恩來脅迫澤巴登爾,如果繼續在中蘇之間搖擺不定的話,將給中蒙兩國關係帶來深遠的負面影響。但澤巴登爾無視周恩來的恐嚇加利誘,當面讚賞蘇聯。幾乎同時,中國撤回「援蒙建設」的一萬二千名工人和技術人員,中蒙關係日漸惡化。1963 年 12 月,蒙古人民革命黨中央發表了譴責「中國共產黨企圖分裂國際共產主義運動」的聲明 *(巴托巴雅爾,2002,頁 77-79)*。

與此同時,赫魯雪夫正在緩解蘇美關係,中蘇、中蒙產生重大分歧。面對「反華」國際局勢,中共不僅在國內開展反修防修的政治運動,到處樹敵,更不願反省自己民族政策的失誤,反而將這些問題全部歸罪於漠南漠北國境線接壤──語言、文化、傳統、民族認同感都連根連體的內蒙古。

「『西藏、新疆出現的這些叛逃事件,有可能內蒙古也會出現』,出於這一判斷,中共加強了對內蒙的警戒,以防內外蒙聯手反共。為

了對付棘手的國際困境，在蒙古人像藏人、維吾爾人、哈薩克人那樣
發生大規模抗議之前，必須防患於未然。中共事先精心謀畫詭計，設
置陷阱，以便徹底清除蒙古精英階層。」林色結合當時的國際形勢分
析中國問題。

三、雲譎波詭的陰謀

　　「誰也沒料到會有數萬同胞慘遭殺害啊！我們蒙古人太大意、太
沒警惕性了。回想起當時西藏、新疆的局勢，再來看內蒙的情況，其
實內蒙已經陷入多重雲譎波詭的陰謀，這些都顯示了大屠殺的前兆。
比如『二〇六事件』、『黑虎圖章事件』（又稱為『黑虎廳事件』），
都是大屠殺的預演啊！」林色五內如焚。

　　1963 年早春，烏蘭察布盟郵檢部門在集寧查獲了一封寄往烏蘭巴
托的信件，信是用舊體蒙語寫的。當局將此事件定性為「內蒙存在大
規模的民族分裂主義集團。其前身為 1947 年早被命令解散的『內人
黨』惡性反革命事件」。由此株連各界精英，上百人被拘留、審訊、
判刑。事件至今真相未明。

　　「完全是中共自導自演，人為操作的一齣拙劣的政治惡作劇。信
的落款是『蒙古人民革命黨』，連打擊對象『內蒙古人民革命黨』的
『內』字都忘記寫了。」林色指出。

　　倘若「二〇六事件」果真為中共自導自演的話，不難看出中蘇對
立白熱化的 1963 年前後，中共為事先布置的大屠殺埋下了伏筆。實
際上中共早在「西藏平叛」、「伊犁事件」中，就已經積累了對付少
數民族豐富而有效的經驗。

　　再者就是蹊蹺的「黑虎圖章事件」。

　　北京直通莫斯科的國際列車，在內蒙境內有一段從集寧開往邊境
城市的二連浩特（所謂「直通」實際上在二連浩特必須換成對方的列
車。「社會主義兄弟國家」之間彼此疑心藏鬼，誰也不信任對方，連
鐵路的軌距都不同）。集寧與二連浩特之間有一個叫「卓爾格」的小
站，小站附近有一個蒙古人的生產大隊，大隊長自己刻了一個虎形圖

章處理隊裡的日常瑣事。

　　隊長的妹妹同家住察哈爾右翼前旗獨貴烏蘭的一位蒙古青年談戀愛，遭到了隊長的反對。隊長一氣之下將青年趕出了村子，惱羞成怒的青年人將此事報告了派出所。這起事件充其量也不過是哪兒都有的家庭民事糾紛而已，但毛澤東正在掀起「東風壓倒西風」的緊張局勢，革命警惕性很高的集寧市公安局就將此事上綱上線——「蒙古族結成民族分裂集團，該團夥以黑石頭刻成的老虎形圖章為暗號欲起事，取名『黑虎廳』」。公安局是這樣分析案情的。

　　「黑虎廳」就是「黑虎圖章團」的意思，筆者聽到林色的介紹，忍俊不住。

　　「今天聽起來誰都認為不過是一段滑稽離譜的笑話，在當時卻成為清洗蒙古人的理由，這個『理由』以『階級鬥爭、分裂祖國』的正當性與必要性，將蒙古人從固有的人倫、社會的脈絡中分離出去，成為不由分說任意屠殺的對象。」林色表情嚴峻。

　　無獨有偶。生產隊長的朋友出於好玩，用白石頭刻了一個虎形圖章，被人告發。這還了得，「黑虎廳案件」還沒破案，又成立了一個「妄圖分裂偉大祖國的白虎圖章集團」，該案株連很多人被逮捕，而內蒙師院青年教師也被捲入這樁離奇的事件之中。

　　師院擔任共青團工作的青年教師額爾德尼達賴（蒙語「寶海」之意），與察哈爾右翼後旗的高中教師額爾德尼其其格（蒙語「寶花」之意）是一對戀人。一天，熱戀中的情侶「寶海和寶花」在集寧約會，雙雙被當作「白虎廳」團夥成員逮捕。經受不住連日連夜的肉刑拷打，兩人只好列舉出認識的所有朋友、熟人的名單。就這樣，內蒙師院成了「民族分裂分子的黑虎廳、白虎廳集團的老巢」。

　　「漢人根本不相信蒙古人。微不足道的民事訴訟被擴大誇張，全都上綱上線到謀反性質的政治事件。就連三歲小孩都哄不過的那些牽強附會的理由，都可以扯來當作清洗蒙古人的根據。這一點，中共統治至今未變。」林色喟歎道。

　　從「西藏平叛」、「伊犁事件」開始，到「二〇六事件」、「黑虎、

白虎圖章事件」等一系列雲譎波詭的事件，內蒙師院已處於當局的嚴密監視之下。

四、文革的政治伎倆從一九六四年開始

「四清運動」中，內蒙古醫學院院長義達嘎斯仁、包蒙武等十七名蒙古知識分子被以「思想不清」為名遭到批鬥。師院中副院長巴嘎·特木爾巴根、蒙語系主任圖門、教師丹木丁、阿古拉、達蘭太、生物系那雅太、吉格米德、數學系寶音滿達夫、色當、職工那順布克等人被揪出來，罪名是「扯起反動地下組織『民族革命統一黨』的黑旗」。

其中，副院長巴嘎·特木爾巴根因「包庇具有反動思想」的教職員而被免職。除了「統一黨」這個致命的理由之外，其中丹木丁還有因留學蒙古的歷史問題，阿古拉還有「男女作風問題」。

所謂「男女作風問題」指的是阿古拉去巴彥淖爾盟出差時，與蘇聯女教師發生過「不正當的男女關係」。這位女教師正是派到師院來「援華」的蘇聯專家。1957 年「反右運動」中，凡提出「蘇聯專家也不一定絕對正確」、「蘇聯的科技比不上美國」等異見的知識分子都被冠以「蓄意破壞中蘇友好」之罪而被肅清了（丁抒，2006，頁 126-140）。到了 1964 年，政治風向來了個一百八十度大轉彎，「親蘇」成了罪證。中國政治善於「削足而適履，殺頭而便冠」之「變通」。

「批鬥『親蘇』、『親蒙』修正主義分子大會上，他們在一片憤怒的口號聲中個個俯首彎腰、連聲應諾。我也是積極分子中的一員。

「『統一黨』完全是子虛烏有的，幾個蒙古青年不過聚在一起喝酒聊天而已。但只要是蒙古人的聚會，漢人馬上心生疑雲。這種狀況今天也是如此。蒙古學生單獨聚會，肯定被跟蹤被盯梢，被疑為『妄圖顛覆偉大祖國的分裂活動』，蒙古人至今也得不到漢人的信任。

「不過對 1964 年前後入獄的蒙古人來說也有一個好處，那就是他們在監獄裡躲過了文革的殺戮狂暴。他們如果在外面，毫無疑問都被『挖肅』了，這也算是不幸中的萬幸吧。」

林色說道。筆者也點頭贊同。

五、牽一髮動全身

1966 年 5 月 16 日，中共中央政治局擴大會議在北京召開，會議通過了毛澤東主持起草的指導「文化大革命」的綱領性文件《中國共產黨中央委員會通知》（即「五一六通知」），標誌著文革正式開始。但是內蒙古一般的老百姓誰都不知道「文革」指的是什麼意思。

1949 年以後，老百姓被捲入一樁又一樁名目繁多的政治運動之中。1950 年至 1953 年的「鎮反運動」，連什麼是「反革命」的精確定義都沒有，但各級政府都能領會精神，按照事先布置的「指標」完成或者超額完成任務；接下來是 1957 年「誘敵深入，全面圍殲」的「反右運動」；1964 年開展的「四清運動」，開展奪權鬥爭，大搞懷疑一切，無限上升到階級鬥爭、政治問題。仇恨與鬥爭浸透社會的每一個角落，文革不過是在這一連串政治運動延長線之上的一個環節而已（宋永毅，2007a，頁 259-285）。換言之，這些運動都是為文革準備的一系列大操練、大演習。

林色分析：「中共自認每次運動都取得『偉大成果』，每次運動都積累新的經驗，並『活學活用』到下次運動中。每次運動中經過血腥洗禮，從戰友的屍體堆裡滾爬出來的『革命者』獲得暴虐的快感，上了癮後又掀起下一輪更加殘虐的運動。這樣，運動的規模、死難者人數像滾雪球一樣一輪又一輪擴大。

「毛澤東發動文革，達到了兩個目的。對內既清除了政壇宿敵劉、鄧，所謂『卸磨殺驢、兔死狗烹』；又在對『蘇修』、『蒙修』這個國際問題上，先下手挪開內蒙這塊絆腳石，消除了心腹之患。」

筆者認為，毛澤東在處理國際關係時，眼裡還有一個心頭大患，就是「依仗美帝撐腰」的東鄰日本（李志綏，1996）。他有可能作出如下判斷：如果「美帝」與其「爪牙」日本也趁機攻打進來的話，歷史上曾「附逆偽滿、挎洋刀的」蒙古人絕不會站到漢人那一邊的。這也是毛澤東內心深處的「日本陰影」之一。

文革一開始，劉少奇派遣工作組進駐大學，接管各級權力機關，將激進造反派學生管制起來，以防駕馭失控。派遣工作組領導政治運

動，是中共歷來的政治伎倆。劉少奇的工作組同樣採取了極左方式，試圖在不觸及高層幹部既得權利的情況之下，以他在「四清運動」中已經積累了的「桃園經驗」，採取群眾運動（實際上是「運動群眾」）的方式，來開展「把領導權從階級敵人手中奪回來」的革命。

但這次劉少奇卻失算了。毛澤東要打倒的就是劉少奇本人。因此，以紅衛兵為代表的激進群眾的「革命行動」，完全符合毛澤東「文革」的謀略與動機，從下到上和從上到下的互動正是「文革」的先決條件和必然的「正義」。毛澤東批評劉少奇使學生誤入歧途，否定了工作組的所作所為，下令撤退工作組。

1966 年 5 月 25 日，北京大學哲學系黨總支書記聶元梓，帶頭貼出大字報《宋碩、陸平、彭佩雲在文化大革命中究竟幹了些什麼？》，刀鋒直指北大黨委和北京市委，利用手中掌握的權力壓制群眾運動。這張大字報正符合毛澤東的期待，當時他就對此大加讚賞，稱其為「全國第一張馬列主義的大字報」；6 月 1 日，直接下令向全國全文廣播，毛澤東稱讚：「一張大字報一廣播，就全國轟動了」（*聶元梓，2005*）。

內蒙古由於「天時地利」，消息迅速傳到內蒙師院。運動初期內蒙師院的青年人同樣「對當時壓抑的教育制度不滿、對當權者實施的人性摧殘不滿」。

高樹華曾回憶道：「師大是社會的縮影，政治運動一個接一個，在教師中拔白旗，反右傾；在學生中抓反動學生，批白專分子。院黨委和團委的一項經常性政治任務是劃分左、中、右，把學生搞得惶恐不安，人人自危。最致命的是劃分左、中、右與畢業鑑定、畢業分配連在一起。這是大多數學生的一塊心病。更有甚者，有所謂的『反動學生』，乾脆被踢出校門，壓到社會底層（*高樹華、程鐵軍，2007，頁55*）。

在高樹華等造反派和普通學生的眼中，以師院黨委書記紀之為首的校領導政治上消極，生活腐敗，而且壓制群眾，將學生分成左、中、右三派，他們對這種極左做法極為反感，因此這些校領導正是「黨內

走資本主義道路的當權派」。北大的造反派與內蒙師院的造反派最初的出發點都很單純，其目的都要「打倒實施人性摧殘、壓制思想自由的當權派」。富於理想與激情的青年們做夢都沒有想到，他們青春的熱血被毛澤東當作政治工具利用之後會被無情地拋棄。

　　從廣播裡聽到聶元梓等人大字報的消息後，6月3日上午，高樹華與外語系劉樸、樓基立、劉真聯名貼出一張批判「紀之所貫徹的是一條修正主義路線，是與黨中央、毛主席對抗的路線」的內蒙第一張大字報。師院校長紀之是河北石家莊出身的漢人。師院與北京大學展開的文革相比，儘管慢一拍，但步調基本一致。

◀ 師院造反派內訌的場景。燃燒革命理想的青年醉心於毛澤東的「武鬥」。不久日本的青年也以「思想總括」為名，暴力肅清內部革命同志。

六、師院能「通天」

　　「師院外語系對國際形勢很敏感。高樹華能與中央、自治區政界直線聯繫上，所以是個通天人物。」

　　對高樹華能迅速呼應聶元梓等人大字報，林色認為這是因高樹華與烏蘭夫的第三個兒子力沙克（漢名烏杰，1935-）熟識有關。

　　力沙克是烏蘭夫與前妻雲亭所生之子，在延安度過幼年時代。1942年延安開展大規模的「整風運動」，旨在「肅托」、「肅特」、「審幹」、「反奸」，以及所謂的「整頓三風」。今天的學者將「延安整風運動」視作「文革前史」（郝在今，2006，頁129）。在這次整風運動

中，年僅七歲的力沙克竟然無辜地被當作「特務」（*巴義爾，1998，頁110*），毋庸置言，是因其父烏蘭夫受到共產黨懷疑的緣故。

同共產黨其他高幹子弟赴蘇聯鍍金一樣，1954 年，力沙克也被送到列寧格勒學習。回國後的他在包頭工作三年後，1960 年調任師院外語系當俄語教師。如果沒有文革，為他鋪設的是不久將進入中共政界的紅地毯之路。

據高樹華回憶，力沙克與他住在同一間宿舍，兩人關係親密，常常在一起暢談俄羅斯文學。周末，高樹華有時也去他家拜訪。文革爆發之前，烏蘭夫在北京落馬，很快就失去自由，力沙克也於 1966 年 7 至 8 月之間被師院造反派「揪」出來，打成「黑幫」，並被拘禁。此時高樹華是內蒙能量巨大的組織「呼三司」的領袖，正好處於與力沙克相反的地位。11 月的一個傍晚，高樹華將一個偽造的紅衛兵證交給力沙克，並讓他坐在自己的自行車後座上，直奔呼和浩特火車站，送他逃到上海避難，力沙克就這樣從紅衛兵的眼皮底下不翼而飛了。（*高樹華、程鐵軍，2007，頁 564-570*）。

文革後，力沙克歷任包頭市長、山西省副省長；而高樹華卻在 1977 年被隔離審查後，1979 年因「文革幫派骨幹分子」罪嫌被捕，直到 1983 年才出獄。

兩人命運最終殊途殊歸。但高樹華本人也承認從力沙克那裡獲得不少關於自治區政界的資訊。

七、內蒙古的造反派們

1962 年林色從師院畢業之後留校任教。1966 年 6 月 8 日，自治區政府將高樹華等人批判紀之的行為定性為「動亂」之後，派遣工作組進駐師院。與前述劉少奇派遣工作組為同一性質。不知內情的高樹華等人還流著激動的淚水夾道歡迎工作組進駐。

不久造反派們就覺察到「工作組不是毛主席」派來的。7 月 4 日，中文系蒙語專業包括林色在內的七位青年教師，貼出反對工作組的大字報。這期間，呼和浩特市內五花八門的「革命群眾組織」雨後春筍

般地冒了出來。

　　「呼一司」成立於 1966 年 10 月 17 日，其負責人是鐵路工人霍道餘；幾乎同一時期成立的「呼二司」以幹部子弟為主；「呼三司」的成立稍微晚一點，其主要負責人是師院物理系畢業生郝廣德。高樹華由於其通天能力與俠義之氣概，成為所有造反派組織的領袖。

　　師院內部保守派組織「抗大兵團」與「內蒙師院東方紅戰鬥縱隊」（簡稱為「東縱」）對立。蒙古學生大多屬於另外一個紅衛兵造反派下屬組織的「大無畏戰鬥隊」，也與「抗大兵團」對立。

　　「抗大兵團」以高樹華與力沙克有「特殊關係」為由，攻擊他是「假造反派」、「烏蘭夫黑幫分子」，「後臺老板就是反黨叛國黑幫『雲

▲「熱烈歡呼無產階級文化大革命的偉大勝利」的革命群眾必須由多民族、跨行業人員組成，自治區內由漢人穿上早已被貼上「封建殘渣餘孽」標籤的民族服裝，來扮演「蒙古族」、「朝鮮族」，以此表明「各族人民擁護文化大革命」。此類「傳統的表演」與 2008 年北京舉辦的奧運會開幕式上的行為藝術同出一轍。

家店』」，並獲得自治區黨委工作組的支持。保守派與造反派雙方都聚集人馬，開動宣傳機器，油印眾說紛紜、各持一理的《紅衛兵報》。油印報紙編輯部主要由青年教師組成。

　　1966 年夏至翌年春，自治區高幹，尤其是蒙古人幹部，幾乎都被視為「烏蘭夫反黨叛國集團成員」而被一個個打倒，學生們的「造反行動」也受到工作組的牽制。學生們相信自己響應毛主席的號召、起來打倒「走資派」「革命行動」的正當性，他們對掣肘和壓抑深感委屈和憤懣。其實，自治區內究竟誰是「走資派」，這個概念不像內地那麼一目了然，毛澤東和中央並沒有向青年造反派傳達借文革徹底清

除蒙古精英的真意。

其實此時無論是派遣工作組的自治區高層，還是工作組內的蒙古幹部、師院的蒙古領導，誰都沒有料想到自己很快會成為被「肅清」的對象。

從1967年冬起，僅以蒙古人為對象的大規模殺戮開始時，造反派內的漢蒙思考者都已經無法理解，甚至反感運動中出現的過激暴力手段了。對中共的大規模濫殺暴行，最先大膽質疑並公開反對的正是造反派們（*啟之，2006。高樹華、程鐵軍，頁571-572*）。但是今天中國和日本一般都將造反派視作絕對的惡，文革「負的遺產」都歸罪於造反派。

八、「全國文革第一聲槍響」

形形色色的「革命群眾組織」對立混亂的狀況中，個人也好、組織也好，都必須表態究竟支持哪一派，究竟站在什麼樣的政治立場。「表態」亦是中國政治運動的特殊術語。

人民解放軍亦不例外。烏蘭夫被解除自治區軍區司令員後，掌握實權的漢人副司令員黃厚、參謀長王良太、政治部主任劉昌逮捕軍內造反派成員，大搞刑訊逼供。聞訊趕來的「東縱」與國營企業「河西公司八一八革命造反團」聚集在軍區門口抗議，要求軍隊支持革命左派。

「河西公司」全稱是「中國河西化工機械公司」，為呼和浩特市郊的解放軍火箭發動機研制生產基地，職工幾乎都是復員軍人。文革之前一直對外保密，文革中以「河西公司八一八革命造反團」為名，嶄露頭角的是主要負責人王志友。所謂「八一八」源於1966年8月18日毛澤東一身綠軍裝形象，出現於天安門城樓第一次接見紅衛兵。「八一八」之後，全國各地為革命改名風潮與武鬥暴虐風行一時。但內蒙軍區「進入戰備狀態」，採取強硬的武力鎮壓手段對待絕食抗議的青年們。

1967年2月5日正午12點15分左右，一手持五九式手槍、一

手持馬刀的解放軍軍訓部副部長柳青衝出軍區大門,對準手拿喇叭維持秩序的外語系學生韓桐當場開槍射殺,是為「韓桐事件」。由此引發學生與「河西公司八一八革命造反團」更大規模的強烈抗議。

但是造反派並不知道開槍的背後,其實隱藏著毛澤東的真實意圖。對「打倒」了政壇宿敵劉少奇、烏蘭夫等人的毛澤東來說,青年學生已成為用完即扔的一次性報廢品,甚至是心腹之患。部分思想活躍的青年嚮往出現巴黎公社式的自由獨立的革命力量,而中共自然不會允許自由民主思想的存在。

高樹華等人將「韓桐事件」視作「解放軍介入文革以來,全國第一聲槍響」。這一聲槍響也首次暴露了中共鐵腕手段鎮壓學生與造反派群眾的本性。但此時學生們做夢也不會想到緊跟毛主席幹革命,反權威、反秩序、反「走資派」已經不合中央胃口。

他們也在劫難逃了。

九、「烏蘭夫是中華民族的叛徒」

這一聲槍響也驚動了中央,周恩來主持召開了內蒙古「四方」(呼三司、紅衛兵軍、區黨委、軍區)代表會議,調解糾紛,充當和事佬。會議期間,造反派與保守派以及支持保守派的軍區陷入更大的衝突和混亂。1967年4月12日晚,內蒙師院被軍區和保守派數萬人包圍,企圖逼迫造反派投降。林色與紅衛兵師生們集結在文史大樓,大家咬破手指,寫下「誓死為毛主席獻身」的血盟書。「今日固決死,願為毛主席快戰哉!」雙方攻防戰直至拂曉。

第二天,也就是1967年4月13日,經毛澤東批准,周恩來代表中央向「四方」代表傳達《中共中央關於處理內蒙問題的決定》,即「四一三決定」,又因其內容為八條指示,故又稱為「紅八條」。因學生方面出現死難者,造反派獲得「革命行動」的首肯,而輕微批評了軍區「個別領導人2月5日以來,在支左工作中,犯了方向、路線錯誤」。當然軍區和保守派對此不滿。從4月13日至5月下旬,不分晝夜多次發生大規模的武鬥,雙方都死傷無數。期間雙方都派出代

表向中央申訴，要求中央主持公道。

1967 年 5 月 26 日晚 10 點 50 分，「人民的好總理」周恩來，在三十名造反派代表與二十六名軍區代表面前發表重要的講話：

「內蒙之所以這樣，是烏蘭夫的罪過。通過這件事更加暴露烏蘭夫十幾年的叛國罪惡，要宣傳揭發烏蘭夫的罪過，希望『三司』、『東縱』、『八一八』今後利用這點來批判烏蘭夫。『三司』過去做了，但做得還不夠，今後還要做，要指出烏蘭夫是蒙族的叛徒，是中華民族的叛徒。『三司』要抓緊做這個工作，徹底地揭露，要把鬥爭的大方向針對黨內最大的走資本主義道路的當權派……烏蘭夫、王逸倫、王鐸，要徹底揭露、批深、鬥臭（《中央關於處理內蒙問題的決定和中央負責同志講話匯編》第二集，1967 年，頁 63）。」

就這樣，毛、周將各派的仇恨與憎怨一股腦兒地嫁禍於蒙古人頭上。也就是說，開槍打死學生之罪既不在解放軍、也不在你死我活武鬥的造反派與保守派，是由於蒙古人烏蘭夫的存在而造成兩派的對立、並出現死傷無數的混亂局面。從周恩來這一明確的指示中可以清楚地看出，對蒙古人大開殺戒是在中共最高指揮部的直接命令下實施的。

從這一天起，軍隊發布戒嚴令，呼和浩特市置於軍管之下。

中央軍委於 5 月 26 日發出（67）12 號文件，即《關於處理內蒙古軍區問題的決定》，宣布內蒙軍區降為省軍區，劃歸北京軍區建制。1969 年 12 月 19 日，中央下令，軍事管制內蒙，直至 1971 年 5 月結束（圖們、祝東力，頁 44）。

十、造反派的分裂與屠城

不久，造反派內部開始分裂，尤其是造反派內部的內蒙革委會常委那順巴雅爾和委員白彥太，由質疑到公開反對「挖肅、揪叛」。與此相對，以漢人為中心的造反派內的「繼續革命論」者，熱衷於對蒙古人的「挖肅、揪叛」運動。而以前自認為保守派的組織，此時也殺進了階級鬥爭的第一線，保守派的變臉是造反派內部解體的另一個原因，保守派為了要隱瞞自己以前「非革命」、「不革命」的消極性，

行動上表現出比造反派有過之而無不及的暴虐與殘忍。

　　不久，林色所在的師院中文系蒙語專業，被定性為「民族分裂主義集團的老巢」，漢語專業的漢族學生與「工宣隊」的漢族職工，站在「批揪」的第一線。這之前，蒙族師生大多加入造反派，但此時他們在造反派內已難以立足了。

　　在形形色色的群眾專政組織中，「專揪黑手呼和浩特聯絡站」（簡稱為「揪黑站」）受軍區與革委會專案組領導，在對蒙古人的大殺戮中起了特別的作用。也有極少數蒙古人在「做思想工作」為名的動員和勸誘下參加了「揪黑站」。這是因為在「揪黑、揪叛、挖肅」運動中，首先需要起草一份「民族分裂主義分子」名單的緣故。

　　「名單的提供者和運動的急先鋒必須是蒙古人。即使將來出現錯殺、錯判，漢人也不沾干係，可以推脫得一乾二淨，因『名副其實』的罪行是蒙古人自己搞出來的。這是漢人經過深思熟慮後所採取的政治謀略。名目繁多的『揪黑站』、『揪叛站』都熱衷於物色蒙古人做替罪羔羊。」林色證言。

　　實際上，文革之後只有蒙古作家烏蘭巴幹一個人，被以「捏造『內人黨』假名單」的誣陷罪被判刑。而指揮起草名單，並直接下令大屠殺的滕海清司令卻逍遙於法網之外，沒有受到任何形式的法律制裁。

　　「那麼究竟是誰指使烏蘭巴幹抄寫這份名單的呢？至今政府對此緘口不言。肆無忌憚地宣揚『挖肅』虐殺是蒙古人內部狗咬狗的鬥爭。這種文革清算的方式無異於再一次在精神上屠殺蒙古人，為下一次大屠殺培育著生存土壤。」林色靜靜的話語劃破沉默的空氣。

　　那麼，在自治區首府的呼和浩特市，以蒙古人為對象的「挖肅」是怎樣進行的呢？

　　請允許筆者在此處長篇引用阿拉騰德力海編著的《內蒙古挖肅災難實錄》（1999 年 9 月）中的具體實例。

胎兒的「事先處理」

　　首先，自治區黨委和軍區的蒙古幹部無一例外在劫難逃、慘遭整肅。到 1971 年，軍區騎兵第五師兩百名將校軍人統統都被殘酷肅清。

　　哈豐阿是以民族自決為目標的內蒙人民革命黨創始人之一，中共建政後任自治區人民政府副主席。文化大革命前調離內蒙古到北京，安排為全國政協常委，「挖肅」伊始，被以「內人黨黨魁」罪名揪回內蒙，長期批鬥、隔離關押。重病不得治療，折磨致死，死後還戴著四頂反革命帽子。

　　滕海清宣布內蒙公安廳是包庇「內人黨」的變種組織，是民族分裂案件的黑窩子、閻王殿，號召「挖肅派」徹底砸爛公、檢、法，清除敵人。自治區公安廳廳長畢力格巴特爾、副廳長雲世英都被肅清。

　　內蒙古公安廳黨組成員政治保衛處長騰和是在軍管中死的。1968年2月騰和被逮捕後，軍管當局為了從騰和口中突破「內人黨」，刑訊逼供。1970年5月19日，騰和死時頭顱已變形，左耳後邊塌陷，身體萎縮。死因病歷由軍管專案人員銷毀，不留痕跡。1970年5月21日，軍管當局對他所做結論中有「包庇二十七起民族分裂案件」的罪名。

　　自治區民政廳廳長烏力圖，自40年代起畢生致力於民族自決運動，可是「挖肅派」硬給烏力圖扣上「烏蘭夫獨立王國的疆域大臣」的帽子，說他執行了烏蘭夫「寸土必爭」的政策，於1968年12月12日被隔離關押，經七天七夜的嚴刑拷打，於12月19日死去。「挖肅」兇手們放言是自殺。

　　自治區人民政府副秘書長嘎如布僧格，1968年12月18日，被「挖肅戰士」臧海賢、吳春舫等十多個專案組人員綁架。為突破嘎如布僧格這個「內人黨」中央執行委員、秘書長的「難關」，在十一天內刑訊武鬥了十三次，低頭彎腰、拳打腳踢、揪頭髮、打耳光、來回推打、車輪戰，手腳全都捆上，在水泥地板上長達九小時不鬆綁，不給吃喝。臧海賢狠狠踩其胸部，叫喊「打翻在地、叫他永世不得翻身」。

　　此時嘎如布僧格已經神經失常，軍管小組成員、連隊文書計風用大頭鞋踢他腦袋，以槍捅其口腔，撬打牙齒，打掉三顆牙齒，捅破舌頭、喉嚨，嘴巴、肛門兩頭流血不止，全身胖腫像皮球。人快死了，神志已經不清，挖肅分子們說他有反動言論，報由內蒙革委會「挖肅」

負責人李樹德批准，以現行反革命罪逮捕，送到監獄時手腕已經潰爛，於1969年1月5日死去。1969年12月19日內蒙實行全面分區軍管後，以「現行反革命罪定案的人，不准翻案」就此定讞。而兇手吳春舫卻被提拔重用為烏海市組織部副部長。

呼和浩特鐵路局一共有四百四十六名蒙族職工，四百四十四人被打成「內人黨」，其中被打死十三人、傷殘三百四十七人，五名女職工被暴力毆打以致流產，四名蒙古小孩子也被打死。

賽漢塔拉機務段司機蘇德連同其妻子一起被「挖肅」，此時蘇德的妻子已經懷胎四個月，漢人兇手們硬是用鐵絲將四個月的胎兒勒出來，還說什麼「生下來還是個內人黨，留他做什麼用」。

寫到這裡，筆者不厭其煩提醒善良的讀者們別忘記，聯合國大會早在1948年就通過《防止及懲治滅絕種族罪公約》，其中第二條規定：「滅絕種族係指蓄意全部或局部消滅某一民族、人種、種族或宗教團體」。包括「施行強制辦法，意圖防止該團體內成員的生育」。如果這些虐殺都是事實的話，那麼我們可以斷言，文革中中共煽動漢人對蒙古人實施的殘暴行為就是種族滅絕大屠殺。

「一網打盡蒙古佬！」這是內蒙古地質勘探隊革委主任李國道提出的挖肅口號，並付諸於實際的暴力行動。全隊僅有八名蒙族職工，一人不漏，全部肅清。一位名叫寶貴賢的蒙古職工是成吉思汗的直系子孫，挖肅隊一邊狠下毒手，把他打得體無完膚，死去活來，還一邊被惡狠狠地臭罵：「成吉思汗的徒子徒孫，烏蘭夫的頑固鐵杆！」「老蒙古骨頭硬，看你能不能硬過鎬把鐵棍！」「你們老韃子完蛋了，讓成吉思汗子孫見鬼去吧！」「如果你們叛國得逞，我們漢人要人頭落地！」

邊福成不受屈辱，講理爭辯，招致七處骨折的毒刑，最後被「壓杠子」、「摔瓜蛋」，睪丸被打碎。「挖肅」兇手叫喊「你們這些『內人黨』不被打死也得槍決，這就是無產階級專政」。

呼和浩特近郊土默特旗朱光禮，1957年考上北京地質學院，畢業後回到內蒙古，成為自治區難得的技術人才。他在除夕夜被打死，

1969 年大年初一凌晨，遺體被送回家交給他爹娘。這真是慘絕人寰。正月初一，鞭炮齊鳴，漢人家家戶戶喜氣洋洋過新年，而這一家蒙古人老老少少卻圍著朱光禮傷痕累累的屍體悲痛欲絕，真是生不如死啊！

漢人的性暴力犯罪

托克托縣中灘公社哈拉巴斯生產大隊漢人王三小，於 1969 年 9 月 7 日當了「挖肅革委」領導，先強姦一位達爾罕茂明安旗的十二歲少女羅爾瑪，不久又強姦另一位十五歲的少女傲雲通嘎拉格。

達罕旗白音查大隊漢人幹部蘭米栓，在「挖肅」中霸占被打成「新內人黨」的牧民的妻子，並使之懷孕。結果這一家男人被逼瘋而死，失去丈夫的妻子也精神錯亂致死。

禁止使用母語

呼和浩特鐵路局集寧機務段政工組漢族負責人對蒙古職工說：「就是不能提升你們這些蒙古佬當司機，這兒離『蘇蒙二修』太近，你們要是把車開到蒙古去，那還得了。」

鐵路局黨委和公安處把蒙族職工視為反動群眾，在他們中間安插耳目，指定專人掌握動態情報，定期匯報。

有很多司機被打成「內人黨」，也不再給他們開車，逼迫改換工種。有不少副司機，已經幹了十七、八年，就是不給他們轉為正司機。同期、同工種，蒙、漢族職工轉正考試時，實際操作技術水平和政治覺悟相等情況下不能一視同仁，蒙族職工因漢文不通，用漢文答不上考卷就不予轉正司機。蒙族職工之間用蒙語交談，就有漢人會出來罵：「不許說黑話。」

呼鐵局選拔民族幹部的標準是以漢文、漢語程度要求；其次是不提民族問題方面意見的「老實聽話的」。對執行民族政策的幹部，則動輒以「民族分裂分子」或「有民族情緒」的政治高帽子來打壓。

內蒙古教育廳二十七名蒙族幹部，四名達幹爾族幹部，除一名沒有被整肅之外，全部被逮捕，遭致非人的折磨和虐待。在刑訊中「挖肅」幹部還罵：「你媽那個 X 的，你們嘰裡哇啦的說些什麼？以後不

許講！」「把你們的黑話全部交代出來。」

十一、今天的蒙古人該做什麼？

告別林色教授，筆者到市內去給住在鄂爾多斯的家裡人發信。在郵局，看到一位蒙古女大學生正在與郵局職工交涉著什麼。原來郵局職工說蒙文就是矇唬人看不懂，用蒙文寫收信人地址和姓名，信會送不到。

「這是蒙古人的自治區，蒙語是《憲法》承認的公用語，蒙古人有使用自己母語的權利。」女大學生正色凜然地維護自己的基本權利。

「你說的沒錯，但自治區是中國的，住在這裡的都是中國人，中國人就應該使用中國語（漢語）。」郵局職工表情嚴肅，毫不退讓。

「使用中國語之前，請別忘記我們擁有使用母語的權利。」女大學生語氣沉靜，不卑不亢。

最後，女大學生將蒙文寫的信件用掛號信的方式郵寄出去。如果不用掛號信，漢人職工很可能順手就扔進字紙簍了。這，就是被稱作「模範自治區」的現狀。筆者看到堂堂正正維護自己尊嚴的女大學生，再看看自己的家信，未寫蒙文，寫的是漢語，突然覺得臉上左右寫著兩個字：羞恥。

第陸章
漢人流民完成「光榮的大屠殺」

──草原造反派的忽日勒巴特爾

居住在自治區東南部赤峰市，五十九歲的忽日勒巴特爾，文革期間在克什克騰旗積極投身於造反革命，見證了地方城市的大屠殺。加害者漢人殖民是如何來到草原的呢？忽日勒巴特爾的證言回顧與再現了蒙古近現代歷史。

▲ 中國共產黨「合理」利用「地主剝削階級」。中日戰爭期間，稱其為「進步鄉賢、開明人士」，吸空其物力、財力，養精蓄銳。取得政權之後，將之視為「人民的公敵」專政批鬥，並消滅其肉體。如今它自己則搖身一變為全世界最財大氣粗的政黨。

一、棲息在五千年文明土地上的「野蠻人」

赤峰市位於內蒙古自治區東南部——即以前的昭烏達盟，蒙語為「烏蘭哈達」。赤峰市四百六十萬人口中，漢族人口占絕大多數，蒙古族僅占八十二萬。漢民族認為少數民族「封建腐朽」的行政建制「盟」和「旗」，落後於「進步」社會象徵的「市」。遂以此為理由，於 1983 年強烈主張「廢盟改市」。建議採用「烏蘭哈達」為市名的蒙古人，都被當作「民族主義分子」而遭撻伐。

到這一年，文革已經結束了七年，蒙古人在稱為「自治區」的故鄉，絲毫不能擁有自己的訴求和主張。凝縮在地名（包括人名）裡的蒙古傳統文化的歷史密碼，就這樣被強制消逝在所謂「文明化的進程」之中。

對中華人民共和國的漢民族而言，赤峰市本身就是一個頗具諷刺意義的存在。號稱「擁有五千年歷史的文明古國」的中國，後世都未能發掘出能夠證明「黃河文明」、「長江文明」古人類文化遺址的文字記錄，其悠久的歷史不過為斷代史文明而已。

但近年由於赤峰附近命名為「紅山文化」遺址的發掘，反映了從新石器時代文化延續到有文字歷史的古代文化這段綿長而燦爛的歷史（楊，2009c），但漢人學界立即將其詮釋為「中國五千年前中華文明的曙光」。

正當漢人學界為「最引人注目的發現和研究成果」而拍手愜意之際，卻猛然察覺「紅山文化」位於兩千年以前築建的長城以北——歷史上是北方遊牧民族生生不息之家園，並非孔孟之徒子徒孫的漢民族發祥之地。漢民族知識階層一直將「塞外」視作「蠻荒之地」、「獉狉之未開化之絕域」，豈不自打嘴巴？今天中華人民共和國境內唯一與古代文明直接接壤的遊牧草原的存在，從根本上改變了漢民族「歷史敘述」的方式。

中共官方學者立即「改變立場」，拋出兵來將擋、水來土掩之法，改變了「以長城自封的根深蒂固」的文化概念。他們重新審視中國史前史，到「蠻荒之地」去尋找中華文明的源頭，聲稱中華民族不僅包

括「黃河文明」、「長江文明」，而且包括「草原文明」（吳團英，2004。嚴文明，2004，頁7-14）。以「龍的傳人」自居的中華民族在「獠狁之地」找到了龍的源頭，終能「合情合理」。

至於「草原文明」是否屬於「中華文明」範疇，本文暫且不論，但「赤峰」的「紅山文化」自身，確實有脈有序地延綿了數千年的歷史。這一不可改變的事實，有力地證明了蒙古高原遊牧民族淵源悠長、脈脈相承的歷史、語言和文化。

原昭烏達盟克什克騰旗的蒙古造反派忽日勒巴特爾，就住在赤峰市內一棟宿舍裡。2007年8月14日一大早，筆者拜會了忽日勒巴特爾。端莊穩重的夫人薩仁格日勒（蒙語「月之光」之意）給筆者遞上奶茶，聽說筆者訪談關於文革的話題，薩仁格日勒甚至有幾分惶恐地退到另外的房間，同時表情莊肅地對筆者致歉：「請諒解我的失禮。一聽到『文化大革命』幾個字，我就犯噁心，抱歉了。」

忽日勒巴特爾是成吉思汗家族的直系子孫，赳赳然身高一米八的威漢，聲如洪鐘，手掌巨大。

「從1969年8月1日這天起，昭烏達盟從自治區劃分出去，分歸漢人居多的遼寧省了。不久軍宣隊進駐克什克騰旗。由漢人士兵組成的赤峰守備師八六部隊，攜帶重型武器開進了克什克騰旗。解放軍進駐的那天，妻子的父母，也就是我的岳父昂素和岳母烏蘭其米格，驚恍萬分，恐懼得雙雙上吊自殺了。他們都是大半輩子生活在草原上的老牧民，一看見漢人就驚魂不定。他們說過，看見漢人當兵的，心臟就『噗通』停止跳動，半條命就掛天了。」

忽日勒巴特爾擔心地望著妻子的房間，拉起話題。應當深表歉意的正是筆者，文革往事勾起了夫人心中徹骨的悲傷。

「文革之前，蒙漢之間還算友好，生活中沒什麼大的過不去。清末發生漢人秘密結社『金丹道之亂』，漢人肆虐為惡、濫殺無辜，只要是蒙古人，連平民婦女老人嬰兒俱不放過，統統殺光。『金丹道之亂』以後，蒙古人就完全失去了元氣，一蹶不振。但是隨著時光消逝，『金丹道之亂』大屠殺的恐怖一點一點漸成歷史，過了大半個世紀，

歲月終於開始修復著蒙古人心中的傷痕時，中共對蒙古人的大殺戮災難又降臨了。就是今天，妻子到自由市場去買菜，看到漢人都會恐懼得發抖，不住地嘮叨『不會再有那事兒發生了吧』？唉！表面上看起來蒙古人同漢人之間沒什麼，關係穩定、和諧，其實內心各想各的心事，誰也不信賴誰。」忽日勒巴特爾回顧克什克騰旗的近代史。

「『金丹道』對蒙古人的屠戮已經成為歷史，而文革還沒有成為歷史啊！當今我們心中難解的癥結，都與文革是分不開的。暴力殺戮的歷史慣性、生存土壤並未清除過啊！」筆者不禁感慨。

「是的，成為歷史，首先對事件的性質和真相必須有客觀和正確的評價。文革中究竟有多少蒙古人慘遭殺戮，至今政府仍在極力隱瞞。漢人的生活這些年確實富裕起來了，但這是長期掠奪我們內蒙自治區資源的結果，蒙古人只有陷入更加貧困之中。而貧困的蒙古人只要提出一點點兒自己的意見，就會被打成民族分裂主義分子。也許漢人之間關於文革有了一個很好的清算和總結吧？不過，我認為他們看待我們蒙古人的視角跟文革時一樣基本沒變。」忽日勒巴特爾說道。

二、「丑年之亂」定居草原的漢人

「那麼，漢人究竟是從什麼時候開始流入克什克騰旗定居下來的呢？」筆者請教。

「大約『丑年之亂』開始的。」忽日勒巴特爾答道。

關於「丑年之亂」，請允許筆者蛇足一些必要的背景資料。

1911 年 10 月，辛亥革命爆發，蒙古高原各部擁戴八世哲布尊丹巴活佛，於 12 月 28 日宣布蒙古獨立。內蒙古各盟旗王公積極響應活佛政權，堅決表示歸順和擁護（*藍美華，2002，頁 89-115。藍美華，2005，頁 393-425*）。

但地理上靠近中華民國的內蒙古各地受到漢人軍閥的相繼入侵。漢人軍閥用手槍頂住蒙古王公們的後背，脅迫王公們在反對獨立的宣言上簽名；但另一方面，蒙古王公又偷偷地給活佛寫信表示響應與效忠。今天蒙古國國立公文館裡，有詳細記載著當時內蒙王公悄悄送出

大量信件的原件，王公自表忠心，表示支持，這些信件無言地訴說著歷史原貌。但「具有強烈愛國心的內蒙古王公貴族反對活佛獨立」為中共官方史學觀，強調槍口脅迫下的署名檔案為有效的「歷史證據」。

克什克騰旗也不例外*(註)*。筆者於 2006 年 6 月上旬在蒙古國國立公文館，親眼看見克什克騰旗王公們寫給活佛表示擁戴、歸順信件的原件本。

中華民國試圖扼殺蒙古高原的獨立運動，組織三路「征蒙軍」集結在東西細長的內蒙北部邊境。危機四伏的活佛政權積極反擊，派出內蒙古土默特左旗出身的巴布扎布（1875-1916）率軍出征。1913 年為丑年，這年春天，克什克騰旗王公諾爾加爾扎布（1888-1941）與英雄巴布扎布的軍隊一起從蒙古高原南下，進入克什克騰旗。當時蒙古人稱活佛哲布尊丹巴的軍隊為「黃軍」，這是哲布尊丹巴活佛屬藏傳佛教黃教系的緣故。而駐屯於克什克騰旗的漢人軍閥米振標部隊被稱為「黑軍」，不僅因他們的軍服為黑色，更因其黑心黑肺，即「壞心眼兒、燒殺掠奪無所不為」的緣故。米振標率領的「黑軍」幾乎都是山東人。

一進一退的激烈戰鬥中，巴布扎布率部進入錫林郭勒草原，1916年在林西縣戰死，為內蒙古民族獨立事業獻出一生。中共官方史學稱活佛派遣的民族英雄巴布扎布的軍隊為「武裝叛亂軍」。巴布扎布在日俄戰爭中曾參加日軍特務班勇猛作戰，戰功赫赫，父與子都積極地參與了滿蒙獨立運動。日本人川島浪速將巴布扎部的三個兒子帶到日本送入陸軍士官學校深造。其次子甘珠爾扎布後娶清王朝肅親王之女、川島浪速的養女——風靡一世的川島芳子為妻。

「黃軍」敗退後，「黑軍」漢人盤踞下來「安居樂業」，並侵入克什克騰旗南部、東部、巴林右旗的西部，墾荒拓地，形成新的漢農聚集地「林西」。就這樣，在蒙古人祖祖輩輩生息的美麗的大草原上，打補丁似地突兀出一座座漢農入殖的屯田村落。移民放墾的民國政府另外一個目的是，以此切斷克什克騰旗的蒙古人與蒙古高原北部蒙古同胞的交流通道。

註：周太平著《博古托．汗政府與內蒙古地域政治—以1913年內蒙古戰役為中心》
　　中（大阪外語大學提交博士論文，2001，頁 53），也記載了克什克騰旗表
　　示歸順哲布尊丹巴活佛之意的書信。

　　1929 年至 1931 年，在滿洲各地和內蒙東部調查旅行的蒙古歷史學者拉鐵摩爾，曾經這樣描述克什克騰旗的蒙古人（*歐文‧拉鐵摩爾，1938，頁 237-238*）：

　　旗的南部雖被漢人蠶食，但由於王公們強硬的抵抗政策，旗蒙民頑強阻止漢人遷移與墾殖。旗蒙民主要集中在北部，因此北部至今還是遊牧民生活景象，漢人墾殖農耕民只好退居南部。克什克騰旗的蒙民與其它地區的蒙民相比，為熱河地區中最純粹、不妥協、而且是最進步的部族。他們防禦與抵制官墾，的確是昭烏達盟最有能力與威力的。

　　克什克騰旗內漢農墾殖民和行商多來自於山西省，主要從長城要塞張家口出關，經多偷入殖草原。

　　「『丑年之亂』，我們蒙古人不但喪失了獨立的機會，反而招來漢人的侵略和定居。現在克什克騰旗有二十六萬漢人，而蒙古人卻僅有五萬人。漢人是蒙古人的五倍。人口的差距就是實力的差距，毋須再談『自治』二字了，這樣的人口比例自文革以來，基本沒變。」忽日勒巴特爾說道。

三、漢人地痞與共產黨的「特貨」鴉片

　　民族獨立被米振標的「黑軍」鎮壓後，克什克騰旗的王公諾爾加爾扎布失意地出走奉天，淡出政壇。但科爾沁部的蒙古知識精英克興額等人組成「東蒙書局」，旨在大力推進蒙古傳統書籍的復刻印製，以文化復興喚醒民族自立意識。

　　1932 年 3 月，日軍扶植滿洲國成立，與滿洲國相鄰的熱河省漢人農民們，為躲避戰亂紛紛入殖克什克騰旗。蒙古人朝野上下組成騎兵團拼死抵抗，但由於新來林西縣的漢人們也組織武裝團體，與漢農並肩作戰抗擊蒙古人。最終，漢人殖民將強制占領的地盤劃入自己的勢力範圍並休養生息，用槍杆子和鋤犁鞏固了自己的堅固據點，蒙古人已無法將入侵者驅逐出境。

　　就在戰禍與混亂中，日軍於 1933 年 3 月占領克什克騰旗，任命

諾爾加爾扎布為旗長，不久，又被升任為興安西省省長。諾爾加爾扎布並非只是一位仰日人鼻息的「對日協力者」，任興安西省省長期間，暗地支援哈豐阿、朋思克等人領導的內蒙古人民革命黨活動（*李振剛，1993，頁 1004-1005*）。

「聽老人們說，旗政府所在地的經棚鎮有許多日本女人，她們穿的和服很漂亮。」忽日勒巴特爾記得蒙古關於日本人的傳聞。

提出過「騎馬民族征服學」這一著名學說的日本考古學者江上波夫，曾經於 1930 年 8 月 7 日訪問過林西。當時林西有滿鐵建立的醫院和經營的種羊場，種羊場致力於羊的品種改良和科學牧畜。江上波夫等人在克什克騰草原親眼目睹漢人栽培罌粟，並從中提煉出鴉片（*東亞考古學會蒙古調查班*）。

「入侵內蒙古的漢人，魚龍混雜、良莠不齊，大多本來就是長城以南的地痞、流氓，就是漢人傳統社會也嗤之以鼻的不務正業、好吃懶做、無法無天之徒。他們入侵草原後，種賣鴉片給蒙古人，還成群結夥當匪做賊、為非作歹、打家劫舍。老人們說這幫人沒幹過一件好事。而日本人進駐克什克騰旗後治安要好得多。」忽日勒巴特爾說道。

克什克騰旗的社會變化與筆者的家鄉鄂爾多斯非常相似，鄂爾多斯原來也是平靜豐美的大草原。1935 年紅軍部隊出現後，質樸的陝北漢農開始成為「菸戶」，並將鴉片苗提供給蒙古人，蠱惑蒙古人種賣。然後共產黨員假扮成私商，統一收購。牧民種賣鴉片並抽鴉片上癮之後，蒙古傳統社會結構就窮途末路、一蹶不振了。而中共卻將種賣鴉片的巨額資金用於發展壯大延安的根據地。

「我的故鄉鄂爾多斯地區鴉片的秘密種賣也與中共有關啊！」筆者告訴忽日勒巴特爾自己的調查情況。

「克什克騰旗也一樣。國民黨軍隊在前線同日軍浴血奮戰時，中共的間諜正在林西漢人地區暗中搞策反活動，並做鴉片買賣。日軍敗退之後，國民黨第九十軍進入赤峰，但林西一帶早已成為共產黨的地盤了。林西那些土匪起家的漢人與共產黨倒是同聲相應、一鼻孔出氣呢！」忽日勒巴特爾接著筆者的話匣。

　　確實，中共官方的《克什克騰旗旗志》中也詳細記載了蒙古人社會遭漢人匪賊團夥數度侵犯掠奪之危害（*李振剛，1993，頁37-53*）。

四、不同的階級佩戴不同顏色的布條

　　中共統治赤峰地區後立即著手開展「和平土地改革」運動。

　　今天的官方出版品記載，由於內蒙古保持著傳統的畜牧經濟形態，因而中共幾乎沒有在內蒙推行「土改」。這種說法，完全違反事實。昭烏達盟當時屬於熱河省，熱河省差不多全是農耕社會。事實上，「土改」運動發展得如火如荼、駭人聽聞。

　　積極響應「土改」號召的是從克什克騰旗劃分出來的林西縣漢農，但旗內其他地區「苦大仇深」的漢農也爭先恐後，不甘示弱地「土改」。傳統社會中尚能維持表面溫和的社會關係此時被逼入死角。

　　「你知道『土改』劃分階級成分的方法嗎？首先，挨家挨戶丈量每個人擁有多少土地，將所有的人劃分階級。我們蒙古遊牧民的生存哲學是『草原乃天賜之物』，並非個人的私有財產，為全體牧民共有的大自然之寶地，因而誰都可以自由自在地逐水草而居、放牧遷徙。但此傳統被斥責為『封建迷信』，農民出身的共產黨一點兒也不理解蒙古牧民的『天賜哲學』，也不試著去了解。這樣，蒙古人一家挨一家被劃分成剝削階級的『牧主』。」忽日勒巴特爾回顧歷史。

　　一位歷史學者記載了共產黨在內蒙古強制推行的土地改革（*呼斯勒，2006b，頁32*）：「土改」運動中，幾乎所有的地區都劃分出階級。人們的衣服或者帽子上佩戴者不同顏色的「階級布條」。大紅表示貧雇農、粉紅表示中農、黃色表示富農、白色表示地主，灰色表示滿洲國時代的警察軍人、地主的「狗腿子」、馬賊、地痞無賴。

　　完全無視蒙古傳統社會實態，強制人們佩戴醒目的「階級布條」區分政治成分，從這種赤裸裸的人格歧視中，可瞥見共產黨推行的「土改」運動一貌。一旦政治上被定性為「地主」、「牧主」，那麼等待他（她）的只有殘酷的專政。「必須從肉體上徹底消滅剝削階級」是共產黨的一貫理論。

　　「被視為『地主』而毫不留情地被殺害的蒙古人很多。你知道白福海嗎？他是個畢業於莫斯科中山大學的蒙古精英，也是內蒙古人民革命黨的中堅黨員，曾任由克什克騰旗蒙古子弟組成的騎兵第三十一團指揮官，他也被劃分為『地主』。1948 年，在達里淖爾湖西部，巴音布拉克草原上一個叫做庫格特‧敖博的地方，白福海被人縱馬踩死了。被階級仇恨激化起來的群眾，對惡霸地主千刀萬剮，有的地主、牧主被石頭砸死，有的被公審槍決。」忽日勒巴特爾回憶。

　　庫格特‧敖博是蒙古人祭拜天地的神聖場所。在這裡以牛、羊祭祀報答天地之恩，祈禱人畜興旺。結果竟然在這個至高無上的地方動了殺機，只為了殺一儆百、震懾蒙古人。

　　「白福海既是內人黨黨員，又是騎兵師指揮官，為什麼他的部下不出來反抗呢？」筆者問。

　　「當時蒙古人騎兵師團已被全部改編為解放軍，軍官多被漢人共產黨員取代，已經失去反抗的力量了。此時，中共已有意找機會『肅清』蒙古軍官。白福海光明磊落、堂堂正正，遇害前還高唱《國際歌》，我們蒙古人至今也懷念他！」忽日勒巴特爾答道。

　　克什克騰旗旗長是日本任命的阿拉坦傲其爾，他愛民如子，被蒙古人親切地稱為「高個子王」。阿拉坦傲其爾在任期間，暗中保護過滿洲國統治時代潛入地下工作的內人黨員。1947 年，阿拉坦傲其爾一家全被處刑，其中包括未成年的孩子。只有一個兒子義達嘎斯仁，由

出身於克什克騰旗王公家的義達嘎斯仁，畢業於南滿洲醫科大學，也是「挎洋刀」的。

於參加哈豐阿領導的東蒙人民自治政府的活動，正好外出而倖免於難。

　　中共官方的《克什克騰旗旗志》，也不得不承認該旗多出血氣方剛、威風凜凜之蒙民，他們以民族獨立和自決為己任。（*李振剛，1993，頁42*）。

五、始於四零年代的大殺戮

　　克什克騰旗內有一支布里亞特·蒙古人。據欽達瑪尼研究，這一支布里亞特·蒙古人於 1926 年冬向西越過大興安嶺進入錫林郭勒盟。他們宣布自己是班禪喇嘛的子民，多信藏傳佛教（*Chindamuni，2002，頁39-53*）。另一方面，據美國情報系統從布里亞特·蒙古人領袖仁欽·道爾吉那裡證實，他們於 1929 年前夕到達克什克騰旗一帶，其規模約有兩千戶（*Documents on Inner Mongolia，1972，頁1-3*）。此外還有一說，布里亞特·蒙古人自「諾門罕戰爭」的第二年、即 1940 年遷徙而來（*李振剛，1993，頁45*）。

　　原本布里亞特·蒙古人的故鄉在西伯利亞。「俄國十月革命」後，被蘇聯紅軍擊潰的白軍，退到布里亞特地區頑抗，到處搶劫牛羊和財產，當地民不聊生。加上蘇維埃政權建立後，暴力強制公有化，布里亞特·蒙古人為躲避戰亂與公有化政策，陸續遷入內蒙古東部的呼倫貝爾草原。因呼倫貝爾盟處於滿洲國統治之下，布里亞特·蒙古人被日軍疑心是「蘇聯奸細」。在蘇聯和日軍之間的夾縫中，難以為生的布里亞特·蒙古人再向西前往克什克騰旗，最終定居下來。

　　克什克騰旗敞開心扉接納了這一支凋零、飽經風霜之苦的布里亞特·蒙古人。當他們終於開始休養生息，過著安寧穩定的日子時，中共開始了「土地改革」。對布里亞特·蒙古人來說，彷彿三十年前西伯利亞的那場噩夢再現。驍勇善戰的布里亞特·蒙古人不分男女老少，全部重新拿起了武器、跨上了駿馬。這次他們的敵人是中國共產黨。

　　「布里亞特·蒙古人是何等剛強威武的蒙古人啊！他們都是能工巧匠，連武器也是自製的。女人和孩子都戰鬥到生命的最後一息。最終被解放軍天山大隊援兵用人海戰術給鎮壓下來。解放軍漢人士兵殺

蒙古人時連眼皮兒都不眨一下啊！草原到處散落著布里亞特‧蒙古人的屍體。旗裡的蒙古人目睹慘狀，全都流淚了。今天來看，布里亞特人是最先遭到共產黨殺戮的蒙古人。」忽日勒巴特爾說道。

今天中共仍將布里亞特人‧蒙古人稱為「土匪」，那麼同情並與之友好的克什克騰旗蒙古人也是「土匪同夥」。

「『土匪』為中共單方面的政治術語，究竟誰為『土匪』暫且不論。果敢地抵抗蘇聯社會主義運動，又不與日軍合作的勇猛不屈的布里亞特‧蒙古人對中共來說，是一個潛在的威脅。中共擔心內蒙古的蒙古人也像布里亞特‧蒙古人那樣桀驁不馴，因此要提前解除威脅，防斡腹之謀。所以，旗裡很多同情布里亞特人的蒙古人都被殘酷殺害了。」忽日勒巴特爾說道。

如前所述，中共對像白福海這樣的「內蒙古人民革命黨」的中堅力量、像阿拉坦傲其爾旗長這樣支援黨的上層人士、同布里亞特人友好的蒙古人的大量殺戮，這是一個值得發人深思的現象。這一事實說明，中共自40年代後期開始就在動手清除蒙古人的精英階層。

「老人們私下裡說，像『金丹道』那樣侵入內蒙古的漢人歹徒，本來就具有殘虐兇暴的一面。但是這回來的『紅色漢人』——也就是漢人共產黨，更可怕、更令人恐懼。看來老人們的話真是一語中的啊！」

忽日勒巴特爾在回憶之中沉思。

六、民族間的對立

1966年7月，十七歲的忽日勒巴特爾從克什克騰旗第二中學畢業。這是一座蒙語學校，位於旗政府所在地的經棚鎮。由於成績優異，畢業後他當上了「馬背小學」的教師。「馬背小學」顧名思義就是因為牧民逐水草而居，學校隨牧民而移動，教學方式以巡迴為主。

文革已經開始了。青年教師忽日勒巴特爾在巡迴授課的同時，也常常回到經棚跟紅衛兵們一起寫些蒙語傳單，在形形色色的造反派組織中，忽日勒巴特爾參加了同年5月創立的「四一三兵團」。

　　「四一三兵團」根據 1967 年 4 月 13 日發出的《中共中央關於處理內蒙問題的決定》而命名。師院學生、「呼三司」的紅衛兵韓桐被解放軍開槍射殺後，紅衛兵學生與造反派發起大規模的抗議遊行和武鬥事件。中央正面評價紅衛兵造反派行為，批評保守派和內蒙軍區「犯了方向、路線錯誤」。這一時期，毛澤東欲借紅衛兵革命造反勢力清除政敵，因為《決定》完全反映了毛澤東的意志，並經過他親自批准。「四一三兵團」表明堅決支持毛澤東與中共中央。

　　與「四一三兵團」對立的群眾組織是「克三司」（克什克騰旗紅衛兵第三司令部）與「紅一司」。 從名稱上便可知「克三司」意為與正在發揮巨大能量的「呼三司」站在相同的政治立場。

　　「四一三兵團」與「克三司」對立的焦點之一，就是在「是否打倒旗黨委書記包玉山」這個問題上發生了分歧。包玉山是內蒙東部郭爾羅斯後旗出身的蒙古幹部，曾有一段時間擔任過烏蘭夫的秘書。既然烏蘭夫早已在「前門飯店會議」上因「民族分裂主義分子」的身分被打倒，那麼原秘書包玉山理所當然就是「烏蘭夫反黨黑幫成員」、「民族分裂主義集團的一員」了。

　　「四一三兵團」由蒙語學校的旗第二中蒙古學生組成，忽日勒巴特爾和桑皮爾為主要負責人；其對頭「克三司」與「紅一司」的大半成員，則由漢語授課的旗第一中學漢人師生組成，負責人叫刑任發。「四一三兵團」擁護「革命幹部包玉山」，「克三司」與「紅一司」則以強力攻勢欲打倒「烏蘭夫的忠實家奴包玉山」。

　　歡呼和響應「偉大領袖、偉大導師、偉大革命家毛主席」的號召而成立的各式各樣的造反派組織，在幫助他打倒了「黨內走資本主義道路的當權派劉少奇」之後，成了一次性使用的報廢成品。加之造反派中出現了憧憬巴黎公社式的直接選舉、自由民主思想。別說直接選舉，自由民主思想對中共一黨專制也是潛在的威脅。因此，毛澤東為首的共產黨中央急劇轉變方針，力圖促進各派「大聯合」。1968 年春，克什克騰旗的紅衛兵運動進入低潮。

　　「草原的紅衛兵運動短暫地折騰一陣子後就熄火滅煙了。我們那

時真年輕，天真地相信黨內出現了『走資派』。不過，我們蒙語學校的師生始終想保護蒙人幹部包玉山。我們不信他是資產階級，漢人紅衛兵千方百計地折磨他、毒打他，他的手臂都被打斷了。連克什克騰旗這樣偏僻的地區，文革也從一開始就具有民族對立的性質。」

紅衛兵運動進入低潮期的同時，「挖肅」運動大張旗鼓地開始了。

七、漢人殖民完成「光榮的大屠殺」

從 1967 年 4 月起，內蒙古自治區全域就被置於肅殺的軍事管制之下。文革期間，全國所有的省、自治區中，中央只對內蒙古頒布了軍管戒嚴令。這個事實本身說明了毛澤東與中央對「北疆隱患」的一舉一動是多麼地重視，絕對掌握內蒙、清除異己，是保障文革在全國一馬平川進行的先決條件。因此，內蒙古必須「無人化」，不，準確地說，是「無蒙古人化」，徹底一人不剩、直至肅清，始熄肘腋之患。

在此背景下，赤峰軍分區派遣守備師團進駐克什克騰旗。此時，赤峰地區是「反修、防修的最前線」。隨著解放軍掌控旗內各要塞之後，1967 年 9 月，由旗南部漢人農民組成的「貧宣隊」進駐各公社成為「挖肅」的主力幹將。

「所謂『貧下中農毛澤東思想宣傳隊』，是以指導各人民公社正確開展文化大革命為名派遣下來的。我當時所在的達里·淖爾湖公社來了三百多個漢人農民，個個目不識丁、體格粗壯。我當時就很納悶：

▶ 站在「反修、防修最前線」的蒙古民兵與「引路人」解放軍士兵。讓外蒙古與內蒙古相互傾軋、內鬥、分化力量才是中共的真意。而且在此之前，中共早就不信任蒙古人，才會發生大殺戮。

這些胸無點墨、不學無術之徒，如何指導文革、宣傳毛澤東思想呢？其實，他們被交代的任務只有一個，那就是『殺戮蒙古人』。跟 1947 年『土改』一模一樣的政治肅清方法，即從根本上廢除傳統的經濟基礎，讓漢人農民在經濟和政治上都得到了解放，獲取民心，然後借他們的手，殺戮蒙古人。」忽日勒巴特爾分析。

「當時的蒙古人也分為造反派和保守派，『挖肅』為何不利用造反派中的蒙古人呢？」筆者請教道。

「『挖肅』終究不過是個政治幌子，其本質和目的是針對蒙古人有系統的民族清洗。因此，動員外地流竄來的入殖漢人更有效、更不需要承擔任何風險和後果。」忽日勒巴特爾答道。

就這樣，一場居心叵測、蓄謀良久的殺戮行動安排就緒了。

從忽日勒巴特爾的介紹中，我們可見達里‧淖爾湖公社「挖肅」狀況的一貌。

人們在公社場部北邊的老井裡發現了公社副社長包海和依爾克日圖的屍體。他們都實在無法忍受「貧宣隊」不分晝夜、種種慘絕人寰的嚴刑拷打，投井身亡。

「經不住暴力的百般摧殘而自殺的蒙古人很多，其實不是『自殺』，而是『他殺』。這些躋身於『貧宣隊』的盲流掠奪財產、投機牟利。他們既不怕天譴，又不怕下地獄，為所欲為、無惡不作。他們還驕傲地把大殺戮當作黨交付的『光榮革命任務』。他們還真沒辜負黨的期待，大開殺戒。漢人古之殺戮有劓、刖、桀、黥等酷刑，但文革對蒙古人的殘殺和酷刑更加有過之而無不及啊！」忽日勒巴特爾補充。

霍蘭是一位 1950 年曾當選為「全國勞動模範」的蒙古女牧民。年輕時喪夫，與養女相依為命。她還是一位具有飼養、管理、疫病防治等方面實用知識的牧羊能手。1948 年還只有二十七頭家畜，勤勞的她年復一年趕著家畜逐水遷徙，到 1953 年，她的牛羊加起來竟有二百四十三頭。她的科學養殖畜牧方法和勤勞致富的事蹟在草原膾炙人口。1951 年朝鮮戰爭艱苦卓絕時，霍蘭響應共產黨的「捐獻家畜，

購買戰鬥機，打擊敵人」的號召，向政府捐獻給了她一生中最貴重的財產——一頭牛。1959 年，她以「中華全國婦女聯合會執行委員」的身分參加了在北京召開的婦女大會，受到毛澤東、周恩來等人的接見。然而在文革中，霍蘭被打成「民族分裂主義集團『內人黨』的死黨」、「蒙修特務」被逮捕。

「霍蘭受盡凌辱，任何語言都無法描述啊，虧得那些漢人男人想出那麼多下流、殘忍的刑法，我們說都說出不口啊！一開始她被關押在公社的一間儲煤小屋，不知什麼時候，她偷偷地撿起一個剃鬚刀。1969 年 4 月 30 日這一天，實在忍受不住酷刑和羞辱的霍蘭用這枚剃鬚刀『自絕於人民』。有人證言，她不是自殺，是被折磨死的。」忽日勒巴特爾補充。

中共的《克什克騰旗志》裡，關於霍蘭之死，僅有一行字的記錄：受到精神和肉體的雙重迫害致死（*李振剛，1993，頁 1038*）。兇手究竟是誰，如何迫害致死，表述冷漠，語焉不詳。冷酷無情的「致死」二字，正是今日中國關於文革死難的敘述方式，力透紙背地表現了歷史的篡改與抹殺。

「說起來現在的年輕人都不敢相信，貌似老實忠厚的漢農，怎麼會想得出那麼多慘絕人寰的刑法來『生戮和死戮』蒙古人（*註*）。我也看過一些史書，可是他們真的比納粹希特勒還殘忍、野蠻、慘無人道。比如：逼迫犯人站在燒得通紅的火爐子旁邊，把犯人烤滿身大汗，喉嚨「吭哧吭哧」冒煙渴死；有把人扔進雪地滾雪球，活活地凍死；還有把大活人扔進火爐焚燒等等，不勝枚舉啊！越殘酷，越戕害，越被視作『革命行動』」。

忽日勒巴特爾的敘述深沉如海，悲憤衝入雲霄。

八、對文化的侮辱與踐踏

文革中忽日勒巴特爾本人沒有被抓進黑監獄，算是不幸中的萬幸了。「軍宣隊」命令忽日勒巴特爾召集旗裡的蒙古青年演出「革命樣板戲」。文革初期，傳統古裝京劇被當作「封建主義的糟粕殘渣」全

註：「生戮」即先將犯人示眾，然後再殺死。「死戮」是先將人殺死，然後再陳屍示眾，如果沒有被殺就已經死的，也陳屍示眾，有時為了泄憤，還要鞭屍。或者將屍骨故意弄得到處都是，叫做「灑骨揚灰」。

面否定之後，由毛澤東的夫人江青主抓、指定的「樣板團」創作並首演「革命現代京劇」，當然其內容完全迎合了政治宣傳共產黨「光輝事跡」的需要。

京劇這一戲曲劇種，曾經得到文化上相對寬容的清朝帝室強而有力的支持，清末至民國發展尤為隆盛，為漢人社會喜聞樂見的綜合戲曲之一。其唱腔、樂器、服裝，集漢文化之精粹，但並不受草原牧民的歡迎和欣賞，人們退避三舍，敬而遠之。連所謂「國語──漢語普通話」都說不好的蒙古人來說，京劇那種獨特的吐字行腔根本無法產生共鳴。

「軍宣隊」的十二道軍令如山倒──要求忽日勒巴特爾用蒙古傳統樂器馬頭琴伴奏「革命樣板戲」《智取威虎山》，這是「八個革命樣板戲」之一，反映了解放軍占領滿洲地區的歷史。

「『一顆紅星頭上戴，革命紅旗掛兩邊』都是漢人喜愛的唱詞，但是馬頭琴就拉不出那個板式和唱腔。我們不分晝夜地排練，每天得到的是「軍宣隊」的一頓兇狠臭罵。強制蒙古人排演漢人社會的傳統戲曲本身，就是否定蒙古文化，對我們精神上、文化上的侮辱和踐踏。真是度日如年、生不如死啊！就是今天，我一聽到京劇，也會全身起雞皮疙瘩，不寒而顫。蒙古人與漢人，到底是異文異種啊！」

忽日勒巴特爾苦笑。

九、故鄉成他國的民族悲劇

「對我們蒙古人來說，文革究竟意味著什麼呢？」筆者提出最後一個問題。

「文革絕不是普通的政治運動。漢人對少數民族的蒙古人心存懷疑、猜忌，因此漢人才會發動種族殺戮。這，就是我對文革的理解。他們特意從外地組織一批漢農流民進駐旗內，布置殺戮、不留活口的戰局。事實上，當時旗內外都流傳著解放軍的命令：『蒙古人要搞民族分裂、要犯上反亂了，見到蒙古人，要一個不剩，統統殺光！』跟清末的『金丹道之亂』如出一轍！

「我雖然加入了造反派，但每天都是都提心吊膽，戰戰兢兢，說不定哪天就被『挖肅』幹掉了！

「親自坐鎮指揮大殺戮的是那位有名的滕海清將軍，但這並不是他一個人的問題。他按照毛澤東和中央的指示行動，只不過作為軍人忠實地執行了共產黨的政策和指示。

「客觀上來看，殺絕蒙古人，或將蒙古人趕出家園，奪取土地，這個前兆早於 1947 年的『土改』運動中已現端倪。不過，即使蒙古人覺察到命不保夕，又能逃到哪兒去呢？我們自己的熱土故鄉既然已淪陷他人之掌，我們又有什麼法子呢？我們能避免這個大悲劇嗎？按佛祖的話來說，這就是『劫掠』啊！」

忽日勒巴特爾毫不躊躇地回答了筆者。

「我們克什克騰旗，原先擁有自治區最豐美的草原。不能入犁鋤的天賜之草原乃我們世世代代相傳的古老理念。但外地漢人大肆入殖，砍伐森林、墾地農耕、草場退化、水源漸涸。最終棄牧棄耕，土地沙漠化。從旗裡劃分出去的林西縣生態環境破壞更為嚴重，一到春天，沙塵暴都刮到北京、刮到日本去了。可是，身居北京的漢人幹部把沙塵暴全都歸咎於蒙古人過度放牧；而對漢農的開墾和破壞，卻緘口不言。於是，今年起出臺了一條新政策，規定蒙古人按人頭計算，一人平均只能飼養二十頭家畜。一人二十頭家畜，牧民怎能生活呢？今天，他們有組織的大殺戮不搞了，代之而來的是經濟上的掠奪和打擊。

「漢人們的確都富裕起來了，『美麗的克什克騰草原』也成了觀光之地，但全都由漢人掌握經營權，蒙古人只是被雇去當『點綴風景的少數民族』，或是賣乳製品罷了，而且對漢人心有餘悸，戰戰兢兢過著奴隸般的日子！」忽日勒巴特爾結束了談話。

筆者曾在克什克騰旗做過田野調查。據官方報導，在旗內發現了中國最大的銀礦埋藏地。遙遠的甘肅漢人聞訊跑來開發銀礦，未經過處理的化工、冶煉污水源源不斷地滲透綠色的草原。污水場附近，「朔風吹雪下雞山，燭暗穹廬夜色寒」，詩裡所唱詠的蒙古包越發顯得寒涼破舊。

　　筆者與忽日勒巴特爾道別之際，薩仁格日勒夫人從另外一個房間走出來握住了筆者的雙手。夫人兩眼通紅，泣不成聲。

第Ⅲ部

根正苗紅的延安派

第柒章

以殺蒙古人得蒙古族人心？

——嫁給延安派的鄂爾多斯蒙古女性，奇琳花

1940 年代，內蒙古西部土默特地區的蒙古青年們進入共產黨根據地延安的民族學院學習，他們被稱為「根正苗紅的延安派」，與滿洲國時代接受日本近代教育、東部「挎洋刀的」蒙古知識精英相比，命運顯然迥異。出身自鄂爾多斯蒙古貴族家庭的奇琳花便是「延安派」的其中一人。她嫁給烏蘭夫的心腹雲北峰之後，便開始經歷坎坷多舛的命運。

▲ 照片右邊身穿蒙古民族服裝、翩翩起舞的，是原遼寧省委宣傳部幹部張志新（1930-1975）。1968 年，她因文化大革命中批評對毛澤東的個人崇拜和極左思想而被逮捕。1975 年 4 月 4 日被執行死刑時，為防止她大聲喊冤，或呼口號，而被事先割斷喉管。

一、夕陽下的貴族之女

筆者的故鄉在鄂爾多斯高原。高原西部的鄂托克前旗政府所在地往西，大約3公里的地方，有一片廣袤無垠的土地，被稱作「夕陽紅林場」。

2006年，高齡七十六歲、居住北京的蒙古女子奇琳花，從第一線退休之後，有感於因漢人墾殖而導致內蒙牧場急速沙漠化，因此呼籲漢族有識之士以其人文關懷介入參與，熱忱動員各界知名人士發揮能力，創辦了「夕陽紅林場」（《中國民族報》，2005年6月24日）。

筆者景仰奇琳花，其實是另有原因的：

其一，奇琳花的兒子塞夫為中國電影界新銳電影導演代表，他製作了幾部以蒙古族為主人公的電影名作，在國際上獲得很高的評價。《天上的草原》等幾部電影在日本也享有雅譽。

其二，奇琳花的兄長叫布仁巴雅爾，漢名奇全禧。奇全禧是我們鄂爾多斯蒙古人敬重的錚錚硬漢。曾任國民黨郡王旗總書記、統括鄂爾多斯地區伊克昭盟第三警備少將司令官。1950年以前曾任國民黨少將司令官高位的蒙古人只有兩位，一位是烏審旗的熱德那班扎爾（漢名奇玉山），另一位就是奇全禧了。

這兩位傲骨嶙嶙的蒙古漢子都肩負民族自決的雄偉抱負，並為之奮鬥終生。對共產黨侵入鄂爾多斯心懷成見，兩人都因此獲罪，於1951年6月22日在伊克昭盟（簡稱伊盟）的首府所在地東勝被公開處刑。

奇全禧和奇玉山兩人都出身於有教養的名門大戶——黃金家族成吉思汗的嫡系子孫，兩人都因接受過民族文化的薰陶與近代教育的沐浴而風度儒雅，青史留名。最為蹊蹺的是兩人同日遇害，在鄂爾多斯的蒙古社會則流傳著關於兩人的傳奇故事，恆遠流長。

生於貴族世家，被當成王公名媛培養的奇琳花，在中華人民共和國成立後，因嫁給新統治者——中國共產黨的雲北峰而備受矚目。

雲北峰與烏蘭夫同樣出生於土默特地區，包括兩人在內，曾於革命根據地延安學習和生活過的土默特蒙古人因此形成「根正苗紅的延

安派」。雲北峰成為烏蘭夫嫡系「延安派」的主要成員之一，也是烏
蘭夫的輔弼與智囊。

　　新政權的勝利者迎娶舊王府的貴族名媛，絕非什麼珍稀現象。位
居新政權高位的「延安派」在文革中同樣也被漢人視作「民族分裂主
義者」，而被揪鬥、肅清了。因此，奇琳花所背負了舊貴族階級出身、
有「反革命分子」的兄長、嫁給「民族分裂主義分子」的丈夫等原罪，
她的命運會有多跌宕艱難，讀者可想而知了。

　　2006 年 7 月 8 日，筆者前往「夕陽紅林場」，終於一償宿願，訪
問到了慕名已久的奇琳花。

▲　文化大革命中的鄂爾多斯地區（部分）。

二、沙漠上的彩虹

1985 年，奇琳花從中央民族大學退休。她除了擔任大學教務處處長等職，還是一位聰慧能幹的研究者、經營者。奇琳花給筆者沏好茶後，沈靜而清晰地對筆者談起往事，一開始就鮮明地表敘了自己的立場：

「關於雲北峰，政府今天有各種各樣的宣傳。但，這都不是他的真實形象。談到文革這個話題之前，先要從我哥奇全禧的個人史說起。他短暫的一生，正是我們蒙古族真實歷史現場的縮影寫照。他們發動文革，正是為了抹殺我們蒙古人的民族自決；也正因為處於歷史被扭曲的年代，我認為真實的記錄必須被好好保存下來。」

奇琳花一家住在郡王旗東部一個叫道羅岱的地方。道羅岱靠近黃河，套海昭寺則沿黃河岸邊逶迤而建，廟裡眾僧以木板刻製蒙語和藏語印佛教經文，在全蒙古地區廣為流傳。由於印經圖文渾樸凝重，清晰鮮明，刊刻技術水準較高，連西藏高僧都不得不譽贊為「蒙古沙漠中升起的彩虹」。語調裡多少也帶點兒妒忌呢！這座套海昭寺正是奇琳花所在的宮布扎布家族的菩提寺。

奇琳花的父親宮布扎布曾任郡王旗（1949 年以後改為伊金霍洛旗）的西協理*（註）*。他們一家自 19 世紀末就從遊牧生活改為農業定居，並在道羅岱草原建立了由上、下院構成的中國式豪宅*（楊，2008B。奇忠義，1991，頁64）*。本家族人深居內裡的上院，三十多名傭人和護衛兵則在下院住宿；西側為馬廄；東側為脫穀用的石臼和自家發電所。由於黃河沿岸的灌木茂密叢生，為造紙的上好原料，因此，西協理家族還經營造紙工廠，專供套海昭寺印製經文佛典。

西協理宮布扎布雇用了陝西北部府穀縣、一位人稱「郝秀才」的漢儒來做家庭教師，給孩子們傳道授業。因此，奇琳花和妹妹奇琴花兼通蒙、漢語。年長奇琳花八歲的哥哥奇全禧也念過私塾教育，並於 1935 年進入國民黨中央政治學校包頭分校的附屬學校就讀。由於中日戰爭爆發，包頭分校後來往西遷入青海，1937 年奇全禧被編入伊盟中學。伊盟中學的創立，是民國政府為數不多的蒙古優待政策中的一環，

註：清朝至中華民國時代，在蒙古人地區的行政組織制度中，每旗設置了東、西協理兩個並列的職位。一般來說，西協理的職位要高於東協理。東西協理、旗王都必須由成吉思汗的嫡系子孫擔任。

1939 年始稱國立伊盟中學（*札奇斯欽，1993，頁 128*）。筆者亦是這所中學的畢業生。

「郝先生教我們《三字經》、《論語》之類的漢文入門課。背誦不了的時候，先生就拿戒尺打我們手心。那個時代，不挨打無以得知識，不奮鬥無以建家國啊！」奇琳花回憶道。

三、急進派兄妹

在妹妹奇琳花的眼中，身著筆挺學生制服的哥哥奇全禧格外英姿颯爽、豪邁矯健。哥哥還常常給兩位妹妹朗讀滿洲正白旗出身的作家——曹雪芹的作品《紅樓夢》。「廢館頹樓夢舊家」的貴族名門沒落史，引起三兄妹的共鳴。在那激情燃燒的歲月，貴族王公出身的三個青年挑燈夜讀，熱烈地討論個人命運與民族的未來。

「我比妹妹琴花更熱衷於政治。因此更受哥哥的溺愛。後來，哥哥掌握郡王旗政治和軍事要職，與國、共兩黨都接觸時，機密文書的起草和保管工作，哥哥都交給我來做。」奇琳花回憶道。

奇琳花與兄長一樣，也畢業於伊盟中學。1947 年赴京進入蒙藏專科學校。國立蒙藏專科學校也被稱為蒙藏學校，是內蒙古東南部喀喇沁部親王貢桑諾日布於 1912 年創辦，旨在培養蒙藏子弟。內蒙古人民革命黨創始人白雲梯、郭道甫以及以蒙古民族自決為己任的英傑志士大多畢業於這所學校。1949 年以後自治區的最高領導人烏蘭夫也在

◀ 北平蒙藏專科學校時代的奇琳花。此時的她憧憬赴美留學之夢。（照片提供：奇琳花）

這裡學習過。

　　奇琳花赴北平的這一年，哥哥奇全禧被中華民國任命為伊克昭盟警備第三區少將司令官，蒙藏委員會任命他為郡王旗的輔國公（「輔國公」是民國政府沿襲清朝制度所賜予蒙古貴族的爵位）。

　　「蒙藏專科學校的女生只占一成還不到，大多是貴族家庭出身。來自鄂爾多斯的只有我一人！」奇琳花的聲音仍帶著舊日的丰采。從草原到都市上大學的奇琳花，成為當時蒙古社會的熱門話題。

　　假期裡奇琳花總是與哥哥一道回故鄉鄂爾多斯。身著旗袍的妹妹與一身軍服的哥哥縱馬橫刀參加套海昭寺的宗教祭典活動。寺廟內外，摩肩接踵、人山人海。

　　「蒙古人當時都著下襟很長的民族服裝，遇到貴族就趕緊下跪請安。我們兄妹主張廢除不合時代潮流的跪拜之禮，長輩們看到我們的時髦裝束，指責我們太激進。但年輕人，尤其是青年貴族，卻支持我們的行動。」奇琳花的瞳孔裡閃耀著草原的光芒。

　　奇琳花與奇全禧的父親宮布扎布是一位保守的傳統派。清朝滅亡三十多年，卻仍然保留著辮髮。早在 1911 年清帝被迫宣佈退位時，宮布扎布與鄂爾多斯其他七旗的王公一樣，熱切主張蒙古脫離中華民國，與漠北蒙古統一。1933 年 7 月，積極回應並支持錫林郭勒盟的德王在百靈廟展開自治運動（*奇忠義，1991，頁 64*）。德王亦留辮，直至 1945 年 8 月，蘇蒙軍解放內蒙為止。

　　與父親相比，母親安景芝對孩子們的影響更為深遠。身為王妃的母親，對父親的衣食起居都親躬力行。如蒙古草原所有的母親一樣，對孩子們傾注了無限的愛，並教孩子們區分天地間的善惡美醜、禮義廉恥。

　　「我們兄妹自以為是激進派的進步青年，著意於近代式的舉止言行，其中也包含興起社會變革、民族自重的意思。但實際上，我們誰都沒有跳出重視傳統文化的母親的掌心。母親很理解我們的激情理想，時而緩舒僵鞭，時而嚴於律子，在新與舊、傳統與現代之間保持著良好的平衡。」奇琳花回憶道。

四、雲需府的共產主義者

此時，一名共產黨員正頻繁地出入郡王旗西協理的官邸。他，就是土默特出身的蒙古人、時任「中國共產黨伊盟東部工作委員會」書記的雲北峰。雲北峰不僅熟知本族傳統歷史，還能描繪出一幅美好的共產主義藍圖。此刻的他正為著策反鄂爾多斯上層王公貴族而殫精竭慮。就讀蒙藏專科的奇琳花被雲北峰的精誠、膽識與辯才所打動，不多久兩人便陷入愛河。

「雖然雲北峰大我十五歲，但他具有豐富的知識、嶄新的思想，我並沒有感到年齡的差異。」奇琳花回憶起兩人相知相愛的過程。

雲北峰的故鄉是與鄂爾多斯東部接壤的土默特左旗的北什軸鄉。土默特地區的蒙古人十有八九取「雲」字為姓，緣於「雲需府」第一個漢字的音譯。

「雲需府」本為可汗從大都（北京）前往夏都上都的必經之途，位於南蒙古的張北一帶（今日的河北省張北縣）。從事獵鷹和釀造葡萄酒的中亞人在雲需府任職。14 世紀，蒙古人撤回長城以北，中原建立明朝時，漢人頑固而持久地攻擊雲需府周邊的蒙古人集團。蒙古人為對抗明朝而集結於雲需府，到了 15 世紀末發展成為強有力的軍事組織，這個組織便通稱為「雲需府」（烏雲畢力格，2005）。「雲需府」也在此時從官署名稱變為部族氏名。

進入清代，一部分族民遷移到呼和浩特西部黃河沿岸的大平原定居，逐漸接受農耕文化和漢文化的影響和薰陶，其中漢文化造詣深厚的他們開始使用漢字「雲」為姓，例如雲北峰、雲澤（即烏蘭夫）都是身負這樣歷史深蘊的蒙古人。

出生於富裕家庭的雲北峰原名雲占達，為四兄弟中的長子。1930年，十五歲的雲占達喪母，同年遠赴首都南京念書。此時，雲占達如饑似渴地涉獵《青年進步月刊》等雜誌，瞭解到蘇聯和蒙古人民共和國的變化，嚮往民族自決和社會主義理想。雲占達與同鄉的雲惠泉商量，相約一同前往蒙古人民共和國。

1936 年，雲占達回到內蒙古，追隨奎壁、賈力更（別名巴音巴圖）

以及高鳳英（蒙古人）等土默特同鄉的青年，全心投入於民族自決運動。奎壁與賈力更分別早在1925年、1929年就赴蒙古人民共和國烏蘭巴托的共產國際機關進修過。望著先行者踏過的足跡，雲占達更加嚮往宛如新天地的蒙古人民共和國。

當時，中華民國在能夠給予少數民族多大自決權的具體政策上，態度表現得相當曖昧。而與其說是在野黨，不如說被追趕到角落處躲藏起來、自認為反亂者的共產黨卻公然標榜「承認弱小民族脫離中國、創建獨立國家的權利」，並宣稱可幫助「內蒙古建立獨立自治國家」（毛裡，1998，頁34-35）。這些極具感召力與親和力的政治口號更加吸引著內蒙古的熱血青年。

在共產國際和中共的支持下，雲占達率領三十六名志同道合的土默特青年赴延安革命根據地。這三十六人中包括後來的包頭市市長墨志清、中共幹部的趙衛星、瑞軍等人。赴延安隊隊長雲占達渡過黃河之後，取「生活於北方草原的蒙古人民族自決之山峰」的寓意，遂改名為「雲北峰」。

五、共產黨的特貨：鴉片

在延安，等待著青年雲北峰等人的是嚴酷的「整風運動」。中共認為跟抗日戰爭相比，更為嚴重的政治問題是「延安潛伏著多如牛毛的國民黨奸細、日本特務」，因此宣導整頓黨風、肅清內部的知識分子和糾正錯誤路線。

共產黨用通俗易懂的大白話「脫褲子、現尾巴運動」來表現「整風運動」（何方，2005，頁158）。人人都得坦白自己，爭過「脫褲子現原形」這一關，還得檢舉揭發他人向黨表現忠心。交代不清問題的話，就會被「幫助整風」。即使生理不適的女性也不得寬赦豁免，接受毆打、強姦、暴虐的嚴酷考驗。所謂「整風運動」，長時間伴隨暴力血腥清洗（郝在今，2006，頁147-151）。意志頑強、堅韌不拔的雲北峰在延安民族學院度過了五年的艱苦歲月，並於1946年6月加入中國共產黨。

　　洞察到中日戰爭局勢的變化，中共為了在內戰中取得優勢，在後方全力開展諜報活動。1945 年秋，雲北峰被派回鄂爾多斯地區展開工作。他時而喬裝成藏傳佛教的僧侶，時而假扮行腳販貨郎，暗訪那些德高望重、主持實政的內蒙古王公貴族。雲北峰隨身攜帶的禮品，正是鴉片。是根據地延安和鄂爾多斯的烏審旗漢人種植的鴉片，專門賣給蒙古遊牧民與國統區的人們。

　　鄂爾多斯七旗中軍事力量最強的郡王旗正是雲北峰工作的重點區域。為了策反郡王旗的蒙古少將司令官奇全禧，雲北峰扮成僧人親近起奇全禧篤信佛教的母親安景芝。奇全禧是個遠近聞名的大孝子，雖然知道雲北峰暗中活動，卻不敢拂逆母親之意去逮捕雲北峰。

　　「郡王旗的蒙古軍是國民黨軍中的一支，由政府供給糧餉。而共產黨夜裡打游擊戰，神出鬼沒，幹部們深入民家搞宣傳工作。哥哥白天要應付國民黨，夜裡要對付共產黨，他腹背受敵，但在夾縫之中必須與對方不動神色地博弈。」奇琳花說道。

　　少將軍官奇全禧尤其憎惡共產黨秘密種賣鴉片。在奇全禧的道羅岱自家附近，住著一位名叫雲吉祥、從土默特遷移到鄂爾多斯的十六歲蒙古少年。與母親相依為命的雲吉祥為共產黨走私鴉片到國統區，當時駐紮呼和浩特的是傅作義將軍部隊。一次，雲吉祥被傅作義部隊逮個正著，要將他以緝私查菸毒為害之名嚴辦。奇全禧以孩子尚未成年之由，懇求傅作義部釋放了少年，但回家不久的雲吉祥卻被共產黨暗殺了，據說由於他洩露了走私鴉片的情報。

　　「哥哥被激怒了！士兵們在前線抗戰，他們卻在種植罌粟、走私鴉片，真是天理難容，心行處滅啊！鴉片是麻痺國民黨士兵和蒙古人神經的最高武器，將導致亡族滅種，共產黨是絕不會停止生產和走私的。1949 年中華人民共和國成立時，我就親眼見過郡王旗倉庫裡保存著大量的鴉片。」奇琳花證實道。

六、不利條件下的「投誠起義」

　　少將司令官奇全禧的家裡有一臺與國民黨綏遠省政府直接聯絡

的電臺，但同時他也派遣親信與共產黨直接交涉。十七、八歲的妹妹
奇琳花積極參與了哥哥周旋於兩大敵對勢力的機密活動。母親安景芝
雖然對漢人共產黨的意識形態說教並不關心，但對土默特的年輕蒙古
共產主義者雲北峰的話卻願意洗耳恭聽——因為雲北峰不但是共產黨
員，而且對蒙古人民共和國的介紹也非常詳盡。母親聽說同胞之國也
轉變為社會主義政權，當然希望內蒙古走上同樣自由、幸福的道路。

　　再者，來自延安的漢人共產黨員，宣揚無論蒙古人未來選擇建立
自己獨立的民族國家，或者願意成立聯邦制，都堅決支持。母親被雲
北峰的赤忱話語深深感動了，共產黨比國民黨更顯得能說善道，波湧
浪逐之戲至今不衰！

　　1949 年 2 月末，國民黨節節敗退。經雲北峰的斡旋，奇全禧與解
放軍代表在鄂爾多斯西南部的准格爾旗交涉談判，經過五天激烈的爭
論，雙方達成如下協定（*趙守忠，1984，頁 18-19*）：

一、殲滅郡王旗內的國民黨特工組織。
二、郡王旗內的蒙古軍立即與國民黨軍畫清界線。
三、郡王旗內的蒙古軍在未來改編為人民解放軍。在此之前，聽
　　從奇全禧與雲北峰的指揮。
四、保護蒙、漢族人民財產，保護寺院等名勝古蹟。

　　這是一個對蒙古方面極為不利的協議。奇全禧最初提出的「保護
蒙古寺院」、「不允許漢人移民墾殖」、「蒙古地區不搞階級劃分」
等要求，不僅全部被否定，相反還加上了「保護」侵入草原的漢農墾
殖民的財產等條文項目。由此可見，中共從一開始就明文彰顯將漢人
的權益擺在最優先的位置。

　　毛澤東在 1949 年 4 月 25 日頒布《中國人民解放軍布告》，對放
下武器不抵抗的國民黨官兵信誓旦旦做保證：「保護全體人民的生命
財產。各界人民，不分階級、信仰和職業，均望保持秩序，採取和人
民解放軍合作的態度。」「除了怙惡不悛的戰爭罪犯和罪大惡極的反

革命分子外,凡屬國民黨中央、省、市、縣各級政府的大小官員,國
大代表,立法、監察委員、參議員、員警人員、區、鎮、鄉保甲人員,
凡不持槍抵抗、不陰謀破壞者,人民解放軍和人民政府,一律不加俘
虜、不加逮捕、不加侮辱,責成上述人員各安職守,服從人民解放軍
和人民政府的命令,負責保護各機關財產、檔案等聽候接收處理。這
些人員中凡有一技之長而無嚴重的反動行為或嚴重劣跡者,人民政府
准予分別錄用(《毛澤東選集》1346-1348,人民出版社,1969)。」

　　很多人聽信了中共的謊言,甚至協助解放軍接收。在所謂的「三
大戰役」(註)中,桂系的軍隊很少與解放軍作戰,大量官兵都放下武
器回原籍,可是團以下都在故鄉被屠殺(謝幼田,《鄉村社會的毀滅》明鏡
出版社,頁258)。「投誠起義人員」成為「鎮反」的第一批殉葬品。

　　奇全禧一方面對中共提出的「給予人民以充分的自由」,例如:
廢止一黨專政、成立聯合政府以及實行必要的民主改革等,「要求取
消一切鎮壓人民的言論、出版、集會、結社、思想、信仰和身體等項
自由的反動法令,使人民獲得充分的自由權利」寄予很大的希望,另
一方面對自稱代表先進文明的漢人共產黨遵守「禮儀之邦、明禮守信」
的君子之言也深信不疑。

　　1949 年 8 月 4 日,高平、高增培等人率領解放軍大部隊從陝西北
部的榆林向北進發,一路上鳴炮示威湧入郡王旗。奇全禧率官兵千餘
人出城迎接,此時的他們,做夢都沒有想到中共竟然會出爾反爾,背
信棄義。

七、共產黨員的卑劣行徑

　　在歡迎高平司令員的宴會上,奇全禧無限感概地致辭:

　　「鄙人曾於 1945 年 5 月 19 日在重慶與蔣總統共餐用膳,沒想到
今日卻在此為共產黨高平司令接風洗塵啊!」

　　1941 年 5 月,奇全禧曾赴重慶拜會過蔣介石,一時新聞媒體都聚
焦在這位「蒙古族優秀青年」身上(奇忠義,1991,頁60)。1945 年 5 月,
奇全禧參加在重慶召開的國民黨第六次大會。翌年 11 月又出席了在南

註:「三大戰役」又稱「三大會戰」,指的是中華民國國軍與中國共產黨的紅軍
　　於 1948 年 9 月至 1949 年 1 月間發生的關鍵性戰役,分別是「遼西會戰」、
　　「徐蚌會戰」、「平津會戰」。

京召開的國民代表大會，以制憲委員的身分參與《中華民國憲法》制定工作。舊日的榮光與眼前不得不投降的屈辱一齊湧上奇全禧的心頭。

但就是這一句感喟世情、故為忿激之言，惹惱了征服者高平。「你有啥了不起！」高平將酒盅狠狠地摔在地上。

「高平真是個目不識丁、沒文化的兵痞。他根本就看不起蒙古人，典型的大漢人優越主義者。完全不遵守和哥哥簽訂的明文盟約。」奇琳花將共產黨員們宴席背後興風作浪的醜態盡收眼底。

身為解放軍司令員的高平染有吸食鴉片的惡習，一到夜間毒癮發作，菸槍不離身，性欲高脹，無法抑制，蒙古女性盡受其害。曾在高平部隊裡的蒙古士兵向筆者證實，高平甚至在戰鬥期間還在自己的坐騎戰馬上吸食鴉片。

「與言行如此粗野不堪的共產黨員們如何談及民族的未來呢？顯然雙方是沒有交集、無法溝通的。哥哥因此每天陷入愁雲慘霧之中。」奇琳花說。

兄妹兩人為民族的未來憂心忡忡、愁腸百結，談至深夜，想不出良策。

當時傅作義忠實的部下董其武和孫蘭峰將軍指揮下的國民黨軍駐軍於包頭與呼和浩特。1949 年 8 月 14 日，國民黨騎兵部隊趁解放軍高平與高增培部向別處移動之間隙，突入郡王旗，將奇全禧帶回呼和浩特。

對此，共產黨的手段也俐落乾脆，立即將奇全禧的母親綁架到與郡王旗接壤的陝西神木縣監禁起來。誰都知道奇全禧是出了名孝順母親的人，而且共產黨深知要使得幾萬人的鄂爾多斯蒙古人不戰而降，並納入自己的勢力範圍，奇全禧的存在必不可少。這種卑劣的行為，實為中共之常用的手段。

八、赴臺灣的飛機票

哥哥被國民黨軍、母親被共產黨軍分別綁架，正當奇琳花陷入多重困境之際，收到一封來自戀人雲北峰的信：

「全中國的解放就在眼前，希望向奇全禧兄長轉達拋棄幻想之意。」

信的內容不言而喻，旨在透過奇琳花的勸說策反奇全禧。毫無疑問，這不是雲北峰個人意願提筆的一封家書，而是遵照中共伊盟工委的旨意。

十九歲的奇琳花在兩位身強力健的蒙古兵護衛之下，騎上駿馬飛身直奔包頭市。從道羅岱至包頭的距離為 250 公里，奇琳花快馬加鞭，星夜兼程，只一天半就趕到包頭，然後從那裡轉乘火車到達呼和浩特。

奇全禧身為國民黨郡王旗黨部總書記，對民國政府來說，是不肯輕易放手的重要人物。

「『我們的力量已無法左右內蒙古當前的局勢了，國共雙方投入幾十萬兵力在總決戰，弱小民族的蒙古完全失去了出場參賽的機會了。』讀了雲北峰的信之後，哥哥深深長歎了一口氣。如今才知道，那一聲唱歎，就像置身於身後的星座，為未來指航定位。」奇琳花回憶道。

「1949 年 9 月 18 日傍晚七點，國民黨政府遣人送來了三張赴臺灣的飛機票。少將級別的三張，中將級別的四張。當晚九點的飛機。

「應該暫時遠赴臺灣嗎？」在北京蒙藏專科學校念書的奇琳花曾經憧憬過去美國留學。已有好幾位校友先行遠渡重洋。

「哥哥不僅蒙漢兼通，而且英語也不錯。1947 年春，哥哥在南京曾參加過『蒙古青年同盟』。這是一個德王系統的民族組織，以恢復蒙旗建制、民族自決為目標。比起蘇聯，『蒙古青年同盟』裡的青年大多更信賴美國。或許受其影響，哥哥也決意經由臺灣去美國。」兄妹二人開始倉促地乘機準備。

「我們都走了，母親怎麼辦呢？」奇琳花突然間冒出的這句話，令哥哥奇全禧不禁肝腸寸斷，放聲大哭。「母親也許會被漢人所害，還有，多年跟隨我的蒙古兄弟恐怕也性命難保啊！」兄妹兩人一思及此，不禁抱頭痛哭。

飛往臺灣的飛機按預定的時間徐徐升上呼和浩特的夜空。然而，

蒙古人奇全禧與妹妹奇琳花卻不在這架飛機上。

第二天，9月19日，解放軍將事先準備好的和平協定擺在董其武、孫蘭峰的面前，請二人簽字，董、孫二將宣布率部起義。國民黨高級將領起義人員名單中也排列著奇全禧的名字。中共官方史家稱之為「綏遠九一九和平起義」。其實，對於奇全禧來說，已是第二次「義舉」。

順道一提，董其武的「投誠起義」部隊後來被編入解放軍第二十三兵團，成為朝鮮戰爭送到前線的「炮灰」──借刀殺人是共產黨消除隱患的一貫手段。

九、跟「國民黨女間諜」跳舞的「民主人士」

中共為了向少數民族上層人士展現甫成立的社會主義新中國的美好風貌，特地邀請內蒙古自治區與綏遠省的有影響力的民族、宗教上層人士，安排參觀北京、天津等大城市。這些少數民族的上層人士被稱為「民主人士」，包括奇全禧在內的蒙古「民主人士」於1950年11月12日從鄂爾多斯高原出發，次日從包頭乘列車駛向北京。

這次旅行，其實是為奇全禧設計的、別有用心的一個陷阱。

一行人參觀天津的當晚，中共舉辦了盛大的交際舞會。泥腿子打天下的共產黨尤其熱衷於跳歐式風格的交際舞。國民政府將士在前線同日軍浴血奮戰時，共產黨卻躲在延安懷抱女性聞樂起舞。嚮往革命的北京大學畢業生王實味針對整個延安的歌舞昇平、夜夜笙歌的週末舞會提出過激烈的批評：「在這歌囀玉堂春、舞回金蓮步的升平氣象中，似乎不太和諧，但當前的現實──請閉上眼睛想一想吧，每一分鐘都有我們親愛的同志在血泊中倒下──似乎與這氣象也不太和諧！」但王實味卻因此遭致殺身之禍（*黃昌勇，2000*）。

一位名叫黎露的美女用英語向年輕英俊的奇全禧搭起話來。奇全禧不僅能讀寫英語，而且談吐自如，兩人一邊跳舞，越談越投機。分別時黎露還送給奇全禧一張親筆簽名的照片作紀念。然而，1951年1月20日，當「民主人士」還滯留在天津時，綏遠省公安廳一行突然出現，以「與國民黨女間諜接觸」之罪逮捕奇全禧，並押送回呼和浩特。

（卷2‧2001） 奇琳花與丈夫雲北峰。（《蒙古寫意》

　　毋庸置疑，「與國民黨女間諜接觸」之名不過是隨意羅織的誣陷罪名。此時中共正在大張旗鼓地開展「鎮反運動」。儘管奇全禧是與董、孫二將一起參加「綏遠九一九和平起義」的高級將校，且共產黨對「投誠起義」將校不追究「歷史之過」，還許下「保證其生命安全」的諾言。但奇全禧連稱得上「歷史之過」的所謂「劣跡」都很難套上，於是共產黨處心積慮地醞釀了一宗「與國民黨女間諜接觸」之罪。同一時期，正在張家口參加政治學習班的另一名少將奇玉山也被逮捕。

　　除此之外，奇全禧還有一頂罪名也被清算進來，就是「企圖用『筆槍』暗殺偉大領袖毛主席」。這是怎麼回事呢？原來奇全禧有一支高級自來水筆，他將這支自來水筆送給了民國時期土默特旗總管孫儒林，孫儒林又將它轉獻給敬重的土默旗同鄉烏蘭夫。烏蘭夫在與毛澤東會面時，拿出了這支自來水筆，結果具有高度「革命警惕性」的中共警衛懷疑這支筆裡面可能暗藏爆炸機關，心懷謀殺毛澤東之意。就這樣，蒙古友人之間相互贈禮之常事，被牽強附會地套上「暗殺偉大領袖」的冤罪。

　　奇琳花於 1950 年與郡王旗書記雲北峰結婚後，擔任旗政府衛生科科長。正值「鎮反運動」的高潮，鄂爾多斯草原風聲鶴唳，傳聞烏審旗貴族奇玉山少將將被處刑，奇琳花也知道哥哥奇全禧被逮捕之事，但堅信共產黨不至於坐江山的屁股還未捂熱就食言；再說，與「國民黨女間諜」跳跳舞的罪名也不至於構成砍頭罪呀！

十、「殺個把蒙古人以得蒙古族民心」

1951 年 6 月 22 日淩晨，身著睡衣的奇全禧在恍惚中從監獄被押往由中共伊盟主持召開的「群眾公審大會」會場，中途被告知參加奇玉山行刑「陪場」。所謂「陪場」，是漢人社會特有的現象，就是綁赴別的嫌疑犯到伏誅現場，以殺一儆百，官民皆服。但在「公審大會」上，剛被任命為伊盟盟長的傀儡、札薩克旗貴族奧其爾霍雅庫托卻高聲宣布奇玉山與奇全禧同判死刑，立即執行。是日正午，兩位蒙古少將司令官被剝奪了年輕的生命。

「哥哥做夢都沒有想到自己也會判死刑。但聽到宣判之後，哥哥凜然而冷靜。悄悄地對押捆自己的解放軍行刑隊長蕎玉林提出了三點要求：第一、不打頭部；第二、遺體還交家屬；第三、將來有機會的話轉告妹妹奇琳花自己是含冤而死。

「文革結束後的 1977 年，蕎玉林在呼和浩特將哥哥的遺言終於轉告了我。因我給貧病交加之中的蕎玉林介紹了一所好醫院看病，他囁囁地開啟了這扇歷史的傷口——綁赴刑場的哥哥舌頭被人用牙籤戳爛，口中被塞入毛巾、爛布條，使他無法喊伸冤。這年哥哥才二十九歲。」

四十天後，家屬才被告知奇全禧已被槍斃的消息。母親安景芝撕心裂肺，成日生活在極度的悲傷之中，無法進食。「共產黨過河拆橋，我兒子是一條鮮嫩的性命啊！」安景芝硬是撐到盟政府向漢人幹部抗議討個公道。不久後便精神失常。1952 年春，她就到天國尋找他兒子去了。

奇全禧最初對共產黨的政策就持有疑議，但因母親對共產黨有好感，他不敢拂逆母親之意而採取慎之又慎的態度，對漢人解放軍沒開過一槍一炮。擔心母親落入共產黨手中，為盡孝全義才放棄去臺灣的機會。而共產黨就在剛剛奪取政權之際，竟然對奇全禧恩將仇報，母親真是不堪重憶恨悠悠啊！

「哥哥在監獄遺留下了幾頁用英語寫的筆記，申辯自己清白無罪，白紙黑字地說明自己受到解放軍高平司令員和伊盟高增培書記等漢人

幹部的打擊報復。還留下了一張只有後背影的照片，多半是行刑的那天拍的。

「哥哥以『民主人士』的身分赴北京、天津參觀學習之後，郡王旗的四十二名有識之士聯名向政府遞交了請願書，他們擔心奇全禧有去無歸，向政府說明奇全禧的厚德仁義，於新政府也是棟樑之才。高平司令員和高增德書記看了請願書後更加下定決心，『不殺不得人心』。也就是說，只有槍斃奇全禧才能使群龍無首，成不了氣候。」奇琳花回憶說。

「您的丈夫雲北峰當時是如何看待義兄蒙冤遇害之事的呢？」筆者不禁問道。

「『跟土改一樣，都是極左路線的錯誤啊！』我丈夫私下嘀咕。40 年代後期在陝西省北部進行土改工作時，我丈夫親眼目睹漢人地主被共產黨用石頭活活砸死的殘酷畫面。哥哥被槍斃之後，我丈夫無顏也無勇氣見我的母親，那是因為母親對共產黨的良好印象，都來自我丈夫的宣傳。」

雲北峰從 1980 年開始為奇全禧平反昭雪而奔走呼號，但遭到時任北京軍區後勤部高官的高平與自治區高增培書記等人的強烈反對。「只要我還有一口氣，就絕對不同意平反！」高平對法院蠻施壓力。

直到 1987 年 1 月 13 日，伊盟發出《法刑審監第五號判決書》，「1951 年 6 月 22 日的判決未能基於事實，不予成立」（王文光、楊虎祥，1988，頁 60）。宣布為奇全禧平反昭雪，恢復名譽。

「我懷著執著的信念一直在尋找邀請哥哥跳舞的『國民黨女間諜』黎露。直到 80 年代才終於如願以償。她根本不是國民黨間諜，而是一位人民解放軍的女護士。這，就是事實真相。」

十一、在愛情與共產主義之間

哥哥被處刑不久，奇琳花因「三反分子」的身分遭到批判。所謂「三反」指的是「反貪污、反浪費、反官僚主義」。這「三反運動」是 1951 年底到 1952 年 10 月，中共在黨政機關工作人員中開展的政

治肅清運動之一（*王順生、李軍，2006*）。

　　「三反運動」是中共在建政初期，為防止農村出身的黨幹部進入城市後發生貪污、浪費、墮落，所行的最初目的。雖然中共宣傳這是一場以黨員幹部為對象的運動，但實質上與同時進行的大規模「鎮反運動」互動，很快形成高潮。既然哥哥奇全禧因身為鄂爾多斯蒙古最大的「反革命分子」已被鎮壓，那麼妹妹奇琳花也難逃厄運。儘管這時奇琳花還是正式黨員，但這說不清、道不明的「三反分子」政治標籤是誰都可以被任意貼上去的。

　　共產黨為「保持組織上的純潔」，勸說雲北峰與奇琳花離婚。延安派黨幹部對政治上的「根正苗紅」的資本倍加珍惜，實際上不過是既得利益者們敝帚自珍，強調其權利的合法性與正統性而已。僅僅一年前，共產黨為虜獲鄂爾多斯蒙古貴族的人心，甚至還曾積極支持雲北峰與奇琳花結婚。

　　「我們確實陷入熱戀之中，但因為門戶懸殊太大，那時尚未考慮婚嫁之事。我出身貴族名門之家，而雲北峰是響噹噹的共產黨員。但我們共同思索民族的未來，都願意為振興民族而獻出終身，因此，相互傾慕、擁有共同的理想與話題。但就如何實現民族自決的問題上，彼此的認識卻並不完全相同。於共產黨而言，男女個體之間是否相愛，並不重要。他們出於戰略和政治目的，讓蒙古族黨員與統治該地的蒙古貴族結婚，以便更快更有效地成為當地的統治者。他們根本不考慮個人的幸福，因此，儘管他們曾積極贊成這門婚事，每當政治情勢關係到其重大利害，或為了強調意識形態的純正時，遂又翻臉勸說離婚。」奇琳花說道。

　　奇琳花同意離婚，並宣布剛剛出生的女兒由自己撫養帶大。奇琳花顯示出大無畏的凜然氣概。雲北峰沉默了許久，沒有答應黨的要求。1951 年年末，雲北峰被降職，貶到位於黃河北岸的河套地區工作。如果雲北峰回應了黨的離婚要求，本來是預定提拔為綏遠省法院院長的。蒙古人兼共產黨員雲北峰在黨組織與愛情之間，選擇了愛情，自願放棄了榮升的仕途。

十二、「延安派」的浮沉

「河套」，指的是因農業灌溉發達的黃河中上游兩岸的平原、高原地區。蒙古人稱之為「木難‧和碩」。「木難」為陰山之古稱，「和碩」則是「先端部」、「山陽」之意。自古「木難‧和碩」為烏拉特部與鄂爾多斯部蒙古人放牧的豐饒之地。但清末來自山西省、陝西省的入殖漢民用武力趕走蒙古遊牧民之後，建立了無數的殖民村落。30年代後期，該地漢人領袖王英組織「大漢義軍」幫助日軍、並多次屠殺蒙古人。隨之40年代傅作義部進駐河套地區，再次屠殺「親日的」蒙古人。因此，中共建政之後，該地區的蒙漢矛盾激烈對立，民族間的紛爭不絕、仇視和成見很深，中共派遣雲北峰赴該地區進行「和平土地改革」。

中共「為減少民族間糾紛」，採取「蒙族揭批蒙族，漢族揭批漢族」的土改政策。實際上，將一望無垠的草原作為公共遊牧地的全蒙古人幾乎都被劃分為「剝削階級的牧主」。所以「減少民族間糾紛」不過借為口實罷了，當暴力手段激化時，就又歸結為「蒙族內部鬥爭」，包含著「以蒙治蒙」的陰險目的。

1954年3月，綏遠省、內蒙古自治區正式合併，撤銷綏遠省建制，原綏遠省轄區統一由內蒙古自治區人民政府領導，將綏遠省劃歸內蒙古自治區。從1955年起，雲北峰被任命為烏蘭察布盟共產黨委員會書記。這次人事晉升表明了自治區政府主席烏蘭夫的意向。但耿直的雲北峰並未領會到烏蘭夫的雄才大略與縝密細緻的政策佈局，他反對烏蘭夫親自推薦的兩位蒙古同胞入黨，因而招致烏蘭夫的惱怒。

這兩位蒙古人其中一位是烏蘭夫的夫人雲麗文的叔父——雲蔚（註）。1921年，十五歲的烏蘭夫曾與土默特地區托克托縣的雲亨結婚，與雲亨是否離婚並不清楚，後來烏蘭夫便一直是與雲麗文生活在一起的。

雲蔚很早就跟隨烏蘭夫，但在中日戰爭期間加入過國民黨新編第三師，因這個背景問題，雲蔚一直未能成為共產黨員。中共建政之後又過了好幾年，烏蘭夫覺得雲蔚的入黨問題該提到議事日程上來了。

註：雲蔚的兒子雲布龍自1998年起擔任內蒙古自治區政府主席。據中共官方說法，雲布龍於2000年6月，在錫林郭勒盟正藍旗桑根達來蘇木境內視察途中，因車禍不幸殉職。但蒙古人疑其為中共暗害。

　　另一位是雲北峰的同事，烏蘭察布盟的副盟長特布信。中共建政之後，對烏蘭夫來說，東部「挎洋刀的」一群已經無法構成抗衡和威脅了，且烏蘭夫也不滿足於實質上勢力範圍僅擁有東部地區的「小內蒙古自治區」，他更無法忍耐自己的故鄉土默特地區為綏遠省的一部分，並被驕橫跋扈的漢人們所掌控。在西部的綏遠省合併到東部內蒙古自治區，實現東西內蒙統一大業以及重建戰後萬戶蕭疏、百廢待興的故鄉，接受過日本式近代教育的「挎洋刀的」民族精英無論如何都是必不可少的重要力量。

　　「延安派不僅要拿槍，更要拿筆！」烏蘭夫號召延安民族學院培訓過的土默特幹部「向東部知識分子學習」，為顯示對東西部「一視而同仁，篤近而舉遠」的公平姿態，延攬東部秀才特布信的入黨工作大有必要。

　　但在雲北峰眼裡，烏蘭夫的一系列政策就是「疏遠延安派，優待舊社會『偽滿時代』的知識分子」。在「根正苗紅的延安派」革命幹部看來，像特布信那樣「挎洋刀的」一群人完全不能信任。雲北峰當時沒有充分認識到烏蘭夫優先發展經濟，迅速重建家鄉的雄才大略，因此招來烏蘭夫的不滿，導致雲北峰連 1965 年 9 月 15 日在北京召開的中共第八屆全國代表大會會議代表都沒有被選上。

　　儘管雲北峰反對特布信入黨，但在為天地立心、為民族立命的問題上，卻表現出錚錚鐵骨，剛直不阿的氣魄。1957 年，雲北峰調任內蒙古城市建設局當局長，特布信調任內蒙古人民出版社任社長。此時在毛澤東「言之無罪」和「榮辱與共」的承諾和鼓勵下，「反右運動」進入高潮期，特布信因「今天內蒙古標榜民族自治，但自治權少得可憐。我們什麼都『自治』不了。蒙古文不能使用，所有的傳統文化開始荒廢」等幾句發言，被扣上「自治區三大右派之一」的帽子。這時，作為自治區最高領導人的烏蘭夫沒有替特布信爭辯、脫罪，儘管他也許五內愴然而劍拔弩張，但行動上他選擇了緘默。他無法抗拒毛澤東「朕為天子，專行獨斷」的力量。

　　此時此刻，雲北峰路見不平，雙目怒睜，拍案而起：「特布信的

發言都是事實，而漢族幹部橫行霸道、恣行無忌，蒙古族幹部在自己的『自治區』，卻只能擔任無實權的副職，這是哪家子公道呢？

「蒙古族知識分子少，根本不存在『右派』問題！再說，特布信的發言不過秉承了烏蘭夫的旨意，卻把他打成右派，真是人心難服，天理不容啊！」

雲北峰的仗義執言，都被當作「有民族情緒，民族自尊心太強，黨的立場上亟待堅定在政治表現」，一一被記錄下來。

「雲北峰的仗義直言，在當時都可以被打成『民族右派』，但由於他是延安派，算是逃過一難。此時中共烹煮延安派尚未到火候，暫時放過土默特延安派，這些人說到底是狹隘的地方民族主義者，成不了大氣候，也形不成抗衡的勢力。1957 年中共的眼釘子、肉中刺還是東部『挎洋刀的』一群危險人物。因此，特布信在劫難逃，而雲北峰卻倖存下來。這類分化瓦解，分頭出擊的政治鐵腕，到了文革，就沒那麼簡單了。」奇琳花分析道。

十三、「幸運的」監禁

奇琳花的政治命運隨著丈夫貶遷，她如何也跟不上接踵而至、應接不暇的政治運動。於是奇琳花向政府提出進修學習的要求：本人出身於剝削階級家庭，政治覺悟太低，希望通過學習，提高認識。

幸運的是奇琳花的申請得到批准，1955 年奇琳花赴中央民族學院政治系學習，兩年後又在「馬列主義學習班」完成碩士學位，並「光榮地」加入了共產黨。

此時政治出身卑賤的奇琳花對於建設美好的社會主義國家又充滿了夢想與渴望。儘管丈夫與烏蘭夫之間意見不合而出現了縫隙，但在家庭生活上，她卻感到美滿如意。

1966 年春，雲北峰被烏蘭夫內定為自治區農委主任。此時烏蘭夫已經感知到，比任何一次政治運動都殘酷的大風暴正從北京向周邊地區席捲而來。而且由於內蒙古的國際地緣關係因素，與「蘇修」、「蒙修」地界接壤，因此中共必須鞏固北疆，清除心腹之患，也必須在政

治與國防上肅清民族不安定的因素。

烏蘭夫採取了自治區宣傳部長郭以青的意見，進行組織調整，重用土默特延安派鄉黨、親隨，以圖因循苟且避過風暴。但烏蘭夫太輕看了老謀深算的中共。就在 1966 年 5 月 21 日至 7 月 25 日召開的「前門飯店會議」上，劉少奇、鄧小平代表中央找烏蘭夫談話，集中火力攻心發難，烏蘭夫被當作「三反分子、民族分裂分子、修正主義分子、內蒙古最大的走資派」揪下落馬。

這時只有烏蘭夫的一個遠房侄兒、赤峰軍區副參謀長雲成烈聽到烏蘭夫在北京挨整的消息，趕到北京托人轉告烏蘭夫：「土默特旗人要頂住，讓烏蘭夫也要頂住，革命是有反復的，上大青山打游擊也要革命！」而雲北峰等延安派幹部卻束手無策、一籌莫展。不久，雲北峰被視為「烏蘭夫的五員黑幹將」而逮捕。土默特幹部後來全被一網打盡，押送鄂爾多斯的東勝市，直到 1975 年才獲得人身自由。

「因雲北峰一直被關押在解放軍管理的臨時監獄內，因此倖免於暴力毆打。但我的命運，卻迥然不同。」奇琳花說道。

十四、「烏蘭夫兒子的臭老婆」

此時奇琳花在自治區直屬機關工作。她被扣上的不實之罪為「反黨叛國集團的臭老婆」、「反動王爺的臭女兒」、「封建階級的臭公主」。

無論哪條罪名，都加了個「臭」這個形容詞，文革專用術語中有「批倒、批深、批透」，還有一個「批臭」也是其語言特徵。中共黨員及其領導者多為沒受過多少文明開化教育的農民揭竿子出身，只知終日「饕淫所階，百疾所附」，別說人文精神、審美藝術，就是洗澡刷牙、清除口腔積物，搞好個人和周圍環境清潔都不屑一顧。因此對「地主」、「資本家階級」身上散發出的氣味，他們可是「疾首蹙額，誓不共存」的。

將泥土和汗水提升到「崇高的革命象徵」的共產黨懷著「階級仇恨的感情」，必然將其對立面「剝削階級」的生存土壤定性為「臭」字，

方能掘地三尺，解千古之怨。

　　直屬機關的漢人造反派們將奇琳花視作「挖烏蘭夫黑線，肅烏蘭夫流毒」的「突破口」，以為對女性稍微施加暴力淫威，她就會乖乖「坦白交代，立功贖罪」，沒料到奇琳花無論怎麼就是不肯承認自己和丈夫屬於「烏蘭夫嫡系的民族分裂分子、黑線上的人物」。

　　「那個時代，屬於烏蘭夫黑線的死黨分子都是搶手貨，政府機關、群眾組織都爭著押往自己的批鬥會。我被帶到呼和浩特市郊的土貴烏蘭的建築學校接受群眾的『憤怒聲討』。為了給我沉重打擊，他們先向土貴烏蘭周邊地區的群眾放風聲，說『烏蘭夫兒子的臭老婆押解來了』，我剛下土貴烏蘭車站，無數漢人農民洪水般襲擊過來。我的下半身完全被踢壞了，流著鮮血，無法行走，那些漢人農民露著污濁的黃牙，不懷好意地哄然笑了。」奇琳花痛苦地回憶道。

　　從1949年中共建政到文革，「剝削階級都是敵人」、「民族分裂分子就是叛國投敵」等這一套迫害模式已經形成。他們的歷史身分和種族身分一樣，無可改變，共產黨煽動和灌輸的紅色恐怖和暴力戕害已經深入人心，且形成慣性。對「敵人」肆意迫害的虐待狂心理與獸性的嗜好，甚至帶有慶典和狂歡的下流氣氛，觀看者的情緒激奮，往往加倍助長了施暴者的虐行。在專政代替法制的情況下，不但沒有人站出來質疑或者譴責，相反因其「革命的正當化」而受到政治嘉獎，並成為誘發人性中黑暗痼疾總爆發的可怕動力。

　　「建築學校是一所中專學校。成績好的乖孩子上大學去了，留下的盡是些調皮搗蛋、學習不好的孩子。他們把我五花大綁地押解到學校的操場，讓我坐『土飛機』，並拔光了我的頭髮。」

　　飽受蹂躪與踐踏之後，奇琳花被監禁在學校的鍋爐房。蜷縮在黑洞洞的、伸手不見五指的鍋爐房裡，奇琳花抱著腫痛的頭，無言地哭泣。那種刻骨銘心的傷痛，匯流成河。

十五、哥哥的亡靈復活

　　同被關押在建築學校的同族年長女性悄悄地給了奇琳花一點生

薑，並告訴她，在有星星照耀的夜晚，用生薑汁擦頭皮，會慢慢長出新頭髮來。在以後的數年裡，奇琳花無論再受到怎樣的凌辱、怎樣的暴行，都不忘記這位蒙古老姐姐的話，堅持使用這個偏方，果真幾年後頭髮漸漸地長出來了。

1966 年冬，奇琳花的身心幾乎熬不過這樣沒日沒夜的拷問與批鬥了，她得了子宮脫垂症，令人痛不欲生。另外一位關押在一起的鄂托克旗的蒙古女性為奇琳花洗乾淨子宮，並人工將她脫出體外的子宮復位。這位同胞姐姐在中共建政前曾跟隨一位在鄂爾多斯草原傳教的比利時牧師學習過一些醫學知識。

「蒙古人，而且是蒙古女性，她們就必須天天遭受著語言無法表達的凌辱與踐踏啊？」奇琳花的聲音在顫抖。

一開始，造反派群眾給奇琳花的所謂「罪行」是「烏蘭夫黑線人物」，不管奇琳花如何舉例反駁丈夫雲北峰並非對烏蘭夫言聽計從，在工作中甚至會據理力爭。但沒有人會相信奇琳花的申辯。

到 1968 年，奇琳花被「挖肅」挖成「內人黨」。關於「內蒙古人民革命黨」，以前奇琳花只知道是中共建政前曾一度存在過的、以東部民族精英為主體組成的民族政黨。除此以外，她也沒有更詳盡的認知。

但是，「挖肅戰士」試圖威逼她承認連她哥哥奇全禧、母親都是「內人黨」的成員。這一逼問，奇琳花不禁回想起哥哥和母親的人生。事實上，奇琳花以為自己已經加入了共產黨，通過「思想改造，獲得了新生」，以為自己這段記憶被徹底封閉在歷史的鐵箱中了，不敢碰，也不想碰，抑或將痛感壓制為逃避？奇怪的是，文革彷彿是一根界椿，把奇琳花帶回哥哥和母親的情感與民族聯繫。奇琳花終於醒悟了，自己的人生其實逃不過哥哥和母親之命運的牽絆，那就是作為一個蒙古人，必須像哥哥和母親一樣，有尊嚴地活下去。

「文革之前，我以為我敬重的哥哥已經從自己的記憶裡徹底消失了，或者說我有意無意地死死封存起來。但在被非法囚監和沒完沒了的拷問中，我感到哥哥的亡靈在我心中一點一點甦醒，好像一棵老樹

根被重新澆灌，一把新鮮又古老的泥土上，嫩芽又綠了。哥哥為什麼會被殺害呢？十五年後，親眼目睹無數的同胞像哥哥一樣被殺害之後，我終於開始思考這個問題。」奇琳花說道。

十六、脫臼的手臂與新年的豬食

從1968年12月開始，中共所煽動的慘烈暴力行為直線上升。「工宣隊」與「軍宣隊」代替了學生紅衛兵，直接充當專政訛詐的馬前卒。

「『工宣隊』比建築學校的不良少年和郊外的漢人農民更殘暴、更惡劣。每天專門挑選深夜十二點至兩點拷打我們這些『犯人』，甚至一次就動用二十幾種私刑。『工宣隊』隊長李樹吼叫『叫你逃不出人民專政的鐵腕』，親自動手把我的右手腕扭到脫臼，早上我連上廁所都無法挪動一步，只能扭成一團蹲在地上，拖著這隻脫臼的右手，被吆喝著強制勞動改造。

「一日三餐分配給『犯人』們的是早上一碗清水粥，中午和晚上一個玉米麵做的窩窩頭。每年到舊曆新年，『犯人』們以為至少過年會改善伙食，給大夥吃個飽飯，但每年大年初一，漢人看守們故意在飯桶倒進豬食飼料。」

「『內人黨』妄圖分裂祖國，比豬還不如！」

在這種明目張膽的怒罵與奇恥大辱中，奇琳花度過了七年最艱難的歲月。

雲北峰「幸運」地被關押在解放軍「管制所」內，他的故鄉土默特左旗由於是烏蘭夫的故鄉，此時已化作「挖肅」紅色大殺戮的原野。左旗內所有的蒙古幹部群眾都被打成「內人黨」，被「選為」殘酷迫害的對象。

據阿拉騰德力海的《挖肅災難記錄》記載：「公社革委會主任給兇手們打氣，『不要怕，打死一個單擺開，打死兩個垛起來，死的多了扔東海（哈素海）』。」

北京電影學院的吳迪教授曾是從北京下放到內蒙古的知識青年，他的《內蒙文革實錄——「民族分裂」與「挖肅」運動》記錄了雲北

峰的故鄉、土默特左旗北什軸公社的「挖肅」之慘烈實況：

「五十八歲的雲宜常是蒙族，貧宣隊隊長、圪速貴大隊的漢族社員崔柱柱剛一進村，就逼他承認自己是『內人黨』。雲宜常被押到大隊部，審訊之後關在隊部裡。雲宜常害怕，半夜逃走。崔柱柱即將雲家大小十口人全部綁到大隊部吊打。雲宜常在村外的機井房裡躲了一夜，本想跳井自盡，猶豫再三，決定回村自首。他剛進大隊部，崔柱柱就抄起一把鐵鍬，迎面劈過去，雲宜常的耳朵被劈掉，鎖骨被打斷。然後崔柱柱等人將他吊起毒打，一個長條板凳竟被打折，雲宜常的腿骨被打斷，血流遍地。崔柱柱命令雲妻跪到地上舔血。雲宜常被打死之前，崔柱柱及其他貧宣隊隊員給雲宜常及其家人上的刑法有：頭顱穿洞、生豆芽、抄豌豆、老虎凳、跪鍘刀、洗冷浴、烤火爐等十幾種。雲死後，崔下令將他的屍體用馬拖著繞村一周，然後拉到村外荒灘，不許掩埋。不到一天，雲宜常一家十一口，一人被打死，七人被打殘」。

吳迪教授說這類事例，在內蒙古的「群專」活動中不勝枚舉。土默特旗檔案館中至今還保存著成千份被害家屬平反後寫的上告信及目擊者的證明。

土默特的蒙古人比起其他任何蒙古部族更早接納來自關內的漢人農民。這些遷徙到蒙地務農定居的貧苦農民大多是政治上受迫害的白蓮教教徒。位於黃河沿岸幾百公里是一片儲廩豐饒、室馨不懸，由於地下水源豐富，氣候溫度適宜，適合發展農耕經濟。入殖的漢人農民很快就擴展農耕地帶，並過上安穩富足的生活。而漢人移民易患健忘症，他們很快忘記了農耕地帶的擴張威脅了遊牧經濟與牧民的生存危機，忘記了蒙古大地寬懷而豐饒的恩惠。中共建政之後，身心都被共產黨理論洗腦戕害，既不怕天譴，也不怕下地獄的漢人農民上演了一場血淋淋的過河拆橋、恩將仇報的故事。

十七、少數民族是法外賤民

1979 年，雲北峰調到全國人大民族委員會任秘書長兼黨組委員會副書記。這時文革已經結束。全國人大以「健全社會主義法治制度」

為目標，宣導依法治國，執法為民，維護法律的權威和尊嚴。文革一開始就被劉少奇一夥打倒的原北京市長彭真此時也恢復了工作，擔任全國人大常委會法制委員會主任。

彭真認為文革爆發的原因之一是「社會主義法治制度不完備」（《彭真傳》編寫組，2007，頁308），在中國曾經發生過「究竟是法大，還是黨委大、首長大？」的問題，也就是說，究竟是共產黨凌駕於法律之上，還是法律高於政黨、法律至上這類尚停滯在前近代歷史定格裡的論爭。

不過，誰都知道，中國的法律如同兒戲，憲法無法約束黨和政府的權力，關切到中共自身的權益時，任何司法程式都無法生效。從地方到中央的各級法院都在共產黨的政法委員會管理之下，最終判決不是由法院的法官們決定，而是由政法委員會決策和部署的。因此文革中所有的殺戮與迫害行為，都是「極少數的極左分子」所為，至於中共一黨獨裁體制這個根本問題，卻完全沒被觸及，更談不上徹底清算。

據中共官史《彭真傳》中記載，彭真曾主張法治應該擺在首位，高於共產黨政策。也許他在全國人大的法制委員會上確實這麼發過言。但一旦變成少數民族的問題，彭真的態度就轉了個一百八十度的彎。

據奇琳花所說，雲北峰當時為《民族區域自治法》的「起草領導小組」成員之一，而時任全國人大常委會副委員長的烏蘭夫則擔任小組組長。這個《民族區域自治法》旨在「進一步完善和健全我國實行民族區域自治制度進入法制化的軌道」。

同為社會主義國家的蘇維埃聯邦承認各個民族自決權，承認各民族享有安排自己命運的平等權和民主權，並根據各民族自願、平等、民主聯合的原則，建立「在各自由民族的自由聯盟基礎上的聯邦國家」。因此，每個共和國保留自由退出聯盟的權利。

但是由中共建政、漢人占絕大多數的中華人民共和國卻否定少數民族的自決權，在國家的統一領導之下，各少數民族聚居的地方實行區域自治。「建設中國特色社會主義政治」的重要內容之一就是「民族區域自治制度」，而所謂「行使自治權」，也不過是徒有其表。大

小實權都掌握在入殖者漢人共產黨的手裡。具體地說，就是從上至下，一直到基層行政的末端組織，共產黨的書記全部由漢人幹部擔任，少數民族幹部頂多擔任副職。

漢人謂「用人不疑，疑人不用」，對少數民族卻是「疑人而用，配相裝飾」。

雲北峰經過數年的調查研究，收集了為數可觀的資料。在他執筆起草的《民族區域自治法》內寫入了「在少數民族聚集區，共產黨的書記應由少數民族幹部擔任」這一項。換言之，他認為少數民族幹部能否擔任書記一職是確保行使民族自治權的試金石。然而，雲北峰的《草案》經過「逐條逐句逐字」地向彭真匯報，立即遭到他的強烈反對，這一項，被徹底否定而刪除。

「究竟是黨大，還是法大？」雲北峰在「領導小組」會議上忍不住咄咄逼問。

「在少數民族的問題上，還是黨大！」彭真回答。

彭真所強調的「撥亂反正」、「健全社會主義民主法制」、「法律面前人人平等」，從根本上來說，維護的是占人口絕大多數的漢人的權益，少數民族為法外賤民，即在共產黨統一領導之下管理與教化的對象罷了。

雲北峰激烈地反駁彭真為「典型的大漢族主義」的表現，但在場的烏蘭夫卻始終緘默不語，對雲北峰的意見不置一詞。1984 年 5 月 31 日第六屆全國人民代表大會第二次會議「一致通過」《中華人民共和國民族區域自治法》，並予以公布。這個《自治法》的特徵是比起少數民族的自治權，更加強調和優先共產黨對少數民族的管理與控制。

根據其他幾位中共幹部證實，雲北峰在法案審議的當天被強制住院。一向健康結實的雲北峰從住院的那天開始得了一種原因不明的疾病。1986 年 8 月 12 日逝世。四天之後，新華社發出了這條消息：「中國共產黨的優秀黨員，共產主義戰士雲北峰因病不幸逝世。」（*巴義爾，2001，頁 138*）

由於雲北峰在最微妙的時期「住院」，因此，關於雲北峰之死，

內蒙古自治區普遍認為是被中共毒殺的。謀殺持不同政見者，為前蘇聯等社會主義陣營層出不窮的常見手段。

「雲北峰原定升任全國人大副委員長，但因他強調少數民族自治權的具體行使，對抗彭真，被認為『民族主義思想嚴重』，結果沒當上。」奇琳花回憶起與丈夫在北京度過的最後歲月。

「謝謝您證言您的兄長奇全禧與你們夫妻的個人史、心靈史。那麼，我們蒙古人應當從這些近現代史中學到什麼呢？」筆者最後向奇琳花請教。

「我丈夫生前回顧自己的生涯，歸咎出人生鑄成的『三錯』，也可以算是他的遺言吧！第一錯，從南京回到故鄉土默特之後的1940年，不該去延安，去蒙古人民共和國就好了；第二錯，就算是留在中國，也應該去國統區的西安；第三錯，不該加入中國共產黨。最後，他帶著這三個憾恨離開了人世。」奇琳花答道。

第捌章

殺戮蒙古族的「正當性」

——是「延安派」還是「地方民族主義者」的俄尼斯

　　俄尼斯是內蒙古自治區鄂爾多斯地區烏審旗人。鄂爾多斯之南曾是共產黨的「革命根據地」範圍。俄尼斯畢業於城川民族學院，以「黨的少數民族幹部」身分活躍於文藝界和學界。文化大革命中，俄尼斯被冠以種種不實之罪名。蒙古族知識分子是如何理解文化大革命的呢？傾聽俄尼斯獨特而精闢的見解，對於文革的人性災難，可有更深入的瞭解。

◀ 佩戴中共頒發的各種勳章，站在史達林肖像前的俄尼斯指出：「蘇聯也好，中國也好，都是各民族的大監獄！」

一、蒙古人眼中的陝北根據地

每次回呼和浩特省親時，筆者必定拜會一位長輩，那就是我的伯
父——俄尼斯。

俄尼斯一生嗜書如命，早在 50 年代，他的足跡遍及鄂爾多斯大草
原，醉心於收集民間手寫本，除了捐贈給政府研究機關之外，自己亦
「冬不爐，夏不扇，蓋心於善本，忘乎其為寒暑也」。文革一開始，
他的至寶幾乎被革命群眾盡數棄毀，僅存一部分（*楊海英《鄂爾多斯蒙古
人俄尼斯所珍〈金書〉》，2002、2005*）。《金書》是成吉思汗祭典祭文
類之總稱。俄尼斯的《金書》是用鋼筆謄寫在一本叫「複寫信箋」上的，
為後世研究提供了更豐富的第一手資料。

自治區的莘莘學子尊稱俄尼斯為活詞典、萬事通，大家一遇到歷
史研究和傳統文化的問題，都會向俄尼斯請教。而俄尼斯通常會引用
歌詞或韻文，「意廣而調高，節明而語妥，鋪敘端雅，抑揚頓挫」，
聽者入耳動心，如沐春風。

2006 年 5 月 17 日，筆者再一次傾聽俄尼斯談親歷的文革中對蒙
古人的大殺戮。

「蒙古人最初接觸的中共黨員都是陝北的漢人。」俄尼斯打開了
話匣。

鄂爾多斯與陝西省北部貧瘠的黃土高原接壤。貧苦的農民紛紛
自發組織起來，其中出現了一些地方強人的共產主義者，他們收編和
改造當地的農民武裝，開展「兵運」，開始創建革命政權的第一次嘗
試。這些人大多沒有受到過良好的正規教育，具有流氓無產者性格。
毛澤東及其中共領導層的演講和日常談話中都喜歡使用性方面的淫詞
穢語以及粗俗不堪的比喻。他們的政治手法也充滿暴力與謀略，因此，
連漢族知識分子都認為他們是一群竊據高位的「政治流氓」（*亞衣，
2005，頁 213-223*）。

「不過『政治流氓』中的陝北漢子卻非常淳樸、率真。漢人說的
『杠頭』，膽子大、心太粗、腸子直、不服輸，跟來自南方的『正統』
紅軍明顯不同。後者嫻熟於陰謀權術、鬥爭整人。」俄尼斯根據自己

的經驗分析道。

陝北地區中共黨和軍隊的早期領導人是劉志丹和高崗。因劉志丹是個「現代俠盜羅賓漢」，對有錢人懷有一貫仇恨，他的名字給窮人帶來了希望（*美國記者斯諾《西行漫記》*），所以深受陝北老百姓的喜愛。劉志丹的故事流傳很廣，有點年紀的人都會唱信天游《陝北出了個劉志丹》：

> 「正月裡來是新年，陝北出了個劉志丹。
> 劉志丹來是清官，他帶上隊伍上橫山，
> 一心要共產。
> 劉志丹是英雄，帶領百姓吃飽飯。」

20 世紀初中國貧瘠而單調的西北邊陲，臉朝黃土背朝天的農民忍受著頻繁的天災、軍閥和土匪帶來的貧窮和饑餓。漢人學者任不寐稱中國的政治為「前政治」，即中國是從未政治化的「前國家」。因此歷代中國王朝可視為「無政府」狀態的軍管政權，暴力是中國社會的政治語言（*《災變論——中國人的流離飄蕩與救贖》*）。

而「劉志丹是英雄，帶領百姓吃飽飯」，1935 年 10 月，劉志丹、高崗等人向被國民黨圍追堵截、北上逃到陝甘根據地的毛澤東伸開雙手，給了他們一個安身活命之地。當然毛澤東的威望和人氣與劉志丹根本無法相比。

「根本搞不清那些個南蠻子跑來幹什麼！」陝北農民呆若木雞地看著折兵損將、面黃肌瘦、衣衫襤褸的南方逃兵部隊。

對於政治清洗手腕相當老道的毛澤東很快就悟出一個簡單的道理——不除掉「救世聖人」劉志丹，就無法樹立自己煊赫的絕對權威。

「1936 年 4 月，毛澤東以派劉志丹上東部『抗日前線』打日本為名，調開劉志丹部，據說在黃河渡口三交。一挺敵人的機關槍，在掃射進攻的紅軍時，打中了劉志丹的心臟；另外一種說法是被一位姓裴

的政治保衛局的特派員謀殺的。劉志丹死後，毛澤東的題詞是『群眾
領袖，民族英雄』。他的家鄉保安縣改名為『志丹縣』。我曾在志丹
縣待過一段時間，當地的農民都很憤慨，說是南蠻子搞的鬼，對南方
來的紅軍恨之入骨。」俄尼斯說。

　　筆者於 1991 年在陝北的靖邊縣、榆林市一帶做過田野調查，也
聽過當地老人類似的證言。中共稱陝北為革命根據地，給了窮途末路
的紅軍落腳點，但是建政之後並沒有感謝過當地老百姓，也沒有給予
過任何優待政策，而引起陝北農民的不滿。

　　筆者在兒提時代還曾聽到過漢人老人家愉快地哼唱過《劉志丹之
歌》。在那個時代，這首民謠是被禁唱的，但陝北人敢於掛在嘴邊口
吟哼唱，也算表達了底層百姓最低下限的反抗精神吧！

二、「脫褲」的整風運動

　　劉志丹被暗殺之後，陝北陷入「人為刀俎、我為魚肉」，人人自
危的恐怖氣氛中。另外一位陝北根據地的創始人高崗完全降服於毛澤
東之下。當時在烏審旗開展活動的地下黨員幾乎都是高崗的部下，俄
尼斯就是受過高崗部下傳播思想薰陶與教育過的一位。

　　1941 年中共決定建立延安民族學院，院長為僥倖逃過慘烈陰險的
肅反運動的高崗，雲澤（烏蘭夫）任教育處長，遼寧海城人王鐸任副
教育處長。但掌握實權既非陝北人高崗，亦非蒙古人雲澤，而是南部
江西人、擔任民族問題研究部長的劉春。

　　當時延安有來自烏審旗的那順德力格爾等三十多人。那順德力格
爾曾是 1925 年創建、內蒙古人民革命黨直接指揮的武裝勢力「內蒙
古人民革命軍第十二團」的士兵，他們在烏審旗的內政失敗後被迫逃
到延安來避難。與其說他們基於革命理想而投奔延安，毋寧說他們更
多的動機是權且藏身，以待翻身時機。

　　1939 年 9 月，內蒙古西部土默特地區大約有一百人左右的蒙古青
年爬山涉水來到延安。據今天中共的官史記載，中共於 1937 年在呼
和浩特北部大青山開展「綏蒙各界抗日救國會」地下活動，經由中共

地下政工幹部的介紹，這些「優秀的蒙古青年被選派到革命根據地」。他們之中有雲澤（烏蘭夫）的女兒雲曙璧、兒子雲曙光（後改名布赫）。延安民族學院以「提高少數民族的革命覺悟與文化理論水準，培訓少數民族的各類政治幹部，灌輸黨的民族政策」為目的而建立。

　　1942 年中共在延安以「特務滿天、多如牛毛」為名，將憧憬共產主義理想而投奔延安的進步知識分子列為對象，開展了一場殘酷的政治肅清──「整風運動」。同年 3 月 9 日，《解放日報》發表了毛澤東與其秘書胡喬木的共同「奇文」《教條和褲子》。「這篇社論以大膽使用粗俗文字於政治鬥爭，開創了中共文宣語言的新範式」*（高華，2000，頁 316-317）*。

　　「問題發生在他們的貴體下，他們總是不肯下水，總是不肯脫掉褲子……大家怕脫褲子，正因為裡面躲著一條尾巴，必須脫掉褲子才看得見，又必須用刀割，還必須出血。尾巴的粗細不等，刀的大小不等，血的多少不等，但總之未必是很舒服的事，這是顯而易見的。」

　　心領神會毛澤東旨意的延安民族學院立即出版了一份《脫報》，顧名思義，就是「脫褲報紙」。學院裡的蒙古知識分子遵照上級的指示，人人得「脫掉褲子」，讓漢人共產黨「用刀割」。這就是少數民族幹部在「整風運動」中的實態*（高華，2000，頁 331）*。

　　領導民族學院「整風運動」的是毛澤東信賴的民族理論家劉春。以搶救失足者、審幹、反奸為口實，採取捆綁吊打、刑訊逼供等肉刑與精神侮辱的「整風」持續兩年之久。據王鐸的保守記載，一共有八名蒙古青年被拘押*（王鐸，1997，頁 135-136）*。另外據報告，雲澤的三兒子、年僅七歲的力沙克都被審訊了整整一個月*（巴爾義，1998，頁 10）*。換言之，「革命覺悟與文化理論水準低」的蒙古青年根本得不到共產黨的信任。

　　率先在中共中央直屬機關中開展「搶救」、負責情報工作的康生後來替共產黨開罪時解釋，「整風運動是極左路線的擴大化的結果」*（王鐸，1997，頁 136）*。二十餘年後，共產黨在解釋文革期間為何會發生蒙古族數萬人被大屠殺時，也是使用同樣的辭藻──「清理階級鬥

▲ 1947年，烏蘭夫的長子布赫與其夫人珠嵐其其格攝於烏蘭浩特。他們在中共建政後主持自治區文藝界的工作，此時烏蘭浩特聚集著無數日治時代培養的民族精英（《內蒙古寫意》卷3，2007年）。

爭隊伍中，內蒙古已經擴大化」了。甚至得出「全都是康生一人主觀臆斷和唆使」造成的結果（*圖們、祝力東*）。

三、「延安派」與「挎洋刀的」

　　1945年2月，改稱中共伊盟工委的原中共城川工委在鄂托克旗內的城川重建後，民族學院遷至城川鎮，並且改稱「城川民族學院」。同年4月5日，俄尼斯進入城川民族學院學習。如前所述，俄尼斯受到高崗部下，以販賣「特貨、肥皂」為名走私鴉片並宣傳共產黨思想的地下黨員的影響。不久，俄尼斯又從故鄉偷偷地帶出了他的表弟巴音道爾吉，也就是筆者的父親。

　　「沒跟你奶奶打招呼，就擅自將你父親帶出來遠走高飛了，你奶奶又傷心又生氣啊！」俄尼斯抿嘴笑了。

　　筆者的父親至今仍舊仰慕並敬重「革命領路人」俄尼斯。

　　從1949年4月，解放軍「百萬雄師渡大江」，共產黨奪取全國勝利即將在望，毛澤東與總司令朱德發佈《向全國進軍的命令》，毛澤東還宣稱「……對於反動階級和反動派的人們，在他們的政權被推翻以後，只要他們不造反，不破壞，不搗亂，也給土地，給工作，讓他們活下去，讓他們在勞動中改造自己，成為新人」（*《論人民民主專政》，1949年6月30日*）。解放軍進入鄂爾多斯地區時同樣頒布承諾：不移民，不開墾，保護草原（*梁永，1984，頁1-188*）。草原蒙古牧民以

及共產黨內像俄尼斯一樣的蒙古族共產主義信仰者，耳聞目睹這些紙面上的政治諾言之後，心緒安定，放下了憂慮。

但是中共很快撕破了承諾——中共歷來無誠信之舉，從不守雞黍之約，所有的「承諾」都是蒙蔽術、障敵之眼、誘其入甕罷了。因此中共建政之後，接二連三地發動的血腥的政治清洗運動，都是按照事先算好的殺戮指標完成，甚至「唯恐難以按計畫完成，產生了急於湊數的思想」。

光是 1955 年的「肅反運動」中，全國約有一百四十萬人成為「肅反對象」（*朱正，2004，頁374*）。人口僅僅一萬三千人的烏審旗，1951年這一年就有九十二人被逮捕，至少二十三人被槍斃（*中共烏審旗黨史旗志辦公室，1986，頁39*）。被認定的「反革命分子」蒙古人被「公正」地分配到旗內各地區召開的「懲治反革命群眾大會」上接受揭批，之後都被公開處刑。

1949 年 9 月，高崗當選中央人民政府副主席，並主政東北，一時倚重之勢可想而知。1952 年高崗調入北京，其地位和權力之顯赫，均在其他幾位同時進京的諸侯之上，一時有「五馬進京，一馬當先」之美談。

但不久因高崗與毛澤東信賴的劉少奇、鄧小平等南方人發生分歧，中共列舉了高崗「暗通蘇聯」等「陰謀活動」的十大罪狀。1954 年 8月 17 日高崗「畏罪自殺」（*馬畏安，2006。陳大蒙、劉史，2008*）。高崗死後，他主政過的地區與他有關的人都受到株連。民族學院畢業的蒙古幹部都與高崗多少有過一面之交，都被當成「高崗分子」而被嚴格地「審幹」，要求交代清楚歷史問題。

中共建政後，共產黨將自治區的蒙古幹部分為「延安派」與「偽滿時期曾附逆過日本」的「挎洋刀的」兩大「宗派體系」分而治之。前者響噹噹的「根正苗紅」，後者「技術上可使用，政治上不可信」。俄尼斯出身於貧苦家庭，又畢業於城川民族學院，屬於延安派，不久，他進入鄂爾多斯地區文化局工作。

▶ 上世紀80年代內蒙古自治區公開處決「反革命分子」。公開處刑為漢族社會的狂歡活動,異常的氣氛中激發出觀眾虐待的迷幻與善性的滿足。

四、青島會議上面目猙獰的周恩來

「對少數民族政策急驟轉舵的指標是『青島會議』。」俄尼斯證言。

1957年7月至8月,中央民族事務委員會邀請二十九個民族的一百零五名出席首屆全大第四次會議的代表,在青島舉行「少數民族工作會議」。8月4日,周恩來在會議上發表了一篇長篇大論,其中在第二部分強調「關於民族區域自治」時指出:「在中國適宜於實行民族區域自治,而不宜於建立、也無法建立民族共和國。」(《周總理在民族工作會議上的講話》,1986,頁24)

實際上在中共建政前的1945年4月,毛澤東曾發表《論聯合政府》一文,主張:「在新民主主義的國家問題與政權問題上,包含著聯邦的問題。中國境內各民族,應根據自願與民主的原則,組織中華民主共和國聯邦,並在這個聯邦基礎上組織聯邦的中央政府。」

但就在兩年後的1947年5月,內蒙古自治政府成立時,中共就只強調「不是基於自治權的聯邦制,而是區域自治」,也就是說,僅僅兩年之後,在少數民族的自治權問題上已經大闊步地後退了。因此,中共建政後,必須全盤否定以前承諾的「促成蒙古、西藏、回疆三自治邦,再聯合成立中華聯邦共和國」等所謂「民主革命時期」的民族理論。與其它少數民族相比,早已實行「區域自治」的內蒙古與其它正在籌備建立自治區的西藏、新疆都有要求「比區域自治更高層次的

自決權」的意向，因此，召開這個「青島會議」正是為了使少數民族幹部折服，因此被稱為是「中國社會主義時期解決國內民族問題的綱領性文獻」。以下便是周恩來的說明：

「我國為什麼要實行民族區域自治，而沒有實行民族自治共和國那樣的制度呢？

「蘇聯的自治共和國是給民族自治權利，我們的民族區域自治也是給民族自治權利。不同的地方，在於蘇聯的區域劃分與我國有很大的不同，蘇聯的自治共和國的權利、許可權的規定也與我國有些不同。這些不同，是肇因於兩國的歷史發展的不同而來的，部分地也是由於中國和當年十月革命時代的形勢不同而來的。中國的歷史同當時俄國的情況卻完全不同。中國的民族發展在地區上是互相交叉的，內地更是如此。漢族曾經長時期統治中原，向兄弟民族地區擴張；可是，也有不少的兄弟民族進入過內地，統治過中原。這樣就形成各民族雜居的現象，而一個民族完全聚居在一個地方的情況比較少，甚至極少。

「我們就得出一個結論：在中國適宜於實行民族區域自治，而不宜於建立也無法建立民族共和國。歷史發展沒有給我們造成這樣的條件，我們就不能採取這樣的辦法。

「列寧當時強調民族自決權這個口號，並且承認各民族有分立的權利，你願意成為獨立的共和國也可以，你願意加入俄羅斯蘇維埃聯邦社會主義共和國也可以。當時要使第一個社會主義國家在政治上站住腳，就必須強調民族自決權這個口號，允許民族分立。這樣才能把過去那種帝國主義政治關係擺脫，而使無產階級專政的新社會主義國家站住腳。當時的具體情況要求俄國無產階級這樣做。

「若要強調民族可以分立，帝國主義就正好來利用。即使它不會成功，也會增加各民族合作中的麻煩。」

周恩來在《講話》中最後清楚地表明：「我們不要想民族分離，更不應該想民族『單幹』。歷史的發展使我們的民族大家庭需要採取與蘇聯不同的另一種形式。」

簡明扼要地說，就是蘇聯的憲法承認各民族的分離獨立權，也就

▲ 1957 年夏，在青島「少數民族工作會議」上發表講話的周恩來。旁邊是被《講話》氣勢赫倒、呆若木雞的烏蘭夫。《講話》一開始就否定了少數民族的分離權，因而即便漢族使用暴力鎮壓，少數民族也只能自制忍耐，今後這種狀況還將繼續（《烏蘭夫》，1991）。

是承認各民族有自由退出蘇聯的權利。但是中國不搞這一套，僅容許保持「自己的特色」。強調民族自決，就是搞民族分裂。

俄尼斯本人雖然沒有參加這次會議，但從出席會議回來的代表垂頭喪氣的表情上，就明白了這個「中國社會主義時期解決國內民族問題的綱領」的實質。

俄尼斯回想起一位蒙古代表流露出的感想，「青島會議」是「強制通婚會議」：「打個通俗易懂的比方，少數民族與多數民族的關係好像男女的婚姻關係。蘇聯的憲法，如果各民族與俄羅斯人關係弄不好的話，可以自由離婚，脫離強拗的約束關係。而中國卻不是，一旦結婚，就是不喜歡，到死也要跟漢族生活在一起。因中國不承認離婚權。就是關起門來搞『家暴』，也只有忍辱負重、忍氣吞聲的份兒。」

五、「借荊州」的深謀遠慮

中共建政後到 50 年代前期，從清朝開始被稱為「內蒙古」的蒙古人故鄉一直處於兩個行政分裂的狀態，即東部的「內蒙古自治區」與西部的「綏遠省」。

東部的「內蒙古自治區」基本上繼承了滿洲國時代的興安四省區域，而西部的「綏遠省」，從「省縣」建制便可以看出是中華民國政府違反蒙古人心願，強制推行的剝奪蒙古人自治權的行政機制。意為統一推行與內地，即長城以南的漢土同樣的政令。

烏蘭夫的家鄉是綏遠省土默特地區，1945年11月，他在共產黨支持下建立內蒙古自治運動聯合會時，強大的國民黨軍隊正駐紮在土默特，他在家鄉毫無實行自治的空間，因此轉而進入內蒙古人民革命黨的地盤東蒙。結果，烏蘭夫借機掌握了內蒙古人民革命黨的政權，東蒙與蒙古人民共和國統一合併無望，只能留在中國境內接受「區域自治」。

包括土默特地區在內的綏遠省一直被山西來的漢農入殖者占領並濫墾濫伐，烏蘭夫內心一直糾結。那片熱土是他的血脈飲源的故鄉啊！為自己故鄉的同胞多少爭取到一些具體的自治權是他的夙願。因此，烏蘭夫為東西部的統一奔走呼號，希望得到毛澤東、周恩來的支持（*王樹盛，2007，頁506*）。但是實權掌握在手上的山西幹部，他們歷來對蒙古人抱有成見，反對蒙古人驅趕漢人內遷，之後仍將這片土地改歸為「蒙古」，不贊成東西部統一。

東部內蒙古自治區的首府設在烏蘭浩特（王爺廟）。經周恩來批准，1949年12月，烏蘭夫將自治區政府機關搬遷到靠近察哈爾省的長城腳下的張家口。利用地利之便加強二者的統一工作。烏蘭夫幽默地稱自己的統一活動為「劉備借荊州——一借永不還」戰略。考慮到處於分裂狀態的內蒙古政治地理形勢，無疑，烏蘭夫具有雄才偉略。但這個「借荊州」之計，成為日後清算他的「早就潛伏著民族分裂主義思想」的把柄。

周恩來當初是支持烏蘭夫的「借荊州」東西部統一運動的，並催促烏蘭夫「自治區政府要儘快搬到歸綏去」（*王樹盛、郝玉峰，1989，頁213-218*）！周恩來在「青島會議」上有過如下的發言：

「內蒙古有七、八百萬人，而蒙古民族不到一百萬人，只占全部人口的百分之十三，其他都是漢族等其他民族，但是帽子還是要戴『內蒙古自治區』。有的漢族同志不願意戴『內蒙古』這頂帽子……但話又說回來，還是要戴。呼和浩特附近住在清水河的漢族不願說成『內蒙古清水河人』，那就叫『中國的清水河人』也更好嘛！」

誠如此文所見，周恩來高度評價了烏蘭夫的內蒙古統一運動，並

進而作出兩個決定。一是幫助蒙古族開發內蒙古，進一步增加漢族移民。二是各民族創造或者改革文字的時候，原則上應該以拉丁字母為基礎，並且在字母的讀音和用法上儘量跟中文拼音方案取得一致。

那麼，周恩來究竟懷有怎樣的目的呢？美國的人類文化學學者加柯威克根據現場調查資料，作出了如下的分析：

首先、東部的烏蘭浩特「內蒙古自治區」的政府部門裡的漢族幹部相對較少，蒙古幹部占了八成，漢族尚無橫行霸道的餘地。當然這與當地蒙族堅決反對漢族入殖蒙地務農定居有關。中國共產黨的政策如此便不能自上而下地貫徹執行。因此將其改造成服從、並迅速貫徹共產黨中央指令的自治區政府迫在眉睫，其當務之急就是增加漢族移民。而西部以呼和浩特為中心的綏遠省是漢族占絕對多數的地區。與增加新漢族移民相比，使內蒙古東西部統一的話，漢族的人口就自然而然地增多了，新的統一的內蒙古自治區內蒙古族的人口比例就相對地減少了。因此，毛澤東和周恩來都贊成東西蒙古統一（*Jankowiak*，*1988*，*頁272*）。

俄尼斯基本上也贊成這樣的分析。

如果綏遠省繼續存在的話，蒙古人的故鄉被漢人肆意占領的印象就會固定下來，向東部「內蒙古自治區」繼續推行漢人移民政策就會遭到強烈的抵抗。多少「幫助蒙古人民經濟發展」美麗辭藻滿天飛舞，都比不上「仍在被侵略、被殖民的綏遠省」的存在的影響巨大。所以，與確保眼前小綏遠省的利益相比，不如暫時先滿足蒙古人「內蒙古統一」的強烈要求，這樣就能向內蒙古全力推行新的移民開墾草原政策，並且已經侵入綏遠省及周邊地區安家樂業的漢人也有了名正言順的身分。這是一個不動聲色的一石二鳥之計。

「在如何更有技巧、更狡猾地懷柔統治少數民族這一點上，周恩來的確是老江湖啊！」俄尼斯說。

需要反覆強調的是，從1950年代開始就反對共產黨強行開墾牧地、經營農業的「土改」政策的烏蘭夫並不為周恩來所信賴（*Jankwiak*，*1988*，*頁272*）。東西狹長而廣袤無垠的細長內蒙古自治區處在「保證

祖國安全的北大門」的戰略位置上，也必須要有龐大規模的漢人移民定居。因此周恩來要嘔心瀝血、煞費苦心地說服那些漢人戴上「內蒙古自治區」的帽子、成為其中一員。

其次是語言問題。

烏蘭夫力圖通過文字改革提高蒙古族的文化水準。1957 年 7 月向蒙古人民共和國派遣了額爾敦陶克陶等語言學者，經雙方商榷，成立了由四十三人組成的「內外蒙名詞術語委員會」，簡稱「四十三人委員會」。

蒙古人雖被分隔阻斷成不同的國家，但卻擁有共同祖先，從幾千年形成和發展過程中凝結起來的民族文化特點及民族精神來看，語言文字的統一不過是蒙古人的最起碼的要求（*圖們、祝東力，1995，頁135-136*）。此時蒙古人民共和國採用俄文字母（斯拉夫字母）的新蒙文已經幾十年，而內蒙古自治區的學校大多仍在使用傳統的老蒙文教學，也有採用斯拉夫字母的學校。因此，對蒙古人民共和國與內蒙古自治區來說，名詞術語統一的時機逐漸成熟。

俄尼斯認為，周恩來對烏蘭夫積極促進與蒙古人民共和國交流的政策產生了強烈的危機感。他為了完全切斷蒙古同胞之間的文化傳統交流，指示蒙古文字改革不准使用斯拉夫字母，「原則上應該以拉丁字母為基礎，並且應該在字母的讀音和用法上儘量與中文拼音方案取得一致」。

「就這樣，『青島會議』的結果，同漢人非自願平等『結婚』的少數民族都陷入了未來之永劫，永遠不能『離婚』了。不僅不能離婚，而且還禁止與娘家的蒙古人民共和國來往。我們終於明白了所謂『區域自治』，實際上，離民族自決的距離是越來越遙遠了」。俄尼斯感慨說道。

這是以俄尼斯為代表的蒙古族知識分子的見解。蒙古人之間無法使用相同的斯拉夫字母與相同的近代名詞術語，被分割阻斷的同胞連語言文字的交流都無法進行，民族的血脈與淵源被一刀割斷，大概正是周恩來代表的中共所期待的。

六、陰謀的混合絞肉機

就是在徒有虛名的區域自治內，蒙古人民在自己的故鄉也無法如願以償地過上安寧的生活。1957 年春，蒙古人民共和國方面向中國發出友好的信號，願意接納自治區內蒙古同胞大規模的移民。毛澤東認為這會羞辱社會主義中國的優越感與自尊心，他在給蒙方領導人丹巴的回信中，不僅斷然拒絕，甚至建議改為送去大量漢人移民（*毛澤東，1999，頁 300-302*）。

1956 年 10 月，以匈牙利黨內改革派、知識分子和青年學生為主體，市民要求獨立自主和民主化的街頭和平示威活動，這是一次對史達林模式不滿的總爆發，在「社會主義老大哥」蘇聯的兩次粗暴的軍事干預下，20 世紀第一次的「反集權主義革命」的「匈牙利事件」被武裝平息。

毛澤東決心不重蹈這種「反革命政變性質」的覆轍。一方面他決定立即請赫魯雪夫對匈牙利的修正主義者採取軍事行動（*沈志華，《鄧小平：56 年匈牙利騷亂的中國意見──先要穩住政權》*）；另一方面高度警惕「蘇帝亡我之心不死、蒙帝狼子野心」，對有限的區域自治權心懷不滿的內蒙古與敵人的沆瀣一氣、裡應外合。深諳「先發制人，後發制於人」戰術的中共必然先下手為強，肅清蒙古民族精英階層。

「不打無準備之戰」一向為中共鐵的原則。要消滅敵人，首先搞個名正言順的理由。確立一套「肅清」意識形態，然後磨成齏粉灌輸給民眾，滲入到民眾的公共生活中，形成同仇敵愾的國家觀念。「大肅清」前奏曲就是前述的「二〇六事件」和「統一黨事件」等一系列自編自演的政治渲染。

俄尼斯當時任自治區文化局副局長兼政治部主任，共產黨交給他的任務是要徹底審查文化系統的可疑人物。

對蒙古傳統文化腹有經綸、頗有造詣的俄尼斯因早就有志於收集民間手寫本，因而能一眼就能識別在「二〇六事件」中被立為「證據」的信件是舊體蒙文。俄尼斯對內蒙古人民出版社、內蒙古歌舞團等單位的蒙古人筆跡逐個進行了對照檢查，沒有發現「暗藏的階級敵人」。

　　然而在廣袤遼闊的內蒙古，中共拿出其殺手鐧的人海戰術來地毯式搜索調查，俄尼斯感到了專政的恐怖，不禁毛骨悚然。參與調查「二○六事件」給俄尼斯心裡留下了很深的暗影，可謂骨髓凍透，五內滄惻。包括自己在內的全體蒙古人都被懷疑，種族的屬性決定了誰也脫不了關係。「二○六事件」的疑團尚未解開，隨後，內蒙古又面臨文革的「挖肅」劫難。

　　關於「扯起內外蒙合併的黑旗」的「民族統一革命黨事件」，俄尼斯也心存疑惑。該事件「首謀者」為作曲家通福。通福曾跟烏克蘭基輔的音樂家學習過作曲，並創作了膾炙人口的名曲《草原晨曲》。至今自治區還有很多人每天清晨伴隨著輕快的音樂，「我們像雙翼的神馬，飛馳在草原上」般地睜開雙眼，迎接新的一天。

　　「通福的行為最不可思議。他還沒有受到刑訊逼供，就『坦白交代』出自己是『統一黨』的頭目，一個晚上就咬出五百多人的黨員名單。漢族幹部對迅速取得巨大的『戰果』都喜出望外，而我覺得令人費解。或者通福列舉的是自己認識和不認識的名字，甚至順口編造了一些人名。通福為何要這樣做，我至今也百思不得其解。」俄尼斯強調。

　　中國有一句俗話叫「法不治眾」，指當某項行為具有一定的群體性或普遍性時，即使該行為含有某種不合法或不合理因素，法律對其也難予懲戒的意思。通福大概想得過於簡單，交代的「共犯」越多，越能免於法理上的追究，他以為這是一把保護傘。

　　其實，「二○六事件」和「民族統一革命黨事件」一樣，都沒有任何明確的法律證據。但中共的「迨天之未陰雨，徹彼桑土，綢繆牖戶」之策，成了「挖肅」運動的藉口和內容，滾雪球似株連了兩百多名蒙古知識分子和各界的精英人士，他們在被審查與拘禁期間，身心受到極為殘忍的虐待。

　　「中國的政治運動是一架巨大的陰謀絞肉機，它齜牙咧嘴地，幾乎所有的人都被捲進去，然後都被它慘烈地絞成肉末。」俄尼斯指出。

　　在中國，如果人生中一次被定性為「政治上不可靠」的話，那麼

其政治生涯就等於窮途末路了。俄尼斯親眼目睹大批蒙古幹部從第一線被驅逐後，再次切身地感到中共政權從根底上對少數民族的不信任。

七、「挎洋刀的」的更迭

1957 年成立的內蒙古大學是自治區最高學府，校長由自治區最高領導人烏蘭夫兼任。由於烏蘭夫繁忙，日常的實權掌握在黨委副書記——漢人郭以青的手中。郭以青曾任中共河南特委的負責人，1942 年延安「整風運動」期間成為康生的部下。康生凡事都按照毛澤東的直接指令行動。50 年代郭以青調到自治區工作，文革前夕任自治區黨委代常委員兼宣傳部部長。

與北京保持特殊通道聯繫的郭以青，早在 1965 年 5 月就「感覺到內蒙古黨政軍機關裡有一個龐大的『民族分裂集團』」，遂多次向自治區黨委領導人寫密信報告：

「種種跡象表明，自治區（特別是文教界）似乎有一個反動派別，或者政黨。又有一種說法就是內蒙古人民革命黨，搞內外蒙合併的，並且牽涉到特木爾巴根，我懷疑東蒙中有一、二百人的民族分裂集團，如特古斯、巴圖等。」

並提出對策「假如面對著我們的是一個有組織、有準備、有國際背景的陰謀集團，就必須針鋒相對地做出全面的部署，下決心一下打亂他們的陣勢，才有可能各個擊破」。（*圖們、祝東力，1995，頁139。阿拉騰德力海，1999，頁 12-15*）

郭以青還離間、瓦解東西部蒙族幹部，多次向烏蘭夫寫密告信：「我懷疑東部蒙族中有一、二百人的民族分裂集團」，「他們共同特點是反烏蘭夫」。並建議「拿西部幹部換下東部幹部，以延安出身的幹部換掉『偽滿出身』的幹部」。

此時烏蘭夫已親歷過暴風驟般的「四清運動」、「二〇六事件」和「民族統一革命黨事件」，憑其敏銳的政治直覺，早已察覺到了中共正在獵捕下一個打擊目標。為了安然度過即將到來的難關，他必須重用經過區一級的組織調整，並且長期追隨自己的西部延安派，鞏固

自己的陣營。

烏蘭夫比誰都更清楚東部「挎洋刀的」蒙族幹部並非「反烏蘭夫」。但他還是不得不成立「代常委」，降職、調離東蒙幹部，提拔和重用了一批西部的土默特旗幹部。烏蘭夫當然明白郭以青的通天本領，因而精心準備一場這樣的組織調整劇，權且先讓北京方面放心。

八、為「延安派」準備的陷阱

與烏蘭夫相比，郭以青始終攻勢不斷。

文革開始後，郭以青派俄尼斯回自己的故鄉烏審旗調查研究「牧區大寨烏審召」的情況。

大寨村是山西省昔陽縣的人民公社的一個生產大隊。這個小山村自然條件十分惡劣，是個窮山惡水的寒村。經過「走集體化的道路，社會主義人民群眾力量的改造」之後，不僅解決了溫飽問題，還「高產穩產」向國家交餘糧。「農業學大寨」為中共宣傳部門宣導的一個政治口號，大寨一度成為中國政治版圖上的重要地標。

實際上這是政府投入巨額資金裝飾的，加了許多水分的浮誇的政治典型（宋連生，2005）。自治區烏審旗的烏審召人民公社因其獨具特色的植樹造林綠化沙漠運動，被譽為「牧區的大寨」（《綠色文化聖地》，2001），也被升格全中國學習的模範。

「調查模範人民公社？」俄尼斯心裡「咯噔」一下。雖然感到頗為吊詭，但他還是領命奔赴調查。此時自治區最高領導人烏蘭夫已在「前門飯店會議」中落馬，郭以青以華北局的代理人坐鎮呼和浩特。

「『牧區大寨』的烏審召公社是烏蘭夫為自己標榜民族分裂政策而製造的假模範」。郭以青向華北局密告，華北局進而向毛澤東匯報。烏蘭夫為保護得天獨厚的自然文化生態、植林綠化已被漢人濫墾濫拓的大草原的務實政策，都被貶低為「偏袒和過度強調重視畜牧業、藐視先進的漢族農業經營形態，實行反動的重牧輕農政策」。

郭以青在向烏蘭夫密告東部蒙族幹部「反烏蘭夫」的同時，又向華北局揭發烏蘭夫的「反黨叛國罪行」，由此險惡用心行一箭雙雕之

計。當然，這不只是郭以青個人的判斷。高度而嚴密組織化的中共極權體制決不允許特定的個人獨自破局行為（最高領導人毛澤東除外），郭以青不過是一名效忠中共高層的指示而行動的馬前卒。

　　「牧區大寨」的烏審召的實際情況也與「農業學大寨」一樣，是個虛誇的宣傳典型。公社幹部們宣傳的「共產黨英明領導下種植的防沙林」實際上都是名剎烏審昭寺的僧人們在 40 年代前所種植的樹林。當地一位名叫旺哲勒的七十多歲老人向俄尼斯揭穿了這個粗製濫造的謊言真相。旺哲勒是內蒙古人民革命黨的老黨員，曾追隨該黨創建人郭道甫在蒙古人民共和國以及內蒙古東部呼倫貝爾草原開展活動。俄尼斯剛剛回到呼和浩特，旺哲勒就被以「老牌的民族分裂分子」的名目挖揪出來，旺哲勒實在耐不住暴力酷刑與精神羞辱，這位老黨員最後便憤然上吊自殺。

九、「狗咬狗一嘴毛」

　　掌控了內蒙古大學的郭以青決定拿該校名叫巴圖的蒙族副書記開刀。郭以青要將巴圖打成「民族分裂主義者集團」，首先必須要由蒙古人自己的內部的檢舉揭發。這種以夷治夷，讓蒙古人自己直接廝殺、兩敗俱傷，然後自己坐收漁翁之利，也就是「狗咬狗一嘴毛」、「組織內部的告密」是中共純火爐青、得心應手的「傳統鬥爭」方式。郭以青「相中」了蒙古作家烏蘭巴幹。

　　烏蘭巴幹的蒙語意思是「紅色柱子」，顧名思義就知道他是內蒙古文藝界的一名頂梁大柱。烏蘭巴幹出身於科爾沁左翼中旗，畢業於興安陸軍軍官學校。1959 年，出版小說《草原烽火》後，他一躍而成為中國著名的少數民族作家。

　　烏蘭巴幹的故鄉人才輩出，內蒙古人民革命黨的主要領導人之一特古斯也出身於該旗。據說烏蘭巴幹對特古斯心有芥蒂。在烏蘭巴幹還是內蒙古人民革命黨預備黨員時，一度被國民黨逮捕，也因此曾被懷疑有變節行為，而被特古斯取消了預備黨員的資格（*圖們、祝東力，1995，頁 51-52*）。

　　烏蘭巴幹也與科爾沁右翼前旗人的作家扎拉嘎胡因「文藝理論」產生了對立。今天蒙古人的理解是「文人相輕，自古而然」。不單是文人爭席，社會主義國家給予「文聯指導下」組織的「職業作家」，以各種優厚的政治待遇，也為指望政治上的出人頭地。作家之間官場角逐、爭風吃醋提供了外部條件。烏蘭巴幹甚至還與烏蘭夫的兒子、自治區文藝界領導人的布赫，在 1964 年 2 月召開的第三次全國人大的代表選舉上發生了爭執。

　　如前所述，烏蘭夫已陷入郭以青的陰謀詭計中，雖然烏蘭夫試圖以鄉黨的「延安派」來取代東部「挎洋刀的」東蒙幹部，以為這次組織調整可以權且躲過即將到來的文革風暴。但是這種任人唯親的幹部更迭方式，只招來東蒙幹部的反感。「前門飯店會議」上被排擠和降職的東蒙幹部們對烏蘭夫「任人唯親的政治」進行了猛烈的批判。毫無疑問，「重用延安派」一詞並沒有在公開場合使用過。因為中共本身極力美化「革命根據地延安」苟且偷生的「光輝歷史」，強調其政權的革命性與合法性。東蒙幹部只能用「任人唯親的政治」等詞來攻擊烏蘭夫。批判會上大顯身手的東蒙幹部實際上也是中了中共設下的「請君入甕」的圈套，也就是以延安出身的幹部更迭「偽滿時期挎洋刀的」幹部之舉，來引起東蒙幹部的不滿和告狀，以烏蘭夫「搞獨立王國」之名，第一步「先肅清烏蘭夫及其鄉黨的土旗蒙古人」，就是中共誘設的陰謀，而隨後東蒙幹部自己也陷入被整肅的命運，這在那時是誰也未曾料想到的。

　　東蒙出身、又是興安陸軍軍官學校畢業的烏蘭巴幹正是不折不扣的「偽滿時期挎洋刀的」一員。烏蘭巴幹既不是共產黨員，政治上無權無勢，因而不能參加「前門飯店會議」；而且，烏蘭巴幹以前曾積極擁護過烏蘭夫，被認為是「烏蘭夫的親信」。實際上早在文革開始前兩年的 1964 年，中共就命令華北局秘密調查烏蘭夫的罪狀（*塔拉，2001。阿木蘭，2004*）。具有高度政治嗅覺的部分漢人幹部敏銳地察覺到這個動向，就試圖利用「四清運動」搞垮烏蘭夫，但是烏蘭巴幹堅決抵制了他們陰謀。也就是說，這時東蒙的烏蘭巴幹還站在西蒙烏蘭

夫的陣營。

「在西部烏蘭夫陣營中站著東部作家烏蘭巴幹」，郭以青敏銳地注意到這一點。利用烏蘭巴幹來「挖肅」，郭以青的腦子裡一個全新的計畫炮製出籠了。這不是郭以青個人的政治策略，而是將組織視為「黨的生命線」、將自己嗅得與獲得的第一手材料絲向北京匯報的「成果」。

據俄尼斯回憶，烏蘭巴幹由郭以青引線與「滕辦」聯繫。通過執行「挖肅」任務的軍管，將政保處對外絕對保密的檔案資料搬出來交給烏蘭巴幹，吩咐並指點他們如何尋找「『內人黨』妄圖分裂偉大祖國的惡貫滿盈的歷史證據」。另一說是郭以青讓烏蘭巴幹等人去抄寫這些檔案材料（*啟之，1993，頁6*）。此外，實際坐鎮指揮大殺戮的滕海清將軍在 1980 年向中央呈報的檢討報告中也有同樣的證言（*楊，2009a，頁700*）。

「實際上，『內人黨』在 1947 年 5 月以後並沒有解散，而且從未停止過地下搞反革命分裂活動。」

1968 年 3 月，郭以青向自治區新統治者滕海清報告。得到滕海清的首肯後，郭以青指揮其旗下的內蒙古大學的群眾組織逮捕了內蒙古大學副書記巴圖，為逼取口供，對他連日連夜地施加車輪戰審訊，迫害的瘋狂超過人類所能夠承受的極限。

十、嚴刑拷問打開突破口

1968 年 4 月 14 日早上，嚴刑拷問之下，巴圖供出自己是「內人黨」常委，「二〇六陰謀案件」的黑手。

「『內大』又立了一功！」

郭以青等人的彙報得到自治區革委會核心小組副組長高錦明的口頭犒勞。

「破獲」出軍區政治部副主任鮑蔭扎布、自治區黨員會宣傳部副部長特古斯、內蒙古醫學院院長木倫、巴彥淖爾盟盟黨委書巴圖巴根等十六名的「陰謀分裂集團」。一夜之間蒙古高層就被一網打盡的「輝

煌戰果」，使得高錦明、滕海清等人「振奮不已」。

在專案組組長漢人劉占龍的指揮下，從 4 月 24 日到第二天上午，對軍區政治部副主任鮑蔭扎布進行連續十八小時的酷刑拷問。鮑蔭扎布被迫抄下專案組事前編好的假口供並簽名，於是專案組又從鮑蔭扎布這裡獲得「地下組織的重大突破」。這個假口供包括內蒙高等法院院長特木爾巴根、內蒙人民委員會副主席哈豐阿、朋斯克、內蒙語委主任額爾敦陶克陶等三十多個鐵骨錚錚的民族硬漢。4 月 26 日，內蒙革委核心小組向「毛主席、林副主席、中共中央、國務院、中央軍委、中央文革並北京軍區（請轉滕、吳）」上呈了一份題為《關於「內蒙古人民革命黨」叛國案件的報告》，並宣布破獲五年前的「二〇六案件」。

如果說「二〇六案件」截獲之初，對信件中落款「蒙古人民革命黨」還是「內蒙古人民革命黨」一字之差的「內」字尚有點雲裡霧裡，疑雲叢生，自此，「新內人黨」正式定性，一切「民族分裂因素」都成為「挖肅」共識。

至此，讀者可以從俄尼斯的證言，對險象環生、危機四伏的政治鬥爭稍加整理與分析了。

單純剛質的蒙古政治家試圖加固「根正苗紅的延安派」營壘，以期渡過危如累卵文革險灘，因而排擠東部幹部。出於剛正不阿的組織原則的正義感、與不滿新幹部驕橫的意態，東蒙幹部在前門飯店會上對「延安派」採取了圍攻批判。哪知自身禍在旦夕呢！利用東蒙幹部踹掉烏蘭夫及其西蒙幹部後，就開始著手清算「偽滿時代挎洋刀的」的東蒙歷史問題。真可謂是一場驚心動魄的連環詭計啊！

俄尼斯於 1966 年 6 月 30 日這一天被逮捕。其罪狀是「反黨、反社會主義、反毛澤東思想」，這「三反分子」的黑帽子首次出自於 1966 年 6 月 16 日《人民日報》的社論：《放手發動群眾徹底打倒反革命黑幫》，文章說：「必須採取徹底革命的辦法，必須把一切牛鬼蛇神統統揪出來，把他們鬥臭、鬥垮、鬥倒。」

是日晚，俄尼斯脖頸上掛著沉重的「三反分子俄尼斯」的木牌被

押往「群專」鬥爭大會，他的名字上還畫了個紅筆打叉，人格尊嚴公然被侮辱與踐踏。俄尼斯的腿部被一位叫楊影阜的漢人革命群眾一陣暴烈地拳打腳踢，肌肉和血管都被毆踏成重傷，時至今日，一入冬，腿部就出血不止，疼痛難忍。

「楊影阜實際上是國民黨員，文革時搖身一變加入了造反派。中共建政後，多次調查他的歷史問題，所以他內心充滿了仇恨，本質上他跟共產黨勢不兩立。無庸置疑地，他是以革命造反派的身分來以牙還牙、洩恨報仇。」俄尼斯說道。

另外一位叫王秀的人也毫不手軟地參加了對俄尼斯「共誅共討」的暴力行動。50年代初，俄尼斯和王秀一起曾在「綏蒙委員會」共事過，那時就因俄尼斯指出王秀剽竊了山東作家的作品而被他懷恨在心。

「因工作上發生矛盾衝突在哪個年代都有。但文革時期，這類工作上的私怨就遭到伺機報復。『挖肅』時漢人就趁機打倒『民族分裂主義分子』。」俄尼斯分析道。

文革時有一句著名的語錄：世界上沒有無緣無故的愛，也沒有無緣無故的恨。只要蒙古人被加上了「分裂偉大祖國的『內人黨』」的罪名，那麼日常生活中的恩恩怨怨就會被「革命、祖國、民族」怪異地混合在一起，喚起「群專」內心根深蒂固的種族文化的優越感、以及施加獸性與邪惡的快感。在中國幾千年的相斫史中，文革「挖肅」的恐怖與殘忍程度，「不說空前絕後，也是獨佔鰲頭」。

十一、正中下懷的「武裝謀反政變」

如果說前述的楊影阜、王秀二人還只是出於個人的洩恨報復，那麼更居心叵測的政治陰謀便是從俄尼斯的資歷上開刀。俄尼斯既是鄂爾多斯幹部，又畢業於城川民族學院。烏蘭夫曾為延安民族學院的領導人，他的「親信」、「鄉黨」幾乎全都是民族學院出身的幹部。為了「重點突破」俄尼斯，將「民族分裂主義集團老巢窟」的「延安派」一掃而光，北京派來了一位叫全家福的「反烏」悍將。

全家福是出身於東部烏蘭浩特（王爺廟）、工作在北京「民族文

化宮」的國家民委的蒙古幹部。全家福曾得到烏蘭夫器重，對烏蘭夫也感恩戴涕。民族文化宮坐落在北京長安街西側，建於 1959 年 9 月，是中共建政十周年後在首都北京出臺的著名十大建築之一。「它的建立，體現了黨和國家的民族政策，是中國五十六個兄弟民族平等、團結、進步、繁榮的象徵」。文革一開始，東部出身的全家福亦步亦趨地按照共產黨布置好的棋局成了「反烏蘭夫」的馬前卒。為傳達北京指令，他還回到呼和浩特，被區黨委任命為「文教工作隊」隊長而大展身手。

全家福和吳德平指揮下的「工作隊」嚴加審訊俄尼斯關於雲成烈（烏蘭夫的遠房侄兒）的「武裝謀反政變」計畫。赤峰軍分區副參謀長雲成烈也是城川民族學院的畢業生，當「前門飯店會議」上烏蘭夫受到集中火力攻擊的消息傳到呼和浩特時，剛正不阿的雲成烈二話不說，風風火火地趕到北京請人給烏蘭夫捎話：「土默特人要頂住，讓烏蘭夫也要頂住」、「革命是有反復的，上大青山打游擊戰也要革命！」。

實際上這一舉動正中中共下懷，他們早已設好陷阱，守株待兔準備誘捕雲成烈這樣稟性剛烈的蒙古精英，製造內蒙古搞「獨立王國」、「蒙族暗懷離反野心，蓄謀武裝政變」的口實。雲成烈等土旗籍的幾名軍官立即被逮捕審查。1966 年 7 月 27 日《中共中央華北局關於烏蘭夫錯誤問題的報告》中關於烏蘭夫「進行民族分裂活動，搞獨立王國」中指出：「在這次華北會議期間，內蒙古赤峰軍分區副參謀長雲成烈，從呼和浩特突然來京，進行地下活動……事實十分清楚，內蒙古的地方民族分裂主義的總根子是烏蘭夫。」

為肅清烏蘭夫的「延安派」而效犬馬之勞的全家福也在 1966 年 11 月被漢人革命群眾們「揪回」了原單位北京民族文化宮。「當權派」的全家福也被認定為「烏蘭夫黑幫」的一員（*高樹華、程鐵軍，2007，頁 143*）。幾乎所有的東蒙幹部和西蒙幹部一樣都遭到大清洗。可憐全家福的政治使命就此終結。

大殺戮的絞肉機已轟然張開血盆大口。

十二、血腥戰場的內蒙古

　　儘管俄尼斯對同窗雲成烈的「武裝謀反政變計畫」一無所知，但凡是在延安民族學院和城川民族學院就讀過的蒙古幹部統統都被打成「民族分裂主義者集團的核心成員」，因此俄尼斯也長期遭受監禁和酷刑折磨。

　　1966 年 7 月至 8 月，俄尼斯被關押在內蒙古醫院的一間陰暗的黑牢，在這裡受到五花八門的「群專」組織的威逼拷問。強迫他揭發「民族分裂主義頭子烏蘭夫的罪行」、老實交代自己「如何進行民族分裂主義活動」的。當俄尼斯緘默不言的時候，革命群眾就「大刑伺候」。

　　「呼和浩特的群眾組織裡有各種各樣的學生和幹部，蒙古人只是少數，但是蒙古人搞拳打腳踢等血腥暴力行為的幾乎沒有。1968 年夏，從包頭市來了「工宣隊」後就更悲慘了，全都是漢人無產階級。個個是身強體壯的鐵面碩漢，整起人來毫不留情、絕不手軟。」俄尼斯的話裡打著寒顫。

　　「工宣隊」把俄尼斯按在地上用鞭子往死裡抽打，連續十五天逼供訊中，餓飯、不給闔眼、疲勞戰、車輪戰，昏迷過去的就被冷水澆醒過來繼續拷打。一日驟雨，氣息奄奄的俄尼斯被丟到室外「清醒頭腦」，俄尼斯勉強睜開眼睛，掙扎著將牆壁上半殘的大字報撕下來蓋在身上，大字報的油墨隨著雨水滲進傷口，引起撕心裂骨的疼痛。

　　「我身上至今還能隱約看得到像刺青一樣的痕跡。我好不容易爬進屋子，漢人女工們對我又是一陣毒打，直至我失去知覺幾乎死亡。」俄尼斯回憶說。

　　某日「工宣隊」一邊「賞賜」給俄尼斯五個餃子，一邊繼續拷問。俄尼斯腹饑口渴，根本無法吞下。這時「工宣隊」拿來毛澤東於 1948 年 12 月 17 日起草的《敦促杜聿明等投降書》命令他高聲朗讀。當年 11 月 6 日「淮海戰役」開始時，杜聿明任國民黨徐州剿匪總司令部副總司令。不知毛澤東寫的文章是否直接奏效，1949 年 1 月，杜聿明部全軍覆沒（*蘇啟明，2002，頁258*）。此文是否毛澤東親筆起草仍存異義，但文革期間，卻成了「挖肅」攻訐戰術的「有力武器」。

「立即下令全軍放下武器，停止抵抗，本軍可以保證你們高級將領和全體官兵的生命安全。只有這樣，才是你們的唯一生路。你們想一想吧！如果你們覺得這樣好，就這樣辦。如果你們還想打一下，那就再打一下，總歸你們是要被解決的。」

這是國共內戰時期，中共開展政治攻勢的威脅喊話的檄文傳單，瓦解「仍負隅頑抗的敵人」的心理作戰術，跟文革中代表性口號「某某某不投降就叫他滅亡」一樣，作為毛澤東「革命思想武器」，革命群眾很好地活學活用。在「投降」與「滅亡」前，「人民的公敵」精神上處於崩潰與恐怖邊緣。

徘徊在生死邊緣的俄尼斯被抬到醫院。醫生使用超出常規量的抗生素治療，才保留了俄尼斯的一條性命。

「額頭滾燙，全身抽搐。得了敗血症。瘦骨嶙峋，形神枯槁。屁股上皮包骨，肋骨也全被打斷了」。

病床上的俄尼斯想起了 1942 年延安「整風運動」的殘酷。有的被迫承認自己是「特務」的知識分子可能連夜拉出去秘密殺害了。俄尼斯寫下了遺書：

「一顆紅心永遠向著黨和人民。但如果我不在人世了，切望毋告知老母。若無人領取屍體，請自行扔掉」。

這類自殺前的政治表白是當時一般遺書的通常寫法。自殺，就一定是因為「畏罪」，就更是「自絕於黨自絕於人民」，就更會使親朋受到政治株連。這份遺書是留給組織的，自殺者直到生命的最後一程，都恐懼於組織對活著的親人會有更大迫害，因此都會寫上「始終不渝地相信黨和人民，擁護偉大領袖毛主席」之類的「誓言」（*王友琴，2004*）。

各種各樣的「挖肅」慘狀在醫院裡到處可見。醫院也化作了血腥地獄，擠滿了皮開肉綻、遍體鱗傷的「內人黨」。與俄尼斯病床相鄰的是一位從錫林郭勒草原轉院來的十幾歲蒙古姑娘，拷打後被輪姦致殘，全身浮腫，慘不忍睹。目光呆滯、精神恍惚的少女偶而嘴角還哼起蒙古歌謠，而在那時，被當成「封建階級的殘渣餘孽」的蒙古歌謠

是被禁唱的。

巴彥淖爾盟送來急救的蒙古人失去了雙腳——零下四十度的寒冬被關在水深過膝的「水牢」，一雙赤腳與冰渣凍結在一起了。

鄂爾多斯地區達拉特旗內的蒙族郵遞員被打成「內人黨」後，實在禁受不住精神與肉體雙重殘忍的酷刑，為了證明自己的清白，他爬上郵局裡的電信桿，剖膛開胸。死後，內臟暴露在遺體外面，就這樣在電信桿上吊放了好幾天。

同樣 1969 年冬，自治區騎兵第五師的士兵郭建奇經歷了一千六百次嚴刑拷打後，趁上廁所的機會，他割肚剖胸，掏出自己赤紅的心臟以示「我不是『內人黨』！（*圖們、祝東力，1995，頁225*）。」

「文革期間，發生多了少人間地獄的悲劇啊！」每當回憶起往事，俄尼斯就遭受著精神上的寸寸淩遲。

十三、集中營式的毛澤東思想學習班

中共高層判斷蒙古精英差不多統統肅清之後，於 1969 年 12 月 19 日作出《中共中央關於內蒙古分區全面軍管的決定》。由北京軍區鄭維山司令員、杜文達、黃振棠、張正光副司令員組成前線指揮所（部）（簡稱「前指」），對內蒙古實行「一元化」領導。

「『前指』進駐呼和浩特，統一領導軍管……內蒙古革委會在『前指』的領導小組領導下進行工作」，也就是說，「前指」實際上成為內蒙古最高權力機關。自治區連表面上的一點點「自治權」都喪失殆盡。儘管蒙古民族精英階層早已被盡數剔除，但中共仍劍拔弩張，假想與「蘇蒙二修」必有一戰，不僅在邊境線上陳兵百萬，而且戰略部署重兵武力徹底遏制「反修防修前線」上居住的蒙古人。

解放軍完全軍事控制了自治區後的 1970 年 1 月，中央以「整頓思想，統一認識」將內蒙古的全體幹部調出自治區，舉辦「毛澤東思想學習班」。據「呼三司」的負責人高樹華回憶，中央辦的「唐山毛澤東思想學習班」集中了自治區直屬機關的幹部與群眾組織的主要負責人達八千人（*高樹華、程鐵軍，2007，頁 409-414*）。據學習班一位元班員

的日記記載，班員共達七千二百餘人，其中女性九百人。這七千二百餘人中，黨員三千人，蒙古人達一千餘人（楊，2008c，頁24-25）。

　　「唐山毛澤東思想學習班」按軍隊編制，由中央直接控制和監督。早上從點名開始、吃飯、訓練、政治學習等，全部按班、排、連的編制。中央宣布「五不准」的鐵的紀律，即「不准通信、不准會客接待親友、不准用民族語言書寫和會話、不准串聯、不准私自出入院校」。學習班的任務就是天天揭批烏蘭夫，進而精神自虐、自我鞭撻，然後相互詬病、揭批他人，導致人人自危，欲叛者眾。中共歷來最為重視、最為拿手的通過「暴力性思想改造」，使人脫胎換骨、成為「新人」的手段，已登峰造極，煉成純火妖丹（高樹華、程鐵軍，2007，頁409-414）。

　　俄尼斯被關在「唐山毛澤東思想學習班」整整與世隔絕了兩年。2006年4月24日，俄尼斯對筆者回憶道：

　　「我進入位於唐山趙家莊的學習班第三大隊。這個大隊大多是文化界、農業界的原高幹們。在唐山學習班，捆綁吊打等直接的肉體暴力逼供雖然沒有，但另一種巨大的精神折磨有時卻比肉刑更加恐怖，這就是夜不能寐。檢查（自誣自踐）、批判（自我上綱上線），再檢查、再批判。如果思想覺悟不高，路線認識不清，或者檢查不夠深刻，對自己的『罪行』尚未徹底清算，那麼組織就會採取『懲前毖後，治病救人』的原則幫助其『過關』。徹夜不眠地觸及靈魂，向黨交心、交待問題、狠狠揭批烏蘭夫，直到被認為『達標』。這種『餓睡』的脅迫和恫嚇方式也是中共屢試不爽的法寶，鮮有人經得住『餓睡』，只有繳械認輸，用文字炸彈自咬或咬人來求得早日解脫。學習班其實就是一所集中營。」

　　兩年後，俄尼斯政治上被定性為「界於敵友之間的、可以說明教育的物件」。其主要理由是其「歷史問題」不清，即中共懷疑俄尼斯與1950年烏審旗的蒙古人對中共發起了大規模叛亂活動有關係。「寧可信其有，不可信其無」，濫懷疑主義是誣陷和打擊的藉口。俄尼斯能列舉出證人高平的名字，如果高平肯站出來說一句良心話，俄尼斯

就能通過無休無止的「審幹」。高平是甘肅出身的漢人，受中共西北局的派遣，曾長期在鄂爾多斯地區活動。但當時已經榮升北京軍區總後勤部副部長的高平卻在蒙古人俄尼斯的問題上「不發一言」。

十四、屠殺蒙古人的政治正確

1970 年 2 月 25 日和 3 月 2 日，周恩來、康生等中共高層分別兩次在京西賓館和人民大會堂接見內蒙毛澤東思想學習班。關於內蒙古的「兩個擴大化」的問題，「人民的好總理」周恩來做了重要講話：

「內人黨有沒有？有。是有根子的，只是沒那麼多，有老的，有新的……內人黨同外蒙接觸的，是反革命。反對這個東西，主觀願望是好的，但做法上不好，打擊面大了，傷害人多了、擴大化了。」

也就是說，肅清內人黨擴大化了，平反也擴大化了。

周恩來這個講話的衝擊對內蒙古學習班的成員來說，猶如晴天霹靂。俄尼斯和蒙古同胞不得不懷疑起自己的耳朵來。完全是不負責任的說法嘛！數萬蒙古人被極其殘忍的手段屠殺，卻只用一句「擴大化了」輕描談寫地敷衍打發過去了。為大屠殺死難者的平反，周恩來也打了一個折扣，說「內蒙沒有按照中央精神去落實政策，而是不分是非和敵我，不該平反的也平了，放跑了敵人，搞了一風吹，又是一次擴大化」，即「平反擴大化」。

在此，周恩來真正強調的是屠殺蒙古人的運動在政治上是正確的，大方向與目的具有正當性與必要性，只是稍微多殺了幾個應當被處罰的對象而已。

今天已經有好幾位漢人研究者指出，周恩來正是用這種兩邊各打五十板子的曖昧虛晃的語言積極推進了文革運動（丁凱文，2007，頁313-348）。此外「周恩來還有沒有逃脫與文化大革命的關係，通常是到了最後一刻——當他發現事情的背後是毛澤東本人的旨意，周恩來會打消自己原先的看法或猶豫，甘心充當毛澤東的『馬前卒』……用所謂『歷史的侷限性』、『集體領導』之類的說法為此開脫，是完全說不過去的。『不可殺人』是一個垂直的、絕對的尺度。用來衡量政

治家所作所為『垂直方向』就是歷史。」（*崔衛平《論周恩來──政治家的政治行為》*）從對蒙古人大屠殺這件事的處理上更加可以清楚地看到周恩來「富於人性、忍辱負重」的甲冑後面隱藏的冷酷無情。

我們再來看看漢人的記錄，可以佐證這一事實。

據造反派領袖高樹華記載，1970 年 4 月 16 日晚，學習班全體人員被召集到北京，接受中央領導的接見與訓話。周恩來的講話震撼了全班學員。

「去年 4 月毛主席號召搞備戰已經一年多了……內蒙是邊境，工作做得不好，搞了兩個擴大化，挖內人黨擴大化，糾偏又擴大化，所以才派解放軍進去」。

高樹華們分析周恩來的講話：「挖內人黨擴大化了」這一輕描談寫、文過飾非的言辭，意在風化大屠殺的真相，「明明是冤假錯案，就是死不認錯，非說成是擴大化」，而「平反擴大化」的真意是不想平反，「以便拒絕徹底改正」（*高樹華；程鐵軍，2007，頁 415-416*）。周恩來最後「義正辭嚴」地強調全面軍管、解放軍掌控內蒙古的的正當性與必要性。

以周恩來為首的中共高層，他們認同對內蒙古自治區蒙古人大屠殺的正當性與必要性的理由是：

第一、內蒙古位於中國北疆，地處同蘇修社會帝國主義對峙的最前線。因此，肅清蒙古人大有必要。

第二、以毛主席「提高警惕，保衛祖國」、「要準備打仗」的最高指示為指針，試圖以政治口號壓倒一切，模糊大屠殺的仇恨與傷痛。

換言之，就是設想同蘇聯必有一戰，而身處邊境的蒙古人立場不穩、思想狀態不統一，不僅不能為祖國北大門站好崗、放好哨，而且有可能裡應外合。為了鞏固國防，取得戰爭的絕對勝利，必須對蒙古人大開殺戒。說來說去，就是說服學習班成員理解大屠殺的正當性與必要性。

中共高層始終認為對蒙古人大屠殺的主觀願望與出發點是正確的，並給予正面的評價。周恩來的講話全面表現了共產黨對少數民族

政策的本質。也就是說，文化大革命中對少數民族的大屠殺在政治上是正確的。

中共政治鬥爭的手法既陰險殘忍、又狡猾巧妙。屠殺數萬蒙古人之後、對倖存者幹部們又反復施以「挖肅的正當性」的洗腦教育，誠如史塔菲爾德（Dominic Streatfeild）所言：「當恐懼彌漫，一切骯髒都穿上了正當防衛的外衣，一切殘忍都散發著追求真理的光芒。」重要的是通過學習班這種封閉的心理操縱組織，在幹部們的腦門裡刻下一個政治概念：

為了中國這一國家慷慨激昂的「大義」，大屠殺蒙古人具有絕對的必要性與正當性。

十五、逃亡蒙古國的林彪及其族誅

1971 年 6 月、中共認為「唐山毛澤東思想學習班」的目的已經達到之後，學習班終於解散。內蒙古幹部們終於可以回到自治區。被劃分為五類的學員們面臨各自不同的命運：

一等幹部：檢查揭批態度好的，回原機關繼續工作。

二等幹部：檢查揭批態度一般的，給予工作、但更換崗位。

三等幹部：政治問題尚未解決的，下放到五七幹校，繼續學習和改造。

四等幹部：檢查揭批不夠深刻的，下放到農村，接受勞動改造。

五等幹部：沒查清歷史問題的，屬於敵我矛盾的人，留在唐山繼續審查。（楊，2008c，頁25）

俄尼斯被劃分為「三等幹部」、下放到巴彥淖爾盟臨河的五七幹部學校。俄尼斯之所以被劃分為「三等幹部」，是因為其「反革命分子」胞弟而被牽連「族誅」。

俄尼斯的胞弟名叫那日素。有一天那日素在《新聞簡報》上看到林彪，就直腸子說了句：「林彪的姿勢像個木偶似的」。文革時期的電影只有幾個樣板戲，而電影院在放映正片前，一般要加映《新聞簡報》，稱為「中國電影新聞簡報」。林彪總是走在「偉大領袖毛主席」

的後面，揮舞著紅色領袖的經典言論的《紅寶書》。林彪是被當成毛澤東接班人、寫進黨章憲法的第二號人物，因而那日素以「誹謗林副統帥罪」被逮捕入獄，被「依法判處死刑、緩期執行」，押往山西太原市近郊的煤礦服刑勞改。

　　1971 年 9 月 13 日，寫進《中華人民共和國憲法修改草案》中的「毛主席的親密戰友和接班人，是全國全軍的副統帥」的林彪在企圖逃亡修正主義國家的途中，飛機墜落在蒙古人民共和國的草原上。這就是所謂的林彪「折戟沉沙」的「九一三事件」（*丁凱文，2004。吳潤生，2006*）。

　　中共因疑心蒙古人大舉「叛國投敵」而對蒙古人實行大屠殺時，卻發生了「副統帥叛黨叛國」的事件，真是莫大的諷刺！兩年後，那日素被宣布「錯判」，釋放回家。

　　「胞弟勞改期間受刑罰、服苦役，宣布『錯判』時連一句道歉的話都沒有。我們蒙古人真像奴隸一樣，被人任意宰割，過去是這樣，今天還是這樣。」俄尼斯痛心泣血。

十六、大屠殺的公道難有昭雪一日

　　伴隨暴虐血腥大屠殺的文革結束後，蒙古人突然發覺，不知從何時起自治區草原上已經有無數的「盲流」安營紮寨、毀林墾荒。所謂「盲流」指的從中國各地盲目流竄到草原的漢人農民，其中大多是販夫走卒、群氓潑痞。由於中國廣大農村人多地少，存在大量剩餘勞動力，因此盲流流入內蒙古實際上受到中共「盲流實邊」政策的保護。

　　當時已經擁有內蒙古戶口的漢人膨脹到一千六百萬人，為主體民族蒙古人一百五十萬人的十倍以上。也就是說，蒙古人在自己的土地上成了絕對少數，而且盲流人口還是個未知數。對草原一無所知的盲流像游擊隊一般神出鬼沒於自治區各地，使用暴力手段趕走蒙古人，濫墾濫伐，使草場退化、水土流失加劇，自然生態遭到嚴重破壞之後又撒腿走人，流竄到另外一個地區繼續砍伐開墾。大屠殺的暴力恐怖迅速激發他們的野心與瘋狂、愚昧與殘暴，喚起他們內心深層的欲望，他們在政治

上和經濟上都打了「翻身」仗，因而無需膽戰心驚，對任何傷天害理的行為都無需承擔責任。盲流每到一處，便充當自發的劊子手。

據《挖肅災難實錄》記載：達茂旗白音敖包公社的盲流人員楊秋遠，在大屠殺中將「內人黨」男女黨員的衣服剝得一絲不掛，在男人的生殖器上拴繩子，叫女人們牽著繞蒙古包轉，邊跳邊唱《北京有個金太陽》。此楊秋遠在軍管中卻受到保護，調動工作，移遷外地。

托縣中灘公社哈拉板申大隊第五小隊的王三小，於 1962 年盲流到達茂旗白音珠日和公社的滿都拉大隊牧羊。1968 年 9 月王三小當上了「挖肅」專案組長，強姦多名蒙古女性，甚至才十五歲的少女都不放過（*阿拉騰德力海*，*頁 111-112*）。

面對一波勝過一波「摻沙子」湧入的漢人盲流，自治區政府甚至束手無策，清理與遣返積重難返，蒙古人對不斷流入內蒙古的漢人盲流怨聲載道。

1981 年 8 月 3 日，中共發布關於內蒙古問題的「中發（一九八一）二十八號文件」，指示對盲流「不要採取堵的方針」，還要在「妥善安排」的基礎上，進一步打算「接納安置」四川移民一百萬人。此外，在招工、考學等方面實行「雙為主」和「雙照顧」原則，即在蒙族多的地方，以蒙古幹部為主，在漢族多的地方以漢族幹部為主；既要照顧蒙族，又要照顧漢族。並要求蒙族也要實行計畫生育政策。

此時表面上恢復了工作，烏蘭夫一邊發表聲明擁護「二十八號文件」，同時秘密調遣心腹愛將、時任人大常委民族委員會副主任雲北峰回到呼和浩特，進行無聲的抵制。

由雲北峰等人帶回的資訊震動了蒙古知識界，尤其是年輕一代。恢復高考後，剛剛考上大學的莘莘學子和他們的父輩們幾乎全都在文革中遭遇過大屠殺和大肅清，那種非人的從精神到肉體的雙重折磨，內心蓄積的忍無可忍的心酸與痛苦，對要求自治區必須「妥善安置」不共戴天之世仇的定居政策出籠真是憤慨交集。

再說，文件中的「雙為主」、「雙照顧」，看似公道，其實霸道。因為自從清末實施的「移民放墾、遍設州縣」之新政起，致使大量漢

人流入蒙地，農耕地帶的擴展直接威脅著遊牧經濟和牧民的生存危機；北洋軍閥時期又強行「武力開墾」；日本投降後的國民黨時期又再度宣布實行「以省政為中心」的方針，使得蒙古王公和蒙古知識分子組成各種代表團，前往南京向國民黨政府請願，指責國民政府「用武力開墾的方法，剝奪蒙人生命所繫的牧場，用省縣壓制，來剝奪蒙人的自治權利」（《熱察綏國大代表聯誼會招待記者報告詞》，載《文匯報》，1947年1月1日）。傅作義部長期佔領綏遠、察哈爾大部地區，甚至以「懲奸」為名，公然掠奪蒙古人的牧場，使得「蒙人之離怨心愈熾」。中共建政後，又以「支援邊疆，建設邊疆」為名，大量移民；文革時期為加強北部邊防，現役軍人和復員軍人以及知識青年組成的內蒙古生產建設兵團「進一步貫徹屯墾戍邊的方針」；加之「三年自然災害」期間，又有大量逃荒災民湧入進來。結果蒙古人生存空間更窄、更邊緣化，民族的文化傳統、語言文字、生活習日益受到極大的威脅，自治權早已形同虛設。在這種情況下，還要對漢人流民「妥善安置」，痛苦不堪的蒙古人實在忍無可忍。

1981年9月內蒙古各地爆發蒙古學生要求中央撤回「二十八號文件」，保衛民族自治權，保障民族生存空間的學生運動。筆者當時為高一學生，親眼目睹大哥哥、大姐姐們激情而富於理性的行動。他們的臉上充滿著劍刃般光芒的悲傷，內心卻燃燒著不滅的理想。學生運動雖然只經歷了短短的兩個月，但卻如一柄出鞘的劍光，那金屬的重音撞擊在筆者的青春史上。

此時掌握自治區實權的是江蘇省灌南人周惠，他接替軍人尤太忠，出任自治區黨委第一任書記。周惠對毛澤東忠心耿耿，一貫按毛的意圖與政治修辭來簽字畫押，自稱為「毛主席的看門狗」，逮誰咬誰，整起人來下手夠狠，毫無個人節操可言。學運一開始，周惠就把學運定性為「民族分裂主義」的「反革命事件」，認定其總後台是俄尼斯等土默特籍的「延安派」在作梗，因此繼續用文革的意識形態與精神桎梏來粗暴地處理蒙古民族保衛自治權的抗爭。

俄尼斯當時負責處理「違法亂紀、打砸搶分子」的工作。所謂

「打砸搶分子」指的那些「跟隨林彪、江青一夥造反起家的人，幫派嚴重的人，打砸搶分子，絕對不能提上來，一個也不能提上來，已經在領導崗位上的，必須堅決撤下去」（鄧小平：《黨和國家領導體制的改革》，1980 年 8 月 18 日，載《鄧小平文選》（第二卷），人民出版社，1994，頁 323），那些大多是文革中暴力肆虐的漢人。

　　然而周惠卻強調周總理也認為內蒙挖肅路線和方針大方向是對的，不能說內蒙沒有敵人嘛，當然只是數字大大突破了原來的設想和計畫，簡單粗糙而擴大化了。因此周惠對大屠殺中的漢人加害者不僅沒有採取任何形式上的法律制裁，甚至還被提拔和重用。「內蒙古的民族分裂活動仍在進行」，周惠打算將「民族分裂分子」的小蒙古背後「幕後黑司令部」的「老蒙古」徹底清算乾淨。

　　「延安出身的蒙古幹部好鬧事，但充其量是地方民族主義。而民族分裂的危險在偽滿出身『挎洋刀』的東部區幹部」。周惠使用挑撥離間，以夷制夷的老計謀，分化蒙古社會。兩個月後，學運領袖被逮捕，運動被毫不留情地鎮壓了下去。

　　在周惠旨意下，制裁文革大屠殺中實施殘暴行為的漢人兇手的清算不了了之，而「延安出身」的老同志俄尼斯也被迫提早退休，事實上遭到新一輪整肅。

第玖章
沒有墓碑的草原

——延安派幹部奇治民之死

　　文革一開始，隨著延安派首領烏蘭夫被定罪，延安派一夜之間都成了「烏蘭夫反黨叛國集團」成員。西部延安派出身的幹部與東部「挎洋刀的」出身幹部一樣，統統都在「挖肅」殲滅戰中被打成「民族分裂主義分子」的「內人黨」。所謂「打完了西部，再打東部」；打完了「嫡系」，再打「旁系」；打完了「明班子」，再打「暗班子」。實際上，蒙古上層政治、文化精英整體被殺害，被迫斷層，民間社會整體結構與傳統的價值根基都遭到嚴重的破壞，對蒙古社會造成的肉體與靈魂的雙重暴力恐怖的心理影響深遠。

▲　由「偉大領袖」毛主席親手創建的、由他老人家的親密戰友林副統帥親自指揮的、由人民的子弟兵組成的人民解放軍宣傳黨的群眾紀律的文宣品。

一、漢人壟斷蒙古史的發言權

文革時期奇治民任杭錦旗旗黨委書記，漢人劉玉祥任秘書。劉玉祥撰寫的紀實作品《大漠忠魂》聲稱：

「以《大漠忠魂》一書記錄奇治民同志光輝的一生、奉獻的一生。這本書史實詳細真實，事蹟生動感人，活生生地展現了一個共產黨領導幹部的精神風貌。奇治民同志很早就參加了革命。曾冒著生命危險完成黨的重要任務，並多次遭遇敵人的追殺。（解放後）在惡劣的環境中起了帶頭作用。他的一生表現了作為一個共產黨員的優秀品質。無論是過去還是現在，他的革命精神始終都激勵人們發憤圖強。如果人人都發揮他的精神，那麼我們中國共產黨將永遠處於不敗之地，戰無不勝。」

讀到本書對奇治民如此濃筆重彩的高度評價，或許每一位讀者都會浮想聯翩，對「偉、光、正」的中共來說，奇治民該是一位多麼難得、多麼優秀的人才啊！中共必會思賢如渴、愛才如命，奇治民也必大顯身手吧？

而事實上卻恰恰相反。

奇治民的蒙名為阿莫爾林貴（又譯：阿木日龍貴）。「阿莫爾林貴」這個響噹噹的名字可說是無人不曉，凡鄂爾多斯文革經歷者皆可見證。良知未泯、致力於在「後災難」中「修復世界」的漢人也將「奇治民」這三個字鐫刻在記憶裡*（註）*。

出於對共產主義及其所描繪的各民族一律平等與自治自決的真摯信念，奇治民一生滿懷熱忱，投身於中共領導的革命運動之中。奇治民做夢也不曾料到自己的生命被當作革命的祭品，被革命群眾以極其兇暴的手段殘害。

奇治民被害整整三十三年之後，中共終於用幾句華麗的辭藻概括了他的一生。掌握著獨夫暴政、生殺予奪特權的中共政治文化就是不擇手段的欺詐和反覆無常的鬥爭伎倆。翻手為雲、覆手為雨，先利用而後謀陷，乃至消滅其肉體；然後「撥亂反正」、「繼往開來」，受害者對恩賜的一頁「平反昭雪」的薄紙還感恩流涕，屈膝跪拜，心靈

註：奇治民另一位妹夫額爾克圖（漢名王寶山）寫過一篇題為《奇治民同志的光榮之道》。另外，阿拉坦布魯特（漢名白金剛）在劉玉祥的書中撰寫過簡短的回憶文。

繼續受其桎梏與奴役。這樣的政治文化使受害者變為專制的共謀者，為現實生活中對他人的繼續暴政以道統自居，僥倖活下來的人又自發地成為殺害他人的劊子手。這是暴政之所以能夠成為「鐵打的江山」的運作模式。

革命內部的蒙古精英奇治民，就這樣不幸被捲入慘痛歷史的齒輪之中。

2008年3月6日，筆者訪問了住在鄂爾多斯市東勝區、六十五歲的老人阿拉坦布魯特（漢名白金剛）。出身於達拉特旗的阿拉坦布魯特屬於巴嘎那斯族。巴嘎那斯一族原先住在達拉特旗的柴達莫，1937年10月，日軍佔領了包頭後，阿拉坦布魯特一家隨部族西移到杭錦旗。1962年阿拉坦布魯特與奇治民的妹妹烏蘭加其格（漢名奇嶺）結婚。

在中共一言堂的鉗制中，出版關於奇治民的書籍，並非一件容易的事情。劉玉祥的書能夠問世，恐怕也是因為「只有漢人才擁有『記敘歷史』特權」的緣故。

「就我個人而言，根本沒有在當時站出來說話，文革中始終在喊『打倒奇治民』的口號。」劉玉祥在書中坦白直言。

本來，內蒙文革中對蒙古人大屠殺這樣一個重大的公共事件，應當有更多的蒙古人親歷者、受害者、目擊者、包括年輕一代的研究者來記憶、書寫。將倖存者的回憶——哪怕是漢人研究者看來零散的、片段的、主觀的、情緒化的，但對我們蒙古人來說，大屠殺不是抽象的數字，而是一個個活生生的個體生命被血腥屠宰的死亡史、生活史。我們至今仍生活在這段歷史當中。絕大多數的見證者仍舊沉默，少數蒙古研究者發出的微弱的聲音也似乎不被聽到。蒙古人要正面記錄這份創傷記憶，至今仍是一個絕對禁區。

那麼，蒙古人為什麼沉默？是什麼原因迫使他們保持沉默？沉默是否也是一種歷史的力量？為什麼蒙古研究者的敘述會聽不到？其中是否有意識形態的牽扯？還是因為不夠學術客觀？或者被認為未超越狹隘的民族侷限？也可能是有意掩蓋或者無意看漏？

猶太作家威賽爾認為寫作的意義在於：「忘記遇難者，意味他們

再次受害。我們不能避免第一次殺害，但我們要對第二次殺害負責。」
對筆者而言，從此事件的追蹤、記錄面來看，寫作與研究不是一種職
業，而是一種義務。本章即是從與阿拉坦布魯特的訪談，以及劉玉祥
的記述，加以佐證奇治民可歌可泣的歷史遺事。

二、「共產黨是人民的大救星」

　　奇治民生於 1927 年 12 月 29 日，來自烏審旗的沙爾利格－朝岱
嘎查（草原）一戶大庫倫貴族家庭。該族為蒙古編年體通史《蒙古源
流》作者小薩囊徹辰的直系子孫。「大庫倫」蒙語中意為「堅實的要
塞」，在 19 世紀末為防禦漢人匪賊入侵建築的軍事性城堡。

　　以民族獨立與自決為理想的內蒙古人民革命黨於 1925 年 10 月
成立後，得到蒙古人民共和國和共產國際的大力支持。大會選舉白雲
梯為中央委員會委員長、郭道甫為秘書長。此次大會決定組建內蒙古
人民革命軍和內蒙古軍官學校。中央委員旺丹尼瑪、席尼喇嘛等人回
到自己的故鄉烏審旗組建了一支自己的獨立武裝──內蒙古人民革命
軍，旺丹尼瑪任總司令（*薩楚日拉圖，2006，頁110*）。第十二團的活動
據點後來移至銀川，只有烏審旗子弟仍留在故鄉。40 年代，這一支縱
橫馳騁、驍勇善戰的草原雄騎的部分官兵活躍在延安。奇治民的祖父
吉格丁旺朱爾曾擔任內蒙古人民革命軍第十二團的軍醫；父親昌那道
爾吉也是人民革命軍中的士兵。奇治民從兒時起就從父祖輩那裡受到
革命理想和民族自決的薰陶，並萌發反對一切民族壓迫，追求民族平
等與自由的政治理想（*王寶山，2001，頁552*）。

　　1935 年 12 月中共發表《三五宣言》聲稱：

　　「內蒙古人民自己才有權利解決自己內部的一切問題，誰也沒有
權利利用暴力干涉內蒙古民族的生活習慣、宗教道德以及其他的一切
權利。同時，內蒙古民族可以隨心所欲地組織起來，它有權按自主的
原則，組織自己的生活，建立自己的政府，有權與其他的民族結成聯
邦的關係，也有權完全分立起來。總之，民族是至尊的。同時，一切
民族都是平等的。」

　　鄂爾多斯草原頗具聲望、思想開明的烏審旗保安隊副官奇國賢（蒙名道布慶道爾吉）是奇治民的叔父，對共產黨的承諾產生共鳴並深信不疑，中共正欲開闢伊盟地區少數民族工作，派出特工與奇國賢接觸。

　　「抗日戰爭」開始後，中共實行的是「一分抗日，二分應付（應付內外的輿論批判與蘇聯的責難），七分發展（發展壯大根據地與軍隊，收買少數民族上層）」政策。延安派來的特工頻繁地出入沙爾利格大庫倫家族。

　　奇國賢不僅利用自己的身分支持在管區內放手開展工作，而且為了幫助走投無路的中共補給不足、增加收入、度過難關，大量輸入「特貨」、「特產」（鴉片）種子進行栽培、貿易。國民黨伊盟守備軍總司令陳長捷設計圈套逮捕奇國賢，並以「勾結共黨、廣種大煙」等罪名於1942年10月槍決。其同胞兄弟道爾吉寧布雇了一輛小木輪馬車，將奇國賢的遺體從東勝運回故鄉烏審旗。

　　中共地下黨特工張貨郎來到沙爾利格大庫倫，教會少年奇治民唱《東方紅》。所謂「月色薄，晨星燦，北風吹寒牧草彎。貨郎扁擔顫悠悠，溶進月色濃進山」描寫的就是大草原上的漢人行腳商販。這一時期漢人貨郎的真實身分是中共地下黨。早已耳濡目染父輩們的政治理想的少年奇治民，又經過「賣貨不多，看書多」、能說會道的張貨郎「循循開導」，1945年5月5日，奇治民進入城川民族學院學習。

　　城川民族學院的前身是1941年成立的延安民族學院，學生大部分來自內蒙西部鄂爾多斯和土默特地區。1945年2月，由於戰局的變化以及原中共城川工委改為伊盟工委在城川重建後，民族學院遷至城川鎮（位於鄂爾多斯地區鄂托克旗的博日巴拉嘎蘇），並且改稱城川民族學院。當時仰慕共產黨民族平等政策的蒙古青年俊傑一時為能進入該學院學習為時尚。筆者的父親也是其中一人，與奇治民有同窗之誼。

三、「沒有共產黨，就沒有新中國」

　　寶馬護送十八歲少年奇治民離開故鄉的巢，遠走高飛去追尋夢想

的正是他的叔父道爾吉寧布（*王寶山，2001，頁554。劉玉祥，2002，頁 026-027*）。二十四年後的1969年，道爾吉寧布做夢都沒有想到，侄兒卻被自己的共產主義信念殘忍地吞噬，又是自己親自去接回侄兒那滿身傷痕的遺體。

「蒙古民族以驍勇善戰著稱於世，我們相信你們，一旦自覺地組織起來，進行民族革命驅逐日本帝國主義與軍閥於內蒙領域以外，則誰敢謂成吉思汗的子孫為可欺也」。

在民族學院，中共幹部講解《中華蘇維埃中央政府對內蒙古人民的宣言》令奇治民心往馳騁，浮想聯翩。

1947年3月，蔣介石嫡系將領胡宗南指揮的部隊大舉進攻延安，西北軍閥回族馬鴻逵等人出動大軍西線和北線箝制配合。在激烈的「延安保衛戰」中，奇治民與城川民族學院的蒙古學員們轉戰於黃土高原，他們「用鮮血和生命保衛了黨中央，保衛毛主席」而受到高度的評價。同年4月4日，奇治民「光榮地加入了中國共產黨，成員一名共產主義戰士」（*劉玉祥，2002，頁031-032*)。那一年他剛滿二十歲。

不久奇治民被選派到中共西北局黨校培訓，緊接著赴山西省臨縣參加「和平土地改革運動」。毛澤東說：「流氓地痞之向來為社會所唾棄之輩，實為農村革命之最勇敢、最徹底、最堅決者！」所謂「土改」，實質上就是通過煽動絕對平均主義思想與人性中的貪婪，以階級仇恨取代傳統社會的自治功能，動員群氓潑痞、販夫走卒對「剝削階級」毫不留情地用最野蠻的手段消滅其肉體，沒收其「浮財」，並將恐怖政治與黨的絕對控制垂直滲透到社會最基層的暴力革命。將打倒國民黨政府與普通農民實用利益直接結合起來，即中國式的獨裁專制與市儈主義式的惡互為表裡，動員農家子弟「土改參軍」，壯大自己的力量，為其奪取全國政權充當馬前卒。

奇治民參加「土改」的地區，土地衝突與階級矛盾都不尖銳，因此他對暴力奪取私人土地的極左路線內心產生了抵觸情緒（*劉玉樣，2002，頁032*）。但他作為一名忠誠的共產黨員，必須無條件地執行黨的政策，因而奇治民仍舊穩步慎重實行「土改」政策。他的工作方法

雖然受到當地群眾的擁護，後來成了他致命的罪行。

中共為取得全國勝利，需要進一步鞏固大後方的內蒙古西部的地盤。1949 年 1 月，奇治民被派回故鄉烏審旗，擔任中共烏審旗旗黨委宣傳部長。然而奇治民所面臨的卻是錯綜複雜的社會狀況。1911 年隨著清帝遜位，哲布尊丹巴活佛驅逐中國派駐官員，宣布蒙古國獨立。漠南漠北蒙古因有相同的價值觀、文化傳統、歷史記憶、畜牧業社會經濟生活，「合併統一為民族國家」一時發展成為內蒙古廣泛的社會運動。烏審旗也不例外。1949 年 2 月，烏審旗雖然表面上向中共表示歸順之意，但就在同年 9 月發動了武裝起義。中共毫不留情地鎮壓了叛亂軍以及參加叛亂的數名共產黨員。

奇治民雖然在風暴眼上，但僥倖躲過了這場鎮壓。只是多年之後，「情緒上同情叛軍」這個憑空揣想的指控，在文革中又被重新挖出來。

1950 年春，不堪忍受中共高壓政策的烏審旗再度向中共舉起武裝反抗的旗幟。這次遭到更加殘酷的鎮壓。

「只有共產黨才能解放全人類」，「沒有共產黨，就沒有新中國」。

這些頌贊共產黨豐功偉績的革命歌曲還在他的喉嚨裡盤旋，而眼前的血腥事實卻讓他內心備受煎熬，理想與現實的矛盾衝突的漩渦中，奇治民深感痛苦、困惑，乃至日日面對自己良心的拷問。

四、草原上的新主人

茫茫浩空下武裝抗爭同胞的熱血之軀屍骨未寒，背負著深深傷痕的奇治民於 1952 年 1 月赴北京中央政法幹校接受一年培訓。這是中共建政後培養各地各級領導幹部的專門學校，首任校長是彭真。培訓結束後回到故鄉的奇治民被定為十三級幹部。從年輕有為的奇治民被提拔到「普通高幹」級別，可以看出中共最初將奇治民當作少數民族的政治精英培養。

不久，奇治民帶著夫人德慶格日勒（漢名王効民）及兩個胞妹一起赴任杭錦旗副旗長。王効民的姐姐是筆者的叔母，筆者的母親同奇治民的妹妹們也一直保持親密的交往。

　　杭錦旗的旗長色當道爾吉是黃金家族成吉思汗的直系子孫，也是「舊政府」時代的實力人物，中共在建政之初，象徵性地留用數名具有影響力的傳統權威以收買人心，同時顯示其寬宏大量。

　　色當道爾吉早在 1938 年就跟中共「敵後武工隊」有過接觸。1941 年，共產國際派遣來開展工作的蒙古幹部被國民黨軍逮捕時，他還為其釋放而四處奔走（*王寶山，2001，頁 561*）。事實上鄂爾多斯的蒙古人從 30 年代末開始，就在國民黨、共產黨和日軍等三方面勢力之間周旋。從某種角度來看，色當道爾吉可以說是對共產黨有恩的人物。

　　「那時鄂爾多斯是個重要的政治舞臺。白天國民黨的軍隊闊步街頭，夜裡則有共產黨的地下黨暗中滲透，日軍的情報機關也在拉攏蒙古上層王公。」阿拉坦布魯特說。

　　蒙古人歷來秉持敬重長輩的傳統美德，年輕的副旗長奇治民對凝結著傳統社會的政治與個人魅力的色當道爾吉自然是尊敬有加，並時常請教。然而這些「美德」都在文革中以「與封建社會的殘渣餘孽沆瀣一氣」為罪名而備受拷打和折磨。

　　1951 年 2 月，《中華人民共和國鎮壓反革命條例》公布。「凡以推翻人民民主專政，破壞人民民主事業為目的之各種反革命犯，皆以本條例治罪」。對「舊社會」參加過「反動組織」、對「匪首惡霸特務」，毛澤東指示要「大殺特殺」，「堅決地殺掉一切應殺的反動分子」。根據中共 1997 年紅旗出版社的《中國共產黨黨史鏡鑑》統計，

大約鎮反三百萬人（*謝幼田《鄉村社會的毀滅──毛澤東暴民政治的代價》，頁266*）。

1955 年成立公有化經濟組織「合作社」。1958 年由農業生產合作社聯合成立「人民公社」，實行生產資料分別歸公社、生產大隊和生產隊三級組織所有，以生產隊的集體所有制經濟為基礎的制度。蒙古牧民基本生產資料和生活資料的畜牧全部被沒收，實現了國有化。

奇治民認為這些政策並不符合蒙古族自身按經濟規律發展而來的特殊性與現實性，因此對上面指派的任務指標完成並不熱心。

總面積近 2 萬平方公里的杭錦旗中，約 9511 平方公里是鄂爾多斯最大的庫布齊沙漠（蒙語為「項鍊」之意），像一條黃項鍊掛從鄂爾多斯高原北西部綿亙舒展到東南，橫跨內蒙古三旗。

「杭錦旗是由原包頭縣、達拉特旗、杭蓋王爺地、桃力民辦事處的部分地區逐步合併而成的。加之軍閥陳長捷搞大漢族主義，強迫蒙族同胞退出牧場，從陝西、山西等省招進漢人，搞掠奪式的開墾，破壞了牧場，傷害了蒙族同胞的感情。」

有良知的漢人幹部也意識濫墾濫伐對於遊牧經濟的破壞性（*劉玉祥，2002，頁066*）。奇治民從小熟知歷史悠久的遊牧文化，蒙古人不是改造和破壞大自然，而是順應大自然的規律，愛惜並保護牧草：為了減輕畜群對牧草過度啃吃的壓力，一年四季遊牧於春、夏、秋、冬營牧場，滿足牲畜不同的營養需要，同時讓草場休養生息。如果一鋤頭挖下毀壞草根，祖祖輩輩藉以繁衍生息的故土就會永久沙漠化。蒙古人上山打柴，只是選擇樹木的枯枝，絕不動用正在成長的綠樹。蒙古人的祭敖包、祭聖山、祭神樹等風俗，也起著保護草場林木的作用。他們非常忌諱在聖山以及敖包所在的山地挖土、打柴。更不會有人砍掉祭拜的神樹靈木。

漢族農民雖然是外來入殖者，但既然定居在鄂爾多斯的土地上，要把他們驅逐出草原是不可能的，因為他們可是社會主義中國的「主人」。既要實行公有化和發展生產，又必須堅守千百年來一直傳承下來的傳統經濟形態，奇治民面臨艱難的抉擇。

五、漢族農民的救星

俗語說：「黃河百害，唯富一套」、「天下黃河富河套，富了前套富後套」。河套地區土壤肥沃，灌溉系統發達，適合種植小麥、水稻、穀、大豆、高粱、玉米、甜菜等作物，古來是西北最重要的農業區。而此時因漢人長期墾荒開地，植被全部被破壞，夭色圖等純漢人的公社面臨生死存亡的威脅。同時為了讓草原生態休生養息，停止開荒，奇治民走馬上任後推進生態生存移民工程，即動員夭色圖、勝利、阿門其日格、四十裡梁、以及塔蘭浩萊等以漢農占絕大對數的五個人民公社的社員，遷移流經杭錦旗北部的黃河沿岸農耕定居。

奇治民的穩重務實政策得到絕大多數漢農的理解與支持，60 年代初期遷居到杭錦旗北部的漢農成為旗內最殷實、最富裕的公社。感恩的漢農後來甚至喊出「我們才真正體會到毛主席是全國人民的大救星，我們直接的大救星就是死去的奇治民書記」這肺腑之言。

這一段時期是「杭錦旗的黃金時期」，但在文革期時，奇治民的移民政策都被上綱上線，都被扣上「反漢排外」、「趕漢人跳黃河、煽動移民起來造反」的罪狀（*劉玉祥，2002，頁 066-068、頁 124-125、頁 157-159*）。

中共建政後為了顯示自己制度、文化、經濟的優越性與道德性，始終把獨立的蒙古人民共和國看作自己的競爭對手。儘管蒙古幹部大都認為擁有一千多萬人口的內蒙古自治區與僅僅兩百萬人口的蒙古人民共和國競爭毫無意義，但是 1959 年「自治區第八次牧區工作會議」上指示開展「百母百仔」畜牧業大躍進運動。

蒙古人自古以來將草原和畜牧看成自己的命根子，是上天賜予的神靈之寶。就是狩獵也是定期進行，並常常放生使其繁衍生息，從不獵殺懷胎的、帶著幼崽的野獸。傳統的畜牧業是蒙古人的經濟基礎，根據水草、地形、季節、氣候和牲畜的品類遊牧遷徙。如何使牲畜安全過冬春不缺草、不瘦膘，如何在秋季為母畜增膘和配種、如何驅蟲防疫、如何保持優良的畜種，都有著蒙古人的生命哲學與生活智慧。

奇治民對牧區合作化、人民公社化以及高速度發展畜牧業運動都

抱持著若即若離的態度。對「百母百仔」運動，始終慢半拍。他在依克烏蘇人民公社蹲點，仔細觀察和總結了孟戈其木格和阿拉坦花爾等蒙古牧民的實事求是的生產經驗，並在牧民愛畜如子的傳統智慧和經驗與科學相結合的求實政策下，向全旗牧民推廣。1964 年，杭錦旗的牲畜數量穩步增加，達到了一百一十七萬頭（劉玉祥，2002，頁 083-084），當時自治區牲畜數量頭數超過百萬的旗還只有三個。奇治民一躍而成為自治區「優秀青年旗長」，那時他年方三十八歲。

六、大旱災裡置身事外的漢族幹部

好景不常，翌年 1965 年整年卻沒降過一場雨，遭遇前所未有的大旱災，又因為刮大風，當地稱為「大黑災」。

鄂爾多斯高原屬典型的溫帶大陸氣候，年平均降雨量為150毫米。有的年份幾乎滴雨未降，以致河流乾涸，土壤水分不足，不能滿足牧草等農作物生長的需要，最終造成人畜饑荒。中共建政後，不僅控制了思想、言論、土地、資源，還牢牢實實地控制了牧民逐水草而居的遊牧自由。而且土壤肥沃的黃河灌區早已被化作農耕之地，漢農對趕著牲畜逐水遷徙而來的蒙古牧民並不歡迎。杭錦旗百萬頭食欲旺盛的牲畜群一天比一天瘦弱瘠膘，乾渴饑餓的馬、羊絕望地撕咬自己的毛，然後吧嗒吧嗒、骨瘦如材地一匹匹倒下去，死後腹中只有黃砂和毛。

奇治民祖父唱過的「高高的大山溝，滿山樹木成蔭。多彩的葉花榆錢，把綠色生命撒在人間。鳥鳴蟲吟羊群叫，瓜果未墜人已醉喇，溪水不唱人來唱」的美麗神話般的鄂爾多斯草原，到 1965 年幾乎是「風吹無草無牛羊」。

如何戰勝旱災，旗內從外地調入的漢族幹部普遍認為，將人畜遷徙到黃河灌溉區可解燃眉之急。然而這些漢族幹部既不懂蒙語，也毫無畜牧業經濟的經驗，對完成甚至超額完成上級分派的量化指標和政策格外熱心，卻對牧民生死並不真正放在心上。

鄂爾多斯草原土生土長的奇治民熟知本地牧民對付草原旱災的智慧，此時被提拔為旗黨委書記的他深知，如果將人畜遷移到黃河灌區，

牲畜會將農作物啃吃得一乾二淨，屆時勢必引起民族矛盾。這種兵來將擋、水來土掩的臨時性辦法絕非上策。然而對奇治民提出的「向牧民學習，向牧民取經，團結一致，戰勝旱災」的口號，漢人幹部卻是嗤之以鼻。在他們眼裡，蒙古族屬於「尚在獉狉時代的未開化」之民，不具備自治能力，而必須「教化」、「宣撫」。要「華尊夷卑」根深蒂固的漢族幹部躬身謙卑地向「有教無類、沐猴而冠不足言」的「塞外夷人」學習，談何容易！

奇治民力排眾議，果斷採取了幾項救災措施：

除了馬群在黃河沿岸尚存的小片蒙古之地找到了駐牧場之外，其他牲畜都遷移到庫布齊沙漠的旱蘆草灘。這裡沙丘的南斜面埋藏著古老的枯草，經幾十年的淤積而形成了重疊的厚層。沙漠中幽深處的窪地裡也有深埋的伏流水，可掘水井解水荒。庫布齊沙漠的植物種類多樣，植被差異較大，於是指示牧民趕著綿羊和山羊進入沙漠南斜面，牛和駱駝則遷徙到耐寒性沙生植物生長的綠洲那片大漠。由於19世紀末回民向清朝舉兵，鄂爾多斯蒙古遭兵燹，棲息在草原上部分家畜回歸野生，變成今天的「野牛的草原」（楊，2007a，頁61）。

此外，奇治民還採取 加牧民們食用屠宰家畜的頭數。自從「一大二公」和「政社合一」的牧區人民公社化之後，家畜都成了國有財產，由政府包攬一切，包括草原資源、水資源、群配置、屠宰在內進行統一管理。就是牧民極小規模的自家畜的食用也必須經過政府的批准。奇治民開放食用家畜的方法，不失為合理、務實的救災辦法。但文革一開始，又被因此羅織了「大量屠食國有寶貴財產」之罪。

「1965年整整一年，奇治民都馬不停蹄地在草原奔波。並率領督促漢族幹部深入現場、虛心向人民學習。但其中不少漢族幹部早已疲於治理旱災，對奇治民『累死』自己心懷不滿」。阿拉坦布魯特回憶。

「全心全意地為人民服務，一刻也不脫離群眾；一切從人民的利益出發」，這些富麗堂皇的辭藻背後，中共早已將人民賦予的權力私有化、特權化。在政治、經濟或其他方面為個人或小集團謀取私利，從上至下，大大小小官僚享受著與旱災無涉的生活，文革中積極參與

迫害奇治民的漢族幹部中不乏挾嫌報復的成分。據劉玉祥記載，那些漢族幹部對奇治民的抗旱救災工作，不但不配合，還起阻礙作用。文革中革委主任李文傑親自帶頭打死奇治民後還惡狠狠地放言：「我早就看出奇治民是反革命，開常委會手槍隨身帶，我們隨時準備幹掉他，反革命死的越多越好！」（劉玉祥，頁156）

七、心懷「抵觸情緒」的旗委書記

1966年春，杭錦旗百萬頭牲畜驟減到五十八萬頭。依克烏蘇人民公社則從十萬頭損失了七萬頭。

「這樣大的損失、絕不僅僅是旱災的原因。我當時在巴音布拉克人民公社參加抗旱救災工作。天災只是發生人畜饑荒的要素之一。社會主義公有化為名的集權專制造成的人禍大於天災。『牲畜的蹄知道水源！』就是蒙古人歷史文化和智慧的密碼，中共疑心非我族類的蒙民，擔心蒙民逐水草而居就向北跑到蒙古人民共和國去。」阿拉坦布魯特苦笑著說。

「還有一個原因，就是為了向蒙古人民共和國開始『和平競賽』，盲目增加牲畜的問題。杭錦旗除了緊靠黃河沿岸的水源充沛，土壤肥沃地帶之外。位於庫布其、毛烏素沙漠的中間地帶自然環境根本不能養育百萬牲畜。毛澤東住在北京發號施令，毛欲透過『三面紅旗』等群眾運動的方式，動員全國指標性工農業『若干年內超英國，趕美國』，『上有好者，下必甚矣』。從中央到地方，都浮誇虛報，大放『衛星』，大搞『滿堂紅』。這種高度集權的政治模式使得瀕臨崩潰的畜牧經濟雪上加霜。」阿拉坦布魯特分析道。

1958年人民公社化後，全國出現了全民大煉鋼鐵高潮。鄂爾多斯也出現了土法的煉鋼爐，提出「以鋼為綱」的口號，對草原環境造成極大污染。

「『以鋼為綱』、『以糧為綱』，在奇治民眼中認為脫離實際，因此沒有參加動員大煉鋼、大開荒運動。這些『抵觸情緒』在文革中又成為反對大躍進的右傾思想而加以批判。」阿拉坦布魯特繼續說。

1964 年開始大搞階級鬥爭和反修防修的「四清」群眾運動後，奇治民赴吉日嘎朗圖人民公社、巴拉哈依人民公社、以及霍洛柴當人民公社。現在不少學者把「四清運動」理解為文革的前奏與預演。換言之，文革是一系列殘酷的政治運動的大濃縮。

「四清」開始後，一些基層幹部無法忍受逼、供、訊之風的酷烈的「政治過關」，有的企圖自殺、有的逃亡。「階級鬥爭年年講、月月講、天天講」的結果是新的兩百戶農民又被劃分為「剝削階級」的地主和富農，來自人民公社和生產大隊送來的這些報告都被奇治民批駁回去（劉玉祥，2002，頁241-245）。奇治民很清楚這些來自貧瘠的黃土高原的漢農殖民絕大多數不存在「剝削階級」的問題。奇治民的決斷為多數漢人農民免受了階級鬥爭的暴風雨，而他本人卻因「對黨的號召不積極回應」而受到批判。

八、「延安派」與「挎洋刀的」

隨著「四清」運動的全面展開，鄂爾多斯地區七個旗組成「四清工作團」，團長是閻耀先，奇治民與准格爾旗出身的蒙古幹部黃鳳岐擔任副團長。就在赴鄂托克旗的時候，奇治民接到去北京參加華北局召開的「前門飯店會議」的緊急通知。

「前門飯店會議」自 1966 年 5 月 22 日開始，至 7 月 25 日結束，歷時 64 天。由中央委派的華北局書記李雪峰主持會議。自治區共派出包括盟、旗、縣基層幹部在內被稱為「革命左派」的一百四十六人參加。

「前門飯店會議」召開之前，由劉少奇主持的中央政治局擴大會議從 5 月 4 日至 5 月 26 日在北京召開。早在「四清」運動期間，華北局就批評烏蘭夫沒有認真傳達與深入開展階級鬥爭與「四清精神」，北京這兩個會議之前的同年 4 月，華北局加快了派人秘密收集烏蘭夫搞「獨立王國」和「民族分裂」等證據的動作（《呼和浩特地區無產階級文化大革命大事記》，1967，頁7。塔垃，2001，頁363-365。阿木蘭，2004，頁45-46）。

　　在中央的直接導演下，「前門飯店會議」上演了一場自治區東蒙幹部集中火力攻擊烏蘭夫排除異己、重用土默特幹部的批判會。最後，烏蘭夫給扣上了五大罪狀。「在全國省、自治區級的第一書記中，烏蘭夫是最早被打倒、最早受批判、定性上綱最高的一位。華北局給烏蘭夫扣上『三反』政治帽子，這已經不再屬於內部矛盾了」。「烏蘭夫的老戰友、老部下一夜之間成了『烏蘭夫反黨叛國集團』成員。」（*圖們、祝東力，1995，頁23*）

　　當時東部喀喇沁左翼旗人——暴彥巴圖任伊盟第一書記。暴彥巴圖於1944年畢業於新京法政大學經濟科，也是正牌「偽滿時期挎洋刀」出身的（*《鄂爾多斯「揪暴、楊、康、李兵團」紅革會赴伊毛澤東思想宣傳隊返包聯絡站，1967，頁1*）。暴彥巴圖在劉少奇、鄧小平、李雪峰的「揭蓋子」、「挖根子」的動員下，對烏蘭夫提出了很多「工作上的意見」，但離「全面揭發、徹底批判」還差十萬八千里。

　　「奇治民畢業於民族學院，鄂爾多斯又與土默特相鄰近，因此奇治民也理所當然被打成烏蘭夫黑幫成員。但奇治民又與暴彥巴圖關係很好，對暴彥巴圖的言行始終難以理解。」阿拉坦布魯腦子裡浮現出陷入困惑、迷茫中的的奇治民的臉孔。

　　中共耍離間計挑動東部打擊西部之後，很快就掉轉槍頭將東西部蒙古幹部統統「挖肅」。在「前門飯店會議」上敲著桌子、高聲揭批烏蘭夫的暴彥巴圖，曾幾何時也三呼過蒙古族卓越領導人「烏蘭夫萬歲」，文革中暴彥巴圖同樣被冠以「反對大漢族主義」、「民族分裂分子」之罪而被揪出來（*《鄂爾多斯「揪暴、楊、康、李兵團」紅革會赴伊毛澤東思想宣傳隊返包聯絡站》，1967，頁2*）。

九、流氓無產者殺人由心

　　1966年秋，伊盟全體幹部全被召集到東勝參加批判「烏蘭夫在鄂爾多斯的代理人——暴彥巴圖」的鬥爭大會。身為杭錦旗的秘書，劉玉祥也參加了這次會議。二十多天的政治學習後，其他的幹部回到各旗落實會議精神，只有「延安派」的奇治民被留下來深挖狠批「偽滿

成分」、「挎洋刀的出身」中暴彥巴圖的「罪狀」。

　　奇治民除了中共高音喇叭宣傳的「『偽滿時代』的人民過著牛馬不如，水深火熱的生活」之外，對東部的實際情況幾乎一無所知。暴彥巴圖等「挎洋刀的」出身的幹部對這些鋪天蓋地的言論，只是笑一笑，既不肯定也不否定。奇治民印象中「挎洋刀的」蒙漢兼通、溫文爾雅、自然英質，而老紅軍、老八路出身的漢人工農幹部不僅文化程度低，而且趾高氣揚、蠻橫無理。

　　「奇治民也承認西部延安幹部與『挎洋刀的』的東部幹部在具體工作上存在一些疙疙瘩瘩，但對東部幹部的學問和教養卻很敬慕。」阿拉坦布魯特證言說。

　　劉玉祥也證實杭錦旗確實存在有工農老幹部們反奇治民的一股勢力。在基層幹部的選拔上，奇治民注重培養少數民族幹部和民主人士、年輕人。陝西、山西來的老幹部們倚仗「幾十年跟隨黨中央南征北戰，為祖國的解放事業貢獻了青春熱血」的功勞，雖然也享受優厚的待遇，但由於大字不識，文化素質差，盛氣凌人，滿口粗話，在政府機關只有虛職，這些張口閉口「我是個大老粗，只曉得三擔牛屎六篼箕」的老幹部，平時總是在經濟上多撈一把，對婦女也不尊重，被人們稱「五常幹部」，即「常犯錯誤、常受批評、常有理、常做檢討、常不改正」（*劉玉祥，2002，頁206-208、頁253*）。本性上保留流氓無產者的惡質，他們對奇治民「反漢排外」、「反漢排老」心懷不滿。

　　1966年10月，兩名漢族老幹部率領一夥「挖肅戰士」趕到東勝一路，將奇治民「揪」回了杭錦旗，當天奇治民就被打斷一根手指。這兩位已年過花甲的革命老幹部外號分別叫「老狼吼」與「二砍子」，從名字上便可知其咬牙切齒、理直氣壯「真革命」的程度（*劉玉祥，2002，頁255、頁367-368*）。這個「理」正是在被「清階、革命」與「反民族分裂」的政治修辭下可以肆意洩暴、殘殺踩躙之紅色恐怖之「理」。

　　「中共的政治鬥爭之慘烈真是一架巨大的絞肉機啊，險象環生，吉凶莫測。它能調動和激發全社會的野心、瘋狂、殘暴。人委辦的楊

躍文、獸醫站副站長、東北出身的蒙古人長河、食品公司的劉根前等「八大金剛」都是奇治民一手提拔起來的青年幹部，他們在文革中不但沒有為奇治民說一句公道話、保護奇治民，反而一馬當先站出來揭發，結果這八個人後來都被打倒。那兩位漢族老幹部作孽太多，沒落個好下場，也被打倒。一人猝死，另一位得了怪病。」阿拉坦布魯特說。

　　阿拉坦布魯特則本人被打成「蒙特、烏蘭夫黑幫成員」，下放到巴音布拉克草原勞改。

十、受施者卻成為加害者

　　1967 年 9 月 4 日至 7 日，一位途經鄂爾多斯的蒙古作家，見證了杭錦旗內發生的大規模武鬥流血事件（楊，2008d，頁 43-70）。

　　毛澤東親自發出「革命委員會好」指示後的 1968 年 1 月 29 日，「一個革命的、有代表性的、有無產階級權威的臨時權力機構——「杭錦旗革命委員會」成立。兩位河北省出身的漢族幹部李文傑、崔郁文分別任正、副主任。

　　崔郁文原是個供銷股幹部。「工作不努力，不認真。四肢發達，頭腦簡單，群眾反映不好」。此人是個身高兩米、胃口超大的碩漢。

　　在總路線、大躍進、人民公社「三面紅旗」的照耀下，糧食嚴重不足，物資奇缺，杭錦旗的農牧民由於飢餓，身體浮腫、幹不動活。而政府幹部們每月保障供應 13.5 公斤糧食。經奇治民特別批准，配給崔郁文的口糧比其他幹部還多 5 公斤。

　　「崔郁文幾次要求升官，未能實現。提拔幹部也不是奇治民一個人做主。獲得奇治民優待、順利渡過大饑荒、撿了條命的崔郁文卻因未能升官而恩將仇報，以受壓制的面孔反對奇治民，被李文傑看中。」劉玉祥寫道（劉玉祥，2002，頁 267）。

　　李文傑是沒有多少文化素質的一介武夫，自 50 年代以來一直率軍駐紮旗內，任旗武裝部長。由於李代表著「人民子弟兵」解放軍，奇治民對李文傑還是很尊敬、也很客氣，並讓他擔任旗黨委常委（劉玉祥，2002，頁 267）。

　　1968 年 12 月，奇治民在旗內揪鬥一圈之後被囚禁在錫尼鎮中學的一間黑房子裡。在這裡，他送走了人生的最後歲月。施加暴力、殘忍的方法、直接殺害奇治民的正是李文傑和崔郁文。奉中央命令、來自北京的漢人解放軍精銳部隊三十八軍的「京字·三五五部隊」以「支左」的名義也有組織地加入了大屠殺。

十一、為家鄉盡力就是「最好的罪證」

　　在共產國際、蒙古人民共和國支持下，於 1925 年 10 月在張家口成立的內蒙古人民革命黨，是以蒙古人的獨立和自決為理想而奮鬥的民族政黨。意氣風發的青年雲澤也參加了成立大會。1925 年至 1945 年之間的二十年中，內蒙古人民革命黨轉入地下活動，其後經歷了許多迂迴曲折。1945 年 8 月，蘇蒙共同出兵內蒙古及東北地區後，乘此機會，東部原滿洲國政權的政治知識精英博彥滿都、哈豐阿等人於 8 月 18 日在興安盟王爺廟（今呼蘭浩特市）發起、組成「內蒙古人民解放委員會」，公開宣布重建內蒙古人民革命黨，並以「內蒙古二百萬同胞堅決要求合併於蒙古人民共和國」為目標。

　　此時雲澤正在延安民族學院擔任院長、擔任中央候補委員。從 1945 年秋至 1947 年春，雲澤秉承中共實際承諾內蒙古將來統一自治之旨意，為解散內蒙古人民革命黨、撤銷東蒙人民自治政府可謂竭盡心力。1947 年 5 月，中國第一個民族自治區——內蒙古自治政府成立後，雲澤已改名烏蘭夫，高居政治局候補委員、國務院副總理、國家民委主任，並兼自治區黨、政、軍及內蒙古大學校長等要職於一身。

　　但文革開始後，烏蘭夫的延安派、以及他自已曾毫不留情打壓過的「偽滿時期挎洋刀出身的」東蒙幹部，都被打成「民族分裂主義的內人黨」而遭至「無產階級專政」的機器「穩、准、狠」地「大掃蕩、大殲、滅」。城川民族學院畢業生奇治民自然而然地被定性為「內人黨杭錦旗總頭目」、「搞民族分裂、賣身投靠蒙修的特務」、「烏蘭夫死黨分子」的階級敵人。

　　奇治民「搞民族分裂」、「反漢排外」的罪狀就是前述的曾在大

饑荒和大會旱災中對農牧區進行調整，將不適宜農耕的四個公社農民移居到黃河灌溉區。奇治民被押到這些漢人農耕區批鬥時，就是在「思想動員」之下，也有不少老實巴腳的漢農不忍對「恩人」幹傷天害理的壞事。

「而在蒙區，蒙古人一問三不知，『挖肅戰士』惱羞成怒，懷疑蒙古串聯一氣，便把蒙古人都當成了敵人。牧民說，『再挖，連牛羊也挖進去了』。」阿拉坦布魯特說。

「搞民族分裂、賣身投靠蒙修的特務」指的是奇治民在庫布齊沙漠深處「建設了反革命武裝政變基地」，草庫倫被說成「大蒙古帝國放馬基地」，澆灌草場的大口井被說成「搞政變打仗馬匹的飲水井」，實際上，庫布齊沙漠變成了綠洲，保護了人畜的寶貴生命就成了奇的罪名了（*劉玉祥，2002，頁402-403*）。

十二、漢人共產黨的集團暴行

「首惡必辦、脅從不問，立功者受獎！立即交出旗內內人黨的黑名單，爭取寬大處理！」革委主任李文傑聲色俱厲，兇相畢露。

「老李，咱們都是九年在旗委班子一塊工作，你是九年的常委，大事咱們都是共同討論集體決定，我的一切所作所為哪一點你不清楚，你叫我交待什麼？如果我是反革命，能讓你九年當常委？我幹反革命，你能幹革命嗎？旗委是內人黨旗委，那你算什麼？」奇治民誠懇地反問道。

對「態度惡劣、死不認罪」的奇治民，無可回擊而更加氣急敗壞的李文傑和解放軍「支左」部隊決意用暴力來「觸及靈魂」。

「從1968年12月開始，關押在『二專』的奇治民就開始受重刑了。他們不知哪裡學來的幾十種刑罰，無所不用其極。首先是十天十夜的車輪戰，九十度彎腰，不給水喝，不讓奇治民闔一眼，邊打邊審訊；接著就是坐老虎凳；架蹬椅就是把奇治民放在一條長椅子，全身架十幾把椅子；坐肉凳，讓奇治民爬在地上，身上放上板凳，幾個人坐在上面擺動；再就是用竹籤釘手指頭；用燒紅火鉤燙，叫火爐烤（熱

情招待），然後推到外面凍（冷靜考慮）；用水蘸麻繩和鋼絲鞭抽打；吊在空中灌辣椒水；用木杠子壓腿肚，脫光衣服用木棒鐵棒猛擊；上腦箍，跪鍘刀，挨狼牙棒，錐子紮，過電等，至於拳打腳踢打耳光就是小巫見大巫了。所有的刑都用盡，一個月過去奇治民死去活來，每一次昏過去再用冷水澆醒過來（*劉玉祥，2002，頁386-392*）。

漢族工人喬毛仁和王桃雲親眼見證了奇治民之死。

「奇治民臨死前，被重刑具打的全身幾乎都看不到一塊沒受刑的地方。」

「一個多月來天天都給奇治民動大刑，快死時頭腫得像一個起面的大饅頭，幾乎看不清眉目，我們偷偷地給了一個蘋果，奇治民似乎張嘴就想吃。但被打得吃不成了。」（*劉玉祥，2002，頁364*）

革委主任李文傑親自動手拷打了奇治民，打不動就由解放軍輪換著繼續打。奇治民的膀胱被踢爛了。

中共宣傳共產黨員寧死不屈、引頸就戮或寫自殺遺書時還充滿激情地高呼忠於「偉大、光榮、正確的中國共產黨萬歲！我們敬愛領袖毛主席萬歲！」之類的愚忠口號。蒙古人奇治民卻沒有喊出這樣的豪言壯語。1969年1月23日夜，遍體鱗傷、奄奄一息的奇治民被抬進杭錦旗醫院，奇治民竭盡全身力氣睜開眼睛，懇求護士黃鳳英：

「請救活我，如果我能活下去，運動結束後處理旗裡的問題時，我還有用！」

奇治民也深知中共的政治運動層出不窮，老百姓過不上安寧日子。儘管自己遭受到極不人道的暴行，但仍相信運動不久終將「撥亂反正」。但第二天凌晨，草原盡頭的地平線上傾瀉萬道霞光之時，草原之子卻永遠闔上了雙眼（*王寶山，2001，頁573*）。真是「大漠嘶鳴苜蓿空，馬蹄驚風寒雪魂」。

「『五二二』批示數年後的1973年，掘墓驗屍時，法醫在奇治民的頭顱裡發現一根6釐米的鐵釘。」阿拉坦布魯特回憶。

這就是「文明高貴」的「華夏」對「非我族類」的「蠻夷」所進行的暴力「教化」。

十三、「杭錦旗有的是埋死人的地方！」

「反革命頭子死多少也無所謂，杭錦旗有的是埋死人的地方！」

李文傑肆無忌憚、喪心病狂已到了無以復加的程度。

原黨校教室審訊場，每天深夜用水澆濕後分別將旗幹部拉去動酷刑。用燒紅的鐵火鉤捅入賽西亞圖的肛門，用鐵絲鉤子塞入生殖器，開心取樂。

白音補拉格公社的一位女牧民被推入土坑中沙土活埋，人已經斷氣，但還留一截腦袋在黃土外，解放軍和漢人兇手們還強逼她十一歲的女兒用棍棒「迎頭痛擊」媽媽的腦袋。如果女兒不「痛擊」毒打，兇手們就會動手打女孩，女孩逼成了精神病，長大後變成了一個只會笑不會說話的啞巴。

巴音恩格爾公社的書記阿爾賓達賴被打成「奇治民同黨、黑幫」，實在扛不住逼供訊，「畏罪自殺」後，他的妻子也自殺了。兇手們把兩人的屍體捆成一個草包，扔進了大沙漠。

杭錦旗黨委組織部長、蒙古幹部唐占海、杭錦旗公安局的蒙古幹部黃文華、杭錦旗政府幹部阿穆古朗都被殘酷地殺害了，只因為他們不肯昧良心作偽證。黃文華是被解放軍的士兵們通高壓電殺死的。阿穆古朗當場被活活打死，其遺體拋棄在荒野上，當人們找到他的遺體時，頭顱竟然都被割掉了。

有兩個具體數字可作為參考：

1968年，杭錦旗總人口中漢人共有十萬人，蒙古人只有一萬六千九百一十二人。換言之，蒙古人只占人口的十分之一（*楊‧兒玉，2003，頁139*）。而劉玉祥的書中記載全旗有五百餘人被殺害，致殘一千餘人，因後遺症死亡的更多（*劉玉祥，2002，頁390-391*）。另有一說，全旗受害者四千餘人，死一百一十八人，其中包括三名旗書記（*阿拉騰德力海，1999，頁85*）。

「五百多名死難者，只有少算，絕沒有多算。其中百分之九十以上是蒙古人。『反革命頭子死多少也無所謂，杭錦旗有的是埋死人的地方！』這是李文傑公開的口頭禪。1970年李文傑與解放軍『完成了

黨交給的光榮任務，凱旋回京』，後調任到河北某縣任武裝部長。對這樣一個直接殺人的犯罪分子，中共採取走馬換將的保護辦法，使之逍遙法外，道何道哉？天倫何哉？」阿拉坦布魯特痛心疾首。

　　阿拉坦布魯特最後一次看到奇治民是 1967 年嚴冬。在巴音布拉克草原勞改的一天，阿拉坦布魯特遠遠地看到被押往旗內輪流批鬥的奇治民。「群專指揮部」頭頭與「挖肅」分子騎著高頭大馬，揮舞著馬鞭呵斥著馬下被五花大綁的奇治民，奇治民一天走幾十公里，鞋子都破爛不堪了。阿拉坦布魯特與奇治民雙目對視，迸淚斷腸。

　　1969 年 3 月 8 日，阿拉坦布魯特從一位叫薩木藤扎木素的熟人那裡聽到了奇治民被害的消息，如五雷轟頂的阿拉坦布魯特像一頭受傷的狼，跑到突兀蒼涼的曠野哭得刀刀剜內，寸寸斷腸。但回到家卻只能將不幸消息對妻子烏蘭加其格（奇嶺）隱瞞了下來。奇治民生前特別疼愛小妹妹烏蘭加其格。阿拉坦布魯特實在沒有勇氣將噩耗告訴妻子，一直隱埋在心底。

　　「每天回到家裡，妻子都會問長問短，『累了吧，今天挨打了嗎？』」。面對妻子湖水一般清澈又佈滿傷痕的眼睛，沉默在心裡的疼痛，就像大風一樣，越刮越猛，備受煎熬。

　　但妻子很快就知道了哥哥被打死的消息。這個巨大痛苦徹底擊垮了她，她每天喃喃要去接哥哥回家，從那以後，健康、活潑的妻子常常劇烈頭疼、嘔吐、焦躁、臆想，出現精神疾患，經常被噩夢驚醒

▲
1960 年奇治民和妹妹們在杭錦旗合影。
（出自《大漠忠魂》）

或徹夜難眠。妻子在 2005 年去世之前，大屠殺恐怖的夢魘伴隨了她的一生。出太陽的大白天都噤若寒蟬，渾身發抖，「又來揪內人黨了」，「床下有人，肯定是『挖肅戰士』來了」！

那個時代，蒙古人是民族與政治的雙重賤民，蒙古人的命比狗、貓還賤。漢人對我們不僅濫施殘忍的肉刑，而且還辱罵我們「宰一條狗，剝了皮還有狗肉吃，殺一隻貓，還可燉貓湯喝，你們老韃子連狗、貓都不如，算什麼東西！」革委和解放軍殘殺蒙古人的手段，真是古今中外，駭人聽聞啊。但我們尊敬奇治民，他始終屹立在我們心裡，死而不倒。

阿拉坦布魯特的聲音彷彿佈滿堅硬的冰渣。

十四、「黨不會忘記他」

奇治民和夫人德慶格日勒（王効民）膝下無子。1957 年秋，在朝鮮戰爭結束，「中國人民志願軍」回國紀念日的那一天抱養了一個小男孩，取名「志願」。志願是個聰明伶俐的乖孩子。1959 年志願得了一連好幾天發高燒，被診斷為腦膜炎，病癒後，志願雙目失明了。夫人德慶格日勒也長年病體羸弱、為肺氣腫病所苦。

1967 年 12 月至 1968 年 3 月間，李文傑等一夥「挖肅戰士」押解著奇治民回家抄查「內人黨」證據。來勢洶洶的兇手們用槍托抵著志願的後背喝令他蹲在牆角邊，又當著夫人的面，用纏有鐵絲的皮鞭和粗大棒毆打、凌辱全身被剝得精光的奇治民。只能聽到爸爸被毆打的皮鞭聲和罵罵咧咧聲的志願病得一床不起。

「可憐的孩子，你跟著爸爸遭罪了，你還這麼小，就受這麼多不該受的苦！爸爸對不住你啊！」奇治民死不瞑目。

後來志願在《懷念我的父親》中回憶父親被打成「走資本主義道路的當權派」、「民族分裂分子」等莫須有的罪名是說：「我和媽媽更是受盡欺辱。在我上學的路上，我經常能聽到『打倒黑幫兒子』的誣言，爸爸，您知道嗎？我每天上課都是抱著頭順著牆角小心翼翼地跑到學校……接著我被學校停學，媽媽被停職，後又因心靈上的過度

摧殘，媽媽精神分裂。」

　　奇治民遇害後，遺體被草草埋在錫尼鎮的西沙梁。夜裡蒙古牧民成群結隊或騎馬、或步行帶上奶食品等祭奉趕到這片沒有墓碑的沙漠中默默地祈禱，在心裡與奇治民道別；喇嘛們常常朝西沙梁方向長跪不起，口詠祈願文，求奇治民的靈魂升天，然後「降臨到用八朵芳豔的荷花製成的地毯上」；李文傑等人察覺此事後，怕蒙古人鬧事，遂通知烏審旗的奇治民本家親屬將遺體運走。

　　奇治民的叔父道爾吉寧布趕著勒勒車到幾百公里外的錫尼鎮，給奇治民換上乾乾淨淨的衣服，將他的遺體帶回故鄉。1945 年 5 月 5 日，憧憬「無產階級不但要解放自己，還要解放全人類」、信仰中共的「民族平等、政治民主」導航青春的少年的奇治民，也是由叔父道爾吉寧布送上踏往城川民族學院旅途的。

　　「縱觀奇治民同志的一生是光輝的一生，奉獻的一生，他是革命的『紅小鬼』，是共產主義的忠誠戰士、鄂爾多斯人民的好兒子。黨決不會忘記他、人民永遠懷念他。」

　　在文革大屠殺中挨過三百多次的批鬥、九死一生的倖存著、「挎洋刀的」東蒙幹部暴彥巴圖簡潔地概括了奇治民的一生（*劉玉祥，2002，頁8*）。

　　受害者暴彥巴圖至今尚未找到更合適的語言回憶與表述大屠殺的恐怖。換言之，文革大屠殺的絕對的被迫害者——蒙古人沒有一點點起來去迫害漢人的可能，他們至今還只能用讚美中共的語言來表述歷史，讀者是否能從這種荒誕與扭曲、苦楚與絞痛的表述中讀出一點點歷史的真相呢？這種表述本身就是當下歷史的一部分，同樣見證著歷史。

第 IV 部

圖克人民公社大屠殺悲史

第拾章
「華尊文明」刑場

——原圖克公社書記策・哈斯畢力格圖的證言

　　出生於烏審旗嘎魯圖鎮薩茹拉努圖克的策・哈斯畢力格圖（1933-）是蒙古著名的詩人、民間文學家、民俗專家。他先後出版過《鄂爾多斯之春》（詩集）、《鄂爾多斯婚禮》（民俗）等十多部文學、民俗專著。文革之前任圖克人民公社書記八年，是圖克大屠殺這一標誌性時刻的親歷者和見證者。

▲ 50年代意氣風發的詩人策・哈斯畢力格圖與夫人。此時，兩人對中共黨爐火純青的宣傳尚抱有幻想。（照片提供：Keriyed Keyirub）

一、包在謎團裡的大屠殺

發生於俄羅斯的波蘭卡廷大屠殺倖存者約瑟夫‧薩普斯基在流亡巴黎的生涯中寫下了這樣的句子：「我們所有的人，無論自己想還是不想，都已經被這條不可見的鎖鏈拴在了一起，這條鎖鏈的最終一段就是卡廷。」

對蒙古人來說，圖克公社的大屠殺是這條鎖鏈中的最重要的一環——並非最終的一段，因為這條鎖鏈至今仍在桎梏著草原。以下兩個具體的、簡略的（只有少算，絕無多算，且未算二次受害）資料顯示了大屠殺慘狀之一瞥。

其一：1978 年 7 月 27 日，《內蒙古日報》駐伊盟的記者暴慶五撰寫轉上級的內參報告《伊克昭軍區原京字三五五部隊一連（二十一分隊）在圖克公社挖「新內人黨」中嚴重違法亂紀》（*圖們、祝東力，1995，頁202。楊《內蒙古種族大屠殺基礎資料（5），頁47-52》*）。

1969 年圖克人民的人口只有二千九百六十一人，被打成「新內人黨」的就有九百二十六人，占懂事人口的百分之七十一。被懷疑的有二百七十人，被活活打死和因後遺症死的四十九人，當時嚴重傷殘二百七十人，其中一百一十六人完全喪失或半喪失勞動能力。所有共產黨支部被打成「內人黨」支部，百分之七十至八十的共產黨員被打成「內人黨」徒，被揪鬥上刑，被開除……殺害的、或者是由於暴力後遺症而死去的為四十九人、因私刑而造成重度傷害的為二百七十人。

三五五部隊某連和當地打砸搶分子在圖克公社使出的刑罰達五十多種。聽了受害者的控訴，使人毛骨悚然。這裡僅舉幾列：

用燃紅的濕柳棍燙。將女牧民扒光衣服，用燃紅的濕柳棍燙小腹部、肚子。把肚皮燒壞，腸子露出來。再燙陰部，燒外陰。腹部傷口至今能癒合，直流臭水。

狼牙鞭打人。皮鞭上用電線把按釘、鐵絲頭纏緊，變成帶刺的鞭子，每抽打一下，勾下一些皮血，連打二十多鞭後，脊背皮血被勾掉，露出脊椎骨。大片傷口腐爛發臭，由於不給治療，將一個人活活臭爛而死。抽打皮鞭時，血肉橫飛，甩在牆上也壞臭，氣味嗆人不能進屋。

　　爛肉撒鹽。皮鞭、棍棒打壞人，在傷口處撒鹽，或用鹽開水燒燙，受害者疼得發瘋、昏死。

　　上腦箍。把受害者的腦袋，用八號鐵絲纏住，再用老虎鉗狠狠擰緊，鐵絲拉在頭皮裡；或把四個上腦箍的人用鐵絲圍著火爐連起來烤，動不得跑不了。

　　用燒紅鐵鍬烙。把鐵鍬在火爐上燒紅，烙在受害者頭頂上。結果頭髮、頭皮燒光，露出頭骨。烙出的血和油流在臉上，也被燙壞。

　　樑上吊。把兩手腕向後捆住，拉在樑上吊起，抱住腿用勁向下猛拉，受害者立刻兩肩脫臼。或把人腿捆住樑上倒吊，再猛放開繩子，頭撞在硬地上，輕者腦震盪，重者昏死。

▲　鄂爾多斯地區烏審旗的圖克人民公社。

騎毛繩。將婦女扒光衣服，騎在毛繩上，用人前後拉鋸，把婦女外陰和肛門拉通，連屎帶尿混合而出，如此等等……

其二：1997 年 10 月，原圖克公社社員喬依塔爾撰寫的私家版鄉土史。

1969 年春的圖克公社有三千零六十人，其中百分之九十是蒙古人。文革中被打成「內人黨」活活打死的有十人、被逼自殺的二十四人、被逼、供、訊致死的二十餘人，一共死亡五十四人，重傷致殘者一百一十六人（Coyidar，1997，頁26、頁69-72）。

此外還有六十九人被屠殺一說。由於統計的時間以及尋求歷史真相極其困難，這三個統計資料稍有差異。但基本事實與大屠殺的本質卻赫然在目。

鄂爾多斯高原的烏審旗東部圖克人民公社現已經改稱為圖克鄉，親歷慘案的倖存者今天仍深懷難以撫平的傷痛、靜然無聲地生棲在這片沙漠草原。從1991年起，筆者曾多次到圖克進行田野調查。俗話說，哀莫大於心死。圖克的蒙古人比其他地區的蒙古人更缺乏安全感，更恐懼軍綠色，連越野車鳴喇叭而過，都會全身顫抖。他們和他們的後代仍然掙扎在大屠殺後遺症的痛苦記憶裡。

「儘管大屠殺的倖存者在表面上就像你和我一樣，但他們的內心深處卻備受折磨——消滅人的肉體，要比消滅他的記憶力容易得多。」研究「大屠殺後遺症」的倖存者後代阿倫·哈斯如是說。

1969 年春不到兩個月的時段內，號稱「人民子弟兵」的解放軍用駭人聽聞的殘忍手段屠殺至少五十四名無辜的人，其中五十三名為蒙古人。今天世界用文學、歷史、心理研究等跨學科的方法和不同的角度及方法研究對猶太人大屠殺以及倖存者的個人記憶，從而呈現出一幅大屠殺歷史的全景。文革中蒙古人經歷的民族創傷與歷史記憶也是世界「記憶共同體」的一部分，而這些歷史中的直接加害者不僅沒有得到法律與良知的審判，更不用提受害者精神綜合症的撫慰與救贖。

那麼，為什麼鄂爾多斯高原的圖克人民公社會發生如何慘絕人寰的大屠殺呢？

二、圖克的文化與知識風土

筆者還在孩童時代即曾多次去過哈斯畢力格圖家玩耍。哈斯畢力格圖每每創作了新的詩文必定用傳統的吟詠唱法給我們孩子朗誦。筆者在田野調查時遇到困惑時，更是必定躬身向他求教。

2005 年 9 月 12 日，筆者就圖克大屠殺的真相，對哈斯畢力格圖進行訪談。一談及這個悲慘的話題，一向豪放灑脫、開朗健談的哈斯畢力格圖就黯然傷神、彷若籠罩在鬱黑的往事裡。

「圖克慘案是人類正義、良知、道德底線的泯滅，無論是從人類文明史、還是政治文明史來看，都是反人類、反人道、反普世價值的犯罪，是對文明進程的褻瀆。我們蒙古民族自誕生以來，還從來沒有經歷過那樣悲痛的歷史，我們若忘記了這段歷史。民族的源泉就乾涸了，我們的文化就真的被革了命、斷了根啊！」

1969 年每天都耳聞目睹大屠殺血腥的哈斯畢力格圖沉默良久，字字椎骨銘心。

哈斯畢力格圖青少年時代曾在名剎烏審召寺跟隨上師學習藏傳佛教，中共建政權後脫去袈裟，投身於社會主義革命事業。1956 年，精通蒙、藏兩門語言的哈斯畢力格圖入黨後，被提拔為烏審旗第六區的書記。

「中國共產黨是由各民族先進分子所組成的無產階級的先鋒隊組織，永遠堅持無產階級國際主義，堅決支持全世界無產階級、被壓迫人民和被壓迫民族的革命鬥爭。」二十三歲風華正茂的哈斯畢力格圖對這些閃耀著理想主義光彩的信念充滿了憧憬。

1958 年，烏審旗第六區改名為「圖克人民公社」。鄂爾多斯高原的圖克地區具有獨特的文化風土與根基。這個地區無論男女老幼都喜愛民間歌謠、祭詞、神歌、祝詞、讚歌以及英雄史詩中的各種類型的韻文詩、敘事詩。在才氣橫溢的哈斯畢力格圖書記的指導下，這一年在自治區文聯的權威文藝雜誌《花的原野》第三期上發表了圖克地區蒙文專輯，顯示了圖克地區高水準的文化土壤與知識底蘊。圖克公社因此被評選為「全國文化先進單位」。哈斯畢力格圖本來也被推薦參

加「中華全國先進青年會議」，但最後卻因其不會漢語而更換下來。
「會不會漢語」與能否「先進」掛上了鉤。

三、「放衛星」的詩人幹部

年輕的哈斯畢力格圖書記繼 1960 年參加了「學習馬列著作全國大會」之後，第二年又因身為青年積極分子，出席了在哈爾濱市召開的「全國青年工作會議」。

時值全國猛刮大躍進的浮誇風、虛假風，各行各業都競賽假指標的「放衛星」、偽證科學。凝聚倖存者集體記憶的《墓碑》是一座紀念三千六百多萬餓死亡靈的墓誌銘（*楊繼繩，2008，頁 12-89*）。

1958 年 8 月 27 日，《人民日報》提出「人有多大膽，地有多大產」口號之後，詩人哈斯畢力格圖也滿懷激情地率領圖克公社投入神話般的浮誇不實的畜牧業「放衛星」運動之中。烏審旗與伊金霍洛旗合作畜種改良，試圖開發出每頭產 30 公斤毛的新品種綿羊。然而畜牧業有其自身的生產規律與特點，幾十年後的今天，就是一頭優質的綿羊，每頭最多羊毛產量也只有 10 公斤左右。

哈斯畢力格圖赴全國各地開會時，每次在自治區首府都有幸能見到蒙古政治、文化精英。納·賽音朝克圖（又名賽春嘎）是蒙古著名的詩人，1937 年至 1941 年曾在日本東洋大學留學，並將日本海軍的宣傳雜誌《FRONT》譯成蒙語（*井上，2005，頁11-34*）。文革開始後，納·賽音朝克圖被打成「日特」、「蒙奸」，遭到嚴刑拷打。哈斯畢力格圖因與納·賽音朝克圖詩文唱和關係，政治上受到了牽連。

「我的詩歌創作深受納·賽音朝克圖風格的影響。在政治上我被打成納·賽音朝克圖的走狗。」哈斯畢力格圖說。

1964 年「四清」運動期間。哈斯畢力格圖與旗內工作隊一道赴烏審旗和鄂托克旗的各地開展「四清重點」工作。這年年底，哈斯畢力格圖調到烏審旗黨委宣傳部，離開了工作八年的圖克公社。

1966 年 5 月，中共中央政治局擴大會議在北京通過了毛澤東主持起草的指導「文化大革命」的綱領性文件《中國共產黨中央委員會通

知》（即五一六通知），下達時，哈斯畢力格圖正在東部呼倫貝爾盟出差。喜好詩文而政治嗅覺遲鈍的他還沒有感知到一場政治風暴的即將來臨，僅僅從字面上理解不過是「文化上的革命」吧！

四、肚子裡的胎兒也是內人黨

1967 年冬，哈斯畢力格圖突然被捕，並被押到圖克公社監禁，他的老部下及「革命群眾」被慫恿並釋放出暴戾恣睢之氣而行動起來，「不要手軟，不要怕」，深挖揭批哈斯畢力格圖的「搞民族分裂的反黨反革命」罪行。以「革命」的名義煽動專制下被壓抑、被噤口、被扭曲的底層群眾，其心靈深處的暴戾與殘忍獲得了發洩，通過「人整人」、「人鬥人」達到「人殺人」、「人食人」，消滅異己，這是中共純火爐青、得心應手的統治手段。

「烏（烏蘭夫）哈（哈豐阿）叛國集團成員」、「走資本主義道路的當權派劉少奇黑幫分子」、「地地道道的反革命黨、叛國黨、國民黨設在內蒙古的支部、帝國主義現代修正主義在內蒙古的情報機關──內人黨中央委員」、「反動詩人、日奸、蒙特、納·賽音朝克圖的忠實走狗」等，橫加於哈斯畢力格圖頭上的莫須有罪名共有「十一條罪狀」。

「自治區最高領導人烏蘭夫曾在自治區牧畜工作會議上接見過我們基層青年幹部們，但並沒有個別交談過。文革中天天高分貝宣傳毛語錄：『他們的隊伍，或是帝國主義國民黨特務，或是托洛斯基分子，或是反動軍官，或是共產黨的叛徒，由這些人做骨幹組成了一個暗藏在革命陣營的反革命派別，一個地下的獨立王國』，我就被劃進『搞民族分裂的叛國集團』。」哈斯畢力格圖回首往事。

1968 年 1 月 17 日，滕海清開展「進一步挖烏蘭夫黑線，清烏蘭夫流毒」群眾運動（*楊，2009，頁 157-172*）。高錦明覺得「清」字還不過癮，認為「肅」字比「清」字更帶勁、更體現運動的本質。滕海清總結出「烏蘭夫黑線由內人黨組成」，號召「大大增強敵情觀念，念念不忘階級鬥爭，打一場挖烏蘭夫黑線，肅烏蘭夫流毒的人民戰爭」

（關於對蒙古人種族大屠殺基礎資料（1），頁171-172）。

於是，哈斯畢力格圖又被加算了第十二條罪狀，即「內人黨的中央執行委員」。

哈斯畢力格圖熟知為民族自決而戰的內蒙古人民革命黨的光榮歷史，但對東部出身的哈豐阿、特古斯等內蒙古人民革命黨領導者則是「高山仰止，景行行止。雖不能至，心嚮往之」，從未有過近距離的接觸。

1925年，內蒙古人民革命黨成立。第二年，在鄂爾多斯高原的烏審旗組建了蒙古人自己的獨立武裝「內蒙古人民革命軍第十二團」，這支獨立團因哈斯畢力格圖的父老鄉親而不斷發展壯大。儘管哈斯畢力格圖對自己腳下這片熱土英勇抗擊漢族軍閥的侵略歷史深感自豪與親切，但1933年出生的哈斯畢力格圖卻絕非「中央執行委員」。

「沒有任何人對這項不實之罪有過疑問，圖克人民公社百分之九十五的蒙古人被打成『內人黨』，包括才幾歲的小孩。」哈斯畢力格圖回憶說。

另外，大隊長巴圖色仍打成內人黨後，又毒打他妻子，叫她承認肚子裡的胎兒也是內人黨。……牧民希地一家上至八十三歲的老爹，下至四十天的嬰兒共六口人全被打成內人黨，嚴刑拷打媽媽的結果，嬰兒也死亡了。」*（阿拉騰德力海，1999，頁113。阿拉騰德力海，2008，頁27）*。

「我們反黨叛國的民族分裂分子，白天勞動改造，晚上車輪戰批鬥。那些孩子們啊……小豆點兒大的孩子們也被打成『小內人黨』被鐵條捆綁來陪鬥。」哈斯畢力格圖悲憤至極，泣不成聲。

蒙古人民革命黨成立後，在共產國際的指導以及中國共產黨的配合下，在內蒙古發動了蒙古民族解放運動。因奉系軍閥在內蒙古東部的襲擾，內蒙古人民革命黨的活動中心逐漸轉至內蒙古西部。1926年8月，內蒙古人民革命黨中央領導機關遷至包頭，此後該黨在伊克昭盟和烏蘭察布盟的活動十分活躍。1926年10月，在包頭召開了伊克昭盟和烏蘭察布盟代表會議，會議作出了發展黨務的各項決定，推動

了該黨的發展。僅伊克昭盟便成立了三十四個區黨部，發展黨員三千多名，連同其他盟旗共達到六千多名黨員。

　　1925年底，內蒙古人民革命黨在內蒙古東部騰克什克騰旗成立了共六百多人的蒙古族武裝——內蒙古特別國民軍第一縱隊，配合馮玉祥的國民軍與奉系作戰。1926年底，在包頭正式成立了共有將近兩千人的內蒙古人民軍，旺丹尼瑪擔任總司令，李裕智擔任副總指揮；同時還成立了內蒙古軍官學校。此外，在席尼喇嘛的領導下，伊克昭盟烏審旗成立了旗黨部，下屬共十七個黨支部七百多名黨員，組建了內蒙古人民革命軍第十二團，並實施了一系列革命政策。

　　1926年底，內蒙古人民革命黨中央領導機關遷至銀川。此後該黨又開始在阿拉善旗大力開展活動。1928年6月，上海《民國日報》稱，農牧民中的內蒙古人民革命黨黨員有八千多人，軍隊中的內蒙古人民革命黨黨員有五千人左右，合計達一萬二千人。

五、一場準備就緒的大屠殺

　　1969年1月，一場用心險惡、準備就緒的大屠殺正式開始。據《烏審旗志》記載，內蒙古自治區革命委員會派遣人民解放軍旳一個連隊於1967年1月7日進駐圖克人民公社（《烏審旗志》編纂委員會，2001，頁72）。這本地方誌對解放軍在圖克大屠殺蒙古人無一字記載。

　　「京字・三五五部隊的一個連，由於是從北京直接調兵遣將過來的，被稱為『京字』。解放軍駐紮後，漢農入殖者更加肆無忌憚，窮凶極惡。50年代陝西榆林發生大水災，蒙古人厚待了這些成群結對外出逃荒求生的『盲流』；但文革開始後，他們卻恩將仇報，不但自己在『挖肅』運動中充當打馬前卒，打死男人，強姦婦女，奪取財產。他們還返回陝西呼朋喚友，搶占土地，拉幫結派，任人唯親，為所欲為。」哈斯畢力格圖證言。

　　為什麼解放軍的「京字・三五五部隊」會千里迢迢被派遣這個遙遠的鄂爾多斯高原烏審旗的圖克人民公社呢？

　　首先，清算蒙古獨立精神的土壤根基。

烏審旗「獨貴龍運動」*(註)*領導人席尼喇嘛（一譯「錫尼喇嘛」），本名烏力吉吉爾嘎拉（一譯「烏勒吉吉爾格勒」）。他與扎薩克旗的旺丹尼瑪、准格爾旗的貴族奇子俊等人都出席了 1925 年內蒙古人民革命黨成立大會，並被選為中央候補執行委員。席尼喇嘛等民族精英為實行「民主政治和民族平等」、為民族自決與民族尊嚴而努力。僅僅一年的時間內，在烏審旗創立了八個支部，黨員多達四百五十人，比內蒙古其他地區的入黨率都高。

席尼喇嘛等人的政治活動得到旗政府的支持，他以旗保安隊為中心創建了內蒙古人民革命軍第十二團，並擔任團長，與削弱盟旗實權的漢人軍閥，以及公開奪占蒙民土地、房屋、開墾蒙地的漢族移民作不屈不撓的鬥爭。

1926 年內蒙古人民革命黨的中央遷至與鄂爾多斯相鄰的包頭，同年 11 月遷至銀川。1927 年 8 月，內蒙古人民革命黨特別會議在蒙古人民共和國的烏蘭巴托召開，烏審旗圖克出身的孟克烏力吉當選為黨中央委員會委員長。1929 年 2 月，席尼喇嘛遇害之後，孟克烏力吉接任內蒙古人民革命軍第十二團團長，並將第十二團改為「烏審旗巡防騎兵團」，將「公眾委」改為總部 *(薩楚日拉圖，2006，頁 107-140。賽航、金海、蘇德畢力格，2007，頁 68-73)*。

從中共的立場來看，圖克存在的「重大的歷史問題」是「民族分裂分子的老巢」。儘管孟克烏力吉已於 1949 年病逝，但「父債子償」，1969 年春，他的女兒德吉特被解放軍和漢人兇手折斷了右手腕之後，每天拖著傷殘的身體接受勞動改造，不久就被折磨至死。

在僅有三千人口的圖克派駐一個連的武裝部隊，充分證明在國共內戰中積累了豐富軍事戰略經驗的毛澤東「不打無準備之仗」的原則。

六、共產黨眼中的「異端」

蒙古民族偉大的祖先成吉思汗的靈魂就長眠在「民族分裂主義分子的老巢」──鄂爾多斯草原。成吉思汗陵園位於鄂爾多斯高原南部、鄂爾多斯市伊金霍洛旗境內的甘德利敖包之上。成吉思汗陵墓是統領

註：「獨貴龍」亦譯作「多歸輪」，在蒙古語中有「環形、圓圈」之意。清朝末
　　年至中華民國前期，內蒙古伊克昭盟一帶興起的反抗政府剝削的蒙古族群眾
　　運動。因參與者常坐成圓圈討論，並在公文中以圓圈形簽名而得名，這樣既
　　表示平等，也不會暴露領導者。

全蒙古民族的政治、意志、文化的象徵。每年陰曆 3 月 21 日為春祭，祭祀規模最大、最莊嚴、最隆重。全蒙古各盟旗都派代表前往伊金霍洛成陵奉祭。

1911 年蒙古高原各部趁清帝遜位尋求獨立之際，新生的蒙古國也曾派特工赴成吉思汗陵，並努力想將附有成吉思汗聖靈的衣冠神物遷移到首都庫倫（即後來的「烏蘭巴托」），以作為獨立意志與民族公祭的象徵。日治時代，日軍也試圖將成吉思汗聖陵置於自己的掌控之下，未成功後便轉而代之，支持東部百萬蒙古人自發捐款在政治、經濟、文化中心的的王爺廟另外奉建一座成吉思汗廟（*楊，2004，頁 301-304*）。

蒙古民族祭奠成吉思汗的習俗，最早始於窩闊台汗時代，到忽必烈時代正式頒發聖旨，規定祭奠成吉思汗先祖的各種祭禮，使之日臻完善。現今鄂爾多斯地區的成吉思汗祭典，就是沿襲古代傳說的祭禮。成吉思汗祭祀一般分平日祭、月祭和季祭，都有固定的日期。專項祭奠一年舉行六十多次。成吉思汗的子孫們奉祭整羊、聖酒等物，莊嚴的祭奠八百多年從未間斷過。以民族主義和階級鬥爭兩面旗幟為其合法性的中共，對鄂爾多斯蒙古人強烈的民族主義氣氛不免感到不安，便有了除之後快的念頭。

烏審旗是鄂爾多斯高原上政治局勢最不穩定的地區。蒙古精英與共產主義理想中、基於民族自由分離與自由聯盟原則為基礎的民族自決產生共鳴，他們頻繁地出入漠北，與共產國際秘密接觸。他們對與漢族共產主義者建立統一的國家內心充滿矛盾，而對與自己血脈相通、同根同源的蒙古人民共和國的民族統一念念不忘。中共建政後的第二年春，烏審旗就發動武裝起義。

鄂爾多斯與土默特隔河相鄰。烏審旗的蒙古精英中還有不少追隨烏蘭夫的「延安派」。在中共歷次政治運動中，他們默默地支持烏蘭夫「慎重穩進」的務實政策，烏蘭夫被打倒後，他們都被打成「烏蘭夫反黨叛國集團成員」，被暴力肅清。

中共眼裡的圖克是歷史、民族、政治的多重「賤民」。

蒙古人公格的一家。照片背景是象徵毛澤東絕對權力的天安門布景。2013年10月28日維吾爾族人在天安門前自爆事件，標誌了中共建政以來，民族政策及高壓維穩模式的雙重失敗。（圖：Dechin 提供）

七、任人屠宰的小羊羔

　　被關押在公社社部「挖肅」學習班的圖克三大「內人黨黨魁」是哈斯畢力格圖、公社副書記色木楚克及公社社長公格。色木楚克副書記與哈斯畢力格圖為兒時玩伴，青年時代兩人一起徒步 250 公里，赴東勝「光榮地加入中國共產黨」後被提拔為民族幹部。公格則是筆者父親的戰友。

　　哈斯畢力格圖擅長用漫畫的風格和詼諧有趣的詩文來「揭批自己的罪行」，並以表演的形式朗讀，革命群眾捧腹大笑，多少減輕了一點皮肉之苦。

　　色木楚克是條熱血硬漢，堅決否認「搞民族分裂活動」，結果被打得皮開肉綻，打斷了三根肋骨。「人為刀俎，我們是春天的羊羔啊！」色木楚克歎息說。哈斯畢力格圖輕輕地撫摸著色木楚克的胸部、腹部，清楚地感到他的肋骨骨折，心裡痛得錐心泣血，卻無言以對。

　　「解放軍要來了，解放軍全心全意為人民服務，他們有優良傳統和行動準則，解放軍來了，我們就不會挨打了。」色木楚克仍然堅信人民子弟兵愛人民，軍民魚水情深。

　　「色木楚克夜裡痛得睡不著覺。他以為講軍紀『三大紀律、八項注意』的解放軍來了之後，就會停止殘暴的逼供訊。但我卻沒他那麼樂觀。因為我從延安來的老同志那裡聽說過，全中國同日軍殊死酣戰時的延安的整風運動，中共『寧可信其有，不可信其無』，通過『審

幹』、『肅反』，就是動肉刑逼供、套供。文革至少還會持續好幾年，苦日子還在後頭。但我不敢將心底的絕望告訴正處在肉體和精神雙重撕心裂肺之苦的色木楚克。」哈斯畢力格圖說道。

八、京字‧三五五部隊大開殺戒

1969 年 1 月 7 日，從禁閉室的窗外傳來沸沸揚揚的敲鑼打鼓聲。解放軍京字‧三五五部隊的一個連隊進駐圖克人民公社。

早在 1967 年 1 月，毛澤東就發出《關於人民解放軍堅決支持革命左派群眾的決定》，也就是說，在京字‧三五五部隊進駐圖克之前的兩年，解放軍早已介入文革。「韓桐事件」就是文革中解放軍向手無寸鐵的學生開的第一槍。但「鑒於內蒙古地處反修防修前哨，必須高舉毛澤東思想的偉大紅旗，緊跟毛主席的偉大戰略部署，很快實行戰備動員」。自 1969 年 12 月 19 日至 1971 年 5 月中旬，在北京軍區前線指揮所的領導下，對內蒙古實行全面軍管。文革中，全國各省、市、自治區中只有對內蒙古實行了軍事戒嚴。所謂「京字」意味著奉「偉大領袖毛主席」御旨、可以有恃無恐的大開殺戒。

屈身躺在黴臭、潮濕、陰冷監禁室裡的色木楚克，他那苦楚的臉上浮起蒼白的微笑：「暴虐的刑訊快結束了，自己快要『解放』了。」

三五五部隊的于政委直接指揮對「階級鬥爭複雜」的圖克進行大屠殺，被蒙古人視為「殺人政委」。這支部隊中只有幾個蒙古士兵。「圖克的牧民說『三五五沒幹一件好事』、『三五五比土匪還厲害』、『三五五比國民黨的二六軍還二六軍』（《關於對蒙古人的種族大屠殺基礎資料》（1），頁 51）。」

色木楚克的期望很快如同朝露般瞬間消失。

「在解放軍進駐之前，當地盲流群眾、漢族幹部專橫跋扈、充當逼供訊的先鋒兵。這些人下手時偶爾還有一絲躊躇或體力有限的時候。但受過正規軍訓和演習的年輕解放軍，個個精神抖擻，鬥志昂揚。他們來自外地，對從肉體上、精神上全殲『內人黨』不僅毫無顧慮，而且為表示忠心，以屠殺來立軍功。這些身強力壯的剽悍之兵，下手之

兇殘、暴虐，真夠淋漓盡致啊。一個叫王義的兵痞，將我寫的『坦白交代』撕得粉碎，用馬鞭、槍托多次『觸及』我的肉體與靈魂。」哈斯畢力格圖至今回想起來，仍有牙縫裡抽寒風之感。

解放軍的士兵們分散駐紮圖克公社的各生產大隊和小隊，監督和指揮「深入挖肅」競賽。早在 40 年代解放軍就發動群眾進行「有步驟地、有分別地消滅封建剝削制度」，土改運動中積累了鼓動仇恨、發洩暴力的「豐富的革命經驗」。

一天晚上，哈斯畢力格圖和色木楚克被押到巴音布拉克隊接受「暴風驟雨般的大會戰」之後，天還未亮，黑燈瞎火中兩人又被喝令去砍柴。五內俱傷、疼痛得臉癢眼腫的色木楚克背著幾十公斤的乾柴，搖搖晃晃，一步一挪。

「我兒子快七歲了，我死了，幫忙叫我兒子來收屍吧！」色木楚克滄然淚下，泥漿雪屑中，淚水很快變成了冰疙瘩，那聲音，彷彿來自冰窟窿。

「臭味相投，不許用黑話串供！」一陣怒吼辱罵之後，當晚兩人被監禁在不同的審訊室。

「再不趕快坦白交代，性質就要轉化，事不宜遲，遲不如早，早不如快。給你們選擇的時間沒有很多了。一點兒猶疑的餘地也沒有了。何去何從及早抉擇！」1968 年秋開始，《敦促「內人黨」登記第一號通告》、《敦促「內人黨」登記第二號通告》、《敦促「內人黨」及

▶ 任何人不得攜帶獵具與武器（例如弓、箭、槍、矛等）進入別人的蒙古包，這是蒙古傳統社會的禁忌風俗之一。但從這幅文革中廣泛流傳的宣傳畫中可見，身背步槍的解放軍戰士坐在蒙古包內教導牧民學毛著。

其變種組織投降書》、貧宣隊、軍事管制小組等圍殲內人黨的各種指示標語鋪天蓋地，是紅色恐怖宣告天下的有力鐵證。

「交出『內人黨』的黑名單！」

「我只介紹過幾位同志加入中國共產黨。」哈斯畢力格圖多次被車輪戰後仍然「狡猾抵賴，矢口否認」。

此時「拒不認罪」的色木楚克被關押的在公社的「專政指揮部」，兩人相距有幾十米遠。

九、人民解放軍反人道犯罪

「毛澤東說『人民群眾有無限的創造力』，真是不錯，『我們可不是吃素的，到這裡來，不死也得扒一層皮』、『老子的皮鞭好久沒聞肉香了』、『蒙古人沒好人』！辱罵、吆喝、怒吼中，解放軍還『發明』五十多種殘酷的肉刑。色木楚克和我遍嘗了這幾十種刑罰的折磨，打累了歇，歇夠了打，欲死不能，死去活來啊！」

除了記者暴慶五的《內參》之外，哈斯畢力格圖還介紹了幾種虐殺蒙古人的毒刑：

電線抽打。外表還看不大看得出，五臟內出血。

蒙上眼睛毒打舊傷。專門選受過傷的部位用鐵棍子、膠皮鞭子抽打。這叫「再教育」，效果超群。

壓腳、壓槓子。讓人跪在地上，腿肚子夾一根棍棒，一邊站一個解放軍的士兵使勁「跳高」。

熱情幫助、冷靜思考。將人打得遍體鱗傷、半死不活之後，拖到熊熊燃燒的火爐邊烘烤，口乾唇燥、全身濕透之後再吆喝「一、二、三」扔到冰天雪地中「清醒頭腦」。

鐵棒燒身。用燒得通紅的的鐵棒去捅人的陰部。

懸梁吊打、打嘴巴、噴氣式、鉗手指、身體裡過電、活扒皮、臉上燒字、開水燙、燒紅的磚頭燙。

……不勝枚舉。

「人們說國民黨的的息烽集中營、重慶的渣滓洞和望龍門嚴刑拷

打革命先烈，還有日軍的暴行，我沒有親眼看過，不敢下結論。但中共的幾十種野蠻的毒刑長時間地殘酷折磨、凌辱蒙古人，我們是親身體驗過的。我也是一介文人，可是怎麼也想不通自稱為『擁有幾千年高度文明』的漢人能殫精竭慮想出這麼多如此慘絕人寰的酷刑。這是非人道的犯罪、對人類文明和進步的羞辱啊！」哈斯畢力格圖一邊說一邊露出脊背上一塊塊腫起的傷疤，燙傷、燒傷、棒傷，全身上下好像都在補丁上打補丁，脊椎骨也被打斷三根。

十、色木楚克一家人的受難

筆者還是孩童的時候就聽母親說起過色木楚克一家的受難史，除了他的小女兒以外，色木楚克全家慘遭屠殺。這段表面上看起來「冰凍的記憶」，其實在鄂爾多斯蒙古人心裡代代流傳。

經受幾十種殘忍至極的酷刑而死裡逃生的內人黨三大黨魁──色木楚克、公格以及哈斯畢力格圖，白天被押往公社內的答爾汗喇嘛、梅林廟、庫布齊、阿日圖等各生產大隊遊鬥。色木楚克已經完全變形了，不能行走，由解放軍五花大綁拖拽著在地上滾爬。

一天，三人在圖克勒岱生產大隊接受「群專」時，解放軍命三人成「一串球」，色木楚克的頭夾在哈斯畢力格圖的雙腿間，公格的頭夾在色木楚克的雙腿間，「一串球」環繞殺氣騰騰的會場，由「革命群眾」和解放軍掌嘴、踢串球、鉗耳朵、揪鼻子，用牛鞭、鐵銬毒打，打得三人滿地亂轉亂爬，脊髓損傷、大小便失禁。當夜一位蒙古青年趁解放軍歇息時偷偷溜進監禁室勸哈斯畢力格圖逃走。哈斯畢力格圖想都沒想就往空曠的草原逃命。連日酷刑，加之滴水未進，沒逃幾步就被解放軍像老鷹抓小雞一樣銜回來，在眼皮底下還斗膽逃跑，震怒的解放軍士兵將哈斯畢力格圖頭對準牆壁猛烈撞擊，血流滿地的哈斯畢力格圖瞬間不省人事。

「我以為我死定了，死了乾淨，第二天早上我用力睜開瞇縫的眼睛，看見了朦朦朧朧的光線。打開監禁室的木門，我們三人又被揪回公社。色木楚克看見鼻青臉腫的我，知道我遭罪了，艱難地舉起手，

千言萬語都在四目相對的那一瞬間。」

答爾汗喇嘛公社是內蒙古人民革命軍第十二連的根據地之一。當地蒙古人以民族自決的英雄史而自豪，但此時這片土地卻籠罩在紅色恐怖的血腥大屠殺之中。1969 年 3 月中旬，一個叫額爾德尼烏拉的牧民騎馬來到答爾汗喇嘛生產大隊色木楚克的家，叫色木楚克的妻子到隊部參加「挖肅鬥爭學習班」。

那時他的妻子也被打成「內人黨」，已經多次遭到肉體的摧殘和精神凌辱。他快七歲的兒子實在走不動了，他妻子就把兒子背在背上。他妻子越走越害怕，經過水塘時趁人不注意，背著兒子跳水自殺了。色木楚克的大女兒出嫁到伊金霍洛旗，此時身懷六甲，聽說母親和弟弟下落不明，到處尋找母親和弟弟，找到水塘，看到了波浪捲上岸邊的母親和弟弟的遺體，腫脹發白的臉上甚至能夠看到爪痕。大女兒受到巨大刺激，身懷六甲的她竟也投身水塘自殺了。色木楚克的小女兒名叫其莫斯仁，還是小學生。每天從學校的一條小路趕來公社偷偷地看父親。一天其莫斯仁終於看到了爬去上廁所的父親。一邊哭一邊告訴父親，媽媽和弟弟，還有大肚子姐姐全都死了的消息。色木楚克還鼓勵小女兒，『不要怕，不要怕，爸爸很快就會回家了，帶你去找媽媽、弟弟、大肚子姐姐』。」

「目送小女兒小小的身影融入暮色之中後的一天，色木楚克走到廁所旁邊的坑窪地，用一把舊鐮刀割開了自己的喉嚨。那把鐮刀是幾天前上廁所時在路上撿到的。」

哈斯畢力格圖涕泗滂沱，泣不成聲。

十一、蒙古人的命如草芥

解放軍發現色木楚克以死抗爭，大為震怒，緊急集合召開現場批鬥會。「看，這就是民族分裂主義分子的下場，死有餘辜，遺臭萬年！」。他們丟給哈斯畢力格圖、巴圖奧其爾、仁欽拉貝等內人黨徒一根細麻繩，命他們「立刻處理完畢」。

「色木楚克真是自殺的嗎？這根細麻繩像蛇一樣鑽入我的腦子，

我對色木楚克之死發生了疑問。那時我已經風聞很多人『被自殺』
了。」

　　哈斯畢力格圖和巴圖奧其爾將色木楚克的遺體搬運到鎮東北的一
個小沙丘旁。很快，草原上的黃沙就掩埋了色木楚克的遺體。鄂爾多
斯草原上，沒有他的墓碑。這一天，是 1969 年 3 月 28 日。

　　「那時色木楚克的遺體上『吧嗒吧嗒』流淌著鮮血啊。一個人的
寶貴生命就像一隻死老鼠一樣被拖走了。在中國，我們蒙古人的生命
比一隻老鼠還要輕啊！」

　　色木楚克死後四天，即 1969 年 4 月 1 日，中共在北京召開了第
九次全國代表大會。此時全國（臺灣除外）二十九個省市自治區先後
成立了革命委員會，實現了「全國山河一片紅」半年之後，「在毛主
席親自發動和領導的無產階級文化大革命取得了偉大勝利的時刻」。
關於內蒙古問題，毛發出指示「五二二批示」：「在清隊中，內蒙古
已經擴大化了。」其實，此時內蒙古各地已有幾萬人走上了到北京「告
御狀」的上訪之路。

　　「『五二二批示』來得太晚了，色木楚克一家真是自殺的嗎？我
至今仍然心存疑惑。圖克的蒙古人也不相信『自殺』之說。如果我能
鼓勵色木楚克再咬緊牙關忍耐一會兒，他就不會那樣冤死了，我真的
後悔極了。」哈斯畢力格圖哀慟泣血。

　　「我從鎮的有線廣播中聽到了『九大』召開的消息，『五二二批
示』也沒有否定『挖肅』的錯誤，肯定它在方向上、路線上是正確的，
因為『內蒙是一個少數民族自治區，地處反修前線，在當前國際、國
內階級鬥爭的新形勢下，保持內蒙局勢的穩定，這是人民利益的需要，
是對敵鬥爭的需要』。

　　「因此，『挖肅』只是工序上『擴大化』了，加寬了打擊面，而
就是『五二二』這個模糊不清的政策，他們也並沒有『堅決貫徹執行』；
『五二二』之後，『挖肅』仍在繼續，甚至加快加深了步伐。我不知
道自己什麼時候也會『被自殺』，每天在戰戰兢兢中挨日子，每天早
上都鼓勵自己『要活過今天』。」

哈斯畢力格圖心靈的傷痛，永不癒合。

十二、蒙古女性——多重暴力的受害者

色木楚克「自殺」後，哈斯畢力克圖與公社的女副書記朝魯門、答爾汗喇嘛生產大隊書記哈斯朝格圖、以及烏審召公社的武裝部長沙金達賴四人被打成「圖克四大反黨叛國集團」。

殘忍的大屠殺與性暴力同時進行。蒙古婦女是政治暴力、民族暴力、性暴力的三重受害者。

「革命」帶給漢人農民的不只是政治的、民族的、經濟的利祿與快感，而且賦予他們對蒙古女性肆意發洩、肆意虐殺的權利。蒙古女性成為戰利品和蹂躪的對象，她們不僅要承擔族破家亡的精神痛苦，還要承擔身體被辱的身體痛苦、受人歧視的心理壓力。哈斯畢力格圖列舉了暴力戕害女性的犯罪實例。

「烏審旗的東部有一位名叫圖門巴雅爾的貴族，他因氣品、賢德、學識和慷慨深受草原牧民愛戴，他的女兒是個遠近聞名的嫻淑閨秀。1968 年冬到 1969 年春，兇手們將她剝得一絲不掛，用燒紅的濕柳棍燙肚皮，腸子露出來，再燙肛門和陰道，一生忍辱受苦，帶著肉體和心靈的創傷生活在夢魘之中。」

據阿拉騰德力海記載：烏審旗圖克公社死了四十九個人，遭受嚴刑摧殘的一百九十人。圖古勒台大隊陳文奎、馬蘭芳夫妻二人私設刑堂，動用五十多種刑具，以各種刑法取樂開心，在這兩人手裡計有三個牧民喪命，三十多名牧民身受重傷成了殘廢。公社幹部東如布，受十二種刑法吐血尿血，還強逼他與驢交配，兇手騎到他脖子上叫他學驢叫。還逼牧民潮樂蒙、巴拉登等人和驢、豬交配，罵他們是畜類。

把大隊書記巴圖色仍打成內人黨後，又毒打他妻子，叫她承認肚子裡的胎兒也是內人黨。梅林廟大隊支部書記丹森被打成內人黨書記，受完酷刑之後帶上嚼子（牲口嘴裡的鐵鍊）當馬騎他、污辱他，最後用刺刀刺殺了他。

牧民希地一家上自八十三歲老爹，下至四十天嬰兒，共六口人全

◀「坦白交代，妳這個臭婊子睡過多少內人黨漢子！」「蒙古女人從不出賣肉體，跟喜歡的男人想睡就睡！」解放軍公社黨委女副書記朝魯門被拖進刑訊室，衣褲全剝光，赤身裸體連續被踐躏五天五夜。蒙語「朝魯門」是明星的意思。

被打成內人黨，嚴刑拷打媽媽的結果，嬰兒死亡了。

軍屬圖們吉爾嘎拉刑訊中逼他兒媳婦騎到他脖子上污辱。

公社黨委女副書記朝魯門拖進刑訊室衣褲全剝光，赤身裸體武鬥五天五夜。公社黨委副書記色木楚克全家五口被武鬥死了四人，只剩一個九歲的女孩。

東勝縣武裝部副部長陳福廷經受了四十七種刑法，「刺刀見紅」即達十六次之多。　伊金霍洛旗蘇泊漢公社蘇泊漢大隊支部書記弓巴岱被割了舌頭，成了啞巴（*阿拉騰德力海，頁113*）。

燒火棍燙人，將女牧民剝光衣服，用燒紅的濕柳棍燙肚皮，腸子露出來，再燙陰道。

毛繩拉鋸，將婦女剝光衣服，令其騎在毛繩上，然後兩個人前後拉鋸，把陰道、肛門拉通，連尿帶屎混合而出。這個部隊除用各種刑罰害人殺人外，還幹了不少壞事，打死男的姦污妻子，霸占軍妻，強姦少女，掄劫民財（*阿拉騰德力海，頁93*）。

女性與兒童受害者的記憶與敘事，是解明大屠殺真相的關鍵。

十三、不滿七歲的民族分裂分子

在大屠殺時期遭到迫害和屠殺的不只有婦女，還有許多幼小的兒童。「挖肅」按照他們鼓吹的意識形態和劃定劣等種族殘殺、消滅「內人黨」種子。種族滅絕的大屠殺通常包含對婦女和兒童的戕害（*庫巴，*

1986，頁61）。

阿拉騰德力海的記載中也隨處可見對兒童的殘害：

達茂旗邊境的滿都拉公社女牧民被挨打被強姦跑了，三歲的小孩子索要拉圖餓凍沒人管死了。*（頁87）*

呼和浩特鐵路局系統蒙族職工四百四十六人，挖了四百四十四人。女職工流產五人，小孩子死了四人。賽漢塔拉機務段司機曹都連同妻子一起隔離武鬥，將懷孕四個月的胎兒用鐵絲拘出來，還說什麼「生下來還是個內人黨，留他做什麼」。*（頁88）*

烏拉特中後聯合旗桑根達賴公社牧民丹巴一戶，兩口子都被挖死，留下四個孩子。掉水淹死一個，凍死一個，瘋死一個，剩下一個由親戚收養。*（頁110）*

四子王旗一戶牧民，父母被隔離，七歲的小孩凍餓死了。*（頁112）*

巴盟，在挖內人黨中，有一戶男的打死了，女的強迫遣返農村改造，剛生下的孩子，說是「小內人黨，你要他幹啥」，強迫送人。*（頁112）*

四子王旗白音敖包公社黨委秘書夫婦雙雙被打死，先用刀將背部割開，撒上鹽，又用燒紅的火鉤子燙。女人被強姦後再用火鉤子燙。死後五歲的孩子還爬在他媽身上找奶吃，孩子活活餓死。*（頁112）*

巴林右旗巴音漢公社懷孕六個月的斯琴高娃挨打後流產雙胎。*（頁114）*

……

哈斯畢力格圖證言圖克公社七歲的男孩那仁達勒（蒙語「太陽之海」）也被打成小內人黨，「生出來就搞反黨叛國的民族分裂」。那仁達勒的父親名叫阿奈魯特，是一名普通牧民，被打成曾參加烏審旗保安隊的「舊社會的反動軍人、蘭黨分子」雙料貨。

所謂「蘭黨」，被認定為是內人黨的變種組織，50、60年代，烏審旗與鄰旗的伊金霍洛旗（伊金霍洛旗即扎薩克旗和郡王旗，中共建政後改為伊金霍洛旗。但蒙古人喜愛使用老名稱，凝縮著本民族的歷

史文化和傳統）的一些牧民和技術人員共同組織的畜禽改良育種小組，小組一年現場開會數次，研討如何飼養優良品種牲畜、承擔全區畜禽改良育種並推廣應用。但這些統統都成為「藉畜禽種改良育種之名、實為陰謀搞民族分裂」之罪，「蘭黨頭目」是圖克公社社長公格，各生產大隊和小隊的蒙古幹部、牧民都是「黨徒」。

圖克公社開始大挖「蘭黨」之後，風聲鶴唳，草木皆兵，解放軍「圍剿蘭黨以及殘渣餘孽」的鐵腕就是私設公堂，嚴刑拷打。答爾汗喇嘛生產大隊的一位名叫那仁德力格爾的「蘭黨分子」逃進隊裡看守麥田的小屋，一把火點燃了乾草和麥秸，自己也燒死了。

老實忠厚的阿奈魯特受刑不過，乘黑夜逃入茫茫的草原，但他很快就被解放軍和群專隊抓獲，當場被活活打死，製造出「自絕於人民」的假象。

那仁達勒剛進小學讀一年級，他的母親剛生了一個弟弟。蒙古在大草原的繁衍生息中形成了一套豐富生養經驗、風俗習尚。蒙古族婦女生孩子不讓外人進產房，一般要在屋簷下掛一個明顯的標誌：生男孩子掛弓箭，生女孩則掛紅布條，而產婦必須靜養一個月。但解放軍卻不怕天譴，闖入阿奈魯特的家中翻箱倒櫃、掘地三尺，搜查「隱藏的金銀財寶」，並將產婦和嬰兒捆到外面進行審問，審不出名堂來，一夥人又闖到小學校將七歲的那仁達勒抓回來，讓他跟母親陪鬥。

「還是個不懂事的小孩子啊，父親『自殺』，母親抱著剛剛出生的弟弟被拷打，這孩子不停地喊：『打我吧，打我吧，別打我弟弟！』孩子使勁地撲到媽媽懷裡，想用自己小小的身體護住弟弟，皮鞭……纏著鐵絲的皮鞭啊……，抽在這個七歲孩童的身上，那仁達勒瘋了，七歲的孩童哪兒經得住這種野蠻至極的刺激啊！

「還有答爾汗喇嘛生產大隊一個名叫做小丹皮爾的青年牧民，他的妻子『雙料反革命』的女兒，兩人都被打成內人黨受盡刑罰。他們唯一的孩子與父母捆綁在一起游鬥，孩子變成了一個啞巴。小丹皮爾夫婦被帶走，押往別的公社揪鬥時，孩子病死了。我們蒙古，世世代代沒有發生過這樣的大悲劇啊！」哈斯畢力格圖哽咽著，聲淚俱下。

十四、「人民軍隊」的法西斯暴行

中共建政後，以「宗教乃人民對實際困苦之抗議，不啻為人民之鴉片」為名，拆毀了無數藏傳佛教的寺廟，強迫僧人還俗」。圖克勒岱生產大隊有一個醫術高明、名叫丹皮爾的僧醫，以前跟一位年輕的女子相好，被迫還俗後收了兩位弟子繼續號脈問診，懸壺濟世，並正準備同女子成婚。丹皮爾是個實誠剛強的硬漢，被打成內人黨後，使用了幾十種酷刑，他就是不肯承認。

「解放軍罰他站在自家的火爐上用濕牛鞭抽打他，並用輕佻、下流地辱罵、取樂、狂歡，一身的鮮血濺在屋子裡的白牆壁上，好像一副斑駁的壁畫。不一會兒，全身浮腫的丹皮爾一口血噴出來就斷了氣。解放軍和漢人群眾分光了他僅有的家產，包括藏藥。人民的子弟兵有紀律，『不拿群眾一針一線』，實際上搶奪牧民的財產。漢人農民乘機發『挖肅』橫財，打人兇手可多記工分，多領加班費，將蒙古人掃地出門或強迫內遷之後，瓜分牲畜、房屋、衣物。」哈斯畢力格圖證言。

「死一個少一個，少一個就節約三百六十斤糧食。內人黨死一個，我們少操一份心！」解放軍和群專的口號顯示了種族屠殺的另外一個密碼——在人類有限的物質、自然、社會資源面前，血刃屠殺不擇手段地占有與豪奪。

隊裡一位名叫波羅其羅的牧民目睹丹皮爾僧醫被活活打死，實在氣不過，勇敢地站出來拿著《毛語錄》質問解放軍：「毛主席教導我們：說話要和氣，不打人不罵人，要文鬥，不要武鬥！……」，話未斷音，就被電線捆綁起來一頓毒打，幾天後，昏迷不醒的波羅其羅被家屬領回去，牙齒被一顆一顆鉗光了。

這個大隊還有一位名叫沙拉布的老年喇嘛僧，被打成內人黨，由於「負隅頑抗，死不認罪」，他的鼻孔被塞滿硫磺粉，最後燒紅鐵鏟放在他的頭上，點燃硫磺，他的頭被炸得腦漿四濺。

一個名叫長命的青年內人黨連續幾天被解放軍用粗柳枝毒打，荊棘刺滲入了身體，模糊的血肉與衣服粘連在一塊兒，解放軍邊齜牙咧嘴地狂笑，邊一層層用刺刀剝下他的衣服，最後剝下他的頭皮，長命

因出血過多而死。

「階級敵人越挖越多」，解放軍還挖出一個「隱藏很深」、名叫蘇日克木的喇嘛僧。被打成「蒙特」，逼他交出與「蒙修『聯繫的』物證」——電臺。受不住酷刑，只想暫且躲過皮肉之苦的的蘇日克木只好帶著解放軍和「群專」人員到一片空曠地，坦白交代：「電臺埋在這兒。」

「自己挖出來！」蘇日克木一邊哭，一邊磨磨蹭蹭一鍬一掘地挖。解放軍很快就看出這是一個騙局，將蘇日克木踢進自己挖掘的坑裡活埋了。

「可憐的蘇日克木呀！他知道是挖一個活埋自己的土坑，所以他要挖深一點兒，別給野狼拖出來啃骨頭啊。你能想像光天化日之下生埋活人嗎？」哈斯畢力格圖的哭聲如刃。

文學家魯迅說過：「了不起的殘忍智慧酷刑的方法，絕不是突然就會發明，一定有它的師承或祖傳……酷刑的發明和改良者，倒是虎吏和暴君，這是他們唯一的事業，而且也有功夫來考究。」（《南腔北調集·偶成》）

十五、恐怖政治的現在進行式

「把整個圖克變成一個大人民法院，人民審判敵人的大刑場。解放軍和群專也確實按照口號做到了，在兩個月內把圖克公社變成了真正的屠宰場。我們蒙古人像春天的羊羔一樣任意被慘殺，被殘害，直接走上屠場。直到今天，我走到圖克附近，哪怕是一個風和日麗的日子，我都會痛哭、噁心、嘔吐，好像大病一場。」哈斯畢力格圖說。

1969 年秋，哈斯畢力格圖好不容易地離開了圖克，回到了烏審旗政府所在地、達布察克鎮自己的家裡。烏審旗沒有人不知道圖克發生了駭人聽聞的大屠殺。

哈斯畢力格圖的夫人也被打成「日奸、蒙特」，因她的父親是「挎洋刀的」近代民族知識精英，她的叔父居住在蒙古人民共和國。只要誰有手心手背連筋連骨的漠北親戚，就是暗通「蒙修」的人證。哈斯

畢力格圖的夫人帶著五歲的兒子、背著出生不久的女兒，白天被驅趕著去勞動改造，晚上接受車輪戰批鬥。

「真的是你嗎？」第一眼看到不成人形的哈斯畢力格圖時，悲喜交集的夫人不敢相信自己的眼睛。

「我想我丈夫一定被殺害了。是不是化成神魂從天上回來的呀。能夠從大屠殺的地獄裡活著爬出來，真是奇蹟啊！」坐在旁邊默默傾聽的哈斯畢力格圖的夫人回想起當時的情景。

我們蒙古民族在號稱社會主義的中國，究竟是怎樣的一個存在呢？

在今天的內蒙古自治區，要調查文革中發生的種族大屠殺的真相是一件非常困難的工作，處於困惑與困境中的筆者最後向哈斯畢力格圖請教。

「1949年前的蒙古人在草原安享福分，過著平靜而滿足的生活。中共喧囂『解放』蒙古人民，『解放』給我們帶來了什麼呢？除了大屠殺，什麼都沒有。

「我們失去數以萬計的民族精英，我們失去了自由居住、放牧、移動的權利，我們的命根子草原被肢解，我們的傳統文化，甚至母語處於危機之中，這就是蒙古人『翻身解放』當了『中國人民』的結果，這場災難空前絕後，刻骨銘心，實在是萬古之劫啊！

「文革表面上抽象地、粗線條地被否定，實際從來沒有對文革進行具體透徹的清算，到處是禁區，到處是魚雷。中共從來沒有為自己的錯誤向人民說一聲道歉，甚至作一個像樣的說明，這意味著文革的暴力文化基礎和傳統的慣性從來沒有改變過，恐怖政治改頭換面仍在進行著。今天，人們對往事不願意記憶，不敢記憶，不能記憶，就是恐怖政治的表現。我們民族的歷史創傷，是我們人文遺產的重要組成部分，那些傷痕累累、死不瞑目的靈魂，日日夜夜在呼喊著啊！」

哈斯畢力格圖和夫人緊緊握住筆者的雙手。

第拾壹章

大屠殺的血淚鐵證

——全家盡數遇害、失怙無依的其莫斯仁

　　烏審旗圖克人民公社副書記色木楚克一家的遇害故事，典型反映了對蒙古人種族屠殺的本質。

◀ 色木楚克一家。色木楚克夫人膝上抱著小兒子，照片右邊梳著兩根長辮子的是大女兒。全家中唯一的倖存者其莫斯仁站在母親和姐姐之間，脖子上繫著象徵「國旗的一角，用烈士的鮮血染紅的紅領巾」。「共產主義接班人」其莫斯仁見證了一家滿門抄斬的大屠殺。（圖提供：其莫斯仁）

一、椎心刺骨的滅門慘案

　　烏審旗的政府所在地原稱叫達布察克鎮，是烏審旗政治、經濟、文化、資訊、商貿中心。2005 年 10 月，達布察克鎮與原嘎魯圖蘇木撤鄉併鎮為嘎魯圖鎮。近年來、鄂爾多斯高原成為了中國重要的天然氣能源供應地。所謂「西氣東輸」戰略規劃就是將內蒙古大草原的優質、高效、清潔的低碳能源通過天然氣管道向北京、上海、西安、銀川等重點城市供氣，緩解漢地天然氣供求矛盾。而由於國家官僚資本的壟斷，本地烏審旗的民生需求上的天然氣價格過高，除了少數富裕的人以外，一般普通居民都捨不得使用。

　　漢人所說的內蒙古資源羊（羊絨）、煤（煤炭）、土（稀土）、氣（天然氣）使得蒙古人在經濟上「羊煤土氣」（揚眉吐氣）。但資源帶給官僚集團暴富，各階層利益分配不均。2011 年春，西烏珠穆沁旗牧民被煤礦運輸車活活輾死事件，象徵了經濟、環境、資源、民族諸多矛盾的引爆突發。

　　灰塵滿天的達布察克鎮的一角麋集著大量與貧民窟無異的人家，象徵著繁榮與進步的天然氣管道沒有連接到這裡。其莫斯仁（四十九歲）和她的丈夫靜然無息地生活在這排低矮簡陋的黃土泥屋裡。其實，遊牧民族的蒙古人喜住天幕旄帳（蒙古包），認為旄帳是「活地」，而房屋建築為「死地」，人、畜都宜住「活地」，否則容易生病。

　　其莫斯仁一家是大屠殺的典型象徵。人們只要見到她，那段被椎心椎骨的歷傷痛就浮上心頭，無法遺忘。

　　鄂爾多斯蒙古人都知道在其莫斯仁還是孩童時代、全家親人都被戕害的悲慘故事，而其莫斯仁曾一度精神失常。如果筆者冒昧地去訪談，其莫斯仁記憶的閘門一下子打開，會不會觸動她塵封的心靈創傷呢？經歷三十四萬被捕、囚禁、審查，數萬人被殺害的種族屠殺之後，沒有精神學家分析過「倖存者綜合症」。倖存者的存在意味著屠殺暴行並未結束。

　　筆者猶豫再三，哪怕其莫斯仁一言不發，守口如瓶，筆者仍想去向她表達最大的敬意和悲哀，為她照一張相片，立此存史。2006 年 1

月 4 日。寒風中刮起遮天蔽日的沙塵暴。在沒有暖氣的房間裡，其莫斯仁在他丈夫和叔叔巴烏賴（色木楚克的弟弟、六十四歲）的陪同下，向筆者靜靜地敘說了全家被殺害的往事。她的表情安靜而麻木，她一家所遭受的痛苦已經超過她能調節的感情限度。

「我是 1960 年生，文革開始時我才六歲，還沒正式進小學。我每天陪父親揪鬥。那時我們蒙古人無論男女老幼，全民族都在受難。」其莫斯仁緩緩地打開話匣，低沉的聲音在寒風中搖曳著微光。

其莫斯仁一家住在圖克公社答爾汗喇嘛生產大隊的塔布岱生產小隊。父親色木楚克在嘎魯圖公社的供銷社當幹部。母親名叫巴拉吉尼瑪，出身於烏審旗東部的舊扎薩克旗。社會主義時代的集體壟斷經濟，蒙古人生活水準還比「萬惡的舊社會」低，因為幾乎沒有自留畜和家庭副業，吃肉、喝奶茶、騎馬、拉車等實際生活都無法滿足。母親和姐姐金珠花爾（蒙語「珍珠之花」）早出晚歸，放牧公社的綿羊和山羊。換春季節，頂風出，順風歸，像照顧嬰兒一樣呵護寒冬後體弱的「乏羊」；夏季則趕著羊群選擇涼爽、通風的地方放牧水；秋季，讓羊吃飽吃足，少跑路；冬季回到保溫的房屋，保膘保胎。姐姐比其莫斯仁大十二歲。弟弟薩拉嘎斯仁則小其莫斯仁三歲。

「那時生活雖苦，但很幸福。父親經常週末回家時還帶點飴糖、紅棗之類甜零食給我們。姐姐特別疼我和弟弟，三粒飴糖，分給弟弟兩粒，我一粒，弟弟還小，可是懂事，另外一粒留給媽媽。」

其莫斯仁嘴角邊洋溢著片刻的溫馨。

二、漢人造反奪權之「理」

1964 年年底，色木楚克由一名供銷社幹部提拔為圖克公社的黨委副書記。因哈斯畢力格圖調到烏審旗宣傳部工作，因此色木楚克實際上代理正書記一職。至今圖克蒙古人還是親切地稱呼他為「色木楚克書記」。

1966 年文革爆發的震動很快從大城市傳到了草原的人民公社。

「鬥垮走資本主義道路的當權派」是漢人造反派的目標。當地的

色木楚克書記。（圖提供：其莫斯仁）

漢人農民基本上是中共建政後從陝西「摻沙子」入殖草原的盲流。新來的移民不僅大刀闊斧墾荒濫伐，而且對掌握實權的蒙古人當權派懷有強烈的嫉妒和仇恨。革命賦予他們理直氣壯千載難逢的奪權、發財、獲利和挾嫌報復的機會。馬背民族的蒙古人自古以來世世代代生息繁衍在這片沃土上。因為移民濫墾，蒙古人神聖的生命之脈——水源和草場、牲畜遭到極大的破壞。一般來說，後來的移民應該對先住民懷有愧疚、感謝和敬意，但漢人卻主客倒置、恩將仇報，他們相信通過強權和暴力從肉體和精神上消滅蒙古精英從而成為這片土地上的主人，就是「革命的造反行為」，因此實行民族與政治的新種族性歧視與暴虐。

　　來自河北的銀行幹部喬祖光、來自陝西的供銷社幹部崔占榮充當造反奪權的急先鋒。

　　「造反派們用漢話百般辱罵阿布（父親）、額吉（母親）。父親聽得懂漢話，但說不流利。文革時期漢話說得好不好可是個關係到生死的大問題。政府下達的各種政策、文件、指示全都是用漢語寫、用漢語廣播，不翻譯成蒙文，開會也不講蒙語。會隨機應變、看風使舵的漢人造反派領會上級精神當然『靈活』得多。蒙古幹部還懵在雲裡霧裡，行動上慢半拍，漢話說得不字正腔圓，他們就奚落，嘲笑；蒙族幹部之間講蒙語，他們就有民族情緒，羞辱說是『驢子叫』。」

　　九歲的其莫斯仁親眼看到自己的父親和一排「內人黨」一根麻繩

烤羊肉串一樣串在一起，親眼看到他們被懸梁吊打，受盡淩辱與折磨。讓小孩子現場陪綁，是人類社會所有道德和秩序的終點啊！

「他們連解手都不鬆綁，一個倒下去，全都倒下去了。父親一聲不吭，他扭過臉，不想讓我看到他痛苦的表情。可是兇手們故意扳起他的頭，我看到父親滿臉一坨坨雞屎一樣的血膿都結了疤，分不清哪兒是眼睛，哪兒是鼻子。」

1967 年 1 月，受到毛支持的「上海奪權風暴」全國氾濫之後，圖克公社的漢人造反派也取得了「偉大的勝利」。坐上「奪權」的大位後可以理直氣壯地「大碗吃羊肉，大秤分金銀」，可以無法無天，可以呼風喚雨，可以殺人不償命。比起「資本主義道路」，「奪權」的功利主義和市儈利祿刺激了「革命群眾」的破壞力量。擁有自然天賜、廣闊無垠的大草原，自由自在、滿足安寧地生活在大草原的蒙古人，就算生活得再貧瘠，在漢農眼裡都成了「反動的剝削階級牧主」。

三、「漢族人民的政治要犯」

1968 年春，色木楚克被依「蘭黨第三十六支部首犯」的身分逮捕入獄。「借畜禽改良育種，推廣應用新技術，暗地叛國投蒙，妄圖裡外合應，顛覆社會主義」的「蘭黨」，主要分布在烏審旗東部和與其相鄰的伊金霍洛旗。

1968 年 11 月至 12 月之間，各地革委、解放軍軍事管理小組接連發出《關於對「內人黨」及其變種組織登記通告》以及《督促內人黨及其變種組織投降書》。

「內人黨」是一個有組織、有計劃、有綱領、統一領導、統一指揮、組織龐大，1947 年 5 月 1 日以後活動面很廣的反革命組織。也就是烏蘭夫及其死黨哈豐阿、博彥滿都、特木爾巴根等一小撮民族反動派，打著民族主義的旗號，以民族問題掩蓋激烈的階級鬥爭，公開宣布「統一整個蒙古」，大搞「內外蒙古合併」、陰謀分裂祖國、投修叛國等罪惡活動。因此，必須深入發動群眾，深挖「內人黨」及其變種組織，必須堅決、徹底、乾淨、一個不留全部消滅……凡參加民族分裂，搞

內外合併，破壞祖國統一的一切秘密組織和集團，均係「內人黨」的變種組織，都是現行反革命組織（*關於對蒙古人種族大屠殺的基礎資料（2），頁201*）。

1969年自治區「內人黨」罪證展覽中挖出「統一黨」、「獨立黨」、「自由黨」、「團結黨」、「呼和浩特蒙古黨」、「真理黨」、「哈拉哈高勒黨」、「蒙古聯合黨」、「成吉思汗黨」、「沙窩子黨」、「黑虎廳」、「白虎廳」等幾十個變種組織。

「圖克的蒙古老韃子沒好人，百分之九十以上都是『蘭黨』」。「『蘭黨』偷偷摸摸訓練牲畜跑到外蒙去」。既給國境對面的同胞栽贓，又殺雞儆猴，搞政治肅清。

按照1969年2月26日的內蒙古自治區革委文件《關於對待「新內蒙古人民革命黨」的若干規定（草案）》指出：

「新內蒙古人民革命黨」（以下簡稱為「新內人黨」）是一個進行民族分裂、背叛祖國的反革命集團……凡是由「新內人黨」骨幹分子操縱的，它的綱領與「新內人黨」基本一致的組織，如「統一黨」、「興蒙黨」等均為「新內人黨」的變種組織，一律按「新內人黨」對待。

就這樣很多蒙古牧民懵懵懂懂地就被打成「蘭黨分子」，立地逮捕，毒刑拷問致死。「蘭黨分子」又因大多不會說漢話，聽不懂解放軍審訊的內容，說蒙語就是反黨叛國的鐵證，在旗內遊鬥，皮鞭、棍棒、鐵絲、電線、老虎鉗、拳打腳踢是每日的家常便飯。

「每次批鬥爭會後，父親不僅體無完膚，而且滿頭滿臉都是結成痂的口水和糞便。我不知道為什麼漢人崇尚『唾棄』這種侮辱人格的下流方式。」

中共的老黨員、中國社會科學院日本研究所原所長何方介紹過，就延安整風運動中對「國民黨特務」和「日奸」的逼供、誘供、套供的手段之一就是「唾面」，甚至自唾自責，自己鞭笞。從政治上、精神上、體面上徹底踐踏和「搞臭」對方，這也是中共肅清敵人的「獨創性」之一（*何方，2005，頁365*）。

色木楚克是圖克公社的典型要犯，不能借出去，必須受到圖克漢

族人民的專政制裁，圖克人民最能掌握什麼是「穩、准、狠」三字方針。

　　某日，嘎魯圖公社的「挖肅群專辦」來人要求將色木楚克這些反黨叛國投敵的惡劣典型押去遊街批鬥，現身自唾，卻遭到圖克公社革委喬祖光斷然拒絕。

　　「唉，那天假如父親去了嘎魯圖公社，也許後來就不會死了。解放軍沒有進駐嘎魯圖，也許父親不會受那麼大的苦刑。每次揪鬥的時候，母親都給父親穿上皮襖，裡面塞進幾層厚衣，好讓父親被打得不那麼痛，但是他們每次都扒光衣服打。」其莫斯仁痛悔之極。

　　但實際上當時自治區如火如荼的「挖肅」運動，「挖到羊群裡去，挖到蒙古包裡去」，覆巢之下安有完卵？

　　據阿拉騰德力海記載：科爾沁右翼中旗的根鎖書記被打死以後，把內臟掏出來扔到廁所裡，而且在根鎖的頭蓋骨裡撒尿來進行侮辱。呼盟「統一黨」比挖「內人黨」要早，這是尚民的獨創。尚民在「統一黨」前邊還加了「蒙古民族」四個字，這就變成了「蒙古民族統一黨」。當挖肅出現死人之後，尚民說「死的人是膽小鬼，真的敵人是不輕易死的」，他提出「大字報、小字報就是證據，兩票可以敦促，三票可以定案」，隨之出現武鬥刑法不下百餘種。車輪戰、不給睡、彎腰罰站、不給水、灌人糞、喝人尿、坐火爐。

　　「典型政治要犯」色木楚克在圖克公社各生產大隊輪回揪鬥，雙腿跪地，雙臂向背後反綁吊打秋千，「冷靜考慮，熱情幫助」之後乾渴難忍，被眾人吐痰淹沒。而且次批鬥會都要色木楚克的妻兒陪鬥。「讓親人陪鬥」、「假槍斃」，是中共得心應手的攻心戰術。

　　「至今我常常夢見棍棒抽打，有一次夢見自己掉入一口臭氣熏天的淤溏快淹死了，很多齜牙咧嘴的大人還在朝我的眼睛吐黏糊糊的濃痰。父親緊緊地抱著我說：『那不是打你，是打爸爸，他們不會打你，不會。』」

　　1968 年 5 月 30 日晚，在答日汗生產大隊布裡仁生產小隊，揪鬥哈斯畢力格圖時，父親被押去陪鬥，讓他們互相『幫助』，看對方的下場。那次父親和其他叔叔是配角。

　　「母親、姐姐和我、還有弟弟薩拉嘎斯仁也被押來，站在會場的角落。咫尺天涯啊、二十一歲的姐姐嫁給了伊金霍洛旗的喇嘛僧的養子巴圖吉日嘎拉，當時已經懷孕八個月，肚皮大得看不見自己的腳趾。機靈的小弟弟那時好像一夜間變成了個小大人，一點兒也不鬧。

　　「哈斯畢力格圖的胳膊被剽悍的解放軍架起來做『噴氣式飛機』，他們還用綁著電線的棍棒使勁打他的腦袋和脖子，快要斷氣時，又把他拉出去羊舍，用刺骨的冰水叫他『冷靜思考』，一夥人一同朝他臉上撒尿，命令他舔乾。然後再把他拖回會場，一邊輪流抽打一邊辱罵、取樂。接著宣布第二天『群專』將對色木楚克一家進行批鬥。母親巴拉吉尼瑪一句話也沒說，一手牽著弟弟，一手牽著我，頂著凍入心底的寒風，踉踉蹌蹌摸黑走回家，往常的五月，細細的暖風牛毛一樣鑽入心肺了。可是那晚，月亮慘慘的，好像不停地用爪子刨著地面，刨著我們這幾個移動的黑點點。開批鬥會前，母親還清理乾淨羊舍，正準備到巴音淖兒去放牧牲畜。」

　　「淖兒」在蒙古語中是水潭的意思。巴音淖兒意為「水草豐美之湖」，如今內蒙古碧波蕩漾的淖兒大多寸草不生，滴水不見了，死去的牛、羊、馬的胃裡盡是黃沙。

四、九歲女孩眼中的死亡

　　1968 年 5 月 14 日的傍晚，一夥氣燄囂張的「挖肅積極分子」來到其莫斯仁的家。

　　「我們已經是刀俎上的魚肉了，是橫切還是豎劃都聽天由命吧！」母親絕望而悲傷的表情至今仍如刀刃般剜割著其莫斯仁的心。

　　「讓留個孩子看家吧。」挖肅積極分子「哼」了一聲，算是同意了母親最後的懇求。

　　其莫斯仁站在家門口，目送母親和姐姐們消失在殘陽的餘燼裡。小弟弟薩拉嘎斯仁還回頭招著小手，他「蹬蹬」的腳步，如同鄂爾多斯草原春天的心跳。

　　草原的夜晚是如此漫長而孤獨，不敢闔眼的其莫斯仁使勁用火柴

棍撐開黏在一起的眼皮。第二天早晨，迷迷糊糊的其莫斯仁還沒見到母親、姐姐和弟弟回來。

一個星期過去了，母親們還沒有回家，其莫斯仁每天一早哭著跑到家附近的一個小沙丘上向著巴音淖兒方向眺望，直到黑暗包圍了草原才回到家裡，哭著哭著睡過去。

一天趕著羊群放牧的其莫斯仁遇到認識的一位老額吉。

「我可憐的孩子！」老額吉抱著其莫斯仁哭了。

「老額吉送給我一些食品，但什麼事都沒有說。奇怪的是大人們看到我，都改口說漢話，蒙古鄉親們的漢話都說得不靈光，為什麼要改說漢話呢？我母親、姐姐和弟弟到底怎麼樣了？我看到大人們不盡

六歲被害的薩拉嘎斯仁。（圖提供：其莫斯仁）

自在的表情，猜想不出來家裡出什麼事兒。當時九歲的我絕沒有想到『死』。死是什麼？我不知道。冬春寒冷枯草季節有牛羊病死時，母親都哭，捨不得埋掉。我相信媽媽、姐姐、弟弟一定會回來，我照顧好公社的牛羊，媽媽就會帶大肚子姐姐和弟弟回來。

「可是慢慢的，草原上都在傳說媽媽背著弟弟，和姐姐一起跳進巴音淖兒的水潭自殺了。那個水潭並不深，馬兒陷進去都只淹到馬背，那麼淺的水潭，媽媽和姐姐淹不死。我根本不信那些傳說。聽大人們說發現遺體時，弟弟被牛皮套馬索捆綁在媽媽後背，頭朝下，腳朝天，這怎麼可能呢，媽媽怎會將弟弟倒過來背在身上的呢？這句話暴露了

「被自殺」的玄機啊！姐姐很快就要生孩子，姐姐本來就是回娘家來生孩子的。按我們蒙古人的習慣，「你中有我、我中有你」的孕婦是絕對不會自殺的。孕婦肚子裡的孩子是神靈所賜的，自殺會違背天義的。絕對不會自殺。如果媽媽定意要全家自殺，也不會將我孤零零地撂在家裡，要死全家一起死啊！」

其莫斯仁肝腸寸斷。

筆者的母親在文革中也多次萬念俱灰，想一死百了。大多數的母親只要一想到自己死後、留下的孩子孤孤單單在世上受盡欺負和侮辱，做媽媽的最後都會放棄求死的念頭。其莫斯仁的母親怎麼會撇下一個孩子在人世，帶上最小的兒子和妊娠中的女兒走上自殺之路呢？中共定義的自殺就是「畏罪自殺」，自決於黨和人民，是一種變相的反黨罪行——抗拒群眾運動罪。一種類似鞭屍的誅心之詞。

蒙古人不會簡單地結束自己的生命，在生活中我們敬畏神山聖水，敬畏有性靈的動物和植物，何況人的生命。如果其莫斯仁的母親、弟弟、姐姐和姐姐懷胎八月的孩子真的是自殺的話，那麼，究竟是怎樣痛不欲生的政治環境所帶來的高壓和逼迫呢？草原上的蒙古人連想都不敢想了。

作家馮驥才說：「在滅絕人性的時代，人性的最高表達方式只有毀滅自己。」（《一百個人的十年》，2004，頁80）。

五、多重慘痛的侮辱

幾天後，住在答爾汗喇嘛生產大隊的外祖父阿爾賓聽到女兒巴拉吉尼瑪一家的死訊，趕到孤苦伶仃的外孫女其莫斯仁身邊，一老一小相依為命。隨著運動的「縱深發展，打殲滅戰」，很快外祖父也被打成「一貫與人民為敵，大搞民族分裂活動」的「蘭黨黨徒」而遭逮捕。家裡僅剩的一點兒充饑的炒米也見底了，其莫斯仁只好到草原上尋找死羊、死牛的殘骸，用小刀割下來連毛都撕拉生咬。包括蒙古人在內，北亞遊牧民族的風俗習慣中忌食死肉。

好心的蒙古人偶爾也會偷偷地在夜裡給其莫斯仁從自己牙縫裡擠

出來的一點點炒米和奶皮，當時圖克百分之九十五的牧民都被打成「內人黨」或「內人黨的變種組織——蘭黨成員」，人人自危，風聲鶴唳。加上家家戶戶一貧如洗，給「反動崽子」送吃的，是得冒著極大的生命危險的。

1968 年夏，還是圖克公社小學生的少年奧特根巴雅爾見過關押在「處刑屋」的色木楚克。

「有一次我路過公社場部，聽到激烈的打罵聲，我踮起腳板從窗口瞧見了色木楚克副書記。屋子裡黑布隆冬，一股血腥臊氣。副書記瘦骨嶙峋，眼球暴突，臉都變了形。我岳父一家被殺絕嗣之事，鄂爾多斯草原上沒有人不知道。一想起來，記憶就似雪崩，錐心泣血，忍不住放聲痛哭啊！」坐在一旁的奧特根巴雅爾回憶。

1979 年奧特根巴雅爾成了其莫斯仁的丈夫。

「具體的日子記不大清了，母親、姐姐、弟弟死後，父親回來過一次。父親牽著我和外祖父三人去過一趟巴音淖兒的水潭尋找。水潭不遠處由北向南順序排列著媽媽、姐姐和弟弟的土疙瘩荒塚。但弟弟的荒塚被鍬開了，包裹弟弟的一塊破布還在，齜牙咧嘴，好像啞巴開不了口。父親將那塊破布輕輕地疊好，又小心翼翼下包起來，用手一捧一捧地堆積黃沙和泥土，重新堆起來，給弟弟做了一個衣冠塚，然後趴在弟弟的的衣冠塚前哭倒在地。靜靜的哭聲銳刺肺腑，銳刺蒼天。我也哭了，我有點明白了，媽媽、大肚子姐姐、弟弟再也不會回家了，她們不是和我捉迷藏，她們永遠不可能再回來了。我好怕，我一個人孤零零留在家裡時還沒那麼恐懼，因為親人放牧遇到暴風雪時，有時路上會耽擱幾天，我看好家裡的牲畜，媽媽就會回來。可是看到三座沙包子墳，九歲的我終於知道人死不能復生了，我應該把所有的飴糖和棗子給弟弟帶上路啊……外祖父、父親和我手牽手圍繞三個沙包子正反轉了三圈，並用手抓起土沙向沙包子撒去……」其莫斯仁抽泣著說。

其莫斯仁的弟弟、薩拉嘎斯仁的遺體是被漢人盜走去配冥婚了。漢人社會認為祖墳中有一座孤墳，就是「落單」，就會影響後代的昌

盛，以後家裡會鬧鬼，會斷子絕孫，不吉利，所以要為未婚先死的親人尋配死人合葬在一起完婚。文革中「冥婚陋俗」被當作封建迷信，徹底批判和根除。但自治區的漢人墾殖民社會比起當地的蒙古人擁有更大的政治空間。蒙古人事實上已經成為政治、民族、階級、經濟的多重賤民，可以任意殺戮、管制、內遷、剝奪財產，漢人擁有生殺予奪的特權，更何況是對死人呢！

　　草原上蒙古人墳墓被盜，布片覆面屍體神秘失蹤的怪事的確時有發生，在蒙古人失去親人慘痛的傷口，再寸寸剁割痛處，以維護漢文化的傳統。這，難道不是對蒙古人尊嚴的第二次踐踏與凌辱嗎？

　　惻隱之心何在？天地良知何在？

◀加孤苦的其莫斯仁緊靠在外祖父阿爾寶的身邊。（圖提供：其莫斯仁）

六、「挎洋刀」出身的蒙古幹部的養女

　　「參拜親人的沙墳回來後，父親在家和我們生活了一個星期。父親也決意要去找媽媽嗎？我不知道。父親掙扎著給我們準備好過冬的被褥和一點兒食物，好像要去很遠的地方。那是失去媽媽後我最幸福的幾天，父親走到哪兒，我就跟到哪兒，寸步不離。

　　「父親胸脯上的肋骨被打斷了幾根。每晚他在土炕上輾轉反側，痛苦萬分。我擠在父親的被窩裡，給他溫暖，他握我的小手撫摸他身上的傷痕，我不知道他們為什麼要對父親下那麼重的毒手，我不敢哭，怕父親傷心，這是我和父親度過的最後時光。」其莫斯仁說。

　　京字‧三五五部隊進駐「民情、社情、敵情嚴重和複雜」的圖克公社後，各生產大隊和小隊都派駐了全副武裝荷槍實彈的官兵。進駐答爾汗喇嘛生產大隊的一位姓肖的士兵與漢人「挖肅積極分子」一起對打成反革命「兩黨」的蒙古人採取了幾十種殘忍髮指的逼供手段。

　　1969 年春的一天，去大隊部途中，其莫斯仁遠遠地聽見幾個蒙古青年在小聲議論：「這個孩子以後可怎麼辦啊？怎麼活呢？她母親、姐姐和弟弟都死了，現在父親也被殺害了，遭孽啊！」這些人一看到其莫斯仁，又裝作若無其事的樣子走開。

　　其莫斯仁飛快地跑回家，帶罪勞動改造的外祖父阿爾賓還是不開口。其實外祖父已經知道色木楚克的死，只是對其莫斯仁隱瞞著。

　　「父親死於 1969 年 3 月 17 日。我唯一的親人，父親也死了，我的精神崩潰了。大家都說這『孩子心裡太苦，說不出來，得了痴呆症，變成了木頭人，變成了傻子和啞巴了』。」

　　其莫斯仁記憶中色木楚克副書記被殺害的日子，與筆者採訪的其他親歷者的證言有點差異。哈斯畢力格圖記得，色木楚克是中共「九大」開幕的前四天，即 1969 年 3 月 28 日被殺害的。

　　孤苦伶仃的其莫斯仁受到外祖父和蒙古鄉親無限的關愛。無論走到哪裡，人們都拿出家裡唯一的一點吃的東西給她，什麼都拿不出的人將她緊緊地抱在懷裡，捨不得放開。1971 年秋，大屠殺烈火稍微平息，十一歲的其莫斯仁進入了答爾汗喇嘛生產大隊的小學。我的叔父俄尼斯與色木楚克很熟，他去過答爾汗喇嘛生產大隊的小學找其莫斯仁。俄尼斯對筆者說過：「那小女孩，特別怯生，見人發抖。無論你問她什麼，她都不開口。兩隻眼睛像驚恐萬分的小兔子。」

　　1973 年 10 月，巴圖巴根被任命為鄂爾多斯地區黨委書記。巴圖巴根是「偽滿挎洋刀」出身的吉林省蒙古幹部，「挖肅」運動中九死一生。1974 年春節正月初四這一天，巴圖巴根書記到圖克公社挨家訪問，圖克家家戶戶都有命案。據巴圖巴根回憶：

　　「圖克是『挖肅』的重災區。人口只有二千六百九十一人的公社就挖出『內人黨』一千二百人，被活活打死四十九人，當時嚴重傷殘

二百七十人。人民公社的書記色木楚克一家五口就被殺害了四口，只留下一個九歲的小女兒還活著……。春節見不到一絲喜氣洋洋的氣氛，家家戶戶都沉浸在極度的悲傷之中。我終於找到了色木楚克書記的遺孤其莫斯仁。她和她的外祖父邊哭邊訴說當時的慘狀。徵得她外祖父的同意，我將其莫斯仁當作自己的養女，帶回來撫養，供她讀書，直到她長大成人（*巴圖巴根，2004，頁203-212*）。」

就這樣，鄂爾多斯高原的孤兒其莫斯仁就成了「挎洋刀」出身的蒙古幹部的養女。

七、頭部十八釐米傷痕的驗屍結果

色木楚克是五兄弟中的長兄。1966年色木楚克被打倒後，下面四個弟弟都受到株連。中國古代的「夷三族、父三族、母三族、妻三族」之株連刑法乃出於斬草除根之目的。巴烏賴是五兄弟中最小的弟弟，因而最得長兄色木楚克的疼愛，兄弟情深，連指連心。弟弟巴烏賴遭指控為「現行反革命分子」而被「群眾專政」，押送到離圖克較遠的烏審旗西部的陶利人民公社勞動改造。這裡有一個由純漢人墾殖民組成的生產大隊，漢人盲流中挖不出「內人黨」，於是巴烏賴押送到那裡當批鬥專業戶。

「內人黨反黨叛國集團由單一的蒙古人組成，他們伺機內外合併，殺光漢人。漢人必須先下手為強。這個大隊的『群專』想出很多折磨人的死刑：打嘴巴、挨木棍、吊膀子，什麼法兒都有，屁股都打爛了，不能坐。大概是69年7月的一天，大哥遇害的消息也傳到了陶利，我終於找到一個機會徒步趕回圖克，打算向大嫂打聽事情的原委，這時才知道大嫂和孩子們死在大哥之前了。我大哥是一個錚錚硬漢，絕不會撇下孩子自尋短見，我和三哥巴烏僧格一起趕到圖民公社革委員找喬祖光、何福義、崔占榮三人追問大哥死因。」巴烏賴說。

「色木楚克呀！是用鐮刀抹了自己的脖子，畏罪自殺，走上了自絕於黨和人民的道路。」三位漢人幹部異口同聲。

這時「五二二」文件開始層層下達。「挖肅」打擊面寬了，清階

擴大化了，各盟、旗、市，公社的「內人黨」和親人們扶老攜幼、拖兒帶女紛紛走上了上訪告狀之路。

「上訪」這個詞語，古代叫「攔御駕，告御狀」，是中國特有的、唯一的政治表達形式，這種「悠久的歷史」在今天還加了兩個字，叫「非法上訪」。

巴烏賴和他的兄長們加入了「圖克上訪團」，會同其他盟旗大屠殺的倖存者及其家屬湧入呼和浩特。

「所謂蒙古人為主體民族的『自治區』，其實無論到哪裡，都是以黨政，漢人當權。那幾個月我們幾兄弟甚至露宿街頭，飽一頓，餓一頓，天天去上訪，不信討不回公道。大概我大哥一家幾乎被趕盡殺絕這個『挖肅』典型影響太惡劣了，也許為了表面上安撫人心，體恤民情，也許是為了煞住下一輪上訪風，幾個月後自治區革委員會派來了一位法醫驗屍。但這位法醫首先到公社革委會去報到，說是先瞭解情況，聽取當地群眾意見，結論呢，可想而知。大哥的遺體被挖出來，『經法醫鑒定：非特定死亡。頭蓋骨右邊有一條十八釐米深的傷口，傷口裂縫處無血痕，可判定死後所致』。這個判斷與革委會的結論一致。

「大哥用鐮刀自殺的謠言，在漢人社會廣為流傳。我們至今不信。大哥胸脯肋骨都被打斷了，解放軍和漢人農民對他施加那麼殘忍的逼供信，大哥的頭部十八釐米深口清晰可見，大哥自己如何從頭部釘入那麼深的傷口呢？這就是『他殺』的證據之一。」

巴烏賴和侄女其莫斯仁堅持不信色木楚克死於自殺。

八、因「公」遇難？

「1979年，政府為解決『挖肅』中遺留的問題，給大哥落實政策。《關於對色木楚克平反結論》上一行字：色木楚克不幸因公死亡，特予以平反，政治上恢復名譽。另外補發家屬三百二十元撫恤金，相當於大哥四個月的工資。一張薄薄的紙片和幾百塊錢生活補助費，就是我們蒙古人幾乎全家被屠殺後的代價。蒙古人的命如踩死一隻螞蟻一

樣簡單啊。

　　「『因公遇難』更為吊詭。『公』是什麼呢？『公』代表中共還是中國呢？為什麼這個『公』要殺害一個蒙古人呢？『遇難』一詞，我們絕不能接受。明明是『他殺』，卻偷梁換柱，改成『遇難死亡』，完全是不負責任的狡辯，他是光天化日之下被解放軍和漢人殺害的呀！大哥飲恨蒼天，死不瞑目啊！大哥在天之靈，夜夜咬嚙撕碎著我們的心靈！」

　　巴烏賴嗚嗚地哭了。

　　圖克公社至少六十九位同胞慘遭屠殺。然而，為什麼漢人要充當殺人的急先鋒呢？好不容易巴烏賴平靜下來，筆者向他請教。

　　「你看過電影《鄂爾多斯風暴》嗎？這部宣傳電影講的是文化上落後的蒙古人組織『獨龍貴』反抗王爺壓迫，由於缺乏先進的的革命理論指導，只有蠻勇打殺，玩游擊戰花招。後來漢人共產黨到鄂爾多斯地區來開展革命工作，對『落後的少數民族』進行啟蒙革命教育，在共產黨的堅強領導下，蒙漢人民進行反帝反封建的鬥爭。蒙古革命成了中國革命的一部分。

　　「文革爆發時，圖克也有蒙古造反派參加。但隨著運動不斷擴大和縱深，蒙古幹部全都被當成『內人黨』給殲滅了。到 67 年夏，漢人造反派全部奪權，蒙古人全成了階下囚。漢人幹部們大言不慚地宣告：有教無類的蒙古韃子不懂先進的革命理論，只有依靠共產黨，才能使牧民擺脫殘酷的被剝削被壓迫的地位。漢人引導和灌輸少數民族革命理論是中共的光輝傳統。

　　「可是對蒙古人的屠殺是自稱擁有燦爛的歷史文化、先進的文明、進步的思想的民族幹得出來的嗎？因此，內蒙古文革中『挖肅』自始至終都是由漢人在解放軍的武力作後盾情況下，迫害蒙古人的政治屠殺。而蒙古人可沒有一點兒迫害漢人的可能。

　　「只要是蒙古人，不分男女老幼，全部以『搞民族分裂活動』的『內人黨』清洗、整肅。得到解放軍武力支持的漢人兇手肆無忌憚地喊口號：『革命就是殺韃子。』蒙古人都是砧板上的魚肉，任人砍剁了。

『挖肅』之殘忍持續了很久，草原始終都籠罩在巨大恐怖的陰影之下。甚至有的蒙古人想，來生投胎做漢人就好了。」

　　阿拉騰德力海也記載了同樣的證言：「『一網打盡蒙古佬』的『挖肅』行動口號下，漢人身懷民族仇恨狠下毒手，『你們老韃子完蛋了，讓你們成吉思汗子孫見鬼去吧！』，內蒙古地質系統區測繪隊『對任務和目標明確，是蒙古人就抓，蒙古人都是內人黨，用不著審問是不是內人黨，只問他交代罪行』。一位蒙古職工被打得七處骨折，腰椎橫突耳膜穿孔，面部燒黑。他痛不欲生，嚎啕慟哭：『老天為何把我生在內蒙古，遭此災難！你們為什麼搞這樣殘酷的民族迫害！如果我不是蒙古人，你們絕對不會抓我，你們是針對蒙古人下這樣毒手！』（《挖肅災難實錄》，頁102-103）。」

　　《鄂爾多斯風暴》這是1962年根據土默特左旗出身、雲照光的原作改編的老電影。電影在反抗漢人軍閥移民開墾，以民族自決為目標的鄂爾多斯蒙古人抗爭運動中，嵌入中共地下黨理論指導和革命洗禮的的故事情節，描寫少數民族自決革命如何成為中國革命的宣傳作品。文革中雲照光本人遭致迫害，這部電影也被作為描寫「反動的民族分裂活動」而受到批判（巴義爾，1998，頁417-422）。近年則為了「蒙漢人民團結鬥爭史」重拍。

　　巴烏賴對這部電影的分析以及對文革大屠殺的觀察的確很敏銳。文革中蒙古整個民族陷入了中共精心設計的屠宰圈套而任其橫切豎割了。這就是鄂爾多斯蒙古人對文革的理解。

　　經過大屠殺的圖克地區的蒙古人會不會對政權不滿呢？會不會有朝一日妄想變天呢？中共當局對圖克至今心懷戒意，如芒刺在背。今日對藏、疆地區的高壓政策，其實恐怕是「項莊舞劍、意在沛公」吧。

　　今天，圖克地區的被害者們仍被置於「無微不至」的監視之下。筆者結束圖克地區的田野調查沒幾天，就聽說自治區公安「國保」們已「上門拜訪」筆者走訪過的家庭了。

第拾貳章
「蒙古人死光、就省下口糧了」

——革委會主任額爾德尼的回憶

　　圖克大屠殺之際，額爾德尼被「三結合」進入中共歌頌為「紅色新生政權」的革命委員會的主要成員。當然，蒙古幹部只是個擺飾的傀儡，實權掌握在漢人造反派們和人民解放軍手裡。所謂「軍管一切，漢人當政」。內蒙文革形式上在革委會的支持與贊同下，推進「挖烏蘭夫黑線，肅烏蘭夫流毒」的大屠殺運動。因此，在一部分蒙古人看來，額爾德尼的所作所為完全站在漢人的政治立場。但他的親歷證言，對於瞭解加害者人民解放軍和漢人兇手是如何採取屠殺政策與行動的，具有重要的意義。

▲號召蒙漢團結學「毛選」。遊牧民的蒙古少年肩扛農具、揮舞《毛語錄》。意味著徹底改造蒙古民族血脈與隱形基因為「中國人」。（出自《內蒙古自治區九年一貫制學校數學課本》，1969年）

一、「被塑造」的社會主義模範典型

　　2005 年 9 月 14 日，一位蒙古青年帶筆者在呼和浩特市內的一棟漂亮公寓裡訪問了當時高齡七十四歲的額爾德尼。青年是額爾德尼的兒子，也是筆者的朋友。在寬敞而明亮的客廳裡，額爾德尼以沉穩的語調，小心翼翼地選擇適當的語言，回憶起圖克公社所經歷的文革遭遇。

　　額爾德尼出身於烏審旗東部烏審召寺附近的阿古英希里。由於他從小就受過良好的家庭啟蒙教育，1953 年被烏審旗政府錄用為掃盲文化教員。教會不識字的幹部群眾閱讀《毛主席語錄》的積極分子額爾尼，當上了掃除文盲的先進代表。

　　1958 年刮「一大二公」和「政社合一」為特徵的人民公社化運動「共產風」時，二十三歲的額爾德尼被選為烏審旗共青團的專職幹部。這年秋天 9 月，在剛成立的圖克人民公社答爾汗喇嘛生產大隊召開了「伊盟大躍進的模範典型現場會」。

　　1957 年 11 月 18 日，毛澤東在各國共產黨、工人黨代表會議上宣布：中國要在十五年左右的時間內，在鋼鐵和主要工業產品的產量方面趕上英國。他說：「赫魯雪夫同志告訴我們，十五年後，蘇聯可以超過美國。我也可以講，十五年後我們可能趕上或者超過英國。（毛澤東，1999，頁 325-326）」即毛欲通過「三面紅旗」等群眾運動的方式，使中國工農業、國民經濟生活水準大躍進式地提高，實現烏托邦空想

▶蒙古包前手捧《語錄》的蒙古牧民。至今中共仍對「非我族類」的忠誠心在潛意識上耿耿於懷，因此對「蠻夷」的高壓和屠殺仍在進行中。

社會主義。在毛的親自指揮下，全中國群情振奮，「超英趕美」被炒得炙手可熱。雨後春筍般成立的人民公社很快波及到自治區，僅在三個月內，自治區將所有的牧業生產合作社全部合併成一百五十八個人民公社，入社牧戶占百分之九十四，實現牧區人民公社化。人民公社無視畜牧業生產規律和特點，打亂了生產秩序，給牧區經濟生活帶大了極大的損失，但是在意識形態政治優先的情況下，各地爭先恐後放「糧食畝產衛星」、「大煉鋼鐵衛星」。所謂「放衛星」就是虛報浮誇數位，蒙上騙下，到處拔白旗、打擊右傾。

如前所敘，烏審旗的圖克公社在哈斯畢力格圖書記的領導下，也因畜牧業「放衛星」而一舉矚目。年輕的哈斯畢力格圖是一位充滿激情的詩人、也是一位未來夢想家。哈斯畢力格圖發動蒙古青年研製和開發木造汽車，努力想在草原和沙漠地帶實現「機械化」。

遊牧文明不僅是一種生產方式，而且還是一種文化模式，蒙古歷史上就有製造馬車的優良技術，它與遊牧民族的經濟、軍事、生活緊密地聯繫在一起。馬車不僅能搬家馱物，而且可以倒場輪牧、遷徙營地，甚至成了遊牧文明以車帳為家的文化傳統。於是，哈斯畢力格圖產生了將引擎裝到馬車上的聯想。但是木造汽車只跑不到一公里就報廢了。雄心壯志的蒙古青年並不沮喪，還是繼續研究技術革新；而且培植牲畜優良品種，並開拓實驗田，將小麥、玉米畝產猶如天文數字般的捷報層層上報政府。

圖克地區的蒙古人還擅長唱歌跳舞、男女老少都喜愛民間歌謠、讚歌、吟唱韻文詩和敘事詩。自治區有名的文藝刊物《花的原野》1959 年第三期還刊載了圖克蒙文詩文專輯。圖克公社在鄂爾多斯（伊盟）的「社會主義光輝道路上」走在最前頭，發揮著模範典型作用。因此，在公社的答爾汗喇嘛生產大隊召開「模範現場指導會」，年輕的團幹額爾德尼也積極地參與這件大事。

但是 1959 年 1 月，烏蘭夫在《紅旗》雜誌上發表《高速發展畜牧業》，文中批評了「忽視牧區特點，忽視牧區實際情況，把農業區的一整套做法，原封不動地搬到牧區」的思想，提出和重申「從牧區

的民族特點、地區特點和經濟特點看，從矛盾的特殊性看，牧區的階級結構和經濟狀況同農業區有許多的差別，必須做具體的分析。應當從牧區的實際出發逐步前進，既要把農業合作化的基本針政策、基本原則和適合於牧區的經驗在牧區貫徹執行，又要採取與農業區不同的具體方針、政策、步驟和辦法」的觀點和工作思路。試圖整頓「浮誇風」和「共產風」，將人民公社引回正常的生產道路上。哈斯畢力格圖書記因此受到批判。

「拍手鼓掌唆使我們順藤爬上去，給根吊繩又把我們狠狠地摔下來。」哈斯畢力格圖不滿地說。

從根本上來講，高水分的虛假政績全都是政策要求的。「上有好

▲人民公社成立時鄂爾多斯地區圖克組織的歌舞團。漢語稱為「烏蘭牧騎」。「挖肅」中不少團員因不會說「文明人」的漢話，只會用蒙語說「黑話」，而遭到肅清。（圖提供：Keriyed Keyirub）

者，下必甚矣」。隨著毛的狂熱和高燒，中央到地方都刻意迎合奉承，宣傳機構也明知浮誇摻假，卻高調合唱「衛星」齊上天、躍進再躍進之類的社論。輿論誤導，使浮誇風越演越烈，最後餓死幾千萬人卻把責任一股腦地推卸到基層組織的個人身上。這是中共黨特有的政治手法。

「圖克這個地方的蒙古人常常熱心政治、有民族自立的風氣和背景，政府發出號召後，響應的人很多。蒙古人粗獷，不會盤算，不會耍心眼，待人接物都是掏心掏肺。常常熱心於政治，積極回應政府號召，凡事實心實意。」額爾德尼回憶說。

二、反蒙仇恨結成的漢人造反派

1966 年 5 月毛澤東在修改《五一六通知》時，特意加上了這樣一段話：「混進黨裡、政府裡、軍隊裡和各種文化界的資產階級代表人物，是一批反革命的修正主義分子，一旦時機成熟，他們就會奪取政權，由無產階級專政變為資產階級專政。這些人物，有些已被我們識破了，有些則還沒有被識破，有些正在受到我們信用，被培養為我們的接班人，例如赫魯雪夫那樣的人物，他們現在正睡在我們的身旁，各級黨委必須充分注意這一點。」從此，揪出「睡在我們身邊的赫魯雪夫」成為文革關鍵字。

圖克地區的漢人，即銀行負責人喬祖光與該行職工何福義結成漢人造反派響應毛的號召，瞄準身邊的蒙古幹部，將他們當作「走資本主義道路的當權派」、「睡在身邊的赫魯雪夫」。

「幾乎所有的漢人造反派在這場革命一開始就帶有強烈的反蒙排蒙色彩。不知什麼原故，他們非常敵視蒙古人，好像對蒙古人懷有深仇大恨。我不知道圖克地區造反派反蒙排蒙的情緒為什麼這樣激烈。外來的漢人入殖農民對祖祖輩輩生活在草原的蒙古人狠毒咒詛、殘忍刑罰，以此取樂，真令人不可思議。一開始我也認為造反代表先進的革命行動，但當我發現實際上圖克的漢人造反派是以反蒙排蒙為宗旨而結成，我就跟不上他們的步伐了。」

額爾德尼嚴肅的表情下，拿捏著話語的表達分寸。

圖克的漢人農民大多是 50 年代初湧進來「開荒墾地」的外來殖民者，其中絕大多數是為了逃避旱災、洪澇、雪災，進入蒙地求生活的災民。但他們要求與先住民蒙古人擁有同樣政治、經濟權利，並通過強權暴力達到了自己的目的。漢人一直強調《民族區域自治民族》給予少數民族過多的優惠和特權，倒過來說少數民族「忘恩負義，被慣壞了」。實際上，少數民族不僅沒有真正的政治、經濟、宗教、語言、教育、文化上的自治權，甚至連想保護祖先留下的草場都不可能。

日本研究中國政治和民族問題的學者加加美光行在其所著《中華人民共和國標榜的民族自治》一書中指出：「所謂的『民族區域自治』，

實質上對中央政治統治毫無發言權，也不包含糾正與漢民族地區經濟差別的優惠政策，因而自治的範圍極不明確，在實行上作出多種甚至肆意的解釋*（加加美，2008，頁104）。*」

所謂優惠和特權，其實是更嚴厲鎮壓少數民族自決與自由的一種走鋼絲性平衡。中國學者王力雄指出：「大處鎮壓，小處縱容」。今天已經進入了強調確保漢人殖民權益的時代。

「公社的蒙古幹部比例看似高於漢族幹部，但其實都是政府為了表示對少數民族的優惠政策做的花瓶點綴。本來自治區就不同於漢地的『省』，主體民族是蒙族。就是擺看的蒙古幹部也是政府所任命『老實聽話的、民族情緒少的』，我們蒙古人並沒有直接選舉本民族幹部的權利。即使漢人對此不滿，其矛頭也應該針對中共政府，將憎恨發洩到普通蒙古人身上，實在沒道理。」額爾德尼分析說。

自治區形形色色的群眾組織都自稱為造反派。1967年4月，中央決定支持真正革命群眾──「呼三司」。其全稱為「呼和浩特市大中（專）院校紅衛兵革命造反司令部」。「呼三司」很快在造反派中嶄露頭角，成為當時政治舞臺上呼風喚雨的一支造反派組織。與「呼三司」對立的組織「保守派」被中央點名批評。鄂爾多斯地區也是「呼三司」系統的造反派占優勢。造反派和保守派兩派之間多次進行武鬥，1967年11月1日新生紅色政權──內蒙古革命委員會成立。在成立大會上革委主任滕海清發表講話：「革委會主要任務是率領全區各族人民進一步挖烏蘭夫黑線，肅烏蘭夫流毒」*（關於對蒙古人種族屠殺的基礎資料資料集（1））*。

自此，大多數的自治區蒙古幹部被視為「烏蘭夫的三股勢力」被肅清。「把蒙古人都挖了，在全國也是一小撮」，「所有少數民族都是烏蘭夫黑線」*（阿拉騰德力海，頁6）*，等於界定了民族屠殺範圍。

三、漢人革命群眾主導的紅色颶風

烏審旗革命委員會於1967年12月30日成立。革委會由包榮（造反派代表）擔任主任，根柱（黑龍江郭爾羅斯旗蒙古人，今肇源縣）

擔任副主任。緊接著1968年2月28日，圖克人民公社革命委員會成立。根據「三結合」的原則以及包榮的信賴，額爾德尼作為革命幹部代表、被任命為圖克公社革委主任；到地方「支左」的解放軍負責人是包榮的女婿查幹夫；革命群眾代表是造反派的何福義、保守派的扎哈戴。新生紅色政權由他們負責領導奪權鬥爭。

「我剛到圖克就任革委會主任時，造反派和保守派還在尖銳對立。1967年4月13日中央頒布《關於處理內蒙問題的決定》（即《紅八條》），明確表示支持造反派，軍區和保守派『犯了方向、路線錯誤』。圖克的漢人造反派就又把早已被打倒的色木楚克副書記和公格社長重新揪出來批鬥。1968年2月以後『群專』堂堂合法化，暴力不斷升級、私刑拷打、濫殺無辜，挖肅取樂成為家常便飯，漢人稱之為『紅色颶風』。」額爾德尼說。

所謂「造反派」與「保守派」之間很難劃分一個絕對的分水嶺。一般「革命群眾組織」都將自己視作進步的造反派，攻擊對方為反動的保守派。一開始色木楚克副書記被當作是保守派、公格社長被當作造反派，雙方都以自己為真正的革命派自居，實際上不過是攻擊對方的口實。不久，何福義就以「口頭上的革命派，行動上的保守派，為保持革命隊伍的純潔性」為口實，將同一派別的公格社長打倒了。實際上只要是蒙古幹部，都被當作反黨叛國的分裂分子「挖」出來，實行「無產階級的專政」。

「圖克革委成立時，『紅色颶風』已經越刮越猛烈，絕大多數蒙古幹部都被打成『內人黨黑線』，以『狠為基礎』的酷刑遊戲化、日常化。漢人造反派和『挖肅戰士』挖牆刨地、破舊立新；晚上吊打蒙古幹部和牧民，駭人聽聞的慘案和命案接連不斷。

「走馬上任的第二天一早就有人來報告，說一個名叫達爾扎依的牧民投水自殺了。屍體就放在公社所在地西邊的水塘邊。達爾扎依被打成『內人黨』的罪狀是『公社丟了一匹馬』。烏蘭夫的反黨叛國活動需要使用軍馬，肯定是達爾扎依偷偷藏起來為烏蘭夫戰備做後勤了。貧宣隊對和群專就在批鬥會上吊打他，逼他認罪，他受不住酷刑，趁

人不注意投水自殺了。究竟是自殺，還是他殺，真相不明。」

「破舊立新」到底「破」了什麼「舊」，「立」了什麼「新」呢？筆者詢問。

「所謂『破舊立新』，實質上就是掩蓋漢人的公然掠奪、大發橫財的行為，在革命的名義下所有大張旗鼓的搶奪和霸占都正當化、合法化。打著搜查『內人黨』罪證的幌子，闖入蒙古人的家裡，砸開衣櫃、挖牆刨地、金銀財寶、家什衣物，抓到什麼算什麼，什麼都要，什麼都哄搶而光。祖傳的茶碗、彌足珍貴佛畫佛像、手寫本書籍、古文書……拿不走的就一把火燒掉，或者用鐵鍬挖個稀巴爛。將牧民內遷，徹底掃地出門，占地為王。

「有一天，兩個『挖肅』積極分子跑到仁欽道爾吉的家裡打劫糟蹋，要搶走他家裡祖傳的命根子銀器手鐲。有人跑來向我報告，我立刻帶人趕到現場阻止。『挖肅』分子他們卻反過來說我是偏袒保護牧主。這反映了革命的狹隘性和不徹底性。」

從額爾德尼的證言可以看出他當時所處的立場之困境。今天不少人仍認為額爾德尼屬於中共體制內的既得利益者，但額爾德尼歎息無論是過去還是現在，蒙古幹部個人的良知和力量在大多數情況下都心有餘而力不足，無法「偏袒」本民族的基本人權。

四、恩將仇報的「偉大漢族人民」

「你們現在已經到了山窮水盡的地步。黃維兵團已在 15 日晚全軍覆沒，李延年兵團已掉頭南逃，你們想和他們靠攏是沒有希望了。你們想突圍嗎？四面八方都是解放軍，怎麼突得出去呢？你們這幾天試著突圍，有什麼結果呢？」。「群專」揪鬥色木楚克總是從背誦一段《毛語錄》開始的，《敦促杜聿明等投降書》是「挖肅」攻心戰的一枚重磅。轉而立即進入挾私報復的正題：坦白交代反漢排外，打擊偉大的漢族人民的反動罪行！

盲流「挖」出色木楚克的「地方民族主義罪行」。如前所述，50年代陝西發生水患，一批又一批扶老攜幼逃難的災農波浪式地湧入烏

審旗,熱情好客的蒙古人給饑寒交迫、缺衣少食的漢人災民最大的支援,並幫助他們在草原定居下來。圖克公社安排適合農業澆灌的肥沃土地給他們耕作,他們獲得了豐厚的農業收成。但是來自長城外的漢人從來不認為自己是外來殖民者,不認為自己霸占別人的土地生活。蒙古人集體擁有天然廣袤的土地和資源,卻被當成「蒙古人都是靠剝削漢人為生,因此蒙古人都是剝削階級」。

1958 年毛澤東在成都告訴烏蘭夫,「民族問題,說到底是階級鬥爭問題」。蒙古人既然是剝削階級,那就應該從肉體上加以消滅。還有,毛澤東提出文革就是共產黨和國民黨鬥爭的繼續,滕海清則據此演繹為在自治區就是共產黨同內人黨的鬥爭。共產黨由漢人組成,內人黨由單一的蒙古人組成,由此又構成了理論上和意識形態上的民族對立(楊,《以肉體的消滅實現民族的消亡》)。

「驢和馬不同、漢族和蒙族的生產與生活方式不同,我從來沒有反漢排外,也沒有偏袒蒙族,只是說蒙族的畜牧業生產方式不同於農耕生產方式,有其自身的特殊規律。牲畜和草場都是國家公有,遊牧民族不事農耕,農耕民族不事畜牧,革命的分工不同,目標一致。」1968 年 5 月某日召開的批鬥會上,被五花大綁、滿臉唾沫的色木楚克仍然昂起頭用不熟練的漢話反駁加在自己身上的不實之詞。

革命絕對權威代表何福義和喬祖光卻被色木楚克凜然的態度激怒了:「把偉大的漢族人民比喻成一頭驢子,是對我們最最敬愛的英明領袖毛主席的最最可恥的褻瀆,毛主席是偉大的漢族。把毛主席比作驢子,罪該萬死!」

色木楚克遭致的毒刑可想而知了。

蒙古人與畜牧、草原相依為命,牲畜是蒙古人最親近的家庭成員,日常會話中使用的諺語也暗藏著蒙古人對自然萬物的哲學觀、自然觀、知識體系。而且受中共教育的蒙古幹部色木楚克長期囚禁、失去自由,怎麼可能會借機侮辱毛與漢族呢?

「漢族絕不會向草原移民」。1950 年中共進入鄂爾多斯草原時對蒙古人信誓旦旦承諾(梁冰,1984,頁159)。蒙古人以為中共一諾千金,

做夢都沒有想到有恃無恐的漢農入殖民會像一無休止地吞食周邊的土地，因為向共表示歸順，烏審旗和平解放。但中共從不遵守諾言，大規模移民墾地，鼓勵開荒墾殖，深耕澆灌，不僅草場退化，牲畜、資源、森林、生態遭到毀滅性的破壞，而且不相信三尺頭上有神靈。

「50 年代後期，我們接受了大量陝西逃荒來的災民，熱情好客是蒙古人傳統，自己捨不得的好東西都要拿出來獻給遠方的來客。可是萬萬沒有想到他們卻恩將仇報呀！」額爾德尼回憶說。

五、解放軍作賊喊捉賊

1968 年 11 月 15 日滕海清為討伐「內人黨」宣告：「烏蘭夫有一個暗黨，他表面上是共產黨，實際上他是內人黨。烏蘭夫暗黨這個班子是很大的，很強大的一套班子，是暗班子，掌權的一套班子，這批暗班子有些已經混到革命委員會，在革委會裡掌權。」（*阿拉騰德力海，1999，頁 37*）

在這個「徹底圍殲烏蘭夫叛國集團的暗班子」的號召下，1968 年 10 月烏審旗革委主任包榮也被打成「烏蘭夫黑幫」、「專搞民族分裂的內人黨」而被逮捕入獄。沒多久，包榮就蹊蹺地「自殺」了。

「包榮不是自殺的。他被逼供致死後，遺體被扔到水庫旁邊，製造自殺的假象。自殺在當時是頑固不化，自絕於黨和人民之路。自殺後的遺體也『保密』，家屬無法追究責任。圖克公社一個名叫青格勒的蒙古人被懷疑是『內人黨及其變種組織蘭黨分子』，被懸梁吊打得渾身是血，還逼吃爐渣、『熱情幫助、冷靜思考』之後奄奄一息。68 年 5 月的一天，『挖肅』分子和解放軍說他『叛國投敵了』，有傳言說他自殺了。一年後，青格勒滿身傷痕的遺體被牧羊人發現了，這才真相大白，原來青格勒是被旗政府派來的幹部殺害的。」額爾德尼證言說。

包榮「自殺」後，額爾德尼失去了後盾。因為額爾德尼與包榮同屬蒙古造反派群眾，額爾德尼當上了公社革委會主任，與包榮的力薦也有關。

　　1969 年 1 月 7 日這一天，極寒和冰霧籠罩大地，鳥不見飛，獸絕蹤影。

　　「原駐自治區東部哲里木盟的『京字・三五五部隊』由一位姓劉的連長率領。以『支左』的名義開赴烏審旗圖克公社。這是一支滕海清將軍直轄的精銳部隊，滕當時任內蒙古軍區代理司令員、自治區革委主任，而革委施行黨、政、軍、司法、檢察、財、文化等『一元化』領導，滕海清為自治區之王。對圖克的軍管，比對自治區全面軍管（1969 年 12 月 19 日）還要早十一個月。九十幾名士兵幾乎全是漢人。劉連長沒多久就告病回鄉了，這支部隊便由四川籍的楊常貴副連長全權指揮。」額爾德尼回憶。

　　「我身為革委主任，與楊副連長以及兩名戰士一起到公社各生產大隊巡視、聽取彙報並『嚴密觀察敵情』。一路上楊連長慷慨激昂，說圖克地區蒙古人陰謀向北叛國投敵，內外合應，分裂祖國。三五五部隊能征善戰，他們執行鎮壓武裝叛亂的高危任務。我明顯地感到他對本地蒙古幹部極不信任，言裡言外，都肆無忌憚地看不起我們。他說『蒙古人沒好人，骨子裡都想往北跑、栽樹備糧、借放牧黨探子都是為叛國做準備』。他對何福義和喬祖光言聽計從，他們在一起開會、喝酒都說漢話，我們完全被排除在外。一個星期後，就指控百分之九十五的圖克蒙古人都是叛國投敵的民族分裂分子。從此，血腥的大屠殺就開始了。」額爾德尼分析說。

　　然而，額爾德尼有幸被篩選入「老實聽話的百分之五」當中。

　　「我知道我的一舉一動都處在嚴密監視之下。實際上，何福義和喬祖光也向解放軍告密說我是『隱藏很深的內人黨』。大概楊連長作戰計畫『假如革委主任首先挖出來的話，整個圖克不好控制，先殺了一批罪大惡極的再說』。打完第一戰略後，就輪到我了。」額爾德尼回憶自己當時所處的困境，不禁出了一身冷汗。

　　一天深夜，荷槍實彈、全副武裝的三五五部隊分作兩個作戰班，一支潛入公社東南方向的沙漠中，「叭！叭！叭！」向天空中開炮，還打信號燈；另一支留守作戰班就齊聲高喊「蒙古人反革命叛亂了」、

「有特務」，戒備森嚴、一觸即發的空氣中緊急出動，故意製造內部階級改變，外部敵人進攻的假象。

筆者訪談的圖克文革親歷者，幾乎都被囚禁遭致逼供信，因而觀察和親歷到革委會內部與解放軍「殲滅計畫」的額爾德尼的證言尤其顯得寶貴。由此可見，圖克大屠殺是按腳本「演戲」、按預先設計流程「跑龍套」之後有計畫實行的。

六、打蛇打七寸、擒賊先擒王

俗語說：「打蛇打七寸、擒賊先擒王。」圖克人都知道色木楚克是個非常愛護親人的好丈夫、好爸爸。三五五部隊與何、喬一拍即合，決定從「圖克政治要犯」色木楚克開刀。額爾德尼好幾次親眼目睹何福義佈置叮囑部下展開攻心戰術。

沒多久，色木楚克一家都投水自殺的消息就傳到了革委會。

「色木楚克書記的夫人巴拉吉尼瑪是一位溫厚賢淑的女性。大女兒金珠花爾回娘家來生孩子，不滿七歲的兒子薩拉嘎斯仁是個調皮活潑的孩子。怎麼會一家投水自殺呢？我接到這個消息，立即趕去看現場。現場附近橫七豎八散亂著很多菸蒂，還有很多腳印。你知道，蒙古人和漢人走路的方式完全不同，鞋底紋路不一樣，當然腳印也不相同。水塘邊那些腳印，誰都可以清楚地看出那是漢人留下的腳印。」沉穩謹慎的額爾德尼突然語調變得激憤悲昂。

額爾德尼叫來何、喬等人，質問巴拉吉尼瑪背著兒子，帶著女兒「投水自殺」的情況。

「啊，是額爾德尼烏拉幹的好事。色木楚克也承認了。抗拒運動，死有餘辜。哼！」何、喬等人掩飾不住內心的大喜。

額爾德尼烏拉是答爾汗喇嘛生產隊的蒙古牧民，據說革委特地選派他通知色木楚克家人來開批鬥大會。出了這麼大的命案，額爾德尼烏拉立刻被帶到旗裡接受調查。據說他死也不肯承認是自己下的手。文革結束後。額爾德尼烏拉再次提出申訴，說自己被冤枉，要求還自己一個清白。額爾德尼烏拉說，自已是騎馬去的，連馬都沒有下，只

是遠遠地在門外喊她們去參加批鬥大會。

從以上額爾德尼的證言中，筆者心存兩個疑惑：

一是蒙古傳統禮節中，無論是路遇還是訪問，若是乘馬騎駝，須先下馬（駝）後再向長輩、熟人或者親友請安（哪怕是萍水相逢之客），以示尊敬。至今在民間還流傳著「寧可折骨也不能失禮」的古訓。到別人家門前不下馬喊話，是遊牧傳統社會中非常失禮的禁忌行為。那麼，就算是色木楚克一家淪為「階下囚」，這些風俗禮節被當成「四舊」破壞好了，那眾多散亂的腳印該如何解釋？

遊牧民族兼事狩獵，筆者兒提時就跟父親去狩過獵。父親教筆者如何分辨野獸和人的腳印，如何對牲畜的品種、雌雄、年齡、毛色、體態、行為、稟性等特點進行分類，甚至還有一些簡單的醫療、急救常識，這些都是狩獵文化的一部分。蒙古人還沒學會走路之前，已經學會了騎馬。馬背上長大的蒙古人大多是內凹型的Ｏ字腳。蒙古人傳統的皮靴、氈靴靴頭尖而上翹，靴體寬大，以便在靴內套裹腿氈、棉襪、氈襪、包腳布等，裹腿氈露出靴筒外約兩寸。騎馬時能護踩壯膽，勾踏馬蹬；行路時能防沙防害，減小阻力，又能保暖防寒。

漢人的布鞋底納的襯子沒有蒙古靴子厚實，靴底一般也沒有花樣圖繪。當時供銷社幾乎都缺貨，無論是蒙古人皮靴、氈靴，還是漢人的布鞋，都是手工納的，因此，一看腳印就知道來客是蒙還是漢。

革委主任額爾德尼由此判斷出色木楚克的一家人是被何、喬為首的漢人挖肅派和解放軍士兵有預謀殺害的。但漢人不願意親自染手，嫁禍於蒙古人之手，製造兇手不在場偽證，特地派額爾德尼烏拉去通知開會。這一樁疑案為中國祖傳的「以夷制夷」的老手段的「靈活運用」。

「『一家投水自殺』的消息傳入監禁中的色木楚克的耳中。『慣於攻心、善於打巧戰，更善於打政治仗』的『挖肅』派達到了目的。色木楚克精神崩潰了，終日以淚洗面。我就是覺察出喬、何二人的陰謀和殘忍但也無計可施。當時的我也是泥菩薩過河──自身難保啊！」

額爾德尼充滿無奈與懊悔。

七、「蒙古人死光了，就省下口糧了」

「解放軍搞的完全是赤裸裸的法西斯主義，無法無天，為所欲為，殺人由心。他們分成小隊進各生產隊。生產隊隊部就變成了施加私刑的審訊室。公社籠罩在法西斯的恐怖之下，家家戶戶、老老少少全都被打成『內人黨』、他們發明出五十多種前所未聞的酷刑，對蒙古人日夜進行殘酷的迫害。我作為公社革委會的主任，卻無權參加解放軍和漢人挖肅派的會議，就是被叫去參加，文件精神、方針政策、會議講話全是漢語，我坐在一邊只是去裝飾亮相用的。而且我自己也處在『先發制人、鬥志高昂』的解放軍戰士的嚴密監視和控制之下。」

額爾德尼接著說：「1969 年 3 月 19 日早晨，色木楚克書記『用一把鐮刀自殺』的消息傳到了革委會。那時『畏罪自殺』已經見怪不怪了。色木楚克被關押在在公社社部，我就住在距其數十米處的另外一棟平房裡。

「失去家人的色木楚克陷入極度的絕望和悲慟之中。但他個錚錚熱血硬漢，怎麼可能留下唯一的九歲女兒自殺呢？我至今不信，絕不相信。他自幼到烏審旗陶里木寺出家為僧，藏傳佛教有一套獨特而完整的教育制度，他蒙藏兼通，很多人都說他是一名優秀的僧才。」

額爾德尼強烈地否定了色木楚克的「自殺說」。不過額爾德尼記憶中的色木楚克死亡那天的細節與其他人的證言稍有出入。

圖克勒岱生產大隊的支部書記巴圖奧其爾與另外一名蒙古人達木林加布捆綁在一起揪鬥。解放軍用槍托狠狠地把他們打翻在地，用刺刀戳肉，什麼刑罰都用盡了。巴圖奧其爾說：「毛主席教導我們，不打人不罵人。」立刻就被以「侮辱解放軍、妄圖搶戰士的武器」之罪遭到更加嚴酷的毒打。他那懷孕的妻子也被抽打，叫她承認肚子裡的胎兒也是內人黨（《挖肅》，頁 113）。

「挖肅挖到蒙古包，挖肅挖到羊群裡。解放軍和漢人把男人都抓去，打得皮開肉綻還在傷口撒鹽、撒菸灰、撒尿、吐痰，女人被強姦後再用燒紅的棍棒或爐鉤子燙下身，在毫無目的的殘酷與輕佻中折磨可憐的婦女。我陸續接到這些報告卻無能為力。『解放軍全心全意為

人民服務，軍民魚水情深』」，這個歌我們唱得滾瓜爛熟，怎麼對人民群眾如此下毒手呢？我至今百思不解。

「據我的粗略的統計，解放軍駐軍三個月內，圖克被挖死六十九人，解放軍依靠本地漢人幹部。『挖肅積極分子』濫殺濫砍，什麼樣的酷刑都使用了。一天，圖克勒岱生產大隊有三位蒙古人被活活打死的消息報告到革委會。和我在同一間辦公室的何福義聽了之後連聲說：『死了好！蒙古老韃子死了好！死光了就省口糧了，死幾個沒什麼了不起，再深挖一批，全他媽的內人黨，真是秋後的蚱蜢——蹦達不了幾天了。』還做了一個『哧嚓』槍斃的手勢。」

額爾德尼清楚地記得當時的情況。

八、解放軍撤退

額爾德尼下定決心，無論如何都要把圖克大屠殺的慘狀向上級報告。當時圖克的郵路完全癱瘓了，圖克通往外界的道路都被荷槍實彈的解放軍戒嚴封鎖，想逃都逃不出去，圖克成了死在鐵蓋子井底的屠場。

圖克位於從烏審旗達布察克鎮與向東的伊克昭盟的東勝市的中間，這條公路上 天有一班長途汽車通過。額爾德尼將圖克死難者的名單寫成匿名信，並貼好郵票，揣在貼心的上口袋裡，天天等待機會。1969 年 3 月末的一天，額爾德尼終於等到了一個機會，在長途汽車上看到了一位熟識而信得過的乘客。額爾德尼請這位乘客到了東勝之後悄悄投入郵筒。信封收件人署名是伊克昭盟軍分區司令員兼革委會主任陳維舟。

「陳維舟主任是否收到了這封匿名信，我至今不知道。但當時除了這個冒險，別無他法。」額爾德尼說。

1969 年 4 月 1 日至 4 月 24 日，中共宣布「在毛主席親自發動和領導的無產階級文化大革命取得了偉大勝利的時刻」，在北京召開了第九次全國代表大會。此時八大已經過去十三年了。會議中毛澤東和他的親信康生就內蒙古問題發出指示：「在清隊中，內蒙已經擴大化

了。」在中央肯定「挖肅」成績的大前提下，京字・三五五部隊於同年4月從圖克公社撤軍。解放軍撤離圖克時軍紀敗壞，貪得無厭，如匪賊般放肆掠奪蒙古人的僅有的財產。一個漢人士兵搶走了蒙古牧民的一只手錶，蒙古牧民一直追到東勝要求歸，還被置之不理（*阿拉騰德力海，1999，頁93。阿拉騰德力海，2008，頁27*）。

解放軍撤走之後，大屠殺並沒有嘎然停止。所謂「擴大化」肯定挖肅形勢一片大好，要把內人黨組織徹底斬草除根，雖然打擊面過寬，出現一些支流，但是路線、方向是對的，還要向縱深繼續挖肅。何福義和喬祖光欲以打倒革委主任額爾德尼作為全勝標誌，唆使和挑撥蒙冤受害的蒙古人誣告額爾德尼，很快公社就出現了「打倒民族分裂主義分子額爾德尼」的大字報。1968年12月底，額爾德尼以「去達布察克鎮請回新發行的毛澤東像章」為名逃過了一場劫難。

儘管烏審旗革委掌握了圖克大屠殺的情況，但沒有人出面認真處理。一是「挖肅」已經定性，不許翻案。二是當時伊盟人口七十四萬人中打成「內人黨」的就有十五萬人，占人口的百分之二十一。挖死一千二百六十人、傷五千零一十六人、殘二千三百二十二人、喪失工作能力的七百三十九人。挖死旗縣書記十一人、科級幹部一百五十餘人、大小隊幹部五百餘人。光是烏審旗死亡一百四十九人（*阿拉騰德力海，1999，頁85*）。毫無疑問，這個數字是一筆官方操縱的縮小過後的數字，一筆「宜粗不宜細，宜寬不宜嚴，宜少不宜多」的糊塗帳。

烏審旗最後以啟用陝西漢人幹部張貴兵代替額爾德尼任圖克公社革委主任的辦法敷衍了事。離任前額爾德尼請求張貴兵阻止屠殺風，但卻被張置之不聞。

九、「內人黨是同外蒙接觸的，是反革命」

1970年，額爾德尼和圖克公社的扎巴斯等二十餘人組成「圖克上訪團」，赴呼和浩特向自治區軍區司令部揭發解放軍的「支左」暴行，「上訪團」帶去了狀紙、血衣甚至收藏的刑具作為鐵證，但軍區沒有採取任何制止措施。不久額爾德尼就被命令去參加「唐山毛澤東思想

學習班」。

這個以「整頓思想，統一認識」為名的學習班，實際上是個集中營式的思想改造所（啟之，頁441）。這裡集中了自治區的幹部與群眾組織的負責人約八千人。與此同時，趁自治區幹部無人之際，調遣內部幹部大換血，並派遣北京軍區鄭維山等人組成「前線指揮部」（簡稱「前指」）進駐呼和浩特，統一領導軍管。對自治區實行全面軍管。

「記得我們學習班全體學員被緊急召集到北京，周恩來對我們發表講話：『內人黨是同外蒙接觸的反革命組織。內人黨是有老根子的，挖肅的主觀願望是好的，出發點是正確的，但做法不好，打擊面寬了，傷害人多了，擴大化了。』周恩來一錘子定音，從那以後，就沒人再敢提『挖肅』的錯誤了。還有一次康生參加了學員班的接見，康生說內人黨是與外蒙連成一氣的特務組織。」額爾德尼回憶。

唐山學習班其他學員也有相同的證言。1970年4月16日晚，中國人政治道德的楷模、「人民的好總理」周恩來在白石橋首都體育館同康生、陳伯達等人一起接見了中央舉辦的全國各地毛澤東思想學習班學員，並一再強調內蒙形勢大好，挖內人黨是正確的（高樹華，程鐵軍，2007，頁415-416。楊，2008，頁23-25）。

「另一日，自治區革委主任滕海清等高幹部被召集到京西賓館開會。主要強調『穩定局勢、消除派性、加強團結、共同對敵』。所謂『共同對敵』是要準備同『蘇修、蒙修』打仗。」

額爾德尼補充道。

據參加唐山學習班的一些學員的日記記載。1970年2月25日下午4點50分至晚上8點30分，周恩來、康生、張春橋、謝富治、黃永勝、吳法憲等中共領導人氣勢顯赫地來到會場。在會上反覆強調：「內蒙是一個少數民族自治區，地處反修前線，是祖國的北大門。在當前國際、國內階級鬥爭的新形勢下，保持內蒙局勢的穩定，是人民利益的需要，是對敵鬥爭的需要。要落實戰備動員，準備打仗（楊，2008，頁50-51）。」這樣，對內蒙古實行軍管期間，「挖肅」不但沒有被制止，相反仍在進行，繼續挖出新的民族分裂分子，製造新的命

案。對要求落實政策的受害者，視為破壞蒙漢團結的反革命分子，採取屠殺政策。

「對我們蒙古人來說，文革究竟意味著什麼呢？」筆者向額爾德尼請教。

「『挖肅』本身就是針對蒙古事先周密策劃的陰謀。殺害圖克公社那麼多蒙古人的漢人兇手、解放軍官兵，沒有一個受到了法律上的制裁。全自治區數萬蒙古人慘遭屠殺，不但沒有徹底清算，加害者反而受到提拔或者輕易調出自治區，拍拍屁股走人了事，臨走前還要搜刮民脂民膏，榨乾自治區最後一滴油水。這筆帳一筆勾銷，接連又發動反修防修運動，讓人不得喘氣，迅速轉移公眾視線。」

額爾德尼言簡意賅地給了筆者分析。

終章
替罪羊也必須選中蒙古人

——寄人籬下的蒙古作家烏蘭巴幹

　　描寫「蒙古族如火如荼抗日運動」的名作《草原烽火》，作者烏蘭巴幹曾是當代內蒙古的代表作家。他在 40 年代後半參加內蒙古人民革命黨的活動，自治區成立後一直從事歌頌「偉、光、正」的宣傳事業。文革開始後不久，中共將「充滿惡貫滿盈歷史的內人黨反黨叛國名單」以及相關檔案有意交給烏蘭巴幹「靈活運用」，大屠殺紅色颶風刮過後，所有的罪孽都一股腦地推到烏蘭巴幹一人身上，只有他以「誣告陷害罪」被判處有期徒刑十五年。

▲ 身為一名作家，烏蘭巴幹在監獄中仍堅持執筆寫作。《草原烽火》三部曲手稿入藏中國現代文學館。（圖提供：蘇日魯克）

一、庇護真凶的「正義審判」

1987 年 8 月 31 日，呼和浩特市人民檢察院向呼和浩特市中級人民法院提出一份起訴書——原件為（87）呼檢法訴字第一號。

該起訴書起訴的不是文革中以「挖肅」為口實直接指揮屠殺數萬蒙古人事件的主犯滕海清，而是給「滕辦」提供「內人黨黨員名單」等材料的作家烏蘭巴幹。這份起訴書的最明顯的特徵為：它把屠殺數萬蒙古人的罪孽都一股腦兒地扣到這個蒙古作家頭上了。

公審烏蘭巴幹時，中國的宣傳機構做了總動員。那時筆者剛從大學畢業分配在北京工作。在呼和浩特念大學的朋友告訴筆者「會場座無虛席的盛況」。據朋友說，公開審判是在憤怒的聲討聲中進行的。秩序井然的漢人大學生占據法庭主要的旁聽席，他們不顧法庭的肅穆莊嚴，發出一陣陣怒濤般的口號支持這場「正義的審判」。與之相對照的是從後排的蒙古人旁聽席上傳出屏氣凝神的歎息和低聲無言的啜泣。

這場審判，可以說受到了自治區所有蒙古人和極少數有正義感的漢人的質疑。

為什麼那個曾發出一道又一道的屠殺號令，且詳細而具體地指揮過那麼殘忍非人道大屠殺的滕海清卻未繩之以法、還消遙自在呢？原來「念其在長期戰爭中，出生入死，為人民流血奮鬥。做了不少有益的工作，所以還從寬，不擬再追究刑事責任」（圖們、祝東力，1996，頁300）。滕海清於 1970 年秋離開內蒙古後，調任濟南軍區副司令員，繼續過著中共高官的特權生活。

為什麼曾忠實執行滕海清將軍的命令，直接在現場指揮屠殺的原錫林郭勒軍分區司令員趙德榮和哲里木盟軍分區司令員趙玉溫也未追究刑事責任，甚至還到處撇腔拉調，活得舒體通泰呢？趙德榮曾指示說：「我見蒙古人就噁心，把錫盟老蒙古全挖光了，在全國也是一小撮。」趙玉溫則說：「內蒙部隊上上下下壞人最多，特別是政治機關一個好東西都沒有，在這次（挖肅）運動中把所有的蒙古人狠狠地整一整，蒙古人沒有一個好的。」「把蒙古人百分之百打成內人黨沒

錯，這些傢伙死幾個沒有什麼大驚小怪的，死一個少一個。」（*楊，2009a，頁15、頁896*）。毀滅一個蒙古人的生命如踩死隻螞蟻般不當一回事，這正是中共高官發自內心深處的真實吐露。

即使如此，這些曾在現場親自督陣「挖肅」，指揮屠殺蒙古人長達幾年的漢人高官們竟沒有一個受到法律的懲罰，可謂世界奇聞。

上梁不正下梁歪。那些在內蒙古各地，用各種慘絕人寰的手段殘殺蒙古男人，長期監禁、有組織地強姦、輪姦蒙古婦女的兇手們，逍遙法外，悠然自得。更有甚者，一部分殺人犯和強姦犯被轉調回內地，還有一部分則被晉級和提升，總之都人間蒸發、銷聲匿跡了。其中有些被軍隊包庇、袒護下來，甚至打壓蒙古人進行檢舉揭發。

為了隱蔽真相，給歷史整容、閹割，他們把一切的罪孽都歸咎到這個蒙古作家身上了。從判決書下達的那一天至今，多少回噩夢驚醒，多少次心靈泣血之痛，蒙古人卻集體噤口，常年保持著沉默。被血刃屠戮的群體不僅受盡人世罕見的凌辱與磨難，被徹底否定人格的尊嚴、自由的意志，甚至被徹底否定追究命案的權利。實施這一血腥屠戮的不是別人，正是那位「偉大領袖」和那個修煉成精的「偉、光、正」組織。

不僅如此，即使在大屠殺肆虐過後的歲月，蒙古人還必須面對中共死不認錯、不敢面對法律正義的高壓姿勢，並且這種暴力仍在蔓延，蒙古人還必須將自己撕心裂肺的創傷記憶冰凍封存起來，繼續生活在大屠殺的陰影裡，並遭受被迫遺忘的第二次精神屠殺。在中共的法庭上，傳遞出導致蒙古人血腥大屠殺的原因在於蒙古人自己——即「蒙古人內部鬥爭的結果」，而非漢人屠戮的偽資訊。

二、公判「偽證據」

讓我們看看作家被起訴的內容：

> 被告人烏蘭巴幹，又名吳鳳翔、寶音達賴，男，蒙古族，現年（1987年）五十八歲，家庭出身經營地主，本人身分學生，

原籍哲里木盟科爾沁左翼中旗巴彥塔拉鄉，文化程度大學。被捕前是內蒙古文化藝術界聯合會幹部，住內蒙古自治區文化廳宿舍……

　　1978 年 5 月 1 日因製造（1968 年的）「新內人黨」假案的罪行，經內蒙古自治區黨委批准由內蒙公安局拘留，同年 9 月 29 日依法逮捕。

　　……被告烏蘭巴幹於 1967 年 10 月成立跨行業的群眾專案組織「揪叛國集團聯絡站」（簡稱「揪叛站」），烏蘭巴幹任站長，額爾德尼敖拉任副站長（額爾德尼敖拉另案處理），受到了原內蒙革委會核心小組的支持。

　　「揪叛站」組建之後，明確制定了工作重點是揭露「內人黨」的現行叛國罪行，被告烏蘭巴幹就大肆搜集所謂「內人黨」的歷史和現實材料，並派人到各盟市、東北、北京、南京等地有關部門和檔案館收集歷史資料，斷章取義，捏造事實，篡改、歪曲內蒙歷史和顛倒事實的惡劣手法，炮製了一百二十七份材料，提出有一個「新內人黨」的反革命集團，上報內蒙革委會核心小組，製造了「新內人黨」大假案，對全區挖「新內人黨」造成嚴重的後果，起了很壞的作用。

　　……綜上所述，被告人烏蘭巴幹是「新內人黨」假案的積極製造者，捏造了大量的所謂叛國材料，指名道姓地誣陷了為數甚多的幹部、群眾，後果嚴重，影響極壞，犯有誣陷罪。根據中華人民共和國刑法第一百三十八條之規定，現將此案移送審查依法起訴。

　　這是一份多麼義正辭嚴、冠冕堂皇的公訴文啊！連明言保護「公民的人身權利和民主權利」的官方起訴書都承認「製造了內人黨假案」，「挖肅」為莫須有的捏造。那麼，究竟是誰捏造這一個假案呢？起訴書隻字不提，但其實誰都心知肚明，捏造的首謀就是中共。因此，起訴的對象就是「偉大的領袖」和那位「人民的好總理」才對。如果

站在被告席上的是滕海清將軍和趙德榮、趙玉溫的話，那麼，相信五十多個少數民族也會欣喜若狂地撲進占人口百分之九十多的大漢族的寬廣懷抱裡，接受「多元一體、共治模式」。但是，一黨獨裁的執政者不可能進行如此負責任的公正審判。良知和道義的審判對蒙古人來說，還是一場無比遙遠的鬼影般的夢。

卡爾·雅斯貝爾斯（Karl Theodor Jaspers，1883-1969，德國哲學家）在反思極權統治下大屠殺悲劇中有關罪責問題時指出：第一種是刑法罪過，即侵犯法律之罪。第二種是政治罪過，它源自於參與罪惡的政治制度，涉及政治人物與國民的作為，每一個個體都要為其被國家統治的方式負責。第三種是人道罪過，人道責任的行使權屬於個體的良心，即律己而非律人。第四種是形而上的罪過，即不能盡人的責任去維護文明的人性。

時至今日，面對曠野中無數死不瞑目的冤魂，漢人之中有哪一位勇夫站出來擔當這四種罪過中的一種呢？有哪一位良心發現，而對少數民族表示懺悔與道歉呢？

讓我們再來看看起訴書所列舉的烏蘭巴幹「罪惡行徑」：

第一、1968 年 4 月，「揪叛站」向內蒙古革委核心小組報送的《內蒙古人民革命黨現行叛國罪行的報告》中，捏造了「新內人黨」是根據蒙古「內人黨應地下化」的旨意。1946 年 2 月宣布解散內人黨，3 月又成立了「新內蒙古人民革命黨」，哈豐阿、特古斯、戈更夫參加起草「新內人黨」黨綱和黨章。並編造新內人黨、實際上成了蒙古的特務組織，積極地為內外蒙合併「效勞」。

第二、報告人烏蘭巴幹支援編造了《蘇蒙修情報系統及叛國集團分布圖》、《錫盟蘇蒙修特務叛國集團分布圖》、《內外蒙合布圖》、《蒙修情報系統在北京活動簡圖》，並在這些圖上捏造出發動據點、暴動地點、電臺等。

第三、1967 年 10 月至 1968 年 6 月，被告人烏蘭巴幹在「揪叛站」擔任站長期間，還到內蒙古大學、內蒙古工學院、內蒙古醫學院中醫系、內蒙古文化局等十幾個單位作有關「內人黨」活動的報告。

綜上所述，被告人在「揪叛站」擔任站長期間，領導和支持編造上報大量的假材料，篡改和歪曲內蒙古歷史，誣告陷害內蒙古的幹部和群眾，其行為觸犯了《中華人民共和國刑法》第一百三十八條的規定，構成誣告陷害罪。為了維護社會秩序，確保公民的人身權利不受侵犯。經本院審判委員會討論，依照《中華人民共和國刑法》第一百三十八條、第九十二條的規定，判決如下：以誣告陷害罪判處被告人烏蘭巴幹有期徒刑十五年。

這是數萬蒙古人被殘忍地屠戮，無數婦女被強姦、被凌辱之後，以法律程序追究刑事責任而進行的唯一一次審判。

在這裡，追究了蒙古人作家「向革委核心小組報送偽造材料的罪」，卻沒有追究烏蘭巴幹這麼一位連黨員都不是的普通蒙古作家為什麼會得到公安廳絕密的「歷史上內人黨」的檔案和未破案的案件材料？究竟是誰，又如何遮人耳目地將這些保密材料交給他的？背後隱藏著怎樣的意圖呢？下令抄寫和編造這些材料的漢人高官和實際行刑的屠夫們的責任為何要隱瞞和庇護呢？既然「依法執行」，那麼早在西元前 6 世紀索倫曾說：「制訂法律，無貴無賤，一視同仁，直道而行，人人各得其所。」為何這些真兇們卻能逍遙法外，將這麼大的一筆血債沖洗得乾乾淨淨呢？

就這樣，作家烏蘭巴幹最後被鳥盡弓藏，卸磨殺驢，成了漢人主導的種族大屠殺的替罪羔羊，既維護了中共的臉面，遮蓋了真相與謊言。

三、中國共產黨──慈祥的母親？

內蒙古的蒙古人都知道《草原烽火》這本小說。這是烏蘭巴幹於

1958年出版、享譽於世的名作。當筆者苦苦搜尋《草原烽火》的初版本時，位於呼和浩特市內的一家舊書店的老闆不大情願地掏出了稀世珍藏本：「在科爾沁草原，這本書能換取一匹駿馬。」

在蒙古族著名英雄史詩《江格爾》中，有段描寫英雄戰馬的詩句：

> 如同離弦的箭一樣快／像火花似的閃耀氣勢磅礴／像萬馬奔騰／像萬牛怒吼／讓那公牛和大象嚇得心驚膽戰／人們一看那漫天紅塵就可知道阿蘭扎爾神駒來臨。

可見蒙古人歷史文化和傳統社會生活中，馬，是多麼神聖的財產。雖說在烏蘭巴幹的家鄉科爾沁草原，蒙古人早已棄牧事農，過起了定居生活，但對馬仍然深懷特殊的感情，馬是蒙古人的精神支柱與象徵。從舊書店老闆的語氣中可以知道，蒙古社會是多麼珍視自己民族的文化資源。

那麼，《草原烽火》描述了一個怎樣的故事呢？

> 自從日本鬼子侵占內蒙古草原後，與反動的達爾汗王爺勾結在一起，幾年來，不知有多少蒙漢人民死在他們的屠刀之下。中國共產黨為了拯救水深火熱中的內蒙人民，不斷地派遣一些優秀的共產黨員，戰勝種種艱難來到草原，深入到在鬼子和達爾汗王爺統治下過著奴隸般生活的蒙漢人民中去，組織領導人民群眾進行抗日鬥爭。他們不怕吃苦、不怕犧牲，站在對敵鬥爭的最前線。李大年就是其中的一個（烏蘭巴幹《草原烽火》，1992，頁365-366）。

這與其說是小說，倒像是中共的宣傳教材。《草原烽火》的結尾如下：

> 李大年舉起拳頭，大聲說道：「同志們！在我們眼前，這燃

起的火光，就是勝利的火光！同志們！我們永遠不能忘記，我們
是從我們艱苦的鬥爭和光榮的犧牲中取得勝利的。我們，有偉大
的中國共產黨和毛主席的領導，有蒙漢兩族人民的鋼鐵般的團結，
一定能戰勝敵人！科爾沁草原的燎原烈火就從這兒燃起，這還僅
僅是勝利的開始！……」

該小說描寫科爾沁草原牧民不甘受封建王爺「腐朽透頂的統治」
以及「日本帝國主義的壓迫」，但不知道誰是真正的「敵人」，應該
怎樣去進行「革命鬥爭」。正在此時，「偉、光、正」的中共給這些
只會「蠻勇」的「奴隸」們伸出「援助之手」。在「高、大、全」的
漢人共產黨員李大年諄諄教誨與啟發之下，「覺悟了的蒙古奴隸」才
認識到真正的「敵人」是日本鬼子！

「是呀，我是一顆革命的火種，一定要燃燒起來，擴展成勢不可
擋的燎原烈火！」李大年在心裡想著，自言自語地說著。他的腦海裡，
不斷浮現著黨的領導者們的形象的「李大年」，表現出「高度的共產
主義戰鬥風格」領導下，科爾沁草原的「奴隸們」同黑暗統治進行鬥
爭的故事。

不言而喻，小說的創作源泉並非基於史事。

其實，這部小說不過是中共所謂的「漢族領導少數民族走上正確
的革命道路」的宣傳性文藝作品之一。在將居住在中國周邊地區的少

77　日本鬼子的搜查不斷撲空，于是改變了辦法，在深夜進行
突然襲擊。這天夜里，醉醺醺的鬼子兵突然闖進昂斯拉瑪家。

▲描寫日本兵（日本鬼子）闖入蒙古包內
用步槍刺刀威脅蒙古牧民的小書。中國的孩
子們就是讀著這類「富於革命教育意義的抗
日作品」長大成人的。（出自《草原烽火》，
內蒙古人民出版社，1982）。

數民族納入「幸福的社會主義大家庭」的過程中，中共派遣了很多「李大年式」的黨員，深入少數民族地區做特工策反工作。在這裡，無論是哪一個少數民族，都必須比漢族黑暗落後，尚在「獉狉未啟」之時代，屬於四肢發達、大腦簡單的「蠻勇」之輩。不過，他們一旦受到漢人黨員的啟發教育與悉心培養，很快就能覺悟，迅速成長為具有共產主義思想的英雄好漢。

內蒙古西部土默特出身的蒙古人作家雲照光所著《鄂爾多斯風暴》也是此類定型框架裡的小說之一。這部小說把筆者故鄉的同胞們為爭取民族獨立和自決的歷史，篡改為漢人共產黨員領導的「中國革命史」的一部分。關於寫作這本小說的動機，烏蘭巴幹在《草原烽火》的《後記》中作了如下陳述（*烏蘭巴幹，1992，頁538-539*）：

「中華人民共和國的成立，使內蒙古人民獲得了徹底的解放。黨和毛主席給了蒙古族人無限的幸福。在這歡慶的節日裡，越來越激發我寫作的熱情……因為我急於要告訴讀者蒙古族的人民怎樣在慈愛的母親中國共產黨、毛主席領導下經過革命鬥爭，取得了勝利。這就是我寫這部作品的動機……如果不是黨，不是漢族老作家和出版社的領導和幫助，我來寫這樣一個大部頭的作品，是不可想像的。」

曾經，作家是如此熱愛中共和漢族人民。既如此，「為了正義和全人類的解放」而鬥爭的中共為何把視己為「慈愛的母親」的「赤子」當做大屠殺的祭品呢？抱著這樣的疑問，筆者於2006年4月25日、5月27日以及2008年3月10日，分三次採訪了烏蘭巴幹的兒子蘇日魯克。

四、創作緣自對政治的失望

哲里木盟科左翼中旗是個神奇的地方。哈豐阿、阿斯根以及特古斯等幾乎近一半的內蒙古人民革命黨的骨幹都出身於這個旗。1929年，蒙古名取意為「紅色之柱」的烏蘭巴幹也出生於這片熱土。兩歲時，有神童之稱的烏蘭巴幹還被選為當地藏傳佛教活佛的轉世之身的候選人。

　　滿洲國成立後，很多壯志凌雲、意氣風發的蒙古青年都走上了奮發圖強、振興民族的求學道路，烏蘭巴幹也不例外。他先進入當地的國民小學，繼而在王爺廟（現名烏蘭浩特）入讀興安陸軍軍官學校蒙古預科，該校除了蒙語之外，其他科目均由日本教師用日語授課，因而日本戰敗時，從預科畢業的烏蘭巴幹已經會操一口流利的日語了。

　　當時很多蒙古青年自日治時代起就景仰蘇聯和蒙古人民共和國。1945 年 8 月蘇蒙聯軍進入東北之後，烏蘭巴幹就開始努力學習俄文，並達到了熟練的程度。具有家國情懷的蒙古青年都堅信，內蒙古很快就會和蒙古人民共和國統一，寄漢人籬下的日子就要結束了。為此，必須熟悉俄語。

　　「除了日文，父親也會漢文。至於蒙語方面，能說能聽，但寫就沒那麼行雲流水。」烏蘭巴幹的兒子蘇日魯克說道。

　　1945 年 10 月，哈豐阿、特木爾巴根、博彥滿都等內蒙古民族自治運動領袖們致力於內外合併，成立統一的民族國家運動時，烏蘭巴幹參加了東蒙古自治政府的軍隊——東蒙古自治軍。也是在此時，烏蘭巴幹結識了從日本人創立的南滿洲醫科大學畢業的蒙古姑娘馬月英，兩人結成了夫妻。她就是蘇日魯克的母親。馬月英出身於成吉思汗的直系後代家庭，因生父早亡，後來隨了養父姓「馬」。

　　無疑，同一民族的蒙古人民共和國也希望內外合併成一個統一的民族國家，但正值二戰結束前夕，蘇、美、英三方達成大國共識，簽署《雅爾達協定》。將蒙古人民共和國領土範圍維持現狀不變作為會談內容之一，內外蒙古統一的運動以無望告終。迫不得已，內人黨只得接受喬巴山元帥揮淚的決定——今後也應多與中國共產黨聯繫。

　　「我父親一直想參加中共，但因被懷疑有歷史問題，未能如願以償而多有怨言，甚至在 1951 年被打成了『三反分子』。政治上的心灰意懶，促使我父親轉向了文學創作。」蘇日魯克回憶。

　　「三反」是 1951 年至 1952 年中共開展的以「反貪污」、「反浪費」、「反官僚主義」為名的政治運動，其目標是中共黨員。但實際上不少非黨員都被捲入這場漩渦。烏蘭巴幹在對共產黨統治政策失意

灰心的時候開始創作小說，但其作品也未能逃離主題政治的樊籠。

五、兜售「偽滿」經歷

　　烏蘭巴幹開始以日治時代的東蒙古地區的生活為創作素材。當時，作家中有很多中共黨員都是經歷過 1942 年的延安「整風運動」的倖存者。在那個時代，文學創作的指標為「文學必須為政治服務」。在中國這是一個具有特定歷史含義的命題。意味著文學為特定的黨派政治服務，為一個政黨永保紅色江山的權利鬥爭馴服的工具。

　　1956 年，烏蘭巴幹寫出了《草原烽火》的初稿，送給自治區的高官們，徵求他們的意見，卻遭致當時任自治區工業廳廳長的克力更大聲斥責：「我們這些根正苗紅的延安派都未來得及寫自己的歷史，你們滿洲出身、挎洋刀的倒捷足先登了，豈有此理！」

　　烏蘭巴幹默默地拾起被克力更摔在地上的心血之作，悲愴地走出門外。

　　克力更是西部的土默特蒙古人，很早追隨烏蘭夫到延安參加革命，並在那裡與東部地區出身的烏蘭結婚。因了這層關係，克力更被認為是延安派中比較瞭解東部蒙古歷史和文化的幹部。即使如此，在被延安洗腦的克力更看來，受過日本式近代教育的東部知識精英還是低他們一等。

　　此後，據蘇日魯克說，烏蘭巴幹被自治區最高領導烏蘭夫叫到北京，對他的小說作了很多詳盡、具體的指示，告訴他要堅持社會主義現實主義的創作原則，要突出中共的正確領導。因此有了李大年這個虛構的人物，在李大年的正確領導下，草原上的人民群眾策劃了火燒王爺府、越獄暴動、堵口決口鬥爭等一連串的「激動人心」的革命鬥爭的情節。儘管是純粹的文學創作，卻到處塞進了中共黨員那種令人生厭的說教和乾巴巴的口號。烏蘭巴幹非常清楚，不如此寫，著作就很難出版。

　　1958 年 9 月，《草原烽火》由中國青年出版社出版，初版印數為八百萬冊，叫座又叫好：北京京劇團把它改編成具有現代風格的京劇

公演；遼寧省歌劇院更是把它改編為歌劇，於當年在各地巡迴演出。1959年，小說被評為《建國十年以來的最優秀文學作品》，出了精裝本。之後，繼1960年有了蒙古文版、在蒙古人民共和國的西瑞爾字母蒙文版之後，相繼有了英、俄、朝鮮、越南、烏克蘭語版，大部分是在社會主義「兄弟」國家出版發行的。

雖說烏蘭巴幹的作品成為「共產黨領導蒙漢人民團結抗日」這一正統意識形態宣傳的工具，被用在政治上，儘管如此，在20世紀的蒙古文學作品當中，該書畢竟還是為數不多的、被翻譯成多種外語的作品之一。

烏蘭巴幹最大限度地兜售了自己的「偽滿時代」的親身經歷，因而故事具有立體感和「可信度」，這也是該書的賣點和一舉成名的原因吧。

六、屹立於草原的「紅柱子」

小說《草原烽火》以烈火燎原之勢，在中國大陸各地迅速傳播，給作者烏蘭巴幹帶來了極高的聲譽。烏蘭巴幹因而被任命為「中國作家協會內蒙古分會」的主席和「內蒙古自治區文學藝術聯合會」的副主席等官職。

「如同所有的蒙古知識分子一樣，盛名之下的父親也毫不珍墨地頌贊自治區最高領導的烏蘭夫。不過，當時的父親雖然已成為中國代表性的少數民族作家之一，但因受滿洲國經歷的影響，始終沒能入黨。1964年12月，父親參加了在北京召開的第三次全國人民代表大會，但身分是黨外群眾代表。」蘇日魯克說。

即便如此，烏蘭巴幹令人矚目的成就和顯赫一時的名望還是遭人嫉妒，尤其是中共黨內的作家，對「黨外群眾」烏蘭巴幹率先一步獲得黨的垂青與寵愛更加排斥。的確，在烏蘭巴幹光彩奪目的成績中，有其自身的天分和努力，但也有很大一部分倚恃的是中共的恩賜。於中共而言，培養一位非黨員的少數民族作家，借用少數民族弘揚黨的主旋律，既對比了「舊中國少數民族文化傳統被摧殘、被扼殺的遭

遇」，彰顯了黨指導下各族人民共同創造燦爛的文化、以及黨的雨露
滋潤下少數民族文化欣欣向榮，又闡釋與顯示黨的博大胸懷。也正是
在這個意義上，部分蒙古有識之士認為烏蘭巴幹不過是「共產黨的花
瓶」而已。

　　1963 年夏，當時的北京市委分管文教的書記鄧拓到內蒙古訪問。
當時，毛澤東授意，鄧拓在《北京晚報》開設了《燕山夜話》專欄，
撰寫適度時政批評的雜文 *(馬南邨，1979。蘇雙碧、王宏志，2000)*。在訪
問期間，鄧拓由烏蘭巴幹和漢人作家張長弓陪同，流覽了達爾汗茂明
安草原和大黑河等地。

　　和烏蘭巴幹挺投緣的鄧拓，曾寫詩相贈：

　　一望無人天不老／紅柱子挺立在黑河邊／草原此日有新篇。

　　這是首盛讚烏蘭巴幹的詩。儘管《草原烽火》的故事子虛烏有，
但還是製造了一個「共產黨領導蒙漢人民團結一致取得了抗日戰爭的
勝利，並創建了紅色社會主義政權國家」的現代神話。在這個神話中，
紅色被賦予了特殊的含義，自治區的最高首腦為烏蘭夫「紅色之子」；
民族自決運動發祥地、在日治時代也未改過地名的王爺廟，後來改為
烏蘭浩特，意即「紅色都市」；蒙古人嚮往的獨立國家的首都也被稱
為烏蘭巴托，意即「紅色英雄」；當然歌頌中共豐功偉績的「紅柱子」
本身就包含特別的意義。

　　當時，張長弓也曾求鄧拓賦詩一首，但未能如願。由此，張長弓
特別嫉妒烏蘭巴幹。即使在文革期間，兩人之間的對立的溝壑未曾癒
合。順便提一句，1966 年毛澤東的「五一六通知」下達後僅兩天，身
為「三家村」之首的鄧拓在家中自殺身亡，臨死前留下的遺書中還充
滿激情地寫道：「我要離開你們的時候，讓我們再一次高呼：偉大、
光榮、正確的中國共產黨萬歲！我們敬愛領袖毛主席萬歲！偉大的毛
澤東思想勝利萬歲！社會主義和共產主義的偉大事業在全世界的勝利
萬歲！」

七、與漢人惺惺相惜的「紅色之路」

文革伊始，和烏蘭巴幹同為科爾沁左翼中旗出身、時任自治區宣傳部副部長的特古斯加盟到了「反烏派」陣營。

蘇日魯克回顧道：「特古斯是個很善良、誠實的人。他受漢人幹部的煽動，開始批判烏蘭夫，有意排斥和冷落東部出身的幹部。父親和特古斯同為烏蘭夫所倚重，都曾稱讚烏蘭夫是蒙古民族的英傑。可是，到了此刻，事情變化得如此突然，父親困惑猶疑，想不到特古斯會驟然舉起反旗。」

似乎沒有誰能抗逆時代的滾滾洪流。

1967 年秋，科爾沁右翼中旗出身的蒙古人作家扎拉嘎胡牽頭組織了名為「揪叛聯絡中心」的群眾組織，開始批判內蒙古人民革命黨的歷史。扎拉嘎胡因 1959 年發表題為《紅路》的小說而一躍成名。這部小說描寫了 1947 年內蒙古自治區成立時，蒙古知識精英在國共兩黨激烈的鬥爭形勢下的艱難的選擇。

小說《紅路》的開頭這樣描寫的：

> 1947 年的扎蘭屯被濃霧遮蔽，看不到陽光。……某個蒙古人說：「蒙古人不能要中國共產黨的領導！共產黨是漢人的黨，他們不可能為蒙古人服務。蒙古人要想有出頭之日，那就必須有自己的領袖，這領袖必須是土生土長的。」

說這個話的是在日治時代接受「懷柔教育」的「反動人物」，是臭名昭著的「民族主義者」。結果，蒙古人放棄了獨立、自決的夢想，接受了中共的正確領導，選擇了區域自治的「紅路」。在小說的結尾，主人公蒙古人如此表達了對「慈祥的母親──中國共產黨」的滿腔熱情：

> 仰望著美麗的夜空，他終於下了決心。
> 「中國共產黨，你為內蒙古的人民曾經付出過多少心血呀，

如今飽受苦難的的內蒙古人民歡笑著向你擁抱的時候，我們絕不
忘記為我們蒙古民族流了鮮血的那些烈士們和英雄們！在那災難
的歲月中，在那殘酷的肉搏年代裡，你像巨人般站立在我們的面
前，給了我們和信心，又高舉起火把，指引了我們前進的方向。
如今，還有誰膽敢讓內蒙古人民離開你，膽敢把內蒙古人民推回
到老路上，那等待他們的是無敵的鐵拳下徹底的滅亡！啊，多少
年來，由蒙漢勞動人民共同締造、由蒙漢勞動人民用鮮血寫成的
內蒙古的歷史，如今翻開了嶄新的、無比燦爛的一頁……」

　　如此熱血沸騰、慷慨激昂，與其說是在暢舒未來的理想，倒不如
說是漢人共產黨員的歇斯底里的發洩。它宣示了「由漢人控制的、一
黨獨裁的社會主義中國為應走的光明大道」，自決、獨立夢想，與同
根同源、血脈相通的蒙古人民共和國統一的路子為行不通的老路子。
在都為中「偉、光、正」舔菊為榮這一主題意義上，《紅路》與《草
原烽火》竟驚人雷同。在這個意義上，可以說，扎拉嘎胡確與烏蘭巴
幹是同一條戰壕裡的戰友。

八、以鐵拳制裁走「老路子」的蒙古人

　　文革中，彷彿如《紅路》的主人公預想或者期待似的，「誰膽敢
讓內蒙古人民離開你，膽敢把內蒙古人民推回到老路上，那等待他們
的是無敵的鐵拳下徹底的滅亡！」的命運，意外地更早降臨在草原上。

　　「開始，中共黨員扎拉嘎胡邀請父親參加他們的陣營。父親因自
己的群眾身分，曾拒絕參加。後來，聽說同為非黨員的《內蒙古日報》
社的編輯額爾敦敖拉、拉喜以及作家巴圖巴音也都參加了造反組織，
就不再猶豫了。扎拉嘎胡慫恿他擔任該組織的頭頭，說是『這是個革
命群眾組織，由非黨員擔任領導正合適』，於是父親被選為『揪叛站』
的負責人。」蘇日魯克回憶。

　　如本文開頭所述，烏蘭巴幹的一大罪狀為組建「揪叛站」後，就
大肆收集所謂「內人黨」的歷史和現實材料。

　　1967 年 11 月，以文聯所屬的作家張長弓為首、漢人占絕對多數的造反派組織「翻江倒海」，動員漢人工人召開群眾大會，揪鬥烏蘭夫的兒子、時任內蒙古文化局局長布赫及夫人珠嵐其其格（內蒙古電影製片廠廠長）、自治區宣傳部副部長特古斯、自治區人委副主席哈豐阿。那時特古斯雖為反烏派造反組織「魯迅兵團」的主要成員，但從 11 月 24 日開始成了「人民的公敵」。這是因為，「1942 年，特古斯深得日本帝國主義哈豐阿的青睞，被送往偽滿建國大學『深造』。在就學期間，他組織過『興蒙黨』，鼓吹『內外蒙合併』的『老路子』」（《關於對蒙古人種族屠殺的基礎資料》(2)，頁 677）。

　　揪鬥大會結束後，扎拉嘎胡叫上烏蘭巴幹，兩人一起去看望布赫、珠嵐其其格。

　　「『蒙古人完了！』見了他們，珠嵐其其格忍不住大哭。雖然扎拉嘎胡和父親與布赫倆口子的關係都不錯，但在當時的形勢下，個人已經無能為力了。」

　　蘇日魯克歎息道。

　　就這樣，兩位蒙古作家在彷徨和疑惑中被捲進了文革暴風驟雨的漩渦中。

九、公安廳絕密材料的出現

　　從 1967 年春開始，扎拉嘎胡和額爾敦敖拉瞞著烏蘭巴幹的行為顯得神秘起來。據蘇日魯克回憶：

　　「他們頻繁地出入公安廳，開始接觸由公安廳保管的、只有中共高幹才有資格閱覽的機密文件。在那裡，扎拉嘎胡和額爾敦敖拉看到並抄寫了內人黨的機密文件以及與發生在呼倫貝爾地區搞民族分裂的『統一黨』案件資料，此外還有 1963 年 2 月發現的『二〇六事件』等秘密檔案。」

　　據蘇日魯克證言，烏蘭巴幹一直不知道存在所謂的「統一黨案件」和「二〇六案件」。對此，當時擔任秘密調查文化藝術界動態工作的文化廳幹部俄尼斯也證實了上述說法。俄尼斯覺得蹊蹺：「烏蘭巴幹

不是黨員，怎麼可能知道『二〇六案件』的來龍去脈呢？」。

自此，扎拉嘎胡和額爾敦敖拉以在公安廳抄寫的材料為依據，提出了「內人黨是反黨叛國的民族分裂主義集團，內人黨黨員都是叛徒、特務」的結論，並且要求由「揪叛站」站長烏蘭巴幹出面宣布這一重要資訊。烏蘭巴幹接受了扎拉嘎胡的要求，在內蒙古大學和呼和浩特鐵路局等單位進行的演講中，還出示了扎拉嘎胡提供的上述證據。

「其實，父親本人的創作活動也與內人黨的活動相關連。在《草原烽火》的創作過程中，曾採訪過很多當事人。當時內蒙古的知識分子大都知道『內人黨』在40年代進行的內外蒙古統一的歷史活動。這根本不是什麼秘密。但是，正如1963年的「二〇六案件」所示，父親根本沒想到早就解散了的『內人黨』還在進行秘密的分裂活動。不過，得到公安廳的秘密文件資料的父親確實如獲至寶，大為興奮。」

今天，蒙古人都知道了所謂「二〇六事件」，筆者不厭其煩地提醒讀者注意，這不過是中共為了肅清除蒙古人而自導自演的一場陰謀：內蒙公安廳截獲寄往蒙古人民共和國的信件，其落款是：「蒙古人民革命黨第二次代表會議，蒙古人民革命黨委員會，1963年2月4日。」文革期間，別有用心地蛇足了一個「內」字，這一字之差，成為「現行活動的『內人黨』是一個地地道道的反革命集團，解放後十多年，他們從未停止過反革命特務活動。同時，他們以不同的名目、不同的方式出現，活動地區遍及全區各盟市乃至區外各地」，成為鎖定「新內人黨」為肅清目標的偽證。

非黨員的烏蘭巴幹不可能預知中共精心設置的多重陷阱。

十、特意選中的祭品

關於「自導自演」的陰謀說，這裡另有證言。

據當時自治區著名的造反派負責人高樹華證言，在1967年的11月，呼和浩特有「揪叛」、「揪黑手」等四十五個大小群眾造反組織。他們背後的推手是自治區高層的高錦明，高錦明的背後是前公安部部長謝富治、北京軍區的鄭維山、陳錫聯以及最高領袖毛澤東（*啟之，*

1993，頁6-12。高樹華、程鐵軍，2007，頁292）。眾所周知，給造反派有選擇地提供公安保密的個人檔案和材料，然後借造反派的手揭露其罪行，使之成為千夫所指的「人民的公敵」，是公安部長謝富治諳熟的政治手段，屢試不爽。根據高樹華等人的憶述，為了肅清除蒙古人，高錦明很有可能根據謝富治的指示，向造反派提供了有關「內人黨」的秘密材料。

蘇日魯克分析道：「當時，自治區革委會主任滕海清、副主任高錦明，還有內大黨委書記郭以青等人經常叫父親到他們那裡去。可是，每當有重要會議，他們都以父親『非黨員』身分為由不給列席，甚至叫他出去在走廊等候傳達會議精神，直至會議結束。而扎拉嘎胡和額爾敦敖拉他們卻能參加重要會議。這是個非常奇怪的邏輯，以滕海清為首的中共黨員們決定的事情，卻由非黨員的父親來執行。」

「1987年審判父親時，說『錯定內人黨為民族分裂政黨』，是因父親捏造所謂叛國材料是『新內人黨』假案的積極製造者，法庭也出示了相關的證據。父親抗辯說那些材料並非自己所寫，筆跡也不同。鑑定的結果，證明是扎拉嘎胡和額爾敦敖拉所寫，是兩人在公安廳抄寫的。但是，因為兩人都是中共黨員，法庭作出了另作處理的決定。」

「綜觀中共的歷史，黨總是處於絕對正確的地位。即使是有了重大的錯誤，那也只是一部分黨員難免的錯誤。因此，幾萬蒙古人被集體大屠殺的事件，也被解釋成滕海清等極少數人錯誤執行極左政策的結果。黨有保護黨員的義務，絕對不會追究和公審黨員的犯罪。所謂黨有保密權，黨也有隱私權，不能侵權。黨的秘密和隱私不能讓老百姓知道，否則會懷疑我們黨執政的合法性。就是後來有了『雙規』，『紀律檢查委員會』，也是中共黨內的問題。他們一開始就會讓『革命群眾』站在前列，唆使他們去幹永遠都洗不乾淨的骯髒事兒。一旦政治風向突變，犯罪這桶污水就潑在非黨員頭上。」

「那個時代，為中共奮不顧身的作家大有人在吧，漢人作家張長弓算不算一位呢？」筆者請教。

「大屠殺的對象是蒙古人，當然需要由蒙古人自己製造一份屠殺

者名單。從這個意義上來說，毋庸置疑，扎拉嘎胡和額爾敦敖拉不過都是犧牲品。為了不給歷史留下疑點，給自己留一條後路，對蒙古人的肅清工作是按照事先的精心計畫進行的——祭品或替罪羔羊必須是蒙古人自己，因此他們有意選中了烏蘭巴幹等人。」

1968 年 2 月 10 日，康生發出了「讓蒙古人自己揪出蒙古壞人」的指示。1969 年 1 月 30 日，滕海清也曾發出過同樣的命令（*啟之，1993，頁 11。楊，2009，頁 195、頁 547*）。

1969 年 7 月 27 日，「呼三司」發行的紅衛兵小報上刊登出一篇題為《烏蘭巴幹為何許人也？》的檄文。該文透露，1968 年，滕海清的秘書陳小莊曾對紅衛兵們指示：烏蘭巴幹確實曾為烏蘭夫所寵，打倒他是一件輕而易舉的事。但現在他正積極參加深挖內人黨的運動。因此，保留他是必要的。

這些旁證都有力地佐證了蘇日魯克的分析——烏蘭巴幹也罷，扎拉嘎胡也罷，都逃脫不出既定的命運了。

十一、奴隸的奴性

在呼和浩特中級人民法院法庭上，蘇日魯克出面為父親烏蘭巴幹辯護。原來說好由漢人專業律師張向東出庭為烏蘭巴幹辯護，但由於受到來自官方的壓力，張向東中途退出。蘇日魯克雖然沒有律師資格，但作為「直系親屬辯護人」，當年三十四歲的蘇日魯克勇敢地擔起了為父親辯護的重責，並提出令人一個簡單而又令人深思的問題：

「根據憲法第三十三條規定：中華人民共和國公民在法律面前一律平等。那麼冤案的製造者不受法律的制裁，而參與者卻要在二十年後的今天受審判，這是怎麼回事呢？」

蘇日魯克從 1970 年開始在呼和浩特近郊的榆林公社下鄉勞動。1977 年以優異成績考上了吉林大學。可是由於「其父在文革中迫害他人」，被取消了入學資格。這是中共的連坐制。為了能見到父親，蘇日魯克拿出經商賺得的錢賄賂獄警，探視父親。

對中共深懷單相思的作家扎拉嘎胡在文革中也被打成「大毒草」

被中共宣傳和煽動起來的青年復仇行動，使得烏蘭巴幹的夫人臉部被澆硫磺和石灰，一時失明。對暴力清算的方式仍然是暴力行為。（圖提供：蘇日魯克）

而遭批判。當時文藝作品中被定性為「大毒草」的小說有六十多部，《紅路》也「有幸當選」（內蒙古哲里木盟第三司令部，1968，頁72-73。安徽省圖書館《鬥私批修》戰鬥團、安徽省巢縣圖書館鬥、批、改小組，1968，頁90）。不久，《草原烽火》也遭攻訐之難。

「把奴隸寫成了奴才！」1973年，毛澤東的怪脾氣夫人江青對《草原烽火》發難。張長弓聽到來自江青的「準最高指示」，簡直是喜從天降，立刻照貓畫虎地貼出題為《把奴隸寫成了奴才！》的批判大字報。一場猩紅的暴雨狙擊著如晦的歲月。

一批漢人青年在伸手不見五指的黑夜和鐘聲般滴答不絕的雨腳掩護下闖入了烏蘭巴幹的家，朝熟睡中的烏蘭巴幹夫婦眼睛裡灌石灰，並對夫婦施行殘忍的暴力。青年們聲稱這是一次「革命行動」。

1978年5月1日，烏蘭巴幹被「伸張社會主義正義和公平」的中共逮捕，關押於呼和浩特郊外的警校院內。這裡屬於公安廳秘密員警支隊的「五處」。漢人員警常常以肛門插棍棒之刑侮辱、折磨烏蘭巴幹，而且經常餓飯。即使如此，作家還是拿起筆，開始寫作《草原烽火》的續編，《科爾沁草原的戰火》、《燎原之火》等小說就是在這樣惡劣的狀況下完成的。

1984年，烏蘭巴幹獲准保釋。但是，由於帶著「不許隨便行動」的枷鎖，連到戶外散步都受到嚴格的限制。2005年6月23日，烏蘭巴幹因心臟病突發逝世。

「令尊烏蘭巴幹與扎拉嘎胡，兩位作家都被人當槍把子給利用了吧？」筆者最後向蘇日魯克請教。

「在他們的小說中，作為主人公的蒙古人都用近乎諂媚的語言讚美漢人和中共，這是不得已的啊！在現實生活中絕對不會有這種現象。可是，如果不塑造這樣一個形象，你寫的東西就不會有出版機會。在某種意義上，他們都是 20 世紀有代表性的蒙古作家。可悲的是，從 20 世紀的 50 年代開始，他們通過自己的作品，極力抹殺本族的真實歷史和心路歷程。但即便如此，中共還不滿足。是啊，抹殺不能僅僅限於文學作品中，還要從肉體上滅絕蒙古人。這就是文化大革命。」蘇日魯克道出真諦。

今天，內蒙古有識之士都認為，烏蘭巴幹和扎拉嘎胡都是中共的奴隸，他倆渾身使出了作為奴隸的全部本性來諂媚、舔菊中共，兩人都陶醉於主子賞賜給奴隸的名譽。既然主子有賞賜奴隸的時候，當然，也一定會有摒棄厭倦之時。這就是奴隸的命運！

數萬蒙古人被殺，大量蒙古婦女被強姦，無數的蒙古牧民被強制遷離自己故鄉，移居他處，一場種族屠殺就這樣被冷酷殘暴地「清算」。

創造近現代內蒙古歷史的人們就這樣被抹殺得無影無蹤，天地間肅穆而深邃的草原上竟連一截斷壁殘垣的墓碑都沒有留下。然，一隻鷹，掠過封死的蒼空，撕裂著燒焦在心口的墓誌銘。

觀點
種族大屠殺的文化大革命

中國共產黨以及中國人（漢人）主導的對蒙古人的大屠殺，如何從歷史的脈絡與學術研究的範疇來理解與檢視，本書試圖提供一個理論觀點。

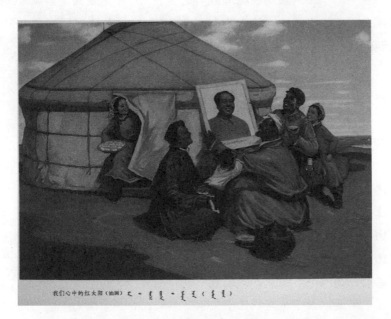

我们心中的红太阳（油画）

▲　《我們心中的紅太陽》（官其格畫作）這幅圖畫表現了 60 年代蒙古人在紅色巨浪中，對解放軍送來的毛澤東肖像的狂喜之情。但就是這樣，蒙古人仍未逃脫命如螻蟻般被殺戮的命運。

一、蒙古不是支那的一部分

中國的歷史，從某種意義來說，就是同周邊諸民族的交涉史。被稱作「漢族」的民族群體也正是在長期的歷史進程中，同周邊少數民族接觸、交流、遷徙的方式中實現著自身群體的演變與發展，從而逐漸形成相對穩定的民族種類和格局。因而歷代中國王朝的統治者都對如何抓住少數民族的弱點，如何以漢文化的傳統模式馴服與教化「茹毛飲血、獉狉時代的蠻族」都嫻熟於心。換言之，一方面「恩威並施」，文化同化，思想控制；另一方面，異心者必根除鏟之，以漢化夷。

對少數民族的陰謀策略，也是漢族自身的生存策略。在中國兩千年的陰謀史上，對少數民族採取未雨綢繆、分而治之、分化瓦解、各個擊破的統治方式始終百試不爽，遊刃有餘。漢化、分離是手段，根除、鏟淨才是目的。

關於文革中的暴力性與嗜血性，日本中國問題研究者矢吹晉解釋為「中國文化的返祖現象」。在中國歷史上改朝換代，無不伴隨「殺其父兄，係累其子弟，毀其宗廟，遷其重器」。無不伴隨屍骨累城，血流成河。文革只不過披上了一件「社會主義」和「無產階級專政」的外套而已（*矢吹，1989，頁134-135*）。

但有不少漢人可能會自圓其說、胡亂辯解：「文革中全中國人民都在受難，都是專制的犧牲者，過於強調少數民族的痛苦記憶，會影響各族人民的大團結。」無疑，筆者承認文革是一場針對生命個體的滅絕運動，這是事實。但這個層面的辨明與探討應當止於中國人（漢人）之間的範疇。

我們蒙古人今天對於這一種族屠殺事件單從人道主義的觀點來看仍然無法理解，只有從中國這一獨特生存土壤與中國人獨特的暴力文化傳統與慣性模式的雙重屬性相聯繫，才能解讀與記敘。更簡明扼要地說，如果內蒙古這片浩瀚無垠的土地，不被中國侵略佔領，那麼殺戮、強姦、強制內遷等血腥的慘劇就不會發生。「異於中國者」的少數民族，為何要以幾乎滅族的代價來承受中國式的革命暴力的血刃屠殺呢？

蒙古人原與滿人組成軍事同盟，只不過歸附清朝而共同統治，與長城以南的漢地毫無關係。

「蒙古不是支那的一部分。毋庸置疑，清朝覆亡之後，蒙古當然與支那毫無關係，應獨立為自己的民族國家。」而在 20 世紀初，為實現日本式近代化，為蒙古變革圖強的內蒙古東部喀喇沁部貢桑諾日布王親躬踐行、孜孜努力。他的弟子們就是為實現民族自決之夢而奮鬥不息的內蒙古人民革命黨的英傑豪俊。但 1945 年，大國之間出於本國私利相互交易而簽定的《雅爾達協定》違背了蒙古民族統一的共同意願，背著蒙古人作出「蒙古人民共和國現狀予以保持」的決定，卻將內蒙古劃歸中國版圖，導致處於困境中的蒙古人淪為「中國的少數民族」。

中共為人工模鑄出「均質一統化」的「中國人民」，試圖在肉體上消滅「民族」概念，對蒙古人的種族屠殺正是出於這一政治話語和維護其核心統治的需要。

二、被分而治之的蒙古人

數萬蒙古人的血肉之軀被用及其殘忍的手段戕害之後，倖存者心靈深處留下不可癒合的傷痛。他們內心的傷痛和怨恨已經達到臨界點。中共心知肚明，害怕因此起事，不但沒有向受害者們道歉，也沒有採取彌補救濟與賠償措施，相反更進一步加強了對蒙古人管制和高壓的力度。

具體的方法就是行政劃分上將蒙古群體肢解，分別編入相鄰的漢人和穆斯林占優勢統治地位的省區。這就是自古以來「化整為零、分而治之」統治政策的現代版。

1969 年 7 月，內蒙古革委會下達《中共中央關於變更內蒙古自治區行政區劃的規定》通知：將內蒙古最東端的呼倫貝爾盟（突泉縣和科爾沁右翼前旗除外）劃給黑龍江省，將哲里木盟和呼倫貝爾盟的突泉縣和科爾沁右翼前旗劃分給吉林省，將昭烏達盟劃分給遼寧省。而自治區最西端、巴彥淖爾盟的阿拉善左、右旗劃分給寧夏回族自治區。

額濟納旗劃分給甘肅省。即內蒙古自治區被一分為五，內蒙古自治區
面積從 118 萬多平方公里變為 45 萬多平方公里，聚居的蒙古族人口
從一百五十多萬變為五十多萬。

以「是為了便於領導和戰備的需要，是反帝反修的需要」這個名
目為由分割蒙古人祖祖輩輩棲息的領土。其實這個行政區域的變更和
分割充滿了謀略和禍意。為的是防患蒙古民族的自決與合併，阻割交
通，未雨綢繆。首先除滅內蒙古的蒙古同胞，然後再將矛頭對準蒙古
人民共和國的蒙古人。從利用、到柔服、到討伐、到除根，這就是中
國式的政治整合的方式。

文革爆發時任內蒙古自治區宣傳部副部長的特古斯，1993 年根據
自身的親歷，在文章中指出：內蒙的文革自始至終都是以民族問題為
軸心的。運動初期，狂熱的「革命群眾」要求將內蒙古改名「中國共
產黨反修省」。文革高峰期的 1969 年底將故鄉內蒙古分割、肢解後
劃給周邊的漢人省份。作為實行少數民族區域自治政策的榜樣、並且
比中華人民共和國成立還早兩年創建的內蒙古自治區，實際上自變更
行政區劃分之日起，已名存實亡了（*特古斯，1993，52-57*）。

緊接著 1969 年 12 月 19 日，周恩來宣布《中共中央關於內蒙古
實行分區全面軍管的決定》。「由北京軍區組成前線指揮部，領導這
一軍管」。其具體部署是：北京軍區的司令員鄭維山、副司令員杜文達、
副政委黃振堂、張正光組成前線指揮（簡稱「前指」），進駐呼和浩特，
統一領導軍管，內蒙古革委在前指的領導下進行工作。

同時，山西省調來的軍隊進駐掌管自治區西部的包頭市和巴彥
淖爾盟、河北省調來的軍隊開進呼和浩特市和鄂爾多斯、大同調來的
軍隊掌控烏蘭察布盟、張家口調來的軍隊掌控錫林郭勒盟。鄭維山司
令員還在公開場合毫無忌憚地說「走遍四盟二市，沒有發現一個好幹
部」。

因為仗著擁有武裝力量，不再害怕所謂的民族矛盾和民眾反抗的
激化，甚至要挖出「真貨」來。「軍管會非但不在政策允許的範圍內
給『內人黨』的受害者落實政策，反而把提出這種要求的苦主視為破

壞戰備、破壞民族團結的搞亂分子。重者重新繫獄，輕者以『有民族情緒』的罪名打入冷宮，不給分配工作」（啟之，頁433）。

鄭維山等人順利布置軍隊駐防內蒙要塞並掌控生殺予奪的大權之後，為長時間的種族屠殺找到正當化、合法化的理由。將倖存的內蒙古幹部七千七百六十九人集中到中央辦的「唐山毛澤東思想學習班」，名為「整頓思想，統一認識」，實則集中營式的洗腦。

1970年4月16日晚，「人民的好總理」周恩來接見毛澤東思想學習班成員時、反覆強調「內人黨有沒有？有。是有根子的……內人黨是同外蒙接觸的，是反革命。反對這個東西，主觀願望是好的」。也就是說對蒙古人的種族屠殺大方向是絕對正確的。學習班的整黨思想教育就是揭發和批判烏蘭夫的「反黨叛國，大搞民族分裂」，學習和背誦中央文件和政策，「靈魂深處繼續鬧革命」。

簡而言之，這個「學習班」的目的，以「整頓思想，統一認識」為由，就是強制蒙古幹部認識到大屠殺的正當化、合法性、必要性之後，利用他們再次充當統治蒙古人的馴服工具。

三、大屠殺的土壤滋生於「文明人」帶來的「解放」

按照毛澤東的「民族問題（種族問題）歸根究底是階級鬥爭問題」的理論，提出了「美帝國主義必敗，全世界人民必勝」的口號。

那麼，究竟是什麼原因使得中共及其「革命群眾」如此嗜血成性

▶ 按照毛澤東的「民族問題（種族問題）歸根究底是階級鬥爭問題」的理論，提出了「美帝國主義必敗，全世界人民必勝」的口號。

美帝国主义必败，全世界人民必胜！

的呢？首先必須建構大屠殺正當化的理論體系。

其一：文明的優越感。正統的「文明人」對非正統落後的「野蠻人」的居高臨下的歧視結構。在極權主義的中央集權國家內、與「種族的優秀論」意識形態就會發展成為「消滅劣等種族」的殺戮行為（克巴，1986，頁40-41。竹澤，2001，頁68-69）。從這個視角來分析，能夠看清內蒙古發生大屠殺的本質。屠殺的策劃者首先要通過創設出種族優劣、文明與落後的模式、分類，讓殺人去咎化、麻木化、正當化，甚至詛咒化、贗品化，誘導參與者的狂怒狂歡和歇斯底里的心理。

居住在長城以南農耕地區的「文明的漢人」先進優越於「草原上落後野蠻的遊牧民」這樣對立的文化結構，是在中國漫長的歷史中強力形塑國家機器時所需要的意識形態的支撐點。也是政治「大一統」格局與思想上要確定帝國皇權的正統性的工具。標榜自己為馬克思列寧主義信徒的漢人共產黨員們，頭腦裡根深蒂固的其實是中國的歷史觀與統治方略。

在「文明先進秩序的象徵」中，「華夏」（漢）看「夷狄」（對北方遊牧民族的一種鄙夷稱呼），作為蒙古人生活哲學與生產方式的遊牧業，是落後的、非正統、非文明的生活與生產方式，乃至於藏傳佛教等宗教文化統統都被當作「封建社會的殘渣餘孽」，必須砸爛摧毀、徹底改造。強制定居、拓荒墾殖，按照農耕經濟形式改造「化外洪荒之地」。

以「解放全人類，消滅民族」為己任的中共，實際上其背後的邏輯和思想核心卻是歷代封建王朝維繫其皇權傳統的華夷觀念，以及漢人農民的巧取豪奪，以暴力破壞與社會殺戮這兩種並行不悖的扭曲行為爆發出來，最終以消滅生命的主體——種族屠殺來達到暴力者的需要。

與多少啃過幾頁共產主義理論的精英們不同，一般漢民頭腦中還深深烙印著傳統文化的積澱和制度慣性，「野蠻人的輕視漢教、不敬天地、不祀鬼神、另定宗教、陋習迷信、排滿驅韃、殺蒙騰地」等被扭曲的歷史記憶，種種因素造就了漢人社會的民眾暴力運動與現代國

家構建的的基礎。中共建政前，毛澤東就再三強調暴力革命與階級專政，對一切反革命分子的獨裁、專政、專制、肅清的必要性。1950年代初開始的大規模鎮反運動、反右鬥爭、人民公社運動等大大小小的粗製濫造的政治運動接連不斷，為之困頓不堪的普通漢人民眾的生活水準比1949年以前更加劣質化，遇上災荒饑饉之年，連逃荒活命的自由都被剝奪。

中共為了轉移民眾的視線，將十七年政策失敗的原因歸罪於「地主階級剝削」，通過造假、說謊與鋪天蓋地的意識形態宣傳，將階級仇恨與中國式的投機、自私等實用主義融為一體。也就是說，在十七年的國家暴力革命徹底粉碎了傳統社會價值觀之後，樹立了新的毛澤東思想權威，誘惑與鼓勵底層民眾的卑劣貪欲和絕對平均主義。使他們遵從毛及中共斷罪的「異民族的分裂主義者」，從經濟、社會、肉體、精神上徹底消滅的「革命行為」。

大字不識的底層民眾之所以毫不躊躇，甚至能「推陳出新」，超額完成指標，是因為他們相信「革命是暴動，是一個階級推翻一個階級的暴烈行動」。這使得他們在道義上和政治上「理直氣壯」；獲得攫取土地、牧場、牲畜、農具、糧食、房屋毫不心虛；霸佔他人的妻女有恃無恐；他們占據蒙人的土地，自視為主人。反過來，這些「革命群眾」又成為專制最堅定的擁護者、打磨加固者。

具有優越感的漢人給黑暗落後的蒙古人帶來翻身解放、仇視「反黨叛國、民族分裂主義分子」，中共終於達到了勢不兩立的「階級仇、民族恨」的輿論準備，民族間的和解與共存成為不可能的事實。

在這樣的多重複雜的暴力土壤、制度慣性（歷史之原惡）與紅色宣傳的政治環境（國家專政之原惡）以及中國式的利祿主義（平庸之原惡）中，內蒙古自治區的大屠殺持續了數年之久。

今天文革史研究方法中，有人將文革這個「化合體、混合體」分為「官方文革」和「人民文革」，以及中共軍方的文革鎮壓。

所謂「官方文革」指的是以毛澤東為首的中共內部的肅清運動，就是一部分中共黨政軍官僚打倒另一部分官僚的奪權、鎮壓運動。另

一方面的「人民文革」是「文革」期間——1966年10月到1968年8月這不到兩年的時間裡,民眾響應毛及中共號召起來、以群眾能量為核心的造反、反政治歧視、反政治迫害的行動。兩個文革之間的關係盤根錯節、難以一言以蔽之。明明歷史之浩劫是「官方文革」造反派製造出來的,但是文革結束後,卻將罪責與禍根統統都歸結到「人民文革」的造反派頭上;身為文化大革命諸惡總根源的毛澤東反而被視之為神聖、視之為合法與正統的象徵。對文革的扭曲記憶在當今中國已占主流地位。

「中共政權扭曲文革記憶,栽贓造反派不是目的,只是手段。使用這個手段要達到的初級目的是攪亂一池春水,讓真正在文化革命中瘋狂肆虐、草菅人命的貴族(高軍幹子弟)紅衛兵——共產黨的黨衛軍;讓首先使用暴力打殺『四類分子』和造反派的保皇派(保黨派);讓大規模動用軍隊殘酷屠殺造反群眾的各地軍頭;讓文化革命一切罪孽的禍首元兇毛澤東蒙混過關,逃脫社會正義和歷史的譴責」(*劉國凱, 2007,頁475-496*)。

而在內蒙古自治區,烏蘭夫推行重視培養少數民族幹部和當地幹部、重視蒙文教育、力圖通過文字改革和提高教育文化水準以及「三不兩利」的牧區民族政策推行自治,卻因此招致入殖漢民侵略者的不滿。

儘管內蒙古自治區標榜民族區域自治等同「自主管理本民族、本地區的內部事務。享有制定自治條例和單行條例的權利。享有自主發展經濟、社會、文化事業等多方面的權利。如使用和發展本民族語言文字,民族自治地方還有權保持或者改革本民族風俗習慣,自主安排、管理和發展本地方經濟建設事業,自主管理地方財政,自主發展教育、科技、文化、衛生、體育等社會事業」。但入殖漢民心目中的「自治區」只等於「省」,對民族自治權益視若無睹。

北京同時大力度宣傳與塑造的「所有民族全都是中國人民」,與烏蘭夫保衛民族自治的諸政策產生矛盾。當中共將憲法認定的民族自治政策以意識形態斷罪為「包藏禍心、搞反黨叛國的分裂主義行為」

時，漢人那淤積在胸的「階級仇、民族恨」就會在運動中如火山迸發，不可收拾。

自己是從哪裡來的？為什麼會生活在他人的土地上？是否妨礙了他人的基本生存權益？這些簡單而終極的問題，似乎在漢人簡體方塊字的語境裡是不存在的。漢人入殖者自內地向關外移民而來的這個客體身分被忘得一乾二淨。外來入殖民本該自覺地認識到，無論是在土地領域或資源方面，都是在剝奪原住民——蒙古人所遊牧生息的大地，並嚴重侵害了原住民的自主權益與經濟生存，本應該尊重主體民族原住民尊嚴、智慧、文化、傳統，擁有謙虛謹慎、安份守己的美德，而漢人卻鵲占鳩巢，大開殺戒，唯暴力是從。

在此，筆者反覆地重申強調，2007 年聯合國通過的《關於原住民權利的聯合國宣言》主要內容：原住民行使自己的權利時不應受到任何形式的歧視。該宣言認識到了尊重和推動原住民固有權利的緊急需要，尤其是原住民在土地領域和資源方面的權利，並呼籲尊重原住民的知識、文化和傳統習慣。宣言中的一些主要條款包括：

原住民有自我決定權、自治權或自己治理其內部和當地事務的權利。

各國應提供有效的機制，防止和處理任何剝奪原住民民族完整性的行動，防止和處理任何剝奪其文化價值或道德認同的行動，防止和處理任何驅逐其離開其土地、領域或資源、或者任何強迫人口遷移的行動。

不得迫使原住民離開其土地或領域。未經原住民事前自願知情同意、沒有相關公正、公平補償的情況下，不得進行搬遷。

原住民有權參與影響其權利的事務的決策。

原住民對其傳統擁有、占有或使用的土地、領域、資源都有權利，國家應給予法定認可並對其進行保護，同時尊重原住民的習俗、傳統和土地使用體系。

原住民有權處理自己傳統擁有、占領或使用的土地、領域、

資源，有權處理未經其同意而被徵用、奪走、占領、使用或破壞的土地、領土、資源。

　　原住民有權保持、保護和發展自己的文化遺產、傳統知識、傳統文化表達及相關的智慧財產權，國家應採取有效措施認可和保護此類權利的執行。

　　原住民有權決定和制定關於其土地、領土及其它資源的發展或使用的優先順序及戰略。國家在批准任何影響原住民土地、領土及其它資源的專案時應與原住民協商並事前徵得其許可。

　　國家應提供有效的機制，公平、公正地處理任何此類活動並採取適當措施減輕對環境、經濟、社會、文化或精神的負面影響。

　　原住民有權通過公平、公正的程序瞭解和推動處理其與國家或其它方的衝突與爭端的決議，瞭解和推動對所有侵犯其個人和集體權利的行動採取的有效措施。

四、仍在肆虐的文革式統治手段

　　那麼，讓我們來考察一下，中共是如何「了結」文革這場浩劫的。

　　1981 年中共第十一屆中央委員會第六次全體會議通過的《關於建國以來黨的若干歷史問題的決議》中宣稱，「歷史已經判明，『文化大革命』是一場由領導者錯誤發動的，被反黨集團利用，給黨、國家和各族人民帶來嚴重災難的內亂」。表面上部分否定了文革。文革伊始，劉少奇親自出馬，指示華北局起草《關於烏蘭夫錯誤問題的報告》，鄧小平不久也被打倒，其長子鄧樸方，受到父親的牽連遭到北京大學紅衛兵的瘋狂迫害，逃走的過程中，不幸墜樓，脊骨嚴重受傷。文革後第三次復出的鄧小平，判決當時北大造反派領袖聶元梓十七年的徒刑，算是清算了一筆個人的恩怨（*聶元梓，2005，頁 375、395、426-427*）。

　　但對文革真相的究明與進一步研究，鄧小平卻採取和稀泥的態度，指示「宜粗不宜細，宜寬不宜窄」。秉承鄧旨意的中宣部於 1986 年 11 月 18 日下發了《慎重處理有關文革圖書的規定》，認為「細枝末

葉的描述容易引起爭論，不利於民族團結」。1988 年 11 月 10 日再次
傳達《中共中央宣傳部關於出版「文化大革命」圖書問題的若干規定》：
「所謂『文革』期間的『軼事』、『秘聞』、『內幕』之類的名目招
徠讀者，在社會上已經造成了不好的影響。最近，中央領導同志就有
關『文革』圖書的出版問題指出：根據中央團結一致向前看、歷史問
題宜粗不宜細的一貫精神及鄧小平同志關於當前要加強黨的集中統一
領導以發揮政治優勢的指示，目前爭相出版《文革辭典》極易導致翻
騰舊帳，引起爭論，實無必要。」*(宋永毅，2006)*

　　並明確規定：「有關『文化大革命』的辭典等工具書，今後相當
時期內，各出版社均不得安排。已安排了的（包括在印刷過程中的），
凡未經過中宣部和新聞出版署專門批准的，一律撤銷，並將有關情況
報告中宣部和新聞出版署。」2 月 10 日又對各出版社發出指示、有關
文化大革命的書刊等不准出版、明令禁止。

　　今天中國政府反覆強調「日本不願意正視自身曾經的那段侵略歷
史，要時刻保持清醒的認識，千萬不要忘記日本侵略中國的歷史」，
卻想輕易抹殺與強制集體忘卻本國屠殺的歷史。

　　製造文革的真兇是毛澤東以及中共官僚集團，如果徹底清算，就
會危及中共執政的暴力特徵以及合法性。既是加害者、又是被害者的
鄧小平是否陷入過個人與國家的兩難的苦惱中，不得而知。受害者也
曾為迫害他人而不惜餘力落井下石，置之死地而後快。歷史是如此的
矛盾與吊詭。

　　1989 年，時任軍委主席的鄧小平，調動武力開入北京鎮壓手無寸
鐵的學生和市民為主的民主運動，從這一點來看，鄧小平並沒有脫離
文革暴力政治的窠臼，而在黨內鬥爭與對民眾的「收拾」都模仿文革
政治手段。

　　日本學者矢吹晉指出：「當看到天安門廣場風起雲湧的學生民主
運動時，鄧小平的腦海裡文革紅衛兵造反的印象復甦，因此決意採取
屠殺手段*(矢吹，1989，頁198-208)*。東歐所有的社會主義陣營國家
都在『天安門事件』前後發生了政治及經濟體制的根本性改變；甚至

1991 年的 8 月，執政七十四載，擁有近二千萬黨員的蘇維埃社會主義共和國聯盟（簡稱蘇聯）宣告壽終正寢。但至今文革的幽魂亡靈還在中國大地上徘徊。」

那麼，內蒙古自治區如何處理文革善後情況的呢？

「在清隊中，內蒙已經擴大化了」，毛澤東肯定了內蒙文革的性質和方向。而「一線親自領導」，親自指揮了對蒙古人種族清洗的滕海清將軍後來調任濟南軍區副司令員，而且在 1988 年，他甚至被授予一級紅星功勳榮譽章，死後安葬在他家鄉安徽省金寨縣的紅軍烈士陵園中。在其身後，還塗金貼彩，掩蓋歷史。以「挖肅」為名的大屠殺責任全部推卸給作家烏蘭巴幹承當。因其「提出有一個『新內人黨』反革命集團，上報內蒙革委會核心小組，製造了『新內人黨』大假案」之「罪」，被判處有期徒刑十五年。而毛與中共蓄意製造的種族清洗，卻被型塑成「蒙古人之間的內部傾軋」。

五、中國現狀所構建的「文革後史」

今天文革研究仍然關山重重，是不可涉獵的禁區。在少數民族地區開展調查研究更是雙重禁忌。「文革發生在中國、文革研究在外國」這種鬱悶令人唏噓不已。

在中宣部有限的容許範圍內，部分文革研究的書籍得以出版。其中有代表性的研究、並且被譯成了日語的是嚴家祺和高皋共著的《文化大革命十年史》（1996），另外還有幾本記錄北京、天津、上海等大城市的政治權力鬥爭。這說明 20 世紀後半葉這場震撼世界的政治運動的真相究明，還只停留在政治中樞及黨內鬥爭的表象上。

而關於少數民族地區的文革最重要的研究書籍是唯色與其父親澤仁多吉合著的《殺劫——鏡頭下的西藏文革》（臺灣大塊文化出版社，2006），這本書由曾為解放軍軍官的業餘攝影愛好者澤仁多吉生前留下的文章照片與唯色花費了六年時光探訪七十多位文革倖存者的記錄構成，意在用「記憶」對抗「遺忘」，對長期被封殺的西藏民族清洗事件作了系統的初步研究，至今已有日文、法文、藏文版本，卻在文

革震源中心的大陸不能出版。

民族問題研究者王力雄在《殺劫——鏡頭下的西藏文革》的《序》中明確指出:「文革不僅是中共痛楚的舊疤,而且挖掘下去,會觸及中共制度的根本,所以儘管已過四十年,文革在中國仍被列為不可碰觸的禁區。在世界面前,文革是中共的一個尷尬,西藏則是另一個尷尬,因而西藏的文革就成了雙重禁區,愈加不可觸碰」。王力雄一語中的解析了少數民族文革研究的多重困難,也同時顯示了幾乎所有的漢人研究者有意迴避、或者無意,而淡忘了文革如何給少數民族帶來的「殺劫」。

在政治上毫無實質改變,階級鬥爭的臉譜搖身一變為經濟改革的臉譜,正當文革的慘痛記憶由金錢與權力盤踞時,1995 年,圖們的力作《康生與內人黨冤案》出版了。這本由中共中央黨校出版(與祝東力合著)的書對長期被封殺的內蒙古民族清洗事件作了有系統的初步研究。

六、多重提示的研究方法

圖們出生於內蒙古東部的喀喇沁地區,這一地區曾在 20 世紀初就嘗試實踐日本式近代化並培養了無數「挎洋刀」的蒙古政治精英。這些政治精英為發展民族文化教育,提高民族素質,為民族的自尊與自決,前仆後繼,縱橫捭闔。事實上,圖們正是這一類型的蒙古精英。他加入內蒙古人民自衛軍,該軍被改編為中國人民解放軍後,圖們在軍內的仕途一馬平川,1964 年晉升為上校。他還是一位法學研究者,參與過審判「林彪·江青反革命集團案」。眾所周知,文革禍根都由「林彪·江青反革命集團」承擔責任。

圖們的書由官方檔案資料的實證與口述歷史互動構成。該書訪談過從不同的角度與立場參與過大屠殺的中共幹部三百多人。圖們認為大屠殺的思想根源根深蒂固於「延安整風運動」。

所謂「延安整風運動」是中國在全黨範圍內通過肅反多如牛毛的「托派」、「國特」、「日奸」而開展的政治運動。其全貌與真

相、受難者準確的人數至今還是一個謎團。中國現代史研究者一般都認為「延安整風運動」為文革前史（*高華，2000。何方，2005。郝在今，2006*）。構建在累累白骨之上的中共黨史中，「延安整風運動」標誌著一個重要的里程碑——樹立了毛的絕對權威與恐怖政治，「不僅完成了黨的全盤毛澤東化的基礎工程，而且還建立一整套烙有毛澤東鮮明個人印記的中共新傳統，其一系列概念與範式相沿習，在 1949 年以後改變幾億中國人的生活和命運」（*高華，頁7*）。從圖們的書中，讀者可以得到多重提示與資訊，那就是——文革中對蒙古人的殺戮，是中共一黨政治中必然的慘劇。

在明晰的思想根源的背景下，圖們回顧了自 1925 年以來內蒙古人民革命黨的歷史、以民族自決和獨立為目標的內蒙古人民革命黨在中國共產黨的壓力與脅迫下，不得不放棄了原來的主張，並被中共吞沒的悲劇。這種小心翼翼的敘述方法並沒有脫離「正統」的意識形態體系，但仍然獨到而勇敢地闡述了中共建政二十年後，用血腥屠殺的方式再次清算了民族自決的歷史。

該書漢語版出版以後立即獲得極大的迴響，由內蒙古人民出版社和中央民族出版社分別出版了蒙語版。不僅內蒙古自治區蒙古人、而且居住在新疆維吾爾自治區、青海省、黑龍江省、吉林省、遼寧省以及雲南省蒙古人中也廣為流傳。

該書獲得廣大讀者認同的同時，受到來自兩方面的批評：

第一、「挖肅」的始作俑者單限於中共黨內諜報頭子和肅反專家——康生身上。而康生是「直接奉毛澤東旨意，得到中央的許可始得行動」這一事實卻沒有指明。

第二、沒有深入分析屠殺事件深層隱藏的民族問題的本質，也沒有強調標榜社會主義繼續革命的文革，試圖從肉體上「消滅民族」這個討論面。

這些批評正射鵠靶。但筆者以為並非作者圖們認識不足。儘管生

活在當代中國的蒙古人無法僭越中共設置的桎梏與束縛，但仍為歷史敘述和解釋巧妙地提供了另外一種暗示，以上兩點都可以在力透紙背、苦心周到的文本中得到明確的答案。

2002年春，《康生與「內人黨」冤案》被政府列入禁書名單。2008年11月1日，圖們回歸天國。被中共視為肘腋之患的「挎洋刀的」蒙古精英又少了一位，也許中共暗自大大地舒展了一口悶氣。

七、文革的亡靈仍在草原徘徊

1999年，阿拉騰德力海編著的《內蒙古挖肅實錄》（以下簡稱《實錄》）以私家版的形式問世。阿拉騰德力海曾擔任自治區「上訪處」的副處長，專門負責接待蒙古人受害者。所謂「上訪」，就是非法治國家或者只有憲法沒有憲政的中國特有的政治表達和申訴形式。

阿拉騰德力海特有的政治地位，使得他既可以閱覽受害者申訴材料、記錄「上訪人員」的口述歷史，又能流覽到官方內部文件以及政策指示。文革後中共曾密令相關文字材料片紙不留、全部銷毀（*楊，2009a，頁60*）。阿拉騰德力海以極大的勇氣和膽識保存下這批珍貴的第一手資料，並根據這批資料「為給世人留下這個慘痛的歷史教訓，避免悲劇重演，特編《實錄》」，並「做為在這場『挖肅』劫難中喪生的亡靈致以三十年之祭」。

但是，該書的文稿申報自治區宣傳部終審時卻被禁止出版。

《實錄》認為內蒙古的文革從開始到結束都以「民族問題」出現，以「民族分裂、民族鬥爭」為軸心部署展開。《實錄》不僅詳細地記述了「挖肅」的原因、過程以及處理方式，「它是對一個民族整體的誣陷迫害，是蒙古民族永遠難以平復的傷疤，而且一針見血地指出文革結束後，中共仍然執行一貫歧視蒙古族的政策，中國的民族政策基本上就是沿襲了文革政治手法」。所謂「文革政治手法」，就是蒙古人稍微提出保護民族自治權利時，立刻就會貼上「分裂獨立」政治標籤，這個殺氣騰騰的政治標籤好比「黥刑」，永遠無法去除。

《實錄》也記載1981年內蒙古發生的反對增加漢人入殖移民的

而引發的學生運動，以及中共對這場運動的鎮壓（*阿拉騰德力海，1999，頁350-393*）。「在『文化大革命』中，滕海清來內蒙古挖了幾十萬『反黨叛國的內蒙古人民革命黨』，『文化革命』後，周惠來內蒙古又從學生事件中挖了『龐大的民族分裂集團』」。

由此可見，蒙古人在有名無實的自治區內堅守自己的自治權益時，中共就會上綱上線，疑心暗鬼、杯弓蛇影，「依法嚴厲打擊與境外反動勢力（蒙古國）勾結的民族分裂活動」。

八、對「狗」與造反派的制裁

毛澤東的木乃伊剛被置於天安門紀念堂的水晶棺內，展覽其「青史留名」和「永垂不朽」時，1980年11月，被當成文革替罪羔羊的「四人幫反革命集團」接受最高人民法院特別法庭的審判。

「我是毛主席腳下一條狗，主席叫我咬誰就咬誰。」叱吒風雲的政治局委員、毛夫人江青在全國電視現場播放公審時歇斯底里斥責審判官：「打狗不看主人面。」

其結果是「狗」被判處死刑，緩期二年執行，褫奪政治權利終身；1983年1月改判無期徒刑；1991年「自殺」。而「狗」的「主人」不僅沒有被追究責任，還仍祭在神壇上頂禮膜拜。

2007年夏天，筆者拜訪了澳門大學的程鐵軍（程惕潔）教授，並獲得程教授的贈書——《內蒙文革風雷——一位造反派領袖的口述史》

◀ 文革之罪都歸結與「四人幫」。從這幅照片可以看出高呼口號的蒙古人對將種族清洗之罪算在「四人幫」頭上，表現出躊躇困惑。

（高樹華、程鐵軍，明鏡出版社，2007）。這本厚達近六百頁的洋洋大著由程鐵軍根據高樹華的手稿、日記以及心得手記整理而成。文革期間，高樹華是內蒙師院青年教師、紅衛兵造反派組織「東縱」和「呼三司」的著名領袖，並以「群眾代表」身分被「三結合」進入內蒙古自治區革命委員會常委，因而詳細瞭解中共上層內情以及經過。程鐵軍文革時為內蒙師院的學生，是支持高樹華的造反派成員，並擔任過《內蒙古日報》的記者和編輯。

眾所周知，毛、江等人利用被革命的話語愚弄的青年學生罷黜政敵，重組權力核心構造，樹立至高無上的個人權威之後，「便開始收拾那些不大馴服的造反領袖，把他們逐個打入冷宮。再通過軍事軍訓和上山下鄉，把喜歡鬧事的青年學生掃地出門，膽敢反抗者鎖進牢籠」（高樹華、程鐵軍，頁585）。文革結束後、官復原職的當權者們將暴力的責任全部轉嫁於紅衛兵造反派。當權派既是文革的受害者，又是加害者的歷史有意隱瞞下來。他們在文革前的歷次運動中整人、踐踏人、落井下石，文革平反後，又採用同樣的手法睚眥必報。由此可見，政治迫害是中共生存的一門精湛的技術與工具，它使得暴政得以延續下去。

高、程合著之書質疑與解構兩個新的「凡是」──即「凡造反派皆壞人，凡保守派皆好人」。高本人也在書中解剖自己，對「挖肅」極端暴力行為雖有懷疑但仍然消極地參加了這場運動。

　　不幸的是，文革的最後勝利者還是官僚集團。官僚集團掌握者文革責任的追究權、改革開放的主導權和改革成果的分配權（*楊繼繩《道路 理論 制度──我對文化大革命的思考》*）。

　　程鐵軍在《內蒙古文化大革命四十年後的回顧》中，再次強調了「民族問題」是內蒙古自治區文革的最明顯的特徵（*程惕潔，2007，頁 742-759*）。

　　文革結束後，中共又再次採取「羈縻」式懷柔政策，重用烏蘭夫家族。「羈」是馬的籠頭，「縻」為繫牛的繩子，所謂「言制四夷如牛馬之受羈縻也」，出自於《史記・司馬相如列傳》，表面上利用少數民族政治和傳統權威，維持基層社會秩序。然而流亡海外的蒙古人東山再起，再次以內蒙古人民革命黨的名稱開始民族獨立的抗爭，便證明中共高音貝標榜的「民族和諧」並不成功。

　　「烏蘭夫想搞大蒙古帝國，想做當代的成吉思汗！」正是 1966 年 5 月，「前門飯店會議」上烏蘭夫的「重大罪行」之一。

九、日本對文革「負的遺產」視而不見

　　讓我們來看國外關於文革的研究狀況。

　　日本曾經存在不少「文革禮贊派」。「他們對文革的實際情況並不瞭解，其目的是通過讚美社會主義的中國而批判當代日本社會的諸問題」。抱著中國代表進步、中國人民代表優秀民族這樣一種「中國幻想」，加上對馬克思主義幻想，又更加放大了對中國的幻想。因而，對中國淒慘的現實視而不見、聽而不聞（*土屋，2008，頁 18-19*）。

　　戰後日本的中國研究長期懷有「照顧中國」的情緒，文革復活了日本左翼知識分子的政治期待和訴求。新島淳良甚至試圖將文革的公社概念和體制移植到日本，提出「公社國家論」，掀起日本的文革。

　　一位研究者回憶道：「由於日本內心負疚於有侵華的戰爭責任，在研究中不由自主滑向『照顧中國』。其次，堅信中國共產黨的道義性。紀律嚴明、正派公義的中國共產黨與腐敗墮落的國民黨不同，其先進的思想改造、武裝被剝削、被壓抑在底層的農民，成為共產主義

的先鋒戰士，創建了幸福美好的社會主義國家。因而作為中國革命延長線的文革，自然而然被理解為「觸及人們靈魂的大革命」。同時，對新中國的期待，襯映著日本知識精英對日本近代化過程中諸問題的反省（土屋，2008，頁22-24）。

日本知識界的良知和道義出於對戰前國家權力裝置的反思，研究界普遍存在一種心照不宣的約定，那就是對中國（中共）所有主張和行為都不加批判地全盤接受。無疑，「文明先進的漢族」在「被解放的少數民族」地區開展「文化大革命」時，幾乎所有的資訊都是封閉的。因此，連著名的中國問題研究者加加美光行都一度認為文革只在漢地進行，少數民族沒有被捲入新疆的文革（加加美，1986，頁33）。而事實上，新疆的維吾爾族、哈薩克族、蒙古族也都與內蒙古自治區一樣，成為文革迫害模式的核心（巴岱，1999）。

中國進入改革開放時代後，大批日本研究者湧入中國做田野調查，足跡遍布周邊地區，然而不可思議的是仍然對文革這個研究主題漠不關心，或者說未進入他們的「研究視野」。文革本身的複雜性、資料的匱乏、調查的困難與禁區的制約都是冷峻的事實，然而有意識地對文革遺產採取視而不見的消極姿態，確實不可思議。

日本究竟應當如何看待文革呢？「禮贊派」與「批判派」曾在文革時期展開白熱化的爭論。日本該怎樣來看待文化大革命？

「（文革）不應是某一時期的中國研究的總結概括，而應置於戰後日本精神史的位置，同時也不應圍於中國研究者的專利，而回到公共知識分子的思想課題的定位，成為公眾討論的公共課題之一」（馬場，2009b，頁219）。

十、立足歐美的諸研究

與好好先生般的日本中國研究者觀點不同的是，歐美研究者更早而犀利地關注到內蒙古的大屠殺。文革高峰期的1968年，海爾與希頓（Paul Hyer and William Heaton）共著的研究論文開內蒙文革研究之濫觴。論文指出：內蒙古文革是「地方民族主義者與毛主義者之

間的衝突」。引發這一衝突的原因是中共大力推行漢人殖民主義政策
和企圖奴化蒙古人的社會主義社思想教育運動。以烏蘭夫為首的蒙古
族領導人抵制中共強制推行的大漢族主義，卻因此而招來了殺身之禍。
中共對烏蘭夫抵制「四清」中「反大漢族主義」的提法非常不悅。

第一、社會主義中國建國後迅速強制推行「社會主義思想教育化」
　　　與進行大規模的漢族入殖，對蒙古人實行強制性集體畫一
　　　統治。這些政策必然引起蒙古人強烈的不滿。

第二、漢人本位主義。即大漢族主義與蒙古族「地方民族主義」
　　　的對立尖銳化。

第三、對烏蘭夫為首的蒙古幹部們的肅清計畫早於 1965 年秋就
　　　準備就緒。大肅清中毛澤東的親信——康生表現得積極而
　　　活躍。

第四、從 1968 年成立的「新生紅色政權」——內蒙古自治區革
　　　命委員會成員的構成來看，漢人幹部占絕大多數，蒙古幹
　　　部寥寥無幾，並沒有顯示出「社會主義民族大家庭內」有
　　　蒙古人一席之地，由此可見民族問題仍未解決。關於這一
　　　點，蒙古學者郝維民在論述蒙古族幹部的地位與作用，是
　　　否與自治的主體民族相稱中補充指出：1967 年 11 月至
　　　1976 年 10 月文化大革命結束前，在內蒙古革命委員會先
　　　後有十七名主任、副主任，其中蒙古族只有兩名；在內蒙
　　　古革命委員會的核心小組中只有一名蒙古族。

第五、從自治區位於的「反修防修前哨」國際地緣政治來看，
　　　中國愈發強化了對該地區的高壓統治（*Hyer and Heaton*，
　　　1968，頁 114-128）。

文革結束將近二十年之後的 1988 年，美國人類學者 Jankowiak
再次關注到政情震盪的內蒙古。他在調查中收集到 1981 年呼和浩特
發生的以大學生為中心、反抗漢人入殖、保衛民族自治權運動親歷者

的證言。並指出由於以烏蘭夫為首的自治區幹部拒絕接受北京方面所
提倡並推行的「漢式的文明生活」（即農業化），而一味堅持「野蠻的」
畜牧業，導致了一場「不同文明之間的衝突」。

　　中共以為蒙古人之所以桀驁不馴的精神根植於他們的歷史，蒙
古人還曾經要求與蒙古人民共和國統一合併成為一個民族國家。也就
是說，中國屠殺並清洗蒙古人是為了清算過去的民族自決的歷史。作
者經過嚴謹的實地考查後認為，有五十萬蒙古人遭到逮捕關押，被殺
害的蒙古人數字高達十萬人。文革結束後，政府根本沒有做出任何誠
心誠意的道歉，也沒有採取彌補的救濟措施，因而導致學生運動爆發
（*Jankowiak，1988，頁269-288*）。

　　1993 年，斯德哥爾摩大學亞太研究中心發表了吳迪（筆名啟之）
的論文。這是錫伯族學者關注內蒙文革研究的成果。吳迪於 1968 年 9
月從北京赴內蒙古烏蘭察布盟土默特左旗插隊，後抽調到內蒙古鑄鍛
廠鑄鐵車間做混沙工。吳迪在內蒙期間親歷了「挖肅」運動。此後十
數年間，又經過多次調查採訪，掌握了大量的第一手資料，在此基礎
上寫成此書。然而這項研究成果卻不能在中國公諸於世。

　　吳迪認識到「對蒙古人的殺戮根源於社會主義中國制度性的弊病
之一」，出於糾正熱愛的祖國及其制度性的弊病，著書立說，呼籲釐
清內蒙文革真相，「弄清文革發生的機制和原因，伸張正義則是要追
究發動、領導文革者的責任，懲辦『挖肅』運動的直接領導人」。

　　吳迪將內蒙古的文革分成「主體」──1966 年 5 月到 1969 年 5 月，
和「派生」──1969 年 6 月到 1976 年 10 月兩個階段。並指出：「主
體」階段引發民族清算和社會清洗的誘因為烏蘭夫在 60 年代初期「試
圖通過批評大漢族主義來維護民族自決權」的事實。中共最初清洗烏
蘭夫的鄉黨，接著鎮壓東蒙幹部。「在路線鬥爭和權力鬥爭掩蓋下的
民族矛盾從此公開化，政治化的大漢族主義，『非我族類，其心必異』
的文化心理與漢族民眾對優待蒙族的『社會不公』──『黨土』矛盾
和『群幹』矛盾被轉嫁到少數民族身上，蒙族幹部和群眾首當其衝，
這是一個由結構性暴力引發的直接性暴力。而這兩個階段的暴力殺戮

都是從中共中央到緊跟中央「戰略部署」的內蒙革委核心小組的滕海清、高錦明等漢人高官一手策劃和實行的。最後替罪羔羊還必須讓蒙古作家烏蘭巴幹來承擔,「內蒙人舊恨未平,反添新怨。『一樁糊塗案』成了內蒙古上上下下的共識」。

旅美文革史研究者宋永毅與海內外一批有志於研究文革的學者出版的《文革大屠殺》(*香港開放出版社*),書中記載了吳迪的《「內人黨」大血案始末》一文。此書已經翻譯成日文,書名為《毛澤東的文革大殺戮》。吳迪在文章指出一開始內蒙文革最大的特徵就是民族問題。「挖肅」運動留下的禍根就是深刻的「民族衝突」。並基於自己收集到的自治區各地「挖肅殲滅戰」中的悲慘事實,對運動的歷史根源、多重暴力結構作了深入分析,指出最先對大屠殺質疑的正是造反派。

此外,吳迪還指出以下幾個實質性的關鍵問題:

第一、對自治區最高領導人烏蘭夫的定罪是中共中央批准的。毛澤東早在「前門飯店會議」之前,就預備好「民族分裂主義」和「三反分子」的帽子給烏蘭夫戴上。對於毛澤東來說,這些帽子中,最有價值的、可以大作文章的是「民族分裂主義」。有了這個罪名,就有足夠的理由收拾那些跟隨烏蘭夫的蒙族幹部和軍人。只要打倒這些主體民族的精英,漢人占多數的內蒙古就會像其他省、區一樣順利地開展文化大革命。在這場政治博弈中,其他各級官員們都不過是文革棋盤上的棋子,毛澤東以高妙的權術驅使這些「黨的忠實工具」為自己的政治目的「服務」。因此毛是主犯,其他各級官員是從犯。

第二、內蒙「挖肅」暴力責任一股腦地推卸給林彪、江青反革命集團之說違反事實,不利於真相追究。對林彪的種種非難缺乏事實根據,掩蓋了問題的實質和根源。雖說康生起了惡劣的教唆作用,但周恩來不能逃避責任。

第三、時任內自治區革命委員會主任滕海清沒有受到任何法律意

義上的審判和制裁，清查工作就此畫了一個句號。這種處
理方式「極大地傷害了蒙族等中國少數民族的感情，極大
地損害了民族團結」。
第四、由於文革中錯誤的少數民族政策沒有得到根治，80 年代至
90 年代在中國西北部少數民族地區的主體民族爭取高度自
治與獨立的民族運動復活。

英國劍橋大學人類文化學者 David Sneath 於 1994 年出版的論文
中分析錫林郭勒盟與呼倫貝爾盟親歷者證言的基礎上指出：由於內蒙
古自治區地理位置上處於「反修前哨陣地」，針對烏蘭夫等蒙古族領
導人的大清洗早在 1965 年即準備就緒。中共認為蒙古人在「反修鬥
爭」中沒有向北京效忠，為實現根除蒙古民族獨立傾向，於是便舉起
屠刀，蒙古人受害者可能達到十萬左右。經歷這樣一場政治浩劫之後，
蒙古人傳統的畜牧經濟遭致毀滅性的打擊，從此一蹶不振（Sneath，
1994，頁 409-430）。

「事實上的種族屠殺」為歐美研究界關於文革中對蒙古人大量殺
戮的共識（Atwood，2004，頁 250）。

英國的 Kerry Brown 基於自己收集到的中共文獻資料——《講
話》、《談話》、《報告》、《意見》、《座談》、《通知》、《要旨》、
《說明》、《指示》、《社論》以及《紀要》，並吸取先行研究的成果，
認為「挖肅」無論從地理位置上，還是從自治區民族比例構成的特徵
上來看，民族自治區有名無實，蒙古人根本不可能逃脫被屠殺的命運；
這場民族屠殺以歪曲、批判內蒙古人民革命黨的歷史為軸心展開。內
蒙古的文革比中國任何省、區的文革都更為駭人聽聞地殘酷與恐怖，
失去的民族精英最多、民族衝突更為慘烈（Brown，2006，頁 1-3）。

從筆者粗略統計的歐美研究成果與日本研究之比較，可見截然不
同的價值取向。希冀日本的中國研究者今後與世界各國的中國研究者
更多地交流與對話，使文革研究逐漸擺脫中國式政治話語與中國情結
的影響，從而轉向客觀的學理研究。

十一、大屠殺從未遠去

2000 年中共出版了名為《百戰將星滕海清》個人傳記。「本書記述了開國中將滕海清獨自建功川陝，率部淮上抗日，鏖戰齊魯，揮戈淮海，克杭州等英勇事蹟以及他傳奇般的戎馬生涯。」唯獨對他親自指揮對蒙古人的種族屠殺的這一犯罪事實卻隻字未提。有意隱藏事實與大屠殺的動機與本質同出一轍——意味著文化上的種族大屠殺並未遠去，今天仍然在進行。

在社會主義中國，其他少數民族亦同樣未倖免於難。最近《西藏大屠殺》一書出版，「解放後」藏人受難者達八十萬人之眾！這一統計資料令人怵目驚心（庫爾托瓦、扎魯·巴勒等，2006，頁 114-212）。

中國對少數民族的屠殺並不只是 50、60 年代的混亂時期的特有產物。沙甸事件，即 1975 年 7 月至 8 月間、發生在雲南省紅河哈尼族彝族自治州箇舊市雞街公社沙甸大隊及其附近回族村落的一次回族武裝反抗事件，遭雲南省當局鎮壓，導致人口不到萬人的沙甸計有兩千人死亡，鎮壓結束之後，大批參與者被判死刑和重刑（張承志，1998，頁 171。馬萍，2006，頁 359-366）。對少數民族的屠殺歷史與中共建政後的歷史同步展開中，2008 年北京奧運前夕的藏人抗爭事件也引發全球關注中共實行的又一次人權大迫害。近年，新疆的暴力反抗已日漸小規模化、日常化。由此可見，對蒙古種族的清洗只是揭示了中共無數人道犯罪中的冰山一角而已。

中共一方面對境內少數民族非人化的屠殺，另一方面同時為國內不斷激化的「繼續革命」創造一個外部環境，在解放全人類的口號下，積極向世界「輸出革命」，建立世界革命基地。中共直接或間接指導東南亞各國的共產黨，提供依靠農民的武裝鬥爭、劃分階級的「民族民主革命」的模式，甚至提供武器、物質、軍事指導、廣播電臺等。並且把中共派柬埔寨赤柬的波爾布特幹部召集到北京當面聆聽毛的教誨：「槍杆子裡面出政權」、階級鬥爭、無產階級專政。革命根據地等理論（程映紅，2008。周德高，2007）。結果從 1975 年到 1978 年，這個人口只有不到八百萬的小國卻屠殺了二百萬人。

可以說中國的革命理論就是東南亞、中南美洲等國家發生暴力革命的遠因。2009 年 2 月，聯合國與柬埔寨王國政府成立的柬埔寨法院特別法庭——「種族滅絕罪行國際法庭」正式開庭，對前赤柬成員進行審判。

儘管對這一公認的人道犯罪審判姍姍來遲，但誠如柬埔寨首相洪森說審判赤柬是「國際社會期待已久的」，而聯合國常務理事國的中國卻企圖阻止公審的進行。原因不打自招——除了柬埔寨之外，中共還向東南亞以及中南美洲、非洲各國用傳遞《毛主席語錄》等方式輸出毛主義意識形態，支持這些國家的共產黨及左派激進勢力。今天這些國家政局不穩的原因之一，就是輸出「毛式暴力革命」的苦果。

中國利用國際社會的共識——「反恐」，將少數民族提出實現真正的民族自治的要求都解釋為國際恐怖主義的一部分，並不允許國際社會「干涉內政」而加以嚴酷的鎮壓。

這一政治手腕與文革時期將「反黨叛國的民族分裂主義活動」作為教條的理論同出一轍。儘管中共人事高層換代，但對少數民族的統治方式以及其御用學者研究的政治文化學說體系未變。因此，對少數民族再次發生大屠殺的可能性仍然具有現實意義，甚至可以說燃眉之急。

國民國家的合併統一與民族自決觀皆出於為近現代經濟體制相吻合的政治學說體系。但二者相互排斥，難以調和。民族——國家既是大屠殺的當事者，又是遭受大屠殺的原因。在中國，如內蒙古自治區的近現代歷史所顯示的——其迫害模式是以國家主權，或者說占人口絕大多數的漢族單方面實行的對蒙古族的殺戮，相反，蒙古人沒有絲毫反抗迫害的可能。

今天中共仍在宣傳吹噓「大一統」的「多民族的幸福大家庭」來整合民族關係，「中華民族的多元一體格局」政治幻想中的「中華」製造為「一個國家、地域、族類和文化共同體認同意義上的概念」。所謂「即共休戚、共存亡、共榮辱、共命運的感情和道義」。在多元一體格局中，五十六個民族是基層，中華民族是高層。自古以來擁有

文明基礎的漢族為凝聚作用的核心，並把多元結合成一體（*費孝通，2008*）。

日本部分研究者立即認同和接受這一「為加強中華民族凝聚力理論體系」，這對少數民族來說是非常危險的思想。說明曾為「解放全人類」而向全世界輸出暴力革命的中國漢族社會裡，「文明的、先進的漢人」對「落後的黑暗的少數民族」這種傳統的思維模式至今仍然根深蒂固。2009 年 3 月，中共設定「西藏百萬農奴解放紀念日」，用於紀念西藏的「民主改革」，因為「西藏在民主改革前，處於比歐洲中世紀還要黑暗、落後的政教合一的封建農奴制社會」。因此，伴隨「民主改革」的暴力行為迫不得已，標誌著中共的語言修辭中悄然置換民族認同符號──「中華民族演變為一個完整的統一體」。

不依據事實，虛擬「中國自古以來就是多民族的統一國家」的政治幻想時，將少數民族渴望創建自己的民族國家貼上「妄圖分裂祖國的民族主義者」的賤民標籤，置於屠刀下肆意橫切豎割。此類具有中國特色的屠殺少數民族的理論，在解決中國國內少數民族問題上確實具有實效機能。從中共建政史來觀察，沒有任何跡象保證今後不會發生同樣的悲劇。換言之，大屠殺的危機從未遠去。

筆者並非將人口占絕大多數的漢族視為絕對的惡，而將少數民族視作絕對的善。筆者所深刻感受的是大屠殺這種現象總是與民族紛爭、民族淨化相互關聯。

前南斯拉夫解體後所獨立的波赫共和國境內爆發了大規模的內戰，進行種族清洗、驅逐或屠殺、強姦婦女……等，塞族人還得到南斯拉夫聯盟共和國人民軍的支援。為此，1993 年 3 月 20 日，波赫共和國向國際法院提起對南斯拉夫聯盟共和國的訴訟。類似的民族清洗和屠殺在其他國家同樣發生過。當代社會中對少數民族的屠殺這一反人道罪行的行為，我們應該及早準備應對。以「民族問題」為口實的種族屠殺的事實來看，中共屠殺少數民族歷史的研究為迫在眉睫的問題。

日本積累的有關中國少數民族的資料資訊可謂汗牛充棟，今後如

能運用豐富的成果，挖掘出至今被隱蔽、被否定的對少數民族種族的清洗與屠殺的實態，並展開梳理與追究，從而認識「文化革命」話語下隱藏的另一個「血酬定律」（吳思語）——對少數民族的蓄意屠戮而達到生存資源的再分配的徹底反人道、反人性、反文明的政治運動，為認識中國本質提供一個標竿。

1948 年 12 月聯合國大會制定了《防止及懲治滅絕種族罪公約》（Convention on the Prevention and Punishment of the Crime of Genocide），責成所有會員國有義務防止和懲罰滅絕種族的行徑，且無論其發生在戰爭或和平時期。21 世紀所有愛好和平與民主的國際公民，因通過究明大屠殺真相和責任，為構建人道與人性社會作出應有的貢獻。

後記

作者後記
文化性種族屠殺時代

楊海英

陽之國——日本，彩虹之國——朝鮮，為蒙古高原遊牧民族對東方的傳統認識。而對萬里長城以南的中華世界的認識，從早於8世紀先民刻下的這段古突厥文字的「特勤碑」警世文中可見其心聲：

> ……唐人的話語甜蜜，實物華麗（原文：柔軟）。他們用甜蜜的話語、華麗的實物誘惑。使得遠處的人民靠近（他們）。當住近了以後，他們就心懷惡意。他們不讓真正英明的人、真正勇敢的人有所作為。一人有錯，連其族人、人民、後輩都不饒恕。由於受到他們甜蜜的話語，華麗的實物的誘惑，突厥人民，你們死了許多人。

篤信中國人的甜言蜜語，接近中國文化象徵的奢華柔軟的絲綢，意味著遊牧民的自蝕自滅。這段簡潔的碑文一千二百多年來警醒著北亞遊牧民族的心魂*（濱田，2002，頁78）*。

拙書基於蒙古基本的近現代史觀，通過對「極端年代」的極端事件——內蒙古文革的個體記憶以及集體記憶的見證，從少數民族的觀點描述了另一種文革言說與表述空間。

訪談對象的親歷者包括自治區機關幹部、解放軍幹部以及普通遊牧民等社會各領域的同胞。這些動態言說並佐輔地方志、歷史檔案、

中共檔案、鄉土資料、上訪資料、回憶錄、文學作品等書面資料和研究論著分析透視。因而，拙著的意圖並非單單囿於文革史（政治史），而涉及蒙古族近現代史，也就是殖民史的性質（歷史人類學）、侵蝕過程、非理性的邏輯以及傳統的暴力血酬的關係對今後的影響。筆者深知筆力有限，無法涵蓋自治區村村落落都掘地三尺的以「挖肅」為名的民族屠殺真相，無法打撈起更多無聲者的聲音。筆者堅信──沉默，也是另外一種岩石般的力量。

　　拙著所記載的只是民族屠殺中極小的一部分痛切的生活史、生命史、死亡史，更為準確地說，中國文化傳統相伴隨的觀念體系，在文化革命的社會、政治、資源、文化、經濟、意識形態等方面的相互呼應、相互滲透中形成的獨特的運作機制與操作方式，如何消滅人性的高貴與尊嚴，如何以對少數民族屠戮的形式表現出來。如果說，歷史、文學、哲學等所有人文科學研究應當都是對人類生存的處境予以關懷、探索和思考的話。那麼，民族學、文化人類學更有責任從正面認識與解決民族問題。「釜水已沸，而魚竟不知」，甚至為虎作倀、扮演同謀者角色，便是「知識分子」的羞恥。

　　今天，中共對蒙古人的大屠殺，既無道歉，亦無真相調查，國際社會亦知之甚少。前南斯拉夫聯邦內發生種族清洗、民族淨化的大屠殺之後，國際社會對該地區的和平與民族和解發揮了積極的作用。

　　南斯拉夫國際刑事法庭（ICTY）的判例對國際刑法的實體和司法程式有著深遠的影響和參考價值。這裡，嚴厲懲戒大屠殺的主謀與參與者，是對暴行的約束和威儀，也是堅守文明契約論的標竿。對此，中國卻好像風馬牛不相及的事，不但未見任何反思的跡象，而且繼續封印歷史真相，歪曲事實的敘述，以經濟利益計算的最大化來主導社會的歷史觀。而經濟對生存資源和自然環境的破壞到極限時，社會中所有潛伏的衝突和矛盾就會表面化，對少數民族的暴力掠奪和血腥清洗變成維持暴力政權唯一「合法性」手段，與民主、自由、契約、憲政、文明、秩序、人道、悲憫、同情、羞愧等普世價值相悖離的妄念都在血酬生存原理之下發展成新一輪內戰與民族淨化。

《蒼狼大地》

太陽在南北回歸線間徘徊
牧人在溫帶草原上遊蕩
我曾經聽說過，遊牧人是
大陸的主人
駿馬失去了主人
獵狗失去了駿馬
蒼狼大地一片黃沙
豐美草原幾度寂寞
尖利的犁鏵開墾我的故鄉
失去草場的駿馬追憶滄然
何時黃沙埋我枯骨
君之犁鏵折戟成石

（蒙古詩人普霍 奧澤）

一、進行中的「二次大屠殺」

2007 年，對蒙古人來說，是別具意義的一年。

自治區成立六十周年、發動文革種族屠殺四十周年，雙重敏感的政治儀式慶典中，蒙古人再次認識到由於未能取得民族獨立或民族自決的勝利，今天自治區仍棲身於中共的殖民統治之下。

當然，中共也不會忘記其爐火純青、百煉成妖的政治宣傳攻勢。將蒙古人從茹毛飲血的落後的遊牧經濟形態中「解放」出來，並指引和幫助其走向「人類理想的社會主義」道路，試圖以經過漂白美化的國家記憶和強勢話語消除文化偏見下「他者」的屠殺記憶。

筆者親眼目擊官方勸誘加恐嚇幾位原內蒙古人民黨的倖存者到大眾媒體的報紙或者電視上「出鏡」，試圖通過受難者的自我表述，加固建構「偉、光、正」的文化語境。

　　「我們絕不能用自己的口玷污我們本民族的歷史。」幾位老人斷然拒絕媒體導向的異化的「民族團結」。曾留學於日本舊制「一高」，後進入東京帝國大學深造的特布信為其中的一人。特布信也是日本作家藤原作彌的舊知益友（*藤原，2010，頁8*）。2010年春，特布信靈魂歸天。

　　蒙古人為實現內外合併統一、創建獨立的民族國家的訴求，或者為本民族的高度自治而浴血奮戰的民族史，統統都被中共偷梁換柱為「中國共產黨領導下的中國革命的一部分」，這種維護「大一統」的核心價值基礎上的操刀整容式「政治表態」，儘管遭到過特布信等人的嚴峻拒絕。但是至今，中共強制、脅迫、利誘蒙古人踐踏自己民族史的政治手腕絲毫未改變。

　　關於文革的「歷史決議」也同出一轍。所有的罪責都歸於「林彪、江青為首的四人幫反革命集團」。比如，「親中」的「根正苗紅延安派」的蒙古老幹部出版的「挖肅」當事者的回憶錄，也不被允許追究林、江、康以外的罪責與質疑，絕不允許另類的話語模式出現。黨國的絕對意志蠶食著他們記憶的神經末梢。

　　「偽滿時期」接受日本近現代教育的政治精英一向被中共鄙薄為「挎洋刀的傢伙」。他們連有系統地回憶文革的權利都被剝奪，黑暗吞噬與淹沒他們僅存的光陰。只有當黨國喉舌需要他們現身「痛揭日本帝國主義的皇民化政策」以及「滿蒙獨立未得逞」時，才能被賦予極為有限的話語權。但如涉及日本培養蒙古知識精英以及在文化教育方面採取的鼓勵措施，提高民族素質，保存民族文化和挽救民族衰亡所進行的努力，就會被視作「脫軌行為」大加撻伐。而事實上，至少對蒙古人來說，滿洲國是一個具有魅力的國家（*田中，2009*）。儘管事實勝於雄辯，黨國需要的是否定事實、歌頌民族清洗所構建的「和諧社會」。

　　簡而言之，中共至今仍在裹挾與強制蒙古人自己歪曲民族歷史、抹殺民族記憶，湮滅民族文化自覺與認同，筆者稱之為「第二次民族清洗或屠殺」。

　　「第二次民族屠殺」以根除蒙古人的歷史文化為目的，因而筆者又稱之為「文化性的民族屠殺」。這次屠殺並不限於歷史文化與記憶，同樣波及經濟形態、自然環境、森林濫伐、土地濫墾、洪水氾濫、水質污染，給生態環境造成了嚴重的破壞。今天的內蒙古自治區究竟處於何種位置？將之置於近現代史的脈絡中來透視與分析，或許能夠看清事物的本質。

二、西部大開發

　　進入千禧年，中國舉國推進一項戰略國策──西部大開發。借鏡美國 18 世紀的拓殖墾荒與領土擴張運動的經驗，縮小東西部經濟差距，高談闊論「西部崛起」之羅曼史。

　　夢想民富國強，確為人民愛國心的表現。中共建政以來一直尚未解決的西藏、新疆以及內蒙古的所有的民生、宗教以及政治抗爭問題都上綱上線，所有的訴求都被定性為「民族分裂」、「恐怖活動」。他們試圖通過「西部大開發」，縮小「先進的漢族」與「落後的少數民族」之間的經濟差距、縮小民族地區間的不平衡，為西部創造大量就業機會，刺激漢地民眾向西部移民，繁榮西部的市場，為西部地區經濟崛起創造條件。這些目的達到的同時，牛羊共饗，恣其貪饕，茹毛飲血的陋習舊俗的「野蠻人」就會自動放棄固有的宗教文化與傳統的畜牧業。經過交流與融合，血緣、地域、習俗、文化、心理、歷史諸方面的差異亦日漸式微，「民族問題」亦迎刃而解，口服心服地歸順「完整的統一體的中華民族」。

　　那麼，西部大開發果真是一帖從根本上解決民族問題的靈丹妙藥嗎？事實恰恰相反，它喚起了西部少數民族意識的覺醒，少數民族從來沒有像今天這樣更加恐懼與警惕被妄自尊大的大漢沙文主義的同化。

　　蒙古政治精英海山主張的「牲畜、語言、國家」這三項根本為一個民族存在的底線的認識日漸夯實、突兀，作為活的民族文化載體的語言日益引起越來越多的人的普遍關注，本民族自動、自發、自覺地

參與或擔負起拯救瀕危語言的責任和義務，更重要的是高度的民族自治或民族自決的政治實體制定法律和政策。

中國的民族學者為國策有效地推進而不遺餘力。一方面，他們為這個「歷史性的機遇」——西部開發的合法性建立在經濟發展的基礎之上建言獻策；另一方面，創建新的理論以應付開發過程中爆發出來的新舊種種矛盾。無疑，這些「新款民族理論」遭到來自少數民族的質疑。以下，筆者分析二者之間的異見狀況。

三、悄然改變的關鍵字翻譯與「去政治化」

1990 年左右，從定調的政治意識形態的綁架中淡化出來，剛剛回歸學術思維模式的中國民族學者以及民族理論的制定者，幾乎沒有任何表面的闡釋，將英文中的「民族」這一關鍵字悄然更改成為毫無政治權力的「族群」。

中共建政以來，始終將「民族」理解為「Nation」，《China Dail》等官媒和學術刊物都曾固守表示民族自決權法理的列寧主義思想性質的「民族」，承認一切民族都有自決權，從而為各民族的自由發展創造必要的民主前提。但是所謂「去政治化」的「族群」（Ethnic Group）為學者和智囊寵愛，如：蒙古民族（Mongol Nation）、西藏民族（Tibetan Nation）被代之以「蒙古族群」、「西藏族群」，而搶占了公共話語權（*Naran Bilik，2007，頁 30*）。這意味著從此，「Ethnic Mongol」代替「Mongol Nation」，內蒙古的蒙古人再一次從政治、經濟、文化、歷史記憶上割斷了與血肉同胞蒙古人民共和國和俄羅斯聯邦布裡亞特蒙古人、卡爾瑪卡蒙古人等之間的精神紐帶。與獨立的蒙古人民共和國境內蒙古人血脈同根，共有價值觀、文化傳統、歷史記憶、畜牧業社會的經濟生活的蒙古人，本來擁有民族自決的「民族、國族」政治構建根基，由此業卻已淪為漢人統治下的國家的二等公民，奴隸式的族群圈（*楊，2009a，頁 188*）。

中國學者一開始忌用「族群」這一概念，因為漢語圈中最初將英語的「Ethnic group」置換為「族群」的是「臺灣反動派」，中國

學者認為它是「1970 年代以後臺獨勢力衍生的政治概念」（*郝時遠，2004，頁 123-136*）。一直警惕此一為獨立開路的顛覆性概念進入大陸。中國始終視臺灣問題為「國家核心利益」，因此，翻譯上的細小功夫絕不等閒視之。

中國之所以青睞「族群」這一概念，認為應對少數民族去政治化，絕非表示容忍「台獨勢力的主張」，而是出於「民族」若不改成「族群」的話，將導致更深的國家分裂危機。出於國家轉型期的政治權威與中華民族認同遭遇新的挑戰的責任感，中國的民族學者為「統一的多民族國家的政治格局」而奔走呼號。曾留學美國專攻「Ethnicity」的色目人馬戎認為「民族」專指「中華民族」，其餘五十五個少數民族只能稱為族群，少數派 Ethnic minorities，認為五十五個民族之所以被冠以「民族」稱謂，是清末帝國主義為「實現瓜分中國的目的，最好的方法就是分裂中國，而分裂中國的入手處，就是把中國國內在語言、血統、宗教不一樣的各個群體都叫做『民族』，向各群體的精英灌輸『民族主義』的理念和政治思路」。

2004 年，馬戎發表了《理解民族關係的新思路——少數族群問題的「去政治化」》。該學說基於以下三種思路構成（*馬戎，2004，頁 123*）。

「中華各族的共同歷史和今天面對的國際形勢，已經使漢、滿、回、蒙古、藏、維吾爾等各族結合成一個『一榮俱榮，一損俱損』的利益共同體。所以，我們今天必須站在十三億人的共同立場上，考慮如何增強中華民族內部的團結，必須以這樣的軟實力來應對外部國際社會的嚴峻挑戰。這是我的基本立場和出發點。蘇聯和南斯拉夫的解體，使我確實有危機感，有些話不得不說。」

第一：他提出將民族問題「去政治化」，即「文化化」，強調統一的「中華民族」的族群認同，而非各個民族政治認同。中國的少數民族在社會、文化意義上都與美國的「少數種族・族群」（Racial and Ethnic minorities）概念相同，

　　　　變「族群」更適合「我國民族構成的實情」。

第二：現在在兩個層面上使用「民族」這個詞彙，一個叫做「中
　　　　華民族」，一個叫五十六個「民族」。但是，把同一個漢
　　　　字放在完全性質、意義不同的兩個層面上來使用，必然會
　　　　造成一些混淆。

　　　　「我們在政治上都認同中華民族，都認同中華人民共和國
　　　　的公民身分——應當把這個認同看作是最基礎、最核心的
　　　　認同。」

第三：我們官方現在把五十六個「民族」翻譯成英文的
　　　　「Nationality」，這個詞國際上通常的理解是國籍，我們
　　　　現在把這個層面的民族譯成「nationality」，在英文翻譯
　　　　上存在問題。目前國內在五十六個民族的概念應用上很容
　　　　易和中華民族這個層次有一種衝突和重疊。

　　　　國際上通用的「民族」（Nation）是有很明確很鮮明的政
　　　　治含義的，包括與民族自決權和獨立建國的權利聯繫在一
　　　　起，這樣的「民族」概念並不完全符合中國五十六個民族
　　　　的歷史地位和現實中的實際情況，所以我提出能否考慮把
　　　　五十六個民族這個層面改稱「族群」，目的就是淡化這個
　　　　層面的政治色彩，我稱之為「去政治化」。

　　同時，作為現代公民國家中的公民，各少數族群成員在語言、宗
教、生活習俗等各方面的文化權利和公民應有的其他權利都是受到憲
法保障的。英語的「Nationality」，「國外的讀者」容易與相關的
民族自決權聯想，國民國家建設為名引發分裂主義的危險性。追究起
來，這個「民族」話語的源頭是那些希望清朝瓦解的帝國主義勢力，
一些西方外交官、傳教士、商人、探險家、日本間諜則是直接的傳播
者。自鴉片戰爭後，瓦解和瓜分中國就一直是各帝國主義的共同夢想，
他們認為最好的辦法就是使中國具有不同語言文化的各個群體演變為
「民族」，鼓動各「民族」的民族主義獨立運動，這樣中國就會分裂

為好幾塊，各國根據各自的勢力範圍予以瓜分。日本、英國、沙俄都採用「民族」話語來肢解中華。

曾支持孫文推翻滿清的志士仁人、幫助滿蒙獨立的「滿洲馬賊」，今之日本幾人何在呢？所謂杞人憂天地將「國外讀者」與民族自決與獨立國家的聯想不過是一種造勢，事前封殺國內少數民族真正的自治權的抗爭才是愛國學者馬戎的真意。

馬戎還向中共建言獻策：

說到底，「族群」是一定文化與歷史的團體，沒有將固有領土聯繫的「民族」危險，但是把「民族」兩個字組成一個固定詞彙，具有我們今天理解的明確政治含義的用法，具有自決獨立的含義。參照其他民族國家的構建原則，我建議把我們的五十六個民族改稱「族群」。因為一個群體被承認為一個「民族」後就有自決獨立的權利，如果我們把中國的漢滿蒙回藏都叫「民族」的話，就存在一個潛在的國家分裂的風險。

將帶有國家分裂危險的「民族」話語體系翻譯改為「族群」的馬戎，稱之為「解決少數民族問題的」『去政治化」」（De-Politicalization）。

馬戎回顧歷史自圓其說，以「歷史契約論」來加固「去政治化」的敘事結構。據漢典記載，「華夏＝漢人」相比蠻夷狄戎「發展要早」、「文明水準要高」，因而漢人積極對推動夷狄的文明化（華夏化），夷狄也積極學習華夏文明。以夏變夷就是文明化的過程。

馬戎的目的單純明快。「發展節奏慢，文明程度低」的蠻夷狄戎學習華夏文明，即「文明化」的過程正是「發展」。今天「先進正統的漢人」幫助遠離文明中心、嚴重滯後的「少數族群」，開發邊疆為合理的、絕對的「善良行為」。

但是，蒙古知識分子認為馬戎的一家之言完全閹割了少數民族問題中核心部分的民族自決原理，閹割了每個「民族」都有獨立的權利這一理念及政治含義。馬戎的所謂「關於民族關係的新思路」不過為「政治腔調」（*郝維民，2005，頁410*）。

　　漢族學者喜用「悠久的歷史、固有領土，神聖不可分割」之類的形容詞，幻想「自古以來就是多民族國家」（*王柯，2005*）。這些學者的「理論」對今天中共的獨裁政權起著「幫忙」或「幫閒」的作用。

　　拙著反覆想要強調的是，鄙夷「他者」為非正統、視「自者」為文明秩序象徵的居高臨下的不平等觀念，並在這種根深蒂固的文明優越感思想主導之下，以「解放」、「援助」、「發展」、「開發」為華麗的口實，實在孕育著第二次民族屠殺的危險。

四、乾脆取消徒有虛名的「自治」

　　支持馬戎的學說並與之相互呼應的是中國社會科學院研究民族政治理論的朱倫。

　　朱倫提出的《民族政治理論新思考》的主要思路是，現代民族政治意義上的自治（Autonomy）產生於統治民族和被統治民族之間的暫時妥協，存在著排他性和從屬性這一對難解的矛盾。中國等當代多民族國家的民族政治生活已經超越了傳統的自治觀念，實際已走上了民族共治（Jointnomy）的道路。民族共治有其必然性與合理性。它是「後自治」民族政治生活發展的客觀要求，是與民族政治民主和共和「三位一體」的命題。當代民族政治理論應當以共治為核心思想進行構建。民族共治的理論意義在於它是批判各種片面的和非理性民族政治觀念的武器，對於建設多民族統一國家、實現民族關係平等、自由與和諧的為有效的實踐工具（*朱倫，2002，頁1-19*）。

　　朱倫認為，中國的「民族區域自治」既非意味著「民族固有領土」的單位，亦非「單獨的民族社會」的基本，為集中一定區域內的族（人）群的自治主體。從（均質化）民族產生的背景、功能以及可能的結果等否定「民族自治」。並認為（均質化）的民族政治產生與帝國統治和政治壓迫，並斷言它在實踐中不是流於形式，就是走向獨立的開始。

　　朱倫試圖否定1949年前圖伯特（西藏）、東突（新疆）、南蒙古（內蒙古）的歷史與實際情況，即歷史上他們居住在自己的領域內，創造了與中華文化截然異質的獨自的文明與歷史，也否定了他們擁有

獨自的歷史觀的基本事實（*岡田，1991。梅棹，1999*）。

朱倫的目的很明確，認為民族政治並非當代多民族國家政治生活的全部，應擺脫傳統的同質化「民族─國家」觀和「民族自治」觀的束縛，提出了「民族共治」這一兼具「思想性和工具性」的新命題，認為這是多民族國家合法存在之基，是民族關係善治之法。由此，作者試圖論證「共治權」是基本的民族政治權利，因而應成為民族政治理論研究或民族政治學的核心概念。並指出「自治的實行者有可能性使得自治政治上邊緣化，從而助長分裂主義的危險性」（*朱倫，2002，頁4*）。

簡而言之，他們的邏輯思維就是將治理民族問題的失敗歸咎於民族區域自治政策，以剝奪少數民族最後的尊嚴為中共一勞永逸地解決「分裂主義」危險的癥結，能夠有效地防止民族矛盾和民族衝突演變為民族分裂問題。所謂民族共治的核心，就是中止、削弱、淡化、替代至今為止的區域自治民族權，在「共治」的名義下強化「漢化」統治。

朱倫強調「共治」的必然性為：

第一：任何民族分裂主義都遭致主權國家的反對，因為得不到國　　　　際社會的認同與支援，建構多民族的統一的中華國族，必　　　　須採用共治。

第二：當代社會，公民移動的自由，民族區域自治區域漢人區域　　　　的相互流動、吸收、交融也將使得單一民族逐步消亡。

第三：民族間異民族集團之間衍生的諸問題，也只有共治的原理　　　　能夠有效解決（*朱倫，2004，頁4-5*）。

朱倫在其他論文中援引前蘇聯與前南斯拉夫聯邦「失敗的民族自決理論與政策」為實踐的歷史為教訓，指出「在現代國家和現代公民社會條件下，民族自治不僅是一個無以證實、而且是一個可以多方證偽的虛議題」，「民族共治」理念才能「保障少數民族對國家政治生活的實際參與」，「民族共治體現了現代國家和公民社會條件下的民族政治理性」。正確解讀我國的民族區域自治制度是實現我國民族理論創新的一個重要方面。因為，強化民族公治才能保障區域自治的成

功。

朱倫學說中提到的國際社會不認同前蘇聯、前南斯拉夫中分離獨立的國家，與馬戎言說中的「國外讀者」云云如出一轍。不過都是為欺騙國內少數民族，保證「維穩＝長治久安」的實用之策。朱倫主張的「公民自由移動」，在農村戶口與城市戶口規定嚴格的中國法律之下也是海市蜃樓。只有保障公民的基本政治權利，公民擁有自由結社、組成宗教團體，擁有新聞出版的自由和普選權等普世價值以及各民族有自由結成聯邦權來能凝聚各民族人心。不過，1949年以後中國制定國策，動員漢人大規模入殖邊疆，具有屯田兵性質的退伍軍人和知識青年的邊疆建設兵團在「人為形成保障邊境的屏障」以及資源破壞、草原面積的減退和水土沙漠化等方面，確如朱倫一語中的之「公民自由移動」的結果。

所謂「民族共治」所帶來的只是占壓倒優勢的漢人為主人的傲慢而粗暴的同化政策。其前提是國家統一、國家主權高於人民的幸福與自由。

五、來自蒙古學者的駁斥

馬戎的「少數族群（民族）問題去政治化」以及朱倫的「民族共治」的「新思路」、「新理論」問世以來，少數民族的知識精英接連駁斥其多方面的謬誤。

內蒙古大學歷史研究者郝維民（蒙古名敖騰比力格）在《漫議中國西部大開發與蒙古族的發展：兼評少數族群「去政治化」和民族「共治」》這一宏文中對馬、朱論點逐一立論批駁：

郝文首先指出，鐵木真統一蒙古各部，形成蒙古民族共同體。蒙古族非現代中國這單一的政治框架內形成民族，而是創建世界歷史的民族。「它以震撼世界的聲威登上歷史舞臺，創建蒙古帝國」，中國歷史引以為豪的巨大版圖正是「蒙古民族的統治者創建了中國歷史上空前大一統的大元帝國，把中國統一多民族國家形成的進程大大向前推進了一部，為以後中國統一多民族國家版圖的形成奠定了堅實的基

礎」。將蒙古民族貶低為單一的「文化族群」的馬的觀點違反了馬克思主義關於民族問題的最高原則——民族之間的平等（*郝維民，2005，頁384-385*）。馬克思主義民族觀的基本內容之一是各民族平等的聯合，反對民族歧視和民族壓迫，是解決民族問題的根本原則。

前者「把中國的民族區域自治制度和民族政策當作民族問題上的「去政治化」而去掉；後者也是以實行國家和民族自治地方兩個層面的「共治」，削弱、淡化甚至淹沒少數民族的自治區。這兩論實質上與 20 世紀 60 年代的「左」傾思想和「文化大革命」中的極左思潮，對待少數民族和民族問題的主張相似。

郝文回顧了內蒙古自治區內在極左思潮橫行的時代蒙古人的遭遇：

1957 年開始的以「反右鬥爭」為形式而開展的「既反大漢族主義，又反地方民族主義」的運動中，實際上被肅反和清洗的主要是蒙古幹部。烏蘭夫說過，然而在反地方民族主義運動中，卻把地方民族主義當作敵我矛盾看待，內蒙古自治區共計有三千九百三十四人被打成「右派」而遭至肅清（*楊，2009a*）。郝文指出：毛澤東說的「大漢族主義者」沒有一個人被揪出來批鬥過（*郝維民，2005，頁 394-395*）。

拙著在第二章中記錄了自治區「三大右派」之一的欽達瑪尼親歷的經驗。筆者沿著郝文的脈絡繼續深思的話，中國建政之後的六十五年之中，無數少數民族的「分裂主義者」被逮捕、處刑，而「大漢族主義者」無一人受到過任何法律形式的制裁。

郝文進一步指出：自治區最高領導者烏蘭夫由於制定了一系列合乎蒙古自然環境和社會經濟形態的畜牧業的特殊政策和措施，在清階鬥爭中對牧區「不鬥、不分、不劃階級」、「牧工牧主兩利」等正確政策等，被有預謀、有計劃、有組織，並經過精心準備而羅織五大罪狀，文革開始後，「全國最早被定為走資本主義道路當權派的最高級別領導人之一」。

內蒙存在「烏蘭夫為首的反黨叛國社會基礎」被定性之後，40 年代以民族自決為目標的「內人黨」「人還在，心不死」，在「建國後仍然潛伏下來繼續現行分裂活動」，從而對「企圖分裂祖國的反革命

集團」定罪，發動對蒙古人的大屠殺。

「蒙古族是這場劫難的最大受害者」。人口僅一百五十萬人的蒙古族中，竟有三十四萬六千六百五十三人被逮捕、死亡一萬六千二百二十二人、傷殘者達十二萬人（筆者將在後面敘述蒙古學者的統計資料）。

大屠殺民族災難之外，內蒙古自治區的行政區域被分割。1967年7月將自治區東部的呼倫貝爾、哲里木、昭烏達三盟分別劃歸黑龍江省、吉林省、遼寧省；將西部的阿拉善左旗和額濟納旗分別劃歸寧夏回族自治區和甘肅省，「分而治之」的統治使得內蒙古的歷史地域再次被分割，使得一百多萬蒙古人的自治權利完全被剝奪。蒙古族最大的民族自治區名存實亡（*郝維民，2005，頁399-400*）。

實際上，漢人當時已稱呼自治區為「中國共產黨反修省」（*特古斯，1993，頁53*）。這個「修」指的是「蒙修」，陰險地挑撥離間血脈同源的蒙古同胞煮豆燃萁、同室操戈。

郝文通過烏蘭夫的政治沉浮，分析蒙古人親歷的民族「自治」。

民族幹部在自治區政府機關占多大的比例，為檢驗少數民族是否真正當家作主的標準之一。郝認為「自治機關民族化的重要標誌是幹部民族化，即要有行使自治權利的民族幹部」。

1955年至1966年8月為止，自治區的蒙古幹部與漢族幹部人數為1比7的比例，自治區人委中主席、副主席中蒙古族仍占百分之五十。烏蘭夫一直任自治區政府主席中國人民解放軍內蒙古軍區司令員兼第一政治委和軍區黨委書記，是名副其實的中國民族區域自治的象徵（*郝維民，2005，頁402-403*）。

但烏蘭夫由於抵制中國政府強制推行的自以為善的草原濫墾、民族同化等一系列大漢族主義政策和方針而遭至肅清。從此以後，自治區實權的掌握者都是漢人幹部。

郝文介紹了自己調查研究法定的自治權實行的結果：

「近年去一個蒙古縣訪問時，蒙、漢幹部都在座。『當我問起及自治法實施的如何時，蒙古族和其他少數民族幹部面面相視而無言，

只有唯一的漢族幹部說，除了配備蒙古族縣長等領導幹部外，其他與普通縣沒有多大差別』。」郝文敏銳地看出實質性的問題——少數民族幹部「無言也是一種態度」。

另外還有一例。

「我與另一個蒙古族自治縣的部分領導幹部座談時，問及西部大開發的受益情況，蒙古族幹部同樣沒有人回答，也是唯一的漢族領導幹部回答：恕我直言，沒有感受。（*郝維民，2005，頁403、424*）。」

最後郝文總結概括：「誰都明白，中華民族是在特殊的歷史條件下產生的中國各民族的總稱，並非民族學概念。把民族學範疇的民族與中華民族這兩個不同的學術範疇的概念扯在一起，去糾纏它們之間的隸屬關係是毫無意義的……用不著以『去政治化』削弱、淡化民族意識，防範民族分裂主義」。

「對少數民族培養和強化『中華民族』的認同意識，人為製造融合，刮『民族融合』風的苦果我們是嘗過的，要切記，不要性急，急了是會翻車的」。

在自己和他人眼裡，郝維民都被看作「愛國主義的社會主義史觀學者」。但筆者尚未掌握到馬、朱如何回應郝文提出的異議。

六、農耕化與種族清洗解消「民族問題」

筆者生於文革前的內蒙古自治區，少年時代「有幸」耳聞目睹民族屠殺的過程。今天筆者不得不關注西部大開發與蒙古族的關係。所謂「西部大開發」區域除了陝西省以外，都是少數民族密集的地區。占全中國五十五個少數民族中「開發」五十個，占少數民族人口的百分之八十。而蒙古族為西部大開發區域人口眾多，分布甚廣，歷史悠久的民族之一。除了內蒙古自治區之外，還有三個蒙古族自治州、三個自治縣包括在內。

1945年秋，日本撤退後，內蒙古東部的蒙古人殷切渴望內外蒙合併統一，「共為自由、和平、富強的新興歸家奠基」，蒙古人民共和國領袖們也決心「為內蒙古骨肉同胞從日本與中國統治下解放出

來，為自由、獨立而戰鬥」（楊，2009a，頁 13-14。楊編，2010，頁 520-523），卻由於二戰結束前夕的 1945 年 2 月蘇美英三方霸權國擅自達成的《雅爾達協定》，斷送了弱小民族渴望統一的、最起碼的要求。這個《協定》既沒有一位蒙古人參加，也沒有傾聽蒙古人的心聲，將外蒙古領土範圍維持現狀不變這一現狀確認下來，而蒙古人故鄉的一部分編入中國境內行政區域，使得內蒙古民族自治運動領袖不得不轉而在中國境內尋求內蒙古的民族自治。

在今天，港澳臺所有的漢人之間要求與大陸統一的思想皆被抬轎子，吹捧為「愛國」的「正義行為」，而別的民族希冀與國境對面的骨肉同胞相聚的感情與理念則被看成是「分裂行為、恐怖主義」。

中共高分貝地宣言 1949 年「解放」了內蒙古，那麼，究竟是誰，又是通過怎樣的手段給「被壓榨、被剝削」的蒙古人民帶來了怎樣新的「自由」與「發展」呢？蒙古人的證言卻與中共的宣傳正面衝撞——政治上的壓抑與經濟上的破壞。

內蒙古自治區著名的媒體人沙日布扎木素的書《鐵犁下的內蒙古》尚未上架，遭至禁止發行（Sirabjamsu，2006，頁 1-62）。

據本書記載，20 世紀初，內蒙古地區的漢族人口約百餘萬人，至 1949 年已猛增到了五百一十五萬多人。中共建政後以「摻沙子」的名義，有組織地積極推行移民放墾和屯墾政策，再次掀起了大規模放墾蒙旗土地的高潮，現在達到三千萬，為「主體民族」的七倍。漢人殖民之處，完全不顧及自然環境，鐵犁翻土，深耕墾拓，對地表改造式利用，極大加重了原本脆弱的草原生態承載的力度。但播種收穫，能切實地感到佔有土地遷徙定居的滿足。漢族大規模移民墾殖的結果是眾所周知的，草場嚴重破壞、林木資源的破壞草場，有的地方甚至絕跡。水土流失嚴重，野生動物數量減少，甚至滅絕。風沙災害頻繁沙塵暴更是席捲到了長江流域，甚至日本列島。嚴重地破壞了脆弱的草原生態環境。至 1989 年，赤峰市烏蘭哈達哈鄉草原的百分之八十四劣質化、鄂爾多斯原伊克昭盟草原百分之七十四劣質化，土地沙化處於失控狀態。

　　中共「解放」內蒙古以後，共計進行了五次大規模地草原墾殖，使得水草豐美的草原變成退化與沙化，草原的抗災能力減弱，從而形成了惡性循環。

　　第一期：1958 年至 1959 年，「大躍進」運動，在生產發展上追求高速度，以實現工農業生產高指標為目標時期。

　　第二期：1960 年至 1962 年，強化公有化、集體經營政策時期

　　第三期：1966 年至 1976 年，文化大革命時期

　　第四期：1976 年至 1980 年，「農業學大寨」時期

　　第五期：1980 年至今，「草原開發利用」時期

　　與五次大規模草原墾殖相互伴隨的是大規模的移民遷徙。從 50 年代大躍進到文革時期，大約有一千萬漢人入殖蒙地，這一段時期政府究竟開墾了多少面積的草原，導致多少面積草場沙化，至今無人知曉這些屬於「國家機密」的精確的資料。但大家都心知肚明的是，墾殖面積和沙化面積肯定超過歷史上兩千年之總和。無疑，以「開發」為名，實質上是掠奪性的開墾，這就是將內蒙古視為殖民地政策的表現（*Sirabjamsu*，*2006*，*頁 10-18*）。

　　實際上，「摻沙子」不只是大規模的漢人入殖，粗暴濫墾，分割與肢解原少數民族區域，劃歸鄰省，如西藏；將漢族占絕大多數的地區劃入少數民族區域，如內蒙古建區之時的巴、綏、遼、熱劃進去，改變自治區民族結構、人口比例等等統治手法都是「摻沙子」的形式。

　　蒙古與中國的歷史上自古以來存在異文明之間的碰撞、摩擦乃至對立、衝突。中共視化外之地的異文明民族為潛在性的威脅，為採取漢化政治，「解放」後強制實行輕視畜牧業，重視農耕業的經濟形態。首先，消滅蒙古人的經濟基礎，在文化與政治方面，採取同質化的謀略，進行文化上的民族屠戮。但單從經濟上改造蠻荒的遊牧文明似乎太耗費時間，於是必須推行更加明目張膽的、高效率的同化政策，實行肉體上的民族清洗（*Sirabjamsu*，*2006*，*頁 11-32*）。

　　將文革中的民族屠殺與清末發生的「金丹道屠戮事件」聯繫在一起思考為蒙古歷史學者的通識。1891 年舊曆 10 月 10 日至 11 月 27 日起爆於朝陽、建平等地的漢人金丹道（因起事暴徒頭裹紅巾為記，故而蒙古族稱「紅帽子事件」）是一場民族衝突與民族大屠殺。金丹道教，又名「聖道門」、「一炷香」，屬白蓮教的分支。其首領楊悅春打著「掃胡滅清殺韃子」的口號，以「殺人奪地」為目的的這場「民族仇殺造成了蒙古人的世代恐懼，從那以後蒙漢矛盾日趨嚴重」（*阿拉騰德力海，頁 256。Sirabjamsu，2006*）。並認為「在這場戰亂中被殺的蒙古人多達幾萬人，另有數萬蒙古人因此而流離失所……毋庸而言，它也給當時的民族關係，特別是深受劫難的蒙古族人民，造成了十分嚴重的歷史後果」（*郝維民、齊木德道爾吉，2006，頁 412*）。另有一說，據自治區學者沙日布扎木素研究，蒙古人被害者高達三十萬（*Sirabjamsu，2006*）。「金丹道暴亂」是 19 世紀末 20 世紀初內蒙古東部發生的最為重要的事件。在卓索圖盟的土默特左旗，十餘天殺害蒙古人數萬之眾。它直接導致了倖存者被迫離鄉背井、整體北遷，局部改變了東蒙地區的人口結構，加快了整個興安嶺東南部草原農耕化的進程。

　　但是中國歷史卻高度評價為「推動歷史前進的農民起義」，並宣稱：「金丹道起義的主要原因是滿清官吏、蒙古封建王公和商業高利貸者對漢族勞動人民的殘酷的壓迫和剝削。」「由於一些漢族地主分子的煽動和一些人在民族問題上的狹隘觀念，以及長期歷史過程中形成的民族隔閡，導致一部分起義群眾錯誤地把對蒙古封建王公的仇恨擴大到了整個蒙古族，大批蒙古族勞動群眾被不加區別地殺害……起義沉重地打擊了滿清官吏和蒙古王公的封建統治」（*《初級中學課文試用本——內蒙古歷史》，1988，頁 176-177*）。

　　按照中共史官：滿清官吏和蒙古封建王公「顯然是招致寄往蒙古人被屠殺之原因」。中共將蒙古人一分為二，似乎剝削「漢族」的「蒙古族封建王公」本來就該殺，而「錯殺」的只不過是「蒙古族勞動群眾」。中共這種階級鬥爭史官系統地通過教科書灌輸進了學童的頭腦。順便提一句，1966 年開始中共動用漢人力量大批屠殺蒙古人以後，

善後時發出的政府文件都稱「錯誤」、「錯打」（*楊，2010，頁317-347*）。那麼，中共所發動的革命是否也是一場「錯誤」呢？

　　到目前為止，圍繞金丹道暴動的蒙漢史觀時有衝突。1984年11月22日的《遼寧日報》和1996年6月9日的《朝陽日報》刊登了稱讚金丹道為推動歷史進步的「起義」的文章而遭到當地蒙古族的強烈抗議。1997年5月，阜新蒙古族自治縣蒙古人正式向《辭海》編輯部致信，要求重新評價金丹道，但沒有得到任何回信。蒙古人指出，通過暴力屠殺蒙古人來奪取草原的手法和觀念已經在華北漢人社會中根深蒂固（*Sirabjamsu，2006，頁44*）。漢人社會中暴力肆虐的傳統痼疾通過共產黨推行的「土地改革」運動進行理論化以後，成為漢人手中最有效的兇器。文革中同樣的歷史再現而且發揮了前所未有的革命作用，導致蒙古族三十萬人被殺害，無數殺人兇手以鳩占鵲巢、反客為主的姿態，定居在草原上舒體通泰，儼然以「正統的中華人」自居，並消遙法外（*Sirabjamsu，2006，頁44*）。

　　沙日布扎木素提出的資料與中共公佈的資料有差別，同一公共事件，不同的記憶主體，當然存在不同的言說方式，沒有誰擁有權力壟斷他人的言說。這不僅表現在事實層面，也表現在價值觀的層面。沙日布扎木素提出的資料在蒙古學者中獲得強有力的論證。

　　蒙古學者冷靜地分析百年現代史中兩次發生民族屠戮的原因，並列舉二者之間的異同，提供商榷的平臺：

第一：二者都是有組織、有針對性的屠戮蒙古人，奪取草原的集團暴力。金丹道假借白蓮教蠱惑人心，文革以「革命」、「社會主義」等政治語彙將暴力神聖化、合法化。而這些政治話語的壟斷如同新的宗教，以國家意志和獨裁政權的形式從上下震懾與楔入公共生活，喚醒早已被扭曲、被壓抑、被暴力的人性的瘋狂與嗜血本能。

第二：除了毀滅生命與靈魂，民族文化也遭到最徹底的毀滅。1871年，將成吉思汗傳記寫成小說風格的蒙古作家尹湛那

希歷代祖傳藏書付之一炬。文革對蒙古的文物古跡的劫難，對民族文化的載體——蒙古精英的毀滅，對「文化」的劫難，如果尚未整體失憶的話，在此不贅。

第三：掠奪和踐踏的性質相同。金丹道所表現的人性的貪婪、狹隘、殘酷、下流、暴戾、戕害、從精神的暴力到肉體的暴力都在「教理」、「經典」下順理成章，無惡不作。無數名逃難中蒙古婦孺如草芥被殺、被姦，對外族婦孺的變態的暴力毀滅，似乎最能體現自以為可以馴服於自己意志的征服者獲得最大的快感。文革期間自稱人民子弟兵的解放軍以及漢人兇手同樣對蒙古婦女的犯罪，不勝枚舉。

錫林郭勒盟：

打死、逼死一千八百六十三人，刑法多種多樣，低頭、拷打、吊打、舌頭扎針子、光腳在火上跳舞、用鐵鉗子拔牙等幾十種。在逼供訊中，很多婦女被姦污。這裡死亡人數是「挖肅」當時現場打死、逼死之數。放出來回家之後由於傷重陸續死去的為數不少，未做統計。

東蘇旗幾個知識青年「群專」女人，頭上套水斗子進行強姦，有的都懷了孕。蘭旗將一個二十多歲的女借幹阿迪亞，圈起來拷打姦污，然後開除。

蘇旗白音朱日和公社巴音塔拉大隊貧牧哈日拉老人一家四口被打「內人黨」，兇手們將她們衣服剝光，強迫其兒子同生母交媾，公公與兒媳交媾。致使老父跳井了，兒媳上吊了，兒子用刀自殺，老媽瘋死。二連浩特市長包國良的妻子被挖「內人黨」，兇手們用繩子拉大鋸，將其陰道和肛門拉通，成了終身殘廢。

哲里木盟：

性虐待：在趙玉溫司令的帶領之下、對婦女進行了一下虐待行為。集團輪姦，用燒紅的鐵燒陰部、在陰道裡打氣……在被他

們強姦的女性當中還包括有十幾歲的少女。有人看見有位婦女被
強姦之後遭殺害，而剛出生的小孩兒俯在母親身上遲遲不想離開。

昭烏達盟：

　　類似的情況在內蒙古比比皆是。其殘忍可以和中國歷史上出
現過的殘忍相匹敵。例如，一位女青年堅決不承認自己是「內人
黨」成員，審訊人在施用過一切暴行後，竟將她的衣服剝光，把
一根木頭椎子塞進子宮裡，最後，這個女青年活活被折磨死。一
位男青年則被施用了將他的生殖器割下來的酷刑。

烏蘭察布盟：

　　四子王旗白音敖包公社黨委秘書敖如布札術蘇，被隱瞞富農
成分的壞分子郵遞員潘秀玉用刀將其背部割開，把食鹽揉進去，
再用燒紅的烙鐵燙平傷口，謂之曰「焊人」，如此開心把人弄死
之後，又將其妻子道爾吉蘇抓來，進行多次姦污後·把爐鈎子燒
紅插入其陰道，活活捅死。

　　烏盟卓資縣挖內人黨一萬三千名，懷疑兩萬三千人，死了
九十五人。所用刑法一百七十餘種，並強姦輪姦婦女。馬連壩大
隊支部書記女人被四十多個挖肅分子輪姦。劉光窯大隊把一個大
姑娘隔離關押打成內人黨並進行輪姦。

伊克昭盟：

　　某部隊在打砸搶分子配合下所用刑罰五十多種，聽了受害者
的控訴，令人毛骨悚然。燒火棍燙人，將女牧民剝光衣服，用燒
紅的濕柳棍燙肚皮，腸子露出來，再燙陰道，外陰燒壞，變成不
男不女。

　　伊盟蒙族幹部小白秀珍被毒打不省人事的時候，那些獸性發
作的兇手們輪姦作樂，將爐鈎子插入陰道，腸子都拉出來，然後
扔到井裡揚言「自殺」。

呼和浩特市：

賽漢塔拉機務段司機曹都連同其妻子一起隔離武鬥，將懷孕四個月的胎兒用鐵絲拘出來，還說什麼「生下來還是個內人黨，留他做什麼用」。

以上出自《內蒙古挖肅災難實錄》。

讀到這些鮮血浸漬的文字，任何尚存人性悲憫、惻隱之心的讀者，都會渾身僵硬、骨髓凍透、四肢篩糠、口舌發乾。暴力的根源僅僅在於極權體制嗎？對鬼神的敬畏、對下地獄的煎熬、對天譴雷打的害怕呢？

文革種族屠殺中無數蒙古婦孺，是種族、政治、宗教、性別多重受害者。親歷者們驚悚和恐懼、悲天慟地的眼神，告訴筆者，幾十萬人的命案，只能通過反人類罪法庭來結案。命案永不逾期，直到天涯海角，地老天荒。

第四：民族屠殺之後的善後處理方式也同出一轍。「金丹道暴亂」雖然被清朝平息，但是蒙古王公上書朝廷，漢人官吏等閒視之。文革後民族屠殺的直接指揮者、殺人兇手，不但沒有受到法律的制裁，反而提拔重用、或者帶著攫取的「挖肅」橫財調到外地，一走了之，華麗轉身。

第五：面對漢人有組織、大規模的殺戮，蒙古人始終處於「人為刀俎，我為魚肉」的狀態。漢人認為崇拜暴力權威可以最小成本地解決活命危機——奪取草原，盤踞下來，掠奪生存資源。暴力征服記憶已經深深根植於漢人的血液之中，漢人相信暴力是蒙古人唯一聽得懂的語言，下一輪民族屠殺的慣性和土壤依然存在，大屠殺的癌細胞，在今天仍然垂而不死。

這兩次種族殺戮的迥異之處在於：

其一：發生的時代不同。金丹道發生於「封建社會皇權專制統治下」的一場「反帝反封建的鬥爭」，而文革的屠殺發生於20世紀中共以「繼續革命」和「民族問題，說到底是階級鬥爭問題」的理論裝置下的多重對立。說明無論在「野蠻」時代還是「文明」時代，都通過對弱小民族的肉體消滅。毀滅人性的手段達到實現資源的再分配以及樹立「文明的優越感」及其政治倫理。

其二：方針不同。金丹道在「滅盡蒙古韃子，殺人騰地」的口號下，只要屬於蒙古族族群，平民百姓整體遭至殺戮。文革的屠殺主要針對蒙古政治、知識精英階層；文革後，蒙古精英幾乎喪失殆盡，民族政治文化處於斷層狀態。

其三：規模不同。金丹道大屠殺主要發生在內蒙古的東（南）部地區並波及遼寧、吉林、河北三省。而文革的民族清洗遍及中國境內所有蒙古人社區。甚至包括黑、吉、遼、晉、冀、陝、甘、新疆地區。國家機器以「合法性主權」發動紅色暴力殺戮如蠱甕吞噬，無處可逃。

中共指控日軍占領南京後屠殺三十萬無辜的平民，假如這個資料也作為一個起訴的根據，那麼三十萬人只占當時中華民國四億漢人人口比例百分之零點七五；與之相對，金丹道與文革屠殺卻奪去了蒙古人口的百分之十五的性命。從這個資料可以看出民族屠殺對蒙古人的肉體與心靈的摧殘與傷害有多麼嚴重！

親歷四十多年前非人的從肉體到精神折磨的蒙古人回想往事，傷心斷腸，無語凝咽，噤若寒蟬。廣袤草原賦予的渾融天地之浩瀚、峻拔、挺立、豪邁、剛毅、驕傲、自信的神髓與氣質本源都被寸寸淩遲，令人怕到心窩裡，寒到骨子裡。「哀，莫大於心死」、「心魂被斬草除根」，草原牧民雄渾、高亢、脆亮的聲音，如今說起話來好像一根粗繩截成三段，眼神都是灰的。這個致命的後果意味著蒙古失去了對抗高壓政治的民族精英，今後我們對黑暗與不合理的強權的承受力會

越來越強，像圖伯特人（西藏）、像東突人（新疆）那樣，忍無可忍
地站起來保衛自己的民族自治權，恐怕已經不復存在。在這個意義上，
強制農耕化與種族殺戮為解消民族問題最有效的手段吧。

七、環保美名下對草原的毀滅

　　中共官方學者認為，文革「挖肅」屠殺之風於 1967 年開始，
1969 年中央「五二二」批示下達之後逐漸平息。實際上，批示下達之
後很多地區「挖肅」仍在進行，遠離城市的偏僻地區直到文革完全結
束後的 1976 年仍有人見證「挖肅」至死的慘狀。

　　筆者反覆強調的是由於中共基於「內蒙古人民革命黨員」與其「社
會基礎」是「偉大祖國北疆的一大隱患」的政治定性，至少有三十四
萬六千人被逮捕，二萬七千人被殺害，十二萬人身體致殘。當時的自
治區蒙古人口為一百四十萬，平均每一個家庭都有被捕者，幾乎找不
到親友中沒有受害者的蒙古人。此時，漢族人口已經達到了一千三百
萬。從人口構成上可以看出，蒙古人在自己的故鄉淪為絕對少數派而
被打入政治與民族雙重地獄的最底層。這一事實，與納粹德國對猶太
人的種族清洗或者族裔淨化性質根本一致。

　　筆者的父親因恐懼被逮捕入獄而逃亡，高齡的祖母被揪去日夜接
受「群專批鬥」，勞動改造。母親和幼小的筆者被驅趕出門，不得不
寄身於破舊的倉廩，甚至被剝奪遊牧民族的基本生存權——放牧牲畜
（楊，2009a，頁 57-71）。

　　1970 年 5 月，政府蠱惑下的漢農入殖者執鍬攜鎬，濫墾濫拓牧地，
完全無視蒙古民族根植於草原、安居於草原，在與超遠牲畜的互動中，
共同構建的遊牧知識體系，而強制推行「文明的農耕生活方式」。中
共建政後，烏蘭夫一直抵抗中共盲目急躁的牧區社會主義改造，力圖
緩解墾殖拓荒造成的農牧矛盾、民族矛盾和草場沙化問題，保護脆弱
的草原生態系統，其結果是文革全國發動前夕的「前門飯店會議」上
被質問：「反大漢族主義的真實目的何在？搞了哪些陰謀活動？」直
到文革結束後，蒙古精英才覺察到早在 1964 年中央以藉口烏蘭夫反

對牧區農耕化、還草還林的問題，一場蓄意已久的民族清洗已準備就緒（楊，2009a，頁17-35）。筆者自家附近的草原被開墾，正是對牧民千年積累傳承下來的知識、文化價值、精神生活的徹底否定。草原生態系統中的任何一個生命、植物、動物，一呼一吸，都是活的，被稱為「生命之海」，意味著遊牧民族與之相互依存，相依為命。

從南京下放到筆者家鄉鄂爾多斯草原「插隊落戶」的知識青年親眼目睹了文明人——漢人強制開墾，推行農耕化的結果：「風吹草低見牛羊」的地方，土壤和地表如何逐漸沙化成了黃沙地的過程。第一年，尚有稍許的收穫；第二年，播下去的種子都收不回來；第三年開始，原本水草豐美的覆蓋著沙土，加上人口急劇膨脹，嚴重超過了當地土地生態環境的承載能力。沙漠化之後土質改變，四、五年之後竟生長出繁茂的牲畜都不能吃的毒草。

進入90年代，雖然局部地區得到一定程度的治理，但由於濫墾、濫牧、濫樵、濫採、濫用水資源和濫開礦等原因，平坦的草原腹部地形變成高低凹凸的黃沙丘陵，貧瘠的土地植被下不到一公分之下就是沙漠。隨時都能形成沙丘化的結構。

90年代初地質勘探隊更加頻繁出沒於鄂爾多斯大草原。將草原橫向切割成數米的帶狀，每隔50米埋下一個勘探器，通過勘探井地震波探知到鄂爾多斯中西部蘊藏著世界有數的石油、天然氣新型資源。另外具有工業開採價值的重要礦產資源多達幾十種類。按地域位置，全市可劃分為東西南北四大煤田。2008年北京奧運年的秋天，筆者的家鄉緊鑼密鼓地開始了天然氣開發工程。是年冬天，父母變賣掉全部家畜，不得不離開先祖代代的生命之海的草原，遷往城鎮定居。

即使沒有勘探開發天然氣資源，蒙古人同樣難逃背鄉離井、遷移定居的命運。中共認定「多次襲擊北京的『沙塵暴』源於蒙古牧民的過度放牧」，常年草產退化，地下水流失都是由於山羊「啃光剃淨」的結果。因此，政府實行圍封禁牧政策，遊牧民群體必須離開草原，就是作為草原的主人，必須「禁牧舍飼」，實行「生態移民」重新安置的計畫。鄂爾多斯部分地區允許一家一戶保留一百頭家畜，由於無

法維持生活，只好棄牧從耕。

「落入大地的草種，沒有家畜的蹄子踩進土壤，春天就不會發出嫩芽」。

「家畜不啃吃，青草長不壯」。

草原牧民對牲畜和草原的認識經過世代傳承與累積，形成放牧牲畜、利用草原的智慧、規約和知識，並與生存環境產生唇齒相依的互動關係。

所謂以「禁牧舍飼」以緩衝牲畜對草地的壓力，完全是農耕式的思維方式，禁牧的結果是草場老化、物種減少，牧民由於生產方式的轉變而陷入赤貧。就連有良知的漢族學者都心酸地呼籲：遊牧民的權利不是居住權，不是個體權，而是移動權、集體權、民族權。牧民最怕孤單，草場最怕分割。草場自古以來就是共有共用。草場私有，是牧民和草原的大敵。草原是我們的母親，不能任由她的兒女肢解、分割（*席慕容，頁215*）。

失去牲畜和牧民裸露而孤單單的草原，成了漢人「搞活地方經濟」，開發工程、開礦淘金者的天下。近年連續發生的忍無可忍的牧民在當地旗政府前舉著「還我草場，賠償損失，保護牧民利益」的標語靜坐示威，抗議政府侵佔牧民的草場、濫墾、濫採、濫樵及無計畫的亂開礦嚴重破壞草原植被，毀壞河道，污染河流和環境。

「我們祖先的土地，將變成人類的不毛之地」。

筆者的家鄉，陝西、甘肅、上海、北京的開發商潮水般湧入進來，他們用推土機推平草原，大規模撒種，巨大的抽水機晝夜不捨地迴旋著，吸盡億萬年前地質時代形成的地下水來澆灌土地，草原深陷垃圾和污水的徹底破壞。最後連牧民賴以為生存的井水都被吸乾，迫使牧民不得不離開故鄉，到城鎮定居。好比一個人被剝皮拆骨、抽筋吸血、肆意作踐，還有比這更加悲之深、痛之徹，恨之切的事嗎？

蒙古牧民逐水草而居的遊牧生活就是保護草原良好生態的唯一手段。牧民根據自然環境特點，傳統上有春夏秋冬四季草場。牧民驅趕牲畜隨水草四季遷徙的傳統智慧「正表現了人與自然環境相互作用的

特徵」（*海山*，*2008*，*頁 146-156*）。相反，奉農耕生產方式為至上文明的漢人認為牲畜與遊牧為草原環境破壞的元兇，以「逐水草而居的遊牧生產生活方式嚴重阻礙了傳統草原畜牧業邁向現代畜牧業，不適應當今時代的劇變，無法保證祖國邊疆更加穩固安康」的「凜然大義」將牧場變為農田。喪失了畜牧經濟基礎的蒙古人，也喪失了傳統文化，所謂西部大開發，不過為加快「同化＝漢化」少數民族的過程，抹殺其固有民族特徵的又一場文化性屠殺運動。

　　「離開了牲畜與草原，非我蒙古人也」。蒙古人祖祖輩輩相信破壞草原、森林、植被、動物等生靈的人必定會遭受神靈的報應和懲罰。中共在對西部地區的「民族分裂主義勢力」進行嚴打的同時重點轉移到「文化上的種族大屠殺」、正在進行中的文化上的大屠殺與中國傳統概念的「文化」，即「使遠方夷狄華化」的政策不謀而合（*Bulag*，*2010*，*頁 426-443*）。當今將蒙古人再次送上肉體的斷頭臺也不須勞神費力了。「去政治化」的「共治」論也不必贅費口水了。漢人統治已經浸漬滲透到自治區的每一個角落，恐怖就在空氣之中。中共境內的各少數民族正在緩緩地走向融進「中華民族」內的安樂死的未來。

　　筆者通過敘說個人的家史，民族馨血泣魂的滄桑變曆，通過不懈的「持續的呼喚」，試圖喚醒人性的道義與悲憫，良知與自由。哪怕這種徒勞的呼喚消逝於白雲蒼狗的遠吠之中。

八、文化上的種族屠殺通過區域自治實現

　　中共早在 1922 年的「二大」就提出用「自由聯邦制，統一中國本部、蒙古、西藏、回疆，建立中華聯邦共和國」，七大黨章又明確重申「為建立獨立、自由、民主、統一與富強的各革命階級聯盟與各民族自由聯合的新民主主義聯邦共和國而奮鬥」的主張，也就是說中共在建黨後的一個時期，強調以自治自決和聯邦制解決國內的民族問題。在國家結構形式問題上並未放棄聯邦制的構想。但是建政之後，為「防範帝國主義利用民族問題離間統一大業」為由，最終單方面摒棄承諾，取消了聯邦制的主張，採用了單一制的國家結構形式。蒙古

政治有識之士已經認識到民族權力被侵犯的上當受騙之苦*（特木其格其，2005，頁10）*。

冷靜地回顧近現代史，可以清楚地看出一個基本事實，那就是，帝國主義諸國並未以少數民族為對象，實行種族屠殺，也未以開發為名破壞「蠻夷」之地的生態自然環境；而自稱「將少數民族從比歐洲中世紀的制度還要黑暗的封建農奴制度下解放出來」的中共於50年代發動對藏人抗暴的屠殺*（阿部，2006，頁333-338）*；60年代以蒙古人為種族屠殺對象；70年代以雲南省沙甸村的穆斯林信徒為種族屠殺對象*（馬萍，2006，頁359-366）*。從少數民族的視角來看，中共帶來的「翻身解放」，正是民族屠殺與環境破壞的唯一元兇。

那麼，對當今少數民族的現狀如何從制度體系、理論框架上定位並思考未來的走向呢？官方史家認為：「從西元前秦始皇時代開始對少數民族的統治一直實行自治政策」。*（劉廣安，2009）*，即中共高調宣傳的中國封建社會的「超穩定結構」實際證明了「大一統」最有利中央王朝建立和維繫一個龐大帝國的統治……中國要建立一個現代國家，就必然繼承「大一統」的傳統。從中國幾千年歷史發展來看，「大一統」對中國的發展太重要了，尤其在政治領域、思想意識形態領域*（陳理《中國近代邊疆民族問題研究》，頁12）*。

這個具有「兩千年傳統的自治制度＝區域自治」的本質是什麼呢？如果將急促間「有史以來堅持實行的」自治改航換道轉型為「去政治化＝去民族區域自治制度」後的「共治」的話，作為「蠻夷狄戎」的少數民族必須再次清算民族區域制度究竟帶給了我們怎樣的「政治進步」與「經濟利益」？

最後，就讓筆者介紹兩位內蒙古出身的人類文化學者的思索，作為共同探討的一個思路吧。

在國內大學任教的學者納日畢力格首先指出：極端地說，所謂「中華」一詞並非一個含國家、地域、族類和文化共同體認同意義上的綜合概念，而專指漢民族。試圖將五十五個民族納入中華範疇、為促進核心凝聚力的政治共同體而進行「同化＝漢化」為訴求目的。馬、朱

論說其核心意義在於抹殺諸民族獨自的特徵、民族歷史、民族文化。民族認同與自覺，為「同化＝漢化＝中華化」而在理論上政策上提供具有合法性的政治意義（Naran Bilik，2007，頁23-24）。

　　有人說國民國家（民族）並非看得見的制度，它是作為印象而在心中被描繪的「想像共同體」。這個「想像共同體」在中國被夢想成「自古以來統一的、多民族幸福大家庭」。蒙古人從自己同地、同血統、同文字、同風俗的母國被強迫割斷臍帶，並分割、肢解。行政上劃歸為中國（漢人為核心主體）的一部分，心不甘情不願地落入非正統、非文明「族類」的一支（Naran Bilik，2007，頁28）。

　　中國為蓄意切斷國境線對面住有同祖同宗、說同一語言、抱有相同的價值觀的同胞之間的血脈意識，在政治上不惜施展了各種各樣手段與謀略。比如，吉爾吉斯共和國境內的吉爾吉斯斯坦人，在新疆境內被稱為「柯爾克孜人」。不明歷史文化真相者誤以為二者為完全迥異的兩個民族。這種稱呼，就是中共有意分斷治理的策略（Naran Bilik，2007，頁28-29）。

　　那麼，中國人為何並沒有將居住境內的漢人嚴格細分為「華人」，將境外的漢人稱呼為「花人」或「嘩人」呢？馬、朱之「新論」無非是一場有政治意圖的、從肉體到精神抹殺少數民族存在，創建一個新的民族＝漢化的中國國民＝中華民族的歷史改寫運動（Naran Bilik，2007，頁31）。

　　現執教於英國劍橋大學的寶力高認為：流亡海外的蒙古人、藏人、維吾爾人都異口同聲地證言北京政府目前在少數民族地區推行的是肉體與文化的雙重意義上的種族滅絕政策。他們訴說漢人殖民者殺害故鄉的父老鄉親，經濟上攫取掠奪，文化上實行強制同化政策。2006年，青藏鐵路開通之後，甚至連口德甚佳、暖如布帛的達賴喇嘛都向國際社會控訴文化性種族滅絕的事實，令人震驚（Bulag，2010，頁426-427）。

　　那麼，被「解放」的、生活在「幸福的大家庭」中的諸少數民族為何指責北京政府的民族政策為文化性的種族滅絕行為呢？要客觀地

理解他們的證言，必須分析北京政府歌頌的民族區域自治政策的實質。
流亡者證言：「以民族區域自治政策的隱蔽下，實際上憑藉武力和專
制逐步實行的以漢文化為主體的同化＝文化性種族滅絕行為。（*Bulag*，
2010，*頁437*）」比如：內蒙古自治區的學者特木其格其分析北京政府
2005 年公佈的《中國民族區域自治白皮書》指出：「中國政府完全不
尊重少數民族的自治權，否定諸民族之間的平等……曾對蒙古人承諾
自治權與聯邦制，後來卻完全取消。從這基本事實來看，蒙古人上當
受騙了。（*特木其格其*，*2005*，*頁1-21*）」

　　寶力高認為，區域自治政策的最大特徵為否定聯邦制。

其一：這個民族區域自治政策並非由少數民族自由、自發、自覺
　　　地公選，而是通過所謂「民主集中制」的原則，由北京政
　　　府從上之下強制的制度，其實權掌握在漢族為中心的共產
　　　黨書記手中。

其二：民族區域自治為民族自治與地域（區域）自治的組合體，
　　　實質上以「區域」控制與駕馭「民族」。認定少數民族基
　　　本處於與現代文明隔絕的狀態，應循「大分散、小集中」
　　　思路規劃開發格局，蓄意人為地分散少數民族居住格局。
　　　此外，以國家統一和安全為由，一貫推行淹沒式的殖民政
　　　策，大量漢人移民鳩佔鵲巢，反客為主，少數民族在自己
　　　的故鄉淪為名副其實的「少數民族」，正由於這種 人口比
　　　例上力量的反轉，文革期間發生了對蒙古人的種族屠殺。

其三：認定少數民族於社會發展水準低，思想意識、文化水準都
　　　很難適應現代社會的要求，基本不具備自我發展能力，而
　　　在民族區域自治區內導入社會主義現代市場經濟之外，開
　　　發扶貧的結果是，少數民族失去獨立性，為漢人外來權力
　　　駕馭，淪為單純的勞動力，並墮入社會的底層階層的赤貧
　　　者。今天的西部大開發重點置於資源的掠奪，少數民族自
　　　身的文化價值，民族認同、生態環境、傳統生計等基本權

利都缺乏考量（*Bulag*，*2010*，*頁 437-441*）。

　　由於「開發」與「發展」，少數民族自治區域成為漢人們的「世界市民」（Cosmopolitan）的對象。比如，內蒙古自治區，實行盟旗制度有著很長的歷史淵源和傳統，為清廷在蒙古地區設置的行政組織與軍事單位，也是也是清朝皇帝賜給旗內各級領主世襲領地。為朝向內蒙古的未來城市化，都市化的方向大踏步前進的結果是撤盟設市。1983 年，撤銷昭烏達盟建制，設立赤峰市；1999 年哲里木盟更名為通遼市，蒙古有識之士建議保留蘊涵蒙古傳統文化歷史的蒙語的地名，更改赤峰市為蒙語的「烏蘭哈達」，更改哲里木盟為哲里木市（「哲里木」蒙語意為「馬鞍吊帶」），這些建言一概被全盤否定。

　　蒙古人故鄉固有的地名——喚起民族認同與文化自覺的象徵，都被「進步的、文明的漢語」地名所替代，古老的原鄉豐富多彩的民族文化日漸消失，不留一片雲彩。

　　在蒙古人類文化研究者看來，中國對「民族」、「民族性」僅作為政治的、領土的權利與概念的附隨用語來理解，編制所謂「去政治化」的「族群意識」、「共識」的學說，重新詮釋史料，否定「民族」稱謂，意在加快殖民的步伐。政府的國策化取得成功，民族自治區淪落為中華殖民地，遷徙定居在此的外來侵略者漢人如今也搖身一變，公然自稱為「西藏人」、「新疆人」、「內蒙人」，並以少數民族地區的「土著（Indigenous）」（原住民）而趾高氣揚，並在外媒「解說」少數民族的歷史文化。這是一種值得關注的變化（*Bulag*，*2010*，*頁442*）。

　　從少數民族的立場來看，民族區域自治的漢化＝同化政策本質上就是文化性的種族滅絕。它超越歷史上傳承並持續下來的中華化＝文化性的種族滅絕的成功，少數民族所有自立、獨立的可能性，或者說自立、獨立的思想要素都被全盤否定（*Bulag*，*2010*，*頁443*）。為學術的公正，最後我們也來傾聽漢人學者的「道理」：

第一：中國歷史上早就形成了一個統一的民族國家，中國只有一個民族（Nation），即「中華民族」，不承認其他民族的存在；長期以來在基本理論上犯了知識性錯誤，沿用前蘇聯的概念，結果造成了許許多多不必要的問題，埋下了借所謂「民族問題」從事分裂祖國活動的隱患。

第二：在一個統一的民族國家內，各族裔的歷史趨勢應該是：加強「民族大熔爐」的力度，堅決搞大同。中華民族在長期發展的過程中，正是因為各族群的大融合，才造就了這個民族總體上基因較好、智商較高的優勢。

第三：撤銷各級「民族自治政府」，實現真正的族群之間平等，事先防止民族分裂的萌芽。少數族裔必須認同「歸化」，就像美國、澳洲等發達國家一樣，必須向主流族群歸化認同，必須學中國話，否則不能享有中國公民待遇。

第四：學習當年王鬍子王震將軍的硬作法，武力震懾其他民族。

2009 年 7 月新疆「暴亂事件」發生後原南京大學退休教授，現在澳門大學任教的汪應果發表題為《中國只有一個民族──中華民族》的文章。在資本主義香港堅守「言論自由」的明鏡出版社創始人何頻的觀點也同樣單純明快，就是要「取消民族自治區，實現真正民族平等」。

何頻認為：中共為凸顯所謂「民族團結」，在各種官方正式場合，從中共黨代會、全國人大、政協「兩會」，到中央電視臺的春節晚會，在都要刻意安排一些人穿戴民族服裝──明明少數民族人口如此之少，卻成立五個疆域如此遼闊的「自治區」，各機關也特別突出「花瓶」般的少數民族領導人；中國的少數民族問題，本來並不嚴重突出，原因在於，中國的主體民族漢族與其它少數民族實力相差十分懸殊，中國的少數民族基本上不可能撼動共產黨的一統天下。

然而，中國的民族問題多年來並沒有得到很好的解決，非但沒有像當局一再歌唱的「五十六個民族五十六朵花，五十六個民族一條

心」，近年來各種形式、各種規模的糾紛愈演愈烈，此起彼伏。箇中緣由，固然有境外各種勢力千方百計影響國內，但最根本的原因，應該歸咎於中國執政者歷史長遠的、錯誤的民族政策，以及在這一民族政策下，培植起來的一批可能聽話、享有特權卻無能的民族官員。西藏、新疆的暴亂事件是一個最鮮明的標誌，標誌著這一民族政策的失敗（*焦鬱鎏，2009，頁 533-536*）。

由此可見，對少數民族學者指出區域自治政策無異於實行同化＝文化性的種族滅絕，而漢族知識分子也要求取消製造民族矛盾與分裂主義因素且形同虛設的區域自治政策，只有取消民族區域自治政策方能實現民族間的平等。大概幻想「民族間的平等」取決於諸「民族完全漢化＝中華化」的構想來實現與維繫。

文革期間以「挖肅」為名實行民族屠殺，而今天，中國正以威權的政治力量與經濟力量實行「開發」與「發展」，所有的民族中華化，即以「中華民族」為凝聚力的共同稱號＝文化性的種族滅絕方向突飛猛進。

譯者後記

究明真相，祈禱和平

劉燕子

一、2011 年的靜岡之行

2011 年 3 月 11 日下午 2 點多左右，王力雄先生正在俺家喝茶，聊天，突然公寓搖擺起來，「地震，地震了」。打開電視一看，果真，日本東北部海域發生 9.0 級地震並引發海嘯。在日華人學者呼籲「凡在京者，以去國為上策，南遁京阪為中策，留守為下策」。在日同胞迅速拋下工作和學習，紛紛各顯其能，爭先恐後搶購機票，回國避難，一張東京到北京到上海的機票漲價幾倍，昂貴無比還供不應求。於是人們慌亂地往北取道札幌，往南取道大阪和福岡甚至鄰國的首爾、釜山。

俺也被攪得焦頭爛額，唇乾舌燥，最後關閉手機。因為在日華人和他們在天朝的三親六戚吩咐俺不惜代價確保其人身安全，並一再詢問，日本會不會出現假「神醫」，如何辨別魚龍混雜的假藥，俺聽了一頭霧水，假「神醫」、假藥是什麼東東？就是傳言中吃一粒就可以防止核輻射刀槍不入的「神」藥。

唯色說連遠在天邊的拉薩都出現了哄搶食鹽的現象。各種自以為聰明伶俐的好戲中，更有人突然指責日本的民主政治：看看吧，民主又能如何呢？民主能事先防止天災嗎？

翌日，由京都產業大學舉辦的「中國的民主轉型與民族問題」研討會照常進行。會後，俺和力雄先生一路北上，到靜岡，到東京，所

到之處，城市彷彿恢復以往的寧靜與美麗，杯口雖狂風惡浪，杯底卻波瀾不驚，一切井然有序。人們「處震不驚、臨核不懼」。

在靜岡大學楊海英教授的研究室，看到他二十年來做的田野調查和口述歷史的資料、筆記本，每一箱、每一本都整整齊齊分類標誌，一目了然。一般研究者出於「學術私心」，對自己掌握的第一手資料都當作「絕密」，採取嚴密的防範措施，但是楊教授的資料卻願意提供給所有內蒙文革史的研究者。

靜岡之行，俺五內愴然，楔入了一場深刻的地震與海嘯。

在東京，力雄先生、楊海英教授、還有當時《讀賣新聞》的編輯委員藤野彰先生（現任職於北海道大學）就「中國的民主與民族問題」進行了長時間的交談，「集廣舍」的川端幸夫先生從九州風塵僕僕地趕來，手裡提著一架老式答錄機。在平面媒體遇到極大挑戰之今日，川端先生出版了力雄先生的《你的東土、我的西域》、唯色的《殺劫——鏡頭下的西藏文革》以及唯色與力雄先生合著的《圖伯特的秘密》日文版。

川端先生後來交給俺幾盒錄音帶，整整三年過去了，至今，俺尚未整理出來。因那時的許多話題只是一個開端。

記得力雄先生在新幹線上甚為熱心地向楊教授介紹建立一個族群對話、口述歷史的網站，透過SKP，打開ID，所有的族群，所有的人，只要上網，都可以很簡單地點開網頁參與討論，分享話題。力雄先生因關注新疆問題而入獄，在獄中「最大的收穫就是結識了穆合塔爾。在今日中國，能讓維吾爾人接納漢人的地方，大概只有關押政治犯的監獄」。他在2010年，兩次通過網路視頻，促成了達賴喇嘛與漢族自由派知識分子的直接對話。力雄先生深為憂慮的是，不追究真相，無以談和解。

民族問題只是靠暴力鎮壓的話，矛盾並未解決，仇恨反而更深，能量繼續積累，未來的爆發必會更加熾烈。雖然中國的民族問題是專制政治的結果，卻不會在專制制度下全面爆發，因為專制可以切斷全面爆發的鏈條，將爆發撲滅於局部和初起。而在專制垮臺，社會開始

轉型時，專制鎮壓失效，社會鏈條也能貫通，全面爆發最可能是在那時。

　　他一再提醒：解決民族問題不能僅靠官方政策的變化，也不能以為靜待民主到來一切自然解決。如果不能消弭民族仇恨，實現人民和平，即使政府更換，即使民主降臨，民間敵對仍在，內戰和屠殺一樣可能發生。專制造成的民族仇恨，反過來成為專制權力拒絕民主的理由，而且得到受大漢族主義蠱惑的國民支持。這種綁架者與人質共生死的邏輯，是中國走向民主的一個難解之結。只有推動民族之間的對話，當各族人民化解仇恨，相互理解，拒絕暴力時，專制權力才無法利用國家分裂的理由拒絕民主，也才可能使中國未來平順地轉型民主。

　　2013 年，獨立紀錄片導演王我拍攝製作了力雄、唯色，伊力哈木‧土赫提，達賴喇嘛以及江天勇等多人的《對話》，而伊力哈木卻在今年一月被逮捕。《對話》嘎然而止。

　　藤野彰先生則提到中共應當返回自己的原點：中國境內各民族，根據自願與民主的原則，建立中華聯邦共和國。

二、漢語版的說明

　　岩波書店出版的《沒有墓碑的草原》一共上、下、續三本。靜岡之行後，俺一直不敢承諾翻譯這三本書。缺乏的不僅僅是體力、精力和耐力，更多的是勇氣。「挖肅」之殘忍、之怵目驚心啊！全書讀得骨髓凍透，呼吸凝固，渾身僵硬，心壁沁血。哀，莫大於心死啊。俺寧願選擇麻木與遺忘來撫平內心的絞痛，悽惶地奪門逃過來自四面八方冤魂的哀嚎。

　　感謝俺的老爹！俺爹聽俺說起這三本書的故事，仔細讀過之後，嘔心撕肺地對俺說：「孩兒，我們漢人太對不起蒙古人啊，太喪盡天良啊！」從地層深處湧出濁淚，好像與世隔絕。俺爹毅然決然對俺說：「爹替你譯個初稿，給你納個硬梆梆的鞋底，如何？」俺娘跟著一拍擊掌說：「這下好了，整一件正事套住了老頭兒，沒問題，我當後勤部隊！」

　　於是，年近八十高齡的老爹整兩年，吭哧吭哧愣是將上、下兩本翻譯完畢，湖南省圖書館都認識這個開館進來，閉館才依依不捨地離開的老先生。來日本探親時，幾個月幾乎足不出戶，俺本想盡點孝心，帶兩老去參觀東京天空樹之類，都被爹婉拒了：「孩兒，爹的時間不多了啊。」臨走，交給俺包括續集在內的三大本翻譯，全是手寫，由於太厚，從湖南帶來的幾大本用細鐵絲裝訂成冊。

　　需要說明的是：本書是以原作上、下以及續集的《終章》為基礎的一本全新的「漢語版本」。也就是說，在原來的日文書上，作了一定程度的增補，文字潤色，以及攝入楊教授本人的最新研究成果。

　　漢語翻譯以及訪談中不可避免地帶有譯者的「漢化因素」，但絕非「演義」原作。沒有一種語言能壟斷人類所有的表達。任何一個學過兩種語言的人都知道，兩種語言之間，總有一些東西是不可翻譯的，某些概念，某些關於世界思考的方式，在翻譯的過程中，你會感到一種溝壑，或者遺失。

　　本書不囿於文革史，涉及民族史、殖民史、民族政治、國際政治關係史等複雜的歷史根脈。而且作者一再提醒研究「中國文革史」必須超越「漢族中國史」這個立場，放眼於廣袤的地域時空、不同層次、不同身分的人物、不同的民族、不同的語言、不同的敘述，以及複雜而吊詭的國際關係。

　　在談及內蒙文革空前的民族災難原因時，吾人已習慣性與臉譜化地宏大敘事，把它歸結於「文革」這一先行的固有觀念，認為是席捲全中國的文革風暴裏挾了內蒙古。由此得出的結論為：內蒙古的文革災難屬於整個文革浩劫的一部分，是毛澤東極左錯誤的產物。

　　楊教授六卷本厚實的《對蒙古人種族屠殺的基礎資料集》打了夯實的地基，與對上百位親歷者口述歷史的相互印證，徹底顛覆了吾人被填鴨的「中國當代史」。向世人揭示了一樁震驚的史事：文革中內蒙古人的遭遇並非源於左傾錯誤，而是一場有組織、有準備、蓄意而為的民族清洗。尤其值得注意的是，這場煞費苦心的清洗自 1960 年代初就開始醞釀、策劃了。而這場單方面民族屠殺的根源，冠以「革

命」、「挖肅」之名，其實就是幾千年的「華尊夷卑」的中國傳統民族思維與漢族生存的恐慌所造成的殺人騰地的族裔淨化清洗。

搭設「挖肅」之意識形態，讓「懷疑」殺人，事先殺人正當化、麻木化，以內在的恐懼，清除腋肘之患。它從根本上與漢地文革性質迥然相異。作者書中反覆提醒，這不只是一場上層政治權力鬥爭，而是一場公然違背了 1948 年《滅絕種族公約》的「反人類罪」。

關於作者提出內蒙文革慘劇的「種族屠殺或族裔淨化」這一學說，恐怕會引起持續性議論。也就是說，這場政治性的屠殺，即使部分符合種族屠殺或族裔淨化的諸要素，是否存在「失控」，或者具有明確的種族滅絕目的，是值得深究的問題。但不管怎麼說，「不同的歷史觀好比一幅地圖」，倘若因此譯書能引起一些思考與共鳴，從而獲得普世共識，討回人類公理和歷史正義。並通過懲戒屠戮的主謀和參與者、通過對暴力的約束和威懾來推動族裔和解，從而最大程度避免人道主義犯罪，正是建立墓碑的目的。

順便提一句，俺爹 1957 年在北京大學化學系念書時，被打成「右派」，流放到江西省偏僻的礦山，文革時，因為「反動詩歌」，被「千鈞棒」造反派差點打死。俺的爺爺劉澤霖，一位老知識分子，毛澤東的同鄉人，1919 年在天津湖南會館曾經資助毛十塊銀元回鄉，仍在 1969 年被當作「牛鬼蛇神」給鬥死。

「忘記遇難者意味著他們再次被殺害。我們不能避免第一次的殺害，但我們要對第二次殺害負責」。猶太作家威塞爾的見證作品《夜》，讓我們每個人，在早晨再清醒地死亡一次。

劉燕子

2014 年 5 月 6 日 於大阪

論考

殖民地統治與大量虐殺——
中國民族問題研究的新視野

楊海英著／吉普呼蘭譯

　　日本學者清水昭俊在分析作為一種思想的人類學在殖民地狀況中所經歷的變遷時指出：「收集『正在消亡』的『原住民』以及『原住民文化』的、殘留至今的零散資料。後世的人類學者稱這種研究狀態和方法為『搶救（salvage）人類學』，因為他們只專心致志地對於殘留很少的倖存物進行搶救……搶救人類學家們希望，為了有利於包括自己在內的『文明』，設法從『文明』正在被消滅的人們那裡，接收他們曾經保持到最後的文化遺產並使之成為己有。從使自己得以成立的認知準備而言，搶救人類學完全是文化的殖民性掠奪」。

　　清水昭俊通過論述「被忘卻的遠方的馬凌諾斯基」，梳理了人類學與殖民地統治的關聯。他所指的殖民者，並不是僅僅包括歐美和日本，中國也是其主要對象。

　　對於近代以前的「中華」及其周邊世界的階層構成，清水指出：歷史學家僅僅使用具有價值意義的術語「華夷秩序」來表現，而對於使用「帝國主義」或「殖民地統治」進行表述則很謹慎。然而，其後，只是以作為主權國家而獨立的各個國家為單位去分析「中華」世界的話，這樣的歷史闡述是不妥當的。因為，對於那些在近代以前被強行納入「中華」世界的地域，歷史學家們只是追究帝國主義所實施的殖民地化以及其後的近代國家的形成過程，而沒有更多的關注介入於其

中的、民族間的壓迫關係。

　　清水指出，中國的「華夷秩序」與西歐近代的帝國主義是連續性的。他給我們留下了非常重要的課題，即中國在宣布「從西歐和日本帝國主義的壓迫下解放了人民」之後，對於各民族強制實施了殖民地統治的實際狀況。歷史學家們沒有充分認識到，「華夷秩序」並非停留於文質彬彬的禮儀，其實質是壓迫和剝削。因此，我在清水理論的基礎上，基於在被近現代中國殖民化的內蒙古的歷史和文化進行調查研究，揭示了社會主義國家的民族問題的殖民地性質。進而，我主張，這一問題同時也是回顧日本推行殖民歷史的間接材料。

一、作為同謀的搶救人類學

　　戰前的日本曾經擁有滿鐵調查部和西北研究所等很多高等研究機構。撤離大陸後的日本，從 1945 年開始進入了「在中國的田野調查的喪失期」、盛行「沒有中國田野的中國學」。被時局所動員的人類學家們在反省之後，便回歸到脫離政治的、純粹科學的人類學研究。然而，對於自己在過去的殖民地經營中扮演的同謀角色的批判和反省，並不像人們所期待的那樣徹底。

　　東西冷戰結束後的 1980 年代開始，中國門戶有所開放，眾多學者再次進入中國大陸展開細密的實地調查。在全面上演「日中友好」的時期，日本的人類學者所看到的是，由「偉大的中國共產黨」推行的「破舊立新」政策所破壞的、沒有「傳統文化」的「新中國」。如果借用清水昭俊的表述，當時的狀態讓人類學家們深刻的認識到，那正是一種「正在滅亡的人民」勉強維持「傳統文化」、而人類學家們的「調查來得過遲」的狀態。從此，再次開始了現代日本的「中國研究的搶救人類學」。

　　熱心於「搶救人類學」的並不僅僅是日本的人類學者。幾乎在同一時期，包括我本人在內的眾多留學生，從「人民中國」來到「資本主義的日本」尋求真理。我們也曾經沒有絲毫的勇氣去研究「偉大的中國共產黨」「消滅封建傳統文化」的暴力行為，而只是醉心於 1949

年以前的「傳統文化的重新構建」。

其實只要對於「全人類都應該追求的、幸福的社會主義中國」與「人民由於受到剝削和壓迫而終日氣喘噓噓的資本主義日本」進行比較，即可一目了然看清楚「中國的問題群」，我們卻一直拖延未予正視。我們民族出身的人類文化學的莘莘學子亦長期以來一直有意迴避中國獨特的各種各樣的「問題群」，即「消滅了人民和文化」的共產革命暴力的問題，事實上與日本的中國學者構建著同謀關係。對此，現在至少我自身在進行反省，應該將「正在消失的文化」與「消滅文化的暴力行為即共產革命」同時作為研究課題。

只是，如果允許以今天的視野進行一點點的辯白的話，正如清水昭俊所指出的，他們（人類學者）「採取與搶救人類學同樣的手法認識其文化的『傳統』，並將其作為他們文化再生運動的象徵」。在這種情況下，我們當事人（即被殖民者）所進行的傳統指向研究有其獨特的意義。換言之，因為「在現代，先住民經常採取與搶救人類學同樣的手法認識其文化的『傳統』，並將其作為他們文化再生運動的象徵」。可以說，在我們當事人所進行的傳統指向研究行為中，也包含著「文化再生運動」的目的。

如果再進一步具體地指出「同謀性」，那便是對於民族文化擁有最為豐富知識的民族學者，卻一直忽視中國的民族問題。我認為，民族學、文化人類學必須從正面認識、努力解決民族問題。而研究中國的民族問題時，則不能無視這樣的事實，即到 1976 年為止，殖民地統治和大量虐殺是少數民族統治的基本特徵，今天的最大特點和目的，則是文化上的種族滅絕。學者們應該以這樣的視角和態度面對民族問題。下面，我以內蒙古（南蒙古）為例進行具體闡述。

二、殖民地統治

殖民地統治的特徵是讓征服者定居落戶並壓榨和剝削原住民，並冠之以「文明的使命」的大義名分。我的故鄉內蒙古，從近代以後淪為中國和日本的雙重殖民地。

1、淪為中國和日本的雙重殖民地的內蒙古

　　對於中國人（漢人）的大規模侵略感到深刻危機的蒙古高原的原住民，於 1911 年「實現了亞洲最初的近代民族革命」。北部的蒙古高原獲得了獨立，而南部的同胞們則遭受中國軍閥的壓制，作為生活基盤的草原被開墾，各地長期出現了大量的虐殺。

　　在中華民國，內蒙古被劃為政治地位不明確的「邊疆」，但是他們從未失去對於獨立的嚮往。無論是貴族階級的王公還是普通民眾，曾經多次向庫倫（今烏蘭巴托）的神聖大汗（博克多汗）哲布尊丹巴呼圖克圖呈送盡忠書簡，請求搶救。博克多汗的蒙古政府也為了解放同胞，而嘗試過軍事上的統一作戰。另一方面，中華民國的軍隊也幾度對蒙古人行使武力，從而在槍口下，使他們上演了對中國人政權的忠誠。因此，在蒙古人看來，中國的最初的近代「革命」，是更加鞏固地佔領了由中國農民的殖民入侵而獲得的殖民地。

　　而其後不久，打著「成吉思汗乃源義經也」旗號的武士們出現在草原上，驅逐俄國勢力，割取內蒙古的東半部分成立了滿洲國。基於蒙古人生活的草原佔據了滿洲國國土一半的事實，誕生了對於日本而言的「滿蒙」。

　　但是，日本人創建的滿洲國並沒有招來蒙古人太大的嫌惡。因為，滿洲國大力發展教育，在推進蒙古人的近代化方面做出了很大貢獻。而且，堅持「五族協和」的滿洲國，禁止殖民入侵的中國農民與原住民遊牧蒙古人的混居，禁止開墾草原。滿洲國由於注意保護生態環境，採取優待原住民蒙古人的政策，不僅對於內蒙古、而且對於新誕生的蒙古人民共和國而言也是很有誘惑力的國家。相反，同時期的中華民國在內蒙古僅僅設立了一所學校。甚感「幸運」的是，該校是我的母校──國立伊克昭盟中學。以內蒙古作為據點的傅作義等中國軍閥將蒙古人視為協助日本的力量，槍殺蒙古人，企圖製造「沒有蒙古人的內蒙古」，為山西、河北等地的中國殖民入侵者在內蒙古定居做出了巨大的「貢獻」。這或許就是兩個殖民地宗主國在政策和經營上的根本區別。

　　身為宗主國的中國，通過排除另一個宗主國日本的殖民活動，將他人的領土（即蒙古人的國土）納入了自己的範圍內。也就是說，通過「抗日」，中國人獲取了主張將內蒙古納入自國領土的依據。也許有些稍微偏離正題，但臺灣的近代史變遷也是中國人的這種主張的旁證。臺灣原本是臺灣先住民的故鄉，然而在抗戰勝利後，臺灣成為在國共內戰中失敗的蔣介石的避難所，演變成為中華民國。

　　在 1945 年夏季到秋季之間，內蒙古的蒙古人經歷了殖民地解放的瞬間的感動。蘇聯、蒙古人民共和國聯合軍進軍到萬里長城，為實現喬巴山元帥「為我們血肉相連的內蒙古同胞的解放」而勇敢奮戰。內蒙古的蒙古人也成立了「內蒙古人民共和國臨時政府」以及「東蒙古人民自治政府」等，以期實現全民族的統一。然而，大國之間獨斷達成的《雅爾達協定》的女神，並沒有向蒙古人綻露微笑。對蒙古人而言，這一協定驅逐了「從『那仁烏魯斯（蒙古語「太陽之國」）』而來的、善良的近代殖民者」，但是以「文明人」自稱的、不識字的粗野漢人農民，卻永遠地留在了蒙古人的領土上。

　　我們內蒙古的蒙古人，被剝奪了與同胞一起建設國民國家的機會，取而代之的卻是將中國人作為「兄長」，並不得不作為「中國人民」而生活。我認為，包括中國在內的世界各地之所以不斷發生眾多的民族問題，皆由於第二次世界大戰的戰後處理埋下的火種。

2、永恆不變的民族革命的性質與殖民地統治

　　近代蒙古人的民族革命，無論內外（南北），究其根源，均為反對中國人的侵略和草原開墾而爆發的。

　　換言之，近代的蒙古人的民族革命勾劃了「反開墾史＝民族自決史」的構圖。獨立蒙古國的第一代元首、博克多汗哲布尊丹巴呼圖克圖反覆多次向蒙古各地發布命令，鼓舞民族革命，號召人們「殲滅所有侵入草原將大地變成黃色沙漠的漢人」。領導武裝起義的內蒙古東部的陶格套胡、嘎達梅林以及西部的鄂爾多斯地區的丹丕爾、烏力吉傑爾嘎拉（席尼喇嘛），都曾嘗試將強烈的反漢、反對草原開墾的精

神與共產主義思想的溫和的一面結合。1925 年秋，在位於長城腳下的
張家口成立的蒙古人政黨「內蒙古人民革命黨」也懷抱著同樣的目標，
而其嶄新的特點是由共產國際和蒙古人民共和國直接領導。然而，諷
刺的是，由於殖民政府滿洲國保護了蒙古人的草原，採取限制中國殖
民入侵的政策，內蒙古人民革命黨的黨員們在共產國際的啟發下，欣
然變為了滿洲國的優秀官吏和軍人。

　　滿洲國消亡後，不得不相信漢人共產主義者而別無選擇的內蒙古
的蒙古人，從 1946 年起，被迫劃入中國領內。在社會主義大本營莫
斯科接受訓練的「紅色之子」烏蘭夫（1906-1988），保存了曾經身
為滿洲國的官吏和軍人的「挎洋刀的蒙古人」，並於 1947 年 5 月 1
日建立了內蒙古自治政府。這一歷史性壯舉，比中華人民共和國的成
立早了兩年半。烏蘭夫最晚到 1947 年 3 月 17 日，一直向中國共產黨
中央委員會要求承認蒙古人的「自決權」和建設「民主聯邦國」，這
一事實在中國共產黨的文獻中也可以找到證據。

　　烏蘭夫希望在中國實現蘇聯型的民族自決。正如大家所知道的，
中國共產黨自身也以在當時非常具有魅力的「民族自決」為幌子，壓
制「邊境的野蠻人」的「離心力」。但是，烏蘭夫和他的同志們完全
遭到欺騙，他們明白中國共產黨給予少數民族的是有名無實的「區域
自治」。

3、社會主義殖民地的強化

　　內蒙古的革命家們在與同胞蒙古人民共和國統一的道路被切斷
後，不得已選擇了中國。然而，他們無一例外地承認內蒙古成為了中
國的殖民地。

　　進入近代以來，中國人向周邊地區進行大量的殖民入侵，少數民
族天真爛漫地相信，社會主義制度會成為殖民行為的防波堤。然而，
中國共產主義者們非但絲毫無意解決從前的民族問題（即草原開墾和
中國人的殖民入侵問題），相反，將殖民入侵行為以「開發邊疆」和「加
強國防」的名義進一步正當化。

　　1949 年的內蒙古自治區，有大約一百萬蒙古人，而中國人為五百萬。以貧困農民代表自居的共產黨，無視蒙古人遊牧民「天賜之物草原」乃共同所有的古老理念，將擁有牧地的先住民蒙古人挨家挨戶地認定為「地主」或「牧主」，並「和平地」（發動慘無人道的「土改運動」、用武力）剝奪了其土地。

　　所謂「牧主」、「地主」原本在蒙古這樣的遊牧民社會是不存在的，完全是中國共產黨所製造的概念。遊牧民社會的階層分化並不發達，不存在漢人社會那樣的「地主剝削貧農」的階級壓迫。中國共產黨為了分裂蒙古人社會，將蒙古人的土地分割給殖民入侵的中國人，而杜撰了基於階級理念的這一概念。

　　按照共產黨的理念和政策，在內蒙古所謂的壓迫剝削階級，從肉體上亦被消滅，攫取了土地後「站起來了的中國人」，在蒙古人的故鄉定居並長久落。連續大量增加的中國殖民入侵者未曾受到蒙古人的絲毫抵抗，歡天喜地地向蒙古人的大地開進了鐵犁和鋤頭。

　　作為中國共產主義者同謀的烏蘭夫，在 1964 年悲歎地指出：「從1958 年起開墾了 1000 萬畝土地，而其中百分之六十以上變成了沙漠。」請允許我在這裡重覆指出，蒙古族革命家烏蘭夫認為中華人民共和國成立前的內蒙古是「中國的殖民地」，他率領「被壓迫民族的蒙古人」，為擺脫被殖民的狀況而奮鬥。但是，根據殖民入侵的中國人人口的增加和草原開墾面積的擴大等事實，他認識到，談何殖民地被解放，其實殖民狀況早已進一步惡化，到了不可收拾的地步。正因如此，直到中華人民共和國成立十年後的 1959 年，烏蘭夫仍然主張「內蒙古在歷史上曾經是獨立的國家」，強調「蒙古民族必須尋求自治、自決，實現獨立和統一」。

　　烏蘭夫於 1966 年春被整肅下臺，此時，理應早已被他「解放」了的殖民地內蒙古的人口比例卻變為 7：1。即七個中國殖民入侵者在「幫助」一個蒙古人。

　　這樣的事實並不僅限於中國。由貧困的俄羅斯人組成的布爾什維克宣稱「解放」了中亞的各民族。但事實上，他們並沒打算禁止俄羅

斯人的殖民入侵，也未能阻止俄羅斯人對當地人的歧視。俄羅斯人「認為，俄羅斯人殖民入侵並定居的塔塔爾斯坦為首的中亞以及高加索的穆斯林民族地區絕不是『海外領土』，而是俄羅斯領土的延伸」。中國人也同樣，毫無任何根據地認為內蒙古是「我國固有領土」，強制推行殖民入侵和定居。

　　反殖民和反開墾是蒙古民族革命的性質。然而，社會主義中國的誕生並沒有 明他們實現這一目標，相反，卻使問題愈發嚴重。大漢族主義絕不是「蔣介石國民黨反動派」的特許專賣，自我標榜「解放全人類」的中國共產黨，遠比其對手更加露骨地歧視「落後的少數民族」。蒙古人對此感到驚愕無比。作為近代產物的民族問題，在社會主義國家未能得到解決。這一事實表明，在 1960 年代殖民地已經終結的說法是錯誤的。可以斷言，在以歐洲為宗主國的殖民地崩潰的同時，「社會主義殖民地」反而被強化，並由共產主義意識型態不斷得以正當化。

　　2011 年 5 月 11 日，內蒙古自治區錫林浩特市近郊的蒙古牧民被中國人開礦者殺害。由於在蒙古人的居住地附近發現了露天煤礦，中國人的數百台礦車和大型卡車夜以繼日地蜂擁而至。這些成群結隊的大型車輛在草原上毫無秩序地隨意馳騁，脆弱的植被遭到嚴重破壞，導致沙漠化，斬殺家畜卻拒絕賠償。甚至猖狂叫囂：「即使殺死蒙古人，只要賠錢就行」。

　　同年 11 月，在鄂爾多斯市烏審旗也發生了同樣的事件。這些只不過是冰山之一角，類似的淒慘事件非常多。共產黨政府每次都出動人民解放軍，鎮壓反抗的蒙古人，主張開發和資源掠奪是正當的。這些事實表明，奮力保護草原的蒙古人與強行開墾開發（實質上是掠奪和破壞）的中國人的對立，即使在進入 21 世紀後，依然沒有任何變化。只有中華民國的國民黨和軍閥才是萬惡，而共產黨和社會主義者的開墾則為善的說法完全不能成立。否認「幫助少數民族的、善良的中國人共產主義者」的行為是侵略和殖民，這種強詞奪理符合薩依德‧艾德瓦德所指出的殖民地統治中的「重新設定、重新設置」。在這裡，

非常明顯的存在著凌駕於民族革命、民族問題的性質的、甚至超越了
生活特性之間差異的、不同文明間的衝突。

進入到 21 世紀後的今天，內蒙古從過去的 7：1 的比例有了更大
飛躍，「十個中國人愛著一個蒙古人」。如果還否認現在的內蒙古是
殖民地，那麼，更名為取消了「自治」的「漢土」，則更接近真相。

三、大量虐殺

社會主義者們曾有過以「民族的消亡」為理想並為之鬥爭的歷史。
「偉大的中國共產黨」在無產階級文化大革命中，也以他們所擅長的
暴力企圖實現「民族的消亡」。正是由於內蒙古自治區被劃為中國領
土，在此，發生了以蒙古人為對象的大屠殺。

由中國共產黨發動、始於 1966 年並持續了十年之久的文化大革
命中，約有三十四萬人被捕，二萬七千九百人遭到殺害，十二萬人致
殘。當時的蒙古人人口約一百四十萬，平均每個家庭至少有一人被囚
禁，每五十人中有一人被殺害。對於女性的強姦等性暴力在各地橫行。
強行移居，禁止使用母語。這完全是中國政府和漢民族主導的滅絕種
族的大屠殺。滿洲國時代的「附逆日本的罪過」以及尋求與自己同胞
國家的統一、民族自決的歷史，成為殺戮和強姦的藉口。

前面提到的內蒙古人民革命黨，是為了蒙古民族的自決和獨立，
在蒙古人民共和國和共產國際的支持參與下，於 1925 年成立的政黨。
經歷了日本統治的時代，在第二次世界大戰後，尋求與蒙古人民共和
國統一，但由於中國共產黨的阻止而未能成功。

文化大革命中，毛澤東和中國共產黨中央委員會斷定「內蒙古人
民革命黨的歷史是分裂偉大祖國的行為」，發動了根除蒙古人精英的
殺戮。這種國家暴力，就是學者們所說的「國民國家型種族滅絕大屠
殺」。

國民國家的建設和尋求民族自決，是近代的普遍原理之一。然而，
中國則發動種族滅絕大屠殺、否定民族自決，因而可以認定具有反近
代的性質。針對阿爾及利亞人爭取獨立的鬥爭，「人權國家」法國卻

對其施行拷問和私刑。在這一點上，中國和法國是相同的。中國為了建立漢人統治的國家，而對於反對中國統治、力爭建立自己的國民國家的蒙古人進行大肆虐殺。詳細分析蒙古人成為其殺戮對象的過程，非常明顯，「少數民族的種族滅絕」才真正體現了社會主義中國少數民族政策的強權和暴力的本質。

即使在今天，中國政府依然大肆宣揚，合併臺灣是善行的「祖國統一」，而維吾爾人和蒙古人與同胞統一的願望則是萬惡的「民族分裂」。這表明，在中國，完全存在隨時再次發動「為了正義的種族滅絕大屠殺」的危險。

遭受大肆種族屠殺的並不僅僅是蒙古人。「重新征服這一地區是令人欣慰的、偉大的事情。文明在和野蠻的抗爭中不斷推進。開明的國民向蒙昧的人們伸出援助之手」。這是過去法國在征伐阿爾及利亞時的宣言。與法國人並肩前進的中國人也於1958年開始侵入青海省和西藏。由共產主義思想武裝起來的「文明的漢人」，「和平地」殲滅了「推行比中世紀的歐洲更加黑暗的農奴制度的、野蠻的西藏反動派」。

中國人的暴力由於「優秀的中華文明」和共產主義思想這兩個武器而被正當化。這與歐洲的殖民者們揮舞的利器是完全相同的。這兩把利劍還揮向了維吾爾人和回族。原本以為，中國獨特的暴力將以1975年的「沙甸事件」（文化大革命後期、1975年發生的屠殺穆斯林的政治運動。人民解放軍歷時七天炮擊穆斯林的村落，殺害了包括老人、婦女和兒童約三千人）而「善始善終」。但是，中國政府長期以來對於西藏問題的處理以及對2011年5月內蒙古抗議行動的鎮壓，完全證明了中國的暴力本質沒有任何改變。

清水在努力「使被忘卻的遠方的馬凌諾斯基復活」、即在論述英國的人類學家與殖民地統治的同謀關係時指出：「當今世界的所謂少數民族政策，假使是優質的，仍然與戰爭期間馬凌諾斯基所理解的間接統治沒有什麼區別」。依此分析中國，在中國的少數民族地區進行田野調查的外國人依然在受到各種嚴厲的限制。被作為「日中友好使

者」的日本人類學家們，如若僅僅是歌頌中國的少數民族政策，又有何學術進展可言？如果說讚美過去是可以原諒的，但是必須認識到讚美的對象絕不是「優質的東西」這一現實。而在意識到這一事實後，依然繼續讚揚中國對少數民族的統治，便早已不僅僅是「同謀」了。

四、文化的種族滅絕

「殖民主義在最為強盛時，表現為徹底的掠奪的過程。被殖民化的國民，沒有獨自的歷史，在愛爾蘭及其他一些地區，甚至喪失了自己的語言」。蒙古人的以反對中國人、反對草原開墾為代表的反殖民鬥爭的民族自決史，在中華人民共和國出現以後，也被篡改為「與中國人民一起抵抗日本帝國主義的革命史」或「中國革命的一部分」。所有的教科書都將各民族的歷史，限定在屬於「中國的某某民族史」的框架內，由此完全抹殺各民族原有的獨立的歷史。

如此，我們內蒙古的蒙古人獨自的歷史淪落為「中國人的歷史的一部分」，遭到貶低。按照清水的理論，這「完全是宗主國將（其消滅的）殖民地當地人的文化據為宗主國己有的行為」。

當「解放」的旗號開始褪色時，聰明的中國人便發明了「開發」和「發展」的新口號，變本加厲地強化殖民行為，即所謂的「西部大開發」。

中國從 1950 年代開始了持續至今的「先進的兄長援助落後的弟弟」的殖民行為，而西部大開發是其繼續和強化。中國人總是在上演自己是「先進的」、而少數民族是需要「援助」的霸權行為。少數民族的「古老陳舊」的行政組織名稱「盟」和「旗」，被「進步的象徵」的市所取代。而且，新採用的市名被冠以殖民而來的中國人的漢語名稱。在內蒙古自治區，哲里木盟改為通遼市、昭烏達盟改為赤峰市。先住民蒙古人的傳統地名被接連不斷地埋葬，取而代之的是漢語的地名。

原本在草原牧民身邊的民族學校被大量撤廢，減縮後集中在城市。無法去遠方的民族學校就讀的蒙古人兒童，只能在就近的「便利的中

國人學校」學習，被推向了忘卻母語的潮流。文化人類學家憂心地指出，文化的種族滅絕正在席捲所有的少數民族。

經濟基礎決定文化的興亡。在名為「生態移民」的強制移居政策下，蒙古人被迫放棄畜牧，被驅逐出草原後，不得不住在中國人的骯髒街道。開墾草原，導致沙漠化的是中國人，但是破壞環境的罪責卻被轉嫁到蒙古人和他們的家畜上。遊牧民幾千年的生活並未導致任何沙丘的出現，而中國人入侵後僅三、四十年，卻使黃沙漫天飛舞飛遍全世界，對這樣的事實，政府絕不予以承認。

如今，中國人侵略者剝奪了少數民族地區從「為人民服務」的最高職位——黨和政府的首腦——到清掃廁所的「光榮崗位」的所有就業的機會。這在維吾爾人的綠洲和西藏人的高原，也完全相同。迫使先住民忘卻母語，並使他們淪落為重新構建的社會階層的最底層，這是中國式的殖民地的目的，也是現在進行時的真相。

在天安門廣場裝點著孔子的雕像、爾後在全世界設立孔子學院的「文明人」，或許對於毫無掩飾的大屠殺表面上已有所節制。但是他們潛意識裡，文化的種族滅絕是更為有效的手段。

曾經是「國民黨反動派」的「典型的大漢族主義思想」的「中華民族」論重新流行起來。曾經幾度變節的、「人格高尚的」民族學者費孝通先生，於 1951 年在象徵「新中國建設」的雜誌《新建設》上發表文章，強烈批判「蔣介石的狹隘的中華民族思想」。而後，高明地給自己的這一歷史貼上封條，並於 1989 年，在早已生繡的鍋裡的、早已腐爛不堪的大雜燴「中華民族多元一體論」上，加入了「以漢族為中心」的佐料，重新端出。這無非就是使殖民地體制正當化而已，委實毫無價值，不值一提。

五、依然繼續的社會主義殖民地體制

中國人自認為是「馬克思、恩格斯、列寧、史達林的忠實繼承人」，並一度自居為「中國人民傑出的領袖毛澤東」思想才是馬克思列寧主義的「頂峰」。中國人後來發現，那些元祖們所提倡的民族自決理論

是危險的。回族的馬戎飛快地努力向新主人表示作為「色目人」的忠誠。他抹殺了賦予少數民族的「Nationality」，而從「美帝國主義」那裡進口了「Ethnicity」理論。馬戎將企圖剝奪少數民族附帶的民族自決權利的行為稱為「去政治化」。列寧和史達林曾經將擁有分離獨立權的民族自決作為理想，而中國人共產主義者從未將其賦予過周邊民族，反而通過「去政治化」，剝奪了各個民族生來具有的、建設自己的國民國家的權利。

從「Mongol Nation」淪落為「Ethnic Mongol」。與住在國境北側的「Mongol Nation」擁有同一祖先和相同價值觀、卻作為「中國人的養子」的內蒙古的蒙古人，日復一日地在「祖國是中國」的理論中被洗腦。

聰明的中國人早在 1949 年就已否定了民族自決的理論，但將沒有任何實權的區域自治的招牌勉強維持至今。而時至今日，中國殖民者對於從最初就徒有虛名的區域自治，也早已無法忍受不耐其煩，便厭棄了「自治」的虛名，奮起要實施「共治」。事實上，各個少數民族地區的狀況早已連「共治」都不是，全然「漢治」。但中國人仍決意大義滅親，給少數民族以最後的致命一擊，努力將其全部歸納為「中華」。

「從一場革命誕生了一個共和國，反對壓制和特權，為了自由和平等，向世界傳播了啟蒙的理想……但是，這一共和國建立了殖民地帝國，聽任特權、不平等和專制的蔓延……關於共和國的神話，就是，共和國是絕對不會有錯誤的，『本質上是善良寬大的』，而僅僅是由於個人的行為，在各處造成對共和國的『背叛』，時而被情勢所左右」。這是對於「殖民地共和國」法國的辭藻華麗的批評，而這也完全適用於中華人民共和國。

驅逐了帝國主義、封建主義和官僚資本主義的「三座大山」的中國共產黨，現在不僅是壓在少數民族而且也是壓在漢族人民的頭頂上的壓迫者。在民族問題上，萬惡的是「帝國主義的煽動和國內外的民族分裂分子」，而絕對不會承認中國人和「人民共和國」的錯誤。堅

決主張在文化大革命中進行大肆殺虐的只是「四人幫」，而首都北京中南海的領導們則是「善良而寬大」的「人民的好總理」、「偉大的領袖」。

　　殖民地體制遠沒有在 19 世紀 60 年代終結。社會主義殖民地或者說是中國式的殖民地，恰恰是在 1960 年代以後確立了其頑固的體制。少數民族地區不僅僅是中國「內部的殖民地」。少數民族的同胞中有不少人擁有自己的國民國家。而中國早已顯露出了對於關係到自國利益的所有地區進行殖民化的傾向。最為顯著的實例是「上海五國」，即由中國主導的五國國際協作組織（SCO）向周邊地區的接觸方式。很明顯，其意圖是借助同胞的拳頭，粉碎居住在中國境內的「恐怖分子、極端的宗教主義者和極端民族分裂分子」。而且，以宏大的「公共事業」為名，向作為其「非洲同胞」的獨裁者們出賣武器參與種族大屠殺，同時，瘋狂掠奪當地資源。「吞噬非洲的」中國的這種「活躍」行徑，也從另一側面證明了中國的企圖。對這些事實不能輕視。

　　從 1966 年到 1967 年之間，有很多「挎洋刀的蒙古人」以「附逆日本」的罪名遭到殺害。我將這一種族大屠殺稱為「間接的對日歷史清算」。「偉大的領袖毛澤東」和「人民的好總理周恩來」以寬大的胸懷表示放棄對日本的賠償要求，而「殖民地統治的走狗蒙古人」卻未能倖免於難，付出了血的代價。那麼，處於日本和舊殖民地內蒙古之間的狹縫的日本的人類學家，應該如何干預民族問題呢？我想以此問題來結束本文。

　　清水昭俊指出，一百年前發生的辛亥革命導致了「華夷秩序」的變化。從前的「華夷秩序」內的一部分實現了獨立，其他部分被中國殖民入侵者變為「我國的固有領土」。然而，與在意識型態方面強調「文明的優越性」的近代西歐同樣，中國主張「中華文明的優越性」，並對於沒有能夠取得獨立的「蠻夷」繼續實施其強權統治和經濟壓榨。歷史學家們卻忽略了這一真相。以中國為對象的日本「東洋史研究」，長期以來引領著國際學術界，然而必須認識到，還沒有擺脫意識型態咒語的束縛。

　　與優雅的「東洋史研究」相比，在殖民地統治的問題上，人類學具有兩種含義。人類學家強調人類學知識對於殖民地政府的意義、要求政府振興人類學，同時，他們也批評殖民地政策。以「搶救式」的特點拘泥於「不斷消失的傳統文化」、對於「消滅文化的暴力」視而不見，這種行為袒護、助長了殖民地統治。

　　或許日本的謹慎而細膩的人類學者們在擔憂，如果觸及「殖民地」會牽連到自己的過去。抑或是由於日本國民非常天真爛漫，從而為了真正實現「日中友好」，相信「善良寬大的中國」，而對於革命的暴力性質視而不見。倘若如此，那是雙重的袒護，是對於過去與現在的殖民地狀況的雙重袒護。

作者訪談

紙做的墓碑，心做的墓誌銘

訪問整理：劉燕子

提問 01

是否可請楊教授分享，關於本書寫作的學術關懷（動機、目的，過程）以及研究方法？

我的研究課題分作三大板塊：

第一、以眾多的個人的視角構建蒙古近現代史

進入 20 世紀後，蒙古民族在地理上被迫分割在多個國族國家生活。關於「分斷」一詞，似乎不順耳。人們說朝鮮半島南北分斷，島體龜裂，比較容易接受，但不肯接受南北蒙古同樣被分斷、被人為地楔入國境線兩邊這一事實。我們不喜歡使用「內蒙」、「外蒙」這個「內外」之別的政治概念，而使用「南蒙」、「北蒙」與「漠南」、「漠北」的地理歷史概念。「內蒙古」、「外蒙古」這種說法，好比同根同源、手心手背的蒙古整體被割斷血脈，這種疼痛鏽鐵般澆鑄在苦膽裡。席慕蓉老師曾說，這種差別看似細微，卻有很強的殺傷力。

這一板塊，最近「文藝春秋」出版了拙著增補版的《蒙古與伊斯蘭的中國——溯源民族形成的歷史人類學的紀行》。具體地說，寫的是 19 世紀末清朝西北部的回民起事如何與蒙古諸部落發生關聯的。關於文革期間的種族清洗研究屬於這個版塊。

第二、關於蒙古的政治祭典、禮儀的研究

如《成吉思汗祭祀：一種人類學的復原》，2004年，日本風響社。

第三：蒙古文獻（手寫本）研究

這幾個板塊構成「新大陸」而存在——原本就是海陸交通，不可分割的。

我在編撰六輯《對蒙古人種族大屠殺的基本資料》時，因為受過傳統蒙古學研究編輯、解讀古文獻資料的學術訓練，因而得心應手。在分類方法上、編輯索引、附錄、文本批評和構成上都下了苦功，而且每一本都附有數萬字的日語評介。

此套叢書分為六輯：

第一輯《滕海清將軍講話彙編》分成三個部分：第一部分是編者關於內蒙文革的介紹性文字；第二部分是滕海清在內蒙文革期間的講話、指示和檢查；第三部分是批滕派對滕海清及趙玉溫等人的批判文章。

第二輯《肅清內蒙古人民革命黨檔彙編》分兩部分：第一部分是編者關於「內人黨」歷史、性質的介紹和研究，以及對肅清內人黨文獻資料的疏理和解釋；第二部分包括四方面的內容，其一是1966年至1969年初中共中央關於肅清「內人黨」的文件，其二是1969年4月至1972年間中共中央關於內蒙古的文件，其三是關於「內人黨」與民族自治的歷史文獻，其四是關於「內人黨」冤案平反及民族問題的資料。

第三輯《打倒烏蘭夫彙編》分兩部分：第一部分是華北局前門飯店會議資料二十篇；第二部分是打倒烏蘭夫資料一百二十九篇。

第四輯《作為大毒草被批判的民族自決理論彙編》分作構成「大毒草」資料群的兩部分。《資料一》包括了從1945年到1966年《毒草集；烏蘭夫反革命言論選編》；而《資料二》則是《「大毒草」的移植》。

第五輯《被害者報告彙編之一》分三部分：第一部分是編者關於民族屠殺被害者資料的解說。第一部分是被害實態的資料群。這一部

分包括六方面的資料：《中共檔報告中記載的被害狀況與民族屠殺推進的方法》、《民族屠殺後的政策與計謀》、《上報上級政府的民族屠殺實態》、《四家堯人民公社的虐殺方法》、《被害者的上訪書與證言》、《基於謀略的部分性「恢復名譽」》。

第六輯《被害者報告彙編之二》分兩部分：第一部分是編者關於民族屠殺被害者資料的解說與再分析。第二部分包括兩方面的資料：《中國政府公文書記載的大量屠戮的推進方法》、《被害者與加害者的記錄》。

這個《關於對蒙古人的民族大屠殺基礎資料》群，我計畫編輯十輯，每年出版一輯。這麼一個龐大而詳實的資料群，並非我有通天的本事，從哪兒弄來的絕密內參，其實，這些都是文革十幾年中共公開發行的，只是我下點功夫，作了收集和整理，每本七百多頁，甚至一千頁，相當於為這方面的學術梳理，以及為有志者研究提供第一手資料文本。

「文革」是蒙古學研究上繞不過去的一個彎，卻也是必經之路。比如，我在尋找蒙古文論有關的古文書、手寫本時，蒙古人會痛悔地說，文革時期這些古文書、手寫本早已被燒毀殆盡了。文革，對我們蒙古人來說，究竟意味著什麼？我將這個發人深省的天問，作為每篇訪談的結尾。肉體的毀滅，還不配稱作死亡，記憶與靈魂的消失了話，活著也只是活埋在影印機裡日子了。因此，每篇的結尾的發問不是盡頭，而是開始。

拙書的寫作前後穿越的二十餘年光陰的隧道。從 1991 年，母親同我聊家常開始，到 2004 年採訪親歷者百餘人。漸漸地草原上的父老鄉親們知道了我在做這方面的見證記錄，紛紛向我提供資訊，比如上訪材料、家人照片、平反書、殘疾證明，甚至親人的遺物。每次回到家鄉，他們或主動上門、或通過親人朋友等多種途徑向我提供資料。採訪的方式不一，有的我直接拜訪，有的到第三者提供的場所，總之，在他們認為相對安全、能夠說話的地方。直到當局風聲鶴唳、杯弓蛇影。

提問 02

　　這本書算哪一類呢？紀實文學？學術研究？是否採用了媒體式套問呢？

　　歐洲東方學的核心為蒙古學，蒙古時代學。其內容主要包括蒙古學、突厥學、藏學、漢學、匈牙利人的史前史，藏傳佛教、伊斯蘭教、基督教等世界幾大宗教，歐洲的東方學已經形成一個完整體系，有嚴密的論證邏輯。

　　愛德華・薩伊德（Edward Wadie Said）批判歐洲東方學（Orientalism）是種族主義學說。他用傅柯（Michel Foucault）的話語概念考察東方主義。姑且不論薩伊德之說，但有必要提醒世人的是必須認識到這個「東方」，很大程度上是 13 世紀到 14 世紀蒙古時代奠定的世界體系。那麼，研究蒙古學就必須從研究 13 世紀開始到至今為止的歷史。漢語只是其中的一種語言，需要蒙語、藏語、維吾爾語、梵語、波斯語、阿拉伯語、拉丁語等多種語言為研究工具。

　　蒙古傳統社會與漢族有很大的不同。漢族的政治制度、文化歷史、思想價值的遺存，其載體是鄉村的紳士、書生。而底層社會卻大字不識，科學知識文化基礎很弱。可以說是由「士」掌握「文」來對庶民進行「化」的互動關係。通過木板印刷的文字來向底層浸潤孔孟儒家核心價值，並奉尊為至高無上，形成華夏文明的優越感與方位秩序觀，天下認識論。

　　而蒙古沒有這樣上下階層的分斷以及地域和區域組織觀念。傳統社會留下了大量的手寫體，也就是古文書，《蒙古秘史》就是一部回鶻式蒙古文世界通史，是當時亞歐歷史的百科全書。《秘史》原本是用來朗誦和吟唱的文本，被世世代代傳誦。有人說它是支撐蒙古這個世界性聯邦與超大帝國的心靈羈絆。

　　蒙古民間傳統文化成熟、燦爛，文字文化指的是手寫本，有蒙文、藏文、梵文、突厥文，包括漢文典籍在內等多語言的文字。一般的蒙古家庭都保存有族譜、世譜，這是全體氏族成員身分認同的象徵與血

緣紐帶，也是在個人血脈中活著的年輪，從中可以清楚地傾聽到遠古始祖的敘說。傳統社會七代譜系內不通婚，從逐代傳嗣的世系中可以找到根源。換言之，蒙古人無論被大風吹到哪裡，都能從族譜、世譜中追尋到先祖急驟的馬蹄聲。

蒙古人的天下觀就是星垂月湧，萬古綿恒的宇宙世界，真正的天人合一。蒙文如同漢語，言文不一致，但是蒙文沒有經過口語白話文「革命」，因此，從 13 世紀到現在的英雄敘事詩、編年史、古文獻，都能解讀。

敘事詩是蒙古古老的史詩藝術形式，重要的民間文學體裁。蒙古人每一位都是講述人。這一傳統以個人和家庭、家族為載體，為人類非物質文化遺產的一部分。不少長篇敘事民歌都是用口頭演唱的形式傳承的，敘事情節豐富，語言精彩生動。我也採訪過很多日本人，日本人一般有一答一，拘泥於問題本身。蒙古人也不像漢人那樣誇誇其談，顛三倒四，竭力渲染敘述本身。蒙古的敘事特徵是故事完整、脈絡清晰。即使有些民歌經過民間藝人的整理和加工，但並未脫離事實本身，故事實誠而可信。

當你談到文革，他（她）就會秉承敘事詩的特徵，按照年代、故事的脈絡有板有眼地敘述。因此有完整的故事細節，鮮明的人物形象，在篇幅、結構、人物塑造及語言運用上都如流水自然而成。

他們的記憶力驚人，許多人的思維和回憶都定格在那個時代，歷史離他們並不遙遠，倖存者生活在噩夢之中。我並沒有刻意「文學加工」、「想像細節」，不需要在文字上做手腳，更不要套問，設置關子。我只是記錄者，加上研究者的理論旁證。我只是一個資訊的提供者。書齋的知識與田野調查、口述歷史構成活生生的歷史。

比如，在第七章中有一個細節：嫁給延安派的鄂爾多斯女性奇琳花的哥哥奇全禧，在歡迎共產黨軍高平司令員的宴會上說「鄙人曾在重慶與蔣總統共餐用膳」這麼一句話，後來我到臺灣做研究時，在國民黨的少將文件上查到了這個細節，證實確實有這麼一回事。鄂爾多斯蒙古人升任國民黨少將軍官的只有兩位：奇全禧與奇玉山。臺灣資

訊公開，文檔證實了奇琳花敘說的這個細節。至於分類，由讀者諸君
自己去分類吧。

　　本書中為什麼您沒有使用人們通常區分的「內人黨」和「新內人
黨」的概念？記得圖們、祝東力的書中說歷史上的內蒙古人民革命黨
有時自稱「革命黨」，卻從無「內人黨」或「新內人黨」這樣的簡稱，
在蒙古語中，也根本不可能有這類的簡稱。所謂「新內人黨」完全是
捏造的產物。

　　中共在挖肅的時候，從來沒有區分過新老之別。後在「平反」時
候卻打出要嚴格區別新老之不同，好像很嚴格似的。目的不外是新一
輪陰謀，即指平反一部分人，大批則不恢復名義。1981 年內蒙古爆發
大規模反對漢人侵入草原運動時，漢人幹部即講，背後有「民族分裂
主義」，而且也沒有區分是新還是老？我是順沿漢人的邏輯，不區分
所謂的新老之別。

　　另外，日治時代確實培養了一批蒙古知識精英，在保護蒙古文化
教育傳統等方面採取了鼓勵措施。在您的書中，隨處可見內蒙古的殖
民鄉愁，是否對滿洲國存在的民族歧視、衝突、壓迫，選擇性地輕描
淡寫？
　　比如：喀喇貢桑諾爾布將日本式近代教育引入漠南蒙古時，聘請
河原操子為毓正女學堂教師。時值日俄戰爭的諜報大戰期間，錯綜複
雜的矛盾與推演，歷史似乎更加多維度糾葛與交纏。又如中共龜縮在
延安保存壯大實力，並種植與走私鴉片這個「中共歷史上的最大機密」
是一個不爭之事實，但是日本學者山內三郎在《麻藥的戰爭──中日

戰爭的秘密》中說：「日本一直想取代英國，成為中國最大的毒品供
應商。關東軍在熱河建立鴉片毒品專賣制，確立熱河全省為滿洲國的
鴉片種植區。此外，各派軍閥也視鴉片為最大的財源，慫恿與庇護民
間種植鴉片。

　　還有，本書中您對回民的稱呼為「色目人」，是否是另外一種族
裔輕蔑？

　　我認為日本式的現代化，非常適合於亞洲尤其是東亞各地區各民
族。當然，我們蒙古人不是窄意上的亞洲人，是歐亞大陸人。我們在
近代選擇的是兩個文明，一個是來自西方借道俄羅斯的文明；另外一
個是東方日本文明。很遺憾，由於漢人本身還未脫胎進入近代，所以
從漢地進入蒙古的現代文明近乎於零。從漢地帶來的只是災難。這一
點，現在也沒有任何變化。漢人要開墾草原，同化我們，我們則更願
意選擇另外的文明。

　　嘎達梅林要解決的問題，至今仍然橫梗在我們兩個民族之間。問
題並非侵略與被侵略，殖民與被殖民這樣簡單的二元對立構造。我所
研究的人類文化學其對象是「人」，人的集合體。因此，我更多地看
到歷史的複雜性與歷史中的「人」。比如河原操子。

　　稱呼回民的稱呼為「色目人」，這不是歧視，我只是希望回民知
識分子不要忘記歷史，你是蒙古帝國的產物，不要以為討好當代漢人
政治和政策就能怎麼樣。

提問 05

　　你的書中多次提到 1950 年 8 月鄂爾多斯烏審旗人民起來反抗中
共暴政，在網上也看到蒙古人在紐約緬懷烏審旗「八一九」慘案，追
思蒙古英雄巴音巴特爾，但都不詳細，能詳說一下這一段歷史嗎？

　　鄂爾多斯烏審旗蒙古人在 1950 年起義反抗漢族共產黨人入侵內

蒙古，領導人是奇玉山；而我父親則是鎮壓的一方。中共占領蒙古人的家鄉以後，說一部分蒙古人是好人，即窮人；而另一部分人是壞人，即富人，來離間整個民族。那麼，「好蒙古人」跟著漢人希望解決民族平等問題和禁止開墾草原問題，可是，幾十年過去了，共產漢人和「萬惡的國民黨反動派」一樣，更加大規模地開墾草原，更加大規模地移植漢人進入我們蒙古人的家鄉，而且還殺人放火。

因此，2013 年 8 月份，烏審旗蒙古人巴音巴特爾因為反對漢人強行占領我們蒙古人的草原修建鐵路而提出正當要求，但卻被漢人當眾打死。這讓我們認識到，蒙古人的革命目標從 19 世紀末到現在已在一直沒變，也一直沒有實現。蒙古人不願意開墾草原和破壞環境，而漢人就是要掠奪你的地盤和地下礦產，移民並同化你。這就是原因和結果。一百年沒有變。因此，民族問題也就不會得到解決。

提問 06

關於圖克公社屠戮風暴中「色木楚克一家四口投水自殺，以及色木楚克本人用鐮刀自殺」這一情節，不同人物的敘述，四說紛紜，撲朔迷離。

一家唯一的倖存者，當時才九歲的其莫斯仁的回憶、人圖克公社書記兼詩人策•哈斯畢力格圖、革委主任額爾德尼的敘述，他們所說的時間和遇難過程都有差異。另外，在談到文革後 1974 年一個雨夜，一群人對烏蘭巴幹夫婦實施暴力行為時，您的書裡寫的「一群漢人，仍用暴力解決暴力問題」，而吳迪的書中寫的是：「二十多個身穿軍隊雨衣，腰挎蒙刀的蒙面強人⋯⋯臨走留下一句話：『我們是受難的內人黨子女，這是你的報應！』」──顯然，指的是蒙古人所為。與您敘述截然不同。

對烏蘭巴幹的暴力行為不只一次，而是數次。因此他在呼和浩特才待不下去，逃到外地求生。漢人也恨他，因為他背叛了漢人。內

蒙文革中對蒙古人的種族屠殺這一事實是一個禁區中的禁區，羅生門（Rashomon）式的敘述的意義在於真相被扭曲、被模糊，但基本事實與民族屠殺的本質卻不可改變。

「卡廷森林大屠殺」的真相於六十年之後姍姍來遲。我希望將來有一部《圖克大屠殺》的電影，誰都不知道真相，但是對蒙古人的屠殺這一基本事實卻不可動搖，也希望有一部蒙古的《辛德拉的名單》，就是金九鬥醫生的方舟。

提問 07

楊繼繩說：研究文革史就是要跳出時代的局限、利益的局限和情感的影響，站在人類文明和政治文明的高度，還原歷史的本來面目。寫文革史是危險的……你寫出任何一個歷史事件，都會有人批評你敘述的片面性。這是因為文革的當事者大都健在……不僅要跳出《決議》，也要跳出文革親歷者的感情糾葛。應該站在人類文明、政治文明的高度，用普世價值觀來研究和反思文革。當然這樣做是不容易的，因為人們很難超越自身環境的局限。

如何超越族裔民族主義而「客觀」地看待這些主觀的、零碎的、斷片的、情緒化的證言？或者說，您自己如何做一位感情上的蒙古主義者，理性上的研究者呢？

我只是孤軍奮戰的個人寫作者，沒有組織，沒有團隊，一個人是一支隊伍，我在拙著中，確實有一種「藝術形式」，或者說「寫作戰術」。就是刻意刺激讀者，引起議論與思考。我重點著墨於漢人加害者的行為，因為這才是民族問題的關鍵。觸及到蒙古民族的認同問題，可能漢人會反彈，摔掉這本書，扔在地上，給我貼上「不客觀，不理性」的標籤。那麼過一段時間冷卻之後，他會撿起來想，這個人為什麼會這樣寫，為什麼要這樣寫？

絕對的客觀是沒有的，每個人寫作的背後都不動聲色地站著他的

現實關懷、價值期待、文化理想以及民族感情，當然包括他的政治立場。「去政治化」的本身就是政治化，「客觀」本來就是相對於「主觀」而言的。沒有絕對的客觀，絕對的客觀和八面玲瓏未必代表問題的本質，比如日本人研究非洲，好像站在第三者立場，佩戴著一個免罪符。難道說大的「研究」小的，一定是「客觀的」、「全面的」？而小的研究大的，就一定是「情緒化的」、「片面的」嗎？

沒有人能夠壟斷歷史的敘述權，每個人都擁有重新解釋歷史權，沒有人可以百分之百地「零度敘述」，「情緒化的零碎的敘述」如利爪，能在被風化的廢墟中挖掘出真實。而梳理這些支離破碎的陶片，正是研究者的責任。

讀者可以捫心自問，為何漢人要選擇性地失憶，為何在定歷史結論時總是推脫責任，諉過於人？如果今天人們仍然忌諱談論這段「蓋棺論定」的歷史，又如何遑論學術研究呢？

大部分蒙古人都在沉默。「沉默」同樣是另外一種力量的表述。一個受盡苦難的人，為什麼他會緘口其言，究竟是誰，來自何方的阻力，怎樣超越我們想像的殘酷經歷，使得這個人始終生活在黑暗的深淵呢？

我在第九章的結尾中引用了倖存著、「挎洋刀出身」東蒙幹部暴彥巴圖的話概括了奇治民的一生：「縱觀奇治民同志的一生是光輝的一生，奉獻的一生。他是革命的『紅小鬼』，是共產主義的忠誠戰士、鄂爾多斯人民的好兒子。黨絕不會忘記他，人民永遠懷念他。」在文革大屠殺中挨過三百多次的批鬥，九死一生的暴彥巴圖至今尚未找到更合適的語言回憶與表述大屠殺的恐，甚至至今還不得不使用統治者的語言，用讚美中共的語言來表述歷史，讀者是否能從這種荒誕與扭曲、苦楚與絞痛的表述中讀出一點點歷史的真相呢。這種表述本身就是當下歷史的一部分，同樣見證著歷史。

從沉默者到見證人，到行動者的埃利‧維塞爾（Elie Wiesel）說過一句最令人剜心的話：「世界可能並沒有聽到我們的呼聲，或者，更壞的假設是，世界聽到了我們的呼聲，但是一切都依然如故」。

提問 08

在獲得第十四屆司馬遼太郎大獎時，您在演講中說：「建構清廉、透明、格調高揚的明治精神的秋山好古率領的近現代日本騎兵，與年輕的遊牧騎兵戰士並肩馳騁在滿洲的大草原上，共同與俄羅斯帝國作戰。明治毅然決然的精神。尚武之民蒙古人生來就是戰士。為秋山好古創建的近代式日本騎兵的合理性所傾倒的蒙古人改良傳統的作戰方式，滿洲國時代誕生了內蒙古騎兵連。勇士們跨日本洋刀、坐騎日本進口的體格雄渾之戰騎馳騁草原，為實現民族現代化與民族自決而英勇戰鬥。阪上之雲，如今確實在蒙古的蒼空之上美麗飛翔。」

不過，《阪上之雲》後記一節選中寫道：「從維新到日俄戰爭之間共有三十餘年，不管是在文化史上還是在精神史，這一時期都是在漫長的日本歷史上的異類時期。這是日本歷史上最樂天的一段時期。而『明治在雪花中漸漸遠去』。」

實際上，蒙古近代政治精英主導下展開的民族自治運動，也是將漠南蒙古民族命運的賭注（也許這個詞語您不接受）壓在日本身上，希望借助日本的力量實現其民族自治獨立的理想。然而，日本只不過把漠南民族自治運動當作其東亞戰略的工具，並不認真對待蒙古人的民族自治訴求，最終漠南民族自治理想化為泡影。那麼，您在《阪上之雲》與漠南蒙古之間究竟在尋找怎樣一種精神？

蒙古與日本一樣，一個弱小的民族，背負巨大沉重的歷史。同樣得對付中國和俄羅斯。相比之下，俄羅斯更容易和我們共存，因為俄羅斯不殺人，也不開墾草原，不強制同化。而中國則一直認為「少數民族落後」，「日本野蠻」。在被漢人視為「蠻夷」這一點上，我們蒙古人和日本人同病相憐。

蒙古人接受日本式的近代教育以後，同樣騎大洋馬、挎洋刀、為民族自覺奮鬥。這就是 1930 至 1940 年代的歷史。但後來被漢人占領以後，我們的騎兵被派到西藏為漢人殺害藏人，淪為雇傭兵。回顧滿洲國時代，對比中共統治，一目了然。

提問 09

非常恭喜您的新書《在中國與蒙古的夾縫之間——烏蘭夫的民族自決未竟之夢》被選入了 2013 年由岩波書店出版的「岩波現代全書」系列。

在本書中，您描寫了烏蘭夫身為國際共產主義者兼蒙古民族主義者，其波瀾萬丈的生涯。您將他的民族主義為主軸的思想和實踐分為「自決時期」、「自治時期」、「抵抗時期」、「破滅時期」，他終生都在尋求成立蘇聯型中華民主自由聯邦的理想。您的書裡說：所有內蒙古的蒙古人至今懷抱一個最不可思議的問題：為什麼數萬以民族獨立為理想的蒙古軍對雲澤及其中共不發一槍一彈進行抗爭而服服貼貼地歸順於中國，是內蒙古近現代史上最大之謎團。

所有的書都含含糊糊地記載：1947 年 5 月 1 日，內蒙古自治政府在舊滿洲國興安總省的省會王爺廟成立之際，有無確切的記載呢？將內蒙古自治政府改為「中華民主聯邦」，這個改名是否意味著他艱難的心路歷程呢？而烏蘭夫的自治政府理想是擁有獨立的民族軍隊，獨立的貨幣發行，獨立的民族自治理想的。蘇蒙的社會主義解體之後，是否找到了他四年留學莫斯科以及他參加國際共運、世界革命思想的蹤跡呢？今天的蒙古人對烏蘭夫懷有怎樣的感情呢？

烏蘭夫仍然是我們草原上尊敬的人。烏蘭夫比毛澤東更懂得如何對待少數民族問題，他一生追求蘇聯式的聯邦自治。事實上，1947 年內蒙古自治政府成立體現了聯邦自治的理想。所以，中共對烏蘭夫從來沒有放心過，只是利用他。

提問 10

最近讀到日本學者杉山正明的《顛覆世界史的蒙古》（周俊宇，八旗文化出版，2014）該書中提出世界史中「蒙古時代」的概念，並認為蒙古時代是世界史的分水嶺，開啟了通往近代之門扉。並且，蒙

古時代同時也是世界史上另一大潮流「遊牧文明」的頂點，也是另一個世界史的頂點。遊牧國家乃是一個多民族的國家，遊牧民歷史不只在遊牧地區，遊牧民推動世界歷史的發展。

「元」完全是一種基於中國王朝史觀的權宜稱謂，屬於一種限定的用法。「大元大蒙古國」才是正式國號。因為蒙古時代後期，歐亞與北非全境圍繞著轉型為陸海大帝國的蒙古，為世界史前所未有的東西交流與經濟、文化活躍時期，大大地改變了世界。蒙古時代精神籠罩世界，蒙古與伊斯蘭的共生關係，造成伊斯蘭的世界化，並且蒙古時代成為一個擁有遊牧文明與農耕文明、甚至涵蓋海洋的大元汗國。歐美學者將這個時代自由開闊且富於理性的社會風潮與文化命名為「蒙古自由主義」。

若不從蒙古時代歷史脈絡來看，那麼現在肯定仍然看不清外蒙、內蒙蒙古系族群的苦難，以及至今仍然持續的西藏問題。也就是說，回顧中國數千年歷史之際，近代中國的疆域，頂多是這兩個半世紀左右被套用下的產物。若要是以這個「大中華」來說明東亞歷史脈絡整體，是本末倒置的。

但是吾人被填鴨的歷史「常識」說四等人制（蒙古、色目、漢人、南人）的按照民族劃分的歧視和壓迫、蒙古帝國擴張稱霸世界的進程中濫殺無辜、血流成河。而杉山書中卻說成吉思汗的軍隊是一支「不戰的軍隊」、遊牧社會的常態是指揮者交戰後，潰散的一方併入另一方，迴避人命的折損，「多元複合的蒙古世界聯邦」的建立不是靠武力降伏，而是「成為夥伴」。吾人的歷史「常識」中黑暗的元朝總是與文化上的鎮壓與經濟上的敗退聯繫在一起。「但事實正好相反，他們對於中國文化的態度，其實是遠較歷代中國政權還更熱衷尊傳統文化」。

也就是說，由於元朝的統一，遊牧民族開放闊識的世界與時空觀念，元朝這個世界體系的東部多展現了多彩的歷史大脈動，並且將這個時代自由開闊且富於理性的社會風潮與文化命名為「蒙古自由主義」。

　　日本民間有傳奇英雄源義經，衣川館之戰後經北海道渡海西行進入蒙古，成為世界聯邦盟主成吉思汗傳說。儘管此說法欠缺依據，但是蠕動的蛹中似乎對蒙古英雄存在憧憬。

　　首先應該分清民族情緒與民族主義。比如，漢族學者稱呼的蒙元時代、稱呼漢語國號「大元」、而蒙語的稱號應為「大元大蒙古國」。元代紀年方式以蒙漢文同時作為公用文通曉世界。用漢中國的歷史計算「元朝」，不過百餘年歷史；但是用蒙古史觀來計算，「大蒙古國」卻有四百二十八年歷史，直到林丹汗逝世的 1634 年為止。但是日本、歐美的學者可以輕鬆地說「大蒙古國」的「大歷史」，我們蒙古學者卻不能使用，因為很容易被貼上「自民族主義者」、「狹隘的民族論」標籤。不應該以暴易暴，要切斷暴力的鎖鏈。蒙古與日本一樣，一個弱小的民族，卻背負巨大沉重的歷史。

　　1991 年前後，日本出現一個蒙古熱。確實有日本根深蒂固的亞洲主義，滿蒙情懷。有一位學者到蒙古國拍了一張美麗的蒙古大草原的照片，在日本引起轟動。但是實際上，日本學者寫的「美麗的蒙古」，避開了蒙古的痛苦。這也沒有關係，你寫你的「美麗的蒙古」，我寫我的「痛苦的蒙古」。但是，從根底上看，蒙、日之間都能互相交流溝通；但是和漢人不好做到，漢人從一開始就蔑視蒙古人「野蠻」。相思相愛才能正確理解對方。希望漢人不要輕而易舉地說別人落後、野蠻。

提問 11

　　如何進行民族之間的對話與真相和解？伊力哈木的逮捕和判刑，似乎走入死胡同。

　　漢人自由派知識分子談到普世價值時，不要只談到北京的民主自由憲政，同樣要考慮少數民族的自由，在真相的基礎上才有和解的可

能。任何一個問題,不要當作政治交易的一張牌。比如關於靖國神社問題,漢人必須瞭解靖國神社的精神與由來,就算是中國占領了日本,日本人還是會去參拜。我剛從福岡過來,福岡有一個蒙古塚,祭拜的是「蒙古襲來」時的敵人蒙古人。日本人的生死觀與蒙古人相同,不論敵我,死後靈魂升天,流轉為神靈,死的尊嚴同樣為世人崇敬。日本和蒙古都沒有鞭屍文化。

從感情上來說,我不願意與漢人對話,至少去臺灣之前,我不願意與漢人對話。但去了臺灣之後,我其實有感到台灣有民主制度的保證。另外,臺灣經過荷治時代、日治時代,教育文化水準比較高,有民主與人文思想的土壤;而中國大陸卻沒有這個基礎。我從理性上來說,必須也只有對話,首先與內蒙古的漢人對話。我也發現與漢人對話並不難,因為漢人最擔心的是吃飯的問題,而蒙古人最擔心的是亡種的問題。現在的狀況,比我在北京時的80年代相比日益嚴重,對話的可能和管道越來越少。但是與王力雄這樣的漢人思考者,我很願意對話。

馬立誠先生提出「對日新思考」,我希望出現「對少數民族新思考」這樣的智慧者。這本書漢文版的出版目的,就是試圖探索真相調查與對話的途徑,切斷以暴易暴的鎖鏈,清除暴力的土壤。

提問 12

您理想中的民族模式是什麼呢?是否「中華聯邦」當然需要討論。唯色已宣布退出《零八憲章》的署名,您的看法是?

在真相和解基礎上、中國民主化前提下的聯邦制。與蒙古人民共和國合併統一已經不現實,而只能是南蒙古與周邊幾個省市的北方漢人成立一個民主憲政聯邦制度下的、具有自決權的一個加盟共和國。包含寬容宗教,有穆斯林、藏傳佛教。

作為理論和理念,獨立是必要的,但是現實上不可能。從現實與

穩健的角度來看，目前自治區內的蒙古人口只占十分之一，漢人擔心一提到獨立和自決，就會被驅出長城以南，以為分作南北兩國，失去生存的空間。其實人類的歷史本來就是一部遷徙史。蒙古人有擁抱和寬容、經營世界自由聯邦的能力。解決問題的方法是：走老漢人的路。漢人借地養民，老漢人本身就是混血兒，不要再濫墾濫伐了，老漢人也不是無節制地開墾，而是畜牧。

我說的聯邦制，也不一定是「中華聯邦制」，「中華」是一種思想，作為文化意識可以宣揚，但中國歷史上從來沒有作為國號使用過。可以更智慧些，使用一個少數民族抵觸感少一點兒的名稱，如日本的年號「平成」，起源於「地平天成」。

提問 13

沒有經歷過文革的蒙漢青年能夠做什麼？如何記憶歷史呢？

我們蒙古知識分子有一個說法，就是少數民族的孩子不要送到國外去，由我們蒙古人自己來教育。即便只能接受漢化教育，失去語言的根，蒙古子弟遲早也會覺醒。他會想，我們為什麼會失去我們文化的載體。俄國人一直對泛蒙古主義警惕，因此在雅爾達會議上千方百計地肢解蒙古，不希望看到統一的蒙古，因為它太知道蒙古的強大，歷史是無法忘懷的。

提問 14

近現代史上的蒙古夾在兩個大國之間，漠北蒙古也遭致大清洗。那麼，對未來的教訓是什麼？ 如果「挎洋刀的」的蒙古政治精英成功地統一南北蒙古的話，是否會同樣像日本一樣在近代化過程中受挫？是否有能力整治草原各自為王的部落王公政治呢？

　　我有時候也思忖，我們蒙古民族的今天是上天懲罰的結果。我們民族確實需要反省。滿清利用了蒙古各部落之間的矛盾與對立，蒙古人中不乏孤單英雄。中共利用了共產主義。但是單一民族的蒙古有其優勢，蒙古並沒有地方主義。就像日本明治維新之前，有兩百多藩，但是這次現代化和西方化的改革，無血開城，使大政歸還天皇。實際上，蒙古獨立時，漠南蒙古六盟四十九旗中，相繼有三十五旗的蒙古王公響應或者支持獨立，因此，那時的漠南蒙古自身具有整合統一的能力，然而，中國的軍閥勢力阻礙了這一夢想的實現。

　　從另外的角度來看，法國提倡的天賦人權的民族自決概念至今尚未實現。

附錄

附錄一
中華蘇維埃中央政府
對內蒙古人民宣言

（1935 年 12 月 20 日）

　　親愛的內蒙古全體民眾們！現在我們是處在全世界大變動的關頭。你們還是甘受日本帝國主義及中國軍閥的宰割，作他們的炮灰而趨滅亡；還是乘機奮起，努力圖強，以爭得至尊的蒙古民族在全世界民族中享有完全平等的地位？二者必居其一，望速擇之。

　　野心勃勃、兇焰逼人的日本帝國主義，欲占領全中國，必先占領滿蒙；欲稱霸於全世界，必先占領全中國。這個野蠻計畫，現在已逐步實現，首受其害者，為東三省、華北五省的民眾和內蒙古的整個民族。狡猾卑鄙、口蜜腹劍的日本強盜，正在用各種欺騙手段，假借「大蒙古主義」，來達到占領蒙古的整個土地財富、奴役整個內蒙古人民的目的，它準備把你們的土地作戰場、人民當炮灰，以達到它進攻中國蘇維埃人民共和國，進攻外蒙古人民共和國及蘇聯，並最後消滅蒙古民族的目的。

　　不信，請看朝鮮、臺灣、東三省的人民，不能用自己的語言文字，不能有居住、行動、耕種、牧畜的種種自由，一切政治經濟的許可權，完全操在日本倭奴之手。再看日本帝國主義者在察哈爾的軍事布防與軍事設備，及興安總署與其他的一切陰謀，便可以了然內蒙古民族達到了空前未有的危機。何況還有忝不知恥以蔣介石為首的中國軍閥，不獨自命為宗主國，更進而把內蒙古整個區域劃為行省，驅逐蒙古民族以黃河以南、陰山以北，更時常指使井岳秀、高石秀等小軍閥，不

斷地占蒙古民族的牧地、鹽池，企圖逐漸消滅蒙古民族，做日本帝國主義的清道夫，加速蒙古民族之滅亡。

中華蘇維埃人民共和國中央政府與所有的英勇紅軍，在數年來的英勇戰鬥，無數次的給日本帝國主義與蔣介石軍閥以嚴重的打擊。中國紅軍已經成為不可戰勝的力量。特別是英勇的中央紅軍，經過２萬５千里的長征，突破了全世界的行軍紀錄，勝利地達到北上抗日預定的計畫。中國紅軍戰鬥的目的，不僅是要把全中華民族從帝國主義與軍閥的壓迫之下解放出來，同樣要為其他的弱小民族而鬥爭，首先就是要幫助解決內蒙古民族的問題。

我們認為只有我們同內蒙古民族共同奮鬥，才能很快地打倒我們共同的敵人，日本帝國主義及蔣介石；同時相信，內蒙古民族只有與我們共同戰鬥，才能保存成吉思汗時代的光榮，避免民族的滅亡，走上民族復興的道路，而獲得如土耳其、波蘭、烏克蘭、高加索等民族一樣的獨立與自由。因此，本政府向你們宣言：

一、認為原來內蒙古六盟、二十四部、四十九旗、察哈爾土默特二部及寧夏三特旗之全域，無論是已改縣治或為草地，均應歸還內蒙古人民，作為內蒙古民族之領土，取消熱、察、綏三行省之名稱與實際行政組織，其他任何民族不得占領或借詞剝奪內蒙古民族之土地。

二、我們認為內蒙古人民自己才有權利解決自己內部的一切問題，誰也沒有權利用暴力去干涉內蒙古民族的生活習慣、宗教道德以及其他的一切權利。同時，內蒙古民族可以隨心所欲地組織起來，它有權按自主的原則，組織自己的生活，建立自己的政府，有權與其他的民族結成聯邦的關係，也有權完全分立起來。總之，民族是至尊的，同時，一切民族都是平等的。

三、凡在內蒙古區域的漢、回、藏、滿等民族，應根據民族平等的原則，發展民主主義，使這些民族與蒙古人民受同等的待

遇，並有應用自己的語言文字及信仰居住等的自由。

四、首先將井嶽秀所占領的把兔灣，與高石秀所占的區域及兩個
鹽池，交還內蒙古人民，並將長城附近，如寧條梁、安邊、
定邊等地劃為商業區域，發展你我雙方間的貿易。

五、我們的工農紅軍游擊隊或其他的武裝隊伍，絕對沒有向草地
進攻的企圖，但你們亦不要允許中國軍閥或日本帝國主義的
軍隊，經過草地來向我們進攻，來加速你們自己的滅亡。我
們願意彼此締結攻守同盟去打倒我們共同的敵人。

　　總之，只要你們真認識到蒙古民族解放的必要，不願做亡國奴，
有反對日本帝國主義與蔣介石等中國軍閥的決心，那不管你們的領導
者是王公貴族或平民，我們都可以給你們以善意的實力的援助。蒙古
民族素以驍勇善戰見稱於世，我們相信你們若一旦自覺地組織起來，
進行民族革命戰爭，驅逐日本帝國主義與中國軍閥於內蒙古領域以外，
則誰敢謂成吉思汗之子孫為可欺也。請為熟慮，並望互派代表以建偉
業，則不勝幸甚！謹此宣言。

中華蘇維埃人民共和國中央政府主席
毛澤東

附錄二
關於烏蘭夫錯誤問題的報告

中共中央批轉中共內蒙古自治區委員會的電報

各中央局、各省、市、自治區黨委，中央各部委、國務院各部委黨組（黨委），人民解放軍總政治部，各人民團體黨組：

現將中共內蒙古自治區委員會 1967 年 1 月 20 日的電報，和中共中央華北局「關於烏蘭夫錯誤問題的報告」轉發給你們。

中共中央
1967 年 1 月 27 日

中共內蒙古自治區委員會的報告

中央並華北局：

內蒙古自治區文化大革命運動，正向更深入，更廣闊的方面發展，黨內一小撮走資本主義道路的當權派和極少數堅持資產階級反動路線的頑固分子，在作垂死掙扎，又進行新的反撲。最近在呼和浩特市出現了「紅衛兵捍衛毛澤東思想地下司令部」為烏蘭夫翻案的傳單。證明一小撮壞分子在幕後積極活動，企圖利用民族問題挑動蒙族（主要是土旗蒙族）群眾，反漢排外，為烏蘭夫翻案。有的黑幫分子也借機翻案。對此，絕大多數革命群眾極為憤慨，並對自治區黨委提出了尖

銳的批評，認為區黨委在鬥爭烏蘭夫反黨集團上，繼續執行資產階級反動路線，拼命地保護烏蘭夫、奎璧、吉雅泰。許多同志質問區黨委「為什麼保住烏蘭夫不讓鬥」、「為什麼不敢放手讓廣大群眾鬥爭烏蘭夫、奎璧、吉雅泰」等等，反映很強烈。也有一些不明真相當群眾對中央保護烏蘭夫產生了誤解，懷疑「是不是劉鄧搞的，毛主席知道不知道」、「中央這樣保烏蘭夫，內蒙古黨委又不敢放手鬥，是不是過去搞得有問題了」。盟市旗縣委多次向區黨委催要中央關於對烏蘭夫問題的決定。為此，請中央能把區黨委關於烏蘭夫問題的報告迅速批發下來。

中共內蒙古自治區委員會

1967 年 1 月 20 日

中共中央華北局關於請示中央批轉《關於烏蘭夫錯誤問題的報告》

主席、中央：

在毛主席親自領導和發動的無產階級文化大革命中，內蒙古的革命幹部和革命群眾揭發了烏蘭夫的錯誤。中央先後撤銷了烏蘭夫的華北局第二書記、內蒙古軍區司令員和政治委員、內蒙古大學校長等職務。內蒙古自治區各族廣大革命幹部和革命群眾，熱烈擁護中央的決定，歡呼毛澤東思想的偉大勝利。他們紛紛要求公佈烏蘭夫的罪惡活動。近來，隨著文化大革命更深入廣闊的發展，這種要求日益強烈。並且，有些幹部和群眾，因未公布烏蘭夫的罪惡活動，而對內蒙古自治區黨委發生嚴重懷疑和不滿。因此內蒙古自治區黨委建議，請中央批准華北局 1966 年 7 月向中央所作的「關於烏蘭夫錯誤問題的報告」。

烏蘭夫的錯誤，是反黨、反社會主義、反毛澤東思想的錯誤，是破壞祖國統一，搞獨立王國的民族分裂主義、修正主義的錯誤，實質上是內蒙古自治區黨組織中最大的走資本主義道路的當權派。

　　經過討論，華北局同意內蒙古自治區黨委的建議，即把烏蘭夫的錯誤問題，在內蒙古自治區地方和軍隊黨的基層組織中，在革命群眾的組織中，進行公布，以利於內蒙古自治區無產階級文化大革命的深入發展。

　　　　　　　　　　以上請示，是否妥當，請中央批示。

　　　　　　　　　　　　　　　　　　中共中央華北局

　　　　　　　　　　　　　　　　　　1967 年 1 月 23 日

中共中央華北局關於烏蘭夫錯誤問題的報告

　　主席、中央：

　　在 5 月華北局召開的工作會議上，內蒙古自治區參加會議的一百十六位同志（包括旗、縣委書記），報告中央和毛主席關於無產階級文化大革命的指示，高舉毛澤東思想偉大紅旗，揭露和批判了烏蘭夫的反黨、反社會主義、反毛澤東思想的錯誤。

　　對烏蘭夫的錯誤的批判和揭露，從 6 月 7 日至 7 月 20 日，共進行了四十三天。除小組會外，開了幾次區黨委常委會議；六次有各盟、市委書記參加的常委擴大會議，十六次全體會議，烏蘭夫檢討交待了四次（在常委和常委擴大會議上各一次，在全體會議上兩次）。

　　在此期間，內蒙古自治區直屬機關和高等學校，開展了文化大革命運動，掀起了大鳴、大放、大字報、大辯論的高潮，集中地揭發了烏蘭夫及其一夥的錯誤。

　　根據揭露的大量事實，烏蘭夫的錯誤是反黨、反社會主義、反毛澤東思想的錯誤，是破壞祖國統一，搞獨立王國的民族分裂主義、修正主義的錯誤，實質上是內蒙古黨組織中最大的走資本主義道路的當權派。對烏蘭夫錯誤的揭露和批判，是挖出了一顆埋在黨內的定時炸彈，是毛澤東思想的偉大勝利。

　　烏蘭夫的主要錯誤事實如下：

一、反對毛澤東思想，另打旗幟，自立體系

　　烏蘭夫放肆篡改和歪曲毛澤東思想。1963 年 8 月 8 日，毛主席在《支持美國黑人反對美帝國主義種族歧視的正義鬥爭的聲明》裡說：「種族鬥爭，說到底，是一個階級鬥爭的問題。」烏蘭夫對毛主席這個英明論斷是反對的。他叫秘書從馬、恩、列、史著作裡查毛主席這句話有無根據。1965 年 12 月，他在籌備慶祝內蒙古成立二十周年座談會上一再說：「民族問題就是人民問題。」「毛澤東思想是民族團結。」「毛主席關於民族問題的基本概念，鞏固祖國統一，加強民族團結……」「只要在民族問題上抓住這二條，我看就根本抓住了民族問題的核心。」他甚至竟然宣稱「民族問題是階級鬥爭問題的實質」。「離開了民族問題的具體事實，空談階級鬥爭實際上是一句空話。」

　　1958 年 3 月，毛主席在成都會議上聽取烏蘭夫彙報時，對民族問題作了重要指示，主席說：「蒙漢兩族要密切合作，要相信馬克思主義……不要一定是本省人執政，不管哪裡人──南方或北方，這族或那族，只問那個有沒有共產主義？共產主義有多少？這一點要向少數民族說清楚。究竟吃民族主義的飯，還是吃共產主義的飯。吃地方主義的飯，還是吃共產主義的飯？首先，應當吃共產主義的飯，地方要，但不要主義。」而烏蘭夫不僅沒有在黨內傳達這一指示，反而和主席公開唱對臺戲。他強調「逐步實現黨的領導機關民族化，是一個帶有根本性的任務。」他不僅這樣說，而且實際上也這樣做。

　　「突出政治」，就是突出毛澤東思想，突出階級鬥爭。而烏蘭夫卻以民族問題來反對突出政治，反對突出毛澤東思想。1966 年 2 月，他在土默特旗四清工作隊整訓大會等幾個會議上反覆強調，「民族問題就是最大的突出政治。」

　　毛澤東同志是當代最偉大的馬克思列寧主義者，毛澤東思想是放之四海皆準的普遍真理，是我們全黨全國一切工作的指導方針。烏蘭夫卻公開攻擊毛澤東同志著作是「教條」。他說：「學《毛選》要從自治區的實際出發，要有的放矢……不從實際出發，不解決針對性問題還不是教條。」「學習毛澤東思想要與內蒙古實際相結合。」「學

習毛澤東思想，中心是樹立一個毛澤東思想的民族觀。」1966 年 4 月。根據他的授意寫成的區、黨委《關於進一步開展大學毛主席著作運動的決定》中，就是提出：「只有真正認識到內蒙古的實際，解決了從實際出發的問題，我們的工作才會有新作為，才能踏出自己的路。」實際上，就是要在內蒙古樹立一個「烏蘭夫思想」，要幹部學習他的民族問題的言論（他有《言論集》五卷，油印本，在少數人中發過，後又收回了）。1966 年 3 月 3 日，自治區黨委發出的《1966 年上半年工作要點》，要求「結合自治區的實際情況」，在「學習關於民族問題的理論和黨的民族政策」的同時，要「學習烏蘭夫同志有關民族問題的重要講話及有關文章」。

　　1965 年 11 月，他在內蒙古自治區黨委二屆三次全委擴大會議上，提出了所謂「鞏固和發展民族團結和祖國統一的政治、經濟、文化三個基礎」。即所謂發展黨的組織和發展貧協會員的多數及蒙人，建立起階級隊伍的政治基礎；貫徹農牧結合的方針，蒙人可以放羊，漢人也可以放羊，漢人可以種地，蒙人也可以種地，農牧互相支援的經濟基礎；在內蒙古自治區通行兩種語言文字的文化基礎。他說：「有了政治基礎，有了經濟基礎，又有了共同語言，……結果就反映了共同心理。……有了共同的心理狀態，在文化上民族團結就有了可靠的基礎。」並且把它看成是「從社會主義過渡到共產主義」、「民族融合」的三個基礎。

　　烏蘭夫的「三個基礎」，是站在資產階級民族主義的立場上，任意曲解、篡改、貶低毛澤東思想；根本不講社會主義、共產主義，不講階級和階級鬥爭，不講無產階級專政，是徹頭徹尾的修正主義。

二、反對階級鬥爭，反對社會主義革命

　　烏蘭夫反對毛澤東思想，根本點就是否認階級鬥爭，取消階級鬥爭。他提出在牧區實行和平過渡，對民族上層和宗教上層實行和平共處，對蒙修實行和平競賽，以民族問題代替階級鬥爭的「三和一代」的修正主義路線。

　　他以民族問題代替四清，代替階級鬥爭。他抹煞社會主義與資本主義、無產階級與資產階級這一主要矛盾，把民族矛盾擴大為主要矛盾，提出內蒙古當前的主要危險是大漢族主義。並且，以此為藉口在內蒙古自治區大反大漢族主義。他還指出「在四清運動的自始至終都要狠抓民族問題」，「揭兩條道路鬥爭的蓋子，也是揭民族問題的蓋子」。他狂妄地在毛主席提出的搞好四清運動的六條標準之外，還要增加一條：「民族問題解決了，還是沒有解決。」並且說：「如果這一條沒有做到，其他六條都做到了，也只能說四清運動搞好了一半。」

　　烏蘭夫以他的家鄉土默特旗為據點，總結出所謂大漢族主義幾種表現形式，突出地反大漢族主義。去年 12 月，他在土默特旗四清彙報會上公開說：「我與大漢族主義鬥爭了幾十年，今年六十來歲，還能鬥二十年，非把他們鬥倒不可。」甚至指責一些蒙族幹部說：「就是蒙族幹部也是犯了大漢族主義錯誤，不是地方民族主義錯誤。」「蒙族幹部犯大漢族主義錯誤，比漢族幹部更危險。」以此來煽動民族情緒，企圖把土默特旗的四清運動變成反大漢族主義運動。有些蒙族的革命左派，被孤立，受打擊，被看成是「漢族的走狗，蒙族的叛逆」。這樣，烏蘭夫就把四清運動的性質、重點根本改變了。不是社會主義與資本主義的性質矛盾，而是民族矛盾；不是以階級鬥爭，兩條道路鬥爭為綱，而是重點反對他所謂的大漢族主義。他把他這一套所謂「經驗」寫成紀要，用自治區黨委名義批轉下去，要全區仿行。

　　烏蘭夫反對在牧區進行社會主義革命，主張實行「和平過渡」。他在牧區堅持改革步子要穩，處理要寬，時間要長的「穩、寬、長」的政策，說這條「和平改造的方針」，在少數民族地區的社會主義改造革命中要自上而下自始至終地貫徹執行。他認為革命要破壞生產，說什麼「革命革得把牲畜都死完了，牧民的思想要變的」。在少數民族地區平叛問題上，他也是反對的。1955 年 9 月，中央討論四川某地區的平叛問題時他說：「對少數民族打仗是下策。」當時中央就不同意他的觀點。1956 年 6 月，在一次會議上仍然堅持他的觀點，說：「我當時在會上說打仗是下策，但會上有的同志不以為然。」又說：「我

認為我們如果搞錯了，應該承認錯誤，才能穩定人心。」

　　烏蘭夫反對牧區劃階級，堅持牧區不分、不鬥，不劃階級的民主革命時期的政策。他在 1965 年 12 月一次會上講，這個政策「調動了牧主生產發展的積極性，牧主也好，牧民也好，富的也好，窮的也好，都發展了牲畜」。「今天看這個問題也還是這樣，這是牧業的一條方針」。因此，他認為「生產上去了，不劃階級也心甘情願。」由於他一再阻攔，內蒙古絕大部分牧業至今沒有劃階級，無產階級專政很不鞏固。

　　烏蘭夫美化民族上層、牧主和宗教上層，主張同他們實行「和平共處」。1962 年 4 月，他在全國民族工作會議上說：「我們現在有很多幹部，都是過去的親王、公主……而且工作得很有成績。所以，各族人士，各階層、宗教上層人士和一切愛國的，贊成實行民族自治的各階層人民，我們都團結了，並進行了思想改造工作，同時放手使用他們。」又說：「保衛自治區，就是保衛著蒙古人民，也保衛著宗教信仰。」他還到處宣傳呼盟有一個牧主富得很，發展了兩萬頭牲畜，從前去哈爾濱坐火車坐飛機，最後把牲畜原盤交給了公私合營牧場，現在去哈爾濱坐火車不坐飛機了。但是，他從來不講牧主的錢是剝削來的。在四清運動中，他竟然還主張「要同少數民族領袖商量」，「要傾聽少數民族領袖的話，把少數民族領袖團結了，群眾就團結起來了」。

　　烏蘭夫對蒙修在政治上不進行鬥爭，主張實行「和平競賽」。他所謂的反修，不是在政治上同蒙修進行針鋒相對的鬥爭，而是在牧畜頭數上要大大超過外蒙古，不是在牧區進行反對修正主義的政治教育，而是強調物質刺激。因此，在牧區尤其是在邊境區，不少群眾祖國觀念不濃，對蒙修恨不起來。

　　烏蘭夫還是一個典型的經濟主義者和實用主義者。他提出：「千條萬條，增加牲畜是第一條。」「搞不搞生產是關係到生死存亡的大問題，是真革命與假革命的問題。」所以，他用生產代替階級鬥爭，把生產鬥爭與階級鬥爭對立起來。去年巴盟中後聯合旗遭受風災，牲

畜受到損失。今年 1 月 8 日，烏蘭夫發電報指責搞四清是造成在風災襲擊下牲畜遭受損失的最主要原因，強令停止四清。在今年 3 月，內蒙古區黨委發出了《1966 年上半年工作要點》，竟然提出：「以抗旱抗災為中心的農牧業生產，是當前全黨全民的中心工作，是各行各業的共同任務，必須全力抓好。」在總任務當中對階級鬥爭、反修鬥爭隻字不提。

烏蘭夫在階級鬥爭問題上，在「社會主義民族」，「機關民族化」，以及少數民族地區平叛等重要問題上，同李維漢的修正主義觀點是完全一致的，他們是互相支持、利用、公開反黨、反中央的。

三、對修正主義卑躬屈膝

烏蘭夫對內屈服於王公貴族、牧主的壓力，對外則屈服於修正主義的壓力。

在蒙文文字改革問題上，烏蘭夫堅持斯拉夫化，全套搬用外蒙古的，說：「把語言文字同外蒙古一致起來，是為了影響他們。」1955 年即在全區推行蒙文斯拉夫化，直至 1957 年周總理在青島提出拉丁化時，才停止下來，但至今不搞拉丁化。

烏蘭夫在對外關係上是卑躬屈膝的。1961 年 7 月，他率領中國黨政代表團，參加蒙古人民共和國成立四十周年慶祝活動和蒙古黨十四次代表大會。當南斯拉夫鐵托集團代表在大會上講話時，他兩次帶頭起立（沒有鼓掌），孤立了阿爾巴尼亞的代表。蒙修在播送和刊登我黨的賀詞和代表團團長講話時，故意把「我們的朋友遍於全世界」篡改為「世界上有我們的朋友」。代表團人員發現後，兩次報告給他，他都不理睬。蒙修對我代表團參觀烏蘭巴托百貨大樓極端無理，故意冷落。在我代表團參觀前，蒙方動員全店人員去歡迎波蘭客人，店門緊閉。但他甘受凌侮，堅持參觀了這個「無人商店」。澤登巴爾因撞車受傷住院，烏蘭夫提出去醫院慰問。蒙修同意烏蘭夫與王維舟同志二人去看望，但澤登巴爾的老婆（蘇聯人）只准烏蘭夫一人進病房，王維舟同志當場憤然離去，而他不但不同王維舟同志採取一致行動，

反而喜笑顏開，無動於衷，一個人進去探望了澤登巴爾。事後，王維舟同志歸國前，向蒙方負責人對此無理行為表示遺憾，他也在場，毫無表示。

去年以來，正當我們同修正主義進行針鋒相對的鬥爭，澤登巴爾瘋狂反華，極力挑撥蒙漢關係時，烏蘭夫把反修旗幟降了下來，在內蒙古自治區大反大漢族主義，完全適應了國外修正主義的需要。

四、以 1935 年《宣言》為綱領，進行民族分裂活動，搞獨立王國

烏蘭夫對 1935 年《中共蘇維埃中央政府對內蒙古人民宣言》念念不忘。去年下半年以來，公然打起《宣言》的旗幟，進行民族分裂活動。

1935 年《宣言》中提出：「保存成吉思汗時代的光榮，避免民族的滅亡，走上民族復興的道路。」規定：「原來的蒙古盟，二十四部，四十九旗，察哈爾土木特二部，及寧夏三特旗之全城……作為內蒙古民族之領土。」「內蒙古人民自己才有權利解決自己內部的一切問題，誰也沒有權利用暴力去干涉內蒙古民族的生活習慣、宗教、道德以及其它的一切權利。同時，內蒙古民族的可以從心所欲的組織起來，它有權按自主的原則，組織自己的生活，建立自己的政府，有權與其它民族結成聯邦的關係，也有權完全分立起來。……」

這個當時黨內教條主義者假借毛主席的名義發表的《宣言》，正適合烏蘭夫目前搞民族分裂主義的需要。解放以後，他拿《宣言》規定的區域，向中央「要帳」，爭地盤，在同毗鄰省、區劃界時，一步不讓，寸土必爭。今年 1 月，他把《宣言》印發到全區，要求下邊以此「檢查我區民族工作中存在的問題」，還要求內蒙古自治區所有幹部要大學一番。

烏蘭夫印發 1935 年《宣言》的假口是反大漢族主義。實際上是借自治之名，搞獨立王國之實。當在內蒙古大漢族主義不是主要危險。主要危險是地方民族主義。建國以來，在內蒙古自治區一直沒有認真反對地方民族主義。因此，地方民族主義相當嚴重。民族分裂分子的

活動相當囂張，叛國事件一再發生（1960年至1966年6月，共發生一百六十起，九百三十八人，其中已遂六十八起，六百二十四人）。對有些重要民族分裂案件遲遲不處理，甚至姑息養奸。更嚴重的是，在這次華北局工作會議期間，內蒙古赤峰軍分區副參謀長雲成烈（烏蘭夫的遠房侄兒），從呼和浩特突然來京，進行地下活動，說他是受雲世英（自治區公安廳副廳長）等人之托，轉告「土默特旗人，都要頂住，讓烏蘭夫也要頂住」。還說：「『革命』是有反覆的，上山打游擊也要『革命』。」

事實十分清楚。內蒙古的地方民族分裂主義的總根子就是烏蘭夫。他是以1935年《宣言》為綱領，以反大漢族主義為藉口，進行反黨反社會主義的民族分裂主義活動，搞獨立王國。

烏蘭夫進行民族分裂活動，搞獨立王國，絕非偶然的。他有強烈的「領袖欲」。他把自己裝扮成蒙古族的「領袖」、「權威」自居，他把個人凌駕於組織之上，實行「家長制」領導，心目中根本沒有民主集中制根本沒有自我批評；他只能聽頌揚，聽不進半點批評，千方百計樹立個人的威信。在內蒙古自治區成立後，一個相當長的時期裡，喊「烏蘭夫主席萬歲」，在牧區大量印烏蘭夫的像。烏蘭夫的像同毛主席的像平掛在一起，甚至現在有的地方還掛著他的像。自治區黨委副秘書長浩帆（烏蘭夫的親信）在辦公廳幹部中公開講：「在中央聽毛主席的，在內蒙古聽烏蘭夫的」，「全國要學習毛澤東思想，內蒙古要學習烏蘭夫思想」，「黨委的文件要體現烏蘭夫思想」。區黨委調查研究室幹事何躍（烏蘭夫的親信）當著他的面說：「烏蘭夫同志是內蒙古各族人民的領袖。」所有這些，烏蘭夫十分欣賞，從不加任何制止。

烏蘭夫對中央、毛主席、軍委以及華北局的指示，他們不同意的就加以抵制，或拖而不行。除上述不傳達毛主席在成都會議上的指示。不執行周總理關於蒙文拉丁化指示外，對林彪同志指示要把原下放的軍馬場上交總後勤部，他堅持呼和馬場不交，對中央、華北局在內蒙古進行農墾，也一概不支持、不歡迎。他對中央、華北局實行嚴密封

鎖。他的許多見不得人的講話、報告，根本不送中央、華北局，甚至有些文件，華北局要，也不報送。

五、安插親信，篡奪領導權

烏蘭夫為了積極推行他的民族分裂主義和修正主義的政治陰謀，在近一年多的時間內，處心積慮地實行了一條宗派主義的幹部路線。

他任用幹部的標準，是能否堅決執行他的修正主義路線，是否積極反大漢族主義，搞民族分裂主義。並且無原則地優先照顧家族，實際上是優先照顧蒙族幹部中的右派。在蒙族幹部中他又分東蒙、西蒙、土旗、非土旗、延安民族學院學生、非延安民族學院學生。他的親戚、親信更吃香。因此凡吹捧烏蘭夫、反大漢族主義的人，就被重用、提拔；凡是堅持黨的原則、不投他所好的人，就被排斥、打擊，甚至陷害。

這樣烏蘭夫搜羅了一批修正主義分子、民族分裂主義分子、極端個人主義分子和嚴重政治歷史問題的人（包括有漢族幹部），形成了一股右派勢力，並以一小撮親信為核心，搞陰謀活動，尤其是一些重要人事的安排，他們都是事先密謀策劃。烏蘭夫自己交待說：「都是書記處之外的『小書記處』」。

去年下半年以來，烏蘭夫迫不及待地安插親信，篡奪黨政重要部門的領導權。

1・用建立「代常委」陰謀手段，篡奪區黨委常委會的領導權。
今年1月，烏蘭夫乘自治區黨委許多常委和書記處的成員到基層蹲點或患病之機，不顧書記處王鐸、方錦明二同志的反對，成立了以他的親信為主的十三人「代常委會」，其中蒙族幹部就有九人，有六人是土默特旗蒙族幹部，作為他推行修正主義路線的工具，「代常委」代替了常委會，在他的親信操縱之下，大力推行烏蘭夫的民族分裂主義路線。
2・大量安插親信，控制黨政要害部門。
烏蘭夫借精減機構、建立「五委」、加強領導之名，安插親信，

篡奪了區黨委辦公廳、組織部、調查研究室，和自治區人委的文委、計委、農委以及公安廳等重要部門的領導權。

3 · 在呼和浩特市委發動了修正主義政變。

烏蘭夫用修正主義分子、反大漢族主義急先鋒李貴（漢族，呼和浩特市委新任第一書記），會同呼和浩特市市委書記處書記陳炳宇，把市委第二書記趙汝霖同志的缺點、錯誤擴大化，加上所謂「反烏蘭夫」，「不執行黨的民族政策」等罪名，戴上「反黨宗派主義」帽子，把趙汝霖同志整掉。李貴在呼市連續作了八次報告，並到包頭市幹部會議上作了兩次報告。他在報告裡大肆宣揚修正主義，反大漢族主義；大肆吹捧烏蘭夫如何英明正確，反毛澤東思想；一筆抹煞呼和浩特市十幾年民族工作的成就，擴大蒙漢族矛盾；把民族政策說成是貫穿一切工作的紅線。在全市通過「揭蓋子、挖根子、換班子」，實現了修正主義的政變。烏蘭夫對李貴搞的呼市政變，倍加讚揚，說是「建立了馬列主義的領導班子」。

4 · 以呼和浩特市政變為樣板，積極在其它盟、市搞修正主義政變。

1965 年 12 月，在烏蘭夫親自主持下，以區黨委名義批轉了呼和浩特市委關於「有關民族工作方面一部分問題的報告」的政變經驗。這是一個典型的修正主義政變綱領。文件裡首先把他自己捧為一貫正確，「領導全區人民獲得解放……受到全區各族人民愛戴和擁護」，然後指出：「這些資產階級民族主義（指大漢族主義），目前特別突出地集中攻擊以烏蘭夫同志為首的內蒙古自治區的一部分老的蒙族領導同志」，「內蒙的民族問題，就是內蒙的革命問題。反對黨的民族政策，以烏蘭夫同志為首的內蒙領導同志，實際上就是反對黨的領導，反對黨的民族政策，反對內蒙古民族走社會主義道路」。「這是當前自治區黨內在民族問題上的主要傾向，這是當前自治區階級鬥爭、兩條道路鬥爭的在民族問題方面的突出表現」。這個文件為許多地方的民族分裂分子和修正主義分子的罪惡活動開了「綠

燈」，他們拿上這個文件四處活動，積極地準備進行陰謀反革命政變。他們把手首先伸進地方黨政機關，也開始伸向軍隊。

5．集中打擊自治區黨委漢族領導幹部，為其推行民族分裂主義掃清障礙。今年4月1日，烏蘭夫以突出政治為名，在「代常委」會上搞「小鳴放」，他帶頭點名攻擊區黨委書記王鐸、權星垣、高錦明（滿族）等同志。把功勞記在自己帳上，把錯誤推給別人。說王鐸把農業搞得「一毛不拔」、權星垣把工業搞得「手無寸鐵」、高錦明不執行民族政策，污衊自治區商業是「大盛魁」（舊社會剝削蒙人的大商號）。接著，「代常會」就跟著他的意圖，積極準備整這些同志的材料。在會外，雲麗文、浩帆等人市區黨委這些書記和一些領導幹部反烏蘭夫，積極做輿論上的準備。

今年4月下旬，烏蘭夫以貫徹華北局會議、突出政治、突出階級鬥爭為名，召開自治區黨委常委擴大會議，親自出馬，調兵遣將，煽風點火，突出反大漢族主義，打擊王鐸、權星垣等同志，企圖實行「宮廷政變」。此時華北局已有所發現，派人去對他進行了批評和制止，並且恰好中央叫他去京參加5月政治局擴大會議，烏蘭夫的這次陰謀才未能實現。接著，文化大革命運動開始了，烏蘭夫的錯誤被揭發，他的陰謀完全破產了。

烏蘭夫的錯誤不是偶然的。他出身於地主家庭，受資產階級教育，參加革命以後，長期做民族上層工作，很少參加群眾運動和艱苦的階級鬥爭。解放後，高高在上，脫離群眾，脫離實際，養尊處優，當官做老爺。所以，他雖然入黨四十多年，但他的資產階級立場、世界觀沒有得到根本改造，一貫表現右傾，並不是像他自己吹噓的那樣「一貫正確」。他是一個地地道道的資產階級民族主義者。在國內外階級鬥爭進一步深化、社會主義革命日益深入的時候，觸動了他的靈魂深處，尤其是去年下半年以來，就迫不及待地、明目張膽地打出自己的旗幟，公然進行反黨、反社會主義、反毛澤東思想、進行民族分裂活

動。烏蘭夫是黨內的資產階級代表人物，是一個野心勃勃的大陰謀家。他想用他的資產階級民族主義來改造內蒙古，來改造內蒙古的黨組織。

內蒙古自治區是祖國的邊疆，是反修的前哨，是戰略要地，中央對烏蘭夫是信任的，委他擔負了重要職務。但是烏蘭夫辜負了黨中央、毛主席的信任和期望。從資產階級個人主義的野心出發，完全背離了無產階級革命事業的利益。發展到分裂祖國統一，在內蒙古實行資本主義復辟的程度。烏蘭夫的錯誤，對祖國邊疆的鞏固，對民族的大團結，對內蒙古自治區的社會主義革命和社會主義建設事業，已經造成了極為嚴重的損失，遺毒很深。

烏蘭夫的錯誤思想，過去就有所流露。主席和中央負責同志對他進行過說服和批評。近幾年來，華北局對他的錯誤有所覺察，也不止一次的提醒並批評過他。但他從來沒有自我批評，對待批評也是兩面派的態度。在這次會議上，他對自己所犯的嚴重錯誤，雖經同志們的嚴厲批判和鬥爭，開始有所認識，但他仍不願與錯誤徹底決裂，沒有根本改變錯誤立場。與會同志對烏蘭夫所犯錯誤和對錯誤的態度，十分憤慨，紛紛要求中央嚴肅處理，徹底肅清烏蘭夫的錯誤所造成的影響。

我們相信，內蒙古自治區百分之九十五以上的幹部和群眾是革命的，是相信黨中央和毛主席的，在黨中央和毛主席的英明領導下，在這場無產階級文化大革命中，一定能夠肅清烏蘭夫錯誤造成的影響。毛澤東思想偉大紅旗在內蒙古自治區一定會舉得更高，內蒙古自治區的社會主義革命和社會主義建設，一定會出現一個新的躍進局面。

以上報告，請中央審查。如中央同意，我們建議中央把這個報告批轉內蒙古自治區地方和軍隊黨的基層組織，並在革命群眾組織中公布。

中共中央華北局

1966 年 7 月 27 日

附錄三
內蒙古自治區文化大革命年表

1891 年　中國北部秘密結社組織金丹道教發動「金丹道之亂」，打著
　　　　「殺人騰地」、「掃胡滅清殺韃子」的口號，在內蒙古東南
　　　　部昭烏達盟等地對蒙古人種族屠殺。它直接導致了蒙古人整
　　　　體北遷，改變了東蒙地區的民族人口結構

1900 年　清朝發生「義和團之亂」，波及到內蒙古各地。

1903 年　喀喇沁王貢桑諾日布創立蒙古族第一所新式女子學校──毓
　　　　正女子學堂。日本女教師河原操子被聘任為喀喇沁王府教育
　　　　顧問及女子學堂總教習。這是一所仿照日本近代學制辦起來
　　　　的女子學校，招收學生不分出身賤貴貧富一律平等，課程設
　　　　置也以近代科學文化課程，開蒙古族教育近代化之先。並開
　　　　辦旗內蒙古族第一所近代軍事學校──守正武備學堂。

1904 年　日俄戰爭爆發，內蒙古東南部成為日本的勢力範圍。

1905 年　貢桑諾日布親王府成立了崇德學社，創辦了《嬰報》，標誌
　　　　近代新聞媒體的誕生。這份蒙古文報紙成為傳播新知識、啟
　　　　蒙民族自決、奮發圖強的新思想的重要管道。

1906 年　日本在南滿洲、俄羅斯在蒙古高原各自劃分勢力範圍。漢人
　　　　軍閥大舉侵入內蒙古東南部、強力進行武力大規模放墾，刺
　　　　激了內地漢民的遷移入殖。

1908 年　清朝決定推行移民放墾呼倫貝爾草原和巴林草原。自 1902
　　　　年，清廷在內蒙古實行「新政」，推行「移民實邊」政策，
　　　　開始大規模「開放蒙荒」。據不完全統計，至清末僅東三盟
　　　　（卓索圖盟、哲里木盟、昭烏達盟）境內漢族人口就已達
　　　　364 萬 3 千人，是蒙古族人口的七倍，占總人口的 87.5%。
　　　　新政時期，清政府推行墾務的地區，除了錫林郭勒盟偏遠牧
　　　　區和已基本農耕化的卓索圖盟等地，幾乎遍及內蒙古的所有
　　　　盟旗。清末內蒙古州縣設治數量的快速增長能夠反映出這一
　　　　時期移民的大規模增加。貢桑諾日布親王奏准清廷，提出八
　　　　項建議：「曰設立銀行；曰速修鐵路；曰開採礦業；曰整頓
　　　　農工商；曰預備外交；曰普及教育；曰趕練新軍；曰創辦巡
　　　　警。」同時奏請「烏珠穆沁旗牧政，請飭部會同議辦。並陳
　　　　各蒙旗辦事定章，應斟酌變通」。

1910 年　9 月，清朝政府正式許可漢人入殖草原。實際上早在 1908
　　　　年春，直晉陝豫等省農民「日或二三百人，或四五百人，結
　　　　伴成群……赴套以自求口食……考之入境者，已在二萬以
　　　　上，而項背相望、絡繹於道者，方興未艾」；移民放墾和遍
　　　　設州縣等措施，使得清朝對蒙古的政治、經濟間接統治變為
　　　　直接統治，蒙旗傳統的自主權益受到侵犯，威脅遊牧經濟和
　　　　牧民的生存。

1911 年　清朝滅亡。蒙古高原各部宣布獨立。

1912 年　1 月，孫文就任中華民國大總統。內蒙古東部呼倫貝爾發表
　　　　獨立宣言。貢桑諾日布親王和川島浪速推進內蒙古獨立。內
　　　　蒙古各盟各部盼望蒙古自成一邦。

1912 年　冬，蒙古國軍隊南下，目標是解放南蒙古。

1913 年　1 月，漢人軍閥用武力迫使內蒙古「歸心於民國」、強制要
　　　　求他們放棄獨立。

1914 年　春，蒙古國馬克沙爾扎布軍隊一度打到呼和浩特。沙俄深恐因此與日本發生衝突，嚴詞峻令要去庫倫將其召回。

1915 年　巴布扎布率部進入內蒙古，目標是解放同胞，翌年 10 月在進攻林西城時戰死。由於日本與中國簽訂《二十一條》，強化日本對南蒙古的各項權益。

1918 年　日本在內蒙古各地設立企業。

1922 年　7 月，中國共產黨第二次代表大會召開，制定「蒙古西藏回疆三部實行自治，為民主自治邦」，「在自由聯邦制原則上，聯合蒙古、西藏、回疆建立中華聯邦共和國」方針。

1923 年　秋，蒙古青年雲澤（烏蘭夫）進入北京蒙藏專科學校。

1925 年　10 月 13 日，內蒙古人民革命黨成立大會在張家口召開。根據共產國際的指示，一部分黨員赴蘇聯和蒙古人民共和國留學。

1926 年　2 月，內蒙古人民革命黨第 12 團在鄂爾多斯地區烏審旗成立，烏力吉吉日嘎勒任團長。

1927 年　7 月，內蒙古人民革命黨在銀川召開會議。8 月，在烏蘭巴托召開特別會議，烏審旗圖克地區出身的烏孟和烏力吉擔任中央委員會委員長。

1929 年　秋，根據共產國際的指示、雲澤、特木爾巴根、朋斯克等人返回內蒙古，開展革命活動。在科爾沁左翼中旗發起抵抗漢人開墾蒙旗土地的嘎達梅林起義。提出了「打倒測量局，不許搶掠民財」的口號。

1931 年　9 月 18 日，滿洲事變爆發。內蒙古人民革命黨改變方針，轉入地下活動。是年秋，貢桑諾爾布親王去世。

1932 年　2 月，滿洲國成立，首都設於新京（今吉林省長春），內蒙古東部的貴族們參加了建國式。興安省被納入滿洲國的統治

之下。

1933 年	3 月，昭烏達盟和哲里木盟編入滿洲國。7 月，德王組織召開第一次內蒙古王公第一次會議，向國民政府要求自治。
1934 年	7 月，滿洲國興安軍軍官學校在鄭家屯成立。校長由巴特瑪拉布坦兼任。該校 1938 年遷往王爺廟，繼任校長先後有甘珠爾扎布、郭文林、烏爾金。12 月，興安總省改編為興安四省。
1935 年	10 月，毛澤東率領紅軍到達陝西省北部的延安，根據地誕生。為在「財政上找到出路」，種植罌粟，向內蒙古和國民黨統治地區秘密輸售鴉片。12 月 20 日，公布《中華蘇維埃中央政府對內蒙古人民宣言》（簡稱為《三五宣言》）。宣稱「我們認為內蒙古人民才有權利解決自己內部的一切問題，誰也沒有權利用暴力干涉內蒙古民族的生活習慣、宗教道德以及其他的一切權利」。同年，日本承諾支持德王的蒙古獨立。
1936 年	4 月，德王的蒙古軍政府成立，組成了蒙古軍並任總司令。5 月，毛澤東向內蒙古人民革命黨領導人發出電報，表明支持蒙古人建立自已獨立國家的立場。
1937 年	10 月，德王在歸綏市德王廟組織召開召開「第二次蒙古大會」，宣布蒙古「自治」，成立了「蒙古聯盟自治政府」。
1938 年	雲澤和一批內蒙古西部土默特的蒙古人青年們遠赴延安。
1941 年	9 月 18 日，延安民族學院成立。學員中有蒙、滿、回、藏、彝、苗、東鄉、漢等 8 個民族成分，其中蒙古族占 40％之多。學院院長由中共中央西北局書記高崗兼任，雲澤任教育處處長。
1945 年	8 月 8 日，蘇聯發表對日宣戰。10 日，蒙古人民共和國和蘇

聯結成的聯軍南下。18 日，內蒙古人民革命黨創始人哈豐阿、特木爾巴根等人豐阿等人在王爺廟（今烏蘭浩特）發表了《內蒙古人民解放宣言》，宣布恢復該黨的活動，提出實行民族平等、聯合中國革命力量，爭取民族解放以及內外蒙合併等項政治主張。同時進行廣泛的「內外蒙合併」簽名活動。9 月 9 日，在錫林郭勒盟的蘇尼特右旗、內蒙古人民共和國臨時人民政府誕生。內蒙古人民革命黨和內蒙古人民共和國臨時政府的代表赴蒙古人民共和國，要求「編入獨立的蒙古人民共和國，共為自由、和平、富強的新興國家奠基」。與此同時，中共的軍隊借蘇聯之手侵攻滿洲，並借助國富民強的滿洲實力「入關」「解放」全國。

1946 年　1 月 16 日，東蒙古各地的代表聚集在興安盟的葛根廟，東蒙古人民自治政府成立。博彥滿都當選為政府主席，瑪尼巴達喇為副主席，哈豐阿任秘書長。東蒙自治政府成立後，組建了民族武裝東蒙古人民自治軍。瑪尼巴達喇率自治政府代表團到北平，同中華民國政府交涉，闡述內蒙古民族自治的理念與訴求。東蒙古人民自治軍五個騎兵師團組成。4 月 3 日，東蒙古人民自治政府和雲澤的內蒙古自治聯合會於承德合作開會，在共產黨的壓力下，東蒙古人民自治政府決定解散。中共實際上掌控了內蒙古民族獨立自治運動。5 月，東蒙古人民自治軍改稱為內蒙古自衛軍，編成四個師團。蒙古人的民族獨立武裝被剜骨剔筋。

1947 年　5 月 1 日，內蒙古自治政府在王爺廟成立，雲澤任主席，哈豐阿任副主席。雲澤改名為烏蘭夫，內蒙古人民革命黨停止活動。11 月 26 日，王爺廟改名為烏蘭浩特。

1948 年　1 月 1 日，內蒙古人民自衛軍改稱為內蒙古人民解放軍。烏蘭夫任司令員。暴力的土地改革運動在各地開始，對蒙古人的虐殺橫行無忌。1 月 31 日，內蒙古人民自衛軍副司令阿

思根將軍在烏蘭浩特逝世。同年秋，內蒙古獨自實行「不分
不鬥不劃分階級」與「牧工牧主兩利」的「三不兩利」的務
實政策。

1949 年　8 月，德王在阿拉善地區開展民族自治運動。9 月 19 日，駐
屯於綏遠的國民黨軍隊向共產黨投降。10 月 1 日，中華人
民共和國成立。12 月末，德王流亡蒙古人民共和國。烏蘭夫
被任命為綏遠軍政委員會副主席。

1950 年　朝鮮戰爭爆發。駐綏遠的原國民黨戰俘作為「中國人民志願
軍」被派往朝鮮，充當人海戰術的犧牲品。「鎮壓反革命運
動」開始，在這次「攘外安內」的屠殺中，內蒙古各地發生
鎮壓蒙古人抗爭與濫殺事件。9 月 18 日，　王被強制送回中
國。

1951 年　大張旗鼓「懲治反革命」，一年全國「殺、關、管」反革命
人數達幾百萬之眾。群眾性公審和槍決成為鎮壓模式。「三
反五反」政治運動開始。

1952 年　8 月 1 日，內蒙古軍區與綏遠軍區合併為蒙綏軍區，烏蘭夫
任司令員。

1954 年　3 月，綏遠省與內蒙古自治區正式合併，撤銷綏遠省建制，
蒙綏軍區改名為內蒙古軍區，烏蘭夫任司令員。9 月，烏蘭
夫任中華人民共和國國務院副總理、中央民族事務委員會主
任、國防委員會委員。

1955 年　4 月，內蒙古軍區升格為中國的十三個大軍區之一。7 月，
烏蘭夫指示，要引入和推進使用與蒙古人民共和國相同的斯
拉夫字母的蒙古語，旨在促進民族文化的普及和提高。9 月，
烏蘭夫被授予上將的軍銜。烏蘭夫在中央討論鎮壓西藏的武
裝抗爭時闡明自己的觀點：「對少數民族打仗是下策」。內
蒙古自治區廣泛興起學習斯拉夫字母的蒙文的熱潮。

1956 年　1 月，從內蒙古的集寧到烏蘭巴托的鐵路建成開通。烏蘭夫會見了蒙古人民共和國的領導人。4 月，達斡爾族自治旗成立，標誌著達斡爾・蒙古人集團作為一個單獨的民族成立。蘇共二十大的召開，「波匈事件」的發生標誌國際共運發生重大變化。

1957 年　4 月，自治區開展學習毛澤東的《關於正確處理人民內部矛盾的問題》。中共在「整風運動」過程中又掀起了「反右運動」。5 月，自治區政府設立聽取意見委員會，讓社會各界任意鳴放，顯示出「言者無罪，聞者足戒」。6 月，「引蛇出洞」驟然風向轉變。曾經在「整風座談會」上對民族工作發表異議的蒙古知識精英被打成「民族右派」。特布信、色道爾基、欽達馬尼三人被打成「極右分子」。8 月，在「青島會議」上，周恩來發表《關於我國民族政策的幾個問題》的講話：「我們就得出一個結論：在中國適宜於實行民族區域自治，而不宜於建立也無法建立民族共和國」。10 月 14 日，內蒙古大學成立，烏蘭夫兼任校長。

1958 年　各地成立人民公社。蒙古牧民的牧場、家畜被強制公有化。新生的人民公社的高指標數位都是浮誇風、「放衛星」和弄虛作假的結果。3 月，毛澤東在成都會議上聽取烏蘭夫彙報時，對民族問題作了規定。他試圖以共產主義取代民族自治，推翻了《中華人民共和國憲法》中有關民族自治的條款。周恩來發表《當前文字改革的任務》報告，提出「今後各少數民族創建或者改革文字的時候，原則上應該以拉丁字母為基礎，並且應該在字母的讀音和用法上儘量跟中文拼音方案取得一致」，「內外蒙名詞術語委員會」解散，斯拉夫字母的新蒙文的學習就此告終。

1959 年　伴隨集體化和公有化而來的是各地的大饑荒和牲畜的的大量死亡。3 月，在「內蒙古第二次語文工作會議」上，烏蘭夫

疾呼要重視蒙語。9月，中國最早的鋼鐵工業基地之一的包
頭鋼鐵公司投產，大量的漢族囚犯被運送到這裡當工人。

1960 年	10月，中央政府為了解決內地大饑荒的問題，要求大規模開墾草原。烏蘭夫則提出七條原則，指示要限制草原的濫墾濫伐，反對開墾種地，成立農墾兵團。與中央產生了對立。內蒙古東部的農耕地區餓殍遍地。河北、陝西和山西來的漢族災民大量流入內蒙古草原。
1961 年	人民公社的部分調整改正開始。7月，烏蘭夫參加蒙古人民共和國建國四十周年紀念活動，看望並慰問了住院中的澤登巴爾。
1962 年	1月，烏蘭夫強調蒙語的學習的重要性，呼籲漢族幹部也要學習蒙語。6月，中、蘇、蒙國境地帶關係緊張。毛澤東指責為赫魯雪夫「從機會主義蛻變為投降主義」、蘇聯則認為中共的立場會導致核戰爭。初夏，數萬中國境內農牧民從新疆邊境逃亡蘇聯，史稱「依塔事件」。11月，在錫林郭勒盟發生了要求民族獨立的「圖拉索事件」。
1963 年	2月6日，在集寧市檢查出一封寄往「蒙古人民共和國烏蘭巴托市建築處」的信件，內蒙公安廳定性為「二〇六案件」，被逮捕者達到百餘人，並成為以後「挖內人黨」的證據。7月，四清運動領導小組形成。進行包頭市周邊的開發。8月8日，毛澤東提出「民族鬥爭，說到底，是一個階級鬥爭問題」。
1964 年	自治區在全區範圍內開始四清運動。自治區黨委員會在巴彥淖爾盟和伊克昭盟開展四清運動。這個多雨的夏天，中共中央華北局第一書記李雪峰到內蒙古「視察工作」，收集有關整烏蘭夫的材料。李雪峰在赤峰市發表反烏蘭夫的報告。師範學院副院長巴嘎‧特木爾巴根被打成「民族分裂分子」。

1965 年	繼續進行四清運動。內蒙古自治區發生大旱災，烏蘭夫指示保護人畜生命安危。
1966 年	1月，烏蘭夫改組自治區黨委員會，成立代理常務委員會以圖應對日益險惡的政治局勢。
	4月30日，華北局常務書記解學恭秘密進入呼和浩特，收集批判烏蘭夫的材料。
	5月1日，烏蘭夫一到北京，即失去自由。
	5月16日，中國共產黨中央政治局擴大會議所發出的《中國共產黨中央委員會通知》，因其發表日期而被稱為「五一六通知」，被認為是文化大革命發起的標誌，也成為十年文革的綱領性文件之一。
	5月22日，從這天開始歷時64天的中共華北局「前門飯店會議」。
	5月23日，德王在呼和浩特市內病逝。
	6月3日，師範學院的青年教師高樹華等人貼出了「內蒙最早的大字報」。
	6月7日，烏蘭夫的秘書浩帆被「揪出來」。
	7月25日，華北局向毛澤東和黨中央呈送了《關於烏蘭夫錯誤問題的報告》，列舉烏蘭夫「反對毛澤東思想、另打旗幟、自立體系；反對階級鬥爭、反對社會主義革命；對修正主義卑躬屈膝；以一九三五年《宣言》為綱領，進行民族分裂活動，搞獨立王國；安插親信，篡奪領導權」五大罪狀。
	8月4日，高錦明就任「內蒙古自治區黨委員會文化大革命領導小組」組長。
	8月16日，中共中央解除了烏蘭夫「內蒙古自治區黨委員會第一書記、華北局第二書記」的職務。

8月18日，毛澤東在天安門城樓上接見了紅衛兵，指示要武鬥。

8月31日，師範學院的紅衛兵組織「東方紅戰鬥縱隊」成立。

10月，師範學院「井崗山革命造反兵團」、「井崗山革命造反紅衛兵」成立。「呼和浩特市毛澤東主義紅衛兵臨時總部」（呼一司）、「呼和浩特毛澤東思想紅衛兵第二司令部」（呼二司）誕生。

10月29日，「呼和浩特大中（專）呼學校紅衛兵革命造反第三司令部」（呼三司）成立。

11月2日，烏蘭夫的「內蒙古軍區司令員兼政治委員」和「內蒙古大學校長」的職務也被剝奪。

1967年	1月，呼和浩特市內多次發生群眾組織的武鬥。上海奪權成功，受到毛澤東的稱讚。

1月11日，在《內蒙古日報》社發生奪權行動。

1月18日，呼三司接管《內蒙古日報》。

1月22日，「紅衛軍」、「無產者」、「工農兵」在報社保守派的接應下，再次發動對《內蒙古日報》奪權行動。內蒙古大學等大學的學生們抗議行動開始。

1月29日，「呼三司」、「河西公司818」等群眾組織在內蒙古軍區門前抗議示威。

2月5日，師範學院的外語系學生韓桐被人民解放軍軍訓部副部長柳青開槍射殺，被稱為「文革中解放軍向學生開的第一槍」。

2月10日，周恩來為首的中央負責人在人民大會堂接見內蒙古軍區、區黨委、呼三司和紅衛軍「四方代表」。

2月16日，周恩來再次接見「四方代表」。

3月9、16日，4月6、7、12、13日，周恩來多次接見內蒙古各派，強調要將矛頭對準烏蘭夫。

4月13日，中共中央發出《關於處理內蒙問題的決定》。「呼三司」被認定是革命的群眾組織、「紅衛軍」組織等是保守派。內蒙古軍區少數領導人，在支左工作中犯了方向、路線錯誤。調派北京軍區副司令員滕海清赴內蒙古，任命為內蒙古軍區代司令員。

4月18日，在北京軍區部隊的護衛下，滕海清率軍進入內蒙古。

4月28日，人民解放軍總政治部發出對內蒙古強化警備的命令。

5月，呼和浩特市內多次發生武鬥。滕海清開始對駐集寧的騎兵第五師團進行肅清。

6月18日，以滕海清、吳濤、高錦明為首的內蒙古自治區革命委員會的籌備小組成立。自治區宣傳部長郭以青派作家烏蘭巴幹調 內蒙古人民革命黨。

8月29日，《內蒙古日報》發表《打倒烏蘭夫！》的社論。

10月3日，烏蘭巴幹向滕海清等人遞送《烏蘭夫黑幫包庇大叛徒集團罪行的簡要報告》。

11月1日，內蒙古自治區革命委員會成立，滕海清為主任、吳濤和高錦明為副主任。

11月9日和12日，江青按照毛澤東的旨意向文藝界發表講話，指示「建國十七年來，貫穿著一條黑線，文藝界必須大亂」。率先在文藝領域「清理階級隊伍」。17日，內蒙革委播放江青的講話錄音。

---

11 月 24 日，自治區宣傳部副部長特古斯被「揪叛聯絡站」逮捕囚禁。呼和浩特市內形形色色的「揪烏蘭夫 手聯絡站」、「揪叛站」成立。

| 1968 年 | 1 月 6～18 日，內蒙古自治區革命委員會召開第二次全委擴大會議，滕海清在講話中提出「挖烏蘭夫黑線，肅烏蘭夫流毒」的口號」。自治區各地的革命委員會也陸續成立。 |

1 月 23 日，內蒙古革命委員會成立由李樹德負責的有關調查「內古黨」問題的工作小組成立。

1 月 28 日，自治區黨委書記處書記、公檢法負責人王再天被揪出來。

2 月 4 日，江青、康生等人接見滕海清、李樹德，做關於肅清內人黨的指示。

2 月 6 日，內蒙古自治區革命委員會認為內人黨在 1946 年「四三承德會議」以後仍有地下活動。

2 月 28 日，舉行挖肅運動宣誓儀式。

2 月 18 日，內蒙古員革委會召集各盟市革委會領導人，舉行部署會議。

3 月 12 日，自治區副主席吉雅泰被殺害。

4 月 13 日，滕海清在呼和浩特軍民慶祝《中共中央關於處理內蒙問題的決定》一周年集會上發表講話：「我們正在開展的挖黑線、肅流毒的人民戰爭，已經進入了向烏蘭夫及其殘餘勢力發動全線總攻擊的新階段」。根據滕海清的指示，對駐屯在集寧的騎兵第五師團展開大肅清，286 人被打成「內人黨」，內蒙古騎兵精華凋零。

4 月 15 日，內蒙古大學黨委副書記巴圖、內蒙古軍區政治部副主任鮑蔭扎布、內蒙古自治區黨委員會宣傳部副部長特

古斯等 8 位蒙古高層被監禁、刑訊逼供寫出關於「內人黨」黨員名單以及自首坦白書。

4 月 23 日，《內蒙古日報》發表題為《發動全面進攻，奪取決戰決勝》的社論，要求進一步把「挖肅」運動推向高潮。王再天、哈豐阿、朋斯克、特木爾巴根等人被打成「烏蘭夫反黨叛國集團」。

4 月 26 日，由李德臣起草、高錦明簽發的《關於「內蒙古人民革命黨」叛國案件的報告》報送中央。同日，還向中央報送了《呼盟查獲「蒙古統一黨」的情況報告》。

5 月 25 日，中央文革小組發出《轉發毛主席關於〈北京新華印刷廠軍管會發動群眾開展對敵鬥爭的經驗〉的批示的通知》。全國陸續開展了「清理階級隊伍」運動。

7 月 15 日，內蒙古自治區革委員會正式決定實施〈深挖和肅清內蒙古人民革命黨員的運動〉。

7 月 20 日，內蒙古自治區革命委員會在呼和浩特召開第三次全委（擴大）會議，通過《關於對「內蒙古人民革命黨」的處理意見》的決定，以「內革發 351 號文件」的形式傳達全區。同日還制定了《在牧畜業地區劃分階級成分和整頓階級隊伍等有關問題的政策》（草案）的文件、全面否定了烏蘭夫的慎重務實的政策，並作為農牧區清洗蒙古人的政策根據。

10 月 18 日，呼和浩特市公安機關軍事管制委員會發出「內人黨」黨員限期等級自首的《一號通告》。

11 月 23 日，呼和浩特市公安機關的軍事管制委員會發佈關於「新內人黨」及其變種組織進行登記的《第二號通告》，並發布圍剿「內人黨」及其變種組織標語口號三十二條。「工人毛澤東思想宣傳隊」和「人民解放軍毛澤東思想宣傳隊」

進駐到各機關、單位。

12 月 2 日，《內蒙古日報》發表題為《農村牧區要廣泛深入開展清理階級隊伍工作》的社論，為進一步在「烏蘭夫勢力的防護地帶」的牧區肅清蒙古人運動、從陝西省、河北省、山西省等地來的漢人「貧下中農毛澤東思想宣傳隊」也進入草原，與解放軍一道共謀構成對蒙古人的民族屠殺。

| 1969 年 | 1 月 24 日，中共中央、中央軍委、國務院批准成立中國人民解放軍北京軍區內蒙古生產建設兵團。 |

5 月 7 日，內蒙古生產建設兵團成立，推進草原的墾荒拓殖，造成生態自然環境進一步被破壞。

1 月 30 日，自治區最高法院院長特木爾巴根被殺害。

2 月 4 日，滕海清向中央呈送的《關於內蒙古人民革命黨問題的報告》，受到黨中央的肯定。

2 月 20 日，內蒙古革命委員會核心小組召開「挖內人黨」學習班經驗彙報會。

2 月 22 日，內蒙古革命委員會向中央報送《關於「新內蒙古人民革命黨」幾個問題的報告》，繼續開展深挖內人黨運動。

4 月 1～24 日，中共第九次全國代表大會在北京召開。滕海清、吳濤、李樹德等人以內蒙古代表團成員身分參加大會。毛澤東在會議中指責內蒙清理階級隊伍犯了擴大化的錯誤。

4 月 19 日，滕海清等人向中央寫了書面檢討，承認在前一時期清理階級隊伍中所犯的嚴重擴大化錯誤。

5 月 22 日，毛澤東和中共中央對內蒙古革委會核心小組《堅決貫徹執行中央「關於內蒙當前工作指示」的幾點意見》作了批示（簡稱「5‧22 批示」），要求迅速糾正前一時期在

清理階級隊伍中所犯的嚴重擴大化錯誤。

7月5日，中共為了準備對蘇聯和蒙古的戰爭，決定分割內蒙古的領土，自治區東部的呼倫貝爾盟（突泉縣和科爾沁右翼前旗除外）劃歸黑龍江省。哲里木盟和呼倫貝爾盟所屬的突泉縣、科爾沁右翼前旗劃歸吉林省。昭烏達盟劃分給遼寧省。自治區西部巴彥淖爾盟的阿拉善左旗和阿拉善右旗的巴音諾爾、烏力吉、塔木素、阿拉善敖包、筍布林公社劃分歸寧夏回族自治區。巴彥淖爾盟的阿拉善右旗和額濟納旗劃分給甘肅省。

10月，被定性為「內人黨」骨幹分子的原自治區黨政軍高幹被秘密轉移到伊盟的東勝、沙格繼續關押囚禁。

12月19日，中共中央發佈《關於內蒙實行分區全面軍管的決定》，由北京軍區對內蒙古實行全面軍事管制。從河北省和山西省來的人民解放軍進駐到內蒙古各地。北京軍區司令員鄭維山、副司令員杜文達等人組成「內蒙古前線指揮所」（簡稱「前指」）進駐呼和浩特，統一領導軍管。軍管會繼續指揮在農牧地區的解放軍和漢人繼續進行民族屠殺。

1970 年	1月，以「整頓思想，統一認識」為目的，「內蒙古前線指揮所」（前指）的命令將內蒙古自治區的幹部們約 8000 人強制集中到河北省唐山毛澤東思想學習班，繼續批判烏蘭夫的「反黨叛國，大搞民族分裂主義」行為，學習中央講話精神。
	11月29日，哈豐阿因迫害而在呼和浩特市去世。
1971 年	5月，「唐山毛澤東思想學習班」的幹部集中營解散。中央批准《關於內蒙古自治區革委「補台」工作的請示報告》，漢人尤太忠成了革命委員會主任。
	9月13日，林彪副統帥的飛機在蒙古人民共和國境內墜落。

1972 年　開展「批林批孔」運動，將對蒙古人的種族屠殺責任陸續轉
　　　　　嫁給林彪承擔。

1973 年　4 月，關押在東勝的「內人黨」骨幹分子原自治區黨委世紀
　　　　　處書記王再天、畢力格巴圖爾、原內蒙古軍區副司令員孔飛、
　　　　　副政委鮑蔭扎布、特古斯等人獲得自由。

　　　　　8 月 28 日，中共第十次全國代表大會在北京召開，烏蘭夫
　　　　　當選為中央委員。

1978 年　5 月 1 日，烏蘭巴幹被內蒙古公安廳拘留。

　　　　　11 月 9 日，烏蘭巴幹以誣告陷害罪判處 15 年徒刑，這是長
　　　　　達數年的民族屠殺之後唯一的一場公審。直接指揮「挖肅」
　　　　　運動的內蒙古軍區代司令員、內蒙古革命委員會主任滕海
　　　　　清，卻調任濟南軍區副司令員。

1980 年　8 月，內蒙古人民革命黨創始人白雲梯在臺北逝世。

　　　　　11 月 2 日，中華人民共和國最高人民檢察院特別檢查廳對
　　　　　林彪、江青反革命集團主犯的起訴書指控「康生等利用所謂
　　　　　『內人黨』，在內蒙古誣陷、迫害幹部群眾，破壞民族團結」，
　　　　　「在康生、謝富治的唆使下，內蒙古自治區因『內人黨』等
　　　　　冤案，有 34 萬 6 千多名幹部群眾遭到誣陷迫害，1 萬 6 千
　　　　　222 人被迫害致死。

1981 年　秋，「為保衛民族自治權利，爭取民族生存空間」，反對不
　　　　　斷入殖內蒙古的漢族移民政策，反對文化大革命的事後處理
　　　　　不善的內蒙古青年學生在呼和浩特市進行大規模遊行示威，
　　　　　中國政府用逮捕等強硬政策來對付壓制。

1988 年　12 月 8 日，烏蘭夫在北京逝世。

附錄四
參考文獻

日語文獻

アルタンデレヘイ 2008『中国共産党によるモンゴル人ジェノサイド』（楊海英編訳）静岡大学人文学部『アジア研究・別冊 2』

飯塚浩二 1972『満蒙紀行』筑摩書房

井上治 2005「『FRONT』モンゴル語版をめぐって」江口真理子編『戦時下，対東アジア戦略と広告宣伝』（科研報告書）

エドワード・サイード 1998「被殖民者たちを表象＝代弁すること：人類学の対話者」（姜麦瑞訳）『現代思想』26 巻 7 号

加々美光行編 1986『現代中国のゆくえ──文化大革命の省察 II』アジア経済研究所

加々美光行 1992『知られざる祈り──中国の民族問題』新評論

──2001『歴史のなかの中国文化大革命』岩波書店

──2008『中国の民族問題──危機の本質』岩波書店

上坂冬子 2008（初版 1988 年）『男装の麗人　川島芳子伝』文藝春秋

クーパー・レオ 1986『ジェノサイド　20 世紀におけるその現実』法政大学出版局

倉橋正直 2002『日本の阿片王──二反長音蔵とその時代』共栄書房

クルトワ，ジャン＝ルイ・パネほか 2006『共産主義黒書──犯罪・テロル・抑圧 「コミンテルン・アジア篇」』（高橋武智訳）恵雅堂出版

厳家祺　高皋 1996『文化大革命十年史』（辻康吾訳，上下）岩波書店

高文謙 2007『周恩来秘録──党機密文書は語る』（上下）文藝春秋

呉迪 2006「モンゴル族を襲った空前の災禍──〈内人党〉大虐殺の顛末」宋永毅編『毛沢東の文革大虐殺──封印された現代中国の闇を検証』（松田州二訳）原書房

司馬遼太郎 1995『草原の記』新潮社

ジュリゲン・ボヤンヘシギン・タイブ（周太平）2001『ボグド・ハーン政府と内モンゴル地域政治──1913 年の内モンゴル戦を中心に』（大阪外国語大学大学院提出博士論文）

ソーハン・ゲレルト 2001「過放牧発生の社会的背景──イミン・ソムを実例に」『沙漠研究』11 巻 1 号

祖父江孝男 2001「民博創設までのウラの歴史」『民博通信』94

竹沢尚一郎 2001『表象の植民地帝国──近代フランスと人文諸科学』世界思想社

橘誠 2005「ボグド＝ハーン政権の内モンゴル統合の試み──シリーンゴル盟を事例として」『東洋学報』87(3)

田中克彦 1990『草原の革命家たち──モンゴル独立への道』（増補改訂版）中央公論社

──2009『ノモンハン戦争──モンゴルと満洲国』岩波書店

田淵陽子 2008「内モンゴル人民共和国臨時政府樹立宣言及び憲法」『東北アジア研究』12

張承志 1993『回教から見た中国──民族・宗教・国家』中央公論社

土屋昌明 2008「竹内好と文化大革命──映画『夜明けの国』をめぐって」『専修大学社会科学研究所月報』第 539 号

ドムチョクドンロプ 1994『徳王自伝──モンゴル再興の夢と挫折』（森久男訳）岩波書店

東亜考古学会蒙古調査班 1941『蒙古高原横断記』日光書院

新島淳良 1978『阿 Q のユートピア──あるコミューンの暦』晶文社

バトバヤル・Ts 2002『モンゴル現代史』（芦村京，田中克彦訳）明石書店

馬場公彦 2008「文化大革命在日本（上篇）」『アジア太平洋討究』10

──2009a「文化大革命在日本（下篇）」『アジア太平洋討究』12

馬萍 2006「解放軍による沙甸の大量殺戮」宋永毅編『毛沢東の文革大虐殺──封印された現代中国の闇を検証』（松田州二訳）原書房

費孝通 2008『中華民族の多元一体構造』（西澤治彦，塚田誠之，曾士才，菊池秀明，吉開将人訳）風響社

フェイト・F 1990『ブダペスト蜂起 1956 年──最初の反全体主義革命』（いわな・やすのり訳）窓社

フスレ2002「中国共産党の文献にみる内モンゴル人民革命党(1925-34)」『言語・地域文化研究』8 号

──2003「内モンゴル人民革命党に対する中国共産党の政策(1945-47)」『相関社会科学』13 号

──2004a「1945年のモンゴル人民共和国の中国に対する援助──その評価の歴史」『SGRA レポート』

──2004b「トゥグスが語る内モンゴル現代史──インタビュー記録」『日本とモンゴル』39巻1号

──2004c「1945-47年の内モンゴル地域における定期刊行物の分析──内外モンゴル統一運動から内モンゴル自治政府成立までの歴史記録」『言語・地域文化研究』10号

──2005「内モンゴル人民族主義の独立・自治志向と中国の統合圧力──第二次世界大戦後の中国国民党の対内モンゴル政策(1945-49年)」『学苑』第775号

──2006a「中国共産党勢力の内モンゴルへの浸透──〈四三会議〉にいたるまでのプロセスについての再検討」『学苑』787号

──2006b「内モンゴルにおける土地政策の変遷について(1946-49)──〈土地改革〉の展開を中心に」『学苑』第791号

──2007「1945年の内モンゴル人民革命党の復活とその歴史的意義」『内陸アジア史研究』22巻

──2008「内モンゴルにおける文化大革命直前の政治状況についての一考察──内モンゴル大学における〈民族分裂主義分子〉批判運動を中心に」『学苑』811号

フフバートル 2000『私が牧童だったころ──モンゴル人が語るモンゴルの世界』インターブックス

ボルジギン・ブレンサイン 2003『近現代におけるモンゴル人農耕村落社会の形成』風間書房

──2009「中国東北三省のモンゴル人世界」ユ・ヒョヂョン　ボルジギン・ブレンサイン編『境界に生きるモンゴル世界──20世紀における民族と国家』八月書館

ボルジギン・リンチン 2007「反右派闘争におけるモンゴル人〈民族右派分子〉批判」『アジア経済』第48巻8号

松山一男 1940「索倫旗内ブリヤート民族の社会慣習に就いて」『蒙古研究』2巻2号

毛里和子 1998 『周縁からの中国──民族問題と国家』東京大学出版会

毛澤東文献資料研究会編 1970『毛澤東集(5)』北望社

モスタールト 1966『オルドス口碑集──モンゴルの民間伝承』(磯野富士子訳)平凡社

柳澤明 1999「ホーチン＝バルガ(陳巴爾虎)の起源と変遷」『社会科学討究』129号

矢吹晋 1989『文化大革命』講談社

──2007『激辛書評で知る中国の政治・経済の虚実』日経 BP 社

ユ・ヒョヂョン 2009「ダウールはモンゴル族か否か──1950 年代中国における〈民族識別〉と〈区域自治〉の政治学」ユ・ヒョヂョン　ボルジギン・ブレンサイン編『境界に生きるモンゴル世界──20 世紀における民族と国家』八月書館

ユン・チアン　ジョン・ハリディ 2005『マオ──誰も知らなかった毛澤東(上)』講談社

楊海英 1991「家畜と土地をめぐるモンゴル族と漢族の関係」『民族学研究』55・4

楊海英 1994「変容するオルドス・モンゴルのカトリック──神父ジョセフ一族のライフ・ヒストリーを中心に」『西日本宗教学雑誌』16

──2001『草原と馬とモンゴル人』日本放送出版協会

──編 2002『オルドス・モンゴル族オーノス氏の写本コレクション』国立民族学博物館・地域研究企画交流センター

──2003「漢族がまつるモンゴルの聖地──内モンゴルにおける入殖漢族の地盤強化策の一側面」塚田誠之編『民族の移動と文化の動態──中国周縁地域の歴史と現在』風響社

──2004『チンギス・ハーン祭祀──試みとしての歴史人類学的再構成』風響社

──2005『モンゴル草原の文人たち──手写本が語る民族誌』平凡社

──2007a『モンゴルとイスラーム的中国──民族形成をたどる歴史人類学紀行』風響社

──編 2007b『蒙古源流──内モンゴル自治区オルドス市档案館所蔵の二種類の写本』風響社

──2008a「ジェノサイドへの序曲──内モンゴルと中国文化大革命」『文化人類学研究』73・3

──2008b「清朝時代伊克昭盟盟長バダラホの奏凱圖──『圖開勝跡』が描く鄂爾多斯七旗」『国立民族学博物館』32・4

──2008c「〈少数民族虐殺は正しかった〉──中国共産党唐山学習班班員日記」『アジア研究』3

──2008d「モンゴル人の日記のなかの中国文化大革命(1)」『静岡大学人文学部人文論集』58・2

──2009a『モンゴル人ジェノサイドに関する基礎資料(1)』(内モンゴル自治区の文化大革命 1)風響社

──2009b「中国文化大革命中に内モンゴルで発行された大衆新聞について」静岡大学人文学部・農学部『グローバルの中でのアジアの環境と生活文化』

──2009c「中国が語る遊牧文明」岡洋樹・境田清隆・佐々木史郎編『東北アジア』(朝倉世界地理講座)

楊海英　児玉香菜子 2003「中国・少数民族地域の統計をよむ──内モンゴル自

治区オルドス地域を中心に」『静岡大学人文学部人文論集』54・1

吉田豊子 2001「中国共産党の国家統合における内モンゴル自治政府の位置——〈高度の自治〉から〈民族区域自治〉へ」『東洋学報』83・3

——2002「戦後中国共産党の内モンゴル民族運動への対応——中国国民党の憲法制定国民大会まで」『史学雑誌』111・10

ラティモア・オウェン 1938『満洲に於ける蒙古民族』(後藤富男訳)財団法人善隣協会

李志綏 1996『毛澤東の私生活』(上下)文藝春秋

和田春樹 1995「スターリン大粛清」『世界民族問題事典』平凡社

中文文獻

阿拉騰徳力海 1999『内蒙古挖肅災難実録』私家版

——2008『内蒙古挖肅災難実録・続編』私家版

阿木蘭(整理)2004『雲清文集』内蒙古人民出版社

阿拉木薩　布日諾編 2008『情糸鉄騎：老戦士回憶録』内蒙古大学出版社

安徽省図書館『闘私批修』戦闘団・安徽省巣県図書館闘・批・改小組 1968『毒草小説批判材料』

巴岱 1999『生活的足跡：浩巴岱回憶録』民族出版社

巴音図　孟憲平 2000『内蒙古騎兵第一師』軍事科学出版社

巴義爾 1998『蒙古写意：当代人物巻 1』民族出版社

——2001『蒙古写義：当代人物巻 2』民族出版社

——2007『永遠的騎兵』民族出版社

巴図巴根 2004「往事如歌」奇・朝魯主編『我与鄂爾多斯』(巻 1)内蒙古人民出版社

『巴林右旗志』編纂委員会編 1990『巴林右旗志』内蒙古人民出版社

白希 2006『開国大鎮反』中共党史出版社

暴彦巴図 2006『大漠微踪』中国三峡出版社

卜偉華 2008『砸爛旧世界：文化大革命的動乱與浩劫』中文大学出版社

布特格其 1987「人間風雲多変幻」『興安革命史話』第 1 集

潮洛蒙 2005「我所経歴的内蒙古文化大革命」『清涼鐘声』遠方出版社

程惕潔 2006「四十余年回首看内蒙文革」『北京之春』9 月号(電子版)

——2007「四十余年回首，再看内蒙文革」宋永毅編『文化大革命：歴史真相和集体記憶』(下冊)田園書屋

程映紅 2008『毛主義革命：二十世紀的中国与世界』香港田園書屋

陳永発 2006『新彊：民族認同，国際競争与中国革命』(国立台湾大学歴史学研究

所博士論文）

陳暁農 2007『陳伯達：最後的口述回憶』香港星克爾出版有限公司

陳大蒙　劉史 2008『落井下石：重査高崗案』香港明鏡出版社

陳歆耕 2005『赤色悲劇』香港時代国際出版有限公司

達瓦敖斯爾 1988「我的経歴見聞」『内蒙古文史資料』31

達爾汗・烏 2008『煉獄 3650』香港天馬出版有限公司

『達斡爾族研究』(5) 1996 内蒙古自治区達斡爾族学会

『達斡爾族簡史』1986 内蒙古人民出版社

德力格爾瑪 2005「回憶興安女高的三年」索布多主編『興安女高』内蒙古人民出版社

丁抒 2006『陽謀：反右派運動始末』香港開放雑誌社

丁凱文 2007「周恩来与林彪文革作用之比較研究」宋永毅編『文化大革命：歴史真相和集体記憶』(上)香港田園書屋

――主編 2004『重審林彪罪案』(上, 下)香港明鏡出版社

都固爾扎布　旺丹　特古斯1988「"9・18"以後内蒙古人民革命党在東蒙古地区的革命活動断片」『興安革命史話』第 2 集

董保存　范占英 2007『一代名将　鄭維山』人民出版社

方知達 1987「参加内蒙古東部地区革命工作的回憶」『興安革命史話』第 1 集

「反革命修正主義分子民族分裂主義分子特古斯的罪行」呼和浩特工代会『工人風雷』第 7 期 1967 年 12 月 15 日

『甘珠爾廟』2003 内蒙古文化出版社

高樹華　程鉄軍 2007『内蒙文革風雷：一位造反派領袖的口述史』香港明鏡出版社

高華 2000『紅太陽是怎様昇起的：延安整風運動的來龍去脈』香港中文大学出版社

郭道甫 1987『呼倫貝爾問題』内蒙古自治区達斡爾歴史語言文学会

郝在今 2006『"文革"前史：延安「搶救運動」紀實』香港利文出版社

郝維民編 1991『内蒙古自治区史』内蒙古大学出版社

――編 2000『百年風雲内蒙古』内蒙古教育出版社

――編 2005「漫議西部大開発與蒙古族的発展：兼評少数族群"去政治化"和民族"共治"」『蒙古史研究』第 8 輯

郝維民　斉木徳道爾吉(主編)2006『内蒙古通史綱要』人民出版社

郝玉峰 1997『烏蘭夫與偉人的交往和友誼』中共党史出版社

郝崇理 1995『艱辛的探索：鄂托克前旗現代史稿』中共鄂前旗委党史弁

浩帆 1986『内蒙古蒙古民族的社会主義過度』内蒙古社会科学院民族研究所

何明　羅鋒 2007『中蘇関係重大事件述実』人民出版社

何方 2005『党史筆記』(上，下)香港利文出版社

呼倫貝爾盟公安処辺防局編 1991『呼倫貝爾盟公安辺防志略』

呼和浩特市革命造反聯絡総部『呼和浩特地区無産階級文化大革命大事記』編写組
　編 1967『呼和浩特地区無産階級文化大革命大事記』(第 1 集)

呼和浩特市革命委員会弁公室編 1969『中央負責同志幾次接見的指示精神』

呼和浩特老年企業家協会 2004『懐念雲歩龍同志』遠方出版社

胡平 2008「《最后的地主》序言」『北京之春』2008 年 4 月号

胡風 1997『胡風回憶録』人民文学出版社

──2003『胡風三十万言書』湖北人民出版社

胡志宵 1998「"文化大革命"十年」王鐸主編『当代内蒙古簡史』当代中国出版社

胡鞍鋼 2008『毛澤東與文革』香港大風出版社

胡達古拉 2007『特木爾巴根的一生』内蒙古人民出版社

胡昭衡 1992「胡昭衡日記」『内蒙古档案史料』創刊号

黄昌勇 2000『王実味伝』河南人民出版社

金海 2005『日本占領時期内蒙古歴史研究』内蒙古人民出版社

『解放西蔵史』編委会 2008『解放西蔵史』中共党史出版社

藍美華 2002「1911 年蒙古独立運動原因之探究」『中山人文社会科学期刊』10・2

──2005「内蒙古與 1911 年蒙古独立運動」『漢学研究』23・1

李振剛主編 1993『克什克騰旗志』内蒙古人民出版社

李建彤 2007『反党小説「劉志丹」案実録』香港星克爾出版

林藴暉 2008『烏托邦運動：従大躍進到大飢荒』香港中文大学出版社

林幹 1992「応該正確闡明匈奴的歴史面貌和作用：評吐爾貢・阿勒瑪斯的『匈奴
　簡史』」馮大真編『「維吾爾人」等三本書問題討論会論文集』新疆人民出版社

林桶法 2003『戦後中国的変局：以国民党為中心的探討』台湾商務印書館

劉昕 2007「毛烏素沙漠上的北京〈額吉〉：記七旬老人奇琳花」『綏遠文献』31

劉国凱 2006『人民文革論』香港博大出版社

──2007「論人民文革」宋永毅編『文化大革命：歴史真相和集体記憶』(上)香港
　田園書屋

劉春 1992「内蒙古自治政府是怎様誕生的」『内蒙古档案資料』1

──2000『劉春民族問題文集(続集)』民族出版社

劉春景 2005「文革前後幾段回憶」『清涼鐘声』遠方出版社

劉暁原「〈蒙古問題〉与冷戦初期美国対華政策」(http://www.coldwarchina.com

/zwxz/mgxz/lxy/002114. html)

劉玉祥 2002『大漠忠魂』遠方出版社

廖亦武 2005『中国上訪村』香港明鏡出版社

廖西嵐 2000『百戦将星：滕海清』解放軍文芸出版社

梁氷 1984「伊克昭盟的歴代開墾和近現代社会形態之変化」『鄂爾多斯史志研究文稿』4

盧一萍 2006『八千湘女上天山』北京十月文芸出版社

魯言 1987「歴史的抉択」『瞭望』7 月 20 日号

魯迅兵団教育庁聯委会 1967『徹底批判反革命修正主義，民族分裂主義分子特古斯在教育界的罪行』

『緑色文化聖地』2001 内蒙古文史資料第 55

馬場公彦 2009b「"文化大革命"在日本(1966-1972)：中国革命対日本的衝撃和影響」『開放時代』(広州) 205

馬畏安 2006『高崗饒漱石事件始末』当代中国出版社

馬南邨 1979『燕山夜話』北京出版社

毛澤東 1952『湖南農民運動考察報告』人民出版社

――1966「文滙報的資産階級方向応当批判」内蒙古師範学院東方紅戦闘縦隊資料組編印『毛主席文選』(第 1 集)

――1999「給達姆巴的信」『毛澤東文集』(第 7 巻) 人民出版社

梅良眉 1972「偽〈内蒙古自治区〉行政区画変更之意義」『中国大陸研究』44

蒙赫達賚編 2003『甘珠爾廟喇嘛教史』内蒙古文化出版社

墨志清 2005「文化大革命点滴回憶」『清涼鐘声』遠方出版社

那徳木都(馬徳山整理) 1986「憶蒙騎二師十五団」『奈曼旗文史資料』第 1 輯

内蒙古専揪哈豊阿聯絡委員会・内蒙語委哲学社会科学研究所『東方紅』編 1967『徹底粉砕反動民族主義的堡塁：内蒙古人民革命党』

内蒙古大学井崗山闘批烏蘭夫聯絡站 1967『烏蘭夫罪悪史』(第 1 集)

内蒙古自治区革命委員会宣伝組編 1968『無産階級文化大革命学習資料』46

内蒙古大学井岡山翻印 1968『以毛主席最新指示為綱奪取無産階級文化大革命的全面勝利：滕海清同志在革命委員会第 2 次全体委員(拡大)会議上的講話』

内蒙古師範学院馬列主義教研室編(出版年不明)『反右派闘争和社会主義思想教育学習参考資料』第 4 冊

内蒙呼盟海地区紅色造反者革命大批判聯絡站 1968『革命大批判』3

『内蒙古档案資料』(創刊号) 1992 内蒙古档案館

内蒙古専揪哈豊阿聯絡委員会・内蒙語委哲学社会科学研究所『東方紅』編 1967
　　「内蒙古人民解放宣言」『徹底粉砕反動民族主義的堡塁：内蒙古人民革命党』

『内蒙古革命史』編輯委員会 1978『内蒙古革命史』内蒙古革命史編委会弁公室

内蒙古自治区档案館編 1989『内蒙古自治運動聯合会：档案資料選編』档案出版
　　社

内蒙古烏蘭夫研究会編 1996『烏蘭夫年譜』(下巻)中共党史出版社

内蒙古党委党史研究室編 2004『中国共産党内蒙古地区史大事記』(第 2 巻)内蒙古
　　人民出版社

内蒙古自治区政協文史資料委員会 2005『“三不両利”与“穏寛長”』(内蒙古文史
　　資料第 56 輯)

内蒙古哲里木第三司令部 1968『六十部小説毒在哪里？』

聶元梓 2005『聶元梓回憶録』香港時代国際出版有限公司

鄂爾多斯『揪暴，楊，康，李兵団』紅革会赴伊毛澤東思想宣伝隊返包聯絡站
　　1967『暴彦巴図黒話録』第 1 輯

彭恵 1989「一椿国民党特務案」『台湾春秋』第 8 期

『彭真伝』編写組 2007『彭真伝略』人民出版社

銭林豹 1990『解放戦争時期内蒙古期騎兵』内蒙古大学出版社

奇忠義 1991『末代王爺：奇忠義自伝』新華出版社

斉志願 2002「懐念我的父親」劉玉祥『大漠忠魂』遠方出版社

任知初 1996『「紅衛兵」与「嬉皮士」』香港明鏡出版社

薩楚日拉図 2006『鄂爾多斯革命史』(上)内蒙古人民出版社

斯平 1998「緒論」王鐸主編『当代内蒙古簡史』当代中国出版社

賽航　金海　蘇徳畢力格 2007『民国内蒙古史』内蒙古大学出版社

司馬璐 2006(初版 2004 年)『中共歴史的見証：司馬璐回憶録』香港明鏡出版社

邵燕祥 2007「従 1957 到 2007」丁抒編『五十年後重評「反右」：中国当代知識分
　　子的命運』香港田園書屋

沈志華 2008『思考与選択：従知識分子会議到反右派運動』香港中文大学出版社

孫暁雷 1981「巴林草原上的血涙」『上訪通訊』編集室『春風化雨集』(上)群衆出
　　版社

宋永毅 2006『中国文化大革命文庫』(CDROM，第 2 版)香港香港中文大学

――2007a「一個被掩蓋了的文革周恩来形象」宋永毅編『文化大革命：歴史真相
　　和集体記憶』(上)香港田園書屋

――2007b「劉少奇対文化大革命的独特貢献：你不知道的故事」宋永毅編『文化
　　大革命：歴史真相和集体記憶』(上)香港田園書屋

── 2007c「從毛澤東的擁護者到他的反対派」宋永毅編『文化大革命：歴史真相和集体記憶』(上)香港田園書屋

宋健 1957「動物園」内蒙古師範学院馬列主義教研室『学生中的右派言論』(謄写版)

宋連生 2005『農業学大寨始末』湖北人民出版社

蘇啓明 2002(初版 1996 年)『中国現代史』台湾五南図書出版股份有限公司

蘇双碧　王宏志 2000『文革第一冤案：「三家村」文字獄始末』香港天地図書有限公司

塔拉 2001『平凡的人生：塔拉革命回憶録』内蒙古人民出版社

特古斯 1987「我們那一代青年：回憶東蒙古青年運動」『興安革命史話』第 1 集

特古斯 1992「我対〈五一大会〉的再認識」「中央関於内蒙自治諸問題的意見」『内蒙古档案史料』創刊号

特古斯 1993「浩劫過后的沉思」『内蒙古档案史料』4

図們　祝東力 1995『康生与「内人党」冤案』中共中央党校出版社

旺丹 1990「我走過的路」『内蒙古文史資料』41

王宝山 2001「奇治民同士的光栄之道」中国人民政治協商会議内蒙古自治区委員会文史和学習委員会・内蒙古延安大学暨延安民族学院校友会内蒙古延安精神研究会編『延水情深』

王文光　楊虎祥 1988「奇全禧伝記」『伊金霍洛旗文史資料』8

王力雄 2007『你的東土　我的西域』台湾大塊文化

王樹盛　郝玉峰 1989『烏蘭夫年譜(上，下)』中共党史資料出版社

王樹盛等撰 2007『烏蘭夫伝』中央文献出版社

王章陵 1995『内蒙古烏蘭夫與「内人党」事件始末』蒙藏委員会

王鐸 1997『五十春秋：我做民族工作的経歴』内蒙古人民出版社

── 主編 1998『当代内蒙古簡史』当代中国出版社

王再天 1997「内蒙古自治政府成立前後社会部我的部分工作回顧」『内蒙古文史資料』50

王順生　李軍 2006『"三反"運動研究』中共党史出版社

王雪晨主編 2005『虎将雄風：尤太忠』解放軍出版社

王友琴 2004『文革受難者』香港開放雑誌社

汪洋　樹楓　海飆 1988「烏蘭木都今昔」『興安革命史話』第 2 集

烏蘭夫革命史料編研室編 1989『烏蘭夫回憶録』中共党史資料出版社

烏嫩斉 1997『蒙古神騎兵』民族出版社

烏雲畢力格 2005『喀喇沁万戸研究』内蒙古人民出版社

烏蘭巴幹 1992『草原烽火』江蘇文芸出版社

『烏審旗志』編纂委員会 2001『烏審旗志』内蒙古人民出版社

呉法憲 2006『歳月艱難　呉法憲回憶録(下巻)』香港北星出版社

呉迪 2007「内蒙文革：従前門飯店会議到両派之争」(中国学術論壇 www.FRChi
na.net)

呉団英 2004「序」『草原文化研究資料選編』(第 1 輯)内蒙古教育出版社

呉潤生 2006『林彪与文化大革命』香港明鏡出版社

邢野　宿梓枢主編 2005『内蒙古文化大革命通志』中国科学教育文化国際交流促
進会出版社

亜衣 2005『流亡者訪談録』香港夏菲爾出版有限公司

『伊金霍洛旗志』編纂委員会編 1997『伊金霍洛旗志』内蒙古人民出版社

義都合西格 2005「内蒙古人民革命青年団成立的経過」巴圖巴根・阿拉坦敖其爾
主編『為民族解放而奮闘的一代青年』遼寧民族出版社

楊継縄 2008『墓碑：中国六十年代大飢荒紀実(上篇)』香港天地図書有限公司

楊達頼 2006「内蒙古牧区工作是実事求是的典範」『"三不両利"與 "穏寛長"：
回憶與思考』(内蒙古文史資料第 59 輯)

厳文明 2004「中国文明起源的探索」『草原文化研究資料選編』(1)内蒙古教育出版
社

札奇斯欽 1993『我所知道的徳王和当時的内蒙古』(2)，東京外国語大学アジア・
アフリカ言語文化研究所

扎拉嘎胡 2003『扎拉嘎胡文集』遠方出版社

張紀生　張存生 2007「懐念陳傑先生」内蒙古政協文史資料委員会編『春秋記事』

張爾傑 2004「盧占魁与北洋軍閥的闘争(中)」『綏遠文献』28

章立凡 2007「反右与中国民主党派的改造」章詒和編『五十年無祭而祭』香港星
克爾出版

正珠爾札布 1948「巴布札布事略」『内蒙文史資料』14

──1985「偽内蒙自治軍始末」『内蒙古文史資料』19

趙真北 1990「光輝的榜様，不朽的業績」『烏蘭夫記念文集(第 2 輯)』内蒙古人民
出版社

──2004『対草原生態保護与執行其党的政策問題』私家版

趙金宝 2006『多彩人生坎坷路』中国文聯出版社

趙守忠 1984「奇全禧其人」『党史旗志資料通訊』2

鄭慕 2006『文革的秘聞，内幕譽真相』香港文化芸術出版社

──編 2006『長征：神話與真相』香港文化芸術出版社

「周総理在民族工作座談会上的講話」1986『伊克昭盟民族団結』1

周倫佐 2006『「文革」造反派真相』香港田園書屋

周徳高 2007『我与中共和柬共』香港田園書屋

朱正 2004『反右派闘争始末』(下)明報出版社

――2007「1957：中国現代知識份子的消失」丁抒編『五十年後重評「反右」：中国当代知識份子的運命』香港田園書屋

中発(67)31号「中共中央華北局関於烏蘭夫錯誤問題的報告」(中央文件)1967

中共西蔵自治区委員会党史研究室編 2006『張経武与西蔵解放事業』中共党史出版社

中共中央文献研究室編 2003『毛澤東伝(上，下)』中央文献出版社

『中央関於処理内蒙問題的有関文件和中央負責同志講話滙編』(第1集)1967

『中央関於処理内蒙問題的決定和中央負責同志講話滙編』(第2集)1967

「中央関於内蒙自治諸問題的意見」『内蒙古档案史料』(創刊号)1992

中共内蒙古自治区委員会文件「批転自治区第二次摘掉右派分子帽子工作会議紀要的通知」(党発 1978)

中共烏審旗党史旗志弁公室 1986『烏審旗史志資料』第1輯

卓利格図 2004『草原之子：卓利格図回憶録』吉林人民出版社

其他外語文獻

Atwood, P. Christopher 2002, *Young Mongols and Vigilantes in Inner Mongolia's Interregnum Decades, 1911-1931*(Volume ⅠⅡ), Leiden・Boston・Köln: BRILL

――2004, "The Cultural Revolution, 1966-1976", "New Inner Mongolian People's Revolutionary Party Case", "Ulanfu", *Encyclopedia of Mongolia and the Mongol Empire.* New York: Facts on File, Inc

Brown, Kerry 2006, *The Purge of the Inner Mongolian People's Party in the Chinese Cultural Revolution, 1967-69.* Global Oriental

Bulag, Uradyn 2002, *The Mongols at China's Edge.* Lanham・Boulder・New York・Oxford: Rowman & Littlefild Publishers, Inc

Čindamuni 2002, "Buriyad Mongɣolčuud-unᴦoniᴦtu Qubi Jiyaᴦ-a", in *A People Divided: Buriyat Mongols in Russia, Mongolia and China* (Edited by Konagaya Yuki), Germany

Čoyidar 1997, *Üüsin Qosiᴦun-u Tuᴦ Somun-u Tobči Teüke*

Documents on Inner Mongolia (Selected U. S. Intelligence Reports (Declassified) on Leaders and Factions in Inner Mongolia, 1946-1949), 1972, Center for Chinese Research Materials Association of Research & Libraries, Washington, D. C

Hyer, Paul and William Heaton 1968, "The Cultural Revolution in Inner Mongolia", *The China Quarterly* (Oct-Dec): 114-128

Jankowiak, William 1988, "The Last Hurraah? Political Protest in Inner Mongolia", *The Australian Journal of Chinese Affairs*, 19/20: 269-288

Sneath, David 1994, "The Impact of the Chinese Cultural Revolution in China on the Mongolians of Inner Mongolia", *Modern Asian Studies*, 28: 409-430

Tümen and Ju Düng Li 1996 a, *Kang Šeng kiged"Öbür Arad-un Nam"-un kilis kereg*, 1996, *Öbür Mongɣol-un arad-un keblel-ün qoriy-a*

Tümen and Ju Düng Li 1996 b, *Kang Šeng kiged Öbür Mongɣol-un Arad-un Qubisqaltu Nam-un kilis kereg*, 1996, Ündüsüten-ü keblel-ün qoriy-a

Woody, W. 1993, *The Cultural Revolution in Inner Mongolia,* Center for Pacific Asia Studies at Stockholm University(Occasional Paper 20)

沒有墓碑的草原——
蒙古人與文革大屠殺

墓標なき草原──内モンゴルにおける文化大革命・虐殺の記録

作　　　者：楊海英
譯　　　者：劉英伯、劉燕子

總 編 輯：富察
責任編輯：洪源鴻
企　　　劃：蔡慧華
封面設計：許晉維
內頁排版：洪祥閔

社　　　長：郭重興
發行人兼出版總監：曾大福

出版發行：八旗文化／遠足文化事業股份有限公司
地　　　址：新北市新店區民權路 108-2 號 9 樓
電　　　話：02-22181417
傳　　　真：02-86671065
客服專線：0800-221029
信　　　箱：gusa0601@gmail.com

法律顧問：華洋法律事務所／蘇文生律師
印　　　刷：通南彩色印刷股份有限公司

出　　　版：2014 年 11 月／初版一刷
　　　　　　2021 年 1 月／初版六刷
定　　　價：600 元

BOHYO NAKI SOGEN
Uchimongoru ni okeru Bunkadaikakumei, gyakusatsu no kiroku
by Yang Haiying
© 2009 by Yang Haiying
First published 2009 by Iwanami Shoten, Publishers, Tokyo.
This complex Chinese edition published 2014
by Gusa Press, New Taipei City
by arrangement with the proprietor c/o Iwanami Shoten, Publishers, Tokyo

國家圖書館出版品預行編目（CIP）資料

沒有墓碑的草原：蒙古人與文革大屠殺 / 楊海英著
新北市 / 八旗文化出版 / 遠足文化發行 / 2014.11 / 面；公分
譯自：墓標なき草原：内モンゴルにおける文化大革命・虐殺の記録
ISBN 978-986-5842-40-6（平裝）

1. 當代史　2. 文化大革命　3. 內蒙古自治區
675.36　　　　　　　　　　　　　　　103019670